U0329524

Business Environment
Climate Change
Database
Demography
E-commerce
Empowerment
Comparative Advantage Theory
Microeconomics
Strategic Alliance
Multinational Corporation

National Debt
Perfect Competition
Dumping
Import Quota
Free-market Economies
Stagflation
Corporation
Conglomerate Merger
Franchise
Resource Development
Core Inflation

Business Cycles
CPI
Joint Venture
Deflation
Fiscal Policy
Market Price
Supply
Economics
Unemployment Rate
Monetary Policy
Disinflation
Recession

认识商业

（原书第12版）

UNDERSTANDING BUSINESS

12th Edition

[美] 威廉·尼克尔斯（William Nickels）
[美] 吉姆·麦克休（James McHugh）
[美] 苏珊·麦克休（Susan McHugh） ◎ 著

何峻 许俊农 ◎ 译

傅川 ◎ 审校

Franchisees
Franchisor
GDP
Inflation
General Partner
Horizontal Merger
Sole Proprietorship
Unlimited Liability
Devaluation
Vertical Merger

Tariffs
Trade Deficit
Exporting
Importing
Common Market
Entrepreneur
Risk
PPI
Services
Stakeholders
Licensing

Profit
Outsourcing
Loss
Revenue
Exchange Rate
Standard Of Living
Demand
Depression
Macroeconomics
Invisible Hand
Acquisition

机械工业出版社
China Machine Press

图书在版编目（CIP）数据

认识商业（原书第 12 版）/（美）威廉·尼克尔斯（William Nickels），（美）吉姆·麦克休（James McHugh），（美）苏珊·麦克休（Susan McHugh）著；何峻，许俊农译．—北京：机械工业出版社，2020.6

书名原文：Understanding Business

ISBN 978-7-111-65665-4

I. 认… II. ① 威… ② 吉… ③ 苏… ④ 何… ⑤ 许… III. 贸易－通俗读物 IV. F7-49

中国版本图书馆 CIP 数据核字（2020）第 085890 号

本书版权登记号：图字 01-2020-0417

William Nickels, James McHugh, Susan McHugh. Understanding Business,12th Edition.

ISBN 978-1-260-09233-2

认识商业（原书第 12 版）

出版发行：机械工业出版社（北京市西城区百万庄大街 22 号 邮政编码：100037）

责任编辑：岳晓月　　责任校对：殷　虹

印　　刷：北京诚信伟业印刷有限公司　　版　　次：2020 年 8 月第 1 版第 1 次印刷

开　　本：170mm × 230mm　1/16　　印　　张：40

书　　号：ISBN 978-7-111-65665-4　　定　　价：199.00 元

客服电话：（010）88361066　88379833　68326294　　投稿热线：（010）88379007

华章网站：www.hzbook.com　　读者信箱：hzjg@hzbook.com

献　词

感谢我们的家人 Marsha、Joel、Carrie、Claire、Casey、Dan、Molly、Michael、Patrick 和 Quinn，感谢你们让这一切值得去做，并支持我们把这一切做到极致！

同时感谢成就了本书新版的团队，特别是在写作和架构上给我们提出宝贵意见的师生们。

致中国读者

作为作者，看到我们的工作成果被世界各地数百所高校的同行们所认可，是我们所激动的。我们也非常感谢数以百万计的学生和非学生读者，选择《认识商业》作为他们探索商业基础和商业环境的入门书。正是这种长期以来的热情支持，使《认识商业》成为使用最广泛的商业入门读物。

《认识商业》列举了全球范围内的许多商界成功人士，以及各种规模和不同行业（如服务业、制造业、营利组织和非营利组织）的成功企业的例子，读者对于这些来自日常生活中的素材和案例的适用性非常认可。因此，第 12 版遵循了这一传统，以塑造未来全球商业和贸易的商业惯例和发展为特色。我们写本书的目的是帮助大家学习能够让你成功的原则、策略和技巧，这些不仅会在你的课程中，而且会在你的职业生涯和生活中让你受益，是否选择学习它们取决于你。学习并不能保证你事业成功，但不学习的话……你懂的。永远记住，任何冒险活动的成功都源于理解基本原则并知道如何有效地运用它们。你现在所学的知识可以帮助你成为一个成功的人——你的余生都会如此。《认识商业》可以帮助你巩固这个基础并帮助你创建你的未来。

对于全球商业而言，这是一个令人兴奋且充满挑战的时刻。幸运的是，现在发展业务或建立成功事业的机会比以往任何时候都多，但达到这些目标也面临着前所未有的挑战。成功源于理解原则并有效运用原则，现在所学的内容可以帮助你建立牢固的商业基础知识。没有什么比现在就学习这些技能，让自己在竞争中脱颖而出更好的了。让《认识商业》带你走上这条学习之路吧，祝你好运，一切顺利！

威廉·尼克尔斯　吉姆·麦克休　苏珊·麦克休

赞誉

改革开放初期，中国的第一代企业家凭借胆识在商业上开疆辟土，很多人即使没有系统学习过商业知识也创造了辉煌业绩。然而时过境迁，随着信息化时代的到来和数字经济的转型发展，企业面临的环境越来越复杂，市场竞争越来越激烈，企业家要想赢得未来，仅凭胆识难以基业长青，还必须具有渊博学识和远见卓识，必须在持续的学习和实践中不断提升自己的思辨能力。《认识商业》会让你对商业有一种全新的认知。

——赵曙明

南京大学人文社科资深教授、商学院名誉院长、博士生导师

《认识商业》的三位作者是商业课程设计与教学领域的专家，他们善于把专业知识、术语放到我们熟悉的事物中来解释，对于商业知识的讲解生动全面。对商业感兴趣的读者，可以将它作为入门书。

——忻榕

中欧国际工商学院拜尔领导力教席教授、《商业评论》创刊主编

在大众创业的今天，创业的成功率却一直非常低，这与很多年轻人对商业缺乏理解和经验有关。《认识商业》是一本经典的商业启蒙书，它会帮助你学习商业、经济的基本知识，并了解企业管理、市场营销、人力资源管理、财务管理等不同商业领域，值得每个创业者和对创业感兴趣的人一读。

——郑毓煌

清华大学经济管理学院博士生导师、营创学院院长

我们身处一个动荡多变、复杂而又不确定的商业时代，无论是规划个人的职业

生涯，还是实现经世济民的理想，都要求我们对商业有全面且深刻的认识。《认识商业》不仅是面向初学者的教科书，通过丰富生动的案例，阐述经典概念和前沿理论，也是创业者的参考宝典，在理论与实践之间架起桥梁，推动“知行合一”。值得一提的是，除了搭建起一个横跨战略、财务、人力资源、营销、运营等各领域的综合商业认知框架，本书还提出了解决具体问题的方法，例如，面对危机的“7D 决策法”，以及有效激励员工的“四大激励法”。学以致用，将令人受益匪浅。

——吕晓慧

北京大学国家发展研究院 BiMBA 商学院副院长

人生的每个阶段，都需要不同的知识帮助我们做出决策。《认识商业》一书为我们进入神奇的商业世界提供了一幅全景图！本书采用了来源可靠的最新数据，帮助我们了解商业的方方面面。即使是相对枯燥的概念，由于作者用了明白晓畅、通俗易懂的语言，读来也让人觉得非常轻松。这是一本帮助我们认识商业的启蒙书，值得在考虑职业选择的广大年轻人以及对商业感兴趣的人士一读！

——陈玮

北大汇丰商学院管理实践教授

北大汇丰商学院创新创业中心主任

经济学是站在上帝的视角，从外往里看一家公司；商业是站在自己的视角，从里往外看这个世界。每一位创业者都是新手父母，面对创业公司时，充满激情又手足无措。《认识商业》是一本美国版的“育儿手册”。

——刘润

润米咨询创始人

《刘润·5 分钟商学院》主理人

优秀的决策者和普通人之间的区别在于，当面对同样的问题时，前者更能从本质上理解现象与原因，并知道如何采取恰当的方式去解决问题。《认识商业》就是帮助你提升商业认知、做好商业决策的绝佳指南。

——樊登

樊登读书会创始人

现代社会在某种意义上是商业社会。本书就是关于商业社会的一本通俗易懂、雅俗共赏的指南，它把商业的原理、框架、运行规律等讲得非常透彻。因为融合了大量实例，本书的可读性也很强。

——秦朔

人文财经观察家、秦朔朋友圈发起人

我始终主张，为了保持竞争力，所有的成年人在离开大学之后仍要继续学习，坚持终身对自己进行再教育。有趣的是，这种再教育的最佳教材往往来自大学教材，尤其是那种一版再版的经典大学教材，基于这些教材自学，我们的学习效率会高很多。以《认识商业》一书为例，我在拿到样书的第一个下午，就饶有兴趣地读完了本书的第二部分“企业所有权：创办小企业”。书中内容清晰地回答了我对公司制度的所有基本疑问，整个阅读过程就像上了一节高品质的 MBA 课程。基于上述感受，我推荐本书给所有对商业感兴趣的职场人士，因为每个人的职业生涯和绝大部分生活都与“商业”一词息息相关。了解这些基本的商业概念，对我们的人生至关重要。

——张辉

理想汽车有限公司战略部高级总监

要将涉及范围极广的通识类商业著作写得举重若轻，需要十倍于纸面的功力，但拥有这种功力的高手，又很难躬身入局、提笔成书。《认识商业》是一本难得的佳作，它让读者直接进入高手视角，以通透的逻辑审视复杂的商业世界，绝对不容错过。

——穆胜

穆胜企业管理咨询事务所创始人

北京大学光华管理学院工商管理博士后

《创造高估值》《激发潜能》作者

这是一本给青少年的绝佳的 MBA 教材。本书案例经典，语言简洁明快，它能让你系统了解商业世界的概念、原理与运转规律。同时，它又不拘泥于商业本身，而是延展到了企业家精神与社会创新。对于想从小培养孩子领导力的家庭，本书是必修课。

——张华

少年商学院创始人兼 CEO

云办公、宅经济、蝗虫经济、共享员工……商业的模式和边界一次次被时间和我们自己打破。未来的商业到底是什么？它的内在逻辑和前瞻性趋势又该如何来发现？创新思维不会凭空而来，在这个多元化的时代，我们更应该闭上眼睛，用心来摩挲感受商业发展的脉络及进化史。本书作者从迪士尼到好莱坞，从网购搜索引擎到工业制造，用生动的案例和细致专业的思维展现了各时代、各行业生态链的发展和演变，从而让人迸发新的思考。

——戴刘菲

上海电视台第一财经主持人、制片人

投资回报源自企业的价值创造，投资者盯紧创造价值的过程，才是获取长期回报的可靠路径。《认识商业》完整呈现了宏观经济学、微观经济学、财务会计、营销推广、人力资源等学科，以及600多个重要的基础概念。无论是对企业经营者还是对投资者，本书都是一本可供随时参阅的实用工具书。

——许树泽

资深财经主持人、评论员

透过美国的眼睛认识我们的商业

美国第30任总统卡尔文·柯立芝（1923～1929年）是一位沉默寡言的总统，人称“沉默的卡尔”(Silent Cal)，尽管如此，他依然是一位成就卓著的总统，他在任内留给美国两大财富：一是他让美国实现了“咆哮二十年”的经济高速发展；二是他的一句话——美国的事业就是企业。正是这句近似宣言的话，让美国找到了通往现代的道路。其后，创办了《时代》杂志的传教士之子——亨利·卢斯在研究了美国商业史后进一步指出：“商人必须被当作最伟大的职业。商业是一个充满荣誉的职业，是创造财富和通过商业扩展财富的职业信念的最好途径……我们必须代表和为之奋斗的是自由市场——不仅是一个对欧洲而言的自由市场，也是一个对全世界而言的自由市场。”现代商业就在这样一种意识觉醒的浪潮中，成为推动这个星球进步的主旋律。《影响历史的商业七巨头》的作者理查德·泰德罗后来说：“他们（企业家）如此重要，以至于他们可以改变这个时代的秩序、制度和文化。”

美国商业的这种觉醒意识，一直在半个世纪以后，才缓慢地传导到太平洋对岸的中国，成为推动古老文明巨变的动力。1978年开始的改革开放如今已被确认为中国巨变的起源，而那个起源，最初凭借的只是一种草莽的萌动——在一个拥有14亿人口的大国里，僵化的计划经济体制瓦解了，一群小人物把中国变成了一个巨大的试验场，它在众目睽睽之下，以不可逆转的姿态向商业社会转轨。如果回顾过去40多年主导中国变革的思想，其实正如邓小平留下的两句话：“不管黑猫白猫，会捉老鼠就是好猫”以及“摸着石头过河”，它同样是邓小平留给中国的历史财富。

40 多年后，中国已今非昔比，在全球化浪潮中，中国应该抱有一种怎样的意识去迎接这个时代？我们是应该沿袭草莽的发展，还是寻找更加商业、更加理性的道路？这是摆在所有中国人面前的历史性问题。

我研究中国企业史，同时也关注世界商业的发展变化。在我看来，中国只有迎接商业意识全民觉醒的时代，才可能到达世界舞台的最中央。过去 40 多年，我们已基本完成了商业的启蒙教育，而在未来，我们需要做的，则是更加清楚地认识我们所处的商业时代、我们生存的世界以及我们自己本身。

其实这是一部教初入社会者如何与这个时代对接的书。它教一个刚出校门的大学生，从求职或立志创业开始，如何理解商业的原理与运作规则。与一般意义上的教材不同，本书抛弃了枯燥的理论与公式，以尽量干练的文字和大量丰富的案例，完成了经济学意义上的商业普及教育。除此之外，你也能看到它将安然破产、金融危机等新案例纳入其相应的原理之中。

事实上，要想做到真正“认识商业”是一件极其困难的事情，在过去，美国人曼昆、萨缪尔森，以及英国人马歇尔等，都做过诸多努力，也形成了极具分量的历史巨著，《认识商业》从当量上无从超越，但它却能担当起普及的工作，部分原因便在于它的浅显易懂。从一定意义上来说，商业是每天都在发生的事情，经济学也是日常中的生活原理，它只有与日常大众无缝对接，才可能真正达到普及作用。因此，本书依据“商业趋势”“企业所有权”“企业管理”“人力资源管理”“市场营销”“财务资源管理”模块展开记述，是一个非常适合阅读也很实用的架构。

此外，尽管它能让众多初入社会的初学者获益匪浅，但同时也能让久经沙场的先行者更好地认识自己的事业。比如，本书在分析企业家精神和知识对现代商业的影响时指出：传统上，生产要素只会强调四项，即土地、劳动力、资本和企业家精神，而经常会忽略知识才是生产中最重要的要素。认识最基本的原理有助于企业家认识自己，否则我们永远无法明白，为何我们付出了辛勤劳动，投入了大量物力与资金，却依然只能获得微薄的利润；在更大的方面，为什么俄罗斯地大物博、资源丰富却并不算发达，而日本缺乏土地和天然资源，却能够成为世界第三大经济体。

这些问题的答案，便在《认识商业》之中。

吴晓波

目 录 Understanding Business

㊀ 本书扩充内容（包括每章的“职业生涯探索”“培养职业技能”“运用原则”“注释”，以及“补充篇”和“术语表”）见华章网站 www.hzbook.com。

前 言

前言必读的十大理由

10. 书都买来了，不如让它物有所值。
9. 你总不希望加薪的唯一原因是政府提高了最低工资标准吧。
8. 良好的开端是成功的一半，从前言开始，学好本书内容可能会让你获得更好的成绩。
7. 朋友们都说你举止怪异，你想知道他们这么说究竟是什么意思。
6. 你怎么知道商务晚宴通常不用叉勺呢？
5. 你可不想凌晨 3 点还在疯狂阅读“时间管理”章节吧，那也太讽刺了。
4. 像童子军一样，你想要做好准备。
3. 前言一定很重要，毕竟作者花了很多时间撰写。
2. 你希望自己有一天能飞黄腾达。
1. 考试可能会考到。

掌握成功必备的技能

你的生活很充实。新学期刚开始，实际上可能是大学生涯刚开始，这让你觉得千头万绪。为什么要花时间阅读这篇前言呢？我们轻松地列出了十大理由，但这部分真正的重要性不可小觑。

前言以及本书的目的是帮助你学习成功的原则、策略和技能，这些不仅对你现在的课堂学习有用，对你的职业与生活同样有用。是否要学，由你自己决定，学了不能保证必然成功，但不学——好吧，你知道结果会怎样。

这是一个激动人心、充满挑战的时代。任何企业的成功都源自它对基本原则的理解，并且知道如何有效运用这些原则。你现在学到的东西可以帮助你在以后的人生中取得成功。现在就开始运用这些技能，为自己赢得竞争优势吧。在正式开始阅读之前，请先阅读下面的内容！我们祝你一切顺利。

威廉·尼克尔斯、吉姆·麦克休、苏珊·麦克休

为你的职业生涯做好准备⊖

在美国，拥有学士学位的人平均年薪约为 5.1 万美元，而高中毕业生的年薪约为 2.8 万美元，[1] 也就是说，大学毕业生的薪水比高中毕业生高出 82%。在 30 年的职业生涯中，大学毕业生的平均收入将比高中毕业生多出近 70 万美元！可见，你在大学教育上的投资可以给你带来数倍回报。有关薪酬差异的更多信息，如图 0-1 所示。当然，这并不是说没上过大学就找不到好工作，只不过接受过高等教育的人更有可能在一生中获得更高收入。

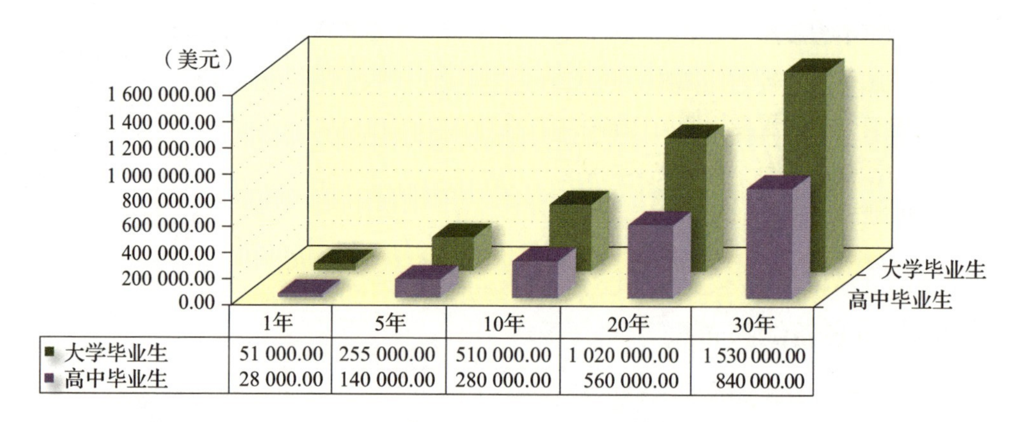

	1年	5年	10年	20年	30年
大学毕业生	51 000.00	255 000.00	510 000.00	1 020 000.00	1 530 000.00
高中毕业生	28 000.00	140 000.00	280 000.00	560 000.00	840 000.00

图 0-1　高中毕业生与大学毕业生的薪酬比较

大学教育的价值不仅体现为帮你获得更高的薪酬，还体现为可以提高你的思辨与表达能力，改善你的技术运用能力，使你为在竞争激烈的多元化世界中生活做好准备。此外，大学教育还能让你在达成目标、获得学位后，满怀自信，朝着未来的

⊖ 本书在国外是课程教材，因此前言包含关于就业的建议。更多关于学习和求职的内容，请参看华章网站 www.hzbook.com 的本书页面。

目标继续努力。

上一代的许多大学生一生做过七八份工作（通常从事不同的职业）。如今，“千禧一代”同样喜欢频繁更换工作，大多数人在毕业后的第一个 10 年里就跳槽 4 次。[2] 许多重返校园的学生正在重新规划自己的职业和人生。事实上，半数以上的非全日制大学生超过 25 岁。[3]

或许有一天你也想换份工作，从此踏上幸福和成功之路。但是，这就意味着你必须灵活应变，充分发挥自己的优势和才能，以抓住新的机遇。如今，各家公司都在寻找机器所不能替代的技能，包括创新能力、人际交往能力和精细动作控制能力。学习已成为一项终生的工作。重要的不是你现在知道什么，而是你将来能学到什么，并且知道如何运用技能来为自己、工作、公司增值。[4]

想一想

对于大学毕业生来说，大学教育的回报是值得他们付出努力的。大学毕业生在职业生涯中，收入有望比高中毕业生高出 82% 甚至更多。企业也喜欢大学毕业生，因为世界各地的工作场所都越来越需要知识渊博的员工来填补未来的工作岗位。你觉得获得大学学位还有哪些好处？

或许你和大多数普通大学生一样，不知道想从事什么职业。在当今瞬息万变的就业市场上，这并不一定是你最大的劣势，毕竟，许多未来最好的工作今天甚至都还不存在。表 0-1 列出了 10 年前尚不存在的 10 种职业。要为明天最有趣且最具挑战性的工作做好准备，我们没有什么完美或可靠的方法。但是，你仍然应该继续大学教育，培养娴熟的技术能力，提高口头与书面表达技能，以便在就业市场上探索时，你能保持灵活性和前瞻性。

表 0-1　新职业

10 年前尚不存在的职业	
App 开发人员	大数据分析师 / 数据科学家
社交媒体经理	可持续发展经理
优步（Uber）司机	YouTube 内容制作人
无人驾驶汽车工程师	无人机操作员
云计算专家	“千禧一代”专家

资料来源：World Economic Forum, weforum.org, accessed December 2016.

本书的目标之一，就是帮助你选择喜爱并能获得成功的工作领域。你将学习经济学、全球商业、伦理学、企业家精神、管理学、市场营销学、会计学、金融学等相关内容。阅读完毕，你会更清楚哪些职业适合你，哪些不适合你。

但是，你不一定非得从商才用得上商业原则。你可以运用市场营销原理，向别人兜售你的创意，从而找到一份工作；你也可以运用投资知识在股票市场上赚钱。无论你走到哪里，从事什么工作（包括在政府机构、慈善机构和社会事业部门工作），都可以运用你学到的管理技能和商业基础知识。

评估你的技能和个性

越早对自己的兴趣、技能和价值观进行自我评估，越有助于你找到职业方向。现在，有数百所学校都在使用“互动式指导信息系统”（System for Interactive Guidance and Information, SIGI）和“探索”（DISCOVER）等软件，它们提供自我评估练习、基于兴趣和技能的个性化职业列表、不同职业的信息，以及每种职业所需的准备工作。尽早去访问你就读大学的就业中心、职业实验室或图书馆，了解哪些课程适合你。网上也有职业评估工具，你可以在 www.livecareer.com/quintessential/online-assessment-review 上找到人们对在线评估工具的评论。当然，没有哪个测试能够明确告诉你哪个是最适合你的职业，但这些评估可以为你指出从前没有考虑过的职业道路。

自我评估可以帮助你判断你喜欢的工作环境（高科技、社会服务或商业）、在工作中追求的价值观（安全感、多元化或独立）、具备的能力（擅长创意 / 艺术、数字或销售），以及看重的工作性质（收入、出差频率或工作压力）。

现在就运用专业的商业策略

这里有两个成功的秘诀，你现在就可以开始练习：建立人际关系网和保存对你来说重要的主题文件。

建立人际关系网是与你见过面、聊过天或者通过信的人建立起个人联系，这些人可以为你的职业选择提供建议乃至帮助。[5]先从你的教授开始，他们既可以作为就业推荐人，也可以作为你感兴趣领域的资源。还有其他你接触过的人、导师以及有资源的人，与这些人谈论职业时要注意做笔记，包括薪酬信息和你要学的课程。

想一想

人际关系网为你提供了很多联系人，你可以向他们寻求职业建议和帮助。你已经开始建立人际关系网了吗？你在别人的人际关系网中吗？

所有的大学生都需要用一种方法记住所学的东西。要想成为商业领域的专家，一个有效的方法就是建立自己的信息系统。你可以将数据存储在计算机、平板电脑和手机上（记得要备份这些文件），也可以创建一套全面的纸质文档系统，或者两者兼用。很少有大学生花时间去做这项工作，所以在大学阶段或毕业后看过的许多信息多半再也找不到了。

尽量把课本、其他指定读物以及课程笔记都保存下来。订阅一份全国性报纸，如《华尔街日报》(*The Wall Street Journal*)、《纽约时报》(*The New York Times*)或《今日美国》(*USA Today*)，或者看看当地的报纸，每次看到感兴趣的报道时，保存一份纸质版本，或者将这篇报道的网络版保存到收藏中，再归入某个主题下，如职业、小企业、市场营销、经济学或管理学。不要只依靠一个网站来获取信息（要警惕维基百科），要熟悉并使用各种资源。

为你的简历创建文档。在文档中，保留一份目前的简历、推荐信与其他从事过的工作信息，包括完成的项目、随着时间的推移你被赋予的其他职责，以及获得的所有奖励或殊荣。很快你就会积累大量信息，来帮助你制作一份漂亮的简历，并在面试时轻松回答各种具有挑战性的问题。

观看商业类电视节目，如《晚间商业报道》(*Nightly Business Report*)和吉姆·克莱默（Jim Cramer）的《我为钱狂》(*Mad Money*)，有助于你学习商业语言，进一步了解当前商业和经济领域发生的事情。不妨看看这些节目或者收听类似的节目，看你最喜欢哪一类。做些笔记，放进你的文档里。关注你所在地区的商业新闻，了解哪里有工作机会。你还可以加入当地的商业团体，建立人脉，了解当地商业活动的秘诀。许多商业团体和专业商业协会都接受学生会员。

学着像专业人士一样行事

礼貌得体的举止永远不会过时。全球竞争越发激烈，而那些拔得头筹的团队和个人往往都彬彬有礼。给人留下良好印象的人，更容易落实工作、赢得晋升或者达成交易。礼貌的举止和专业的精神并不难获得，它们是取得并保持竞争优势人士的第二天性。

在面试中，即使再出色的简历或得体的着装都无法弥补糟糕的行为，包括言语行为形成的印象。提出请求时，请说一句“请”和“谢谢”；务必记得准时到达；习惯为他人开门，有年长者进入房间时要起身迎接；使用礼貌的语气。你可以去上一门礼仪课或者读一本礼仪方面的书，学会在高档餐厅用餐的礼仪，以及在正式聚会上如何做到举止得体，何时以及如何正确地给商务伙伴发送短信或电子邮件，等等。当然，无论何时，诚实、可靠、值得信赖和遵守道德规范都是至关重要的。

有些规范根本没有明文规定，成功的商务人士都是从经验中习得的。如果你在大学就遵守这些规范，等你开始工作时，就掌握了成功必备的技能。以下是一些基本规范。

1. **给人良好的第一印象**。俗话说：“你永远没有第二次机会给人留下良好的第一印象。”你只有几秒钟的时间给人留下良好的第一印象，因此你的着装和外表很重要。只要仔细观察各大公司的成功人士，就知道在这些公司如何行事才最得体。他们穿着如何？行为举止如何？

2. **注重仪容仪表**。注意仪表及其影响，要穿着得体，佩戴简单的配饰。在工作场合穿着暴露、戴鼻环、露出文身都是不合适的。另外，着装风格要保持一致，一周当中，时而西装革履，时而像要去割草坪，是不可能塑造出良好形象的。

很多公司都采用了“商务休闲装”政策，但也有一些公司仍然要求穿着传统正装，所以具体要看各公司的政策，选择相应的行头。休闲并不代表邋遢随便，通常来说，衣服皱巴巴、衬衫下摆未塞进裤子、在室内戴帽子都是不合适的。对女士来说，商务休闲装包括款式简约的裙子和休闲裤（不穿牛仔裤）、全棉衬衫、毛衣（不

想一想

许多企业已经将商务休闲装作为合适的工作着装，但也有一些企业仍然要求传统的着装风格。你在工作中的形象对你自己以及公司会产生哪些影响？

宜紧身)、运动夹克、低跟鞋或靴子；男士可以穿卡其色长裤、有领运动衫、毛衣或夹克，以及休闲鞋或系带鞋。

3. **准时**。如果你未能按时上课或上班，就等于在向老师或老板传达这样的信息："我的时间比你的时间重要，我还有更重要的事要做。"除了显得对老师或老板不尊重之外，迟到还会无礼地干扰同事的工作。

关注企业文化。有时你必须比别人早来晚走，才能得到你渴望的晋升。要养成良好的工作习惯，取得好成绩，就要准时上课，避免早退(提前收拾东西准备离开)。

4. **学会体谅他人**。别人说话时要注意聆听。例如，上课时不要查看手机短信、看报纸或吃东西；不要打断别人说话，轮到你时再说；不要使用带有冒犯性的语言；注意坐姿，不要无精打采，使用适当的肢体语言。坐直有一个好处，可以让你保持清醒！教授和管理者都对那些精神饱满、行动敏捷的人有良好的印象。

5. **养成良好的短信 / 电子邮件礼仪**。面对面交流的基本礼节也适用于短信和电子邮件的沟通。写第一封电子邮件时，开头要自我介绍；接下来，告诉收件人你从哪里得知了他们的姓名和电子邮件地址；然后，清晰而简洁地传递信息，避免使用网络语言；最后，附上签名。不要发送附件，除非收件人已经表明他们愿意接收附件。应先征求对方的意见！你可以在网上找到更多关于沟通礼仪的信息，如NetManners.com。

6. **养成良好的手机礼仪**。这门课不是用来让你安排今晚约会的。上课或开商务会议时要关掉手机，除非你在等一个重要的电话。如果是在等电话，请在课前告知你的教授；关掉铃声，把手机调成震动模式；坐在过道旁边，靠近门。如果你确实要接一个重要的电话，先走出教室，再接听电话，课后向教授道歉并说明原因。

7. **注意在社交媒体上发布信息的安全性**。小心你在 Facebook 或其他社交媒体上发布的内容。虽然和朋友分享你最近的冒险经历很有趣，但你现在或未来的老板可能并不欣赏你最近的那些派对照片。请注意，即使你把照片从网上删除，它们也可能并未永久消失。如果有人下载过，照片就仍然流传在外，说不定还会传到招聘单位。确保经常更新你的隐私设置。把你工作单位的朋友分组，限制他们的浏览范围，倒是个好主意。此外还要注意，有些同事并不想成为你的 Facebook 好友，为了避免尴尬，等同事先加你为好友。弄清雇主对上班时间使用社交媒体的规定。显然，他们可能并不赞成上班时间用社交媒体做私事，但对于共享技术事宜、公司信息等，公司应该会有相关规定。请注意，社交媒体账号会在你的评论上留下时间印记。

8. **做好准备**。对商务人士来说，如果没有阅读适当的材料，没有充分准备议程上的主题，是绝对不会去出席会议的。对学生来说，表现得像个专业人士，就意味着课前阅读指定的材料，完成要上交的书面作业，在课堂上提问和回答问题，与同学讨论这些材料。

9. **了解当地风俗**。交通法规让人们行车更安全，同样，商务礼仪让人们在做生意时考虑得更周全。要熟悉商务规则，提高自己的竞争优势。如果你到海外出差，要了解所到国的商务礼仪，[6]各国在日常活动和一般商务活动（如打招呼、吃饭、赠送礼物、交换名片）中的风俗习惯不尽相同。在日本，商务人士见面通常是鞠躬而不是握手；在一些阿拉伯国家，坐着的时候露出鞋底是对别人的侮辱。诚实、具备高尚的道德标准、可靠和值得信赖在任何国家都是成功的关键。

10. **行为合乎道德**。拥有正直诚信的声誉会让你感到自豪，对你的事业成功也有很大助益。无德、失德则会令你声誉尽毁，所以要三思而后行。心生疑虑时，千万不要轻举妄动！伦理道德对成功至关重要，所以本书将反复探讨这个主题。

想一想

其他国家认为理所当然的行为在美国可能变得异乎寻常。在某些文化中，鞠躬是一种表示尊重的问候方式。你如何在你做生意的国家学习合适的商务礼仪？

充分利用本书的资源

本书提供了许多学习辅助工具，帮助你理解各种概念。

1. **学习目标**。通读学习目标可以帮助你了解本章的框架和重点。每个人都有学不进去的时候，而学习目标可以引导你进入学习状态。

2. **本章人物**。开篇故事中的专业人士都成功地运用了本章介绍的概念。

3. **想一想**。这些问题可以让你暂停一下，仔细思考，并回忆刚刚学过的内容。

4. **关键术语**。术语表是本书最重要、最有用的部分。本书的所有关键术语都用黑体字突出显示，便于你查找。本书“扩充内容”中附有一份完整的术语表。你在学习新术语时，应该充分利用这一学习辅助工具。

5. **专栏**。每章都包含若干专栏，专栏中的拓展示例和讨论都是针对本书关键主题展开的：（1）道德伦理（“道德决策”专栏）；（2）小企业（“聚焦小企业”专栏）；（3）全球商业（“异域新说”专栏）；（4）社交媒体（“社媒连线”专栏）；（5）现代商业问题（“知变则胜”专栏）。这些专栏生动有趣，深刻剖析了重要的商业问题。我们希望你喜欢这些栏目，并有所收获。

6. **本章小结**。“本章小结”与“学习目标”直接相关，这样你就可以清楚自己是否完成了学习目标。

7. **批判性思考**。章末的问题可以让你将阅读材料与自己的经验联系起来。

8. **本章案例**。这些案例重点介绍了各个公司的流程、实践和管理人员，生动展现了本章的关键概念，并提供真实世界的信息供你思考和讨论。

如果你采用上述建议，就能积极参与学习，这对于学习本书内容和选择你的职业生涯都将有极大助益。成功最重要的秘诀可能就是享受你所做的一切，尽力将一切做到最好。要做到最好，则应充分利用这些学习辅助工具。

第12版更新

《认识商业》的读者一直非常欣赏本书资料的通用性，也很喜欢来自世界各地各公司与行业（如服务业、制造业、营利组织和非营利组织）的大量实例。浏览一下本书各章节的注释[㊀]，你会发现，几乎所有注释均出自2016年或2017年。因此，书中新增了最新商业惯例和影响商业的其他研究成果，包括：

- 英国脱欧；
- 零工经济；
- 退出“泛太平洋战略经济伙伴关系协定”（TPP）；
- 解除对古巴的贸易限制；
- 联合国可持续发展目标；
- 社交媒体广告；
- 社交网络；
- 循环经济；
- 产品即服务；

㊀ 全书注释参看华章图书网站 www.hzbook.com 的本书页面。——编辑注

- 人力资源信息系统；
- 基于市场的薪酬结构；
- 随叫随到工作安排；
- 持续的绩效评估；
- 职场霸凌；
- 求职和初次面试的注意事项；
- 合弄制；
- 无人机；
- 3D 打印和增材制造；
- 富国银行和大众汽车丑闻；
- 美国最高法院关于内幕交易的裁决；
- 机器人顾问；
- 勒索软件；

……

Understanding Business

第一部分

商业趋势

在多元化与全球化背景下培育企业

第1章

动态商业环境中的冒险与获利

学习目标

1. 阐述利润与风险之间的关系，说明企业和非营利组织是如何提高全民生活水平的。
2. 解释企业家精神和其他生产要素如何有助于创造财富。
3. 分析经济环境和税收对企业的影响。
4. 描述技术对企业的影响。
5. 阐明企业如何应对并赢得竞争。
6. 分析影响企业的社会变化。
7. 确定企业必须采取哪些措施来应对全球化的挑战，包括战争和恐怖主义。
8. 回顾过去的趋势如何在当下重演，这些趋势对于即将毕业的大学生来说意味着什么。

Understanding Business

本章人物

家得宝的安－玛丽·坎贝尔

从事一份新工作不会一帆风顺，有许多事要学习，有许多人要结识。即使是经验丰富的从业者，在新工作开始的第一天也会惴惴不安。

30多年前，安－玛丽·坎贝尔（Ann-Marie Campbell）是一个操着浓重牙买加口音的新移民。我们可以想象一下，她当年走进家得宝（Home Depot）第一次上班时会有怎样的感受。由于她勤奋刻苦的工作和一丝不苟的态度，坎贝尔在家得宝的职位不断提升。现在，作为门店执行副总裁，她负责监督2000多家门店的运营。

坎贝尔出生于牙买加首都金斯敦一个成功的家庭，父母事业有成，育有四个子女。但是，天有不测风云，一场车祸夺走了她父亲的生命，她幸福的童年时光戛然而止。坎贝尔兄弟姐妹四人主要靠着祖母的养育，度过了余下的少年时光。祖母是一个不怕艰辛、有着强烈进取心的女人。“我祖母离异，独自抚养10个孩子，”坎贝尔说，“她从在路边卖蕾丝花边起家，后来这一生意逐步发展成一家规模上百万美元的家具和家电零售商店。”

坎贝尔上的是管理严格的寄宿制学校，只要一放假，她便来到祖母店里，这里也就成了她第二个家。帮助祖母处理日常事务教会了她许多做生意的重要经验，祖母的谆谆教诲、学校的严格要求都让坎贝尔获益匪浅。她十几岁时搬到迈阿密，在家得宝兼职做销售助理的工作，以此赚取工钱，贴补学费。坎贝尔的丰富经验和奉献精神帮助她很快就胜任了这份工作，但在这个新环境中，她仍然面临许多挑战。“我当时是销售部门唯一的女性，当顾客提出问题时，他们往往要求跟男性沟通。”她非但没有发脾气，反而对这种要求做出聪明的回应。坎贝尔说：“我会挑个一窍不通的男人来帮忙，而这个男人总是把问题推给我。”

类似的大胆举动引起了家得宝高

层的关注。一天，公司一位高管来到店里，向一群员工提出了一个问题。没有一个同事能够回答，坎贝尔却自信地回答了这位高管的询问。“后来，当他走出商店时，他问经理我是谁，”坎贝尔说，“我就是这样引起他们关注的。”这件事给了她在公司内部寻求晋升的信心和人脉。她晋升的第一个职位是油漆部门主管，后来她被任命为整个商店的经理。

坎贝尔于2005年获得了工商管理硕士学位，这使她得以在公司职位晋升的道路上平步青云。至2016年，她已经身居显位，成为美国门店执行副总裁，领导着家得宝40多万员工。坎贝尔希望能为这些员工提供她曾经拥有过的进步机会，她从不敢怠慢，每天都在为此而努力。“只有助人发展，你自己的成功才能持久。”坎贝尔说，“我只要一有机会跟学生或我的孩子交谈，就会向他们灌输这样的价值观，一个人不能仅仅想着独善其身。世界是一个共同体，每个人都要参与其中，所以让我们共同努力，确保每个人都能获得成功。”

随着商业环境的不断变化，机遇也会接踵而来。本章和本书的目的就是向你介绍充满活力的商业世界，以及那些从中获得荣耀和财富的人们。像安–玛丽·坎贝尔这样的商界人士为社会做出了很多贡献，也因而过上了殷实的生活。这就是商业的意义所在。

资料来源：Doug Gillett, “Ann-Marie Campbell's American Dream,” *Georgia State University Magazine*, accessed September 2017; Ellen McGirt, “How Home Depot's Ann-Marie Campbell Rose from Cashier to the C-Suite,” *Fortune*, September 13, 2016; Henry Unger, “‘If You Have a Seat at the Table, Speak Up,’” *Atlanta Journal Constitution*, March 26, 2015; Paul Ziobro, “Home Depot Replaces Head of U.S. Stores Business,” *The Wall Street Journal*, January 19, 2016; Boardroom Insiders, “Ann-Marie Campbell,” accessed September 2017.

商业与财富积累

在商业领域获得成功，主要是因为能够不断适应市场变化。**商业（business）**是指所有以盈利为目的、力求为他人提供商品和服务的活动。为了获得利润，你必须为人们或其他企业提供所需的商品、工作和服务。**商品（goods）**是指各种有形的产品，如计算机、食品、服装、汽车和家电等。**服务（services）**是指无形的产品（即无法握在手中的产品），如教育、医疗、保险、休闲和旅游等。一旦你根据消费者的需求，设计出适合他们的产品和服务，你还得用他们喜欢使用的媒介，如电视、社交媒体等来打动消费者。

尽管你不必把财富列为首要目标，但如果你满足了市场需求，提供了客户想要的东西，也就自然为自己赚到了钱，有时还赚得盆满钵满。沃尔玛（Walmart）的创始人山姆·沃尔顿（Sam Walton）最初只是在阿肯色州开了一家店，日积月累，他成为美国首富。现在，他的继承人也是美国最富有的人了。[1]

美国的百万富翁超过 1350 万人。[2] 你如果创业，或许也会成为其中一员。**企业家（entrepreneur）**是愿意投入时间与资金创办和管理企业的人。

收入、利润和亏损

收入（revenue）是指企业在一定时期内，通过销售产品和服务所获得的总金额。**利润（profit）**是指企业所赚取的超出其支付工资和其他费用的金额。当企业的支出大于收入时，就会发生**亏损（loss）**。如果一家企业长期亏损，就很有可能关门大吉，导致员工失业。美国每年有超过 17.5 万家企业倒闭。[3]

如前所述，商业环境始终处于变化之中。一旦经济形势发生变化，那些看似绝佳的机会可能随之就变成巨大的失败，因此，创业可能伴随着超高的风险。但风险越大，往往利润也越高。接下来，我们就来探讨这一概念。

权衡风险与利润

风险（risk）是企业家在可能无法盈利的业务上所承担的时间和金钱方面的损失。请记住，利润是指企业在支付工资和其他费用之后的盈余。例如，你打算在夏天租热狗售卖车来卖热狗，那么需花钱租辆推车，你还要花钱买热狗原料，当你不在的时候，还得雇人来帮你照顾。你给自己和员工发完工资，付完材料费、热狗车的租金，交完税，最后剩下的钱就是利润了。

请记住，利润不包括你自己的薪水。你可以用利润来租借或购买第二辆热狗车，多雇几个员工。几个夏天过后，你可能会有十来辆热狗车，雇用几十名员工。

并非所有企业都能赚取这样的利润。通常来说，那些甘冒最大风险的人赚到的钱可能也是最多的。例如，制造一款新型汽车风险很大。同样，在市中心开店也有风险，因为市中心的保险和租金通常会比郊区高，但那里的竞争也少，所以还是有可能赚取可观利润的。巨大的风险可能意味着巨大的利润。

生活水平和生活质量

沃尔玛的山姆·沃尔顿、微软的比尔·盖茨（Bill Gates）、亚马逊的杰夫·贝佐斯（Jeff Bezos）和 Spanx 的萨拉·布莱克利（Sara Blakely）等企业家，不仅自己成为富豪，还为众人提供了就业机会。沃尔玛目前是美国最大的私人雇主。

联邦政府和当地社区用企业及其员工缴纳的税款，建造医院、学校、图书馆、操场、道路以及其他公共设施。税收还能用来保持清洁的环境，帮助有需要的人，提供警察和消防服务。因此，企业创造的财富和缴纳的税款可以帮助社区里的每个人。企业是一国经济体系的组成部分，有助于提高该国（乃至全世界）每个人的生活水平和生活质量。近年来缓慢的经济复苏对你们国家或地区人们的生活水平和生活质量造成了怎样的影响呢？

想一想

1979 年，杰拉尔·福斯（Geral Fauss）带着 5000 个特大号泡沫手指，来到新奥尔良的“砂糖碗”（Sugar Bowl，美国大学橄榄球年度碗赛之一），当时他并不知道能否卖得掉。几年前，还在中学任手工课老师的福斯设计出这种如今人人皆知的泡沫手指，受到学生热捧。幸运的是，“砂糖碗”的观众也为之所吸引，5000 个泡沫手指很快售罄。于是，他创办了一家公司，至今仍做得风生水起。福斯创业之初面临哪些风险和回报？

生活水平（standard of living）是指人们可以用钱购买的商品和服务的数量。例如，美国是世界上生活水平较高的一个国家，尽管德国和日本等国的工人时薪更高。怎么会这样呢？德国和日本的商品和服务价格高于美国，所以，同样的钱在这些国家买到的东西要比在美国少。比如，一瓶啤酒在日本卖 7 美元，而在美国只卖 4 美元。

商品在一国比在另一国价格高，通常是因为在该国税负更高，政府监管更严格。厘清正确的税收水平与监管力度，对于一个国家或城市的繁荣至关重要。我们将在第 2 章进一步探讨这些问题。现在，我们完全可以理解，美国之所以享有高水平的生活，很大程度上要归因于企业所创造的财富。

生活质量（quality of life）是指一个社会在政治自由、自然环境、教育、医疗保健、安全、休闲娱乐和奖励等方面的总体福利，这些福利增加了商品和服务所带来的满足感和愉悦感。维持高质量的生活需要企业、非营利组织和政府机构的共同努力。请记住，生活质量不仅仅关乎赚钱。

应对各利益相关者的需求

利益相关者（stakeholder）是指所有因企业的政策和活动而获利或遭受损

失的人，他们关心的问题也是企业必须予以解决的。利益相关者包括客户、员工、股东、供应商、经销商（零售商）、银行家、周围社区、媒体、环保主义者、竞争对手、工会、批评者和政府领导人（见图 1-1）。[4]

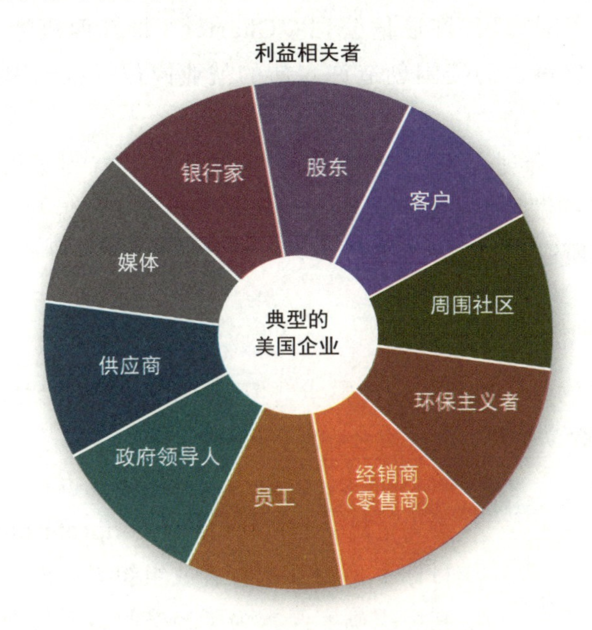

图 1-1　企业及其利益相关者

企业各利益相关者的需求经常会发生冲突，比如给员工加薪可能会压缩股东的利润。企业管理者的一项主要任务就是平衡各方的需求。

资料来源：John Mackey and Raj Sisodia, *Conscious Capitalism* (Boston, MA: Harvard Business Review Press, 2013).

21 世纪组织面临的一大挑战是，发现利益相关者的需求并予以响应。例如，你必须在企业盈利与员工收入或环境保护之间权衡轻重；你不把媒体放在眼里，它们可能就会撰文诋毁你的企业，导致商品滞销；你与当地社区作对，你的业务扩张就会受阻。

保持竞争力可能需要外包。**外包（outsourcing）**是指与其他公司（通常位于其他国家）签订合同，委托其执行公司的部分或全部职能，如生产或会计部门的工作。在美国一些州，工作岗位流失到海外竞争对手那里，可见外包造成的影响不容小觑。我们将在第 3 章详细讨论外包。

与外包相对的是内包（insourcing）。许多外国公司在美国创建设计和生产中心。例如，韩国现代汽车公司（Hyundai）将设计和工程总部设在密歇根州的底特律，而将汽车制造部门设在亚拉巴马州的蒙哥马利。[5]日本汽车制造商本田（Honda）多年来一直在美国生产汽车，并于2016年开设了第12个美国制造车间。[6]特许通信公司（Charter）将其西班牙语呼叫中心搬回了美国。[7]内包可以为美国创造许多新的就业岗位，抵消因外包而流失的工作。

尽管企业外包合理合法且有利可图，但是否对所有利益相关者都最有利呢？企业领导者在做外包决策时，必须权衡各方因素。取悦利益相关者并非易事，往往需要有所取舍。

在非营利组织中使用商业原则

企业会尽力满足利益相关者的需求，但无法仅凭一己之力打造完美社会。非营利组织，如公立学校、公民协会、慈善机构（如联合劝募会和救世军），以及致力于社会公益事业的团体，也对社会福祉做出了重大贡献。**非营利组织（nonprofit organization）**的目标不是为其所有者或组织者谋取个人利益。非营利组织确实经常为了经济收益而努力，但是这些收益是用来实现社会或教育目标的，而不是为了个人利益。

你或许会出于兴趣爱好，到非营利组织工作，但这并不是说，你没必要在大学学习商业。你仍然需要学习各种商业技能，如信息管理、领导力、市场营销和财务管理。研读本书以及其他商业图书，掌握一技之长，将来你无论在哪个组织工作，包括非营利组织，都会受益匪浅。

想一想

非营利组织是以社会和教育为导向，而不是以利润为导向。例如，红十字会每年为大约3000万人提供援助，从难民到自然灾害的受害者，不一而足。为什么良好的管理原则对于追求利润的企业和非营利组织都同样适用呢？

企业家之于财富创造的重要性

在商业领域获得成功有两条路径，其中一条是在大公司中工作并步步高升。做员工的好处是，自有他人来承担创业风险，让你带薪休假，帮你买健康保险。为他人工作不失为一个好选择，很多人都会选这条路。

另一条路径荆棘密布，但往往更激动人心，那就是成为一名企业家。美国国歌《星条旗之歌》里唱道，美国是“自由的土地，勇敢者的家园”。自由部分体现在可以拥有自己的企业并收获创业成果的自由。但是，有成功的自由，就会有失败的自由，所以每年都有很多小企业关门大吉。有勇气的人才敢创业，作为企业家，没人给你提供带薪假期、日托、公务车或健康保险这些福利。你必须自己养活自己！而且你所获得的，如自主决策、发展机遇、潜在财富，往往都需要你付出努力。在你接受挑战之前，应该研究一下成功企业家的成长路径。你可以亲自与他们交谈，也可以在本书第 6 章或其他书籍、杂志（如《创业者》《快公司》和《公司》）以及网站（如美国小企业管理局，网址为 www.sba.gov）上了解他们。

五个生产要素

你有没有想过，为什么有的国家富裕，有的国家贫穷？多年来，经济学家一直在研究创造财富的问题。他们首先找到了对财富有贡献的五个**生产要素**（**factors of production**）（见图 1-2）。

1. 土地（或自然资源）。土地（或自然资源）指用来建造房屋、制造汽车和其他产品的土地和其他自然资源。

2. 劳动力（工作者）。人力一直是生产商品和服务的重要资源，但如今，越来越多的人力正被技术所取代。

3. 资本。资本包括机器、工具、建筑物或其他任何用于商品生产的东西。资本可能并不包括货币。人们用货币来购买生产要素，但它本身不一定被视为一个要素。

4. 企业家精神。如果企业家不愿冒着创业的风险去使用资源，那么世界上的资源就都失去了价值。

5. 知识。信息技术使商业发生了革命性变化，能够迅速确定人们的需要和需求，并提供相应的商品和服务。

> **想一想**
>
> 一个国家要为国民创造财富，不仅需要自然资源，还需要企业家的努力，以及生产商品和服务所需的技能与知识。政府应该如何提倡企业家精神，促进知识的传播呢？

传统的商业和经济学教科书只强调四个生产要素：土地、劳动力、资本和企业家精神。但是，已故管理大师、管理顾问彼得·德鲁克（Peter Drucker）认为，经济体系中最重要的生产要素现在是而且永远是知识。[8]

图 1-2 五个生产要素

我们对比富国和穷国的生产要素时发现了什么？一些贫穷国家拥有大量的土地和自然资源。比如，俄罗斯地大物博，木材和石油等资源丰富，但（目前）还算不上富裕的国家。因此，土地不是创造财富的关键因素。

大多数贫穷的国家，如墨西哥，拥有大量的劳动力，所以劳动力也非当今主要的财富来源。劳动力要找到工作才能做贡献，也就是说，他们需要企业家为他们创造就业机会。此外，资本（机器和工具）在当下的世界市场也唾手可得，所以资本也不是必不可缺的要素。没有企业家对资本的使用，资本就产生不了效益。

当今富裕国家之所以富裕，是因为它们大力推广企业家精神，同时有效地利用知识。企业家利用他们所学的知识来发展企业，从而增加财富。此外，经济和政治自由也很重要。

商业环境既能推动创业，也能使创业受阻。这就解释了，为什么美国有些州和城市越来越富，而有些州和城市仍然较为贫穷。在下一节中，我们将探讨商业环境的构成，以及如何营造鼓励发展和创造就业的环境。

商业环境

商业环境（business environment）由促进或阻碍企业发展的环境因素组成。图 1-3 所示为商业环境中的五个要素。

1. 经济和法律环境。

2. 技术环境。

3. 竞争环境。
4. 社会环境。
5. 全球商业环境。

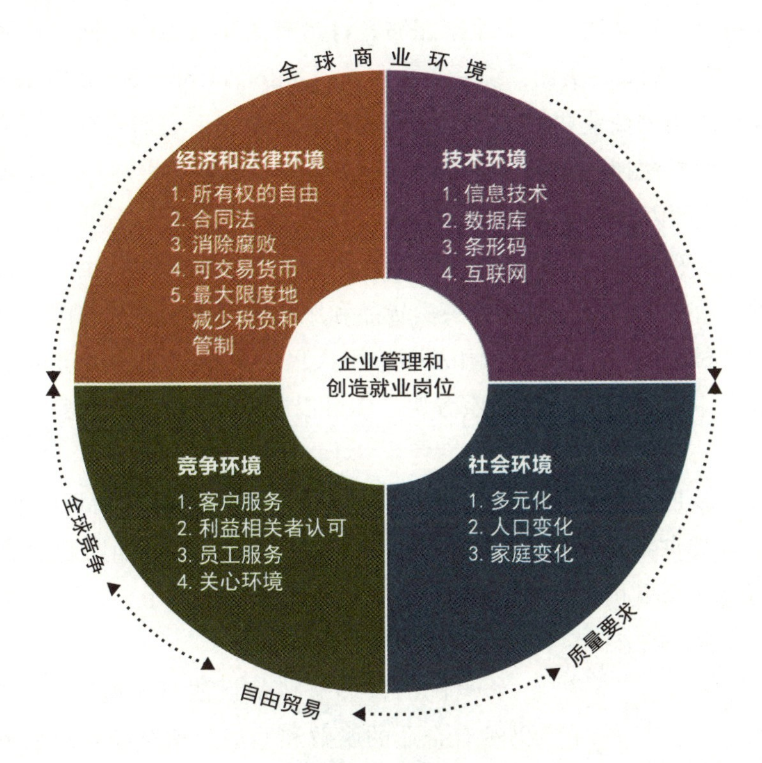

图 1-3　今天变化多端的商业环境

企业创造财富和就业，从发展走向繁荣，都离不开健全的环境。因此，营造良好的商业环境是各种社会福利的基础，包括良好的学校、干净的水、新鲜的空气、完善的医疗保健以及较低的犯罪率。企业通常无法控制商业环境，但必须保持警惕，随时准备适应变化。

经济和法律环境

如果人们觉得亏损的风险不是很大，他们就愿意创业。经济制度以及政府是否支持，会对创业产生重大影响。比如，政府可以尽量减少开支，最大限度地减少税负，放松管制，这些都是对企业有利的政策。最近的选举辩论主要关注的是，是否增税、如何减少政府开支，以及是否减少监管。

政府积极推动创业的一种方式是，允许企业私有。现如今，世界各地不少政府都将企业转售民间，以创造更多的财富。对于发展中国家政府来说，最佳的举措就是，尽量不去干预商品和服务的交易。

政府可以通过立法，让企业家能够签订具有法律效力的合同，从而进一步降低创业风险。例如，美国《统一商法典》（Uniform Commercial Code）对诸如合同和保证之类的商业协议进行监管，因此，企业知道它们是有法可依的。那些尚未制定此类法律的国家，创业风险则要大得多（你可以在补充篇A中读到更多商业法律的内容）。

此外，政府还可以发行一种能在全球市场上交换的货币。也就是说，你可以用这种货币在世界上任何地方买卖货品和服务，因为它在其他国家兑换起来非常方便。试想一下，如果中国人不想用人民币兑换美元，可口可乐或迪士尼又怎能在中国销售其产品和服务呢（你可以在第20章读到更多关于货币的内容）。

最后，政府要尽量遏制企业和政府自身的腐败。在政府腐败严重的地方，人们很难拿到建厂或开店的政府许可证，因为有时需贿赂政府官员才能获得许可。在企业内部，道德败坏的领导会威胁竞争对手，以不正当的手段减少竞争。

美国的许多法律都设法打击腐败。尽管如此，仍然有企业的腐败和非法活动对商界乃至整个经济产生了负面影响。腐败丑闻屡现报端。道德对于企业乃至经济的繁荣至关重要，所以我们在本书大多数章节中都列举了道德的实例，并且在第4章专门探讨这一主题。

各国政府可以共同努力，营造一个弘扬企业家精神的商业环境。例如，2015年，联合国通过了“可持续发展目标”（Sustainable Development Goals, SDG），罗列了未来15年内消除贫困、改善弱势群体生活的具体目标。其最终目标是通过与政府、企业和非营利组织的合作，解决发展中国家的发展问题，共同走向繁荣。

想一想

在某些国家创业比在另一些国家难。例如，在印度，获取政府许可非常耗时，而且要应对各种官僚做派。尽管如此，新创企业仍可以成为财富和就业的主要来源。你认为在印度这个拥有10多亿人口的国家，多一点创造商业机会的自由会产生什么影响？

技术环境

自史前时代起，人类就一直在发明创造各种工具，以使工作变得更加轻松。然而，几乎没有什么技术变革能像信息技术（IT）那样，对企业产生如此全面而持久的影响。信息技术彻底改变了人们的交流方式。广告商和其他商业人士想出各种方法，利用这些信息技术工具去接触供应商和客户，就连政治家也借助互联网的力量来推动事业发展。[9] 信息技术是当今商业世界的重要力量，本书每章都会讨论它对商业的影响。

技术如何造福你和员工　**技术（technology）**是指能够提高企业办事效力、效率和生产率的所有手段，包括手机、计算机、移动设备、医疗成像设备、机器人、互联网、社交媒体，以及各种软件和应用程序。[10] 效力（effectiveness）意味着用正确的方法做正确的事。效率（efficiency）意味着用最少的资源生产产品和服务。"知变则胜"专栏讨论了无人机这种技术如何让企业提高效力与效率。

生产率（productivity）是指既有的投入（如工作时数）所得到的产出数量。在任一特定时期，你生产的东西越多，对公司的价值就越大。如今的问题是，工人的生产率太高，结果所需的工人越来越少。[11]

科技影响着各行各业的人。例如，农民可以用计算机将去年的收成数据与无人机或卫星拍摄的农场照片进行比较，看看哪些作物长势良好。他可以查看最新的粮食价格，在 www.newAgTalk.com 网站上与世界各地的农民朋友交谈。他还能在农产品在线交易网 FarmTrade.com 上竞拍大宗化肥，节省成本。高科技设备告诉他如何以及在哪里撒肥料和播种，如何跟踪每一寸土地的产量，从而保持较高的利润。[12] 当然，技术用得越多，往往需要的工人也越少。这对农民究竟是好事还是坏事呢？

知变则胜

更高更远

无人机可以投递各种各样的东西，包括从亚马逊网购的商品到精确定位的炸弹。无人机也能帮助企业提高生产率和效率。它还可以扫描，绘制地形图和收集数据。这些任务过去需要卫星、飞机和直升机才能完成，也只有财力雄厚的公司才能负担得起。今天，即便是小型企业也可以花几百美元买一架无人机。

建筑公司可以用无人机收集数据，与载人驾驶飞行器和测量员相比，无人机收集数据频次更高，准确性也更高。农民可以用无人机监测农作物，通信公司可以检查高耸的移动通信信号发射塔，物业管理员可以检查楼宇的状况。这一切都可以依靠无人机来完成，其成本比传统方法低得多。例如，建筑监理员通常会花费200～300美元进行一项常规的屋面检查，耗时6个小时。但是，如果他使用无人机，费用仅为10美元，耗时仅1个小时。操作无人机比攀爬梯子或移动通信信号发射塔风险要小得多。

当然，使用无人机也存在许多担忧。无人机可能会干扰飞机的正常起飞，危及军用飞行器，安装了微型摄像机的无人机还被用来窥视邻居家院落的情况。为了应付这些威胁，美国国会提议赋予联邦航空管理局（FAA）更多权力来管理无人机的使用。无人机行业担心立法者会阻止无人机的开发和使用，以遏制滥用无人机的人。你认为政府应如何管理无人机呢？

资料来源：Mark Sundeen, “Welcome to Drone-Kota,” *Popular Science*, May/June 2016; Ashley Halsey III, “Senate Considers Ramping Up FAA Oversight of Drone Use,” *The Washington Post*, March 16, 2016; Christ Anderson, “How Will Drones Change My Business?” *Entrepreneur*, April 16, 2016; Clay Dillow, “A Drone for Every Job Site,” *Fortune*, September 15, 2016; Chris Anderson, “Drones Go to Work,” *Harvard Business Review*, May 2017.

电子商务快速发展 **电子商务（e-commerce）**是指在网上进行商品交易。电子商务的交易主要有两种类型：**企业对消费者（B2C）和企业对企业（B2B）**。互联网对消费市场上的在线零售商来说非常重要，而在B2B市场上，它变得更加重要。在B2B市场上，企业相互销售商品和服务，比如IBM向当地一家银行销售咨询服务。电子商务已经变得至关重要，所以本书很多章节都在讨论这个主题。

运用技术对顾客需求做出回应 本书的一个重要观点是，那些对顾客需求最为敏感的企业将获得成功。技术可以帮助企业以多种方式应对顾客的需求。例如，企业使用条形码识别你购买的产品及其大小、数量和颜色。收银台的扫描器不仅可以识别价格，还能将你的购买信息存入**数据库（database）**，即用于存储信息的电子文件。

借助数据库，商店可以只销售本地顾客需要的商品。由于公司经常交换数据库信息，许多零售商都知道你买了什么，从哪里买的。因此，它们可以根据你的消费习惯，给你发送在线广告或目录以及其他直邮广告，提供你想要的商品。我们将在本书探讨企业如何使用诸多技术方法，对消费者做出响应。

可惜的是，合法收集顾客个人信息的做法也为身份盗窃者打开了大门。**身份盗用（identity theft）**是指出于非法目的获取个人的私人信息，如社会保障号和信用卡账号等。例如，2017 年，苹果公司的报告称，尽管公司本身并未遭到黑客攻击，但它们一些客户的 iCloud 账户却遭到了入侵，原因是这些客户用来保护 iCloud 账户的密码与他们在其他网站所用的密码是一样的（尤其是领英、雅虎和 Dropbox 上的账户），而那些网站遭到了黑客攻击。[13] 专家建议我们为每个账户创建新密码，这样，如果一个账户的密码被盗，黑客仍然进不了你的其他账户。专家还建议，将密码存储在密码管理器中，并尽可能启用双因素身份验证，以此提高安全级别。[14] 美国联邦贸易委员会（FTC）称，每年有数百万美国消费者的身份被盗用。网络安全仍将是政府、企业和客户关注的主要问题。[15]

许多人担心，技术可能会被用来侵犯他们的电话或电子邮件隐私，甚至通过商店、赌场、游轮和其他公共场所使用的面部识别技术来跟踪他们的行动。[16] 你可以在补充篇 B 中读到更多安全和隐私方面的问题，以及企业如何使用技术来管理信息。

资料来源：©Jennifer Blankenship RF.

想一想

迪士尼乐园推出了“我的魔法 +”（MyMagic+），便于为客人创造理想的度假体验。其关键元素是魔法手环（MagicBand），就是采用类似一卡通的方式，将客人在网上所做的度假选择全部串在一起。魔法手环运用射频技术，可用作公园门票、酒店房间钥匙、快速通行证以及迪士尼乐拍通（PhotoPass）。迪士尼酒店的客人还可以用魔法手环支付餐费，购买商品。

竞争环境

企业之间的竞争从未如此激烈。有些企业关注质量，借此获得竞争优势。许多企业立志打造零缺陷产品，在产品生产上绝不出错。然而，即使实现零缺陷率，也不足以在世界市场永葆竞争优势。企业现在必须提供质优价廉的产品，也就是说，以具有竞争力的价格提供出色的服务。

通过超越顾客的期望赢得竞争　今天的顾客不仅要求物美价廉，还要服务优质。每个生产和服务机构都应该在门上挂个牌子，告诉员工“顾客至上”。商业日趋以顾客为导向，而不再像过去那样以管理者为中心。如今，成功的组织必须更加仔细地聆听顾客的想法，确定他们的需求，然后相应调整公司的产品、政策和做法。我们将在第 13 章深入探讨这些观点。

通过重组和授权赢得竞争 为了满足顾客的需求，公司必须赋予一线员工（如办公室职员、酒店前台和销售人员）责任、权力、自由，提供他们所需的培训和设备，以快速响应顾客的要求。公司还要允许工人做出对生产优质产品、提供优质服务至关重要的决定，这个过程叫作**授权（empowerment）**，我们对这一概念的讨论将贯穿全书。

许多公司认识到，重组一个机构有时需要花上几年的时间，以便管理者能够并且愿意放弃一些权力，而让员工承担更多的责任。我们将在第 8 章讨论这种组织变化。

社会环境

人口统计（demography）是对人口规模、密度以及其他特征，如年龄、种族、性别和收入等所做的人口统计研究。在本书中，我们对影响企业和职业选择的人口趋势尤为关注。美国人口正在经历重大变化，这些变化深刻地影响着人们的生活方式、住宅、消费内容以及休闲娱乐。有些公司因人口结构的巨变获得新机遇，另一些公司则错失良机。比如，退休人员数量的激增为各种商品和服务带来了新的市场机会。

管理多元化 多元化（diversity）早已超越招募并留住少数族群和女性员工这个概念。现在的多元群体还包括老年人、残障人士、性取向不同的人、无神论者、宗教信奉者、性格外向的人、性格内向的人、已婚和单身人士。多元化还意味着要敏感地对待世界各地的员工和文化。[17]

合法和非法移民对许多地区产生了巨大的影响，随着政府对移民改革的讨论，这种影响仍将继续。企业、学校和医院所受影响尤为严重。[18] 一些地方政府正在努力适应，它们将标识、宣传册、网站和表格改成多语言版本。你所在的城市经历过这样的变化吗？你发现了哪些影响？

想一想

美国具有民族和种族多样性，其工作人口的年龄差异也相当大，这就意味着管理者必须适应职场的世代人口结构。和比你年轻或年长很多的人一起工作有哪些挑战？

改变移民政策的讨论对你们社区有何影响？

老年人口增加　65～74 岁的人是美国目前最富有的群体。[19] 对于餐饮服务、交通、娱乐、教育、住宿等行业的公司来说，这一群体代表着利润丰厚的市场。到 2030 年，65 岁以上人口的比例将超过 20%；到 2050 年，这一比例又将翻一番以上。[20] 这些变化对你和企业的未来意味着什么呢？想一想中老年人需要的产品和服务，如药品、养老院、辅助生活设施、成人日托、家庭保健、交通、娱乐等，你会看到 21 世纪成功企业的无限商机。另外，不要把电脑游戏和在线服务排除在外。那些迎合老年消费者需求的企业必定在不久的将来取得迅猛的发展，这一块市场潜力巨大。

另外，退休人员也会消耗经济中的财富。社会保障（下简称“社保”）已成为一个重大问题。现收现付制（现在工作的人负担现在退休人员的退休福利）在 1940 年运行得很好，当时 42 名工作人员负担 1 位退休人员。但到了 1960 年，每位退休人员只有 5 名工作人员负担。今天，随着“婴儿潮一代”（出生于 1946～1964 年）退休，变成了不到 3 人供养 1 位退休人员，预计 2030 年将降至 2 人供养 1 位退休人员。此外，政府一直在花费多年积累下来的社保资金，而不是将其留在社保账户中。

很快，社保资金就将入不敷出，政府不得不采取措施来弥补这一缺口：增税、削减社保福利（如延迟退休）、削减其他社会项目的开支（如医疗保险或医疗补助等），或者在全球市场借款。

简言之，今后要从劳动人口中提取巨额资金来支付老年人的社保。这就是为什么今天媒体关于社保的讨论不绝于耳。

单亲家庭增多　养家对于全职工作者来说是一项艰巨的任务。因此，单亲家庭的迅速增加也对企业产生了重大影响。福利政策迫使单身父母在享有一段福利假期后必须返回工作岗位。这些单身父母促使企业实施家庭事假（员工可以请假照顾生病的孩子或老人）和弹性工作时间（允许员工选择上下班时间）等方案。我们将在第 11 章详细探讨这些方案。

想一想

越来越多的工薪家庭都是单亲，他们既要工作赚钱，又要抚养孩子。管理者如何才能留住面对这些挑战的有价值的员工呢？

全球商业环境

全球商业环境非常重要，因此我们将其环绕在其他环境因素的周围（见

图 1-3）。这里有两个重要变化：国际竞争的日趋激烈，以及跨国自由贸易的增加。

由于高效分销系统的开发（我们将在第 15 章讨论）和通信技术（如互联网）的发展，世界贸易或全球化的浪潮风起云涌。全球化极大地改善了世界各地人民的生活水平。中国和印度已成为美国的主要竞争对手。你在沃尔玛和其他大多数美国零售商店购物时，一定会注意到无处不在的“中国制造”标签。如果你寻求计算机帮助，与你交谈的很可能是印度人。正如“异域新说”专栏所讨论的，中国已成为好莱坞乃至电影业成功的关键。

全球贸易既有好处，也有代价。你将在第 3 章和其他“异域新说”专栏读到更多关于全球贸易重要性的内容。

战争和恐怖主义 战争和恐怖主义消耗了美国数万亿美元。[22]一些制造弹药、坦克和军服的企业发了大财，而有些企业的员工被征兵入伍，还有些企业（如旅行社）的资金被用于战争，影响了其发展壮大。战争和恐怖主义威胁的增多，导致政府在间谍活动和军事上耗资巨大，这些开支引发了大量争议。日益动荡的世界局势大大增加了不确定性，有人认为这种不确定性是商业领域最大的风险。由于未知因素太多，比如，谁也无法预测军事政策的变化将如何影响经济，所以企业很难制定长远规划。

恐怖主义威胁也令组织成本剧增，包括保险成本。事实上，有些公司发现，它们很难买到针对恐怖袭击的保险，安保措施也代价高昂。例如，航空公司不得不安装更坚固的驾驶座舱门，加装更多的安检设备。

企业家和民众一样，也希望享有一个和平繁荣的世界。缓解国际紧张局势的一个途径是，通过营利组织和非营利组织促进全球经济增长。

全球变化对你的影响 随着企业向全球市场扩张，制造业和服务业都将产生新的就业机会。全球贸易也意味着全球竞争。为明日市场做好准备的学生，一定能获得成功。我们必须持续学习以应对风云变幻的全球市场，所以要让继续教育贯穿整个职业生涯。如果你做好准备，就完全有理由对未来的工作机会充满乐观。

异域新说

好莱坞爬上了长城

（www.amctheatres.com）

2016 年年末，《勇敢者的游戏》（*Jumanji*）电影翻拍制作人向好莱坞各星探公司发出了招募演员的要求。目的就是寻找在影片中扮演主要角色的中国演员。

正如其他影片一样，美国电影启用中国演员在其中扮演角色显然是为了吸引中国观众。现如今，中国是世界第二大电影市场，2016年的票房收入超过50亿美元。预计中国将在未来几年内超过美国，成为世界第一大电影市场。电影制片厂还注意到，尽管中国对外国电影在中国上映有一定的数量限制，但居于中国票房前10位的电影中，超过一半来自好莱坞。

现在，中国投资商的兴趣不再局限于在国内发行好莱坞的电影，它们意欲成为整个电影行业的主要参与者。例如，中国大连万达集团（简称“万达”）是好莱坞的主要买家，万达在娱乐行业的各个领域都有斩获，包括拥有AMC娱乐控股有限公司（AMC entertainment Holdings）的所有权。2012年，万达斥资10亿美元收购了AMC。万达计划让AMC成为美国最大的连锁影院。王健林积极寻求收购派拉蒙影业（Paramount Pictures）的股份，最终该公司还是决定不出售其股份。王健林许下心愿，希望成为电影业的一个重要角色，还给自己定了一个目标，那就是让中国凭借自己的实力成为电影制作强国。

资料来源：Jacky Wong, “Wanda-Sony Pictures: China Coming to Theater Near You,” *The Wall Street Journal*, September 24, 2016; Erich Schwartzel, Kathy Chu, and Wayne Ma, “China's Play for Hollywood,” *The Wall Street Journal*, October 2, 2016; Michal Lev-Ram, “Can China Save Hollywood?,” *Fortune*, May 22, 2017.

生态环境　几乎没有什么问题比气候变化更能引起国际商界的关注了。**气候变化（climate change）**是指地球温度随时间推移而出现上下波动。仍有些人怀疑全球变暖是否会造成危害，但大多数科学家以及全球最大的公司（包括通用电气、可口可乐、壳牌、雀巢、杜邦、强生、英国航空和上海电气）都相信，气候变化来势凶猛。节约能源和生产对环境危害较小的产品（如太阳能），被称为**环保（greening）**。[25]

美国商业的演进

美国企业的生产效率越来越高，因而所需的工人也比以往任何时候都要少。如果全球竞争和技术进步导致熟练工人失业，我们是否得为失业率高企、收入降低而担忧呢？你毕业后去哪里找工作？这些重要问题迫使我们关注美国的经济及未来。

农业和制造业的进步

自19世纪以来，美国经济发展强劲。农业一路引领经济发展，为美国和世界大部分地区提供粮食。塞勒斯·麦考密克（Cyrus McCormick）于1834年发明的收割机，伊莱·惠特尼（Eli Whitney）发明的轧花机，加之后来对这类设备的现代化改进，都为大规模农业的成功做出了巨大贡献。科技让现代农业变得如此高效，农民的数量已经从占总人口的33%下降到今天的不足1%，而现在农场的平均面积已达430英亩㊀，过去仅为150英亩。

农业仍然是美国的支柱产业。不同的是，以前有数以百万计的小型农场，现在被巨型农场、大型农场以及小型但高度专业化的农场取代。过去一个世纪以来，农场工人的流失并不是消极的信号。相反，这表明美国的农场工人是世界上生产率最高的。

> **想一想**
>
> 农业是美国最大、最重要的产业之一。技术提高了生产率，提高了农民的效率，所以农场也越来越大。这一趋势有助于抑制食品价格的上涨，但也导致小型家庭农场数量锐减。新技术也有助于提高小型农场的竞争吗？如果有助于，如何使用新技术？

大多数19～20世纪失业的农场工人，后来都去了工厂上班。那时，工厂如雨后春笋般在全美各地涌现。工厂也像农场一样，开始使用新技术、新工具和机器来提高生产效率。结果，制造业和农业一样，削减了大量工作岗位。

当然，如果提高生产率和效率所带来的财富能在其他行业创造新的就业机会，对社会造成的损失就会降到最低，而这正是过去50年来发生的事情。工业部门的许多工人在欣欣向荣的服务业找到了工作。今天找不到工作的人大多需要再培训，接受再教育，才能胜任眼下或即将出现的工作，如风力发电场建设或电动汽车制造。我们将在第9章详细讨论制造业和生产。

服务业的发展

过去，美国增长最快的是制造业（钢铁、汽车和机床生产等），如今则是服务业（法律、医疗、电信、娱乐和金融等）。

总体来说，服务业占美国经济总值的近80%。[27] 自20世纪80年代中期以来，就业增长几乎都是服务业带来的。尽管服务业的发展有所放缓，但它仍是美国经济增长最大的领域。今后，在职业生涯的某个阶段，你很有可能就是从事服务业。

㊀ 1英亩≈4046.856平方米。

图 1-4 列出许多服务业的工作，不妨研究一下未来的职业分布。Nordstrom Rack[⊖]之类的零售商也属于服务业，每家新开的零售店都能为大学毕业生提供管理岗位。

	服务业企业的例子						
娱乐及文化服务	游乐园 赛车跑道	溜冰场 马戏团	保龄球馆 高尔夫球场	台球房 交响乐团	植物园 餐馆	信息娱乐 游乐场	嘉年华 录像带租赁
企业服务	催债机构 窗户清洁 公共关系	管理服务 税收筹化 咨询	设备出租 网页设计 侦探机构	垃圾收集 商业摄影 室内设计	会计 速记服务	商业艺术 就业机构	研发实验室 广告代理商
法律服务	律师	律师助理	公证人				
教育服务	学校	图书馆	网校	计算机学校			
医疗服务	按摩师	看护	牙医	内科医生	医学实验室	牙科实验室	
电影业	制片	发行	电影院	汽车影院			
社会服务	工作培训	老年护理	家庭服务	儿童看护			
汽车维修服务和停车服务	变速箱维修 洗车	轮胎翻新	排气系统 服务店	卡车租赁	汽车租赁	烤漆店	停车场
金融服务	银行	房地产中介	投资经纪公司（经纪人）	保险			
个人服务	摄影工作室 美容店	鞋子修理 儿童看护	税收筹化 健身俱乐部	洗衣店 尿布服务	殡仪馆 地毯清洁		
住宿服务	酒店、房屋和其他住宿地点	体育和娱乐营地	拖车停车场和露营地				
文化机构	非商业博物馆	艺术画廊	植物园和动物园				
会员制组织	公民协会	商业协会					
杂项服务	远程通信 调查	建筑 化粪池清洁	工程 广播电视	公共事业 器具打磨	草坪维护	自动售货 监控	配送 焊接

图 1-4 什么是服务业

关于服务业的讨论很多，但很少有人真正列出其具体内容。以上列举了一些服务业企业。

⊖ 诺德斯特龙（Nordstrom）旗下的打折网站。——译者注另一个好消息是，服务业的高薪职位比制造业多，医疗保健、会计、金融、娱乐、电信、建筑、法律、软件工程等服务业领域的高薪工作比比皆是。[28] 据预测，服务业的某些领域仍将发展，而另一些领域则会增速趋缓（见“知变则胜”专栏）。所以，大学毕业生的策略是保持灵活性，及时发现新的就业机会，适时采取行动。

知变则胜

服务业向循环经济发展

你上一次买影碟是什么时候？如今，我们大多数人在奈飞（Netflix）或其他点播服务上看电影。音乐也是一样——当你可以使用声田（Spotify）这样的服务时，为什么要将音乐存储到CD上，让CD堆积成山呢？各种有形产品变成了无形的订购服务。例如，文件被存储在云端，而不是计算机中；不用自己拥有一辆车，而是选择优步或来福车（Lyft）出行；企业可以按月来租用办公室地毯、租用照明设备或按页打印。

技术的不断完善，能把门类众多的产品作为服务提供给顾客。物联网（参见补充篇B）在各种各样的东西上安装传感器，使公司能够跟踪产品使用情况、测量性能，并开发新的商业模式。例如，全球定位系统（GPS）使汽车公司能够提供“移动服务”，如宝马的共享出行业务“即时出行”（ReachNow）、通用汽车旗下的汽车共享平台Maven和汽车共享服务企业的最初代表Zipcar。一些拼车服务开始使用远程信息技术来跟踪司机的表现，司机手机上的传感器可以跟踪他们什么时候超速、抄近路、突然刹车或开车时发短信。

“产品即服务”模式是摆脱“获取—制造—丢弃”（获取原料—制造产品—用完丢弃）经济、减少浪费，进而向循环经济转变的一种方式。保留产品所有权的公司维护产品并延长其生命周期。我们经常购买最新版本的产品，而不是为过时产品从长计议。因此，提供产品即服务的公司就有动力让产品尽可能经久耐用，且可以轻松廉价地维修。这是为节省垃圾填埋场空间着想。

资料来源：Greg Gardner, “GM Launches Shared-Ride Service Called Maven,” *USA Today*, January 22, 2016; Douglas MacMillian, “Car Apps Test Tracking of Drivers,” *The Wall Street Journal*, January 27, 2016; Ben Schiller, “How Netflixi-cation Can Deliver a Waste-Free Circular Economy,” *Fast Company*, March 13, 2017.

你在商界的未来

尽管服务业仍在发展，但随着新时代的到来，服务业独领风骚的时代似乎快要结束了。我们正处在信息时代的全球技术变革中，这场变革将改变整个经济领域，包括农业、工业和服务业。想想你将在其中扮演的角色，多么令人兴奋。你可能会成为一位领导者，去实施这些变革，以世界级质量标准为准则，迎接全球性竞争挑战。本书将向你介绍一些理念，让你不仅在商业领域，还能在政府机构和非营利组织做好这种领导工作。只有世界各国政府和社会领袖通力合作，商业才能在未来蓬勃发展。

本章小结

1. 阐述利润与风险之间的关系，说明企业和非营利组织是如何提高全民生活水平的。

- 企业的利润与风险之间的关系是什么？

  利润是指企业所赚取的超出其支付工资和其他费用的金额。商人要承担风险才有可能赚钱。风险是企业家在可能无法盈利的业务上所承担的时间和金钱方面的损失。当企业的支出大于收入时，就会发生亏损。

- 谁是利益相关者？哪些利益相关者对企业最重要？

  利益相关者包括客户、员工、股东、供应商、经销商（零售商）、银行家、周围社区、媒体、环保主义者、竞争对手、工会、批评者和政府领导人等。企业领导者的目标是发现这些利益相关者的需求，予以回应，并且仍然能够盈利。

2. 解释企业家精神和其他生产要素如何有助于创造财富。

- 创业有哪些利弊？

  为他人工作意味着能获得带薪休假和健康保险等福利。企业家要承担更多风险，却没有这些福利，但他们可以自行决策，拥有更多的机会，还有可能发家致富。

- 五大生产要素是什么？

  五大生产要素是土地、劳动力、资本、企业家精神和知识。其中最重要的是企业家精神和知识。企业家是愿意投入时间与资金创办和管理企业的人。当今富裕国家之所以富裕，是因为它们大力推广企业家精神，同时有效地利用知识。

3. 分析经济环境和税收对企业的影响。

- 发展中国家的政府可以做些什么来降低创业风险，从而帮助企业家？

  政府可以允许企业私有；政府可以通过立法，让企业家能够签订具有法律效力的合同；政府还可以发行一种能在全球市场上交易的货币；政府要尽量遏制企业和政府自身的腐败，并最大限度地减轻税负，放松管制。从商业的角度来看，减轻税负意味着更低的风险、更多的增长，从而为员工和政府创造更多财富。

4. 描述技术对企业的影响。

- 技术为员工、企业和消费者带来了哪些好处？

  技术能够提高员工的效力、效率和生产率。效力表示用正确的方法做正确的事情；效率意味着用最少的资源生产产品和服务；生产率是指既有的投入（如工作时数）所得到的产出数量。

5. 阐明企业如何应对并赢得竞争。

- 企业用哪些方法应对并赢得竞争？

  有些企业关注质量，借此获得竞争优势。许多企业立志打造零缺陷产品，在产品生产上绝不出错。有些企业力争超越顾客的期望，这往往意味着要授权一线员工，为他们提供更多的培训、责任和权力。

6. 分析影响企业的社会变化。

- 社会变化如何影响企业？

  多元化早已超越招募并留住少数族群和女性员工这个概念。现在的多元群体还包括老年人、残障人士、性取向不同的人、无神论者、宗教信奉者、性格外向的人、性格内向的人、已婚和单身人士。多元化还意味着要敏感地对待世界各地的员工和文化。今后要从劳动人口中提取巨额资金来支付老年人的社保，这就是为什么今天媒体关于社保的讨论不绝于耳。

7. 确定企业必须采取哪些措施来应对全球化的挑战，包括战争和恐怖主义。

- 哪些国家对美国构成最大的挑战？

  中国和印度已成为美国的两大竞争对手。

- 未来的战争和恐怖主义会带来哪些影响？

  某些行业（如国防行业），可能会兴旺发达，其他行业（如旅游业）可能会受到影响。缓解世界紧张局势的一个途径是，帮助欠发达国家变得更加繁荣。

8. 回顾过去的趋势如何在当下重演，这些趋势对于即将毕业的大学生来说意味着什么。

- 美国经济发展的历史是怎样的？它预示了怎样的未来？

  被改良的农业技术取代的农场工人去到工厂工作。制造业生产率的提高和外国公司竞争的加剧，促进了美国服务经济的发展。服务业时代正在让位于信息型全球变革，这将影响所有经济部门。要在这样的经济环境中取得长期成功，秘诀是要保持灵活性，接受继续教育，为必定会出现的机遇做好准备。

- 大学毕业生可以在服务业中找到哪些就业机会？

  看一下图 1-4 所概括的服务业，将来你最有可能在其中的某一行业找到未来快速发展的公司。

批判性思考

假设你打算在社区开一家餐馆。请回答以下问题：

1. 谁将是餐馆的利益相关者？
2. 除了提供工作岗位和税收，你还能为社会带来哪些好处？
3. 你将如何与供应商建立良好的关系，如何与员工建立和睦的关系？
4. 你想要赚钱的愿望与你想给员工支付最低生活标准工资的愿望之间有冲突吗？
5. 本章概述的哪些环境因素对你的餐馆影响最大？为什么？

本章案例　美国外卖搜索引擎 Grubhub 和充满活力的商业环境

每天晚上，全美各地的人都会问同样的问题："晚餐吃什么？"企业家马特·马洛尼（Matt Maloney）和迈克·埃文斯（Mike Evans）意识到这个问题太具有普遍性了，于是决定采取行动。两人共同创立了外卖搜索引擎 Grubhub。如今，饥饿的顾客可以使用该公司的数字平台，直接从遍布全美 1100 个城市的 5 万多家外卖餐馆订餐。

如同其他成功企业家一样，马洛尼和埃文斯利用美国的商业环境创建了

Grubhub 并快速将其发展壮大。为了取得成功，企业必须弄清楚影响五大商业环境的众多因素：经济和法律环境、技术环境、竞争环境、社会环境和全球环境。即使企业无法掌控自身环境，它们也必须迅速适应影响其生存发展的变化。

例如，自 2004 年 Grubhub 成立以来，美国的社会环境发生了很大的变化。起初，公司专注于服务学生和年轻专业人员群体。但是，为了应对人口结构的变化和其他趋势，Grubhub 很快将目标市场从学生扩大到家庭、在职妈妈以及小城镇居民。除了配送比萨和汉堡等传统外卖食品外，Grubhub 还提供大量花样繁多的食品。现在的顾客可以像点意大利辣香肠比萨一样，简单地点低脂或纯素食品。只需点击几下鼠标，企业就可以为上午的会议配备午餐或订购甜甜圈。

美国经济和法律环境对商业非常有利，政府通过提供稳定的货币政策和法律体系支持企业的私有制。这种法律体系强制执行合同，将监管限制在最低限度，并清除阻碍企业发展的官僚主义障碍。然而，像 Grubhub 这样的公司必须遵守适用于其行业的所有法律法规。

技术进步突飞猛进，技术环境日趋良好，这是 Grubhub 成功的关键原因。由 Grubhub 开发的充满活力的移动平台能让客户轻松下单或安排后期上门送货。

公司刚进入市场时，竞争并不十分激烈。如今市场的竞争程度已不可同日而语了。虎视眈眈的竞争对手——同城按需快递初创公司 Postmates 和美国外卖送餐初创公司 DoorDash 每天都在挑战 Grubhub。美国的竞争环境也为亚马逊和优步等行业巨头进入送餐行业打开了大门。尽管 Grubhub 拥有经营时间最长的优势，但该公司仍须夙夜匪懈，以留住 5 万名餐厅客户。该公司的“无菜单标记”策略有助于保持其有别于其他竞争对手的独特性。

若想驰骋今日之商海，每家公司都需要考虑全球环境。通信和互联网的进步使得像 Grubhub 这样的公司有可能在海外拓展业务。

自成立以来，Grubhub 对餐饮业产生了巨大的影响，且一直利润丰厚。例如，该公司在 2016 年的餐厅食品销售额为 30 亿美元。进一步的研究表明，使用该公司平台的餐厅收入增长比不使用该平台的餐厅高 6 倍。展望未来，该公司将继续致力于把用餐者和餐厅紧密联系起来。Grubhub 希望通过应对商业环境的挑战，改善用餐者、司机和餐馆的体验，长期成为美国商业版图不可分割的组成部分。

思考

1. 相对于为他人工作，做一名企业家有什么风险和好处？
2. 亚马逊和优步对 Grubhub 的主要挑战是什么？
3. 对于有抱负的企业家来说，餐饮业看起来是一个稳定的选择吗？

第2章

了解经济学及其对商业的影响

学习目标

1. 阐释基本经济学。
2. 解释什么是资本主义，以及自由市场如何运行。
3. 分析混合经济的趋势。
4. 描述美国的经济体系，包括关键经济指标（特别是国内生产总值）、生产率和商业周期的重要性。
5. 对比财政政策和货币政策，并解释其对经济的影响。

Understanding Business

本章人物

经济学家托马斯·皮凯蒂

厚达700页的《21世纪资本论》(*Capital in the Twenty-First Century*)是托马斯·皮凯蒂(Thomas Piketty)创作的鸿篇巨制。这本书不仅篇幅冗长,而且主题的学术性太强,要想成为畅销书,可以说是难上加难的事情。但该书还是在2014年登上了《纽约时报》畅销书排行榜的榜首,之后立即成为学术界和普通读者心中的经典之作。托马斯·皮凯蒂原先只是一位受人尊敬但鲜为人知的经济学家,瞬间成为名震寰宇的研究收入不平等问题的学者。随着时间的推移,他的见解可能会对全球经济政策产生重大影响。

1971年,皮凯蒂出生于巴黎郊区的一户人家,父母都热衷政治。1968年,他的父母参加了大规模的抗议活动,这场抗议活动几乎使法国经济陷入停滞。托马斯出生时,父母已经把那些激进的时光抛诸脑后,日常生活中,他们家从不讨论政治。相反,他们教导儿子要相信自己的判断,形成自己的观点。

谆谆教诲使皮凯蒂萌生了成为优等生的信心。他学业优良,18岁被法国最负盛名的高等教育机构巴黎高等师范学院录取。4年后,皮凯蒂凭借一篇专门论述财富再分配的论文获得了博士学位。其间,皮凯蒂进行了一次旅行。这次旅行促使他形成了自己的世界观。1991年苏联解体,罗马尼亚等东欧国家也发生了根本性的变化。他前往罗马尼亚,对当地的状况感到震惊。

获得博士学位后,他成为麻省理工学院的一名教授和研究员。然而,两年后他回到了法国,因为他对美国经济学家的幻想破灭了。在他看来,这些经济学家都未能解决当代的一个主要问题:收入不均。20世纪90年代中期,皮凯蒂回到巴黎,开始着手相关研究。在接下来的20年里,他在法国不同的机构任职,研究私人财富的积累及其与整体收入增长的关系。但与许多学者不同的是，皮凯蒂不希望他的研究成果只对学术精英开放，相反，他选择写一本引人入胜的书，用数据说话，栩栩如生地描述了过去100年的经济活动。

据他分析，1%的美国富人坐拥25%的全国收入，贫富差距跃居1928年以来的历史最高位。更严重的是，虽然目前资本收益每年增加约5%，但整体经济增长率却在1.5%左右徘徊。皮凯蒂得出结论：全世界的社会财富进一步向少数人手里集中，势必对世界经济健康、持续地发展造成不利影响。这一信息在全球引起了共鸣，迄今为止，《21世纪资本论》的总销量已超过150万册。尽管皮凯蒂提出的一些解决收入不均问题的建议还存在争议，但鲜有专业人士能对他确凿的数据提出异议。

本章内容会让你认识到经济学的一切都是与数据有关的。你还将了解不同的经济体系，特别是美国所依赖的自由市场结构。你会进一步学到，是什么使一些国家富有而使另外一些国家贫穷。在本章结束之前，你应该了解经济体系对世界各地社会财富和幸福的直接影响。

资料来源：Patricia Cohen, “A Bigger Economic Pie, but a Smaller Slice for Half of the U.S.,” *The New York Times*, December 6, 2016; Steven Erlanger, “Taking on Adam Smith (and Karl Marx),” *The New York Times*, April 19, 2014; John Cassidy, “Forces of Divergence,” *The New Yorker*, March 31, 2014; Anne-Sylvaine Chassany, “Lunch with the FT: Thomas Piketty,” *Financial Times*, June 26, 2015; Thomas Piketty, “We Must Rethink Globalization, or Trumpism Will Prevail,” *The Guardian*, November 16, 2016; Peter Coy, “Piketty’s Capital Was So Popular There’s a Sequel,” *Bloomberg Businessweek*, May 8, 2017.

经济环境对企业的影响

与墨西哥等国相比，美国是一个富裕的国家，原因何在？[1]诸如此类的问题都是经济学研究的对象。我们将在本章探讨世界各国的经济体系，研究它们如何促进或阻碍企业成长、财富创造以及生活品质的改善。

美国商业成功的一个主要原因是，其经济和社会环境允许大多数企业自由经营，人们可以在任何地方自由创业，当然同样也必须承担失败的风险，然后重新来过。这种自由激励人们不断尝试，直至成功，因为成功往往会带来超额回报。美国经济或政治体制的任何变化都会影响商业的成败。例如，企业遵守法规是有成本的，所以政府制定或废止法规都会影响企业的经济效益。有些专家认为，减少监管对企业更有利；但也有专家坚称，有必要出台更多的监管措施。政府监管的最佳力度一直是大家热议的话题。[2]

全球经济和全球政治也对美国的企业产生了深远影响。例如，卡特彼勒（Caterpillar）和约翰迪尔（John Deere）等美国工业大公司的销售业绩很大程度上取决于全球市场，尤其是中国市场。[3] 显然，要了解商业，你还必须了解基础经济学和政治，[4] 对于刚毕业、正在找工作的大学生来说，尤其如此。

何谓经济学

经济学（economics）研究社会如何运用资源来制造产品和提供服务，以及如何在相互竞争的群体和个人中间进行分配，供其消费。经济学有两个主要分支：**宏观经济学（macroeconomics）**研究的是整个国家（比如整个美国）经济的运行，**微观经济学（microeconomics）**研究的是个人和组织对特定产品或服务的市场行为。宏观经济学中可能会出现这样的问题：美国应该如何减少国债？[5] 本章的宏观经济主题包括国内生产总值（GDP）、失业率和物价指数。微观经济学中则会出现这样的问题：人们为什么会在油价上涨时购买小型汽车？这类问题似乎更容易回答。

一些经济学家把经济学定义为研究稀缺资源分配的学科。他们认为，通常来说，应该由政府将资源合理分配给人民。然而，仅靠把现有资源分配给各个国家，是无法维持世界和平与繁荣的，因为根本就没有足够的资源可供分配。**资源开发（resource development）**研究的是如何增加资源（例如，从页岩和焦油砂中获取石油和天然气），并创造条件更好地利用这些资源（例如，回收和节约）。

企业可以通过发明各种产品，带来大量的可用资源，为经济做贡献。例如，它们能够发现新能源（如汽车用天然气）、种植食物的新方法（如水培法）、创造所需产品和服务的新方法 [如纳米技术、3D 打印和 4D 技术（如以时间为第四维度的移动 3D）]。海水养殖或者在海洋围栏里养鱼，可以为我们带来更多的食物和就业机会。事实上，许多人认为水产养殖是我们杜绝过度捕捞的唯一途径，过度捕捞正导致鱼类数量锐减。[6]

创造富裕经济体的秘诀

想象一下，这个世界还处在国王和大地主拥有大部分财富，而大多数人都是农民的时代。农民生了很多孩子，如果一切照旧，很快就会出现僧多粥少的状况，这似乎是自然而然的趋势。经济学家托马斯 · 马尔萨斯（Thomas

Malthus）在18世纪末和19世纪初提出了这一观点，作家托马斯·卡莱尔（Thomas Carlyle）据此将经济学称为“沉闷科学”（dismal science）。

然而，最新的世界统计数据显示，人口增速低于预期。[7]在一些工业国家，如日本、德国、意大利、俄罗斯和美国，人口增长非常缓慢，最终将有过多老年人，而能够照顾他们的年轻人却寥寥无几。[8]而在发展中国家，如印度和南非，人口数量稳步攀升，这可能会导致贫困加剧，经济动荡增加。[9]后面的“知变则胜”专栏，探讨了未来25年全球人口的重大变化。人口增长对经济的影响这类研究是宏观经济学的一部分。

想一想

提供商品和服务的新方式为经济带来了更多资源，创造了更多就业机会。例如，养鱼场既能带来食物，也能带动就业。还有哪些促进经济发展的创新手段呢？

一些宏观经济学家认为，人口众多，尤其是受过良好教育的人口，可以成为宝贵的资源。你或许听过这句格言：“授人以鱼不如授人以渔。”其实你还可以补充：“授人以渔不如授人以渔场。”教人建渔场，他甚至能养活整个村庄。这句话揭示了经济发展的秘密，企业主既为自己，也为员工和社区提供工作岗位，促进经济增长。

宏观经济学家所面临的挑战是，要找到富国之所以富、穷国之所以穷的原因，然后实施相应的政策和计划，让世界各国人民共同富裕起来。要理解这一挑战，首先得了解亚当·斯密（Adam Smith）的理论。

知变则胜

世界人口激增

联合国的人口预测估计，到2050年，全球人口将增加到97亿。了解97亿这个数字的来源可能会令人惊讶。

世界一半以上的人口增长将发生在非洲，非洲的人口将增加一倍，达到25亿。尼日利亚将成为世界上人口增长最快的国家，预计到2050年，人口增长到4.13亿，将超过美国，成为世界第三大人口大国。中国和印度仍将是人口最多的两个国家，两国人口总数几乎占世界人口的38%。到2022年，印度将成为世界上人口最多的国家。欧洲的人口降幅最大，将减少4.3%。到2050年，欧洲超过1/3的人口年龄会超过60岁。

人口增长集中于最贫穷国家将给这些国家带来更加严重的经济挑战，让应对饥荒和营养不良、拓展教育机会、提供充分的卫生保健以及脱贫减困等变得更加困难。幸运的是，21 世纪对非洲来说前景美好。非洲拥有世界上增长最快的三个经济体，拥有世界上增长最快的中产阶级。印度在经济增长方面也会取得重大进展，预计将成为全球一个强大的竞争参与者。随着人口的增长，经济发展是社会繁荣昌盛的关键。

资料来源：Rishi Iyengar, "India No Longer the World's Fastest Growing Economy," *CNNMoney*, January 16, 2017; United Nations Department of Economics and Social Affairs, *World Population Projected to Reach 9.7 Billion by 2050*, July 29, 2015; Raymond Zhong, " India Is No Longer the World's Fastest Growing Large Economy, IMF Says, " *The Wall Street Journal*, January 16, 2017.

亚当·斯密和财富创造

苏格兰经济学家亚当·斯密认为，没有必要在竞争性群体和个人中间进行有限的资源分配，而是应该设法创造更多的资源，让每个人都变得更加富有。1776 年，亚当·斯密的《国民财富的性质和原因的研究》(*An Inquiry into the Nature and Causes of the Wealth of Nations*，通常简称《国富论》)出版。

亚当·斯密认为，自由是一国经济得以生存至关重要的因素，尤其是拥有土地或财产的自由，以及保留从耕种土地或经营企业中获利润的自由。他相信，如果人们知道劳有所得，就会有动力努力地工作。[10] 由于这些努力，经济将会繁荣，人人都能吃上丰盛的食品，用上各色商品。斯密的观点后来受到马尔萨斯等人的质疑，他们坚称经济环境只会每况愈下。但被视为“现代经济学之父”的是亚当·斯密，而不是马尔萨斯。

企业如何造福社会

在亚当·斯密看来，商人并不会刻意去帮助别人。他们主要在为自己的兴旺发达而工作。但斯密说，当人们试图改善自己的生活状况时，他们的努力就像一只“看不见的手”，通过创造产品、服务和思想，推动经济增长和繁荣。因此，**“看不见的手”(invisible hand)** 这个短语用以描述这样一个过程：将自我导向的个人利益转化为造福人类的社会与经济利益。

那么，人们如何将利己之心转化为利人之行？农民致富的唯一途径是把作物卖给别人。为了变得富裕，他们必须雇用工人生产更多的食物。因此，农民以自我为中心的致富努力为一些人带来了工作，为几乎所有人带来了食物。不妨思考这一过程，这对于理解美国和其他国家的经济增长至关重要。同样的原则适用于任何东西，从衣服到房屋再到手机等。

根据亚当·斯密的假设，人们自己发财致富之后，自然会向那些不够幸运的邻里伸出援助之手。[11]实际上，这种好人好事并不常见。今天美国的贫困率仍然较高，贫富悬殊明显。这种“不平等”是当今政治、宗教和社会领袖关注的核心问题。许多商人越发关心社会问题，致力于回馈社会。“捐赠誓言”（The Giving Pledge）是由亿万富翁比尔·盖茨和沃伦·巴菲特发起的一项慈善活动，该活动鼓励世界上最富有的个人和家庭捐赠大部分财富，用于消除贫困、解决健康问题，支持教育事业。[12]然而，我们仍要面对这样的经济问题：我们能够而且应该为美国和世界其他国家的贫困和失业问题做些什么？

正如我们在第1章中提到的，企业不仅要慷慨大方，还要恪守道德伦理，这一点很重要。违背道德标准的做法将会削弱整个经济体系。

想一想

根据亚当·斯密的理论，企业主之所以有努力工作的动力，是因为他们知道劳有所得。就像一家餐厅的老板，如果生意兴隆，老板就可以增加员工，壮大企业，从而间接推动社会和经济的发展。你的创业动力是什么呢？

了解自由市场资本主义

美国、欧洲、日本、加拿大等国家和地区的商人遵循亚当·斯密的自由市场原则，创造出前所未有的财富。他们雇人到农场和工厂工作，国家因此开始走向繁荣，商人也很快成为社会上最富有的群体。

然而，这些国家始终存在贫富差距，甚至差距仍在扩大。商人拥有豪宅和豪车，而工人的生活条件却简陋不堪。尽管如此，人们总还有希望过上好日子。发家致富的一条途径就是创办企业。当然，创业并非坦途，从来就不是。无论过去还是现在，你都得攒钱来收购或自创企业，还得没日没夜地工作来发展企业，但机会总是有的。

在**资本主义（capitalism）**制度下，全部或大部分生产和分配要素，如土地、工厂、铁路和商店等都归私人所有，其经营以盈利为目的，由企业家而非政府部门来决定生产什么、如何定价、付给工人多少工资。企业家还要决定在本国还是到其他国家生产产品。然而，没有一个国家是纯粹的资本主义国家，政府要经常介入各种问题，如确定最低工资、制定农产品保护价格、给亏损企业贷款等，就像美国政府所做的那样。但资本主义是美国经济制度的基础，也是英国、澳大利亚、加拿大和其他大多数工业化国家的经济制度基础。

资本主义也存在自身缺陷。[13] 例如，收入不平等是当今许多人关注的重要问题。[14] 然而，全食超市（Whole Foods）首席执行官约翰·麦基（John Mackey）认为，“有意识的资本主义”（conscious capitalism），是建立在为主要利益相关者服务的企业基础上的资本主义。Salesforce 首席执行官马克·贝尼奥夫（Mark Benioff）认为，不仅企业，从消费者到环保主义者等利益相关者都应共享资本主义的好处。[15,16]

在自由市场资本主义制度下，人们拥有四项基本权利：

1. 私有财产权。这是资本主义制度最基本的权利。私有制是指个人可以买卖和使用土地、建筑物、机器、发明和其他形式的财产，他们也可以将财产传给子女。如果农民不能拥有土地，不能保留赚取的利润，他们还会如此努力地工作吗？

2. 企业所有权和利润保留权。我们在第 1 章指出，利润等于收入减去费用（工资、原材料费、税收）。对企业主来说，利润是努力工作的重要动因。

3. 自由竞争权。在政府制定的指导方针范围内，人们可以自由地与其他个人或企业在销售和推广产品与服务方面进行竞争。

4. 自由选择权。人们可以自由选择工作地点与职业领域，还可以自主决策住在哪里、买卖什么东西等。

现在，我们来探索自由市场是如何运作的，消费者在其中扮演什么角色，企业如何了解消费者的需求。

想一想

经过多年的规划和储蓄，杰西卡·道格拉斯（Jessica Douglass）买下一栋大房子，创办了花草公司（Flowers and weed）。私有财产权以及企业所有权和利润保留权是美国经济体系（即自由市场资本主义制度）下的两项基本权利，如果缺失其中一项，另一项权利仍旧可行吗？

资料来源：Courtesy of Annie Janssen.

自由市场如何运作

自由市场由市场来决定生产内容和数量，买卖双方就产品和服务价格进行谈判。你、我和其他消费者发出信号，告诉生产商生产什么、生产多少、用什么颜色生产等，我们通过选择购买（或不购买）某些产品和服务来做到这一点。

例如，如果我们所有人都想买T恤，支持最喜欢的棒球队，服装业就会响应这一需求。制造商和零售商将抬高价格，因为它们知道人们愿意多花钱买到想要的T恤。它们还会想要生产更多的T恤，赚更多的钱。因此，它们愿意付钱给工人，让他们加班加点地干活。此外，会有更多的公司加入T恤生产大军。它们生产多少T恤取决于我们需要多少或者在商店买多少，T恤的价格也将随之不断变化。

其他产品多半也会经历同样的过程。制造商可以根据价格来决定生产多少。如果产品供不应求，价格就会上涨，然后就会有人增加产量，卖掉存货，或者生产替代品。因此，美国很少会出现长期的商品短缺。

如何确定价格

在自由市场中，价格不是由卖方决定，而是买卖双方在市场上通过谈判决定的。例如，卖家可能想50美元卖一件T恤，但面对如此高价，买家的需求就会很少。如果卖方降低价格，需求很可能会增加。如何确定一个买卖双方都能接受的价格？答案就在微观经济学的供求概念中。接下来我们将对这两个问题进行探讨。

供给概念

供给（supply）是指生产商或所有者在一定时期内愿意而且能够以不同价格出售的商品数量。一般来说，供给量会随价格的上涨而增加，因为卖家可以更高的价格赚取更多的利润。

经济学家用图说明了供给量与价格之间的关系。图2-1为T恤的简单供给曲线，T恤的美元价格垂直显示在图的纵轴，卖方愿意供应的T恤数量显示在图的横轴。曲线上不同的点表示在每个不同的价格下卖家会提供多少件T恤。例如，在5美元一件的价格下，供应商只提供5件T恤；但是，在50美元一件的价格下，供应商会提供50件T恤。供给曲线表示的是价格与供给量之间的关系。在所有条件相同的情况下，价格越高，供应商愿意提供的就越多。

需求概念

需求（demand）是指人们在一定时期内愿意以不同价格购买某个商品的数量。一般来说，需求会随着价格的下跌而增加。同样，我们可以用图来表示价格与需求量之间的关系。图2-2展示了T恤的简单需求曲线，图上不同的点表示不同价格下的需求量。例如，售价为45美元时，购买者只需要5件恤衫；但是在售价为5美元时，需求量将增加到35件。在所有条件相同的情况下，价格越低，需求量越大。

想一想

经济学中的需求概念，是指人们在一定的时期内愿意以不同价格购买某个具体商品和服务的数量。在所有条件相同的情况下，价格越低，需求量越大。如果没有低价促销活动，还会有那么多顾客在“黑色星期五”冲进商店吗？

均衡点或市场价格

从图2-1和图2-2可以看出，决定供给量和需求量的关键因素是价格。如果把这两张图放在一起，供给曲线和需求曲线会在需求量和供给量相同之处相交，图2-3证明了这一点。在15美元的价格下，T恤的需求量和供给量是相同的（都是25件T恤），这个交点被称为均衡点（equilibrium point），相应的价格被称为均衡价格（equilibrium price）。从长远来看，这个价格将成为市场价格。因此，**市场价格（market price）**是由供求关系决定的，反映了市场走向。

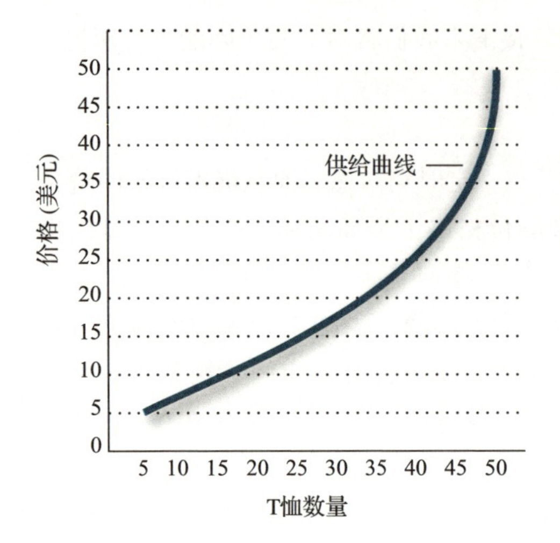

图 2-1 不同价格下的供给曲线

供给曲线从左向右上升。仔细思考一下，T 恤价格越高（纵轴），卖家愿意供应的 T 恤就越多。

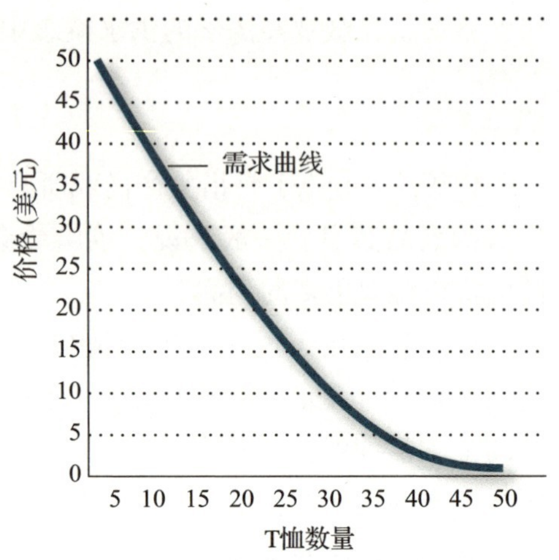

图 2-2 不同价格下的需求曲线

这是一条简单的需求曲线，显示了在不同价格下 T 恤的需求量。需求曲线从左向右下降。原因很简单：T 恤的价格越低，需求量越大。

自由市场的支持者坚称，由于供求关系决定价格，所以政府没有必要设定价格。如果供大于求，由此产生的过剩信号就会提示卖方降价；如果供不应求，就意味着卖方会提高价格。如果没有任何因素干扰市场，最后供给将再次与需求相同。“道德决策”专栏提出了一个有趣的问题：定价何时会略有失控，对此该怎么办？在没有实施自由市场的国家，由于缺乏向企业披露生产内容和数量的价格机制，所以常常出现短缺（产品不足）或过剩（产品过多）的状况。在这些国家，由政府决定生产什么，生产多少。但是，由于没有价格信号，政府无从知晓什么才是适当的数量。此外，当政府干预市场时，比如进行农产品补

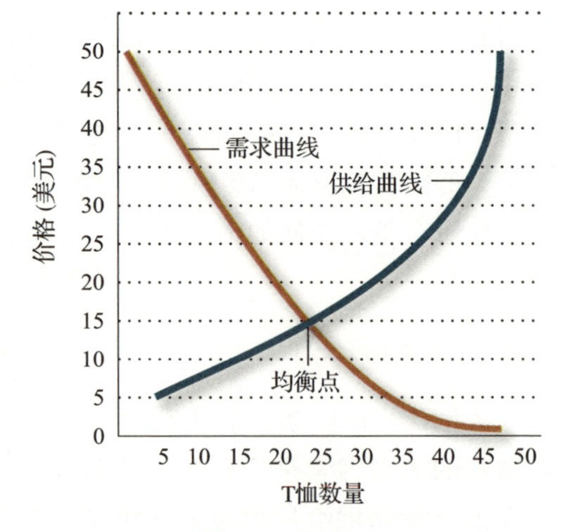

图 2-3 均衡点

需求曲线和供给曲线相交的点称为均衡点。当我们把供需曲线放在同一幅图上时，就会发现供给曲线和需求曲线会在需求量和供给量相同时相交。从长远来看，市场价格会趋向于均衡价格。

贴，可能会出现过剩和短缺。自由市场中的竞争有所不同。下面我们将探讨这个概念。

自由市场中的竞争

经济学家普遍认为，有四种不同程度的竞争：（1）完全竞争；（2）垄断竞争；（3）寡头垄断；（4）完全垄断。

完全竞争（perfect competition）是指市场上有许多卖家的竞争形态，其中没有任何卖家的实力强大到足以影响产品的价格。卖家的产品看起来都是一样的，如苹果、玉米和土豆等农产品。但是，农产品也不是真正完全竞争的例子。如今，美国政府对农产品实行价格扶持政策，大幅削减农场数量，连农业也很难作为完全竞争的例子了。

垄断竞争（monopolistic competition）是指众多卖方生产极其相似的产品，但买方却认为这些产品不尽相同，如热狗、苏打水、个人电脑和 T 恤等。产品的差异化是成功的关键。想想这意味着什么？卖家试图通过广告、品牌推广和包装来说服买家，虽然他们的产品看似与竞争对手的产品大抵相同，甚至可以互换，但两者还是有差别的。快餐业在汉堡等产品上的价格战，就是垄断竞争一个很好的例子。

寡头垄断（oligopoly）是仅由少数卖方主宰市场的竞争形态，就像我们在烟草、汽油、汽车、铝和飞机等行业看到的那样。一些行业仍掌握在少数卖家手中的原因是，首次涉足这些行业耗资巨大。不妨设想一下，新投资一个飞机制造厂需要多少资金。

在寡头垄断的情况下，来自不同公司的产品往往定价相同。原因很简单：激烈的价格竞争只会降低所有人的利润，因为一个生产商降价，其他生产商很可能会随之降价。与垄断竞争一样，在寡头垄断市场中，产品的差异化（而非价格）通常是赢得市场的主要因素。比如，大多数谷类食品和软饮料的价格都差不多。因此，广告成为消费者购买某些品牌的决定因素，人们感知上的差异通常是看广告的结果。

完全垄断（monopoly）是指仅由唯一的卖方控制某产品或服务的总供给并确定价格的竞争形态。在美国，有法律禁止完全垄断，但美国的法律制度又始终允许天然气和水电等公共事业公司垄断市场。这些公司的价格和利润通常由公共服务委员会控制，以保护消费者的利益。例如，佛罗里达州公共服务委员会是佛罗里达州电力和照明公共事业公司的管理机构。现在，立法终结了公共事业在某些领域的完全垄断，消费者可以在不同的供应商之间进行选择。这种撤销管制（deregulation）旨在增加公共事业公司之间的竞争，最终让消费者获益。

道德决策

要涨价吗

你的公司是一家大型制药公司。在收购一家仿制药制造商后，获取了一种名为康肝灵（Relivoform）的药物。被收购的公司曾经是市场上供应这种药品的翘楚，康肝灵也是迄今为止利润最高的产品。这是一种治疗肝癌的重要化疗药物，每个疗程需要花费300美元，许多病人靠它控制癌症的扩散。

目前，你的公司正在开发许多新药，耗费了公司数百万美元进行研究和测试。美国食品药品监督管理局（FDA）可能需要数年时间才能批准这些新药进入市场。为了缓解新药研发费用带来的压力，公司财务委员会建议提高康肝灵的价格，每个疗程提高到3000美元。即使你的公司现在控制着这种药物的分销（即便是仿制药），你也怀疑竞争对手有可能立即会冲击到你的市场。当康肝灵的价格可能上涨10倍的消息传出后，公众愤怒地指责你的公司将利润置于患者需求之上。你会听从财务委员会的建议提高价格吗？你的选择是什么？每种选择的结果可能是什么？

自由市场的优势和局限

自由市场允许企业之间公开竞争，这是它的一大优势。企业必须以合理的价格为消费者提供优质的产品和服务，否则消费者就会转向能这样做的企业。政府部门也有类似的激励措施吗？

充满竞争和激励机制的自由市场，是工业化国家创造财富的主要原因。有些人甚至认为自由市场是一个经济奇迹。自由市场资本主义为穷人提供了更多的机会，让他们逐步摆脱贫困；鼓励企业提高效率，让它们在价格和质量方面赢得竞争。

然而，尽管自由市场资本主义给美国和大多数国家带来了繁荣，但同时也带来了不平等。企业主和管理者通常比普通员工薪酬高，生活也富足得多；老弱病残者可能无法创业和管理企业；还有些人可能缺乏这种能力或动力。社会应该如何消除这种不平等呢？

自由市场的一大危机是，一些人任由贪婪支配其行为。之前，银行、会计、电信和制药等行业的一些大企业受到各种刑事和道德指控，足以说明一些潜在的问题。有些企业家利用产品上欺骗公众，还有些在股价上欺骗股东，他们这么做无非是为了增加个人资产。

显然，政府有必要制定法律法规，来保护企业的利益相关方，确保无法工作的人也能获得起码的照顾。为了克服资本主义制度的局限性，一些国家采用了社会主义经济制度。

混合经济的趋势

世界上的国家基本上可以分为自由市场经济和指令性经济，现在我们进一步比较这两种主要经济制度：

1. **自由市场经济（free-market economies）**是指一种经济体制，主要由市场来决定谁是商品和服务的提供者和获得者，以及如何发展经济。

2. **指令性经济（command economies）**主要由政府来决定谁是商品和服务的提供者和获得者，以及如何发展经济。

实际上，所有国家都是自由市场经济和指令性经济的某种混合，但这两种体制都没有带来最佳经济环境。自由市场经济体制对贫困、年长或残疾人群的需求未予以充分响应。还有人认为，自由市场经济中的企业在环境保护方面做得不够。随着时间的推移，自由市场国家（如美国）实施了许多社会和环境项目，如社会保障、福利、失业补偿和各种清洁空气与水的法案。

所有国家都是这两种经济体制的某种程度混合，从全球长期趋势来看也是如此，最终结果就是混合经济在全球范围兴起。

混合经济（mixed economies）是指由市场和政府进行部分资源分配的经济体制。大多数国家没有为这种体制命名。

和世界上大多数国家一样，美国也是混合经济体制。美国政府是美国最大的雇主，也就是说，公共部门（政府）的员工数量比任何大企业（如沃尔玛、通用电气）的员工数量都要多。[18] 你认为政府员工数量在未来几年将继续增长还是下降呢？

了解美国的经济体系

下面将介绍一些术语和概念，以便了解美国政府和企业领导人所面临的问题。

主要经济指标

反映经济状况的三大指标是：（1）国内生产总值；（2）失业率；（3）物价指数。另一个重要的经济指标是生产率的增减。阅读商业文献时，你会一再看到这些术语。现在我们来探究其含义。

国内生产总值 我们在第1章中简单提到过**国内生产总值**（gross domestic product, GDP），它是指一国在某一年生产的最终产品和服务的总价值。无论是内资还是外资企业，只要位于一国境内，其生产的产品和提供的服务就会被纳入该国国内生产总值。例如，日本汽车制造商本田在美国俄亥俄州工厂的产值就包含在美国国内生产总值中。尽管福特是美国公司，但它在墨西哥工厂的产值是计入墨西哥国内生产总值的。

讨论一国经济时，几乎都离不开国内生产总值。如果该指标增长放缓或下降，企业就会感受到诸多负面影响。影响国内生产总值增长的一个主要因素是劳动生产率，也就是说，工人既有的投入创造了多少产出。实际上，美国的经济活动水平高于国内生产总值数值所显示的，因为这些数值并未包括地下经济中的非法活动，如毒品买卖、黑市交易和赌博。高水平的国内生产总值使美国人能够享受高水平的生活。

尽管美国人非常依赖国内生产总值的数值，但其准确性（至少短期内）值得怀疑。从2014年春开始，美国商务部经济分析局（BEA）发布了一项名为**“总产值”**（gross output, GO）的统计指标，用来衡量所有生产阶段的销售总量。总产值的规模几乎是国内生产总值的两倍，被视为更精确测量经济周期的指标，也更符合经济增长理论。[19] 该指标表明，消费支出是经济繁荣的结果，而不是原因。

失业率 **失业率**（unemployment rate）指的是在过去4周内失业并试图求职的年满16周岁的公民人数占劳动人口总数的比率。2013年美国失业率超过7%，2017年下降到5%以下（见图2-4）。大多数经济学家认为，4%或5%的失业率属于功能性充分就业。但很多人坚称，失业统计数据未涵盖长期失业或者干脆放弃找工作的人，[20] 尤其是那些既没有工作、最近也没找过工作的

25～54 岁的壮年男性。[21] 有人认为政府福利（即失业救济金）可能会带来更多失业。你同意吗?

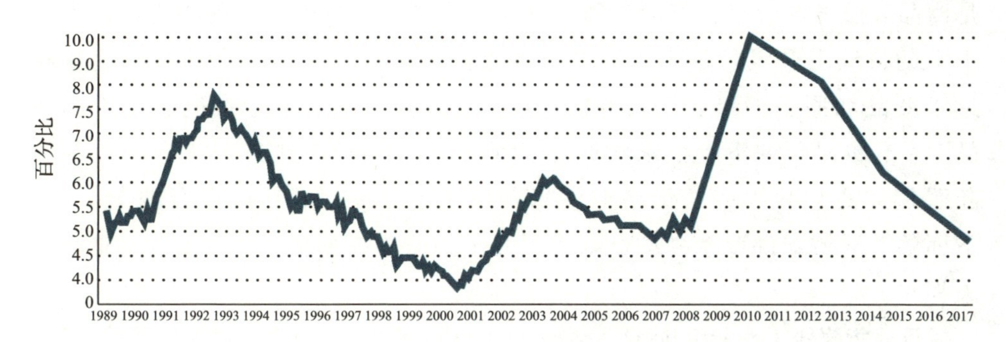

图 2-4　1989～2017 年美国的失业率

图 2-5 描述了四种失业：摩擦性失业、结构性失业、周期性失业和季节性失业。美国政府设法保护那些由于经济衰退（本章随后将阐明这一概念）、产业转移和其他周期性因素而失业的人群。哪种失业对经济影响最为严重?

摩擦性失业

摩擦性失业是指那些不喜欢原来的工作、老板和工作环境而辞职，且尚未找到新工作的人，也指那些第一次进入劳动力市场的人（如应届毕业生），或者离开很长一段时间后重返劳动力市场的人（如为养育子女二度就业的父母）。找到第一份工作或另一份新工作需要时间，所以总会存在摩擦性失业

结构性失业

结构性失业是指由于公司重组，或者求职者的技能（或地点）与现有工作的要求（或地点）不匹配而造成的失业（如因煤矿关闭导致煤矿工人失业）

周期性失业

周期性失业是指由于经济萧条或商业周期中的衰退造成的失业，这种失业是最严重的

季节性失业

季节性失业是指由于一年中对劳动力的需求不同造成的失业，如农作物的收割季节

图 2-5　四种失业类型

物价指数 物价指数是用来衡量通货膨胀、反通货膨胀、通货紧缩和滞胀水平的指标。物价指数有助于判断一国经济的健康状况。**通货膨胀（inflation）**是商品和服务的价格在某段时间内的全面上涨。官方的定义是“消费者价格水平的持续上升或货币购买力的持续下降，其原因是货币和信贷的增长超过了商品和服务的增长”，因此，也被描述为“过多的金钱追逐过少的商品”。不妨回顾一下，供求法则是如何发挥作用的。快速通货膨胀极易引起恐慌。商品和服务的价格即便每年仅上涨 7%，10 年后也会翻上一番。下面的“异域新说”专栏重点阐述了几个通胀失控的例子（事实上，是完全失控了）。

反通货膨胀（disinflation）是指物价上涨放缓的状况（通货膨胀率下降）。这就是美国在整个 20 世纪 90 年代所经历的状况。**通货紧缩（deflation）**是指物价趋于下跌的状况。一国生产的商品太多，人们买不起所有的商品，这时就会出现这种状况（过少的金钱追逐过多的商品）。价格下跌虽然听起来是好事，但其实表明经济每况愈下。[22] **滞胀（stagflation）**是指经济放缓但物价仍然上涨的状况。

消费者价格指数（consumer price index, CPI）是衡量通货膨胀或通货紧缩状况的月度统计指标。政府可以计算商品和服务的成本，如住房、食品、服装和医疗保健，从而判断价格的涨跌。[23] 但如今政府更依赖**核心通货膨胀（core inflation）**指标，即 CPI 减去食品和能源成本。由于临时性的供给冲击可能导致食品和能源价格上涨，所以核心通货膨胀实际上低于真正的成本。CPI 对你来说很重要，因为工资、租金、税收、政府福利和利率都是基于这些数据的。

生产者价格指数（producer price index，PPI）是衡量批发价格变化的指数，该指数跟踪美国商品生产部门中几乎所有行业的价格变化。[24] 其他反映经济状况的指标包括房屋开工率、零售额和个人收入变化。你可以阅读商业期刊，收听广播和电视上的商业节目，浏览商业网站来了解更多这类指标。

异域新说

声速般膨胀

你如果熟知“72 法则”，就会知道在给定的通货膨胀率下，价格翻倍需要多长时间，这是一个简单的衡量方法。例如，如果通货膨胀率以每年 6% 的速度增长，物价将在12年内翻一番（72除以6）。在美国，这将是一个无法接受的通货膨胀率，因为美国联邦储备委员会把物价涨幅控制在每年2%（或更低）。那么，如果价格在一个月内上涨221%呢？不可能吗？委内瑞拉被不幸言中，它是恶性通货膨胀的最新例子。

恶性通货膨胀是指商品和服务的价格每月上涨50%。它通常始于一个国家的政府印发更多的钞票来支付过度支出。委内瑞拉的主权货币玻利瓦尔贬值得厉害，以至于用于支付商品和服务的现金都不用人工点钞，而是用秤来称重。该国目前面临食品和药品短缺，儿童受到严重伤害。委内瑞拉并不是第一个遭受恶性通货膨胀蹂躏的国家。第一次世界大战后，德国的恶性通货膨胀是一个典型例子，当时物价每三天就翻一番，德国人推着装满马克（德国货币）的手推车去买面包的照片屡见不鲜。津巴布韦在2004～2009年经历了恶性通货膨胀，该国经济每天面临98%的通货膨胀率，物价每24小时翻一番。

我们无法忍受巨无霸汉堡或星巴克咖啡每天翻番的涨价。希望美联储时刻警惕通货膨胀的发生，将我们的通胀率维持在2%或之下。

资料来源：Luke Graham, "Inflation in Venezuela Seen Hitting 1500% in 2017 as Crisis Goes from Bad to Worse," CNBC, accessed September 2017; Ben Bartenstein and Mark Glassman, "Hyperinflation," *Bloomberg Businessweek*, January 8, 2017; Kimberly Amadeo, "What Is Hyperinflation: Its Causes, Effects, and Examples," *The Balance*, accessed September 2017; Guillermo Garcia Montenegro, "The Case for Currency Substitution in Venezuela," *Forbes*, January 11, 2017.

美国的生产率

生产率的提高意味着工人可以在同样的时间内生产出更多的商品和服务，这通常要归功于机器、技术或其他设备。美国生产率的提高，就是因为计算机等技术使生产变得更快、更容易。生产率越高，商品和服务的成本就越低，价格可能也会越低。因此，商人非常希望提高生产率。但请记住，计算机和机器人可以提高生产率，也会导致高失业率，特别是对于工厂和文职工作来说。[25]无疑，美国目前正处于这一阶段。

既然美国经济是服务型经济，那么生产率是关键问题，因为服务型企业都是劳动密集型企业。在外资竞争的推动下，制造业的生产率正在迅速提高。服务业的生产率增速较缓，因为服务业的工作人员（如教师、牙医、律师和理发师）掌握的新技术不如工厂工人多。

服务业的生产率

服务业的一个问题是，新机器和新技术的使用可以提升服务质量，但无法提高每位员工的产出。你或许已经注意到，大学校园里有很多电脑，它们提升了教育质量，但未必能让教授多带学生、多发论文。医院的设备也是如此，比如CAT扫描仪、PET扫描仪和MRI扫描仪，这些设备可以改善诊治条件，但未必能让医生多看几个病人。换句话说，当今服务业的生产率指标并未反映新技术所带来的质量提升。

> **想一想**
>
> 服务业的生产率是很难衡量的。新技术可以提高服务质量，却未必能增加服务数量。例如，医生可以通过扫描做出更准确的诊断，但每天仍然只能看那么多病人。生产率指标如何反映服务质量的提升呢？

显然，美国和其他国家必须为服务型经济制定新的生产率标准，使其既能衡量产出的质量，也能衡量产出的数量。尽管生产率不断提高，但经济仍有可能像过去几年一样，经历一连串的上下波动。接下来我们将对此进行研究。

商业周期

商业周期（business cycle）是指随着时间的推移，在经济体系中发生的周期性兴衰。经济学家研究各种商业周期，从一年内发生的季节性周期到每48～60年发生的周期。

经济学家约瑟夫·熊彼特（Joseph Schumpeter）将长期商业周期的四个阶段定义为繁荣、衰退、萧条、复苏。

1. **繁荣（boom）**，顾名思义，是指商业的繁荣兴盛。

2. **衰退（recession）**是指国内生产总值连续两个季度或更长时间的下降。在经济衰退中，物价下跌，消费减少，企业倒闭。经济衰退会导致更多员工失业、更多企业倒闭，人们的总体生活水平下降。

3. **萧条（depression）**是一种严重的经济衰退，常常伴随通货紧缩而来。商业周期很少经历萧条阶段。20世纪有很多商业周期，但其实只发生过一次严重的萧条（于20世纪30年代）。

4. **复苏（recovery）**是指经济企稳并开始增长，最终发展到繁荣阶段，然后开启新一轮的周期循环。

经济学家的一大目标就是预测商业周期中的这种上下波动。当然，要准确预测绝非易事。商业周期是根据事实来确定的，但我们只能用理论来解释这些事实，所以无法做出确切的预测。但有一件事是确定的：随着时间的推移，经济将会跌宕起伏，就像不久前发生的那样。

经济的剧烈波动会对企业造成各种干扰，所以政府会极力抑制经济波动。政府利用财政政策和货币政策，避免经济增速过缓或过快。

运用财政政策稳定经济

财政政策（fiscal policy）是指政府努力通过调节（增加或减少）税收或政府开支来维持经济稳定。美国政府是按照约翰·梅纳德·凯恩斯（John Maynard Keynes）的基本经济理论来运用财政政策的。[26] **凯恩斯主义经济理论（Keynesian economic theory）**认为，政府可以运用增加支出和减少税收的政策，在经济衰退中刺激经济。[27]

财政政策的第一个工具是税收。从理论上讲，高税率会减缓经济增长，因为高税率是从私营部门吸取资金，然后投入政府部门。高税率还会降低企业的利润，减少努力所得的回报，因而会打击小企业主的积极性。所以，从理论上讲，低税率将会提振经济。如果把所有费用都算上，比如销售税、州税费等，对美国收入最高的公民征收的所得税可能会超过 50% 了。你觉得这个税率过高还是不够高？为什么？

财政政策的第二个工具是政府支出，用于高速公路、社会项目、教育、基础设施（如道路、桥梁和公共事业）和国防等。但是，这类支出会增加政府的财政赤字，[28] 即联邦政府在某一财政年度的支出超过税收收入。[29] 2009～2012 年，美国财政赤字连续 4 年飙升，超过 1 万亿美元。2015 年经济状况好转，财政赤字降至约 4500 亿美元，2016 年又上升到近 6000 亿美元。经济学家预计，随着“婴儿潮一代”步入退休期，加之医疗成本上升，2017～2018 年的赤字会减少，然后又将再次上升。[30] 这样的赤字增加了国债。**国债（national debt）**是一段时间内政府赤字的总和。目前，美国的国债已经超过 20 万亿美元（见图 2-6）。如果政府的收入超过支出（即税收收入大于支出），就会产生国家盈余（national surplus）。近期来看，美国不太可能产生国家盈余。

减少赤字的一个方法是削减政府开支。多届总统和国会议员都承诺要“精简”政府，也就是减少政府开支。可惜，兑现承诺的情况并不多。社会保障、医疗保险和医疗补助等福利项目是联邦预算的一大部分，而每年似乎都有需要新增的社会福利项目。因此，财政赤字继续攀升，致使国债增加。有些人认为政府开支可以助推经济增长，另一些人则认为，政府支出都是由消费者和商人买单的，因而会抑制经济增长。对此你有何看法？

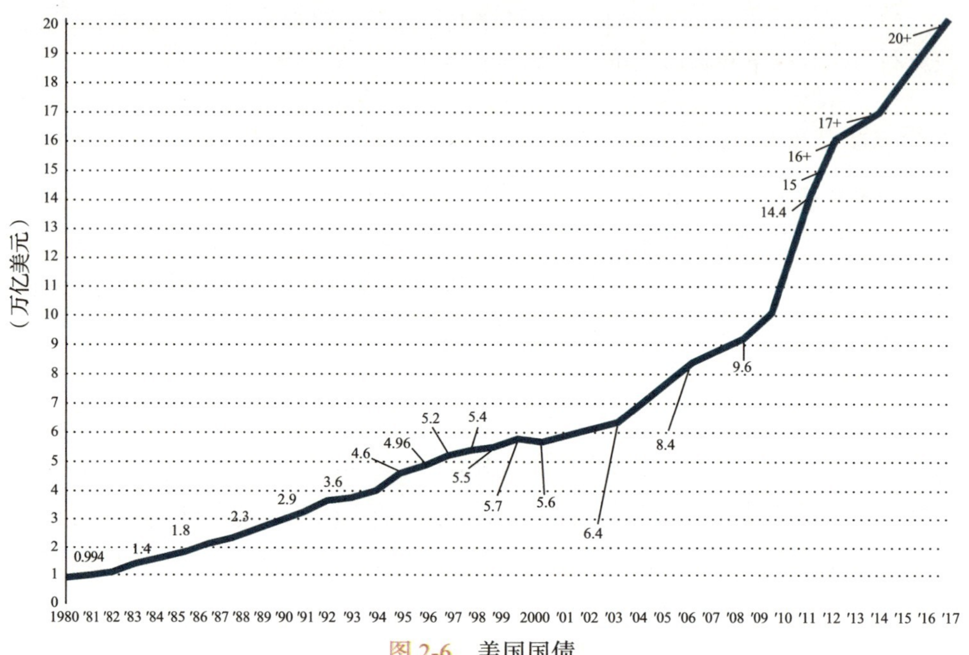

图 2-6 美国国债

运用货币政策保持经济增长

你是否想过，究竟是什么组织在操控美国经济中的货币增减？答案是美国联邦储备银行（简称“美联储”）。美联储是一个半私营机构，不受政府直接控制，其成员由总统任命。我们将在第 20 章介绍银行业时，详细探讨美联储，现在只介绍货币政策以及美联储在控制经济方面所起的作用。**货币政策**（monetary policy）是中央银行（美联储）对货币供给和利率的管理。美联储的一大职能是调整利率。经济繁荣时，美联储往往会提高利率，加大借贷成本，导致企业借贷减少，经济增长放缓。因为商人会收紧一切发展企业的开支，包括劳动力和机器。美联储降低利率时，情况则恰恰相反。企业往往会加大融资，经济也有望增长。调整利率可以避免经济出现剧烈波动。2008 年金融危机发生后，美联储在长达 7 年的时间里，将利率维持在接近零的水平。

美联储还会控制货币供应。简单来说就是，美联储向商人和其他人提供的资金越多，经济增长就应该越快。为了防止经济过快增长（和通货膨胀），美联储降低了货币供应量。2008～2015 年，除了保持低利率，美联储还向市场注入了大量资金。

综上所述，管理美国经济的两大主要工具是：财政政策（利用政府税收和支出）和货币政策（美联储对利率和货币供应的控制）。其目标是保持经济增长，让更多的人能够提升经济地位，享受更高水平和更高质量的生活。

想一想

2008 年金融危机令华尔街的员工和普通民众痛苦不堪。政府的应对措施是否取得了预期效果？

本章小结

1. 阐释基本经济学。

- 什么是经济学？

  经济学研究社会如何运用资源来制造产品和提供服务，以及如何在相互竞争的群体和个人中间进行分配，供其消费。

- 经济学的两个分支是什么？

  经济学有两个主要分支：宏观经济学研究的是整个国家经济的运行；微观经济学研究的是个人和组织对特定产品或服务的市场行为（例如，人们为什么会在油价上涨时购买小型汽车）。

- 我们怎样才能保证有足够的资源？

  资源开发研究如何增加资源，并创造条件更好地利用这些资源。

- 资本主义如何为经济增长创造环境？

  在资本主义制度下，企业家通常不会刻意去帮助别人，他们主要在为自己的兴旺发达而工作。然而，当人们试图改善自己的生活状况时，他们的努力就像一只“看不见的手”，通过创造商品、服务和思想，推动经济增长和繁荣。

2. 解释什么是资本主义，以及自由市场如何运行。

- 什么是资本主义？

  资本主义是一种经济体制，在这种体制中，全部或大部分生产和分配要素均为私人所有，并进行盈利性经营。

- 在资本主义制度下，由谁决定生产什么？

  在资本主义国家，由企业家决定生产什么、如何定价、付给工人多少工资。企业家还要决定在本国还是到其他国家生产产品。

- 在资本主义制度下，人们拥有哪些基本权利？

  资本主义制度下的四项基本权利：（1）私有财产权；（2）企业所有权和利润保留权；（3）自由竞争权；（4）自由选择权。

- 自由市场是如何运作的？

  在自由市场中，买卖双方就产品和服务价格谈判，从而影响生产什么、生产多少。市场上买方的决定告诉卖方生产什么和生产多少。当买方需求更多商品时，价格就会上涨，这也意味着供应商会生产更多的商品。价格越高，供应商愿意生产的产品和服务就越多。价格机制在自由市场中发挥作用。

3. 分析混合经济的趋势

- 哪些国家实行混合经济？

  和世界上大多数工业化国家一样，美国也实行混合经济。

- 混合经济的好处是什么？

  混合经济的好处包括：自由市场带来的创造财富的自由，以及社会平等和对环境的关注。

4. 描述美国的经济体系，包括关键经济指标（特别是国内生产总值）、生产率和商业周期的重要性。

- 美国的主要经济指标是什么？

  美国的主要经济指标包括国内生产总值、失业率和物价指数。国内生产总值是指一国在某一年生产的最终产品和服务的总价值。失业率指的是在过去 4 周内失业并试图求职的年满 16 周岁的公民人数占劳动力人口总数的比率。消费者价格指数衡量消费者购买的大约 400 种商品和服务的价格变化。

- 什么是总产出？

  总产出是衡量所有生产阶段总销量的指标。

- 商业周期有哪四个阶段？

  在经济繁荣期，企业经营得很好。当两个以上季度显示国内生产总值下降，价格下跌，人们购买的产品更少，企业倒闭时，就出现了经济衰退。萧条是一种严重的经济衰退。复苏发生在经济企稳并开始增长的时候。

5. 对比财政政策和货币政策，并解释其对经济的影响。

- 什么是财政政策？

  财政政策是指政府努力通过调节（增加或减少）税收或政府开支来维持经济稳定。

- 货币政策对经济的重要性表现在哪里？

货币政策是对货币供应和利率的管理。当失业率过高时，联邦储备银行可能会向市场注入更多资金，并降低利率。随着企业增加贷款和支出，雇用更多员工，经济得以提振。

批判性思考

2002 年，美国最高法院裁定，各城市可以设立教育优惠券项目，优惠券直接发给家长，供他们择校时使用。项目是为了鼓励包括公立和私立学校在内的各校之间的竞争。与企业一样，学校必须提高服务（彰显教学效度），从竞争对手那里赢得生源。该项目改善了学校质量，大量学生获益匪浅。

1. 你认为经济原则（如竞争）在私营和公共部门同样适用吗？请做好辩论准备。
2. 还有其他公共部门能从竞争（包括来自私营企业的竞争）中受益吗？
3. 许多人说商人没有为社会做出足够的贡献。有些学生选择进入公共部门而不是企业，因为他们想帮助别人。但商界人士表示，他们比非营利组织对人们的帮助更大，因为他们为人们提供工作，而不只是提供慈善。此外，他们认为非营利组织分配的所有财富都是由企业创造的。
   - 在这场辩论中，你如何站在中间立场，说明商人和非营利组织的工作人员都对社会做出了贡献，他们应该加强合作，共同帮助他人？
   - 你如何运用亚当·斯密的理念来证明你的立场？

本章案例　机会国际：给穷人一个工作的机会

世界上数十亿人每天只挣 2 美元甚至更少。事实上，有 10 亿人每天挣不到 1 美元。在这些地方，100 美元或 200 美元的贷款会发挥巨大的作用。这就是“机会国际”（Opportunity International）这样的机构提供小额贷款的原因。

机会国际是一个向发展中国家的人们（主要是妇女）提供小额贷款的组织，目的是帮助他们投资兴业。这些投资往往会带来社区的成长和就业的增长，并帮助这些创业兴业者适度实现事业兴隆。借款的人必须付息偿还贷款，还贷时可以再借更多的钱，以确保持续增长。与其他一些小额贷款机构不同，机会国际还具有银行的功能，企业家可以将资金安全地投入其中。他们还可以买一些保险来保护自己免受损失。机会国际帮助了 28 个国家的 100 多万人，使他们有机会改善生活。

亚当·斯密最早指出财富来自自由、拥有土地的能力，以及拥有从土地上获得利润的能力。人们试图使利润最大化，所以雇用其他人来帮助他们工作。这为其他人提供了工作，为企业家提供了财富。而且，就像一只“看不见的手”，整个社会都受益于企业家对盈利的渴望。你可以看到乌干达的一位妇女利用这些原则使家庭受益，为他人提供了就业机会，帮助了社会。

在自由市场经济中，价格是由买卖双方就商品或服务的价值相互磋商决定的。均衡点是需求曲线和供给曲线相交的地方，相应的价格为市场价格。没有自由市场，就无法知道买方需要什么，卖方需要生产什么。因此，在没有供需机制的指令性经济中，食品、服装和其他必需品可能出现供不应求或者生产过剩的局面。

世界经济的趋势是混合经济，其中大部分经济基于自由市场原则，但政府会涉足教育、医疗和福利等领域。美国基本上是一个自由市场经济国家，但有一种趋势日趋明显，即政府正在采取更多的干预行动。另一些国家正在减少政府在社会中的作用，朝着更加自由的市场迈进。因此，世界正在走向混合经济。

美国政府试图通过美联储和财政政策来控制货币供给。财政政策与税收和支出有关。政府支出越少，企业可用于投资的就越多。对企业家的税率越低，他们对企业的投资就越多，经济增长就会越快。

机会国际的实践表明，企业家、自由、机会和金钱（哪怕只有少量）对贫穷国家的经济增长和蓬勃发展都至关重要。该案例鼓励你帮助世界各地的穷人。要做到这一点，你可以参与机会国际等组织组织的活动或捐献金钱。

思考

1. 为什么需要机会国际这样的组织？穷人不能从银行和其他渠道获得贷款吗？

2. 自由市场体系运行所必需的四个主要条件是什么？

3. 自由市场经济和混合经济的主要区别是什么？美国使用的是哪种模式？

第3章

在全球市场开展业务

■ 学习目标

1. 论述全球市场的重要性以及比较优势和绝对优势在全球贸易中的作用。
2. 阐释进口和出口的重要性，了解国际商务中使用的关键术语。
3. 阐明进入全球市场的战略，并解释跨国公司在全球市场中扮演的角色。
4. 评估影响全球市场贸易的主要因素。
5. 论述贸易保护主义的利弊。
6. 论述全球市场的变化格局以及离岸外包问题。

Understanding Business

本章人物

百事可乐公司首席执行官英德拉·努伊

英德拉·努伊（Indra Nooyi）在印度东南部长大，父亲是位会计师，母亲是名家庭主妇。每天晚饭时，妈妈总会向努伊和妹妹提出一个世界性的问题，她俩会像总理与总统那样比试着解决问题。身为中学生的她参加校辩论队，打板球，还参加了一个女子摇滚乐队，担任吉他手（直到现在，吉他都是她喜欢的乐器）。

在取得了物理、化学和数学学士学位后，她又分别获得了加尔各答印度管理学院和美国康涅狄格州耶鲁大学管理学院授予的商学硕士学位。研究生毕业后，努伊供职于波士顿咨询集团（Boston Consulting Group），之后进入摩托罗拉，担任战略规划职位。1994年，正当她准备跳槽到通用电气担任管理职位时，百事可乐把她挖走了。1996年，百事可乐的销售增长疲态渐显，该公司在全球市场上的份额被竞争对手可口可乐大举抢占。可口可乐超过70%的营业收入来自其全球销售，而百事可乐的仅占29%。作为战略主管和并购负责人，努伊建议百事收购纯果乐（Tropicana）和桂格燕麦（Quaker Oats）（这将使佳得乐品牌归入百事旗下），并出售公司麾下餐厅必胜客、塔可钟（Taco Bell）和肯德基。她的目标是增加全球销量。

2001年，努伊成为百事公司的首席财务官。5年后，她成为百事可乐历史上第一位女首席执行官，也是该公司历史上第一位担任首席执行官的外国裔美籍人士。作为首席执行官，她宣布了一个新的主题“目标性绩效管理”，百事承诺通过为人类和地球做正确的事情来为企业做正确的事情。她将公司的产品重新划分为三类：“对你有趣”（如薯片和普通汽水）、“对你有益”（低脂零食和汽水）和“对你有利”（如燕麦片）。她动用了百事可乐大量的资金，努力帮助全球消费者养成更健康的生活方式。该公司在减少不健康食品方面取得了一些进展。过去10

年间，该公司减少了其饮料中的糖含量达40万吨，并减少了乐事和福瑞薯条中的盐和饱和脂肪。

在努伊的领导下，百事可乐实现了大幅增长。如今，百事是一家市值660亿美元的全球性公司，拥有22个品牌，每个品牌的产值都超过10亿美元。公司在全球拥有264 000多名员工，产品销往全球200多个国家和地区。努伊最近宣布，公司将扩大她承诺的企业全球发展议程，强调健康和社会责任。她承诺百事公司将继续尽心尽力生产更加健康的产品，赋权给公司世界各地的员工，让他们获得决策权和行动权，并鼓励对环境负起责任。

英德拉·努伊是优秀的全球商人。她的成功证明，无论你是什么人，无论你来自哪里，只要有意愿和决心，终究会取得成功的。她洞悉文化和经济的差异，知道如何让公司成功地适应全球变化。本章讲解的内容是像英德拉·努伊这样的商界人士在应对全球商业动态环境时所面临的机遇和挑战。

资料来源：Lyndon Driver, “How Indra Nooyi Changed the Face of PepsiCo,” *World Finance*, October 14, 2016; Jennifer Reingold, “Indra Nooyi Was Right. Now What?” *Fortune*, June 15, 2015; Robert Safian, “How PepsiCo CEO Indra Nooyi Is Steering the Company to a Purpose-Driven Future,” *Fast Company*, January 19, 2017; www.pepsico.com, accessed September 2017.

充满活力的全球市场

你梦想过去巴黎、伦敦、里约热内卢或莫斯科这样的城市旅行吗？如今，90%的全球化公司认为，员工具有海外工作经验是很重要的。[1]原因不足为奇：尽管美国市场有3.25亿人口，但由196个国家构成的全球市场则有多达74亿的潜在客户。[2]如此庞大的客户群岂容忽视！

60.2%的世界人口居住在亚洲，而北美洲人口仅有7.4%。如今，美国消费者从中国购买的商品价值高达数千亿美元。[3]联合包裹（UPS）的全球业务持续稳定增长，沃尔玛和星巴克也在南非开设了门店。[4]美国职业棒球大联盟（MLB）的赛事用17种语言在全球数百个国家播出。[5]2017年，美国职业篮球联赛（NBA）和美国职业橄榄球大联盟（NFL）在伦敦和墨西哥举行了常规赛。[6]美国国家广播公司（NBC）斥资10亿美元，对英超联赛6个完整赛季进行现场直播。[7]美国影星马特·达蒙（Matt Damon）、汤姆·克鲁斯（Tom Cruise）和梅丽尔·斯特里普（Meryl Streep）在全球各地的电影院吸引了大批影迷。

面对如此庞大的全球市场，很有必要了解人们在全球贸易中使用的术语。例如，**进口（importing）**是从另一国购买产品，**出口（exporting）**则是向另一国出售产品。正如你猜想的那样，出口国之间的竞争异常激烈。美国是世界上最大的进口国，也是仅次于中国和德国的第三大出口国。

本章将带你认识全球商业及其面临的诸多挑战。随着全球市场竞争加剧，肯定会有越来越多的企业需要那些深谙全球商业的毕业生。[8]

> **想一想**
>
> 美式橄榄球正在吸引美国以外的观众，当然，美式橄榄球可能与其他国家所说的“足球”不是一回事。2007年以来，伦敦温布利体育场一直是NFL国际系列赛的主场。为了博得更多海外观众的青睐，美国体育特许经营权必须克服哪些文化障碍呢？

为什么要与其他国家做生意

任何国家，甚至是美国这样科技发达的国家，也不可能生产出全国人民所需的一切产品。就算一个自给自足的国家，也会有其他国家来寻求贸易合作，以满足本国人民的需要。有些国家，如委内瑞拉和伊拉克，自然资源丰富，但技术知识匮乏；还有些国家，如日本和瑞士，科学技术发达，但自然资源贫瘠。全球贸易使一个国家能够生产本国最擅长的产品，同时与其他国家建立互惠互利的贸易关系，购买其需要的产品，这个过程就是所谓的自由贸易。

自由贸易（free trade）是指产品和服务在各国之间自由流动，没有政治和经济壁垒。这已成为一个备受争议的概念。[9] 事实上，很多美国人支持“公平贸易，而不是自由贸易”[10]。图3-1展示了自由贸易的利弊。

比较优势理论和绝对优势理论

然而，各国之间的交流不仅限于商品和服务，它们还在艺术、体育、文化活动、医学发展、太空探索和劳动力等方面进行交流。比较优势理论是英国经济学家大卫·李嘉图（David Ricardo）于19世纪初提出的，是自由经济交换思想的指导原则。[11] **比较优势理论（comparative advantage theory）**指出，一个国家应该向其他国家出售本国高效生产的产品，并从其他国家购买其无法如此高效生产的产品。美国在生产产品和服务方面（如软件开发和工程服务）具有比较优势，而在种植咖啡或制鞋方面则缺乏比较优势。因此，我们穿的鞋子、喝的咖啡大多是进口的。通过专业化生产和全球贸易，美国及其贸易伙伴可以实现互惠互利的交流。

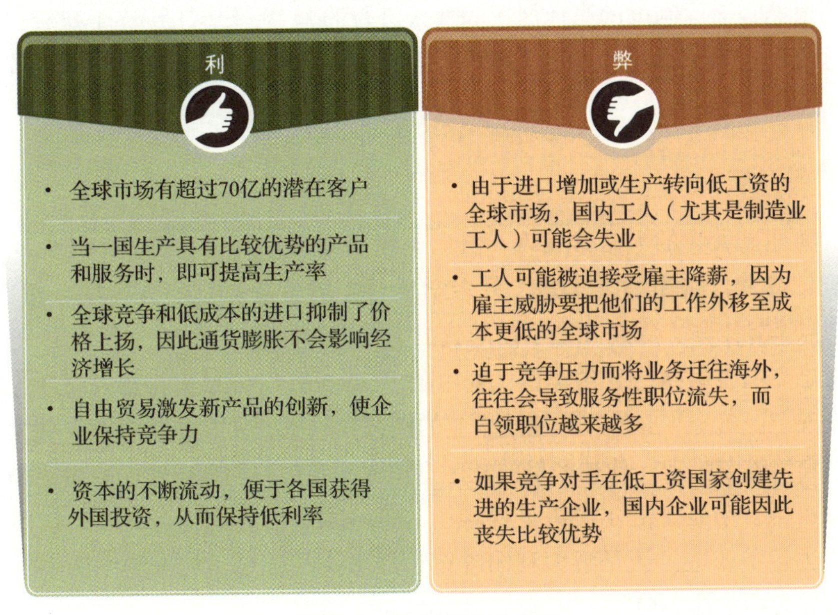

图 3-1　自由贸易的利弊

如果一国在某一产品的生产上具有高于其他各国的生产效率，该国就拥有**绝对优势**（absolute advantage）。绝对优势不可能永远存在，全球竞争导致绝对优势逐渐消失。如今，在全球市场上鲜有绝对优势的情况。

参与全球贸易

对全球商业领域工作感兴趣的人，往往只会想到波音、卡特彼勒或 IBM 等拥有大量国外客户的公司。然而，真正有可能提供全球就业岗位的是小企业。在美国，3000 万家小企业中只有 1% 做出口，但却占美国出口总额的 30% 左右。在美国商务部的扶持下，美国小企业的出口额在过去 10 年里大幅增长，但还没有达到许多人希望的水平。

开展全球贸易往往是观察、决定和冒险的过程。一个代表性的事例是，几年前，一位美国旅行者在非洲某国留意到，当地没有冰块用来冰镇饮料或保鲜食物。这名男子在调研后发现，那里方圆数百里都没有制冰厂，但人们对冰块的需求其实很大。于是，他回美国找了一些投资者，然后再次来到非洲，打算建造一座制冰厂。项目实施困难重重，他得与地方当局反复磋商、谈判（大部分谈判是由熟知该国制度的当地居民和商人进行的）。后来，工厂终于建成，这位颇有远见的企业家因一个想法，获得了可观的回报，而当地人也获得了所需的产品。

进口产品及服务

在国外上大学的人常常发现，自己国家随处可见的一些产品，其他地方却买不到，或者价格更高。于是，许多学生与本国生产商合作，寻找启动资金，加班加点辛勤工作，结果在上学期间就成为大进口商。

星巴克前首席执行官霍华德·舒尔茨（Howard Schultz）在意大利米兰旅行时，发现了商机。[12] 舒尔茨着迷于米兰的情调和氛围，尤其是遍布意大利的社区咖啡馆和浓缩咖啡吧，他被那里的社区意识深深吸引，[13] 觉得这样的聚会场所也很适合美国。于是，舒尔茨买下西雅图的第一家星巴克咖啡店，然后按照自己的设想进行了改造。正是意大利咖啡馆让舒尔茨的驻足，如今美国的咖啡爱好者才知道大杯拿铁为何物。

出口产品及服务

谁想到美国公司能在德国销售啤酒呢？德国毕竟是第一部《啤酒纯度法》（或称《纯正啤酒法》）的发源地，拥有不计其数的经典啤酒制造商。不过，慕尼黑最著名的啤酒商店的货架上，现在真的摆上了美国啤酒，有塞缪尔·亚当斯·波士顿淡啤（Samuel Adams Boston Lager）和内华达山脉啤酒（Sierra Nevada）。[14] 美国精酿啤酒商巨石酿酒厂（Stone Brewing）甚至在柏林开了一家酿酒厂。[15] 如果这让你难以置信，不妨设想一下往中东卖沙子。子午线集团（Meridian Group）向中东出口一种特殊沙子，用于游泳池的过滤系统，在当地大卖特卖。

事实上，你可以把美国的任何产品或服务卖给其他国家，他国的竞争有时并不像美国这么激烈。例如，你可以把铲雪机卖给沙特阿拉伯人，让他们清除车道上的沙砾。爱彼迎（Airbnb）始于旧金山的一个社区市场，为希望预订住房和发布房源的人提供服务。该公司现在的房源数量已达200万，房源地点遍布全球34 000个城市。公司创始人布莱恩·切斯基（Brian Chesky）认为，人们不只是想租个房间睡觉，他们更希望体验民宿所在地的风土人情。“社媒连线”专栏重点介绍了爱彼迎如何利用社交媒体撼动酒店业。

许多经济学家认为，出口也极大地提振了美国经济。彼得森国际经济研究所名誉所长弗雷德·伯格斯坦（Fred Bergsten）称，由于美国与世界经济的融合，美国经济规模一年扩大了1万亿美元。[16] 他还估计，美国每增加10亿美元的出口，就能为国内带来7000多个就业岗位。但是，在全球市场上销售产品，使产品适应全球客户绝非易事。随后我们将论述影响全球贸易的主要因素。

如果你想学习更多关于出口的知识，可访问美国国际贸易管理局网站（www.export.gov），搜索“出口基本指南”。你还可以在美国商务部（www.doc.gov）、出口管理局（www.bea.gov）、小企业管理局（www.sba.gov）和小企业出口商协会（www.sbea.org）等网站获得更多建议。

想一想

尽管玩酷（Funko）的搪胶玩偶（Pop!）系列没有那么栩栩如生，但并未妨碍这些大头娃娃引起全球轰动。玩酷的玩偶形象通常是著名的虚构人物或流行文化偶像，在世界各地吸粉无数。因此，搪胶玩偶每年为玩酷带来数千万美元的收益。全球收藏品市场的工作对你有吸引力吗？

社媒连线

世界随处是我家

“出租空置房屋，分享你的世界。”这句简短话语成了爱彼迎创始人布莱恩·切斯基的使命宣言。他在旧金山创办了爱彼迎，目标客户是那些想在日益增长的共享经济中提供或预订住宿的人。共享经济更加方便房东把自己的房子或房间租给陌生人。他认为，旅游行业的竞争对手只在市中心提供“千篇一律”的房间，他们已经与客户失去了联系。他觉得这样的住宿不能让游客真正有机会“体验”到访城市原汁原味的生活。如今，爱彼迎在全球拥有200万份房源，公司估值255亿美元，使其成为（纸面上）全球最大的连锁酒店。

公司最初进行了广泛的研究，以测试其“到此一游太肤浅，何不住下探真容”的信息是否会引起潜在用户的共鸣。“何不住下探真容”活动旨在鼓励游客像当地人一样生活，像当地人一样体验他们所访问的城市。一场使用3D技术的社交媒体营销活动推出了一种新的视觉广告风格。这段视频在Facebook上获得了1100万的点击量、5.6万个“赞”和5200条评论。该公司还通过与专业摄影师合作，有效地利用照片墙（Instagram），创造出设计巧妙、信息清晰、能与目标客户沟通的图片。

2017年，爱彼迎有望实现近10亿美元的收入，预计到2020年将飙升到每年100亿美元。如果您还没使用过它们的服务，请查看爱彼迎官网上的各种促销和优惠项目。

资料来源：Max Chafkin, "Airbnb Opens Up the World," *Fast Company,* February 2016; Katie Richards, "Put Away the Selfie-Stick and Act Like a Local, Urges Airbnb's New Campaign," *Ad Week*, April 19, 2016; Thales Teixeira and Michael Blanding, "How Uber, Airbnb, and Etsy Turned 1,000 Customers into a $1 Million," *Forbes*, November 16, 2016; www.airbnb.com, accessed September 2017.

评估全球贸易

各国在衡量全球贸易时，主要依赖两个指标：贸易差额和国际收支。**贸易差额**（balance of trade）是指一国在某段时期内进出口总额之差。当一国出口额大于进口额时，就会出现有利的贸易差额，即**贸易顺差**（trade surplus）；当一国出口额小于进口额时，就会出现不利的贸易差额，即**贸易逆差**（trade deficit）。所以，各国更喜欢出口而不是进口也就很容易理解了。如果我卖给你200美元的商品，而只买100美元的东西，我就可以用多出来的100美元买其他东西。但是，如果我从你那里买了200美元的商品，却只卖给你100美元的东西，情况显然对我不利。

国际收支（balance of payments）是指一国来自出口的货币收入与用于进口的货币支出之间的差额，再加上旅游、国外援助、军事开支和外国投资等其他因素带来的货币流量。大家的目标都是让更多的资金流入而非流出本国，因为这才是良好的国际收支状况。相反，如果流出的资金超过流入的资金，国际收支就会出现逆差。

过去，美国的出口大于进口。但自1975年以来，美国从其他国家购买的商品超过了其售出的商品，因而出现了贸易逆差。今天，美国对中国的贸易逆差是最高的。尽管如此，美国仍然是世界最大的出口国之一，虽然其出口产品的比例远低于中国、德国和日本等国。

在支持自由贸易方面，美国和其他国家一样，希望公平开展全球贸易。为确保公平的竞争环境，各国都禁止倾销等不公平的贸易行为。**倾销（dumping）**是指生产国以低于本国市场的价格出口产品。采取这种掠夺性定价策略，有时是为了减少海外市场上的过剩产品，或在新市场赢得立足点。有些政府甚至会给某些行业财政奖励，以便它们以低于国内市场的价格在全球市场上销售产品。例如，巴西因在美国倾销钢铁而受到惩罚。[17] 美国制定了反倾销法律，明确要求外国公司的产品定价中要包含 10% 的管理费和 8% 的利润。

现在你已掌握全球商业中的基本术语，我们可以继续研究进入全球市场的不同策略。

进入全球市场的策略

企业可以采取不同策略，角逐国际市场，主要战略包括：许可、出口、特许经营、合同制造、国际合资企业和战略联盟，以及外商直接投资。每个策略都蕴含着商机，同时也有投入和风险。图 3-2 显示了上述每个策略的投入、控制、风险和潜在利润的大小。请先花些时间仔细看看图中的信息。

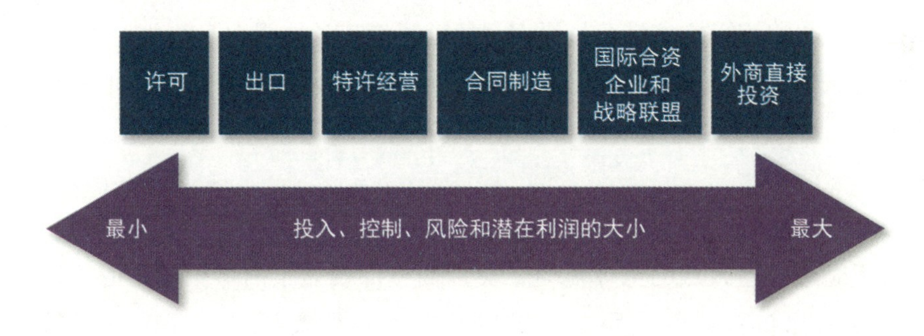

图 3-2　进入全球市场的策略

许可

许可（licensing）是指公司（授权方）允许外国企业（被授权方）生产其产品并收取费用（特许权使用费）的一种全球市场竞争策略。有意授权的公司通常会指派公司代表到外国公司协助建厂。授权方还会在产品分销、推广和咨询等方面协助被授权方或与其合作。

许可对授权公司来说有几个好处。第一，公司可以赚取在本土市场无法获

> **想一想**
>
> 漫威（Marvel）授权许多公司生产其成功电影（如《银河护卫队》）的周边产品。你认为漫威授权的产品会在新一代观众中保持全球知名度吗？

得的收益。第二，海外的被授权方必须从授权方购买公司启动用品、材料和咨询服务。可口可乐公司与300多家被授权方签订了全球许可协议，这些协议都已延期为长期服务合同，每年可口可乐产品的销售额高达10亿美元。服务型公司也在积极拓展许可业务。例如，东京迪士尼乐园是迪士尼第一个在美国境外开设的主题公园，是按照日本东方乐园公司（Oriental Land Company）与迪士尼公司的许可协议经营的。事实上，迪士尼是全球最大的消费品授权商，拥有超过500亿美元的授权产品。

许可的第三个好处是授权方可以花费很少，甚至分文不出地生产和推广其产品。这些费用都由被授权方掏腰包，所以被授权方为了成功通常会加倍努力。不过，许可也有不利之处。通常情况下，授权方必须授予被授权方20年或更长时间的产品使用权。如果某产品在海外市场大卖，那么大部分收入都归入被授权方囊中。更为不利的是，授权公司实际上是在出售自己的专长。如果被授权方掌握了公司的核心技术或产品机密，很有可能违反协议，自行生产类似产品。如果没有法律补救措施，授权方便无技术秘密可言，更不要指望收取特许权使用费了。

出口

为了应对日趋激烈的全球竞争，美国商务部设立了出口援助中心（EAC），希望直接做出口贸易的中小企业可以从中心获得实际出口援助和贸易融资支持。该中心在全美100多个城市和全球80多个国家设点，并计划进一步扩张。[19]

对直接出口迟疑不决的美国公司，不妨通过出口贸易公司（或出口管理公司）从事间接出口业务，这些专业公司可以协助进行出口谈判，建立贸易关系。出口贸易公司不仅为来自不同国家的买家和卖家牵线搭桥，还会与海关打交道，处理证明文件甚至度量衡换算等事宜，简化进入全球市场的流程。出口贸易公司还会协助出口商处理仓储、记账和保险事宜。如果你有意从事国际商务工作，出口贸易公司通常会为学生提供实习或兼职机会。

特许经营

特许经营是对某业务有好创意的人卖出企业名称的使用权，使其能在某个特定地区向其他人出售产品或服务。特许经营在国内外都很受欢迎。（我们将在第 5 章进一步讨论。）赛百味（Subway）、假日酒店（Holiday Inn）和肯德基等美国主要特许经营商在世界各地都有网点，均由其海外特许加盟商运营和管理。但全球特许经营并不仅限于大型特许经营商。例如，明尼苏达州查哈森的 Snap Fitness 在 24 个国家的 3000 个地点拥有连锁健身房和健身中心。[20] 总部位于科罗拉多州的高档巧克力生产商落基山巧克力工厂（Rocky Mountain Chocolate Factory）在加拿大、日本、韩国和菲律宾都有特许加盟商。该公司还将业务扩展到沙特阿拉伯和阿联酋，当地人将巧克力视为珍馐，和鱼子酱在美国的地位差不多。外国特许经营商也成功地开拓了美国市场。加拿大的布洛克税务公司（H&R Block）和日本的公文式教育中心（Kumon Math & Reading Centers）都在美国赢得了大批长期稳定的消费者。

特许经营商必须因地制宜，提供符合当地人要求的产品或服务。达美乐比萨（Domino's Pizza）在美国境外有 5000 家门店，每天递送 100 多万个比萨。不过，每个国家的比萨配料都不一样。在印度的 1000 多家门店里，咖喱是必不可少的配料。日本顾客喜欢在比萨上放海鲜和鱼，他们最喜欢的是鱿鱼和蛋黄酱比萨。唐恩都乐（Dunkin Donuts）在全球 36 个国家的 3200 家连锁店推出的甜甜圈（donut holes）看上去大同小异，但当地人的口味偏好却大相径庭。它们在中国店铺卖的甜甜圈是猪肉和海藻口味的。请参阅“知变则胜”专栏重点介绍的另一家全球特许经营冠军——麦当劳。

想一想

学累了，想来份快餐？来一份热乎乎的比萨，撒上腌辣椒和黄瓜，再抹点蛋黄酱，怎么样？像必胜客这样的国际连锁店，其世界各地的门店都会供应这些比萨，以迎合不同的口味。特许经营商如何确保其产品适合全球市场呢？

知变则胜

金色拱门彩旗飘

(www.mcdonald.com)

几十年来，麦当劳一直是全球食品特许经营中无可争议的王者。它在 120

个国家拥有近 39 000 家快餐店，每天服务的顾客超过 6800 万名。

那么，麦当劳是如何雄踞全球霸主地位而岿然不动的呢？它能走到今天的确不单单靠汉堡包。自麦当劳首次在海外扩张以来，它一方面提供常见的巨无霸汉堡和炸薯条，另一方面谨慎地吸纳具有当地风味特色的食品。例如，在泰国，顾客可以点武士汉堡，这是用红烧酱腌制的猪肉饼三明治，浇上蛋黄酱，再配以泡菜和鲑鱼饭；在德国，巨无霸汉堡是面包里夹着三根德式香肠，配上芥末和洋葱；在日本，顾客可以在麦当劳的人气薯条上淋上南瓜酱和巧克力酱。

麦当劳还重视不断完善其菜单，以适应当地习俗和文化。通过在菜单上不提供任何牛肉或猪肉，麦当劳表达了对印度宗教信仰的尊重。麦当劳还为印度素食顾客推出了一款无肉的巨无霸，这款巨无霸是用两个玉米饼和奶酪做出来的馅饼。它与深得人心的鸡肉制成的王公汉堡互为补充、相得益彰。王公汉堡是印度版的巨无霸，它是用鸡肉而不是牛肉制成，辅之以火辣的墨西哥小辣椒和由产自亚马孙地区的超辣的辣酱！在以色列，连锁餐厅供应的所有肉食都是符合犹太教规的洁净牛肉。公司的许多快餐馆还在安息日和宗教节日闭门谢客。如果想了解更多事例，请访问 www.mcdonalds.com 并浏览麦当劳国际特许经营网站。关注公司如何将每个国家的文化融进快餐店的形象中。

麦当劳矢志于成为全球首屈一指的特许经营商。从 1961 年开始，麦当劳成为世界上第一家开办了自己培训中心的餐饮公司。培训中心统一冠名为汉堡包大学。现在，麦当劳的汉堡包大学在奥克布鲁克、伊利诺伊、东京、伦敦、悉尼、慕尼黑、圣保罗、莫斯科和上海均设有分校。全球范围内已有超过 275 000 名学员毕业了。在上海，公司的汉堡包大学吸引了顶尖大学的毕业生接受管理职位的培训。每 1000 名申请者中只有 8 名才可以被录取，录取率甚至低于哈佛大学。如今，麦当劳 40% 以上的高级管理人员都是汉堡包大学的毕业生。

通过成功地将其形象与多种文化融为一体，麦当劳已经成为世界各地社会文化不可分割的一部分。展望未来，麦当劳在不断适应和进一步拓展其全球市场的同时，会一直致力于保持其产品的质量。

资料来源：Newley Purnell, " McDonald's Fan Scours the Globe to Dish on Menu Variations," *The Wall Street Journal*, February 19, 2016; Natalie Walters, " McDonald's Hamburger University Can Be Harder to Get into Than Harvard and Is Even Cooler Than You'd Imagine, " AOL.com, October 24, 2015; Preetika Rana, " U.S. Chains Redo Menus in India, " *The Wall Street Journal*, March 23, 2016; McDonald's, www.mcdonalds.com, accessed September 2017.

合同制造

合同制造（contract manufacturing）是指外国公司生产的自有品牌产品，然后由国内公司贴上其品牌或商标。例如，合同制造商为戴尔、苹果和IBM等公司生产电路板和元件，用于电脑、打印机、智能手机、医疗产品、飞机和消费类电子产品。富士康是全球最大的合同制造商，生产苹果手机和微软Xbox One等知名产品。耐克在全球拥有800多家代工工厂，为其生产所有的鞋类和服装。制药业也充分利用合同制造，到2020年，这一领域的市场规模将增长到840亿美元。[21] 据估计，全球合同制造业的产值超过3000亿美元。

利用合同制造，企业便可以试水新市场，而又不必支出建厂之类的巨额启动成本。如果品牌得到认可，表明公司已经进入新市场，从而规避了风险。企业还可以临时使用合同制造来应对激增的订单，当然，劳动力成本通常也非常低。合同制造属于一种外包形式，我们在第1章给出了外包的定义，后面还将深入探讨。

国际合资企业和战略联盟

合资企业（joint venture）是指两个或两个以上公司（通常来自不同国家）共同承担一个重大项目的合伙企业。合资企业通常需要由政府批准之后，才能在该国境内开展业务。例如，迪士尼与上海申迪集团共同出资55亿美元，组建合资企业，于2016年建成了中国内地第一个迪士尼主题公园。[22]

创办合资企业的原因很多。万豪国际（Marriott International）和西班牙AC酒店（AC Hotels）合资创建了万豪AC酒店（AC Hotels by Marriott），扩大全球布点，促进未来发展。合资企业也可以成为行业翘楚，例如，制药巨头葛兰素史克（GSK）与谷歌的母公司Alphabet成立合资公司，研发生物电子药品。它们计划开发微型生物电子植入设备，用于治疗哮喘、糖尿病等慢性疾病。[23] 匹兹堡大学医学中心和意大利政府在西西里岛合资建设的医学移植中心即将迎来20周年庆，堪称合资的经典案例。合资企业甚至可以让两家公司联合起来。米勒康胜（MillerCoors）是英国米勒酿酒公司（SAB Miller Brewing）和加拿大/美国莫尔森康胜在美国成立的合资企业。米勒康胜现在只有一个所有者，就是世界第三大啤酒制造商莫尔森康胜。[24] 显然，成立合资企业有以下好处：

1. 共享技术，共担风险。

2. 共享营销和管理经验。

3. 进入那些只允许出售本土产品的市场。

合资企业的弊端没有那么显而易见，但我们必须加以识别。[25] 合作伙伴可能会把对方的技术和作业规范学到手，然后为己所用。此外，共享技术可能会过时；合资企业也有可能发展得过于庞大，无法灵活变通。有时，合作伙伴会出于各种原因决定中断合作关系。例如，2017 年，可口可乐和雀巢（Nestle）关闭了长达 16 年的即饮茶和即饮咖啡合资企业，因为雀巢打算独自开发茶饮系列产品。[26]

全球市场也推动了战略联盟的发展。**战略联盟（strategic alliance）**是两个或两个以上的公司建立的长期合作伙伴关系，旨在帮助各联盟公司打造具有竞争力的市场优势。与合资企业不同的是，战略联盟不会共担成本和风险，也不共享管理经验或利润。借助联盟，企业可以进入广阔的市场，获得更多资本支持和技术专长。战略联盟的灵活性很强，可以把不同国家、不同规模的公司联合起来。与戴姆勒（Daimler AG）和丰田结成战略联盟是特斯拉（Tesla）早年获得成功的关键，后来与松下的结盟又大大推动了特斯拉电池技术的发展。[27]

外商直接投资

外商直接投资（foreign direct investment, FDI）是指购买国外的永久性房产和企业。外商直接投资最常见的形式是**海外子公司（foreign subsidiary）**，即由另一家外国公司（称为母公司）拥有的海外企业。子公司的运作与国内企业差不多，各生产、分销、促销、定价等业务部门均由子公司的管理层控制。子公司还必须遵守母公司所在国（称为母国）和子公司所在国（称为“东道国”）的法律要求。

子公司的主要优势是公司始终可以牢牢控制自己的技术或专业知识，主要的缺点是需要在境外投入资金和技术。如果与东道国的关系不够稳定，那么公司的资产可能会被没收（由外国政府接管）。瑞士雀巢公司拥有许多海外子公司。这家消费品巨头斥资数十亿美元收购了多家海外子公司，包括美国的体重管理公司珍妮·克雷格（Jenny Craig）、嘉宝

> **想一想**
>
> 美国一直而且仍然是外商直接投资的热门地。丰田、本田和梅赛德斯等全球汽车制造商已斥资数百万美元在美国建厂，得克萨斯州圣安东尼奥就有丰田工厂。你认为在得克萨斯州生产的丰田是美国车还是日本车呢？

婴幼儿食品（Gerber Baby Foods）、罗森－普瑞纳公司（Ralston-Purina）、热口袋三明治生产商美国厨师（Chef America）、利比食品（Libby Foods）、德雷尔（Dreyer's）和哈根达斯冰激凌，以及法国的毕雷矿泉水公司（Perrier）。雀巢公司在 86 个国家拥有 33.3 万多名员工，业务范围几乎遍及全球。[28]

雀巢是一家跨国公司。**跨国公司（multinational corporation）**，在许多不同的国家生产和销售产品，拥有多国股票所有权，并进行跨国经营和管理。跨国公司通常是像雀巢这样的超级大公司，但并非所有全球性大企业都是跨国公司。例如，某公司生产的所有产品都可用于出口、在全球销售、赚钱全球市场的利润，但它仍然算不上跨国公司。只有那些有能力在不同国家生产制造或有实体存在的公司，才能称得上跨国公司。图 3-3 列出了全球十大跨国公司。

	公司	收入（美元）	所在国
1	沃尔玛	482 130 000	美国
2	国家电网	329 601 000	中国
3	中国石油	299 271 000	中国
4	中国石化	294 344 000	中国
5	荷兰皇家壳牌	272 156 000	荷兰
6	埃克森美孚	246 204 000	美国
7	大众	236 600 000	德国
8	丰田	236 592 000	日本
9	苹果	233 715 000	美国
10	英国石油	225 982 000	英国

图 3-3 全球十大跨国公司

资料来源：*Fortune*, www.fortune.com, June 2017.

另一种普遍使用的外商直接投资形式是**主权财富基金（sovereign wealth funds, SWF）**，即由政府控制、持有大量外国公司股份的投资基金。阿联酋、新加坡和中国的主权财富基金购买了许多美国公司的股权。拥有 500 万人口的挪威拥有世界最大的主权财富基金，持有约 9050 亿美元的资产。[29] 鉴于主权财富基金的规模（全球规模为 7 万亿美元）及政府所有权，人们不免担心，主权财富基金是否会通过控制战略性自然资源获取敏感技术，实现地缘政治的目标。到目前为止，这一担忧并未变成现实。事实上，在美国大衰退时期，是主权财富基金向花旗集团（Citigroup）和摩根士丹利（Morgan Stanley）等陷入困境的美国公司注入了数十亿美元。[30] 如今，许多经济学家认为，主权财富基金这种外国直接投资形式是对美国经济投下的信任票，为美国创造了数千个就业机会。

角逐全球市场，必须选择最适合企业目标的进入策略。我们讨论的不同策略所涉及的所有权、财政投入和风险也各不相同。而这才刚刚开始，你还应该认识到那些影响企业在全球市场发展壮大的市场力量。

影响全球贸易的因素

要在国际市场取得成功比在国内市场难度更大，复杂程度更高。比如，你要应对社会文化、经济与金融、法律法规、自然环境等各种影响之间的差异。我们来分析这些市场力量，看看它们对那些最负盛名、最有经验的全球企业构成了怎样的冲击。

社会文化因素

文化（culture）指的是一组特定群体所持有的价值观、信仰、规则和制度。文化可以涵盖社会结构、宗教、风俗习惯、价值观和态度、语言和个人交流。如果你想涉足全球贸易，了解国家之间的文化差异是至关重要的。可惜，虽然美国是一个多元文化的国家，但美国商人的民族优越感（ethnocentricity）常常受人诟病，他们总认为自己民族的文化优于其他民族的文化。

许多外国公司则能迅速适应美国文化。不妨想想德国、日本和韩国的汽车制造商是如何迎合美国司机的喜好和需求的。2016 年，美国汽车销量前 10 的品牌中，有 7 个是日韩车。德国折扣食品连锁店阿尔迪（Aldi）已成功进入美国市场，目前在全美设有 1600 家门店，未来还将继续扩大。[31] 相比之下，美国汽车制造商多年来一直没有调整右舵汽车的生产模式，而英国、印度和澳大利亚等国的汽车都是在道路左侧行驶。全世界现在只有利比里亚、缅甸和美国这三个国家未使用公制计量法。现在，我们来看看全球市场中的美国企业在适应社会和文化差异方面还会面临哪些障碍。

宗教是所有社会文化的重要组成部分，可以对商业运作产生举足轻重的影响。跨国公司要想获得成功，进行商业决策时必须考虑到宗教的影响。例如，伊斯兰教禁吃猪肉，印度教徒不吃牛肉。对于麦当劳和必胜客这样的公司来说，在沙特阿拉伯和印度等国做生意必须尊重当地的宗教禁忌。1994 年的足球世界杯让麦当劳认识到了尊重宗教信仰的重要性。当时，麦当劳把沙特阿拉伯国旗印在了食品袋上，而国旗上有伊斯兰教的清真言（the Shahada，穆斯林的信仰宣言）。这一做法冒犯了伊斯兰组织，清真言岂能让人揉成一团丢弃。麦当劳吸取了教训，在全球市场做生意必须充分了解宗教的影响。

还有一个类似的故事也颇具代表性。一位美国经理在巴基斯坦巡视一家新开的工厂，等工厂全面开工后，他来到办公室做一些初步的生产预测。突然，车间里所有机器全部停转。经理怀疑停电了，他冲出去一看，发现工人们全都跪在祈祷毯上。原来，伊斯兰教教徒每天必须祈祷五次，得知这一情况后，他回到办公室，默默降低了预估的产量数字。

理解社会文化差异对于员工管理也很重要。在一些拉丁美洲国家，员工认为管理者有权决定下属的安宁康乐。试想一下，有位在秘鲁工作的美国经理并不了解这一文化特点，认为员工应该参与管理。他确信这种更加民主的决策风格可以激励工人提高生产率。结果事与愿违，工人开始陆续辞职。问及原因，工人们都说，新来的经理对自己的工作一无所知，还要问他们怎么做，所以大家都想趁早换份新工作，因为这家公司经理缺乏管理能力，迟早要倒闭。

时至今日，仍有许多美国公司未能放眼全球，无法理解包装上使用的颜色在不同文化中可能代表不同含义等诸如此类的事情。请谨记一个稳妥的哲学：千万不要以为在该国行得通，到他国也行得通。英特尔、耐克、IBM、苹果、肯德基和沃尔玛都是具有全球吸引力和认知度的品牌，但即便如此，它们也经常遇到问题。要了解广告翻译在全球市场中都出现过哪些问题，如图 3-4 所示。

经济与金融因素

经济差异同样可能会搅乱全球市场。卡塔尔的人均年收入接近 13 万美元，居世界首位。在经济拮据的海地，人均年收入仅略高于 1800 美元。[32] 我们很难想象买口香糖每次只买一个。但在海地等经济萧条的国家，这是司空见惯的，那里的消费者只能买得起少量的东西。你或许会想，坐拥 12 亿多潜在客户的印度一定是可口可乐梦想的市场了。可惜，由于印度人均年收入较低，他们每人每年只喝 12 瓶 8 盎司㊀的可乐。印度蓬勃发展的美容和个人护理市场也是如此。

㊀ 1 盎司＝29.571 毫升。

化妆品巨头欧莱雅（L’Oreal）在印度销售的大多是样品量的小瓶洗发水、小管男士洗面奶以及小袋卡尼尔染发膏。

库尔斯啤酒公司把它的标语“Turn It Loose”（放轻松）翻译为西班牙语，结果发现译文变成了“腹泻”

百事可乐公司曾经将广告语“Come Alive, You’re in the Pepsi Generation”（百事新一代带给你活力）译成中文，结果中国消费者看到的是“百事可乐让你的祖先起死回生”

烹鸡大师帕尔杜的口号是“It Takes a Strong Man to Make a Chicken Tender ”（硬汉才能做出鲜嫩的鸡肉），结果译成西班牙语变成了“欲火中烧的男人才能让鸡充满深情”

肯德基的专利广告语“Finger Lickin’ Good”（吮指回味），译成日语变成了“咬掉你的手指”

还有将其他语种翻译成英语的错误，北欧吸尘器制造商伊莱克斯想在美国市场销售产品，其广告语“Nothing Sucks Like an Electrolux”想表达的是“没有什么比伊莱克斯更能吸尘”，结果变成了“没有什么比伊莱克斯更糟糕的了”

图 3-4 我们是这么说的吗

全球营销策略实施起来或许会困难重重，看看这些知名公司在全球市场中遇到的问题。

从金融角度看，墨西哥人用比索购物，中国人用人民币购物，韩国人用韩元购物，日本人用日元购物，美国人用美元购物。在全球货币中，美元被视为强势而稳定的货币，但其市场价值不可能永远保持不变。今天 1 美元可以兑换 8 比索，明天或许只能换 7 比索。**汇率（exchange rate）**是指一国货币相对于其他国家货币的价值。一个国家汇率的变化会对全球市场产生影响。美元升值意味着 1 美元兑换的外币比以前多。因此，外国商品变得便宜了，因为购买同样产品所需美元更少。但美国生产的商品对外国买家来说则变得更贵。相反，美元贬值意味着可以用更少的外币兑换 1 美元——外国商品变得更贵，因为要多花些美元才能买到同样的商品，但美国商品对外国买家来说变得便宜了，因为可以少花些外币就能买到。

全球金融市场是在浮动汇率（floating exchange rates）制度下运作的，也就是说，货币价值随全球货币市场对货币的供求情况而“浮动”。这种货币供求关系是由全球外汇交易员创造的，他们根据一国的贸易和投资潜力，为该国创建货币市场。

货币价值的变化会引发许多全球性问题。例如，联合利华（Unilever）、通用电气、雀巢和耐克等跨国公司的劳动力成本可能会随着货币价值的波动而发生巨变，因此要不断调整各个国家的生产。[34] 像富乐（H. B. Fuller）这样的中型企业也是如此。富乐是明尼苏达州圣保罗的一家全球工业胶粘剂供应商，在 43 个国家拥有 4000 名员工。[35] 与同类企业一样，富乐在应对全球市场竞争时，也会充分利用汇率波动的优势。

想一想

美元“升值”时，外国商品和出国旅游对美国消费者就很合算；美元贬值时，外国游客则纷纷涌向美国各城市，享受较为便宜的假期和购物之旅。美国出口商是在美元升值还是在贬值时获利更多呢？

货币估值问题尤其令发展中国家感到棘手。有时，一国政府为了增加产品出口，通常会干预并调整货币价值。**贬值（devaluation）**是将一国的货币价值降至低于其他货币。2014 年，委内瑞拉使货币贬值，试图缓解日趋严重的经济问题。可惜，这一举措并未解决该国的问题。预计 2017 年，委内瑞拉的通胀率将达到 1600%（见第 2 章）。[36] 有时，由于一国货币疲软，唯一的交易方式就是物物交换（bartering），即不用货币，而用一种商品和服务直接换取其他商品和服务。

对销贸易（counter trading）是一种复杂的物物交换形式，参与的国家可能有好几个，大家都互换商品或互换服务。假设某发展中国家，比如牙买加，想用铝土矿和福特汽车公司交换购买汽车。但福特不需要牙买加的铝土矿，而是需要压缩机。在对销贸易中，福特可能会把汽车卖给牙买加，然后牙买加把铝土矿卖给另一个国家，比如印度，印度再将压缩机卖给福特。三方都能从中受益，同时又避免了全球市场的金融问题和货币约束。据估计，对销贸易占全球贸易的 20% 以上，尤其是在与发展中国家的交易中。[37]

法律法规因素

在任何经济体中，企业的行为和目标都与法律和监管环境密切相关。在全球市场中，没有一套中央法律体系，各国都有各自适用的法律体系。因此，要在全球范围开展业务绝非易事，商界人士常常须应对各种不一致的法律法规。对于反托拉斯法、劳动关系、专利、版权、贸易惯例、税收、产品责任、童工、监狱劳工等问题，各国的管理方式也不尽相同。如何在有着不同法律体系的全球市场上销售产品？“道德决策”专栏对此提出了质疑。

美国企业在全球开展业务时，必须遵守美国的法律法规。当然，1978 年《反海外腐败法》(Foreign Corrupt Practices Act）这类法律可能会给美国企业造成竞争劣势，该法律禁止向外国官员支付“可疑”的款项以获得商业合同。[38] 这与某些国家（通常是发展中国家）的做法大相径庭，在那些国家，贿赂企业或政府不仅是容许的，而且可能是签下大单的唯一途径。经济合作与发展组织（OECD）以及透明国际组织（Transparency International）始终致力于打击全球商界的腐败和贿赂，但收效甚微。[39] 图 3-5 列举了贿赂或其他不道德商业行为最普遍的国家。

1. 索马里
2. 南苏丹
3. 朝鲜
4. 叙利亚
5. 也门
6. 苏丹
7. 利比亚
8. 阿富汗
9. 委内瑞拉
10. 伊拉克

图 3-5 商业贿赂较普遍的国家

与当地商人的合作和赞助可以帮助企业进入海外市场，并应对该国法律、法规和官场上的各种问题。

道德决策

把难题出口了之

作为儿童睡衣制造商安安（Nighty Nite）的高级经理，你收到了美国消费品安全委员会（CPSC）的通知，它认为你的公司生产的女孩睡衣所用布料存在安全问题。委员会对该产品进行了调查。此前一名儿童被严重烧伤，她穿着睡衣靠近煤气灶时，睡衣突然起火。美国消费品安全委员会裁定睡衣所用面料阻燃性不够，未达到美国标准。你的公司接到指令，必须立即下架该产品，进行产品召回。

这对公司是一个沉重的打击，因为这些睡衣深受大众喜爱，在市场上做得风生水起。除此之外，现在仓库里还囤有大量产品，实在太占地方。公司很可能会遭受巨大的经济损失。

销售经理献上一计，他提醒说，许多国家的产品法律没有美国这么严格。他建议将该产品出口到一个产品安全法规较为宽松的国家，这样既可以解决库存的问题，又可以解决利润的困扰。但要将美国的不安全产品送到另一个市场的儿童手中，对此你心存疑惑。两种方案结果是什么？你会怎么做？

自然环境因素

无疑，自然环境因素会影响公司全球业务的开展。一些发展中国家的运输和储存系统相当原始，国际配送即使不是完全不可能，效率也是极其低下的，尤其要运送那些容易腐烂的食品时。另外，这些国家缺乏清洁的水和有效的下水道系统，加之无法忍受的空气污染，你一定能看出问题的严重性了。

技术差异也会影响出口产品的特点和可行性。例如，大多数发展中国家的住宅电力系统在类别或容量方面都无法与美国住宅相媲美。许多发展中国家电脑和互联网的使用仍然有限，不少消费者连最便宜的笔记本电脑都买不起，这些状况使得整个商业环境尤其是电子商务举步维艰。下面我们将探讨另一个因素——贸易保护主义是如何影响全球商业的。

贸易保护主义

正如我们上一节讨论的，社会文化、经济与金融、法律法规以及自然环境等因素，都是全球贸易面临的挑战。然而，对全球贸易构成更大障碍的常常是贸易保护主义。

贸易保护主义（trade protectionism）是指通过政府法规来限制产品和服务的进口。贸易保护主义的支持者认为，此举让国内生产商得以生存和发展，创造更多就业机会。其他国家之所以采取保护主义措施，是因为它们对外国竞争持谨慎态度。为了理解保护主义如何影响全球商业，我们先简要回顾一下全球经济史。

商业、经济和政治总是紧密相连的。经济学曾被称为政治经济学（political economy），表示政治（政府）与经济之间的密切联系。在 17 和 18 世纪，商界和政界领导人支持一种叫作重商主义（mercantilism）的经济政策。其理念是一国向他国出售的商品要多于从他国购买的商品，也就是创造贸易顺差。按照重商主义者的说法，这导致资金流向了全球销量最大的国家。这一理念致使各国政府对进口商品征收**关税（tariff）**，抬高进口商品的价格。

关税分保护关税和财政关税两种。保护关税（protective tariff）（进口税）提高了进口产品的零售价格，使国内产品更具价格竞争力。实施进口税旨在保住国内工人的工作，防止一些产业，尤其是处于发展初期的新兴产业因外国竞争而倒闭。实施财政关税（revenue tariff）则是为政府筹集资金。

想一想

美国的一些员工将工作岗位的大量流失归咎于进口商品越来越多。美国政府应该对进口商品征税，从而保护国内的产业吗？请阐述理由。

进口配额（import quota）限制了一国可以进口的某些类别产品的数量。美国对糖和花生等一系列产品实行进口配额，以保护美国公司和就业。各国也都禁止特定产品的出口。反恐法案和1979年《出口管理法案》（Export Administration Act）禁止出口可能危及国家安全的高科技武器等产品。**禁运（embargo）**是指完全禁止某项产品的进出口，或者禁止与某国的一切贸易往来。政治分歧导致许多国家实行禁运。自1962年以来，美国一直对古巴实行禁运，但2016年美国取消了一些贸易限制，恢复与古巴的外交关系。目前尚不清楚美国对古巴实施禁运的前景如何。[40]

有些非关税壁垒（nontariff barriers）不像关税、进口配额和禁运那样具体或正式，但同样会对自由贸易造成不利影响。例如，印度施加了一系列限制性标准，如进口授权、严格的产品检测要求、漫长的海关流程，以此抑制进口商品的销售。有些国家政府采购目录规定了主要政府部门可以采购哪些产品，该目录并未将有些国家制造的产品纳入其中。还有一些贸易壁垒具体规定了产品在一国必须采取的销售方式，或者必须增加本地化生产等要求。

想做出口生意的人可能会因为这些贸易壁垒，打消从事全球贸易的念头，其实一旦冲破限制，就可以创造无限商机。接下来，我们研究一下那些致力于消除贸易壁垒的组织和协议。

世界贸易组织

1948年，来自23个国家的政府领导人达成了**关税与贸易总协定（General Agreement on Tariffs and Trade, GATT，简称“关贸总协定”）**，这是一个全球性论坛，旨在减少对产品、服务、思想和文化项目的贸易限制。1986年，关贸总协定的乌拉圭回合谈判，就贸易协定进行了新一轮谈判。乌拉圭回合谈判历时 8 年，最终 124 个国家投票支持全球关税平均降低 38%，并将新的贸易规则扩大到农业、服务和专利保护等领域。

乌拉圭回合谈判的另一个成果是建立了**世界贸易组织（World Trade Organization, WTO，简称“世贸组织”）**，以调解各国之间的贸易争端。世贸组织总部设在日内瓦，是一个由 164 个成员组成的独立实体，其宗旨是监督跨境贸易问题和全球商业实践。[41] 贸易争端由成员提出，并在一年内做出裁决，而不是像过去那样，数年陷入僵局，毫无进展。成员方可以对裁决提出上诉。

世贸组织并未解决所有的全球贸易问题。正如上文所讨论的，各国法律法规的差异常常会阻碍贸易扩张。占世贸组织成员方 80% 的发展中国家与地区和美国等工业化国家之间也存在着巨大的差距。2001 年，世贸组织在卡塔尔多哈举行会议，旨在取消成品保护措施，取消农产品出口补贴，抵制贸易保护主义措施。可惜的是，谈判无果而终。[42]

> **想一想**
>
> 印度家庭过去用牛来拉犁，但现在不得不把牛卖掉，因为饲养牲畜的成本太高。你认为在多哈达成的关税保护决议会对这些家庭有帮助吗？

共同市场

关贸总协定和世贸组织未能解决的一个问题是共同市场是否应以全球扩张为代价建立区域联盟。**共同市场（common market）**，也称贸易集团（trading bloc），区域内的成员国对外统一关税，但彼此之间完全取消关税壁垒。它们还有配套的法律来促进成员国之间的交流。欧洲联盟（EU，简称“欧盟”）、南方共同市场（MERCOSUR）、东南亚国家联盟（ASEA，简称“东盟”）经济共同体以及东南非共同市场（COMESA）都属于共同市场。

欧盟成立于 20 世纪 50 年代末，最初是由 6 个贸易伙伴组成的联盟（当时被称为共同市场，后被称为欧洲经济共同体）。今天，欧盟拥有 28 个成员国㊀（见图 3-6），总人口超过 5.1 亿，GDP 达 16.5 万亿美元。尽管欧盟是世贸组织中的一个统一机构，但其 6 个成员国（德国、法国、英国、意大利、西班牙和荷兰）的经济总量就占欧盟 GDP 的 3/4 以上。

1999 年，欧盟实施了一项重大举措，采用欧元作为共同货币。使用欧元后，

㊀ 英国已经脱欧，目前是 27 个成员国。

无须兑换货币，欧盟企业因此节省了数十亿欧元。目前共有 18 个成员国使用欧元作为共同货币。但欧盟即将失去一个主要成员——英国。2016 年，英国投票决定退出欧盟［这一举措被称为“英国脱欧”（Brexit），由“Britain”（英国）和“exit”（退出）这两个词组合而成）］。英国是第一个退出欧盟的国家。[43] 欧盟还要应对成员国意大利、葡萄牙、西班牙，特别是希腊的财政困难所带来的问题，这些国家都需要救助。展望未来，尽管欧盟面临诸多挑战，但它仍然认为，欧盟经济一体化是其成员国与美国和中国等主要竞争对手全球同台竞技的一个途径。

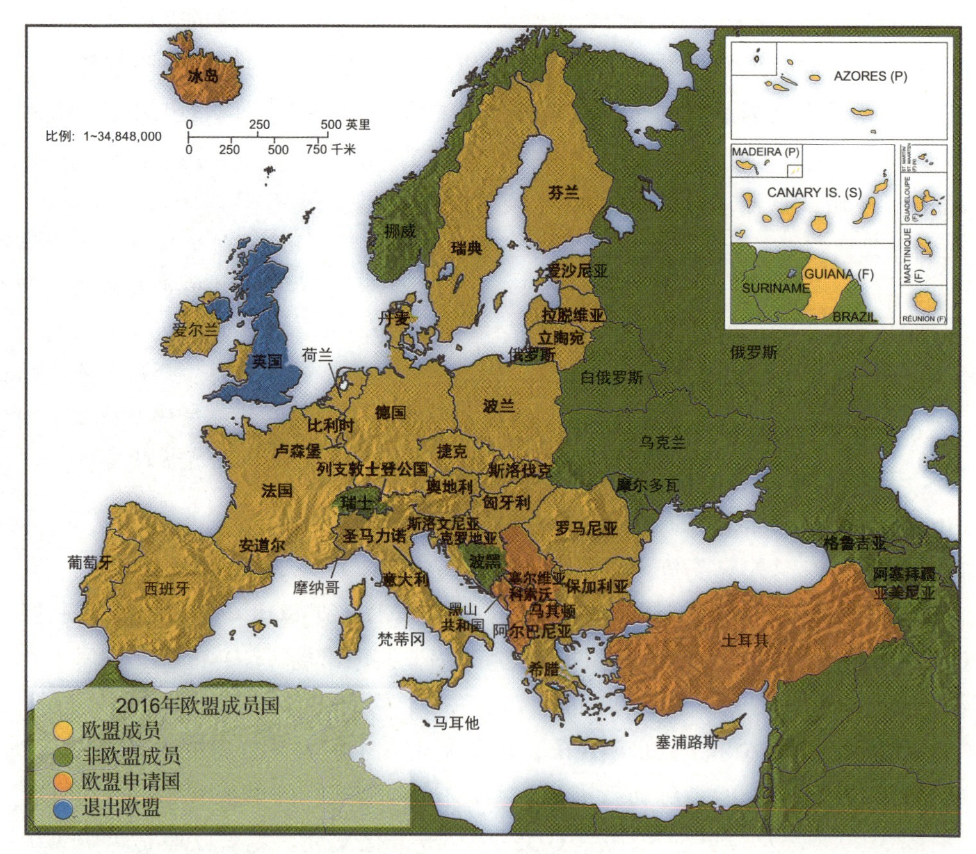

图 3-6 欧盟成员国

南方共同市场将巴西、阿根廷、巴拉圭、乌拉圭以及玻利维亚、智利、哥伦比亚、厄瓜多尔、秘鲁和苏里南联合起来，组成一个拥有 3.07 亿人口的贸易集团。委内瑞拉曾是南方共同市场的成员国，但在 2016 年被暂停成员国资格。欧盟和南方共同市场希望在 2017 年达成一项贸易协定，扩大这两个贸易集团之间的商品和服务往来。

东盟经济共同体于 1967 年在泰国成立，最初是由五个成员国（印度尼西亚、马来西亚、菲律宾、新加坡和泰国）建立的经济联盟。如今，东盟进一步发展，成为一个拥有约 6.22 亿人口、2.6 万亿美元 GDP，包括文莱、柬埔寨、老挝、缅甸和越南在内的贸易联盟。[44] 东南非共同市场（COMESA）是一个非洲贸易集团，由 19 个成员国组成。2008 年，COMESA 与南部非洲发展共同体（SADC，简称"南共体"）和东非共同体（EAC）共同组成了三方自由贸易区。该贸易区的 GDP 为 6580 亿美元，拥有 4.92 亿人口。[45]

北美和中美洲自由贸易协定

北美自由贸易协定（North American Free Trade Agreement, NAFTA）是在美国、加拿大和墨西哥之间建立自由贸易区的协定，这在 20 世纪 90 年代初曾是一个广受争议的话题。今天，该协定的三国人口总数超过 4.75 亿，GDP 超过 22 万亿美元。反对者警告说美国将因此流失工作和资本；而支持者预计，北美自由贸易协定将为美国出口开辟广阔的新市场，创造长期的就业和市场机会。

北美自由贸易协定的关键目标是：（1）消除贸易壁垒，促进商品和服务的跨境流动；（2）营造公平竞争的环境；（3）增加投资机会；（4）有效保护和实施知识产权（专利和版权）；（5）为未来的区域内贸易深入合作建立框架；（6）改善北美尤其是墨西哥的工作环境。

今天，北美自由贸易协定仍然是一个备受争议的话题。从积极的一面看，这三个伙伴国之间的商品和服务贸易额从 1994 年的 2890 亿美元扩大到今天的 1.2 万亿美元以上；[46] 而从消极的一面看，北美自由贸易协定的颁布直接导致了美国制造业工作岗位的流失（各种研究报告给出的具体失业数字相互矛盾）。协定的支持者对此并不认同，他们将已经流失的 500 多万个工作岗位归咎于向其他国家的外包，以及技术进步带来的自动化的广泛使用。[47] 北美自由贸易协定为墨西哥创造的经济收益似乎超过了美国，但这两个国家的收益状况都只是略好于从前。[48]

促进就业、消除贫困、改善环境、缩小墨西哥和美国之间工资差距的各种努力基本上都以失败告终。非法移民仍然是两国间的一个主要问题，预计三国会就北美自由贸易协定重新进行谈判。但美国仍然致力于各种自由贸易协定。

2005 年，美国与哥斯达黎加、多米尼加共和国、萨尔瓦多、危地马拉、洪都拉斯和尼加拉瓜签署中美洲自由贸易协定（CAFTA)，建立了自由贸易区。美国还考虑与 11 个环太平洋国家签署泛太平洋伙伴关系协定。由于担心更多工作流失，美国公众的支持发生了动摇，于是美国退出了该协议。

共同市场和自由贸易区今后将仍是热议话题。有经济学家明确表示支持这些举措，但也有经济学家担心，世界正在分裂成几大贸易集团（欧盟、北美自由贸易协定等），而贫穷国家和发展中国家都将被排除在外。还有人担心，世界贸易保护主义政策正在不断抬头。接下来，我们将研究全球贸易的未来，并关注外包的问题。

全球贸易的未来

今天，全球贸易既蕴含无限商机，也面临巨大挑战。蕴含 74 亿潜在客户的市场无疑是极具吸引力的。但同时，恐怖主义、核扩散、流氓国家、收入不平等问题也给全球市场蒙上了阴影。在结束本章之前，我们来研究一些势必对全球市场产生影响的问题，这些问题或许还会影响你的商业生涯。

中国凭借 13.8 亿[㊀]人口和惊人的出口能力，改变了世界经济版图，成为全球最大的出口国和第二大经济体。不久前，外商在华直接投资还被视为风险项目，不值得冒险。2016 年，中国吸引外商直接投资达 1180 亿美元。中国还对美国进行了 450 亿美元的直接投资。今天，《财富》500 强（全球最大的公司）中已有 400 多家在中国投资。据普华永道（PricewaterhouseCoopers）预计，到 2028 年，中国将超越美国，成为世界最大的经济体。[50]

想一想

中国经济蓬勃发展，一个受过高等教育的富裕中产阶层正在兴起，尤其是在城市中。许多观察家认为，中国经济将持续增长，并在全球经济中发挥重要作用。美国企业做好竞争准备了吗？

自 2009 年以来，中国一直是全球最大的汽车市场。[51] 如果按照目前的增速，中国汽车市场的规模有可能超过北美和欧洲市场的总和。中国也将成为世界电影产业的主要参与者。大连万达集团先后斥资 26 亿美元和 35 亿美元，收购美国 AMC

㊀ 2020 年中国人口已达到 14 亿多人。

影业公司和传奇影业公司（Legendary Entertainment）。[52]据预测，到2026年，中国将拥有15万块电影银幕，而美国只有4万块。沃尔玛于1996年开始试水中国，目前已拥有400多家门店，并计划在2017年开设更多门店。

加入世贸组织以来，中国的反应更为积极。随着全球经济持续增长，中国将与美国、欧盟和日本一道，成为世界经济的重要驱动力。

虽然中国是亚洲最受关注的国家，拥有13亿人口的印度同样蕴藏着巨大机遇。印度有接近一半的人口不足25岁，其劳动年龄人口在21世纪20年代将持续增长，而美国、中国和欧盟都将面临人口下降的问题。印度有望在2021年超过中国，成为世界第一人口大国。印度在信息和生物技术领域已经取得突飞猛进的发展，到2020年，印度制药业市场规模或将达550亿美元。尽管如此，印度仍然存在棘手的贸易法规和僵化的官僚体制，印度总理纳伦德拉·莫迪（Narendra Modi）正在逐步解决这些问题。许多经济学家看好印度的未来。

与中国和印度一样，预计到2025年，俄罗斯和巴西将成为富裕的全球经济体。“金砖四国”（BRIC）正是巴西、俄罗斯、印度和中国这几大新兴经济体的英文首字母缩略词。令人遗憾的是，俄罗斯的经济增长随全球油价的下跌而放缓，俄政府曾坦言，未来20年俄罗斯经济不会强势增长。雪上加霜的是，俄罗斯还深受政治、货币和社会问题的困扰。

巴西拥有发达的农业、矿业、制造业和服务业，目前是南美洲最大的经济体，在世界主要经济体中位列第七。曾有人预计，巴西将与俄罗斯一起作为原材料供应国主导全球市场，中国和印度则将成为全球领先的成品和服务供应商。可惜，过去数年巴西经济低迷，政治腐败和通货膨胀严重。[53]尽管如此，巴西2亿多人口的消费市场仍在增长，成为美国和中国等出口大国的目标市场。

尽管俄罗斯和巴西这两个金砖国家的经济发展没有达到预期，但全球市场的其他地区都涌现了大量商机，尤其是亚洲的发展中国家，如印度尼西亚、泰国、新加坡、菲律宾、韩国、马来西亚和越南。非洲作为全球的经济增长中心开始崭露头角，而东非或成为主要的增长中心。今天的商业已真正步入全球化时代，你要在其中扮演什么角色取决于你自己。

离岸外包的挑战

如第 1 章所述，外包是指与其他公司（通常是在其他国家）签订合同，委托其执行公司的部分或全部职能。美国的企业多年来一直将薪资管理、会计和制造业务外包出去。但是，转向低工资的全球市场，即离岸外包（offshore outsourcing），仍是美国企业面临的主要问题。图 3-7 列出了离岸外包的利弊。

图 3-7 离岸外包的利弊

随着低端生产流程的进一步简化，李维斯（Levi Strauss）和耐克等美国公司将生产业务外包到海外。如今，美国已从制造业外包转入经济学家所称的离岸外包的“第二波”，即从严格的产品组装转向产品设计和架构。越来越多受过良好教育的中等收入者的工作正被外包到海外，这些都是需要特殊培训的服务业岗位，如会计、法律、金融、风险管理、医疗保健和信息技术。

虽然工作流失是人们担心的主要问题，但并非唯一的问题。一些国家在玩具、食品和药品生产方面时常存在安全隐患。波音 787 梦幻客机的电池和电气系统曾经出过问题，原因是其外包的零部件质量低劣。如今，美敦力（Medtronic）和波士顿科学（Boston Scientific）等公司将敏感医疗设备的生产转移到印度，这引起了更多人的担忧。印度一度是电话营销、数据输入、呼叫中心、计费系统和低端软件开发的聚集地。如今，印度拥有大批受过良好教育的科学家、软件工程师、化学家、会计师、律师和医生，可以提供更为先进高端的服务。例如，威普罗健康科学中心（Wipro Health Science）的放射科医生为美国许多医院解读 CAT 扫描和核磁共振成像（MRI）资料。为了节省成本，一些医疗机构正将外科手术转移到印度和其他国家去做。

随着世界各地技术人才的不断涌现，离岸外包也会增加。为了保持竞争力，美国的员工必须适当接受教育和培训，保持现有技能优势，未来方可立于不败之地。

全球化与你的未来

无论你想成为企业家、经理还是其他商业领袖，在规划职业生涯时都要放眼全球。通过学习外语、外国文化、商业课程（包括全球商业课程），你才能从全球视角展望未来。在学习本书时，应始终谨记两点：（1）全球化是正在发生的现实；（2）经济竞争势必愈演愈烈。

此外还要记住，全球市场蕴含的无限潜力并不只属于大型跨国公司，中小企业同样面临巨大的机遇。事实上，与大型企业相比，中小企业往往可以更快地做好进入全球市场的准备，一旦碰到机会绝不错过。最后，不要忘记尝试特许经营，我们将在第 5 章详细探讨相关内容。

本章小结

1. 论述全球市场的重要性以及比较优势和绝对优势在全球贸易中的作用。

- 为什么要与其他国家做生意？

  （1）没有一个国家是自给自足的；（2）其他国家需要发达国家生产的产品；（3）世界各地的自然资源和技术能力分布不均。

- 什么是比较优势理论？

  比较优势理论认为，一个国家应该向其他国家出售本国高效生产的产品，并从其他国家购买其无法如此高效生产的产品。

- 什么是绝对优势？

  如果一国在某一产品的生产上具有高于其他各国的生产效率，该国就拥有绝对优势。如今，在全球市场上鲜有绝对优势的情况。

2. 阐释进口和出口的重要性，了解国际商务中使用的关键术语。

- 哪些产品可以进出口？

  虽然这并不容易，但几乎任何产品都可以进口或出口。

- 哪些术语对于理解世界贸易很重要？

  出口就是把产品卖给其他国家。进口则是从其他国家购买产品。贸易差额反映的是进出口之间的关系。国际收支是贸易差额加上其他资金流动，如旅游和外国援助。倾销是指生产国以低于本国市场的价格出口产品。

3. 阐明进入全球市场的战略，并解释跨国公司在全球市场中扮演的角色。

- 公司可以通过哪些方式参与国际商务？

  参与国际贸易的方式包括许可、出口、特许经营、合同制造、合资企业和战略联盟，以及外商直接投资。

- 跨国公司和其他参与国际商务的公司有何不同？

  与只做进出口贸易的公司不同，跨国公司在全球市场上也有生产设施或其他实体存在。

4. 评估影响全球市场贸易的主要因素。

- 有哪些因素会阻碍人们参与全球商业活动？

  全球贸易的潜在障碍包括社会文化因素、经济金融因素、法律法规因素和自然环境因素。

5. 论述贸易保护主义的利弊。

- 什么是贸易保护主义？

  贸易保护主义是指通过政府法规来限制产品和服务的进口。支持者认为，此举让国内生产商得以生存和发展，创造更多就业机会。贸易保护主义的主要工具是关税、进口配额和禁运。

- 什么是关税？

  关税是对进口产品征收的税。保护关税提高进口产品的价格，保护国内产业；财政关税可以为政府筹措资金。

- 什么是禁运？

  禁运是指完全禁止与某国的进出口贸易往来。

- 贸易保护主义对国内生产商有利吗？

  这个问题值得商榷，贸易保护主义有利有弊。

- 政府为什么要继续这一做法？

  重商主义理论开启了贸易保护主义的实践，尽管没有大张旗鼓地实施，但这一做法一直延续至今。

6. 论述全球市场的变化格局以及离岸外包问题。

- 什么是离岸外包？为什么这是未来的主要关切？

  外包是指从公司外部购买商品和服务，而不是由公司内部提供。如今，越来越多的企业将制造和服务外包到海外。许多人担心，由于离岸外包，美国流失的工作岗位会越来越多，生产的产品质量也会下降。

批判性思考

1. 全球约 95% 的人都生活在美国以外的国家，但是许多美国企业，特别是小企业，仍然没有从事全球贸易。原因何在？你认为未来会有更多的小企业参与全球贸易吗？请说明理由。
2. 生活水平高的国家被称为工业化国家，生活水平和生活质量较低的国家称为发展中国家（有时称为不发达国家或欠发达国家）。是什么因素阻止发展中国家成为工业化国家？
3. 在应对全球市场中社会文化、经济与金融、法律法规以及自然环境的影响时，企业应该如何预防意想不到的问题？
4. 你会如何证明当今全球市场使用财政关税或保护关税是合理的？

本章案例　美国伊莱克特拉自行车公司

在国际市场上做生意也许是一条布满荆棘之路，但海外成功带来的利益证明了勇于冒险是值得的。这是美国伊莱克特拉（Electra）自行车公司的创始人在其业务增长突然停滞不前后发现的奥秘。21 世纪初，许多自行车制造商一窝蜂地去生产山地自行车和极速自行车，而不再生产休闲自行车了。不过，伊莱克特拉自行车公司的贝诺・巴齐格（Benno

Baziger）和耶诺·埃尔弗斯（Jeano Erforth）并没有追随潮流，而是一如既往地生产炫酷的直立自行车。这是一种骑行在城市大街小巷的最佳交通工具。

由于其独特的“舒适自行车”，该公司多年来业务蒸蒸日上。然而，这最终引起了公司的主要竞争对手［如施文（Schwinn）］的注意，它们也开始生产时尚的街头自行车。伊莱克特拉自行车公司突飞猛进式的增长戛然而止，公司两位创始人也在寻找解决方案。为了突破瓶颈，他俩意识到必须进入全球市场。他们继续寻找适合的市场，以复古风格和最新潮技术取得比较优势，击败了他们更大的竞争对手。伊莱克特拉最终落户中国台湾，在那里设立了海外制造基地。

这家总部位于加利福尼亚的公司以中国台湾为海外制造基地，非常顺利地把自行车出口到了亚洲各国和地区，包括出口到号称自行车王国的中国大陆。反过来，它又让自己在美国的公司进口中国台湾产自行车，来满足国内需求，这种做法的成本实际上比在美国本土生产还要低廉。将生产外包给外国制造厂有助于伊莱克特拉降低成本。如果台湾的劳动力成本上涨了，伊莱克特拉可能会将生产转移到其他地方。

这些意想不到的问题只是很多公司走在全球化路上可能会面临的诸多障碍中的几个而已。例如，某些国家针对机动自行车的法律迫使伊莱克特拉调整其城市悠骑（Townie Go）车型的设计，以便被国外市场接纳。尽管存在这些问题，商务全球化还是让众多公司展现在千百万新客户眼前。能获得如此巨大规模的潜在顾客量实属不易，为了实现企业全球化，无论怎样加倍努力也是值得的。事实上，伊莱克特拉每年销售10多万辆自行车。

伊莱克特拉非凡的成就最终引起了崔克（Trek）的注意，崔克是一家跨国公司，在美国威斯康星、英国和德国均设有办事处。这家联合企业收购了伊莱克特拉。伊莱克特拉现在可以利用崔克既有的分销网络更快捷、更有效地进入新市场。它把诸如资本运作和制造基础设施等问题的烦恼统统留给母公司去考虑，自己专注于其他事情，例如设计更加易于骑行的、更具乐趣的时尚自行车，以便世界各地的人们乐于拥有。

思考

1. 在中国台湾，伊莱克特拉利用一家代工制造商生产自行车，获得了哪些主要优势？

2. 伊莱克特拉在中国台湾生产其自行车，该公司必须遵守中国台湾法律呢？还是遵守美国法律？

3. 哪些主要因素影响伊莱克特拉（或任何全球生产商）在全球市场的营销？

第4章

严苛的道德和社会行为

学习目标

1. 解释为什么遵守法律只是道德行为的第一步。
2. 在面对可能的不道德行为时，问自己三个必须回答的问题。
3. 阐述管理者在制定道德标准中的作用。
4. 区分基于服从的道德准则和基于诚信的道德准则，并列出建立企业道德准则的六个步骤。
5. 定义企业社会责任，并比较企业对各利益相关者的责任。
6. 分析美国企业在影响全球市场的道德行为和社会责任方面的作用。

Understanding Business

本章人物

呆瓜搬家公司的联合创始人亚伦·斯蒂德和埃文·斯蒂德

搬家公司的工作看似简单易行：把顾客的东西搬到卡车上，然后把车开到他们的新住址，卸下东西。但这个简单过程的背后却隐藏着私人因素，其个人隐私程度有时候超乎你的想象。搬运工人毕竟要在陌生人的家里待上不少时间。其结果是，他们对顾客的生活有了短暂但近距离的窥见，有时甚至会出现令人不愉快的场面。

亚伦·斯蒂德（Aaron Steed）在高中做搬运工时，有次发现自己处境危险。他帮一个年轻女人将东西搬运到卡车上，这时女顾客那个有暴力倾向的男朋友怒气冲冲地出现了。他暴跳如雷，指责亚伦偷了他东西。“他把一个烤箱扔在地上，有人喊来了警察。”亚伦说。警察把施暴者带走了，他返回继续工作。日后很长一段时间，这段不愉快的记忆总是在他脑海里挥之不去。

这次冲突让亚伦想到了他曾经帮助过的那些从相似环境中搬出来的其他妇女。他和弟弟埃文·斯蒂德在当地一家报纸上刊登了第一份广告，随即就接到许多家庭受虐者的电话。这些顾客中有几位愿意送给他们家具和其他物品，以换取他们的服务。“我非常清楚地记得这些对话，感到非常恐慌和悲伤，”亚伦说，“处理这些电话求助必须快捷、果断。随着工作的深入，我们意识到我们有可能是在挽救生命。”

亚伦目睹过家庭虐待的恐怖现场之后，对自己要做的事情就更加明确了。他和埃文知道可以给予这些人更多的帮助，于是他们一致决定新公司呆瓜搬家（Meathead Movers）将免费帮那些家暴幸存者搬家。其实就在不久前，这两位年轻创业者才决定不再接受比萨饼作为服务报酬，所以，免费搬家对他们来说无疑是一个重大的决定。尽管如此，兄弟俩还是认为，应该用这种独特的方式帮助人们逃离可怕的家庭生活。亚伦说："不难看出，搬家公司利用他们的服务帮助家暴受害者逃离苦难比什么都更有价值。"

更重要的是，这项慈善政策并没有损害公司的发展。随着时间的推移，呆瓜搬家公司从斯蒂德的家乡加利福尼亚州圣路易斯–奥比斯波（San Luis Obispo）向外不断扩张，分支机构遍布全加州。除了慈善举措，该公司还通过一项聘用学生运动员的商业计划赢得了客户。这些身材魁梧的人不仅可以轻松搬运箱子和家具，还知晓待客之道礼为上。对亚伦·斯泰德来说，这个计划的意义非同凡响。"这与我们如何搬家具无关，"斯蒂德说，"这事关我们给客户留下什么感受，我们非常关心客户的体验。因为我们聘用的是干净利落、无不良嗜好的学生运动员，所以客户一经接触，就会对我们聘用的人员品行一目了然。"

这种礼遇对于呆瓜搬家公司至为关键，特别是在接听家庭受虐妇女电话时尤为重要。除了标准的客户服务培训，当地的反家暴中心还为公司员工提供额外的指导。这也让非营利组织成员对呆瓜搬家公司员工赞不绝口。"他们很棒，善解人意，体贴又热情。"洛杉矶好牧人庇护所（Good Shepherd Shelter）的执行董事凯思琳·布奇科说，"他们帮助那些曾经饱受家暴的人逃离苦海，远离施虐者，在新地方重新开始新生活。"

对于像亚伦·斯蒂德和埃文·斯蒂德这样有道德的企业家来说，收到这样的反馈是他们从商生涯的嘉奖。本章探讨企业对客户、投资者、员工和社会等利益相关者的责任。我们也会关注个人的责任。毕竟，像呆瓜搬家这类公司的成功靠的是企业每个人的负责任行为。

资料来源：Nick Wilson, " Moving Out? Meathead Movers Will Help You Donate to Local Nonprofits as You Pack, " *San Luis Obispo Tribune*, December 5, 2016; Jessica Kwong, " Moving Company Comes to the Aid of Domestic Violence Victims, " *Orange County Register*, August 1, 2016; Brittany Woolsey, " Meathead Movers Offers Services for Free to Victims of Domestic Abuse, " *Los Angeles Times*, December 6, 2015; Dennis Romero, " Moving Company Will Help You Leave an Abusive Partner for Free, " *LA Weekly*, September 4, 2015; Sydney Maki, " Ex-Fresno State Star Dwayne Wright Starts Gig at Meathead Movers," *Fresno Bee*, June 11, 2016; Anne Kallas, Meathead Moves into Helping Nonprofits," *Ventura County Star*, March 4, 2017.

道德准则不仅仅关乎合法性

21 世纪初，美国公众获悉能源贸易巨头安然（Enron）用账外合伙企业进行财务造假和舞弊，令人触目惊心。安然事件曝光后，世界通信（WorldCom，简称“世通”）、泰科国际（Tyco International）和雷曼兄弟（Lehman Brothers）等大公司相继爆出了更多丑闻（见图 4-1）。借款人和贷款人可谓一丘之貉，是他们的贪婪将 2008 年的房地产、抵押和银行业推到金融危机的边缘，进而危及了全美乃至全球的经济。[1]

公司	发生了什么	结果
安然	安然前首席执行官肯尼斯·莱（Kenneth Lay）、首席财务官安德鲁·法斯托（Andrew Fastow）和首席执行官杰弗里·斯基林（Jeffrey Skilling）被判犯有财务欺诈罪，他们将数十亿美元的债务从安然的资产负债表中移出，从而人为地抬高了该公司的股票和债券价格。就在欺诈案曝光之前，这些高管抛售了价值数百万美元的股票，而公司的养老金制度规定，禁止普通员工卖出股票	导致公司破产的高管们赚了数百万美元，而员工和其他小投资者则损失了740亿美元。莱在宣判前死亡。法斯托被判4年徒刑，于2011年结束刑期。斯基林最初被判24年监禁，但在2013年，他拿出4 200万美元给安然欺诈案受害者，以此换取一份减刑协议，将刑期缩短了10年。斯基林将于2028年2月21日获释
世界通信	世界通信的故意会计违规行为（不披露债务，虚报未收收入）使得公司盈利看上去比实际盈利高出近110亿美元。这一行为致使3万员工失业，投资者损失1 800亿美元	首席执行官伯尼·埃贝斯（Bernie Ebbers）被判25年监禁，目前正在服刑。安然和世界通信的倒闭，催生了旨在提高上市公司财务报告准确性的新条例和法规。2002年通过的《萨班斯-奥克斯利法案》对破坏、篡改或伪造财务记录以及试图欺骗股东的行为，加大了惩罚力度
泰科国际	泰科国际首席执行官丹尼斯·科兹洛夫斯基（Dennis Kozlowki）和首席财务官马克·斯沃茨（Mark Swartz）利用未经批准的贷款和欺诈性股票销售，窃取1.5亿美元，并夸大了5亿美元的公司收入	科兹洛夫斯基和斯沃茨被判8~25年的监禁。泰科国际不得不向投资者支付29亿美元。科兹洛夫斯基在服刑近7年后于2012年获释，斯沃茨在服刑8年后于2014年获释
房地美	这家联邦政府赞助的住房抵押贷款巨头，故意虚报和低估了50亿美元的收益	总裁兼首席运营官戴维·格伦（David Glenn）、董事长兼首席执行官勒兰德·布兰德塞尔（Leland Brendsel）和前首席财务官沃恩·克拉克（Vaughn Clarke）被解雇
雷曼兄弟	这家全球金融服务公司隐瞒了超过500亿美元的贷款	公司被迫进入美国历史上最大的破产程序，引发了全球金融危机。由于缺乏证据，美国证券交易委员会没有对其提起诉讼
伯纳德·麦道夫投资证券公司	伯纳德·麦道夫（Bernie Madoff）骗走投资者648亿美元，堪称史上最大的庞氏骗局。麦道夫用投资者本人或其他投资者的钱而不是利润来支付投资回报	麦道夫被判150年监禁，外加1 700亿美元的赔偿金

图 4-1　大公司丑闻案例

资料来源：“Enron Scandal: The Fall of a Wall Street Darling,” *Investopia*, December 2, 2016; “The 10 Biggest Fraud’s in Recent U.S. History,” *Forbes*, accessed January 2017.

在这样世风日下、道德缺失的社会中，我们如何重建人们对自由市场体系和领导人的信任呢？首先，违反法律要受到相应的惩罚。制定新的法律，要求会计记录更加透明（易于阅读和理解），要求商人和其他人对自己的行为更加负责，这些做法会起到一定的作用。但是，法律本身并不能使人诚实可靠。否则，这世上就没有犯罪了。美国证券交易委员会（SEC）调查的财务欺诈案，在大衰退之前通常占据美国证券交易委员会执法工作的25%以上，2013年下降到11%，而2015年又上升到17%。原因何在？其中一个原因是，新的数据挖掘技术让美国证券交易委员更容易找出那些可能存在盈利误报的公司。

为纠正行为而制定新法律也会有危险，这会让人们误以为只要你的行为没违法，就都是可以接受的。如此一来，衡量行为的标准就变成了"这合法"。如果人们只考虑什么是非法的，而不管什么是不道德的，社会就会陷入麻烦。道德和法律是两码事。守法是重要的第一步，但合乎道德的行为要求远不止守法。伦理道德反映了人与人之间的正确关系：我们应该如何对待他人？我们应该为他人承担怎样的责任？合法行为的范围则窄得多。它指的是我们为防止欺诈、盗窃和暴力而制定的法律。许多违反伦理道德的行为其实完全符合我们的法律。比如，对邻居闲言碎语、说长道短，或者泄露别人告诉你的秘密，都是不道德的行为，但并不违法。

想一想

美国指控德国汽车巨头大众汽车在其"清洁柴油"汽车的排放测试中作弊，大众汽车向美国司法部支付了43亿美元来解决这一问题。大众汽车试图置环境法规于不顾，为此付出了超过230亿美元的代价。对此你有什么看法？

道德标准是基础

我们把**道德准则（ethics）**定义为道德行为的标准，即为社会所接受的正确而非错误的行为。今天，许多美国人几乎没有道德上的绝对准则。他们根据情况来决定能否偷窃、撒谎，或者边发短信边开车。他们认为，什么对自己最有利，什么就是对的——每个人都得制定出自己的是非标准。可能正是因为有这种想法，政府和企业才会丑闻频发。

但情况并非一直如此。当托马斯·杰斐逊（Thomas Jefferson）写下，所有人都有生存、自由和追求幸福的权利时，他表明这是不言而喻的真理。再往前追溯，"十诫"（Ten Commandments）并未被叫过"十大高度试探性建议"。

在多元文化融合的美国，或许你会觉得，要给道德行为确立一套共同的标准是不太可能的事情。然而，纵观各个时代、各个地方的先哲著作，如《圣经》、亚里士多德的《伦理学》和孔子的《论语》，都有关于基本道德价值观的共同陈述：歌颂正直、尊重生命、自制、诚实、勇气和自我牺牲，反对欺骗、懦弱和残忍。此外，全世界主要宗教都认同一条所谓的黄金法则：己所不欲，勿施于人。[3]

道德行为始于你我

要想找出商界和政界领袖的道德伦理问题并不是什么难事。无论管理者还是员工，常将管理道德沦丧列为美国企业面临竞争困境的主要原因。其实员工也经常违反安全标准，在工作日偷懒。总体来说，美国成年人并不总是那么诚实和可敬。据美国人口普查局（Census Bureau）调查，尽管美国的志愿服务时长达到了历史最高水平，但每 4 个公民中就有 3 个人从未做过社区义工，他们认为这会花费太多时间，或是觉得自己不够格。[4]

抄袭互联网上的资料，包括不做引用地剪切和粘贴网上的信息，是如今学校最常见的作弊形式。为了解决这一问题，许多教师现在使用 TurnItIn.com 的查重服务。该软件可以将学生的论文与 400 多亿份在线资源进行比对，几秒钟内就可锁定抄袭的证据。[5]

在最近的一项研究中，大多数青少年声称他们做好了遵守职业道德的准备，但令人震惊的是，51% 的高中生承认他们曾在上一年的考试中作弊。[6] 研究表明，大学时代的学术不端与工作后的诚信与否有着密切的关系。[7] 为了应对这一问题，许多学校对作弊行为采取了更为严厉的惩罚措施，并要求学生完成一定时长的社区服务才能毕业。你认为这样的政策对学生的行为有影响吗？

做选择有时并非易事，明显合乎道德的解决方案可能会对个人或职业造成不利影响。假设你的上司要让你去做一些你认为不道德的事情，你的第一个孩子还有两个月就要出生了，而你刚刚办好抵押贷款购置了新屋。不按上司的要求去做，你可能会被炒鱿鱼。你该怎么做？有时，在这种道德困境（ethical dilemmas）中，没有简单的选择，因为你必须在两难中做出选择。

在道德准则和其他目标之间取得平衡也非易事，比如，是取悦利益相关者，还是获得职业提升。管理学者肯·布兰佳（Ken Blanchard）和著名牧师诺曼·文

森特·皮尔（Norman Vincent Peale）认为，在面临道德困境时，不妨问问自己以下几个问题：[8]

1. 我提议的措施合法吗？是否违反法律或公司政策？不管你是想酒后开车回家、收集营销情报、设计产品、雇用或解雇员工、处理工业废料，还是给员工取个绰号，都要考虑一下其法律影响。这是商业道德中最基本的问题，但这只是第一个问题。[9]

2. 这个措施公平吗？我这么做公平吗？我希望别人这样对我吗？我会牺牲他人来赢得一切吗？有输有赢的局面最后往往变成双方皆输，而且还会引起输家的报复。虽然不可能永远一碗水端平，但要保持良好的关系，就得避免长期严重不公的情况。秉持道德准则的商人会抱有双赢的态度，尽力做出众人皆受益的决定。

3. 这个措施会让我如何看待自己？如果家人和朋友得知我的决定，我会感到自豪吗？我能和主管讨论我提议的这个措施吗？能和公司的客户讨论吗？我必须得隐瞒我的措施吗？有人警告过我不要透露吗？如果晚间新闻要播出我的决定会怎样？我感到异常紧张吗？与我们是非观相悖的决定会让我们感觉糟糕，并会严重打击我们的自尊。这就是为什么一个有道德的商人既要买卖赚钱，更要行事正确。

制定严格的道德准则，并且思考上述三个问题的个人和公司，其行为会比大多数人更加合乎道德。“道德决策”专栏让你思考如何在工作中做出道德决策。

想一想

从网上抄袭是当今大学里最常见的一种作弊形式。请谨记，即使你从维基百科这样的网站复制粘贴信息，仍然是剽窃！你有没有想过抄袭一篇论文或一个项目？复制别人的资料会有什么后果呢？

道德决策

伦理始于你

有时候上班，你会忍不住把大部分时间花在电脑上玩游戏、看视频、发短信、给朋友发电子邮件，或者在设备上看书或杂志。这有什么问题吗？你会选择怎么做？每种选择都有什么后果？你会选择哪一个？你的选择合乎道德吗？

秉承道德准则，以负责任的态度管理企业

道德准则要靠自己领会，而不是靠他人教授。也就是说，人们通过观察别人的行为而不是言语来了解其道德标准和价值观。无论在企业还是在家里都是这样。高管要带头遵循组织的道德准则，以身作则的领导层和优秀管理者可以帮助员工逐步培养起企业价值观。

员工与管理者之间的信任与合作必须建立在公平、诚实、公开和道德正直的基础上。这一原则同样适用于企业间以及国家间的关系。企业的管理应该秉承道德准则，原因有很多：为了保持良好的声誉；留住老客户，吸引新客户；避免法律诉讼；减少员工流失；避免政府以管制商业活动的新法律法规的形式进行干预；令客户、员工和社会满意；只是为了正确行事。

有些管理者认为道德是个人的事情——一个人要么有道德原则，要么没有。这些管理者认为他们不应对个人的错误行为负责，道德规范也与管理无关。但是越来越多的人认为道德准则与管理密切相关。个人通常不会单独行动，他们在公司做出违反道德规范的举动时，往往需要他人的直接或间接参与。

例如，有报道称，手机服务的销售代表为了让客户延长合同而说谎，甚至在客户不知情的情况下擅自延长合同。一些电话代表故意挂断电话，以防客户取消合同。为什么这些销售代表有时会采取过于激进的策略？因为制定得不够妥当的激励计划有时会让员工铤而走险，有些激励措施甚至承诺工资翻倍甚至翻两倍。他们的经理会直接说“欺骗客户”吗？当然不会，但他们传达出来的信息却很清楚。过于雄心勃勃的目标和激励措施可能会造成一种氛围，怂恿不道德的行为。

确立公司的道德标准

越来越多的公司采用了书面道德准则。图 4-2 列举了好时公司（Hershey）的实例。尽管这些道德准则的差别很大，但大体可以分为两类：基于服从的道德准则和基于诚信的道德准则（见图 4-3）。**基于服从的道德准则（compliance-based ethics codes）**是指主要通过加强控制和惩罚违规者来防止非法行为的道德标准。**基于诚信的道德准则（integrity-based ethics codes）**是指确定组织的指导性价值观，营造鼓励良好的道德行为的氛围，强调员工共担责任的道德标准。

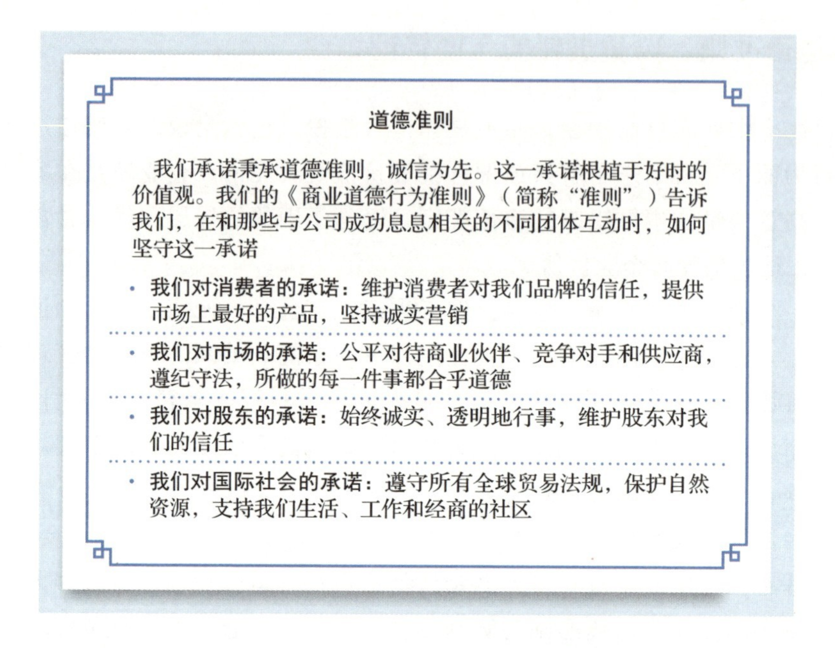

道德准则

我们承诺秉承道德准则，诚信为先。这一承诺根植于好时的价值观。我们的《商业道德行为准则》（简称“准则”）告诉我们，在和那些与公司成功息息相关的不同团体互动时，如何坚守这一承诺

- **我们对消费者的承诺**：维护消费者对我们品牌的信任，提供市场上最好的产品，坚持诚实营销
- **我们对市场的承诺**：公平对待商业伙伴、竞争对手和供应商，遵纪守法，所做的每一件事都合乎道德
- **我们对股东的承诺**：始终诚实、透明地行事，维护股东对我们的信任
- **我们对国际社会的承诺**：遵守所有全球贸易法规，保护自然资源，支持我们生活、工作和经商的社区

图 4-2 好时公司的道德准则概述

注：如要了解该公司完整的道德准则，请访问 bit.ly/2gGVVkC。

	基于服从的道德准则的特点	基于诚信的道德准则的特点
理想	遵守外部标准（法律法规）	遵守外部标准（法律法规）和选定的内部标准
目标	避免犯罪行为	培养负责任的员工行为
领导	律师	有律师和他人协助的管理者
方法	教育、减少员工的自主决定权、控制、惩戒	教育、领导、责任、决策过程、控制、惩戒

图 4-3 道德管理策略

基于诚信的道德准则不仅是对法律的遵从，它还营造出一种“做正确的事”的氛围，强调诚实、公平竞争、为客户提供良好服务、致力于多元化和参与社区服务等核心价值观。这些价值观从道德角度看是值得去做的，但并非法律强制的。

许多人认为以下六个步骤可以改善美国的商业道德：[10]

1. 最高管理层必须采取并且无条件支持明确的公司行为标准。

2. 员工必须明白，公司首先希望最高管理层遵守道德规范，而高层管理者也希望所有员工能相应遵守。

3. 必须训练管理者和员工考虑所有商业决策可能产生的道德影响。

4. 必须设立一个道德规范办公室（ethics office），员工可以匿名与之沟通。**举报人（whistleblower，**检举揭发非法或不道德行为的内部人士）必须有安全感，免受报复。《萨班斯－奥克斯利法案》要求所有上市公司允许员工秘密和匿名提交对会计和审计问题的担忧，以此保护举报者。该法案还要求对那些因向当局提供欺诈信息而受到雇主处罚的人予以复职和补发工资。（我们将在第17章进一步介绍《萨班斯－奥克斯利法案》。）2010年，《多德－弗兰克华尔街改革和消费者保护法案》（Dodd-Frank Wall Street Reform and Consumer Protection Act，简称《多德－弗兰克法案》）获准成为法律。该法律包括一项“赏金”条款：如果执法人员根据公司举报人提供的线索行动成功，并对违法者处以100万美元以上的罚款，则举报人可获得罚款总额的10%～30%作为奖励。[11] 安然事件的举报人收到美国国税局（IRS）100万美元的奖金（是的，要纳税）。

> **想一想**
>
> 打了4年官司之后，帕特里夏·威廉姆斯（Patricia Williams）与雇主温德姆度假公司（Wyndham Vacation Ownership）达成和解，她获得2000万美元赔偿。威廉姆斯公开反对一些员工对年长客户采取掠夺性经营策略，这家分时度假（time-share）公司因此解雇了她。举报人的动机是什么？

5. 必须将公司的道德规范告知外部人员，如供应商、分包商、分销商和客户等。通常是外部压力让员工置道德考量于不顾，如果每个人都了解道德标准是什么，可以帮助员工抵制这种压力。

6. 必须及时处理违反道德准则的行为。此举可以最有力地告诫员工，公司会严肃执行道德准则。

最后一步可能是最关键的。无论公司的道德准则用意有多好，如果不加以执行，就毫无价值。安然公司有书面的道德准则，但安然的董事会和管理层对此置之不理。这就向员工传递了这样一个信息：如果感觉不方便，可以把规则放到一边。相比之下，强生在20世纪80年代对氰化物中毒危机的处理表明，执行道德规范可以提高利润。尽管没有法律要求，但强生召回了泰诺产品，为此赢得了广泛赞誉，维护了企业诚信的声誉。今天，几起由女性提起的诉讼再次将强生推到风口浪尖，这些女性声称使用强生的滑石粉产品后，罹患了卵巢癌。虽然强生已在几起这样的官司中败诉，但它正在对裁决提起上诉，称滑石粉中含致癌物质尚无确凿证据。[12]强生表示继续上诉的决定，对公司诚信将造成怎样的影响？

要顺利执行道德规范，关键要选择一名道德主管。工作最富成效的道德主管会塑造积极向上的风气，进行有效的沟通，并与各级员工保持良好的互动。他们为你保密，客观调查，确保公平，与咨询顾问和调查人员一样值得信赖。这些道德主管可以向利益相关者证明，公司会将伦理道德奉为圭臬。

企业社会责任

正如你和我都要成为好公民、竭尽所能为社会做贡献，企业也要成为好公民。**企业社会责任（corporate social responsibility, CSR）**是企业对社会福利的关注，而不仅仅是对企业所有者的关注。企业社会责任不仅关于道德，而且是建立在正直、公平和尊重基础上的承诺。

你可能会惊讶地发现，并非人人都认为企业社会责任是好事。一些批评者认为，企业管理者的唯一职责就是赢得市场竞争。美国已故经济学家米尔顿·弗里德曼（Milton Friedman）曾说过一句名言：企业唯一的社会责任就是为股东创造价值。其他社会责任的批评者认为，追求社会责任的管理者是在拿别人的钱履行社会责任，而别人投资的目的是赚更多的钱，不是为了改善社会。从这个角度看，把钱用在社会责任上无异于窃取投资者的利益。[13]

相反，企业社会责任的捍卫者相信，皮之不存毛将焉附。企业之所以存在，要归功于所服务的社会。[14]企业可以利用社会的劳动力资源和自然资源，每个社会成员都与之利害攸关。现代经济学之父亚当·斯密也认为，狭隘自私地追求利润是错误的，仁慈才是最美好的品德。企业社会责任的捍卫者承认，企业对投资者负有重大责任，不应尝试那些应由政府承担的社会责任项目。但他们也认为，从长远来看，企业社会责任能为投资者赚取更多利润。研究表明，拥有良好道德声誉的公司能够吸引和留住更好的员工，吸引更多的客户，并享有更高的员工忠诚度。[15]

企业的社会绩效有几个维度：

- **企业慈善（corporate philanthropy）**包括对各种非营利组织的慈善捐赠。在最近的一项调查中，80% 的受访企业领导人表示他们的企业参与过慈善活动。有些人长期致力于一项事业，比如，麦当劳的“麦当劳叔叔之家”（Ronald McDonald house）为那些家有重症患儿、需要异地就医的家庭提供服务。比尔及梅林达·盖茨基金会（Bill & Melinda Gates Foundation）是美国最大的慈善基金会，资产约 400 亿美元。[16]
- **企业社会行动（corporate social initiatives）**包括与企业能力直接相关的企业慈善的各种提升形式。该行动与传统慈善活动的不同之处在于，它们与公司的能力更为直接相关。例如，全球最大的三家物流和运输公司敏捷物流（Agility）、UPS 和马士基（Maersk）共同努力，在重大自然灾害期间提供人道主义援助。他们的紧急救援小组前往世界各地，在航空、仓储、运输、报道和通信方面提供支持。[17]
- **企业责任（corporate responsibility）**涵盖范围很广，与在社会中负责任地行事有关的一切基本上都包含在内。例如，公平且有道德地对待员工。对于那些在与美国劳动法不同的其他国家经营的企业来说，尤其要注意企业责任。
- **企业政策（corporate policy）**是指企业在社会和政治问题上的立场。例如，巴塔哥尼亚（Patagonia）的企业政策中有这样的陈述：“因为热爱，我们努力拯救野生美丽之地，并帮助扭转地球环境急剧恶化的趋势。我们奉献时间，提供服务，至少拿出 1% 的销售收入，捐给世界各地数百个致力于扭转这一趋势的基层环保组织。”[18]

企业造成的问题频频见诸报端，以至于人们常常对企业的社会影响持负面看法。其实企业也做出了积极的贡献。例如，很少有人知道施乐公司（Xerox）有一个名为“社会服务性休假”（Social Service Leave）的项目，该项目可以给员工长达一年的时间，让他们去为非营利组织工作，同时工资和福利（包括工作保障）全额照发。[19] IBM 和富国银行（Wells Fargo Bank）也有类似的项目。

事实上，许多公司允许员工为各种社会机构提供兼职服务。由于最近的经济衰退，许多公司改变了做慈善的方式。[20] 如今，他们往往更愿意付出时间、提供商品，而不是捐款。许多公司现在都鼓励员工利用上班时间做更多的志愿服务。例如，玛氏公司（Mars）积极参与社区服务，为员工提供带薪休假，让员工去打扫公园、援助诊所和培植花园。2015 年，玛氏公司员工的志愿工作时间达9.5万小时。[21] NetworkforGood.org、1-800-Volunteer.org和VolunteerMatch.org这几家网络公司为志愿者与美国各地的非营利组织和公共部门组织牵线搭桥。志愿者只要输入邮政编码，或者标明想要工作的地理区域，程序便会列出需要帮助的组织。

想一想

在“关爱之电”活动周里，有1300多名佛罗里达照明电力公司（Florida Power & Light）的员工在社区做志愿服务。志愿者通过绘画、清扫、景观美化和重建排球场，让维拉海滩的一所学校变得更美。公司是否对所在社区负有法律之外的责任？

一个名为“负责任的商业学生”（students for Res-ponsible Business）的组织对MBA学生进行了调查，其中大多数学生表示，他们愿意少拿一些薪水去为一家有社会责任感的公司工作。[22] 但是，问及这些学生如何定义社会责任时，答案可谓五花八门。即使是那些支持社会责任理念的学生也无法达成一致。现在，我们从企业的利益相关者（包括客户、投资者、员工和社会）角度来研究这个概念（企业社会责任工作的实例见表4-1）。

表4-1 企业社会责任工作的实例

公司	社会责任工作
星巴克	2014年，南美的咖啡作物因感染叶锈病而濒临枯死，星巴克的研发农场培育出抗咖啡锈病咖啡树。公司向三大洲七个国家的100多万名农民和工人赠送优质种子，改善了咖啡种植者的生活
无害收获（Harmless Harvest）	这家总部位于旧金山的椰子水品牌，只使用符合道德规范的收获、加工和包装的椰子
Zipline国际	Zipline利用无人机向道路不通、仓储有限的诊所运送医疗用品。该公司100%专注于为最需要的医疗系统提供服务，那些要求提供其他产品的客户都被公司拒之门外
百事、帕尼罗面包、麦当劳、雀巢	这几家食品公司都会设法为客户提供更健康的食品和饮料，比如，改用散养鸡蛋，采取更严格的抗生素政策，不用防腐剂，减少脂肪、糖和钠的用量，添加更多的矿物质和营养物质
葛兰素史克	这家制药公司为那些缺乏周到服务的人们提供医疗保健，不再在全球最穷的地区申请药品专利，以便那里的人们更容易获得这些药品。公司从它在最不发达国家赚取的利润中，拿出20%用于这些国家卫生工作者的培训，以及医疗基础设施的建设
通用电气	通用电气投资170亿美元研发清洁技术（如数字化风电场），它可以使风力发电场的能源产量提高20%

（续）

公　　司	社会责任工作
万事达卡	这家信用卡公司使慈善机构能够更简便快捷地向真正需要帮助的人提供帮助。万事达发行类似礼品卡的卡片，卡上的积分可用来兑换食品杂货、药品、建筑材料或商务用品。这种卡可以在一两天内制作完成并分发，而制作和发放纸质抵用券则需要几周的时间
可口可乐	这家软饮料公司与各国政府和非营利组织合作，创建了专门针对市场的创业项目，帮助 60 个国家的 120 万妇女成为企业家
英特尔	这家科技巨头正在建立一支能够跟上数字革命步伐的劳动力队伍。英特尔的教学计划帮助基础教育的学校整合课堂技术，培养重要的科学、技术、工程和数学（STEM）技能

资料来源：Erika Fry et al., “ Change the World,” *Fortune*, September 1, 2016; Beth Donnell, “ Free Bird, ” *Fortune*, September 1, 2016; Lisa Brown, “ Panera Challenges Its Fast- Food Rivals to Offer a Healthier Kids’ Menu,” *St. Louis Post-Dispatch*, August 12, 2016; Mike Esterl, “PepsiCo Boosts Its Health Targets, ” *The Wall Street Journal*, October 18, 2016; Rachel Syme, “ Most Creative People in Business 2016,” *Fast Company*, June 2016; Liz Welch, “ Sustainability in a Bottle,” *Inc*., June 2016; Adele Peters, “A Higher Calling,” *Fast Company*, July-August 2016.

对客户负责

约翰·肯尼迪总统提出消费者具有四项基本权利：安全权、知情权、选择权、建议权。企业和消费者只有认可这些权利，并在市场上采取行动，才能实现这些权利。

本书反复强调的一个主题是，用真正的价值来取悦客户的重要性。五家新创企业有三家会倒闭，所以我们知道要履行这一责任并不像看上去那么容易。不诚实肯定会令客户不满。而具有社会责任感的企业所获得的回报就是赢得新客户，这些新客户无不赞赏企业在社会责任方面所做的努力。企业的社会责任感是其强大的竞争优势。消费者行为研究表明，在其他条件相同的情况下，具有社会责任感的企业更受消费者青睐。GT Nexus 的一项调查显示，在接受调查的消费者中，有 50% 的人愿意以更高的价格购买有社会责任感的企业的产品。[23]

鉴于客户看重企业社会责任，那么企业如何让客户认识到其所做的努力呢？许多公司采用社交媒体来传播企业社会责任，这一工具的主要价值在于能让企业接触到广泛而多样化的群体，以低成本高效率的方式直接与客户沟通。较之传统方式，社交媒体还能让企业更便利地与特定群体进行互动。[24]

企业仅靠吹嘘自己在社会责任方面的努力是不够的，它们必须不负众望，否则就要承担后果。草本茶生产商诗尚草本（Celestial Seasonings）无视其宣传的环境管理形象，在自家地里给草原土拨鼠投毒，令消费者大为愤怒。客户更愿意与他们信任的公司做生意，更重要的是，他们不想与不信任的公司做生意。企业在长年累月中证明自己的可信度，赢得客户的信任，但也可能随时失去信誉。例如，富国银行的员工因公司要求达到难以企及的销售额，在客户不知情的情况下，以客户的名义开设了数百万个账户，事件曝光后，这家备受尊敬的企业被罚款 1.8 亿美元，5300 名员工被解雇。然而，对于富国银行来说，迄今最大的损失是信任：公众对该企业的正面看法从丑闻前的 60% 骤降至 24%。成千上万的客户与其断绝了业务往来。富国银行应该做些什么再去吸引新客户呢？

对投资者负责

合乎道德的行为对公司利润只会有增无减。而不道德的行为即使一时奏效，终将给公司带来经济损失，被骗的恰恰是股东自己。例如，2002 年 6 月的短短 11 个工作日中，就有 44 位首席执行官因被控行为不端而离开美国公司，这些公司的股价也应声暴跌。

许多投资者认为，把钱投入那些打算营造更好环境的公司，既有财务意义，也有道德意义。通过投资那些产品和服务有益于社会和环境的公司，投资者在改善自身财务状况的同时也能改善社会。[25]

然而，一些投资者偏偏用不道德的手段来改善自己的财务状况。例如，**内幕交易（insider trading）**就是内部人员利用非公开的公司信息为自己或家人和朋友敛财的不道德行为。2011 年，史上最大的一起内幕交易案在纽约开庭审理。亿万富翁拉杰·拉贾拉特南（Raj Rajaratnam）被控策划了一起内幕交易，他的帆船集团（Galleon Group）对冲基金因此多赚了 6400 万美元。当然，这并非他一人所为。30 多名前交易员、高管和律师认罪或面临指控，他们帮助拉贾拉特南非法交易了 35 只股票，包括英特尔、希尔顿、IBM 和 eBay。拉贾拉特南被判 11 年监禁，2013 年上诉失败。[26]

内幕交易不仅限于公司高管及其朋友。在 IBM 即将收购莲花软件（Lotus Development）的消息公布之前，IBM 的一位秘书把消息告诉了她丈夫，她丈夫又告诉了两个同事，两个同事又告诉了朋友、亲戚、业务伙伴，甚至还有一个比萨快递员。在 6 小时内，共有 25 人利用内幕消息进行了非法交易。当收购消息正式宣布时，莲花软件的股价飙升了 89%。其中一个内部交易员是股票经纪人，他把消息透露给了几个客户，共赚了 46.8 万美元。美国证券交易委员会起诉了那位秘书、她的丈夫以及其他 23 人。4 名被告庭外和解，支付了两倍利润的罚金。检察官提起的内幕交易诉讼越来越多，就是为了确保证券市场对所有人都保持公平和平等的准入。2016 年，美国最高法院做出一项裁决，使得起诉内幕交易案件变得更加容易。法院裁定，与他人分享内幕消息并从中获利的人，即使自己没有获利，也犯有内幕交易罪。[27]

21 世纪初，由于内幕交易案件频发，美国证交会采用了一项名为“公平披露”（fair disclosure, FD）的新规则。该规则没有具体规定哪些信息可以披露，哪些信息不能披露。它只要求发布信息的公司将信息共享给所有人，而不仅仅是少数几个选定的人。换言之，只要公司告诉任何一个人，就必须同时告诉其他所有人。

一些公司为了自身利益滥用信息，损害了投资者的利益。当世界通信公司承认对利润增幅做了不实陈述时，根据虚假财务报告购买其股票的投资者发现，公司股价从 2002 年 1 月的 15 美元左右一路下跌至次年 7 月的不足 10 美分。长期投资者损失更为惨重，他们是在 1999 年以 60 美元左右的价格买入的该股。

想一想

2014 年，一名法官判处前对冲基金交易员马修·马托马（Mathew Martoma）9 年监禁，因为他监管史上规模最大的内幕交易计划。马托马在塞克资本（SAC Capital）担任投资组合产品经理期间，进行了一系列非法交易，为公司赚取了 2.75 亿美元。该对冲基金的创始人史蒂文·科恩（Steven Cohen）设法避免了牢狱之灾，但被迫支付了创纪录的 18 亿美元罚金。对此你怎么看？

对员工负责

据称世界上最好的社会项目是工作。如果企业想要发展，就有责任创造就业机会。一旦它们创造了就业岗位，就必须确保员工的努力和才能都能获得公平的回报。员工需要对美好未来抱有切实的希望，而这种希望只有通过升迁才能实现。负责任的人力资源管理是影响公司效率和财务绩效的最重要因素之一，我们将在第 11 章讨论这个问题。

一般来说，如果公司尊重员工，员工也会尊重公司。相互尊重会对公司的利润产生巨大的影响。比尔·卡特利特（Bill Catlette）和理查德·哈登（Richard Hadden）在合著的《满意牛》(*Contented Cows Still Give Better Milk*）中，对“满意牛”公司与“普通牛”公司进行了比较。在十多年的时间里，员工满意度高的公司，其规模比同行扩大了4倍。它们还比“普通牛”公司多赚了近400亿美元，创造了80万个就业岗位。卡特利特和哈登将这种绩效差异归因于优秀公司对员工的承诺和关怀。[28]

公司表达承诺和关心的一个途径是给员工发工资和福利，帮助他们实现个人目标。仓储式零售商开市客（Costco）的工资和福利待遇在以小时计算薪酬的零售业中名列前茅。即使是兼职员工，开市客也为他们购买了医疗保险。而且与沃尔玛等其他零售商相比，这些员工支付的保费更低。高福利可以减少员工的流动率，开市客的员工流动率不到行业平均水平的1/3。[29]美国进步中心（Center for American Progress）的一项研究表明，更换员工的成本相当于他们年薪的6%～213%，具体取决于岗位和员工技能。因此，留住员工对企业和员工士气都有好处。[30]

寻求公平是促使好人做坏事的一大动因。极少数愤愤不平的员工失望至极时会在工作场合采取暴力发泄，而大多数员工则会不露痕迹地缓解挫折感：将错误归咎于别人、不承担责任、操纵预算和支出、随意承诺、隐匿资源、得过且过、粉饰太平。

失去员工对公司及其管理层的承诺、信心和信任确实会付出高昂代价。美国注册舞弊审核师协会（Association of Certified Fraud Examiners）的调查数据显示，员工欺诈给美国企业造成的损失约为63亿美元（相当于年收入的5%）。[31]在第12章中，你会读到更多员工管理方面的问题，如薪酬公平、性骚扰、儿童看护和老人护理、药检、职场霸凌。

想一想

仓储式零售商开市客提供的工资和福利待遇，在以小时计算薪酬的零售业中名列前茅，即使是兼职工人也可以享受开市客的健康计划。由于福利待遇好，开市客的员工流动率还不及行业平均水平的1/3。你认为开市客在留住员工方面为何如此成功？

对社会和环境负责

美国1/3的员工工资来自非营利组织，这些组织从其他机构获得资金，而机构又从企业获得资金。基金会、大学等非营利组织拥有上市公司数十亿股的股份。随着这些企业股价的上涨，企业也就创造了更多的财富来造福社会。

企业对促进社会公正同样负有一定的责任。许多公司认为，它们在社区建设中发挥的作用远不止是“回馈”。对它们来说，仅有慈善是不够的。它们对社会的贡献还包括清洁环境、建造社区厕所、提供计算机课程、照顾老年人、资助低收入家庭的孩子。

随着人们对气候变化的担忧加剧，日常生活中处处都有环保运动。是什么让产品变得环保？有些人认为，产品的碳足迹（在生产、流通、消费和处理过程中释放的碳量）决定了产品的环保程度。许多因素都会影响产品的碳足迹。比如，冷冻玉米包装的碳足迹不仅包括种玉米的肥料所释放的碳，还有肥料本身所含的碳，使用农用设备和运输玉米所消耗的汽油，制作塑料包装的用电以及冰柜用电，等等。

并没有具体的指南来对产品、企业或个人的碳足迹进行界定，也没有特定的概述告知企业如何与消费者沟通。例如，百事公司将产品的碳足迹标在奶酪洋葱薯片的包装袋上，标明“75克的碳足迹”。看上去挺简单，但这到底是什么意思呢？（我们也不知道。）

环保运动为消费者提供了诸多产品选择。但是，要做出选择就意味着得分清制造商大量令人困惑的声明。面对杂乱无章的信息，连最坚定的环保倡议者也感到无所适从。但哪个最顺手就买哪个，这又违反了环保运动的原则。

环保措施可能会增加公司的成本，但也允许公司提高价格，增加市场份额，或者两者兼而有之。瑞士纺织染料制造商汽巴精化（Ciba Specialty Chemicals）开发了一种新染料，比传统染料用盐量低。由于使用过的染料溶液必须经过处理后才能排放到河流或小溪中，减少盐量就等于降低水处理成本。汽巴精化的低盐染料申请了专利保护，所以染料价格可以比其他公司高。汽巴精化的经验表明，降低环境成本也可以为企业创造附加值，如同新机器可以提高劳动生产率一样。

然而，并非所有的环保策略都能像汽巴精化那样带来经济效益。20世纪90年代初，金枪鱼罐头生产商斯达克斯（StarKist）的消费者对东太平洋海豚被捕捞黄鳍金枪鱼的渔网缠死一事表示担忧，因此，公司宣布只卖西太平洋的鲣鱼，这种金枪鱼不会游到海豚附近。可惜的是，顾客不愿意为此多花钱，而且认为鲣鱼的口感较差。显然，公司的这一举措并未取得环境效益：不在东太平洋捕捞黄鳍金枪鱼，改在西太平洋捕捞鲣鱼，那么每拯救一条东太平洋海豚的代价，就是数千条金枪鱼幼鱼和数十条鲨鱼、海龟等海洋动物在西太平洋的捕鱼过程中死掉。

> **想一想**
>
> 自1973年巴塔哥尼亚（Patagonia）成立以来，这家户外服装品牌一直致力于以合乎道德规范的方式生产高品质的产品。巴塔哥尼亚认为，从严格审查供应商，到促进工厂的公平劳动规范，企业都应该对世界产生积极的影响。对此你有什么想法？

环保运动可以对美国劳动力产生积极的影响。据美国太阳能协会（American Solar Energy Society）发布的一份“绿领”就业报告显示，新兴可再生能源和节能产业目前创造了900万个就业岗位；到2030年，工程、制造、建筑、会计和管理等行业可能还会创造多达4000万个就业岗位。[32]

环境质量是公共商品，也就是说，不管谁付钱，所有人都能享用。企业面临的挑战是要找到能够吸引客户的公共商品。许多公司正在发布报告，展示对社会所做的净贡献。要计算净贡献，公司必须先衡量积极的社会贡献，然后减去消极的社会影响。下面我们来探讨这一过程。

社会审计

组织是否将社会责任作为高层管理决策必不可少的部分，对此我们能否判定？答案是肯定的，判定的方法称为社会审计。

社会审计（social audit）是对一个组织履行有社会责任和反响的项目的进展情况予以系统性评估。进行社会审计的一大难题是，如何确定衡量企业活动及其社会影响的流程。社会审计应该评估哪些方面？许多人认为对工作场所的评估应涉及如下领域：工作场所、环境、产品安全、社区关系、国防安全、国际经营和人权，以及尊重当地居民的权利等。

组织是否应将慈善捐款和污染控制等积极举措相加，然后减去裁员和造成污染等负面影响，从而得到社会净贡献值，这仍然是个问题。或者，它们应该只记录积极的举措？你认为应该怎样？无论社会审计如何进行，都会迫使组织思考它们的社会责任，而不仅是自我感觉良好或成功管理公共关系。

除了公司内部开展的社会审计，还有五类团体充当监督机构，监督公司在道德及社会责任政策方面的实施情况：

1. 具有社会意识的投资者，坚持认为公司应该把高标准沿用到供应商身上。社会责任投资（social responsibility investing, SRI）呈上升趋势，美国已有约6.6万亿美元投入SRI基金。[33]

2. 具有社会意识的研究组织，如Ethisphere，对企业的社会责任工作进行分析和汇报。

3. 环保主义者通过把不遵守环保标准的公司记入黑名单来向它们施压。在旧金山雨林行动网络（Rainforest Action Network, RAN）举行了数月抗议活动后，摩根大通公司终于拿出方案，不给那些可能对环境产生负面影响的工业项目贷款和承保。雨林行动网络的活动者首先把目标锁定摩根大通这样的行业领袖，然后再去对付小公司，“我们称之为‘排好队，打屁股’”，雨林行动网络的执行董事说。[35]

4. 工会职员追查违规行为，迫使企业遵守规定，以免损害声誉。

5. 消费者基于社会良知做出购买决定。许多接受调查的公司正在调整环境和社会责任策略，因为有很多客户将这些因素纳入购买决策。

正如你看到的，在履行道德和社会责任方面，公司洁身自好是不够的，它还要让客户和社会信服其做法。

资料来源：Courtesy of Rainforest Action Network.

想一想

雨林行动网络是一家环保积极分子组织，其目标是向企业表明，做好事也有可能成绩斐然。该组织开展群众运动，将消费者的压力施加给拒绝采取负责任的环保政策的公司。雨林行动网络说服了几十家公司，如家得宝、花旗集团、博伊西·卡斯卡德（Boise Cascade）和高盛，让它们改变做法。

国际道德规范和社会责任

道德和社会责任问题并非美国独有，日本、韩国、意大利、巴西、巴基斯坦等国高级官员都曾被控以权谋私或行贿受贿。评判政府领导人道德和伦理的最新标准是什么？现在的标准比过去严厉得多，对领导人的要求也更高。

许多美国企业也要求其国际供应商履行社会责任，确保不违反美国人权和环境标准。服装制造商PVH[卡尔文·克莱恩（Calvin Klein）和汤美费格（Tommy Hilfiger）等品牌的制造商）]将取消违反道德、环境和人权准则的供应商订单。陶氏化学（Dow Chemical）希望供应商遵守严格的美国污染和安全法律，而不仅仅是各自国家的当地法律。麦当劳否认其供应商在雨林空地上放牛的传言，但还是起草了一份禁令，禁止这一做法。

相比之下，一些公司因剥削欠发达国家的工人而遭人诟病。全球最大的运动鞋制造公司耐克受到人权和劳工组织的指控，称该公司视员工为草芥，却花费数百万美元请明星运动员为产品代言。漫画家加里·特鲁多（Garry Trudeau）在畅销连环漫画《杜恩斯比利》(*Doonesbury*) 中描绘了一场反耐克的运动。

耐克公司曾经尽力扭转声誉。它们密切关注700家受制当地文化和经济条件的代工工厂，努力改善那里的工作环境。它们公布了工厂的名称和地点，一方面为了彰显透明度，另一方面是激励竞争对手也要改善工作条件。尽管耐克的努力起初收效甚微，但还是大大改善了许多供应商工厂的状况。不过，仍然有报告反映其工作场所不够安全。[36]

为什么耐克的监督计划差强人意？一个原因是，在新兴经济体，政府监管力度较为薄弱，这就使得企业不得不加强对供应商的监管。对于耐克这样的公司来说，这无疑是一项艰巨的任务。该公司98%的鞋子都是在不同国家的数百家工厂生产的。另一个原因是，作为买方，耐克对各供应商的影响力也有所不同，而影响力大小取决于耐克与供应商合作的时间长短，或者工厂的收入有多少完全来自耐克。

或许你认为要求国际供应商遵守美国的道德标准合情合理，其实没有那么简单。例如，甲文化中的礼物，到了乙文化中可能就变成了贿赂。企业要求海外供应商遵守企业所在国的标准是否一定合乎道德标准？还有那些认可童工、家里也得指望童工养活的国家呢？在美国做生意的外国公司应该要求美国公司遵守它们的道德标准吗？既然跨国公司跨越不同的社会，它们应该遵守每个社会的标准吗？这些都是棘手的问题，但它们恰恰反映了国际市场

想一想

耐克将产品生产外包给其他国家的工厂，并且因为在普遍使用童工的低工资国家开展业务而饱受批评。公司已经采取许多纠正措施，包括与其他企业和倡导者团体合作，制定一套共同的劳工标准和工厂指南。一个成功的公司能妥善解决过去的道德错误吗？

中社会责任的复杂性。(参阅“异域新说”专栏，了解道德文化冲突的实例。)

20 世纪 70 年代，《反海外腐败法》(第 3 章讨论过) 将买通外国企业或政府领导人获取业务的行为定为犯罪行为，这令整个美国商界不寒而栗。很多美国高管对此怨声载道，称该法律使他们的企业在与外国企业竞标时处于下风，因为该法律对后者不具约束力。

异域新说

道德文化的冲突

企业将触角伸向全球各地的社区，引发了许多问题：企业应该为哪些社区负责？国内业务比国外业务更重要吗？是否应该把员工的利益放在首要位置，还是把公司形象置于最高利益？

下面我们先从一个企业道德与文化道德冲突案例开始说起。乔是南美洲一个贫穷布商的长子。他千辛万苦来到美国求学，获得了工程学位，并在一家大型电信公司找到了一份工作。5 年后，乔似乎融入了公司的文化，并很高兴能获准调回原籍国工作。他被告知，公司希望他住在安全而又体面的居所，具体可由他自己做主。为了让他能承担得起这样的居所，公司同意每月最多补助他 2000 美元，用于支付房租和家政服务的费用。乔每个月报销的租金发票正好是 2000 美元。公司后来发现，依照西方的标准，乔的住所实际上位于危险地区的小房子。这样简陋的房子的每月房租不会超过 200 美元。公司担心乔的安全，也怕他的住处有损公司的形象。人力资源部经理还担心乔的诚信缺失，因为他一直在用虚假收据报销房租补助。

乔对公司心生不满，认为公司侵犯了他的隐私。他辩称，他应该拿到所有员工都有的每月 2000 美元的全额报销。他解释自己之所以选择这样的住房，是因为他想做出一些牺牲，把多余的钱寄给家人，让弟弟妹妹顺利完成学业。对于他的家庭来说，这笔收入尤其重要，因为他的父亲已经过世，家里没有其他人可以依靠。“瞧，我家很穷，”乔说，“太穷了，大多数西方人就算看到，也不会相信。对我家人来说，这笔钱就是希望和绝望的差别。如果我不尽力为家庭做点什么，就会玷污我已故父亲的荣誉。难道你们不能理解吗？”

通常人们很难理解别人眼中的道德。千差万别的情况往往会把“清正廉洁”这片清澈的水域弄得浑浊不堪。乔想做一件让家人觉得光荣的事。然而，公司考虑到乔所居住的城市较为危险，他们希望自己的高管住在安全的地方，并非不情之请。公司制定住房补贴政策，是为了让员工在被派驻国住得既舒适又安全，而不是给员工涨工资。如果乔在美国工作，他是拿不到住房补助的。为了得到更多的钱寄给家人，而伪造费用支出，这是不道德的。不过，在南美，这个做法是否道德就没那么清楚了。

本章小结

1. 解释为什么遵守法律只是道德行为的第一步。

- 法律与道德有何不同？

  道德不仅关乎守法，还包括为社会所接受的道德标准。道德准则反映了人与人之间的适当关系。法律的限制性更强，它仅指为保护人们免受欺诈、盗窃和暴力而制定的法律。

2. 在面对可能的不道德行为时，问自己三个必须回答的问题。

- 我们如何判断自己的商业决策是否合乎道德？

  我们可以通过三个问题来审视自己的商业决策：（1）是否合法？（2）是否公平？（3）它会让我如何看待自己？

3. 阐述管理者在制定道德标准中的作用。

- 管理者在制定道德准则中扮演什么角色？

  管理者通常会制定正式的道德标准，但更重要的是他们要以身作则，带头遵循。管理者对道德不端的态度比任何书面道德规范对员工的影响都要大。

4. 区分基于服从的道德准则和基于诚信的道德准则，并列出建立企业道德准则的六个步骤。

- 基于服从的道德准则和基于诚信的道德准则有什么区别？

  基于服从的道德准则关注的是避免法律惩罚，而基于诚信的道德准则确定组织的指导性价值观，营造鼓励良好的道德行为的氛围，强调员工共担责任。

5. 定义企业社会责任，并比较企业对各利益相关者的责任。

- 什么是企业社会责任？

  企业社会责任是企业对社会福利的关注。

- 企业如何向利益相关者展示企业责任？

企业用下列行动向利益相关者展示自己的责任：（1）提供真正有价值的商品和服务来满足客户；（2）为投资者赚钱；（3）为员工创造就业机会，保障就业安全，让勤奋者和有才者获得公平回报；（4）为社会创造新的财富，促进社会公平，为改善企业自身环境做出贡献。

- 如何衡量公司的社会责任工作？

  企业社会审计衡量一个组织在履行社会责任方面的进展。有些人认为，社会审计应该把组织的积极举措相加，然后减去负面影响，从而获得社会净贡献值。

6. 分析美国企业在影响全球市场的道德行为和社会责任方面的作用。

- 美国公司如何影响全球市场的道德行为和社会责任？

  要求其国际供应商履行社会责任，确保不违反美国的人权和环境标准。PVH 和陶氏化学等公司将不会从不符合美国道德和社会责任标准的公司进口产品。

批判性思考

设想一个可以检验你道德行为的情境。比如，你最要好的朋友忘记明天要交学期论文了，他问你是否可以抄一篇你上学期写给另一位老师的论文。

1. 你有哪些选择，每种选择都有哪些后果？
2. 如果你问一下自己本章列出的三个问题，是否有助于解决这个难题？现在就回答，然后看看你是否会做出不同的选择。

本章案例 沃比帕克与视觉春天

沃比帕克（Warby Parker）是眼镜行业的新锐，进入市场没多久，它就在业内产生了巨大的影响。尼尔·布卢门撒尔（Neil Blumenthal）和他的三位合作伙伴于 2010 年创建了这家公司，目的是销售精致实惠的眼镜框。但这个团队还希望该品牌不只代表利润，因为他们承诺维持低价销售，并与慈善合作伙伴视觉春天（VisionSpring）保持良好的关系。

与其他直面众多老牌公司竞争的初创企业不同，沃比帕克只有一个主要竞争对手。然而，这个竞争对手偏偏拥有世界上几乎所有最畅销的眼镜和护眼品牌。由于这家大型企业集团没有为像沃比帕克这样的后起之秀进入市场设置任何障碍，因此从技术上讲，它不是一家垄断企业，可以合法运营。不过，沃比帕克的创始人认为这种商业模式是不道德的，因为这种模式容许一家独大，掌握整个行业定价的生杀大权，以牟取最大利润。

布卢门撒尔和合作伙伴不想加剧消费者和制造商之间的权力倾斜，所以他们开始组建一个不同类型的公司。公司开张伊始，沃比帕克就制定了一套道德标准，聚焦最重要的利益相关者，即客户。由于公司通过独家在线销售、自行设计和制造镜框来节省费用，所以每副眼镜框的定价都在 95 美元左右。考虑到竞争对手的框架价格可能和新苹果手机一样昂贵，沃比帕克立即抓住了那些既要追求时尚又要精打细算的消费者的兴趣。

任何一个在大千世界运行的组织，不仅仅只有客户，还有更多的利益相关者。沃比帕克认为自己的使命是让大众买得起眼镜，而发展中国家的贫困人口比任何人都更需要这件事物。视觉春天是一家慈善机构，为世界上最贫穷国家的视力问题患者提供高质量的眼镜。因而，沃比帕克与视觉春天这样的慈善机构合作是很自然的事情。顾客每购买一副眼镜，沃比帕克就会向这家非营利机构捐赠一副同样的眼镜。他们已经把 50 多万副眼镜送到了需戴眼镜才能生活的人手里。

视觉春天希望这种模式能激励其他美国公司，即使在本土也能更多地参与影响全球市场的运行。视觉春天估计，尽管如此，全球仍有 7 亿多人因缺乏高质量眼镜而难以谋生。沃比帕克和视觉春天的工作人员认为，一旦你清楚地看到这个数字，就很难视而不见。

思考

1. 沃比帕克是一家肩负企业社会责任的公司吗？在衡量公司的社会绩效时，它哪些方面做得比较出众？

2. 什么是社会审计？公司为什么要进行社会审计？在对沃比帕克的社会审计中，你会考虑哪些因素？

3. 你认为美国的大多数企业都遵循严格的道德标准吗？请为你的答案提供有力的辩词。

Understanding Business

第二部分

企业所有权

创办小企业

第5章

如何创建企业

学习目标

1. 比较独资企业的优缺点。
2. 描述普通合伙人和有限合伙人的区别，比较合伙企业的优缺点。
3. 比较公司制企业的优缺点，总结传统公司、S 公司和有限责任公司的不同之处。
4. 举例说明三种类型的公司兼并，解释杠杆收购的作用以及公司私有化。
5. 概述特许经营的优缺点，讨论特许经营中多元化的机会以及全球特许经营的挑战。
6. 阐释合作社的作用。

Understanding Business

本章人物

泽西迈克潜艇三明治的创始人彼得·坎克罗

从美国独立战争中的重大战役到托马斯·爱迪生的发明，再到布鲁斯·斯普林斯汀（Bruce Springsteen）的音乐，能与新泽西州璀璨而又悠久历史相媲美的州为数不多。对于彼得·坎克罗（Peter Cancro）来说，能与新泽西州这些标志性文化比肩而立，值得一提的是潜艇三明治。坎克罗说："有些食物恰恰成为一个地区不可或缺的东西，潜艇三明治是新泽西的一种生活方式。"

作为泽西迈克潜艇三明治的创始人，这些三明治已经成为坎克罗40多年来生活方式的重要组成部分。他最初是新泽西海岸一家小潜艇三明治店的员工，最终买下了这家店，并将品牌扩张到全美逾1500家分店。概言之，这个特许经营帝国每年的销售额接近7亿美元。

1971年，坎克罗第一次在迈克潜艇三明治店工作，做梦也没想到三明治能带来这么多财富。虽然坎克罗最初工作时只有14岁，但开这家店的两兄弟从一开始就像对待成年人一样对

资料来源：©Christopher Lane Photography.

待坎克罗。这不仅让坎克罗觉得自己更像一个同事，而不是一个孩子，而且还帮助他适应了商店里永远熙来攘往、人潮涌动的压力。海滨绝佳的地理位置确保了迈克潜艇三明治店门庭若市，顾客络绎不绝。坎克罗说："在那个1000平方英尺[⊖]的店里，我们每天大概要做1000个潜艇三明治。"这么多人进进出出，他学会了如何快速地制作三明治，同时与等候的顾客友好地交谈。

在迈克潜艇三明治店工作了3年之后，坎克罗听说兄弟俩打算卖掉这家店。意识到这是一个千载难逢的机会，他提出买下这个地方。店主同意了，但对年仅十几岁的坎克罗来说，他需要在几天内筹到12.5万美元（约合今天的50万美元），否则他们会转让给另一个买家。他立即开始挨个找人筹钱。其中一人表示他愿意为这个项目提供100%的资金，条件是他要与坎克罗合伙进行收购。"我拒绝了，"坎克罗说，"这不是我想要走的路。"后来他联系上了原先的老足球教练，幸运终于降临了。在他的帮助下，坎克罗获得了一笔贷款，作为独资经营者买下了迈克潜艇三明治店。

顾客开始问坎克罗是否考虑在新泽西州以外的地方开设分店，毕竟许多顾客只是在夏天才来新泽西州。因此，坎克罗开始钻研特许经营可能带来的益处。尽管他是以独资经营者的身份买下这家潜艇三明治店的，但他明白特许经营能对像他这样的知名企业起到巨大的推动作用。

1987年，新命名的泽西迈克潜艇三明治的第一家特许经营店开张了，在接下来的4年时间里，几十家分店陆续开张。1991年，随着美国经济陷入衰退，公司的扩张遇到了障碍。销售额的急剧下降对坎克罗和他的特许经营商都造成了重大挫折。"我没有宣布破产，但我亏损了200万～500万美元。"坎克罗说，"此时此刻，我收拾行囊，整装待发。我逐一拜访了各个特许经营店业主。"在加盟商的帮助下，坎克罗将重点放在店铺的盈利能力上，并回归根本，从而修正了泽西迈克潜艇三明治的商业模式。"我们也寻求更多拥有现金储备的加盟商，"坎克罗说，"我们尽可能让现有的加盟商做大做强，为企业成长壮大做好准备。万事俱备，只欠东风，一切静待形势向好。"形势果然有所好转，泽西迈克潜艇三明治目前在44个州均开设了分店，而且分店数量每年都在增加。

就像彼得·坎克罗一样，所有企业主都必须决定哪种企业形式最适合自己。无论你梦想自己创业、与合伙人合作、成立公司，还是有朝一日成为特许经营商领军者，重要的是知道

⊖ 1平方英尺≈0.0929平方米。

每种所有权形式各有利弊。你将在本章中学习这些内容。

资料来源："Jersey Mike's Subs: Hi-story," www.jerseymikes.com, accessed January 2017; Felix Gillette, "America's Fastest-Growing Restaurant Is on a Roll," *Bloomberg Businessweek*, August 23, 2016; Bruce Horovitz, "'And We also Make Subs,'" *QSR*, December 2015; Patricia R. Olsen, "Lessons from the Sub Shop," *The New York Times*, June 5, 2010; Kate Taylor, "This Sandwich Shop Came Back from the Brink of Bankruptcy to Become One of the Fastest-Growing Chains in the Industry," *Business Insider*, December 17, 2015; Rob Spahr, "Jersey Mike's Sets Record for Sales with $5m Day Dedicated to Charity," *NJ Advance Media*, March 30, 2017.

企业所有权的基本形式

成千上万的人在美国创业，事实上，每年大约有 60 万家新创企业诞生。[1] 或许你也想过拥有自己的企业，或者认识某个在这方面志趣相投的人。

你将创建哪种企业可能会决定你能否取得长期成功。企业所有权有三种主要形式：（1）独资企业；（2）合伙企业；（3）公司制企业。这三种形式各有千秋，下面我们将一一探讨。

由一人独有且通常也由此人管理的企业称为**独资企业**（sole proprietorship）。许多人没资金，没时间，也不想自己做生意。两人或两人以上在法律上同意共同拥有一家企业的组织就称为**合伙企业**（partnership）。

创建独资企业和合伙企业较为容易，但创建独立于所有者的企业也自有优势，这就是**公司制企业**（corporation）——有权独立于所有者采取行动并承担责任的法人实体。美国有近 500 万家公司制企业，数量仅占全美企业的 20%，但收入占比却达 81%（见图 5-1）。

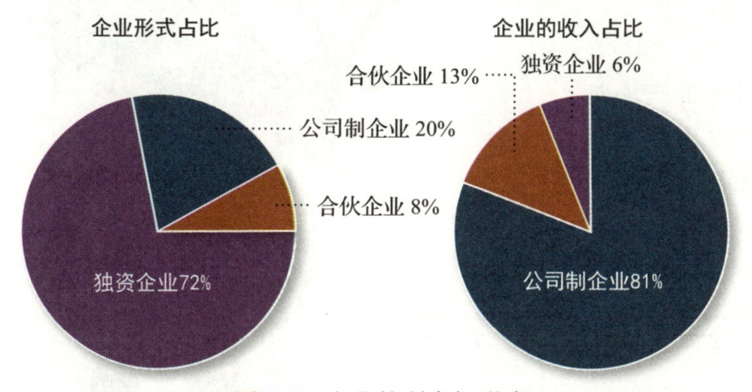

图 5-1　企业的所有权形式

尽管公司制企业的数量仅占全美企业的 20%，但收入占比却达 81%。独资企业是最常见的形式（72%），但收入占比仅为 6%。

资料来源：美国人口普查局。

请记住，初创企业时选择的形式不必保持一成不变。许多公司创办时是一种形式，后来又增加（或减少）一两个合伙人，最终变成股份有限公司、有限责任公司或特许经营商。我们先来讨论最基本的所有权形式——独资企业。

独资企业

独资企业的优点

如果你想从事一项有趣的事业，不妨对独资企业一探究竟，这是最简单的一种企业形式。每个城镇都有独资企业，你可以去拜访它们，听听它们悲喜交织的创业故事。大多数人会说起自己做老板的好处，还会提到时间自由的便利。除此之外，独资企业还有以下优点：

1. **开张和关门都很容易**。要创办独资企业，你只要购买或租赁所需的设备（锯子、笔记本电脑、拖拉机、割草机），然后张贴告示，表示你已经开业即可。你可能还得拿到当地政府的许可或营业执照，但那通常都不是问题。关闭企业同样很容易，你只要停业不做即可，无须跟人商量，也不会有人反对。

想一想

克里斯·诺尔特（Chris Nolte）在伊拉克战争中背部受伤，他担心自己再也不能骑自行车了。于是，他给自己造了一辆电动自行车，可以无痛苦地轻松骑行。这让诺尔特信心大增，他顺势创办了一家名为助力自行车（Propel Bikes）的公司，销售全组装的电动自行车。你是否也有这样的创业激情？

资料来源：©Gina LeVay.

2. **自己当老板**。给别人打工可没有为自己工作那么令人兴奋，至少个体经营者会是这种感觉。你可能会犯错，但那只能怪你自己；同样，每天无数个小胜利也会属于你。

3. 我创业我自豪。自行创建和管理企业的人理应为自己的工作感到自豪。他们承担风险，提供所需的商品或服务，获得赞誉理所应当。

4. 留下一笔遗产。所有者可以将手上的企业留给后代。

5. 保留公司利润。所有者不仅可以保留所赚取的利润，还能受益于业务增长所带来的附加值。

6. 没有特殊税赋。独资企业的全部利润都作为所有者的个人收入纳税，企业只要为该收入缴纳正常的所得税。不过，企业主必须缴纳自雇税（用于社保和医保）。他们还得估算自己的税额，按季向政府缴纳税款，否则就会因拖欠税款而被罚款。

独资企业的缺点

并非人人都适合创业并管理一家企业。人们往往很难积攒足够多的钱来创业，并持续经营下去。库存、日用物资、保险、广告、租金、电脑、公用事业等，光是这些费用可能就难以负担，此外还有其他问题：

1. 无限责任——个人损失的风险。你为别人工作时，如果生意不赚钱，那是他们的问题。但如果是你自己的公司，你和公司是分不开的，你负有**无限责任（unlimited liability）**。也就是说，企业所有的债务或损失都由你负责偿还，哪怕要卖掉房子、车子或其他任何你拥有的物品。这是个巨大的风险，要承担这样的风险，你不仅要自己考虑清楚，还要与律师、保险代理人、会计师等人商量。

2. 有限的财务资源。企业能获得多少资金取决于企业主的筹资能力。个人能够筹到的资金总是非常有限的，而合伙企业和公司制企业则更有可能筹得所需资金，开办企业，并持续发展。

3. 管理困难。所有企业都离不开管理，必须有人保管库存、从事会计和税务记录。很多擅长销售或提供服务的人并不擅长做记录。独资企业主常常发现，他们很难吸引到合格的员工来帮助经营企业，因为他们提供的工资和福利往往无法媲美大公司。

4. 投入大量时间。虽说个体业主可以自由支配时间，但如果无人分担他们的工作，全靠自己，就很难兼顾企业管理和员工培训，更无法分身去做其他事情。例如，一个商店的老板可能一周至少工作 6 天，一天工作 12 个小时，这几乎是大公司非管理人员工作时间的两倍。想象一下，这样的时间付出会对独资企业主的家庭生活产生怎样的影响。许多企业主会告诉你："这不是一份工作，也不是一份职业，而是一种生活方式。"

想一想

作为一家公司（如服装精品店）的独立经营者，意味着要花大量的时间来经营公司，包括不断寻找新客户、在业务增长时寻找可靠的员工。如果你是独资企业的所有者，现在想休假一周，你需要做什么？

5. 极少的额外福利。如果你是自己的老板，你就拿不到做员工享有的额外好处。没人会为你支付健康保险、伤残保险、养老金，你也没有病假和带薪假期。这些福利加起来可能相当于工资的30%或更多。

6. 有限的增长。企业扩张通常较为缓慢，因为独资企业的创造力、商业知识和资金大都依赖于企业主。

7. 有限的存续期。如果企业所有者死亡、丧失行为能力或者退休，企业便不复存在（除非卖掉企业或者由企业所有者的继承人接管）。

找一些当地的独资企业主，听他们谈谈在独立经营中遇到的问题。他们可能会告诉你碰到的许多有趣问题，比如，银行贷款、防盗，还有就是跟上业务发展等问题。这就是为什么许多所有者决定找合伙人来同舟共济。

合伙企业

合伙企业是有两个或两个以上所有者的法定企业形态。合伙企业有几种类型：（1）普通合伙企业；（2）有限合伙企业；（3）业主有限合伙企业。在**普通合伙企业（general partnership）**，指全部所有者共同经营企业并承担企业的债务责任。**有限合伙企业（limited partnership）**是与一个或多个普通合伙人与一个或多个有限合伙人的合伙关系。**普通合伙人（general partner）**是承担无限责任并积极参与企业管理的所有者（合伙人）。每个合伙企业至少得有一个普通合伙人。**有限合伙人（limited partner）**是指参与企业投资，但对投资以外的损失不承担任何管理责任或负债的所有者。**有限责任（limited liability）**是指企业所有者仅对其投资金额范围内的损失承担责任，他们的个人资产没有风险。

合伙企业还有一种形式被称为**业主有限合伙企业（master limited partnership, MLP）**，看上去很像公司制企业（我们接下来将加以讨论），因为它是一种类似公司的合伙企业（因其运营方式和公司一样，同样可在股市中交易），但却像合伙企业一样缴税，从而避免企业所得税。[2]油气行业的企业通常都是业主有限合伙企业。例如，美国太阳石油公司（Sunoco Inc.）成立了MLP太阳石油物流公司（SXL），专门收购、拥有和运营一批原油及成品的油管道和仓储设施。SXL的收入所得在给投资者分红之前是不用缴税的，但如果它是公司制企业，就得先缴纳所得税，再分红。[3]

另一种合伙制的产生是为了减少无限责任中的不利因素。**有限责任合伙企业（limited liability partnership, LLP）**将合伙人个人资产损失的风险，限定为由于自己以及监督下属的行为和疏忽所造成的损失。如果你是有限责任合伙企业中的有限合伙人，不必担心由于合作伙伴某个玩忽职守的行为，导致你的房子、汽车、退休金，甚至收藏的古董《星球大战》（*Star Wars*）动作玩偶都被拿去抵债；作为普通合伙人，就有可能出现这种情况。当然，在许多州，这种个人保护是不能沿用到合同债务里的，如银行贷款、租金以及合伙企业承担的商业债务。如果这些债务尚未偿还，那么仍有可能造成个人资产的损失。在没有为有限责任合伙企业提供额外的合同债务保护的各州，有限责任合伙企业在许多方面与有限责任公司类似（本章后面将讨论）。

美国除路易斯安那州外，其他各州都通过了《统一合伙企业法案》（Uniform Partnership Act, UPA），取代以前管理合伙企业的法律。《统一合伙企业法》将普通合伙企业的三个关键要素界定为：（1）共同所有权；（2）共享利润，共担亏损；（3）参与管理企业运营的权利。

想一想

瑞贝卡·明可弗（Rebecca Minkoff）设计的时尚手袋和服装在时尚界大获成功。不过，瑞贝卡·明可弗有限责任公司虽然是以她的名字命名的，但并不表示这一切都是她独自完成的。她和哥哥乌里（Uri）共同创办了这家公司，乌里还担任首席执行官。与家人合伙创办企业可能会遇到哪些不一样的问题？

合伙企业的优点

通常，与一位或几位合伙人共同拥有和管理企业要容易得多。你的合伙人可能擅长库存管理和会计，而你正好负责销售或服务。合伙人还可以提供额外的资金支持与专业知识，并且在你生病或度假时帮你代班。图5-2给出了选择合伙人时要问自己的几个问题。

图 5-2 选择合伙人时要提的问题

合伙企业通常有以下优点：

1. 更多的财务资源。如果两个或两个以上的人把资金与信用额度集中起来，支付企业的房租、水电等账单费用就没那么费力了。有限合伙企业是专为筹集资金而设计的。如前所述，有限合伙人可以给企业投资，但从法律上讲不能承担管理责任，他们承担的是有限责任。

2. 合作管理以及整合互补性的技能和知识。与精心挑选的合伙人一起管理企业的日常活动，工作起来就会轻松容易得多。合伙人可以让彼此在公务之外多一些自由的时间，还能带来新技能，提出新想法。有些人觉得最佳合伙人是配偶，所以有许多餐馆、维修厂等企业都是夫妻档。[4]

3. 企业存续时间更长。合伙企业比独资企业更容易成功，因为有了合伙人的互相监督，合伙人可以变得更自律。[5]

4. 没有特殊税赋。与独资企业一样，合伙企业的全部利润都按所有者的个人收入纳税，所有者则为这些收入缴纳正常所得税即可。同样，合伙人必须估算自己的税款并按季支付，否则就会因未缴纳税款而被罚款。

合伙企业的缺点

合伙的两个人都必须认识到，他们之间任何时候都有可能发生矛盾冲突。亲戚、朋友、配偶都曾合伙失败，分道扬镳。我们来探讨一下合伙企业的缺点：

1. 无限责任。每个普通合伙人都要对公司的债务负责，不管谁是债务的始作俑者。你既要为自己，也要为合伙人的错误负责。和独资企业主一样，如果企业输掉官司或破产，普通合伙人可能会失去房子、车子和其他所有财产。

2. 利润的分配。共担风险也就意味着共享利润，而这可能会引起冲突。合伙企业没有固定的利润分配制度，有时难免存在分配不均。如果一方投入的资金多，而另一方花费的时间多，双方就都会觉得自己应该分到更多利润才合理。

3. 合伙人之间的分歧。金钱上的分歧只是合伙企业的潜在冲突之一。员工问题最终由谁说了算？谁负责雇用和解雇员工？谁工作多少时间？如果一个人想为公司添置昂贵设备，而另一个合伙人不同意怎么办？合伙企业的所有条款都应以书面形式阐明，以保护各方，尽量避免误解。[6]“道德决策”专栏提供了一个合伙人意见分歧的实例。

4. 合作关系难以结束。一旦你投身合伙企业，就不太容易脱身了。当然，你可以辞职不干。但是，当合作关系结束后，往往还有些棘手的问题，比如如何分配利益，接下来会怎样等。出人意料的是，律师事务所制作的合作协议常常不够缜密，等你要中断合伙关系时才发现没那么容易。如何摆脱你不喜欢的合伙人？最好在合作协议中预先把这些问题确定下来。图 5-3 告诉你合作协议中应该包含哪些内容。

要想了解合伙企业的优缺点，最好采访几个过来人。他们会你一些感悟和建议，让你规避各种问题。

无论是独资还是合伙，都有一个令人担心的问题，那就是万一企业遭人起诉或遭受巨额亏损，你就可能倾家荡产。许多商人试图通过成立公司制企业来避免独资经营和合伙经营的各种弊端。在下一节中，我们将讨论这种公司制企业所有权的基本形式。

建立合伙企业并不难，但明智的做法是，每位潜在合伙人都应该找有相关经验的律师进行咨询。律师服务通常价格不菲，所以潜在合伙人应该先阅读所有关于合伙关系的内容，并达成基本协议，然后再打电话给律师

为了保护自己的权益，一定要形成书面合作协议。《标准商事公司法》（The Model Business Corporation Act）建议在书面合作协议中包括以下内容：

- 企业名称。如果企业名称与任何一位合伙人的名字都不同，许多州都要求必须在州和/或郡官员处注册登记
- 所有合伙人的姓名和住址
- 企业经营的目的和性质、主要办公地点，以及开展业务的任何其他地点
- 合伙企业的成立日期和营业期限。它会存续一段特定的时间，还是会在其中一个合伙人去世或合伙人同意终止时停止营业
- 每位合伙人的贡献。是否有些合伙人出资，而有些合伙人提供房地产、个人财产、专业知识或劳动力？这些投入何时到位
- 管理职责。是否所有合伙人在管理上都有相同的发言权，还是有高级合伙人和初级合伙人之分
- 每位合伙人的职责
- 每位合伙人的工资和提款账户
- 计提损益准备金
- 会计流程的规定。谁来记账？使用什么簿记和会计方法？这些账簿存放在哪里
- 吸收新合伙人的要求
- 针对所有合伙人的任何特殊限制、权利或义务
- 针对即将退休合伙人的规定
- 针对购买已故或即将退休合伙人所持企业股份的规定
- 如何处理员工投诉的规定
- 如何解散合伙企业并将资产分配给合伙人的规定

图 5-3 如何建立合伙企业

道德决策

好生意还是坏运气

想象一下，你和合伙人拥有一家建筑公司。你收到一个分包商的投标，你明明知道投标价格比招标价格低了20%，分包商蒙受这样的损失可能会破产。但如果接受标的数额，赢得购物中心大项目的中标机会肯定会增加。你的合伙人希望接受投标，并让分包商承担由于他的错误估计而造成的后果。你认为应该怎么做？你的决定会带来哪些后果？

公司制企业

许多公司制企业，如通用电气、微软和沃尔玛，都是大公司，对美国经济

做出了巨大的贡献。其实，创建公司不一定非得是大公司，小企业以公司这种形式注册同样有好处。

传统公司（conventional corporation，也称“C 公司”），是国家许可的法人实体，有权独立于所有者（即股东）采取行动并承担责任。股东向公司投入资金，购买公司股权或股票，除此之外，股东对公司的债务和其他问题不负责任。他们不必担心因公司出现商业问题而失去自己的房子、车子或其他财产——这是做股东的一大好处。公司不仅限制所有者的责任，还可以让很多人得以分享企业的所有权（和利润），而不必在那里工作或有其他付出。公司可以决定是向外部投资者提供股权，还是保持个人持股状态。（我们将在第 19 章讨论股票所有权。）图 5-4 描述了各种类型的公司制企业。

你在看公司资料时，可能会发现有些公司类型令人困惑。以下是一些使用较广的术语：
• 外国公司（allen corporation）在美国经营业务，但在另一个国家注册（成立）
• 国内公司（domestic corporation）在其注册（成立）的州经营业务
• 外州公司（foreign corporation）在一州经营业务，但在另一州注册。大约 1/3 的公司都是在特拉华州注册的，因为在该州成立公司的规定较为吸引人。外州公司必须在其运营的州注册
• 封闭式（不上市）公司 [closed (private) corporations] 的股票由少数人持有，不向公众开放
• 开放式（上市）公司 [open (public) corporation] 向公众出售股票。通用汽车和埃克森美孚就是上市公司
• 准上市公司（quasi-public corporation）是由政府注册、经批准为公众提供服务的垄断企业。公共事业公司就是准上市公司
• 专业公司（professional corporation）由提供专业服务的人（医生、律师等）所有。专业公司的股票不公开交易
• 非营利公司（nonprofit/not-for-profit）不为其所有者谋求个人利益
• 跨国公司（multinational corporation）在数个国家经营业务

图 5-4 公司制企业的类型

一家公司可以分属几种不同的类型。

公司制企业的优点

大多数人不愿孤注一掷地去经商。然而，要想让企业成长、壮大并创造经济机会，必须有许多乐意为企业投资的人。规避风险的一个办法就是创造一个

“非自然人”（artificial being），一个仅具有法律意义的实体——公司制企业。我们来探讨一下公司制企业的优点：

1. **有限责任**。这是公司制企业的一大优点。请记住，有限责任是指企业的所有者只对其投资额部分的损失负责。

2. **可以筹集更多用于投资的资金**。为了筹集资金，公司制企业可以把股票卖给任何感兴趣的人。这意味着数以百万计的人可以拥有像IBM、苹果、可口可乐这样的大公司以及较小公司的部分股份。如果一家公司卖出1000万股股票，每股50美元，就可筹集5亿美元用于建造厂房、购买材料、雇用员工、生产产品等。要想用其他方法筹到这么一大笔钱，谈何容易。公司也可以从银行等金融机构贷款，还可以通过发行债券向个人投资者借款，在未来某个时候还本付息。在第19章，你将看到公司如何通过发行股票和债券来筹集资金。

3. **规模**。“规模”这个词概括了公司制企业的诸多优点。因为大公司可以筹到大量资金，便有钱购买最新设备，建造现代化工厂或软件开发中心。它们还可以雇用各个领域的专家，收购其他领域的公司，以分散业务风险。诚然，大公司拥有大量资源，世界上任何地方的机会都可为其所用。但其实，要享受公司制企业的好处，并不一定非得是大公司。许多医生、律师、个人以及各种企业的合伙人都注册了公司制企业，美国绝大多数的公司制企业规模都不大。

4. **永久的生命**。因为公司制企业与所有者是分离的，所以即使一个或多个所有者去世，公司也不会停止运转。

5. **容易变更所有权**。公司的所有者变更相当容易，只要把股票卖给另一个人即可。

6. **容易吸引有才能的员工**。公司可以用提供股票期权（以固定价格购买公司股票的权利）等福利来吸引有才能的员工。

7. **所有权与管理权分离**。公司可以从许多不同的所有者/股东那里筹集资金，而又无须他们参与管理。图5-5中的公司层级结构显示了所有者/股东是如何与经理和员工分离的。由所有者/股东选举董事会，然后由董事会雇用公司高管，并监察重要的政策事宜。[7]因此，所有者/股东对公司的经营者有一定的发言权，但对日常运营没有实际控制权。

图 5-5　所有者如何影响管理

所有者是通过选出的董事会来影响企业管理的。由董事会雇用高层管理者（并在必要的时候解雇他们），并确定他们的薪酬。然后，由高层管理者在人力资源部门的协助下，甄选中层管理者和其他员工。

公司制企业的缺点

美国的独资和合伙企业数量众多，所以公司制企业一定有其不利之处，否则，大家就都会选择这种形式了。以下就是公司制企业的一些缺点：

1. 初始成本。在美国成立公司可能需要数千美元的费用，还要聘请律师和会计师。在某些州倒是有几个省钱的办法（见下一个小节），但如果不请律师协助，大多数人要么没时间，要么没信心来完成注册流程，而请律师则可能花费不菲。

2. 大量的文书工作。开办公司所需的文书工作只是个开始。独资或合伙企业的会计记录不必那么具体，但公司制企业必须保留详细的财务记录、会议记录等。如图 5-4 所示，许多公司之所以选在特拉华州或内华达州注册，就因为这两个州的法律以企业为中心，大大简化了注册流程。

3. 被双重征税。企业收入被征税两次：第一次，公司要先缴纳企业所得税，然后再向股东分红；第二次，股东收到股息之后还要支付个人所得税。各州对公司制企业的税负往往比其他企业重，而且还有一些只针对公司收取的特殊税种。

4. 两份纳税申报表。个人注册公司之后，必须同时提交公司纳税申报表和个人纳税申报表。如果公司规模较大，公司的纳税申报表会相当复杂，需要注册会计师（CPA）的协助才能完成。

5. 规模。规模可能是公司制企业的一大优势，但也可能成为劣势。大公司有时会变得过于死板，受制于繁文缛节，无法及时应对市场变化，从而影响其盈利能力。

6. 难以终止。一旦公司开始运营，想要终止就会较为困难。

7. 与股东和董事会可能有潜在冲突。如果股东选出一个与管理层理念相悖的董事会，就有可能发生冲突。[8]公司高管是董事会选出来的，所以担任管理者的企业家可能会落到被逼离开自己一手创建的公司的境地。MTV 的创始人汤姆·弗雷斯顿（Tom Freston）和苹果电脑的创始人史蒂夫·乔布斯（当然，乔布斯后来又重返公司）都遭遇过这一境地。

创建公司所需的成本、文书工作以及必须承担的特殊税赋令许多企业人士信心受损。但也有不少人认为注册公司的好处足以抵消麻烦。请参阅“知变则胜”专栏，看看一家新型非营利公司的实例。

知变则胜

启动一家公益企业

众筹网站 Kickstarter 已经帮助近 1000 万人筹集了超过 22 亿美元，以满足各种融资需求。例如，在印度，这个众筹平台帮助一群艺术家筹集到了 1.6 万美元，为出租车设计了色彩缤纷的车内装饰。

虽然帮助 Kickstarter 用户获得急需的资金是一件不错的事情，但这家公司志向高远，赚钱可不是其唯一目标。它想给社会带来一缕清风，产生积极的影响。这家公司信奉为善至乐，于 2015 年重组成为一家公益企业。公益企业是“使命型”公司，评判公司成功与否，要看它是否完成了一系列有益于社会或环境的使命。

Kickstarter 不是钻税收政策的空子，而是将税后利润的 5% 捐赠给艺术教育项目和反对不平等组织。今天，美国有 3000 多家公益企业，包括巴塔哥尼亚、Etsy 和沃比帕克。这表明盈利多寡并非商业世界衡量成功的唯一标准。

资料来源：“Dawn of the Do-Gooders,” *Fast Company*, January 2016; Nikita Richardson, “Kickstarting a Pro-Social Trend,” *Fast Company*, April 2016; Jorge Newbery, “Can Millennials, Crowdfunding, and Impact Investing Change the World?,” *Huffington Post*, March 10, 2017.

个人公司

并非所有公司都是拥有数百员工、数千股东的大型组织。卡车司机、医生、律师、水管工、运动员和小企业主同样可以成立公司。通常情况下，个人成立的小公司不对外发行股票，所以不具备大公司的某些优势（比如规模大、投资多），但同时也避免了大公司的劣势。小公司的主要优势在于有限责任和税收优惠。虽然注册处并不要求你通过律师递交注册申请，但比较明智的做法还是咨询律师。除了律师费，你还要交给州务卿办公室一笔企业注册费，从最低 50 美元（阿拉斯加州、阿肯色州、科罗拉多州、艾奥瓦州和西弗吉尼亚州）到最高 775 美元（内华达州）不等。[9] 与费用一样，成立公司实际所需的时间也因各州而异。自申请之日算起，平均时长约为 30 天。图 5-6 概述了如何注册公司。

公司的注册流程不尽相同，公司章程通常由公司注册州的州务卿办公室存档。公司章程包含：

- 公司名称
- 公司创建者的名字
- 公司目的
- 经营期限（通常是永久的）
- 可发行的股票数量、股东的投票权，以及股东拥有的其他权利
- 公司的最低资本
- 公司的办公地址
- 公司法律服务负责人的姓名和住址
- 首任董事的姓名和住址
- 创建者希望包含的其他公共信息

企业需要一个联邦税号，然后才能开立银行账户或雇用员工。要申请税号，先从美国国税局拿一份 SS-4 表格

除了上面所列的公司章程，还有公司的规章制度。规章制度描述如何从法律和管理的角度来经营公司，内容包括：

- 股东大会和董事会议的召开方式、时间、地点，以及董事的任期
- 董事的权力
- 高层管理者的职责以及任期
- 股票的发行方式
- 其他事项，包括雇用合同

图 5-6　如何注册公司

S 公司

S 公司（S corporation）是独特的政府产物，看似公司，但却可以像独资企业和合伙企业那样缴税。[该名字来源于管理这些公司的规则，其位于美国《国内税收法典》（Internal Revenue Code）第 1 章的 S 小节]。S 公司的文书工作和文档记录与 C 公司相似。S 公司有股东、董事和员工，也享有有限责任的好处，但公司利润只作为股东的个人收入纳税，因而不用像 C 公司那样重复纳税。

避免重复纳税这一条理由，便足以让约 460 万美国公司选择以 S 公司的形式运营。[10] 但不是所有企业都能成为 S 公司，公司必须满足下列要求才有资格：[11]

1. 股东人数不得超过 100 人。(一个家庭的所有成员只能算作一位股东。)

2. 股东须为个人，而且（个人）为美国公民或永久居民。

3. 只有一类股票。(你可以在第 19 章了解更多关于各种股票的信息。)

4. 从被动来源（租金、版税、利息）获得的收入不得超过总收入的 25%。

S 公司一旦失去资格，至少 5 年内不得再以 S 公司的形式经营。S 公司的税收制度并非对所有企业都有吸引力。每次税收规则一有改变，税收优惠也会随之改变。要想把一种企业的利弊都了解清楚，最好与律师和会计师把税收优惠和责任差别仔细研究一遍。[12]

有限责任公司

有限责任公司（limited liability company, LLC）类似于 S 公司，但没有特殊的资格要求。1977 年，怀俄明州开始推行有限责任公司；1988 年，美国国税局将其视同为合伙企业，开始征收联邦所得税。如果有限责任公司愿意被视作公司制企业，它可以向国税局提交一份表格。[13] 到 1996 年，全美 50 个州和哥伦比亚特区都认可了有限责任公司。

自 1988 年以来，有限责任公司的数量急剧上升。1988 年还只有不到 100 家公司申请以这一形式运营，如今美国某些州新注册的企业一半以上都是有限责任公司。[14]

为什么大家都想成立有限责任公司？其优点包括：

1. **有限责任**。个人资产有保障，以前只有有限合伙人和公司股东才享有有限责任。

2. **税赋选择**。有限责任公司可以比照合伙企业或公司制企业纳税。以前，通常只有合伙人或 S 公司所有者才能享受与合伙企业一样的税收优惠。

3. **灵活的所有权规则**。有限责任公司的所有权没有 S 公司那样的限制。所有者可以是个人，也可以是合伙企业或公司制企业。

4. **灵活的利润与亏损分配**。利润和亏损不必像公司制企业那样，按每个人的投资比例进行分配。有限责任公司的成员可以协商决定每个成员的分配比例。

5. **运营的灵活性**。有限责任公司必须提交组织章程（与公司章程类似），但不需要保留会议记录、提交书面决议或召开年会。有限责任公司还要提交一份书面经营协议，类似于合作协议，描述公司将如何经营。

当然，有限责任公司也有缺点：

1. **没有股票**。有限责任公司的所有权不可转让。公司成员需经其他成员同意才能出售他们在公司的权益，而普通公司和 S 公司的股东则可以随意出售股份。

2. 有限的存续期。有限责任公司必须在组织章程中确定解散日期（在某些州经营期限不得超过 30 年）。如有成员死亡，有限责任公司可能会自动解散。成员可在公司解散后重新组建有限责任公司。

3. 较少的激励机制。对于持有 2% 及以上公司股份的成员，有限责任公司不能抵扣其额外福利的成本，这一点与公司制企业不同。加之没有股票，所以也无法用股票期权来激励员工。

4. 税赋。有限责任公司的成员必须根据公司利润按比例缴纳自雇税，即独资企业和合伙企业缴纳的医疗保险和社会保障税。S 公司是按所有者个人薪资比例而不是公司利润总额比例缴纳自雇税。

5. 文书工作。虽然有限责任公司所需的文书工作没有公司制企业那么多，但仍然比独资企业要求的多。

有限责任公司的启动成本不尽相同。一些在线法律服务，如 LegalZoom（www.legalzoom.com）仅需 149 美元外加利福尼亚州政府的申请费，就可以帮你提交必要的文件。图 5-7 总结了几种企业所有权形式的优缺点。

想一想

美国宠物禅产品有限责任公司（PetZen Products LLC）生产狗狗跑步机，帮助超重的宠物恢复体型。有限责任公司的优缺点是什么？

	独资企业	合伙企业		公司制企业		
		普通合伙企业	有限合伙企业	传统公司	S公司	有限责任公司
创办企业所需的文件	无；可能需要许可证或营业执照	合作协议（口头或书面）	书面协议；必须提交有限合伙企业证书	公司章程和规章制度	公司章程和规章制度，必须符合资格要求	组织章程和运营协议；无资格限制
终止的难易程度	易于终止，只要偿清债务即可退出	可能较难终止，具体情况取决于合作协议	与普通合伙企业一样	难以终结且代价高昂	与C公司一样	可能较为困难，具体情况取决于运营协议
经营期限	所有者死亡时经营终止	合伙人过世或退出时终止	与普通合伙企业一样	永久经营	与传统公司一样	按照组织章程规定的解散日期

图 5-7　企业所有权的形式及其优缺点

所有权转让	可以卖给合格的买方	需经其他合伙人同意	与普通合伙企业一样	转让方便；仅需卖出股票	可以卖出股票，但有限制	无法卖出股票
财务资源	受限于所有者的资金和贷款	受限于合伙人的资金和贷款	与普通合伙企业一样	有更多资金用于启动和运营；可以卖出股票和债券	与传统公司一样	与合伙企业一样
损失的风险	无限责任	无限责任	有限责任	有限责任	有限责任	有限责任
税务	按个人收入来征税	按个人收入来征税	与普通合伙企业一样	重复征税	按个人收入来征税	依情况而定
管理职责	所有者管理企业的各个方面	合伙人共担管理职责	不能参与管理	管理权与所有权分离	与传统公司一样	依情况而定
员工福利	通常福利较少，薪资较低	通常福利较少，薪资较低；允诺员工成为合伙人	与普通合伙企业一样	通常福利和薪资水平较高，有提升机会	与传统公司一样	依情况而定，但不能享受减税

图 5-7 （续）

公司扩张：兼并和收购

兼并和收购有何不同？**兼并**（merger）是两家公司组合成一家公司。它就像婚姻，由两个人组成一个家庭。**收购**（acquisition）是一家公司购买另一家公司的资产和负债。它更像是买房，而不是结婚。

公司兼并主要有三种类型：垂直兼并、横向兼并和混合兼并。

垂直兼并（vertical merger）是相关行业中处于不同阶段的两家公司的合并。一家软饮料公司兼并一家人造甜味剂公司，不仅所需原料有了源源不断地供应，产品质量也有了保障。

横向兼并（horizontal merger）是同一行业中的两家公司的合并，此举可以增加产品多样化，或扩大产品规模。一家软饮料公司兼并一家矿泉水公司后，可以供应更多饮品。

混合兼并（conglomerate merger）是分属完全无关行业的公司间的合并，以实现业务运营和投资的多元化。一家软饮料公司和一家零食食品公司合并，成为一家综合企业。图 5-8 说明了兼并的三种类型。

图 5-8　兼并的三种类型

大的竞争对手之间的兼并必须向美国联邦贸易委员会（Federal Trade Commission）证明，合并后的新公司不会一家独大，限制竞争。例如，2016 年，史泰博（Staples）和欧迪办公（Office Depot）不得不放弃合并计划。当时一名法官裁定，这两家的合并将限制竞争，对于那些需要批量采购办公用品的大型国有企业来说，产品价格将会上涨。[16]

> **想一想**
>
> 2015 年，食品公司亨氏与卡夫达成了 500 亿美元的并购协议。这属于哪种兼并（垂直、横向还是混合兼并）？

一些公司选择维持或重新获得内部控制权，而不是兼并或将公司卖给另一家公司。管理层或股东可以通过公司私有化，也就是从其他股东手中回购公司股票，将公司股权全部掌握在自己手中。聪明宠物（PetSmart）和西夫韦（Safeway）就是公司私有化的例子。[17]

假设一家公司的员工觉得他们可能会失业，或是管理者认为如果公司归他们所有，便可改善公司业绩。那么，这些员工或管理者有可能得到公司的所有权吗？有可能，他们可以尝试杠杆收购。**杠杆收购（leveraged buyout, LBO）**是员工、管理层或私人投资者试图通过借入必要的资金来买断一家公司股东的股权。这样，员工、管理者或投资者就都变成了公司的所有者。杠杆收购的规模少则5000万美元，多则340亿美元，涉及企业从小型家族企业到赫兹公司（Hertz Corporation）、玩具反斗城（Toys“R”Us）、克莱斯勒（Chrysler）和雷诺兹－纳贝斯克（RJR Nabisco）等大型企业。2013年，戴尔公司通过杠杆收购，成为营收最高的私有化公司。在完成250亿美元的交易后（其中194亿美元来自几家贷款机构），迈克尔·戴尔控制了这家他在宿舍创建的公司70%的股份。[18]

如今，不只是美国买家在做企业收购。外国公司发现，要想发展壮大，最快的途径往往是收购一家成熟的公司，借此提高自身技术水平，或增加品牌数量。世界第二大的米勒酿酒公司（Miller Brewing）被伦敦的南非米勒啤酒公司（SAB）收购，比利时英博（InBev）以520亿美元收购了美国最大的啤酒制造商安海斯－布希（Anhe-user-Busch）及其旗下的百威（Budweiser）和百威淡啤（Bud Light）品牌。2016年，德国拜耳制药公司（Bayer）出价570亿美元收购农业化学公司孟山都（Monsanto）。2016年，外国投资者向美国公司注入了超2230亿美元的投资。[19]

特许经营

除了三种基本的企业所有权形式，还有两种特殊的形式：特许经营权和合作社。我们先来看看特许经营。**特许经营协议（franchise agreement）**是对某业务有好创意的人[**特许经营商（franchisor）**]卖出企业名称的使用权[**特许经营权（franchise）**]，使其能在某个特定地区向其他人[**特许加盟商（franchisee）**]出售产品或服务的协议。

有些人不喜欢白手起家，他们宁愿签订特许经营协议，加盟一家业绩优良的企业。独资企业、合伙企业或公司制企业都可以从事特许经营。据美国人口普查局估计，在美国，每10家企业中就有一家是特许经营企业。[20]麦当劳、捷飞络（Jiffy Lube）、7-11、慧俪轻体（Weight Watchers）和假日酒店都是最知名的特许经营店。

据国际特许经营协会（International Franchise Association）统计，在美国运营的特许经营企业超73.3万家，创造了约1330万个就业岗位，对美国经济产生的直接和间接影响达9260亿美元。[21]最受欢迎的特许经营企业是餐馆（提供快餐和全套服务）和附带便利店的加油站。美国销售额最大的连锁餐厅麦当劳常被视为特许经营的黄金典范。零售商店、金融服务公司、健身俱乐部、酒店和汽车旅馆、汽车零部件和服务中心也都是受欢迎的特许经营企业。[22] 有关评估特许经营的一些技巧，如图 5-9 所示。

购买特许经营权是一项重大投资，你一定要查清公司的财务实力，才能涉足其中，同时要谨防上当受骗。有一种骗局叫作“跑路”（bust-out），通常是一些外地人来到镇上，租用气派的办公室，然后投放广告，说服人们投资，最后拿着投资人的钱逃之夭夭。例如，在旧金山，一家名为 T.B.S 的公司销售家庭艾滋病检测的经销权。该公司信誓旦旦地说该产品的市场潜力无限，只要投资 200 美元，就有可能赚到 3 000 美元。结果，这个“检测”只不过是一份关于生活方式的邮购问卷

评估特许经营有一个很好的参考资料——《投资前调查手册》（*Investigate before Investment*），可以在国际特许经营协会出版物上找到

评估特许经营核对单

特许经营权

- 你的律师逐段研究特许经营合同之后，是否同意你签署
- 在特许经营期限内，是否给予你专属的地域
- 在什么情况下你可以终止特许经营合同？将为此付出什么代价
- 如果你卖掉特许经营权，你的商誉（企业声誉和其他无形资产的价值）会得到补偿吗
- 如果特许经营商卖掉公司，你的投资会受到保护吗

特许经营商

- 提供特许经营权的公司经营了多久
- 它在本地的加盟商中是否享有诚实公平的声誉
- 特许经营商是否给你看过经认证的数据？这些数据与你去核对的一家或多家加盟商的实际净利润是否一致？索要一份公司的风险披露声明
- 公司是否会协助你完成以下事项：
  管理培训方案
  员工培训方案
  公共关系方案
  资本
  贷款

特许经营理念

- 特许经销商会帮你的新公司甄选适合的地点吗
- 特许经销商是否对你做过详细的调查，确保你能够成功经营加盟店，为双方都带来利润

作为特许加盟商的你

- 你需要多少权益资本来购买特许经营权？要运营多久才能实现收支平衡
- 特许经营商是否为你提供特许权费用的部分融资？融资条件是什么
- 你是否准备放弃一些独立的行动，以确保获得特许经营权带来的优势？你的家人支持你吗
- 这个行业对你有吸引力吗？你是否准备将大部分或全部事业生涯，用来向公众提供该特许经营权的产品或服务

你的市场

- 你是否研究过，你打算销售的产品或服务在你所处地区、按照你的要价是否有市场
- 在未来 5 年内，你所辖地区的人口是会增加、保持不变，还是会减少
- 5 年后，你打算销售的产品或服务的需求会比现在多、大致相同，还是少
- 你打算销售的产品或服务在你所处地区已经存在哪些竞争

图 5-9　购买特许经营权评估技巧

资料来源：U.S. Department of Commerce, *Franchise Opportunities Handbook*; Steve Adams, “Buying a Brand,” *Patriot Ledger* (Quincy, MA), March 1, 2008.

想一想

丹·雷默斯（Dan Remus）和杰夫·施特劳斯（Jeff Strauss）不想把他们的斑点狗杰尼整天留在家里，于是创建了狗狗清洁护理公司 Wag'N Wash。几年后，他们开始特许经营业务，全美9个州现在都设有其分店，还有更多分店即将开张。虽然开设一家单体门店的平均成本为34万美元，但加盟商每年最终能赚到130多万美元。作为一个企业主，什么样的特许经营服务会吸引你呢？

资料来源：©Benjamin Rasmussen.

特许经营的优点

特许经营通过提供可靠、方便、价廉的产品和服务，渗透到美国和全球商业生活的方方面面。显然，特许经营有一些优点：

1. 管理和营销协助。与从零开始创业的人相比，加盟商的胜算更大，因为他们有现成可售的产品，还有人帮他们选址，协助促销和运营等工作。这就好比你有自己的店面，但又有随时可以帮助你的全职顾问。特许经营商通常会提供强化培训。例如，麦当劳把所有新的特许加盟商的管理者送到美国伊利诺伊州橡树溪市的汉堡包大学以及世界其他地的六个分校培训。[23]

有些特许经营商会帮助加盟商，开展有针对性的本地营销活动，而不是单纯依靠全国统一的广告。特许加盟商还有一个互动系统，大家遇到同样的问题时，可以分享彼此的经验。

2. 个人所有权。加盟店仍然是你的企业，你享有的激励和利润不输任何独资企业。你仍然是自己的老板，尽管你必须遵守的规章制度和程序比私营企业要多。“聚焦小企业”专栏报道了一个不断成长的特许经营商，吸引了许多新加盟商。

3. 品牌全国知名。开一家普通的礼品店或冰激凌店是一回事，而开一家网红店，如贺曼（Hallmark）或31冰激凌（Baskin-Robbins），就完全是另一回事了。如果加盟一个成熟的特许经营权，就能立即得到产品集团的认可与支持，拥有世界各地的现成客户。

4. 财务建议和援助。小企业主面临的两大难题是，安排融资事宜和学会账目管理。加盟之后，常会有相关领域的专家给你有益的帮助，时不时提点建议。事实上，马立可汽车护理中心（Meineke Car Care Centers）、金吉姆健身（Gold's Gym）和UPS等特许经营商都会向潜在加盟商提供融资，它们认为这些加盟商将成为特许经营体系的重要部分。[24]

5. 较低的失败率。从历史上看，特许经营的失败率始终低于其他商业形态。然而，由于特许经营发展势头迅猛，许多实力不济的特许经营企业也进入了这一领域，所以你要谨慎调研，理性投资。[25]

聚焦小企业

开启一个不断增长的特许经营
（www.popalock.com）

你曾把钥匙锁在车里吗？你会给谁打电话求救呢？极有可能你叫来的是一个素不相识的锁匠。补配锁（Pop-A-Lock）是美国发展最快的特许经营商之一，每天24小时提供值得信赖的开锁服务。虽然最初它是专门开车门的，但现在已经成长为一家安保公司，业务范围包括大厦的门禁卡、监控摄像机、重设智能钥匙密钥、商用车安全等服务。

补配锁认为支持特许加盟商至关重要，它为任何遇到问题的技术人员提供全天候热线服务。他们公司的市场营销团队借助社交媒体，更是广而告之，家喻户晓。首席执行官唐·马克斯（Don Marks）一个月打两次电话，电话中他会悉心指导特许加盟商如何发展自己的业务。补配锁通过提供免费的学校安全审计，对社区和特许经

资料来源：Courtesy of System *Forward* America, Inc.

营倍加关照和支持。此外，补配锁用《PAL救儿教程》（*PALSavesKids*）指导技术人员快捷营救被锁在车内、无人照看的儿童。该公司计划在未来两年时间里，将500个加盟商增加到650个。你能成为其中的一个吗？

资料来源：Jason Daley, "How Franchises Grow Fast," *Entrepreneur*, February 2016; Pop-A-Lock, www.popalock.com, accessed September 2017.

特许经营的缺点

当然，特许经营也会有一些陷阱。你要先找已有加盟商核实经营权的真实性，再与律师和会计师探讨加盟的想法。特许经营的缺点包括：

1. **启动成本高**。大多数特许经营都要收取加盟费。邮轮策划特许经营的启动成本为2000美元，但如果你想加盟的是唐恩都乐，那最好多准备些钱（大约170万美元）。[26]

2. **利润分享**。通常来说，除了启动费，特许经营商还会要求分享一大部分的利润，或者按销售额（而非利润）抽取一定比例的佣金，作为特许权使用费（royalty）。假设经营商要按净销售额的10%收取特许权使用费，那么加盟商每赚1美元（税前及其他费用支出前），就得向特许经营商支付10美分。[27]

3. **管理规定**。管理"协助"总是有办法变成管理命令、指示和限制。如果特许加盟商认为公司的规章制度限制过多，就有可能失去经营动力。特许加盟商通常会联合起来向特许经营商申诉不满，而不是独自作战。

4. **衣尾效应**。如果其他特许加盟商都失败了，你的店会怎样？其他店的状况会影响你未来的增长和盈利能力。即使你的店一直盈利，因为这种衣尾效应（coattail effect），你最终也可能被迫停业。例如，当卡卡圈坊（Krispy Kreme）新店铺充斥市场，零售场所随处可见其甜甜圈产品时，消费者就会腻烦这家雄心勃勃的特许经营商，消费冲动也将大打折扣。麦当劳和赛百味的加盟商抱怨说，由于加盟店越开越多，一些新店抢了老店的生意，断了老店的财路。

5. **出售限制**。私营企业主可以按照自己的条件，把公司卖给它们想卖的人；而特许加盟商则不行，它们转售特许经销权时会受到很多限制。为了控制质量，特许经营商常常要求对新业主进行审核，新业主必须符合它们的标准。

6. 虚假不实的特许经营。大多数特许经营商都不是麦当劳和赛百味这样的大型企业，许多都是名不见经传的小公司，潜在的加盟商可能对其知之甚少。大多数经营商都是诚实的，但美国联邦贸易委员会收到的投诉也越来越多，内容都是投诉特许经营商极少或没有兑现承诺。在购买特许经营权之前，你一定要充分核实事实。记住那句老话："一分钱一分货。"

特许经营的多元化

在特许经营中，人们常常提起的一个话题就是女性业主的数量。虽然美国约有一半的企业主是女性，她们创办企业的速度是男性的两倍，但女性拥有特许经营权的比例仅为 21% 左右。不过，这个数据并不能说明全部情况。45% 的特许经营权是由男性和女性合伙人共同拥有的。科罗拉多州博尔德 ShelfGenie 特许经营店的老板史黛西·科尔曼（Stacy Coleman）表示："它（特许经营）提供的现成流程和模式，非常适合女性来运营。"[28]

女性不再只是特许加盟商，她们也在成为经营商。女性发现，当她们在发展业务时遭遇融资困难，可以寻找加盟商来分担扩张成本。[29] 比如，顶尖的特许经营企业安缇安（Auntie Anne's）、装潢小屋（Decorating Den）和熊熊制作工坊（Build-A-Bear Workshops）都是由女性创办的。

> **想一想**
>
> 1983 年，吉米·约翰·里奥托（Jimmy John Liautaud）的第一家三明治店在一个车库里开张了。在接下来的 10 年里，他开始从事吉米·约翰店（Jimmy John's）特许经营业务。如今，该公司在全美拥有 2500 多家门店，其中绝大多数为加盟店。吉米·约翰店也稳居《企业家》杂志的特许经营 20 强榜单。它为何如此具有吸引力？

2007～2012 年，少数族裔拥有的企业增长了 39%，是少数族裔人口增长速度的 3 倍多。[30] 特许经营商更加重视招募少数族裔加盟商。"特许经营多元化"（DiversityFran）是国际特许经营协会发起的一项倡议，旨在提高少数族裔社区对特许经营的认识。美国商务部下属的联邦少数族裔商业发展局（Federal Minority Business Development Agency）为有抱负的少数族裔企业主提供经营特许权的培训，一些特许经营商也鼓励少数族裔加盟。例如，唐恩都乐集团的"特许经营多元化倡议"为少数族裔和退伍军人提供了融资和发展支持。[31]

今天，超过 20% 的特许经营权归非洲裔、拉美裔、亚裔美国人和印第安人所有。[32] 特许经营的机会似乎与那些有志向的少数族裔商人的需要完全契合。例如，朱尼奥・布里奇曼（Junior Bridgeman）大学时代是一名篮球明星，后效力于 NBA 密尔沃基雄鹿队和洛杉矶快船队。后来，他把篮球的奉献精神转为打造布里奇曼食品公司（Bridgeman Foods）。现在，布里奇曼旗下有 450 家餐厅，包括奇利斯（Chili's）、温迪（Wendy's）和烈焰比萨（Blaze Pizza），他也成为美国第五大特许经营企业主。布里奇曼计划在 2017 年出售他的餐厅，去购买可口可乐瓶装业务在堪萨斯州、密苏里州、内布拉斯加州和伊利诺伊州（包括圣路易斯和堪萨斯城）的特许经营权。[33]

居家特许经营

居家企业有许多显而易见的优势，如通勤压力小、家庭活动时间多、企业运营费用低；缺点则是感到被孤立。与居家企业家相比，居家特许加盟商不会感到过于孤立，经验丰富的特许经营商会经常跟加盟商分享获利经验。

居家特许经营的启动资金最低只要 2000 美元。如今，你可以加盟的领域从清洁服务到税务申报、儿童护理、宠物护理或游轮规划，不一而足。[34] 在投资之前，最好问问自己以下几个问题：你愿意投入大量的时间吗？你能独自工作吗？你是否有动力和良好的组织能力？你家有地方做生意吗？你家可以兼做办公室吗？此外，很有必要仔细核查一下特许经营商。

特许经营中的电子商务

互联网改变了特许经营的许多模式。大多数特许经营实体店已在网上拓展业务，并开设了网店，为客户提供增值服务。像落基山巧克力工厂的特许加盟商、伊利诺伊州加利纳市的卡罗尔・舒茨（Carole Shutts）通过建立自己的网站，提高了销售额。不过，许多特许经营商禁止特许加盟商自建网站，因为这会与它们创建的网站发生冲突。但这样一来，有些特许加盟商会说自己的销售受到了特许经营商在线销售的冲击，所以特许经营商有时会给这些特许加盟商发放“反向特许权使用费”（reverse royalties），但这并不是总能解决问题。在购买特许经营权之前，要仔细阅读关于在线销售的细则。

如今，打算加盟特许经营的人可以选择是开设网店还是实体店。很多时候，如何选择取决于融资。开设传统的实体店需要找地方，加盟费通常也很高。像 Printinginabox.com 这样的在线特许经营，不需要预交加盟费，也不需要多少培训就可以上手。加盟商每月只需支付一笔固定的费用，在线特许经营也不会设定独家区域来限制加盟商可以竞争的区域。实际上，在线加盟商可以与整个世界竞争。

特许经营中技术的运用

特许经营商经常使用社交媒体等技术扩大品牌影响力，满足客户和加盟商的需求，甚至借此拓展业务。例如，位于阿肯色州小石城的糖果花束国际公司（Candy Bouquet International）提供的特许经营，是把糖果摆成花束的样式进行销售。加盟商设立实体店，为上门的顾客提供服务，但也能从公司的主要网站上得知顾客需求。所有加盟商每天都会收到公司的电子邮件，从中了解最新资讯，他们还利用聊天室探讨各种问题和产品创意。糖果花束国际公司目前在全球拥有300家店铺。[35]

全球市场的特许经营

今天的特许经营确实是一项全球性的活动。美国的特许经营商用欧元、人民币、比索、韩元、克朗、泰铢、日元以及诸多其他国家的货币来计算利润。麦当劳的36 000多家餐厅遍布全球119个国家，每天为6900多万名顾客提供服务。[36]

加拿大与美国毗邻，语言相通，因而成为最受美国特许经营商青睐的目标市场。特许经营商发现，较之从前，现在进军中国、南非、菲律宾和中东地区市场出奇容易。而且，不仅是赛百味和万豪这样的大型特许经营商，新兴的小型特许经营商也在布局全球市场。安缇安在印尼、马来西亚、菲律宾、新加坡、委内瑞拉和泰国等30多个国家销售手工椒盐卷饼。[37]熊熊制作工坊在南非和阿联酋等18个国家拥有86家特许加盟商。[38]2005年，29岁的马修·科林（Matthew Corrin）创办了鲜蔬餐厅（Freshii），售卖三明治、沙拉和汤品。餐厅的位置优越，食材新鲜，价格实惠。如今，马修已在14个国家开设了200家分店。[39]

想一想

位于阿姆斯特丹的假日酒店旗下的洲际阿姆斯特尔酒店（InterContinental Amstel）被誉为荷兰最美、最豪华的酒店。假日酒店的特许经营商想让酒店为周边环境增色，酒店位于阿姆斯特丹金融区和高档购物区的交汇处。如果当初他们在这里建了一个典型的美式假日酒店，你认为人们会有什么反应？

特许经营在全球市场的制胜法宝与在美国大体相同：方便合宜、服务优良、质量可期。但是，特许经营商在签订全球特许经营协议之前，必须谨慎行事，做好充分准备。[40]要问自己三个问题：你的知识产权能否得到保护？你能否为全球合作伙伴提供名副其实的支持？你能否适应其他国家不同的特许经营法规？如果答案都是“能”，全球特许经营将给你带来无限商机。此外请谨记，要因地制宜地调整产品和品牌名称，也将给你带来诸多挑战。在法国，人们认为名为Dip’N Strip的家具剥离和修补特许经营店是脱衣舞酒吧。

麦当劳的金色拱门已遍及全球，赛百味的潜艇三明治也出口到世界各地，同样，外国的特许经营权也瞄准了美国这个热门目标市场。日本的公文式学习中心和加拿大报税服务公司布洛克等特许经营机构在美国生意兴隆。其他特许经营企业也想让美国人换换口味。李归仁（Ly Qui Trung，音译）在美国各地开了2800家餐厅，他希望自己的越南面馆Pho24能成为美国的一道风景线。[41]

合作社

有些人不喜欢所有者、管理者、员工和消费者各自独立，各有目标这种模式，于是他们另创了一种不同的组织形式——合作社，来满足电力、儿童保健、住房、医疗卫生、食品和金融服务的需求。**合作社（cooperative, co-op）**是由有着相似需求、为了共同利益共享资源的人（如生产者、消费者或员工）拥有和控制的企业。例如，美国大部分农村地区的电力服务由电力合作社负责，而政府是按照电力批发给合作社核定电价的，这就比非联邦公用事业公司的收费低40%～50%。电力合作社为美国47个州的4200万社员提供服务，占美国人口的12%。[42]

世界各地的合作社社员超10亿人。[43]社员通过选举董事会，再由董事会聘用职业经理人，实现合作社的民主化管理。有些合作社要求社员每个月为合作社工作若干小时，尽其社员职责。全美现有4000家食品合作社，或许你家附近就有一个。如果有，那就顺道过去聊一聊，进一步了解美国经济的这一新增趋势。如果你有意了解更多合作社的信息，请致电202-638-6222，联系美国合作社商业协会（National Cooperative Business Association），或访问其网站www.ncba.coop.com。

美国人还创建了另一种合作社，其社员作为集体比个体拥有更强的经济实力。最典型的例子就是农场合作社（farm cooperative）。创建农场合作社的初衷是让农民联合起来，争取更好的农产品价格。后来，农业合作社逐渐发展，成为数十亿美元的产业，涉及化肥、农业设备、种子和其他产品的买卖。合作社具有一定的市场优势，因为它们不用缴纳公司制企业的同类税。

今天，合作社仍然是农业和其他产业的重要生力军。有些最成功的合作社称得上鼎鼎大名，如蓝多湖乳业（Land O'Lakes）、新奇士果汁（Sunkist）、优鲜沛（Ocean Spray）、蓝宝石（Blue Diamond）、美联社（Associated Press）、Ace 五金（Ace Hardware）、平价五金（True Value Hardware）、米道食品（Riceland Foods）和韦尔氏食品（Welch's）。

哪种所有权形式适合你

你可以用多种方式创建自己的企业。你可以创建独资企业、合伙企业、公司制企业或合作社，也可以购买特许经营权，成为大公司的一部分。这些形式各有千秋，所以请仔细评估所有方案，再决定采用哪种形式。

自由企业制度的神奇之处在于，资本主义的自由和激励机制促使很多人勇于冒险，继而缔造出美国优秀的大企业，这其中有很多耳熟能详的名字和公司：詹姆斯·潘尼（杰西潘尼百货）、史蒂夫·乔布斯（苹果电脑）、山姆·沃尔顿（沃尔玛）、李维·斯特劳斯（李维斯牛仔裤）、亨利·福特（福特汽车）、托马斯·爱迪生（通用电气）、比尔·盖茨（微软）等。它们开始时规模很小，逐渐积累资本，发展壮大，最终成为行业领袖。你也能做到吗？

本章小结

1. 比较独资企业的优缺点。

- 独资企业有何优缺点？

  独资企业的优点包括：开张和关门都很容易；自己当老板；我创业我自豪；留下一笔遗产；保留公司利润；没有特殊税赋。缺点包括：无限的责任；有限的财务资源；管理困难；投入大量的时间；极少的额外福利；有限的增长；有限的存续期。

2. 描述普通合伙人和有限合伙人的区别，比较合伙企业的优缺点。

- 普通合伙企业有哪三个关键要素？

  普通合伙企业的三个关键要素是：共同所有权、共享利润共担亏损、参与管理和运营的权利。

- 普通合伙人与有限合伙人有哪些主要区别？

  普通合伙人是承担无限责任，并积极参与企业管理的所有者（合伙人）；有限合伙人是指在企业中有投资，但对投资以外的损失不承担任何管理责任或负债的所有者（合伙人）。

- 什么是无限责任？

  无限责任意味着独资企业主和普通合伙人对自己企业带来的所有债务或损失负责，他们可能得卖掉房子、车子和其他个人财产来偿还企业债务。

- 什么是有限责任？

  有限责任是指企业所有者（股东）仅对其投资金额范围内的损失承担责任，他们的个人资产没有风险。

- 什么是业主有限合伙企业？

  业主有限合伙企业是一种类似公司制企业的合伙企业，但却像合伙企业一样缴税。

- 合伙企业有哪些优缺点？

  优点包括：更多的财务资源；共同的管理和整合的知识；企业存续得更长久。缺点包括：无限责任；无法独享利润；合伙人之间的分歧；难以结束合作关系。

3. 比较公司制企业的优缺点，总结传统公司、S 公司和有限责任公司的不同之处。

- 公司制企业的定义是什么？

  公司制企业是有权独立于所有者采取行动并承担责任的国家特许法人实体。

- 公司制企业有哪些优缺点？

  优点包括：有限责任；有更多的资金用于投资；规模；永久的生命；容易变更所有权；容易吸引有才能的员工；所有权与管理权分离。缺点包括：开办成本、文书工作、规模、难以终止、双重征税、可能与董事会发生冲突。

- 为什么人们要组建公司？

组建公司的两个重要原因是特殊的税收优惠和有限责任。

- S 公司的优势是什么？

  S 公司的优点是有限责任（像公司制企业一样）和较简单的税收（像合伙企业一样）。要获得 S 公司的资格，公司的股东人数不得超过 100 人（一个家庭的所有成员只能算作一位股东）；股东须为个人或不动产，而且为美国公民或永久居民；只有一类股票；从被动来源获得的收入不得超过总收入的 25%。

- 有限责任公司的优势是什么？

  有限责任公司类似于 S 公司，但没有特殊的资格要求。有限责任公司可以比照合伙企业或公司制企业纳税。

4. 举例说明三种类型的公司兼并，解释杠杆收购的作用以及公司私有化。

- 什么是兼并？

  兼并是两家公司组合成一家公司。公司兼并主要有三种类型：垂直兼并、横向兼并和混合兼并。

- 什么是杠杆收购？将一家公司私有化意味着什么？

  杠杆收购是管理层和员工借钱收购公司的一种尝试。个人可以共同或单独将所有股份买下来，从而将公司私有化。

5. 概述特许经营的优缺点，讨论特许经营多元化中的机会以及全球特许经营的挑战。

- 什么是特许经营？

  购买企业名称使用权并在特定区域销售其产品或服务，称为特许经营。

- 什么是特许加盟商？

  特许加盟商是指购买特许经营权的人。

- 特许加盟商有哪些优缺点？

  优点包括：全国知名的品牌和声誉；经过验证的管理系统；营销协助；个人所有权的自豪感。缺点包括：加盟费高昂；管理规定多；利润分享；由于其他加盟商失败而带来不利影响。

- 全球特许经营面临的主要挑战是什么？

  将在美国运作良好的想法或产品移植到另一种文化中往往是很困难的，必须因地制宜地调整产品和服务。

6. 阐释合作社的作用。

- 合作社的作用是什么？

合作社是消费者成员拥有的组织。有些人组成合作社是为了获得比个体更强的经济实力。小型企业经常成立合作社，以赢得更多的采购、营销或产品开发优势。

批判性思考

假设你正在考虑自己创业。

1. 你会提供哪些产品或服务？
2. 你需要哪些才能或技能来经营企业？
3. 你是否具备创业所需的所有技能和资源，或者你是否需要找一个或几个合作伙伴？如果是，你的合作伙伴需要具备哪些技能？
4. 你会选择哪种企业所有权形式，是独资企业、合伙企业、传统公司、S 公司，还是有限责任公司？为什么？

本章案例 加盟达美乐，财源滚滚来

美国每年有 50 多万家新企业开张营业。在这些胸怀抱负的企业中，大约 1/10 是特许经营企业。如今，特许经营在几乎所有商业形态中都占有一席之地，包括健身俱乐部、酒店、加油站，当然还有餐馆。1960 年，汤姆·莫纳汉（Tom Monagha）和吉姆·莫纳汉（Jim Monaghan）兄弟合伙在密歇根州的伊普西兰蒂（Ypsilanti）开了一家名为多米尼克斯（DomiNick's）的比萨店。8 个月后，吉姆觉得比萨生意不适合他，于是把自己的份额卖给了哥哥，换了一辆二手大众甲壳虫。当时很难想象汤姆·莫纳汉的独家比萨业务会从多米尼克斯发展到今天的达美乐，并创建一个特许经营帝国，在六大洲 80 个国家拥有逾 1.3 万家门店。

白手起家创办企业是一项艰难、冒险而耗时的工作。开设一家新餐馆后，可能需要历经多年时间的磨砺，才能研发出最佳菜品，并建立起忠诚的客户群。达美乐拥有 50 多年的经验、成熟的产品和受人尊敬的品牌，已经在市场上建立了良好的声誉。这就是为什么许多怀有雄心壮志想要从商的人，都力争开一家达美乐加盟店，而不是自己开一家餐馆的关键原因所在。有了达美乐这样的品牌，加盟商就可以凭借经过实践检验的商业模式和产品全速进军市场。

像达美乐这样经过验证的特许经营企业还为加盟商提供有用的培训，以及管理和营销帮助。达美乐深知，要想让公司获得成功，其加盟商的成功至关重要。公司重要的促销活动，包括广告、店内展示和优惠券计划，让加盟商得以专注经营业务，而不必为制定费用高昂的促销活动来招徕顾客。由于新餐厅的选址对门店的成功至关重要，所以达美乐还会协助加盟商寻找最合适的地点。

尽管美国本土仍是该公司最大的市场，但达美乐比萨在全球拥有 5000 多家分店。虽然菜单可能有所不同，有些配料也略带独特的美国风味，但达美乐依然致力于呵护其单一品牌的形象、严格质量控制和相同的核心战略。从制服、店面布局、培训计划、供应商批准系统和订购系统的方方面面都保持整齐划一不走样。尽管达美乐专注于其系统和业务模型的成功，但是它仍然始终乐于调整产品以更好满足消费者的喜好和需求。这在全球市场上尤其如此，因为消费者的品位和期望可能大相径庭。

如今，技术的进步已然改变了商业的各个层面。达美乐为特许加盟商提供了创新的订购平台，包括 Facebook 即时通讯（Facebook Messenger）、苹果手表（Apple Watch）、亚马逊智能音响（Amazon Echo）、Twitter，以及一条带有比萨表情符号的短信。为了确保其技术系统的效率，达美乐的跟踪系统全程跟踪比萨订单，从比萨下单直至比萨新鲜出炉、离店外送、交货。

特许经营被称为有史以来最伟大的商业模式。达美乐让比萨外送员和做比萨的人成为达美乐加盟商大家庭的一分子，共同实现这个伟大商业模式的梦想。

思考

1. 为什么加盟达美乐这样的特许经营企业比白手起家创业更易成功？
2. 特许经营企业与合伙企业有什么不同之处？
3. 在成为达美乐这样的特许经营商之前，你会提出哪些重要的问题？

Understanding Business

第6章

企业家精神和创建小企业

学习目标

1. 解释人们为什么愿意承担创业的风险；列举成功企业家的特质；描述创业团队、内部创业家和居家企业、在线企业。
2. 探讨小企业对美国经济的重要性；总结小企业失败的主要原因。
3. 了解小企业运作的方式。
4. 分析创立并经营小企业所需具备的条件。
5. 概述小企业进入全球市场的优势和劣势。

Understanding Business

本章人物

沃克公司创办人特里斯坦·沃克

对企业家特里斯坦·沃克（Tristan Walker）来说，他日常生活中最令人沮丧的事情之一，就是为自己粗糙卷曲的胡须找到合适的剃须刀。他找不到一把不会刮伤他脸的剃刀。“每次我走进（这家店），我都会说，‘我是个黑人，必须处理这个刮胡刀的问题，我应该用什么？’”沃克说，“每次他们都会建议使用这些非品牌的安全剃须刀。”

除了没能找到他需要的剃须刀，沃克也不相信众多公司都会忽略如此之大的市场份额。沃克说：“让我沮丧的是，这个群体会有很大的消费能力，这难道不是一个天赐良机吗！”因此，他没有等待其他人来解决这个问题，而是自己创办了沃克公司（Walker and Company）。他希望这个公司能成为“为有色人种服务的宝洁公司”。沃克倾力打造“真汉子”（Bevel）品牌，这是一款针对黑人男性的在线订购的剃须刀具。不像其他主流剃须品牌使用多个刀片，“真汉子”剃须刀坚守单刀片系统，以帮助防止颤动。沃克从纳斯达克市场、魔术师约翰逊（Magic Johnson）、安德烈·伊戈达拉（Andre Igoudala）和约翰·传奇（John Legend）等投资者那里筹集了2400万美元资金。“真汉子”品牌剃须刀产品虽然是在网上推出的，但沃克最近与塔吉特百货公司达成了一项协议，将在塔吉特百货销售他的产品。他的产品目前在14个国家销售，享有95%的客户忠诚度。

当然，启动这样一个雄心勃勃的项目并不容易。为了实现他许下的愿景，沃克除了需要勤奋工作以外，还需要拥有大量的专业知识和广泛的人脉。幸运的是，他在硅谷（著名的加州科技产业中心）度过的岁月为他迎接挑战打下了基础。他曾在高科技行业一些最强大的公司工作过。如今，沃克认为他的公司更像是一家科技公司，而不是一家健康产品公司。沃克说：“假以时日，随着新品牌的推出，你会看到我们的产品具有更高的科技含量和更好的使用效果。”

沃克在纽约皇后区一个治安混乱的地方长大，年少时的他对位于国家另一边的硅谷一无所知。四岁时，他的父亲遇害身亡，从此沃克的哥哥扮演起父亲的角色。哥哥鼓励沃克去当一名运动员，于是他加入了男孩俱乐部（Boy's Club）并逐渐成为其中出类拔萃的一员。其后，一位篮球教练建议他应该去申请就读一所精英寄宿学校。沃克听从了他的建议，并获得了颇负盛名的霍奇基斯学校（Hotchkiss School）的全额奖学金。这让他得以进入石溪大学（Stony Brook University）并取得了经济学学位。

沃克出人头地的欲望和非凡的教育背景使他毕业后在华尔街找到了一份工作。然而，他很快就厌倦了金融业的繁忙节奏。于是他到远离纽约州的地方去寻找进商学院读研的机会。沃克说：“我之所以申请斯坦福，是因为这所学校……离华尔街最远。”2008年毕业后，他加入了一家新成立的、名为四方（Foursquare）的公司，该公司是基于用户地理位置信息的搜索公司。虽然沃克在担任业务拓展主管的头几个月里只拿到了1000美元的薪水，但他在通过与其他品牌合作扩大公司规模方面发挥了至关重要的作用。

2012年，他离开四方，加入安德森·霍洛维茨（Andreessen Horowitz）风险投资公司，成为该公司的“入驻企业家”。这让他在几年后拥有了开发和创办沃克公司的资源。除了创办企业，沃克还创立了一个名为“代号2040”（Code 2040）的非营利组织。这个非营利组织的宗旨是帮助那些希望在科技领域有所建树的少数族裔群体。他对美国日益多样化的人口现状赞不绝口，并将此视为“一生中最大的经济机遇”。“多样化是不可避免的，我认为未来50年里，那些将会出现的最伟大的公司都应记住这一点。”

像特里斯坦·沃克这样的企业家冒着巨大的风险来获得巨大的回报。在本章里，你阅读这些冒险家故事时，也许会受到激励，想成为一名企业家。

资料来源：Victor Luckerson, “Meet the Silicon Valley CEO Opening Doors for People of Color,” *Time*, March 14, 2016; Martin Johnson, “How Silicon Valley Entrepreneur Tristan Walker Turned a Close Shave into a Booming Business,” *The Root*, March 1, 2016; Alexandra Wolfe, “Tristan Walker: A New Approach to Personal Care Products,” *The Wall Street Journal*, December 18, 2015; Dexter Thomas, “The Silicon Valley Entrepreneur Moving Black-Hair Products out of the Ethnic Aisle,” *Los Angeles Times*, February 19, 2016; J. J. McCorvey, “Back to Basics,” *Entrepreneur*, July-August 2017.

企业家创造就业机会的能力

如今，大多数年轻人都知道，他们不太可能在一家大公司持续干上30年之久。对于那些想掌控自己命运的人来说，在小企业工作或自己创建小企业更能打动他们。**企业家精神（entrepreneurship）**就是愿意承受创办和运作企业的风险。

如今，美国仍把如何创造更多的就业机会视为一项经济指标。如果你仔细研读古往今来一些伟大美国企业家的故事，就会理解企业家是创造就业的中坚力量。美国的历史就是美国企业家的历史。我们不妨先看看影响美国经济发展的诸多人物中的几位：

- 1802 年，法国移民伊雷内・杜邦（Eleuthere Irenee du Pont de Nemour）创立了杜邦公司（DuPont），18 位股东出资 3.6 万美元，用作启动资金。如今，公司生产数千种产品，包括特富龙（Teflon）和莱卡（Lycra）等品牌。
- 1886 年，创始人戴维・麦康奈尔（David McConnell）从朋友那里借了 500 美元，创建了如今众所周知的美容产品零售企业雅芳（Avon）。
- 1880 年，乔治・伊士曼（George Eastman）投资 3000 美元，创办了胶卷巨头柯达（Kodak）。
- 1837 年，威廉・波克特（William Procter）和詹姆斯・甘保（James Gamble）共同创立了宝洁公司，总资本 7000 美元。
- 福特汽车公司是由亨利・福特和他的 11 位合伙人投资 2.8 万美元成立的。
- 亚马逊网站最初是由创始人杰夫・贝佐斯的家人和朋友投资创建的。贝佐斯的父母投资 30 万美元，用掉了一大半退休金。如今他们都已成为亿万富翁。

这些创业故事有很多共同之处：一位或几位企业家想到了一个好主意，从亲朋好友那里借了些钱，开始创业。如今，这些企业雇用了成千上万的人，促进了国家繁荣发展。

美国创业人才济济。马克・扎克伯格（Facebook）、迈克尔・戴尔（戴尔电脑）、比尔・盖茨（微软）、霍华德・舒尔茨（星巴克）、杰克・多西（Twitter）、查德・赫尔利和陈士骏（YouTube）等人的名字，已经和过去那些伟大的企业家一样为人熟知。“聚焦小企业”专栏重点介绍了几位年轻的企业家，他们都是从上学期间就开始创业的。

想一想

爱搞怪的百货经销商博纳米尼奥（Bonaminio）可能会穿上魔法套装，滑着旱冰鞋穿过他的丛林吉姆国际市场（Jungle Jim's Market），但对待生意，他可是严肃认真的。丛林吉姆不在价格上与沃尔玛竞争，它盯住的是商品种类。如图所示，一辆老式消防车下方的货架上摆放着1500种辣酱。你认为顾客为什么会对丛林吉姆保持忠诚？

资料来源：Courtesy of Jungle Jim Bonaminio.

聚焦小企业

学生创业

尽管大多数企业家都等到完成学业后才开始创业，但一些志向远大的企业家却选择逆潮流而动。以下是一些年轻企业家的事例，他们都是在大学时代开始创业并获成功的：

克里斯托弗·格雷（Chrisopher Gray）和德雷塞尔大学（Drexel University）的两名同学合作创建了Scholly网站，它是帮助大学生申请奖学金的应用和网站。该网站帮助数十万学生成功申请到超过5000万美元的奖学金。格雷被安永会计师事务所（Ernst & Young）评为2015年度企业家，还被《福布斯》列入2016年度30位30岁以下企业家名单。

凯尔·范（Kyle Pham）和尼克·阮（Nick Nguyen）想要找到一种既有趣又简单的方法，帮助公众在家体验3D打印技术。他们创建了Cube Forme，这是一个会员综合定制服务，通过每月发送各种产品，如小玩意、游戏和艺术品，将设计师与公众联系起来。这两名南加州大学的学生向订阅者收取每月15美元的费用，每笔订单向设计师支付 10% 的佣金，并享有近 50% 的利润率。

杨安（Ann Yang）和王菲（Phil Wong）寻求找到一种解决农产品浪费的方案。每年因为尺寸、形状或颜色不适合在商店销售，都会造成数十亿磅㊀的农产品白白浪费掉，它们要么烂在地里没收获，要么销售不出去。这两个乔治敦大学学生的解决办法是成立了一家名为 Misfit Juicery 的公司，这家公司用尺寸规格不符合销售要求的水果和蔬菜生产蔬果汁。到目前为止，Misfit 生产的蔬果汁在华盛顿特区的 44 家分店销售。

黛安·费尔伯恩（Diane Fairburn）在大学一年级的时候，就在宿舍里制作彩绘玻璃礼物，并在自助餐厅附近的一张桌子上出售。从她创立名为装饰玻璃解决方案公司到现在，已经 30 多年过去了。尽管 30 多年以来，经济表现起伏不定，但她的公司却一直生存了下来。

资料来源："Coolest College Startups 2016," *Inc.*, accessed January 2017; Larissa Faw, "Millennial Chris Gray Helps Students Score Money," *Forbes*, September 9, 2016; Tim Talevich, "Business Class," *The Costco Connection*, August 2016; Mlsfit Juicery, misfitjuciery.com, accessed September 2017.

人们为什么要接受创业的挑战

冒险去创业，令人害怕而又兴奋。一位创业家说创业就像蹦极，你可能会害怕，但如果你看到有六个人都这么做而且活了下来，那么你多半也会去做。下面是人们愿意承担创业风险的一些原因：[1]

- 机会。机会均等这一美国梦的精髓，魅力无穷。很多人，包括初来乍到者，可能不具备当今复杂组织所需的技能，但他们却敢闯敢拼，愿意加班加点，这些都是企业家精神的实质。许多公司管理者也出于同样的原因，离开公司（辞职或裁员）去经营自己的企业。还有一些人，包括越来越多的"千禧一代"、女性、少数族裔、老年人和残障人士，发现创业带给他们的机会要比打工多。
- 利润。利润是成为企业家的另一个重要原因。微软的创始人之一比尔·盖茨是美国最富有的人，也是世界上最富有的人。
- 独立。许多企业家就是不喜欢为别人工作，他们只想自己做决定，无论结果成败如何。他们想要无拘无束地漫游、创作、工作和委派任务。

㊀ 1 磅≈0.4536 千克。

想一想

梅根·吉布森（Megan Gibson）一直超级喜欢花生酱，但直到有次品尝了一种辛辣的海地花生酱，她才开始研究自己的食谱。亲朋好友对她做的花生酱赞不绝口，于是吉布森在家乡费城的农贸市场和其他活动上出售自制花生酱。然后，她用销售收入买了一辆食品车，创建了PB&Jams公司，一边在中学教授全职健康课，一边经营这家公司。

- 挑战。有些人认为，企业家总是对令人兴奋的事情上瘾，以冒险为乐事。企业家承担的是适度的、值得去冒的险，这并不是赌博。不过，总的来说，企业家追求的是成就，而不是权力。

资料来源：Courtesy of Megan Gibson, PB&Jams.

成为企业家需要具备哪些特质

你会成为成功的企业家吗？你可以学习公司运营所需要的管理技能和领导技巧。但是，你却缺乏承担风险、主动进取、创造愿景和一呼百应的个性。而较之学术能力，这些个性特征难以习得。你可以看看自己是否具备下列这些企业家特质：[2]

- 自我引导。你必须有自我约束能力，深信可以做好自己的老板。你的成败都将由你一个人负责。
- 自我肯定。即使所有人都不认同你的想法，你也要相信自己，并重新激发起热情。当沃尔特·迪士尼提出制作动画电影长片《白雪公主》（*Snow White*）时，整个业界都笑称不可能。是他的付出与热忱，让美国银行投资了这个风险项目。后面的故事都已载入史册了。
- 行动导向。仅有伟大的商业创意是不够的，关键还要有打造梦想和实现梦想的强烈愿望。

- 精力充沛。这是你自己的事业，无论在情感上、精神上，抑或体力上你都必须能支撑得住长期努力的工作。员工有周末和假期，而企业家往往得一周工作 7 天，常年无休。每天工作 18 个小时会让人筋疲力尽，但大多数企业家觉得，即使超时，为自己工作总好过为别人打工。
- 能忍受不确定性。成功的企业家只承担精心考量过的风险（如果能够考量的话）。但无论如何，他们必须能够承担一些风险。请记住，创业神经脆弱或执着安全的人是不适合做企业家的。你不能惧怕失败。许多赫赫有名的企业家都历经数次失败，方获成功。已故足球教练文斯·隆巴迪（Vince Lombardi）曾经说过："本赛季我们没有输掉任何比赛，只不过有两次我们时间用完了。"此话道出了他的创业哲学。创业新手必须做好准备，在成功之前，会有那么几次把时间用完了。

把爱好和难题变成机会

拉塞尔·西蒙斯（Russell Simmons）年轻时住在纽约皇后区，他将自己对嘻哈文化的热爱倾注到了街头教父（Def Jam）唱片公司。如今，他价值数百万美元的商业帝国里还包括坦特里斯（Tantris）瑜伽服和拉什管理公司（Rush Management）。西蒙斯付出时间、金钱和精力，将爱好转化为一项可持续发展的事业，并因此挣到了 3.5 亿美元的净资产。[3]

许多企业家商业构想的灵感都源自爱好，但也有不少企业家是在别人眼中的问题里看到了商机。例如，Celtel 的创始人莫·易卜拉欣（Mo Ibrahim）看到了将手机带给非洲逾 10 亿人的机会，这些人从未用过手机，更别说拥有手机了，但各家大型电信公司只看到了那里贫穷的农民和受阻的物流。Celtel 电话很快成为非洲最大的手机供应商。后来，易卜拉欣以 34 亿美元的价格卖掉了这家公司。[4]

大多数企业家并不是靠灵光乍现获得产品和服务的创意，创新的源头更像手电筒。不妨设想有一支搜救小组，在黑暗中行走，打着手电筒，四处查看，不停地问问题，然后扩大搜寻范围。"创造力多半就是这样产生的，"商业作家戴尔·道顿（Dale Dauten）说，"四处打电话，问问题，说'要是……会怎样'直问到你舌头起泡。"

要想看到问题或爱好，并从中发现机遇，请扪心自问：什么是我想要却从未找到的？哪些产品或服务可以改善我的生活？是什么着实令我恼火，什么样的产品或服务能让我消消火？

然而，请记住，并非所有的想法都是机遇。如果你的创意无法满足其他人的需求，生意就很难成功。如果你的商业构想符合下列要求，说明你找到了一个好商机：

- 它能满足客户的需求。
- 你有创业所需的技能和资源。
- 你可以用客户愿意也能够支付的价格来销售产品或服务，并且盈利。
- 你可以抓住稍纵即逝的好机会（在有类似解决方案的竞争对手击败你之前进入市场），将产品或服务提供给客户。
- 你可以持续经营下去。

如果你想鉴定自己是否有与生俱来的创业精神，请到 bdc.ca 网站上搜索“创业潜力自我评估”。

创业团队

创业团队（entrepreneurial team）是指一群来自不同商业领域的经验丰富的人员共同组成的管理团队，他们拥有开发、制造和销售新产品所需的各项技能。创业团队或许比单个创业者更有优势，因为团队成员可以从一开始就将创新能力与生产和营销技能结合起来。创业团队还可以确保日后在经营过程中，各职能部门之间有更多的合作和协调。

尽管史蒂夫·乔布斯魅力超凡，具有远见卓识，是苹果电脑的传奇人物，但发明第一台个人电脑模型的却是史蒂夫·沃兹尼亚克（Steve Wozniak），提供商业专业知识和风险投资渠道的则是迈克·马克库拉（Mike Markkula）。苹果公司早年成功的关键，正是由于这三位企业家组成了“智慧团队”。该团队希望把大公司的纪律与人人都能参与成功创业的氛围结合起来。这三位企业家招募了经验丰富、志同道合的管理者，大家一起构思、开发和销售产品。

在公司内部创业

大型组织中的企业家精神，通常反映在**内部创业家**（intrapreneur）的努力和成就上，这些人指的是在企业内部像企业家一样工作的创新型人才。其理念是利用公司的现有资源——人力、财力和物力，推出新产品，创造新利润。

3M公司生产各种各样的产品，从透明胶带等黏合剂到工业用非织造材料，公司要求经理们将15%的工作时间用于构思新产品或新服务。[5]你知道那种色彩鲜艳、供人们写信息或留言的便利贴（Post-it Note）吗？该产品是3M的一名员工阿特·弗莱（Art Fry）开发的。他想在赞美诗的内页做标记，但又不想损坏书，也不想夹个容易掉出来的东西。后来他想到了一种自带黏性、可反复撕贴的纸条。3M的实验室制作了样品，但经销商反应平平，市场调查也没有得出定论。尽管如此，3M仍不断向高管们的办公室职员寄送样品。最终，在实施了一项重要的销售和营销方案之后，订单开始大量涌入，便利贴成为最畅销的品类。公司不断更新产品，在诸多创新中的一项是用再生纸来生产便利贴。便利贴也走向了国际市场——日本的便利贴又长又窄，适合竖式书写。你甚至可以使用电子便利贴——这种便利贴软件程序让你可以在色彩鲜艳的便笺上键入信息，然后存储在备忘录里，嵌入文档中，或者通过电子邮件发送。

想一想

“当你想到制胜奇招时，请坚持下去”，这是便利贴制造商3M的座右铭。该公司要求员工至少拿出15%的时间来思考新产品，以此鼓励它们的内部创业精神。这种致力于创新的做法为3M及其员工带来了哪些回报？

其他企业内部创业家的例子包括，洛克希德·马丁公司（Lockheed Martin）1943年的第一架美国战斗机和1991年的隐形战斗机；苹果公司的Mac电脑；谷歌Gmail、谷歌新闻、谷歌广告联盟（AdSense）；通用汽车的土星汽车；3M公司的思高透明胶带（Scotch Pop-up Tape）；索尼的游戏机（Play-Station）。[6]

想一想

家庭教师通常独立执教，在任意某个时间段辅导少量的学生。尽管家庭教师的业务规模不大，但他们可以对客户的教育发展产生重大影响。你知道为什么家庭教师被视为小微企业家吗？

小微企业家和居家企业

并非每一位创业者都想把公司发展为巨型公司。有些人希望做自己想做的工作，同时又可以享有平稳安定的生活。这样的企业主被称为**小微企业家**（**micropreneurs**）。当其他企业家致力于追求增长时，小微企业家知道，即使他们的公司从未出现在企业排行榜上，他们也能感到快乐。

许多小微企业家都是居家企业主。超过一半的小企业是在家里经营的。[7] 小微企业家包括咨询师、电影制作人、建筑师和会计等。许多拥有平面设计、写作和翻译等专业技能的人发现，可以通过 Upwork 和 Freelancer 等网站寻找客户，开始自由职业生涯。这些网站发布职位空缺和客户反馈，并且在客户支付时充当安全中介。

许多居家企业主都是兼顾事业和家庭的人。不要以为居家企业主都是有孩子的妈妈，其实他们中差不多有 60% 是男性。[8] 居家企业增长还有下列原因：

- 计算机技术创造了人人机会均等的局面，这使得居家企业在看起来和行动上与它们的企业竞争对手一样强大。宽带互联网连接、智能手机和其他技术是如此廉价，创业所需的初始投资也比以前少得多。
- 公司裁员导致许多人自己创业。但同时，仍然得有人来做那些被裁掉员工的工作，于是企业又将这些工作的一大部分外包给小企业。
- 社会态度已然改变。过去，人们会问居家创业者，何时打算找到一份“真正”的工作；现在，人们很可能会让他们传授创业经验。
- 新税法放宽了居家企业办公费用抵扣额度的限制。

当然，在家工作也有挑战，这里列出了一些：

- 寻找新客户。你没有零售店面，所以要让他人知晓你在做生意不太容易。
- 管理时间。你节省了通勤的时间，但善用你省下的时间需要自律。
- 把工作和家事分开。只要需要，就可以在工作时把一堆衣服扔进洗衣机里去洗，这当然挺好的，但你必须尽量减少这些让你分心的事。如果家就是办公室，那么要做到不把工作带回家也同样需要自律。
- 遵守市政条例。政府法令限制了在社区的某些区域可以开设公司的类别，也限制了居家企业给周边邻里带来的交通流量。
- 管理风险。居家企业主应该重新检查房屋所有人的保单，因为并不是所有的保单都包括与商业有关的索赔。如果在家做生意，有些保险范围甚至会失效。

居家创业者应该注重寻找机会，而不是安于求稳；注重取得成果，而不是墨守成规；注重创造利润，而不是赚取工资；注重尝试新想法，而不是避免犯错误；注重制定长远愿景，而不是追求短期回报。图 6-1 列出了潜在的居家企业，图 6-2 特别强调了避免居家企业欺诈的一些提示。你可以在企业家网站（www.entrepreneur.com）上找到大量关于居家创业的信息。

很多生意都可以在家里进行。下面列出的是启动成本低、不需太多行政管理的生意：

- 个人创作——可以在Etsy、eBay和亚马逊等网站上出售的艺术品和手工制品
- 家居服务——家教辅导、景观美化、铲雪、打扫房屋、照顾宠物、照看孩子、网页设计、个人培训、整理收纳等
- 修理或技术服务——裁剪、管道、家俱维修、油漆等
- 咨询——在你擅长的领域为企业提供咨询，如技术、营销、搜索引擎优化或社交媒体管理
- 转售——购买商品，然后转售（即把你在车库或房产拍卖会上购买的物品再拿到网上去卖）
- 共享经济机会——优步司机或爱彼迎房东

寻找符合以下重要标准的事业：（1）这份工作是你真正喜欢的；（2）你对该工作有足够了解，可以把工作做好，或者你愿意一边做另一份工作，一边花时间了解这份工作；（3）你可以为自己的产品或服务找到市场

图 6-1　潜在的居家企业

资料来源：Adam C. Uzialko, “21 Great Home Based Business Ideas,” *Business News Daily*, December 5, 2016; Eric Markowitz, “11 Businesses You Can Start in Your Pajamas, ” *Inc.*, accessed September 2017; Jayson DeMers, “6 Types of Businesses You Can Start with Almost No Cash, ” *Entrepreneur*, January 5, 2017.

你或许见过很多推荐居家企业的广告，甚至还收到过不请自来的电子邮件，大肆宣传一些在家工作的好处。小心在家工作的骗局！这里有一些提示，让你识别家庭创业机会实则是骗局：

1. 这则广告承诺，在家工作一周可以挣几百甚至几千美元
2. 不需要经验
3. 一周仅需工作几个小时
4. 有很多大写字母和感叹号！！！！！
5. 你必须拨打特定的电话号码来了解更多信息
6. 要求你先汇款或转账，然后才能收到一份在家工作机会的清单
7. 你必须现在就做出决定！！！！！

在投资某个商业机会之前，先做好功课。可以致电索要参考信息，联系商业促进局（www.bbb.org）、县和州消费者事务部门，以及州检察长办公室。在网上搜索，问问论坛或社交网站上的人是否与该公司有过交易。访问 Friends In Business（www.friendsinbusiness.com）之类的网站，寻找关于特定网络诈骗的建议。最重要的是，在你和律师谈过之前，不要为某个商业机会投入太多资金

图 6-2　警惕欺诈

在线企业

从订书机到冰箱磁铁，再到婚纱，有很多小企业在网上销售各种商品。2016年，网上零售额超过3810亿美元，约占零售总额的8%。[9] 弗雷斯特研究公司（Forrester Research）预测，到2020年，网上零售额将达到5000亿美元。

在线企业为顾客提供的不能仅仅是和实体店一样的商品，还必须提供独特的产品或服务。例如，马克·雷斯尼克（Marc Resnik）某天清晨醒来后，觉得自己的商业创意很有趣，于是创办了在线分销公司ThrowThings.com。如今，它帮他赚到了钱，其产品销往44个国家。尽管公司的产品看起来像是随机组合，毫不相关，但其实它卖的东西都是可以被扔掉的。你可以在"扔掉你的名字！"部门购买促销产品，在"扔掉你的声音！"部门购买腹语木偶，在"要扔的东西！"部门购买运动器材。还有更加稀奇古怪的产品，如假呕吐物（"呕吐！"），一张3.5美元的证书证明你浪费了钱（"扔掉你的钱！"）。雷斯尼克没有卖太多这种证书，但他卖掉的木偶堪称全美最多。公司约2/3的收入来自促销产品部门，顾客可以在数千种产品上添加商标。为什么雷斯尼克的生意如此成功？正如一位老客户所说，是因为雷斯尼克卓越的服务和快速的周转。[11]

在线企业并不总是通往成功的快车道，有时可能是失败的捷径。成百上千家雄心勃勃的网络公司保证要彻底改变我们的购物方式，后来均以失败告终。这是个坏消息。好消息是，你可以吸取他人失败的教训，引以为戒。当然，你也可以从他们的成功中获得经验。许多人按照下列步骤开始网上业务：

1. 找到一项需求并满足它。
2. 撰写有卖点的文案。
3. 设计和创建一个易于使用的网站。
4. 使用搜索引擎来驱动网站流量。
5. 为自己树立专家的声誉。
6. 用电子邮件跟进你的客户和订阅者。
7. 通过后端销售和追加销售来增加收入。

你可以访问www.entrepreneur.com，阅读"如何在线创业"的文章，并观看配套视频，以便进一步了解如何实现上述步骤。[12]

鼓励企业家精神：政府能做什么

美国国会在1990年通过了《移民法案》，其中部分条款旨在鼓励更多的企业家到美国来。该法案设立了一类“投资签证”（investor visas），每年允许 1 万人移民美国，前提是他们要向一家能够创造或保留 10 个就业岗位的企业投资至少 50 万美元。有些人提议要增加这类移民的数量。他们认为，能够吸引更多的企业家来美国，就会创造更多的就业机会，经济也会增长得更多。[13]

鼓励创业的另一种方式是**企业园区（enterprise zone）**，即政府通过减税和其他支持政策，吸引私营企业前来投资的特定地理区域，有时也称为“授权区”（empowerment zone）或企业社区（enterprise community）。美国住房和城市发展部（HUD）在全美各地极度贫困的地区确定了 20 个“希望区”（promise zone）。“希望区”项目呼吁联邦机构与地方领导人合作，帮助企业家避开繁文缛节，赢得联邦拨款，将学校、公司和非营利组织联合起来，支持扫盲计划和职业培训，减少犯罪，以提高生活质量。[14]

政府可以对企业家精神产生深远的影响，因为它能为那些投资和创造就业的企业提供税收优惠。2012 年通过的《乔布斯法案》（The Jumpstart Our Business Startups Act，JOBS）旨在降低小企业筹资的难度，并有望创造新的就业机会。[15] 我们稍后以及在第 19 章将进一步讨论《乔布斯法案》。

各州都将更加强有力地支持企业家，还会制定直接投资于新企业的计划。通常情况下，各州的商务部门充当这些计划的信息交流中心。各州还在创建孵化基地和技术中心，以减少创业资金需求。**孵化基地（incubator）**为处于早期发展关键阶段的新创企业提供低成本的办公中心，并配有基本的商务服务，如会计、法律咨询和文秘助理。美国国家孵化基地协会（NBIA）最近进行的一项研究表明，87% 的孵化基地仍在运营。[16] 大约 32% 的企业孵化基地与大学有关联。[17] 例如，在圣路易斯大学食品孵化基地的工业厨房里，来自当地一个家庭暴力受害者收容所的妇女聚在一起做鸡肉饼，卖给当地的商店和餐馆。[18] 要了解更多孵化基地提供的服务，找到你所在地区孵化基地的链接，请访问 NBIA 的网站（www.nbia.org）。

> **想一想**
>
> 像华盛顿特区这样的孵化基地，可以为新企业提供低成本的办公室，并配套基本的商务服务，如会计、法律咨询和文秘助理。你所在的地区有这样的孵化基地吗？

有几个州根据“创业援助”（Self-Employment Assistance, SEA）计划，向符合条件的申请人提供帮助。该计划允许参与者在创业期间领取失业救济、接受培训和辅导。失业救济可能看起来并不多，但许多企业主表示，这样他们就不用将积蓄都消耗在日常生活开销上，而是靠着这些救济创办并发展企业，直到足够支撑他们的生活。[19]

政府还可以与私营企业联手，鼓励创业。例如，“创业美国”（Startup America）是白宫发起的一项倡议，旨在“在全国范围内赞扬、激励和促进高增长的创业活动”。[20]这项公私部门共同的计划是为了将美国最具创新精神的企业家、公司、大学、基金会和其他领导人汇集起来，与联邦机构一起，增加美国企业家的数量，助其成功。其中一个核心目标是让更多的美国人不仅能够找到工作，而且能够创造就业机会。如欲进一步了解“创业美国”提供的资源，请访问 www.startupamericapartnership.org。

开始创建小企业

假设你想到了一个很棒的商业创意，也具备企业家的特质，准备创建自己的企业。你该如何着手呢？这是本章剩余章节所探讨的内容。

与大型跨国公司相比，小型社区企业可能更容易引起我们的共鸣，其实两者的管理原则并无差别。慈善机构、政府机构、教堂、学校和工会的管理与大小企业的管理大体相同。所以，随着你对小企业管理的了解，你对管理的总体认识也将迈出一大步。所有的组织都需要资金、好主意、计划、信息管理、预算（以及总体的财务管理）、会计、营销、良好的员工关系和系统全面的管理知识。我们将对这些涉及小企业的部分进行探讨，然后在本书的后续章节将这些概念应用于大公司乃至全球组织。

小企业对大企业

美国小企业管理局（SBA）将**小企业（small business）**定义为独立拥有和运营的企业，该企业在其经营领域不占优势，并且员工人数或年收入符合一定的规模标准（例如，年收入低于250万美元的服务企业）。称小企业为“小”，只是相对其行业中的其他企业而言。一家批发商的销售额可能达到2200万美元，但仍被小企业管理局视为小企业。在制造业，一家工厂有1500名员工，也仍被视为小企业。我们来看看一些有关小企业的有趣的统计数据：

- 美国有2800万家小企业。
- 美国所有非农业企业中的近97%，被小企业管理局界定为小企业。

- 小企业产值占美国 GDP 的 50% 以上。
- 每年有近 60 万家纳税、雇用员工的小企业成立。
- 自 1995 年以来，小企业创造了 65% 的新就业机会。
- 大约 50% 私营部门的员工受雇于小企业。
- 大约 80% 的美国员工在小企业找到了第一份工作。

正如你所看到的，小企业确实是美国经济的重要组成部分。这部分有多大？让我们来找答案。

小企业的重要性

既然美国 65% 的新工作都在小企业中，那么你很有可能有一天也会在小企业工作，或者自己创立一家小企业。除了提供就业机会，小企业还有一些大公司不具备的优势——更具个性化的客户服务以及对机会快速反应的能力。

越大越好并非金规铁律。设想地上有个洞，如果你用石头填，就会有很多空隙；如果你用沙子填，就会填得很严实。小企业运作也是如此。大企业不能满足所有的市场需求，这就给小企业留下了足够的空间，它们只要去填补这些缝隙即可盈利。

小企业的成败

你不能对商业惯例一无所知，否则就会破产。据小企业管理局的统计，有一半的新创企业维持不了 5 年。[22] 有些人坚称实际失败率要低得多。例如，当小企业主关闭公司，然后创立了另一家公司时，都被归入“失败”的范畴，尽管它们根本就没有失败。同样，如果一家企业改变了所有权形式，或者独资企业的所有者退休了，也会算作失败。对企业家来说，好消息是，小企业的失败率比传统报道的要小得多。

图 6-3 列出了小企业失败的原因，其中包括缺乏管理能力和财务规划。请记住，当企业失败时，重要的是企业主从错误中吸取教训。一些遭受过失败的企业家比新手企业家更现实。正因为他们汲取了失败的教训，在未来的创业中更有可能获得成功。例如，米尔顿·赫尔希（Milton Hershey）曾在芝加哥和纽约创办糖果企业，但均以失败告终。赫尔希的父亲是个梦想家，但缺乏坚持梦想的毅力和职业操守，所以未能实现梦想。赫尔希原本可能会跟父亲一样，然而，

他一直在努力，最终不仅建立了世界上最大的糖果公司，还为员工建立了学校、教堂和住房。

以下是导致小企业失败的一些原因：

- 没有先做小规模市场测试就贸然进入
- 产品或服务定价过低或过高
- 低估了建立市场所需的时间
- 启动资金过少
- 启动资金过多，而且未加以善用
- 缺乏经验或经验不足，未做初步的行业或市场调研
- 在没有计划如何以及何时还款的情况下融资
- 试图用过少的资本做过多的业务
- 未考虑挫折和意外开支
- 用信用卡购买太多东西
- 借款的限制过少
- 借款用得过快
- 未能保存完整、准确的记录，致使企业主不知不觉地陷入困境
- 把个人的奢侈习惯带入企业
- 不了解商业周期
- 忘记税收、保险和其他经营成本
- 把自己做生意的自由误认为是想工作就工作，不想工作就不工作的随心所欲

图 6-3 小企业失败的原因

想一想

罗尼·迪·卢拉（Roni Di Lulla）发现她的狗“午夜”要费力地眯着眼睛看飞盘，就给它戴上改装了的运动护目镜。“午夜”成了狗狗公园的热点，狗主人都问她能否帮他们的狗也做一副。改装的护目镜大受欢迎，于是罗尼与一家中国台湾公司签约，生产带有宽鼻梁和深镜杯的护目镜。如今，护目镜每年能带来300万美元的收入，狗狗时尚达人、兽医眼科医生甚至军用犬类都在使用。

《赫芬顿邮报》（*The Huffington Post*）的联合创始人阿里安娜·赫芬顿（Arianna Huffington）是这样看待汲取失败教训的：“我在一生中经历过无数次失败……但是妈妈曾经告诉我，‘失败不是成功的对立面，而是成功的垫脚石。’所以我在失败中学会了不惧怕失败。”[23]《即时企业家》（*The Instant Entrepreneur*）一书的作者桑福德·尼奥（Ranford Neo）说：“大多数成功的企业家都会告诉你，他们在人生的某个阶段失败过。但是，他们没有把失败看作自己无能为力的表现，而是客观地看待失败，把它当作一种学习经历。”[24]

选择正确的企业类型至关重要。许多低失败率的企业在启动之前其人员都经过了专业的培训，如兽医、牙医、医疗服务等。虽然培训和学位可以保证创业成功，但往往促进不了企业的发展壮大，毕竟一个牙医只能治疗数量有限的蛀牙。如果你想既独立又富有，必须追求增长。像科技公司这类高增

长的企业，往往起步就不容易，而要继续运营下去则是难上加难。

最容易创业的事业增长最慢、失败率最高（比如餐馆），最容易存活下来的也是难以启动的事业（比如制造业），而那些能让你变得富有的事业启动难度大，同时也很难维持经营（比如汽车组装业）。如图 6-4 所示，了解一下最有可能引导企业成功的情况。

以下因素增加了小企业成功的机会：

- 客户需要高度的个人关注（如美容院）
- 产品不易使用大批量生产技术制造（如定制服装或个性化的汽修服务）
- 销售量不足以吸引大公司（如新奇品商店）
- 住宅小区由于所在地点犯罪率高或者贫困不太讨人喜欢。这对于小型杂货店和洗衣房来说可谓难得的机会
- 大企业向本地客户出售特许经营权（别忘了特许经营是进入小企业世界的绝佳途径）
- 企业所有者关注新的竞争对手
- 企业属于成长型行业（如计算机服务或网页设计）

图 6-4　小企业成功的原因

如果你决定创业，要三思而行。你创办企业的时候不能什么都想要，想容易启动，又想容易成功，还想有高回报。要选那些对你来说最重要的东西，有些东西没有也无妨。计划、计划、再计划，然后就大胆去做吧！

资料来源：©Nancy Newberry.

想一想

莎伦·安德森·莱特（Sharon Anderson Wright）十几岁时就在她家的二手书店里整理小说、非小说类文学书和报纸，所以知道客户喜欢看什么书。她跟随母亲，深入细致地了解书店的各项业务。这段经历对她很有帮助，后来她将半价书店（Half Price Books）发展为一家年收入 2.4 亿美元的全国性公司。莱特的经验是如何帮助公司取得成功的？

了解小企业的运作

成百上千的未来企业家都在问同样的问题："我如何才能学会经营自己的企业？"这里有一些建议。

向他人学习

到当地的社区大学去调研小企业和创业课程。美国各地的高校有成千上万类似的课程。许多课程将来自不同背景的企业家聚集在一起，他们形成了有用的支持网络。[25]和这些企业家们聊一聊。他们会告诉你，企业选址很重要，还会提醒你备足资金，也就是说，没有足够的钱就不要启动。他们会提醒你寻找和留住优秀员工的问题。而且，最重要的是，他们会告诉你要保留完整的财务账目，在创建企业之前聘请优秀的会计师和律师。像这样的免费建议是非常宝贵的。

获取经验

要了解小企业的管理，最好是去当学徒，或是为成功的企业家工作。许多小企业主正是从以往的工作中获得创业灵感的。所以，经验法则就是，先到类似的企业去工作三年，积累经验。

早在1818年，科尼利尔斯·范德比尔特（Cornelius Vanderbilt）卖掉了自己的帆船，到一家蒸汽船公司制造工作，以便学习蒸汽船制造行业的新游戏规则。在学到他需要了解的一切后，范德比尔特辞职了，创办了自己的蒸汽船公司，成为美国第一位亿万富翁企业家。

在业余时间或周末兼职经营一家小企业，既可以带来为自己工作的回报，同时还能拿到另一份工作的固定薪水。这样也能帮你省钱，因为你在工作时积累的经验，可以让你在创业时避免再犯"新手"的错误。"道德决策"专栏中列出了一些道德问题，探讨如何利用你做员工时获得的知识来创业。

道德决策

守护还是离弃

假设你在一家公司工作了两年，你发现公司出现了岌岌可危的迹象。你和一位同事都知道如何让公司获得成功。与其和老板分享你的想法，还不如考虑辞掉工作，和朋友一起创办自己的公司。你应该怂恿其他同事加入新公司，为你们工作吗？你会尝试把原来老板的客户吸引到自己的公司吗？你的替代方案是什么？每种替代方案会有怎样的结果？哪种选择最合乎道德？

接管一家成功的公司

小企业主工作时间长，也很少休假，就这样年复一年，投入大量时间和精力。终有一天，他们可能会觉得被困其中，无法脱身。所以，很多小企业主非常想离开，哪怕是去度个长假。

这正是你可以参与的时候了。找一位成功的小企业主，告诉他你很想了解这门生意，想当学徒，接受一段时间的培训。培训期（一年左右）结束后，你愿意成为助理经理，给企业主或经理做助手。这样，你就可以让企业主周末和假期休息，还能拥有一个悠长假期——这对他来说是一笔不错的交易。在接下来一年左右的时间里，努力学习所有与企业有关的内容——供应商、库存、记账、客户、促销活动。两年后你提议：企业主可以退休，也可以只做兼职，而你会接管企业的管理。你可以与企业主制定一个利润分成计划，外加领薪水。对自己慷慨一些，你甚至可以要求40%或更多的利润。

企业主得到的好处是，可以保留企业所有权，而且无须工作即可获得之前收益的60%。你得到的好处是，获得一家成功企业40%的利润。对于即将退休的企业主来说，这笔交易非常合算——他仍能保持公司正常运转并创造利润。用这种方式来分享成功小企业的利润，而又不必投入个人的资金，非常明智，易于达成目的。

如果企业主对利润分成不感兴趣，你可能会考虑买下这家公司的全部股份。随着越来越多的“婴儿潮一代”即将退休，待售企业的数量也将增加。[26] 事实上，2016年卖出的小企业数量达到了创纪录的水平。[27] 你如何确定一家企业的合理价格？企业的价值取决于：（1）该企业拥有什么；（2）利润是多少；（3）有哪些独特之处。当然，你得聘请会计师来帮你确定企业的价值。[28]

如果利润分成或收购都行不通，你无法接管公司，那么训练有素的你可以辞职，创办自己的企业。

管理小企业

据小企业管理局调查，小企业失败的一个主要原因是管理不善。但是请记住，管理不善包括很多错误，可能是规划不周全、现金流管理不善、账目未妥善保管，也有可能是库存管理、晋升或员工关系方面有问题，最有可能的原因是资本状况不佳。为了帮助你成为一名成功的企业主，在下面的章节中，我们将探讨小企业中的各种企业职能：

- 规划你的业务。
- 为企业融资。
- 了解客户（市场营销）。
- 管理员工（人力资源开发）。
- 做好记账（会计）。

尽管上述所有职能在企业的启动和管理阶段都很重要，但是前两项是你创办企业时应重点关注的。一旦业务进入正轨，其他几项就成为重点了。

规划你的业务

许多渴望创业的人想到了一个创意，于是开始与教授、朋友和其他商人探讨。在这个阶段，创业者需要一份商业计划书。**商业计划书（business plan）**是描述企业性质、目标市场、竞争优势，以及所有者资源与资质的详细书面报告。商业计划书要求潜在的小企业主非常明确自己打算提供哪些产品或服务。他们必须分析竞争，计算需要多少启动资金，了解其他运营细节。商业计划书也是与银行家或其他投资者洽谈时必需的资料。

贷款人希望全面了解一家有抱负的企业。首先，选择一家与你业务规模相当的银行，请一位出色的会计制作一套完整的财务报表和个人资产负债表。去银行之前先预约，然后带着会计和所有必要的财务资料去银行。向银行家证明你品格端正、有公德心，在商界和社区里都受人尊重。最后，你要借多少钱就都提出来，要有具体数额，同时准备好以个人名义担保贷款。

撰写商业计划书 撰写一份出色的商业计划书需要很长时间，但你只有5分钟用执行摘要（executive summary）来说服读者不要把它扔掉。银行家每天都会收到许多商业计划书，所以这份摘要要能迅速抓住他们的兴趣点。世上没有什么完美的商业计划书，即使是最全面的商业计划书也会随着新业务的发展而变化。[29] 后面介绍了详尽的商业计划书大纲。

资料来源：©Annie Tritt/The New York Times/Redux.

想一想

ModCloth 的联合创始人苏珊（Susan）和埃里克·科格尔（Eric Koger）上大学时就开始销售复古服装了。在一次校级比赛中，他们拿着一份匆忙写就的商业计划书参赛，结果失败了。一开始两人颇感沮丧，但这次失利让他们认识到，如果想吸引投资者，就要转变重心，制定一个可靠的商业计划。在 2017 年被沃尔玛收购之前，他们的公司有 350 多名员工，收入超过 1.5 亿美元。

许多软件程序可以帮助你理清思路。帕洛阿尔托软件公司（Palo Alto Software）推出的“商业计划书专业版”（Business Plan Pro）是一个广受好评的商业计划书程序。至于简化的商业计划书，你可以看看《财富》500 强的高管吉姆·霍兰（Jim Horan）所著的《一页商业计划》（*The One Page Business Plan*）。这本书包括一张 CD，附有配套的互动练习、表格和模板。如欲查看各类企业商业计划书的成功范例，请访问 bplans.com/sample_business_plans。你也可以在小企业管理局的网站 www.sba.gov/business-guide/plan/write-your-business-plan-template 上，进一步了解如何撰写商业计划书。

将完成的商业计划书交到合适的人手中，与将正确的信息纳入计划书是一样重要的。寻找资金需要进行调查研究，接下来我们将讨论新创企业有哪些资金来源。所有这些都需要一份全面的商业计划书。你在创业之前投入的时间和精力，都将在日后获得数倍回报。最大的回报就是生存。

详尽的商业计划书大纲

一份好的商业计划书的篇幅为 25～50 页，至少需要 6 个月的时间撰写。

封面函

当你去寻找创业资金时，有一件事是肯定的：你不会是唯一的一个。你必须让潜在出资人想要阅读你的商业计划书，而不是他们桌上成百上千份其他人的商业计划书。你要在封面函里简明扼要地概述你的项目最吸引人之处。一定要在信里称呼潜在投资者的姓名，“敬启者”或“亲爱的先生或女士”不是最佳称呼，无助于你赢得投资者的资助。

第一部分——执行摘要

首先用两三页的篇幅撰写拟办企业的管理摘要，包括业务描述，以及主要的长期和短期目标。

第二部分——公司背景

描述公司迄今为止的运营状况（如有的话）、需要考虑的潜在法律因素、风险和机会。总结公司的财务状况，包括过去和目前的资产负债表、利润表和现金流量表，以及其他相关的财务记录（你将在第 17 章读到这些财务报表）。此外，最好描述一下保险范围。投资者要确保死亡或其他不幸事故不会对公司构成重大威胁。

第三部分——管理团队

包括组织结构图、各职位的工作描述，以及现任和拟任高管的详细简历。创意平庸但经验丰富的管理团队，比创意新颖但经验不足的管理团队更容易获得融资。管理者应该具备创办和经营企业所需的所有专业知识，如果没有，可以提及将由外部顾问来担任这些角色，并描述他们的资历。

第四部分——财务计划

提供收入、支出和资金来源的五年预估。不要假设业务将呈直线增长。调整财务计划，以适应公司发展的不同阶段。关于那些决定你测算结果的基本构想和假设，你应给出解释。假设应该是合理的，是基于行业和历史趋势做出的。确保所有汇总数据的正确，并能与计划内容保持一致。如有需要，聘请专业会计师或财务分析人员来编制这些报表。

不要过高预估销售业绩，而要分别预估最好的、可能性最大的和最坏的状况。这些预测不仅可以显示最终盈亏对销售波动的敏感程度，还可以当作很好的管理指南加以应用。

第五部分——所需资金

说明启动或持续经营所需的资金数额，并描述如何使用这些资金，确保总数与现金流量表上的总数相同。潜在投资者会对这部分仔细审查，因此必须简洁明了。

第六部分——营销计划

不要低估竞争。回顾行业规模、趋势和目标细分市场，《兰德·麦克纳利商业地图和营销指南》（Rand McNally Commercial Atlas and Marketing Guide）之类的资源有助你整合营销计划。讨论产品或服务的优缺点。投资者最想了解的是，公司的产品为什么比现在市面上的产品更受欢迎，该产品能否获得专利。将产品价格与竞争对手的价格进行比较，预测销售额和销售量。概述销售、广告、促销和公关计划，确保成本与财务报表中预测的一致。

第七部分——地点分析

在零售业和某些其他行业，企业地点是最重要的因素之一。提供拟创企业所在地消费者的综合人口统计分析，以及交通模式分析、车辆和行人数量。

第八部分——生产计划

描述最小工厂规模、所需机器、生产能力、库存和库存管理方法、质量控制、工厂人员要求，等等。产品成本估算应依据最初的研究。

第九部分——附录

对产品或服务所做的各种市场营销研究（现成的报告、重印的文章等），以及产品概念或市场规模方面的其他信息。提供你所查阅的所有参考文献。这部分应该证明，拟创企业不会进入夕阳产业或衰退的细分市场。

如果你想查看成功获得资金的商业计划书示例，请访问 www.bplans.com。你也可以在小企业管理网站 www.sba.gov/business-guide/plan/write-your-business-plan-template 上了解更多撰写商业计划书的信息。

为企业融资

企业家有几个可能的资金来源：个人储蓄，亲友和商业伙伴，银行和金融机构，天使投资、众筹和风险投资家，以及政府机构，如小企业管理局、农民之家管理局（Farmers Home Administration）、经济发展局（Economic Development Authority）和少数族裔企业发展局（Minority Business Development Agency）。[30]

> **想一想**
>
> 如果有棵摇钱树是不是很棒？可惜，世上没有摇钱树，所以未来的企业家必须寻找其他资金来源，如个人储蓄、亲友、前任雇主、银行、金融机构、风险投资家、政府机构。除了个人储蓄，最常见的融资渠道是什么？

亲友和商业伙伴　除了个人储蓄，最常见的资金来源是亲朋好友。[31] 你甚至可以考虑向未来的供应商借钱。如果你以后有机会成为一个大客户，帮助你起步对供应商也是有利可图的事情。雷·克拉克（Ray Kroc）在麦当劳的早期正是这么做的。当时，克拉克没有足够的资金来维持公司运转，他请求供应商帮忙筹集必要的资金。这些供应商与麦当劳一起成长。通常来说，一开始就向这样的投资者借钱不是一个好主意。可以先征求建议，如果供应商对你的计划感兴趣，它们或许也愿意为你提供资金。

银行和金融机构　大衰退带来的信贷危机继续困扰着企业家，所以小企业主必须多花点时间才能找到友好的贷款人。[32] 许多人发现，规模较小的社区银行比地区大银行更有可能发放贷款。因为小银行只在某个城镇或城镇群开展业务，他们更了解客户。小银行的灵活性更大，可以基于对客户的了解决定是否贷款，而不必像大银行那样，必须根据系统自动生成的数据做决定。

社区发展金融机构（CDFI）可以为低收入社区企业提供资金，在经济复苏中发挥了重要作用。即使在信贷泡沫之后，社区发展金融机构仍然取得了成功，因为它们严守财务纪律，而其他银行没有做到。[34] 社区发展金融机构积极采取措施，确保客户成功，因为如果借款人不偿还贷款，那么遭受打击的会是它们而不是投资者。在过去的 30 年里，只有 1% 的贷款没有偿还。[35] 社区发展金融机构不只发放贷款，更重要的是，它们还提供商业咨询，如帮助企业主学习如何制定营销策略、管理库存、提高现金流。

天使投资、众筹和风险投资家　个人投资者也是大多数企业家的资金来源。天使投资人是在上市前将资金投入发展潜力巨大的初创企业的个人投资者。

有很多网站把想要钱的人和愿意借钱的人匹配起来，包括捐款服务网站

（如 GoFundMe 和 Kickstarter 用 T 恤或其他纪念品之类的福利作为交换，接受小额捐赠）和债务投资网站（如 Funding Circle 提供的贷款必须连本带利地偿还）。这种形式的个人投资被称为个人对个人（peer-to-peer, P2P）贷款或众筹（crowdfunding）。信誉良好的借款人用这种方式往往比去银行贷款更快捷便利，而且成本通常比银行贷款还低。面对这么多众筹网站（目前已超过 1000 个），你可能搞不清楚哪个网站最适合你和你未来的企业。群众联盟（CrowdsUnite）和消费者事务（Consumer Affairs）等评估服务公司，提供网络借贷平台的用户反馈，可以帮助你进一步了解自己的选择。

2012 年的《乔布斯法案》，允许企业每年从个人投资者那里筹集不超过 100 万美元的资金，而无须进行首次公开发行（将在第 19 章中讨论）。在《乔布斯法案》颁布之前，私营公司向公众出售公司股份是违法的。《乔布斯法案》允许企业以公司股权作为交换，利用筹资网站募集更多投资。对于这种形式的融资，许多人喜欢使用术语“众筹”或“股权众筹”（equity crowdfunding）。你可以在第 19 章读到更多关于《乔布斯法案》如何改变企业吸引投资者的信息。

风险投资家（venture capitalists）可能会为你的项目提供资金，但都是有代价的。风险投资家会要求你拿出公司的大量股份（高达 60%），以换取创业所需的资金。如果让风险投资家持有太多股份，你可能会失去对公司的控制。自从大批早期网络初创企业失败以来，一方面，风险投资家不愿多投资；另一方面，如果新公司被卖掉，他们又期望更高的投资回报。[36] 所以，如果你的公司非常小，就很难有机会获得风险投资，最好去找天使投资人或使用众筹。

如果你的创业计划确实需要数百万美元的启动资金，专家建议你至少与五家投资公司及其客户商谈，以便找到合适的风险投资家。你或许可以通过 AngelList 与潜在投资者建立联系。AngelList 是一家非营利在线服务机构，帮助创业者和风险投资家相互了解。[37] 要了解更多寻找风险投资家的信息，请访问美国国家风险投资协会的网站（www.nvca.org）。

小企业管理局 **小企业管理局（Small Business Administration, SBA）**是为小企业提供建议和帮助的美国政府机构，主要提供管理培训以及金融咨询与贷款（见图 6-5）。小企业管理局在 1991 年启动了一个小额贷款示范项目。该项目向小企业主提供小额贷款（最高 5 万美元）和技术援助，由小企业管理局选出的非营利组织构成的全国系统负责管理。该项目不是根据抵押品、信用记录或以前的成功业绩来发放贷款，而是根据借款人的诚信和商业理念的可靠性来判断是否适合贷款。[38]

美国小企业管理局可提供下列财政援助：

- 担保贷款——这是由金融机构提供的贷款，如果借款人停止还款，将由政府来偿还。个人贷款担保的最高额度为 500 万美元
- 小额贷款——贷款金融从 100 美元到 5 万美元不等，发放对象包括单亲妈妈和公租房租客等人群
- 出口速贷（export express）——向希望出口的小企业发放的贷款。贷款担保最高额度为 50 万美元
- 社区调整和投资方案（CAIP）——向企业提供贷款，以创造新的、可持续的就业机会，或在符合条件的社区保留现有就业机会。这些社区在北美自由贸易协议通过后，由于与墨西哥和加拿大的贸易模式发生变化而失去了工作机会
- 污染控制贷款——向符合条件的小企业提供贷款，用于资助污染防治设施的设计或安装。该设施必须预防、减少、减轻或控制各种污染，包括回收再利用
- 504 注册开发公司（CDC）贷款——符合条件的社区小企业用于购买主要固定资产（如土地和建筑物）的贷款，特别是需要振兴的农村社区或城市地区的企业。贷款担保最高额度为 500 万美元，以满足创造就业岗位的标准或社区发展的目标。小企业管理局每提供 6.5 万美元（小型制造企业为 10 万美元），小企业必须创造或保留 1 个就业岗位
- CAPLine 贷款——帮助小企业满足其短期和周期性流动资金需求的贷款。CAPLine 的最高贷款额度为 500 万美元

图 6-5　小企业管理局的财政援助类型

小企业管理局将 5 万美元以下的贷款申请从 150 页缩减到 1 页。由于政府法规不断变化，如欲了解小企业管理局项目和其他企业服务的最新信息，可以访问小企业管理局的网站（www.sba.gov）。

你还可以考虑向**小企业投资公司（Small Business Investment Company, SBIC）**项目申请资金。小企业投资公司是由小企业管理局批准设立的私人投资公司，向小企业提供贷款。小企业投资公司必须拥有至少 500 万美元的资本，而且每拥有 1 美元的资本最多可向小企业管理局借款 2 美元。它向符合其标准的小企业提供贷款或投资。小企业投资公司通常能够及早发现企业的问题疑点，向企业家提供建议，在某些情况下重新安排贷款偿还期限，从而将违约率保持在最低水平。

对于年轻的企业家来说，小企业发展中心（Small Business Development Center, SBDC）或许是他们开始申请小企业管理局贷款的最佳去处。小企业发展中心由联邦政府和个别州联合资助，通常与州立以及社区学院和大学合作。小企业发展中心可以帮你评估创意的可行性，制订商业计划，完成资金申请，而且所有这些都是免费的。

对大多数小企业来说，从银行、风险投资家和政府渠道获取资金是非常困难的（你将在第 18 章了解更多融资方面的内容）。那些在新创企业规划和融资中幸存下来的人，都渴望让自己的企业开始运转起来。企业经营成败与否取决于很多因素，尤其是了解客户、管理员工和保持良好的账目记录。

了解客户

小企业成功最重要的一个因素是了解**市场（market）**。市场由欲望和需求未得到满足的消费者组成，他们具备购买能力和购买意愿。美国大多数学生都想拥有一辆全新的玛莎拉蒂跑车，然而，很少有学生有这样的财力来满足这一需要。对于豪华车经销商来说，学生是一个好市场吗？

一旦你确定了市场及其需求，必须着手满足这些需求。如何满足？以合理的价格提供优质的服务。请记住，仅靠吸引客户是不够的，你还必须留住客户。正如销售教练菲尔·格罗瑟曼（Phil Glosserman）所说，“人们购买是为了体验需求得到满足的感觉”。当然，你的产品现在可以满足这些需求。但是，如果客户告诉你，他们发现你的产品中有他们不喜欢的东西，你应该在改进之后给他们回电话，告诉他们，“谢谢你的好主意”。[39]

小企业的一大优势是能够更好地了解客户，并很快适应他们不断变化的需求。了解客户需求的唯一方法就是倾听、倾听、再倾听。不要让你的爱好

想一想

并不是所有的小企业都始终保持小规模，有些企业变成了超级企业明星。以美泰（Mattel）为例。美泰创始人露丝·汉德勒（Ruth Handler）和艾略特·汉德勒（Elliot Handler）在自家的车库里开始了制作相框的生意。后来他们发现用木屑做的玩具屋家具比相框卖得好，于是重起炉灶。如今，美泰凭借芭比娃娃等玩具，已发展为一家价值 113 亿美元的企业。

资料来源：©Mattel/Splash News/Newscom.

和自我妨碍你改进产品或服务，以适应客户的真正需求。你将在第13～16章获得更多关于市场的见解。现在我们来看看如何有效地管理那些帮助你满足市场需求的员工。

管理员工

随着企业的发展壮大，企业家哪怕每周工作60个小时，也不可能事无巨细地管理企业。所以，雇用、培训和激励员工是至关重要的。

如果与大公司相比，你提供的岗位工资低、福利少、晋升空间小，想要找到好的助手可不容易。因此，良好的员工关系对于小企业管理是很重要的。小公司的员工往往比大公司的员工对工作更满意。为什么？他们常常觉得自己的工作更具挑战性，想法更易被接受，老板也更尊重他们。[40]

企业家往往不愿承认，为了让企业持续增长，他们必须把权力下放给别人。应该把权力下放给谁，下放多少？在老员工多的小企业和家族企业中，这个问题尤为敏感。你可能也会想到，白手起家的企业家常常觉得必须提拔那些陪他们一起创业的元老，即使这些人担任管理者并不够格。谁都知道这可能会对公司不利。同样，就因为“他们是自家人”，所以必须提拔或不能解雇，这种想法也会阻碍公司的发展。如果企业家能够按部就班，招聘和培训管理岗位的员工，增进彼此之间的信任和支持，那么他们就能更好地为自己和企业服务。在第7～12章中，你会进一步了解员工管理方面的内容。

做好记账

小企业主经常说，他们在创建和管理公司的过程中，最需要会计方面的帮助。尽早建立有效的会计制度，日后将省去诸多麻烦。准确的会计账目使小企业主能够跟踪日常销售、开支和利润，帮助企业主管理好库存、客户记录和工资支出。

许多企业倒闭都是由于财务惯常做法不当，导致大错。出色的会计可以帮助你决定是购买还是租借设备和房产，还能帮你进行税务规划、财务预测、选择融资渠道、撰写资金申请等。

其他小企业主可能会告诉你到哪里寻找经验丰富的小企业会计，多征求他人建议总是没错的。你将在第17章学到更多会计方面的内容。

寻求帮助

小企业主常常栽了跟头才知道，他们早该在创业初期就寻求外界的建议，尤其要咨询的是法律、税务和会计事宜。当然，在营销、财务和其他领域同样需要外界的建议。大多数中小企业雇不起这些专家来做员工，所以必须求助于外部援助。

一位能力强、经验足、深谙小企业运作的律师，是小企业主必不可少的宝贵助手，律师可以帮助处理租赁、合同、合伙协议并防范债务。律师并不一定很贵。一些法律方案的预付年费其实并不高，可以提供法律文件起草等服务。当然，你可以在网上找到很多法律服务。小企业管理局提供简单的英语指南和迷你教程，你从中可以大致了解影响小企业每个阶段的法律。FindForms.com 上有一个搜索工具，可以帮你通过网络找到免费的法律表格，以及建议、链接、书籍等。请记住，如果信息有误，“免费”就不划算了，所以要仔细检查信息来源，在采取法律行动之前要跟律师一起复查一遍。

早在你推出产品或开店之前，就要做好营销决策。做个市场调研，不用花费太多，就可以帮助你决定在哪里选址，你的目标市场是谁，以及进入目标市场的有效策略。你还可以找一位熟悉小企业运作的营销顾问，尤其要熟悉网站建设、善用社交媒体，这对你大有助益。

此外，还有两位专家也非常有用，那就是商业信贷员和保险代理人。商业信贷员可以帮助你设计可行的商业计划书，给你提出宝贵的财务建议，并在你需要资金时贷款给你。保险代理人将解释与小企业有关的所有风险，以及如何运用保险和其他手段，如安全装置和自动灭火系统，防范风险。

小企业的一个重要信息来源是**退休主管服务团（Service Corps of Retired Executives, SCORE）**，这是小企业管理局的资源合作伙伴，拥有 11 000 多名来自工业、行业协会和教育部门的志愿者（许多人仍在各自的领域工作），他们为小企业提供免费咨询（除了必要成本支出）。[41] 你可以登录 www.score.org 网站找一位退休主管服务团的顾问。小企业管理局还为有抱负的企业家提供免费、全面的在线创业课程。

通常，当地大学的商业教授会免费为小企业主提供建议，或者仅收取少量费用。一些大学设有俱乐部或课程，由攻读工商管理硕士（MBA）的学生为小企业主提供咨询服务，象征性地收取费用。马里兰大学和弗吉尼亚理工大学都有实习项目，将 MBA 学生与当地孵化基地中的初创企业配对。孵化基地的企业支付实习生一半薪水，大约是每小时 20 美元。

另一个明智的做法是寻求其他小企业主的建议。青年企业家网站（Young Entrepreneur.com）设置了一个开放论坛，供经验丰富的企业家和资历较浅的初创企业家彼此交换意见和想法。访问者可以阅读有关市场营销、商业规划、公司注册和财务管理方面的文章。你还可以从特定行业内的同行团体那里，进一步了解同一领域的其他企业主遇到的挑战和解决方案。例如，密苏里州圣路易斯的健康之路协会（Gateway Wellness Associates）为打算开设私人诊所的治疗师和其他健康专业人士提供办公空间、资源和业务指导。[42] 同行咨询组织可以帮你与所在行业的同行团体建立联系，其中包括美国小企业联盟和企业家组织。

其他咨询渠道包括地方商会、商业促进局、国家和地方贸易协会、图书馆的商业参考书，以及许多与小企业有关的网站。

想一想

Copiosity 的创始人兼所有者黛安娜·哈里森（Dianne Harrison）和辛西娅·克拉克（Cynthia Clarke）与退休高管服务团的一位导师合作，拓展了她们的贺卡和纸制品公司的业务。导师在融资、投资者关系、销售和营销、人力资源、运营和组织规划等方面给她们提供了建议。所有这些宝贵建议价格几何？不要钱！

资料来源：©Lonnie C. Major.

进入全球市场：小企业的前景

正如我们在第 3 章指出的，美国人口总数超 3.24 亿，而全球人口多达 73 亿。[43] 对小企业而言，全球市场显然要比美国一国市场大得多，赚钱机会也更多。近年来，出口企业中取得增长的 99% 都是中小企业。这些出口企业获利丰厚。据国际贸易委员会的统计，小型出口公司占所有出口公司的98%，占美国出口总值的34%。[44]

技术进步推动了小企业出口额的增长。PayPal使小企业在从事全球在线业务时可以自动收款。互联网还帮助小企业找到客户，而无须花费国际旅行的费用。随着人们财富的增加，他们需要的往往不是大批量生产的产品，而是个性化产品，也愿意花更多的钱购买小企业提供的小众产品。神奇贩卖机（Wizard Vending）的发明者和创始人戴夫·哈蒙德（Dave Haymond）通过一个网站，把他的口香糖贩卖机推向了全球市场。第一年，他在奥地利、比利时和德国销售机器。今天，神奇口香糖机由环球口香糖公司（Global Gumball）在美国制造，销往世界各地。[45]

尽管如此，许多小企业在开展全球业务时仍然感到困难重重。为什么这么多人没有搭上开往巨大全球市场的大船？主要是因为这段旅程中会有几大障碍：（1）难以融资；（2）潜在的出口商不知道如何开始，也不了解不同市场之间的文化差异；（3）繁文缛节可能会让小企业应接不暇。

想一想

神奇贩卖机的发明者戴夫·哈蒙德喜欢说，他公司的使命是“帮助人们在无所事事时赚钱”。他的企业肯定不是在无所事事时赚钱，因为哈蒙德向世界各地的客户输送口香糖贩卖机。互联网和其他技术进步如何帮助海蒙德为全球客户服务？

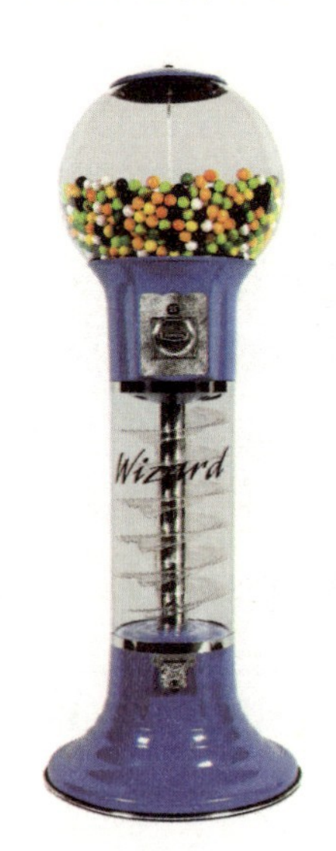

除了大部分市场都在美国之外，还有几个充分的理由说明小企业应该进入全球市场。出口可以消化过剩的库存，缓解国内市场的下滑，延长产品的生命周期。出口还可以为枯燥的日常生活增添情趣。

与大企业相比，在国际贸易中小企业的优势有：

- 海外买家通常喜欢与个人打交道，而不是与大型企业的官僚机构打交道。
- 小企业通常可以更快地发货。
- 小企业可以提供多样化的产品。
- 小企业可以为客户提供个性化的服务，给予他们更多的关注，因为每个海外客户都是小企业的主要业务资源。

不妨从美国商务部工业安全局（www.bis.doc.gov）开始查找有关出口的信息，此外还有小企业管理局的国际贸易办公室。小企业管理局的快速出口贷款项目为小企业提供出口融资机会。该项目旨在满足小型出口企业的各种资金需求，如参加对外贸易展、供外国市场使用的目录翻译、用于出口的信贷额度，以及用于出口商品生产或服务的房产和设备。

本章小结

1. 解释人们为什么愿意承担创业的风险；列举成功企业家的特质；描述创业团队、内部创业家和居家企业、在线企业。

- 人们创业的原因何在？

  原因包括机会、利润、独立和挑战。

- 成功企业家有哪些特质？

  成功的企业家自我引导、自我肯定、行动导向、精力充沛，还能忍受不确定性。

- 现代企业家做哪些事情来确保更长的管理期限？

  他们组成了创业团队，拥有创业和管理企业所需的许多技能。

- 什么是小微企业家？

  小微企业家愿意承担创业和管理小型企业的风险，希望做自己想做的工作，同时又可以享有平稳安定的生活。

- 什么是内部创业？

  内部创业是指在较大的企业内部建立创业中心，让员工在内部开发新产品创意。

- 为什么在过去的几年里，居家企业和在线企业的数量激增？

  电力的增长和计算机技术成本的下降使进入这一领域的门槛降低，也使小企业有可能与大公司竞争。

2. 探讨小企业对美国经济的重要性；总结小企业失败的主要原因。

- 为什么小企业对美国经济如此重要？

  小企业占美国 GDP 的 50% 以上。对未来的毕业生而言，更重要的或许是，大约 80% 的美国员工在小企业找到第一份工作。

- 小企业中的“小”是什么意思？

  小企业管理局将小企业定义为独立拥有和运营的企业，该企业在其经营领域不占优势，并且员工人数或年收入符合一定的标准（取决于行业中其他企业的规模）。

- 为什么许多小企业会倒闭？

  许多小企业失败是因为管理不善、财务规划不足。

3. 了解小企业运作的方式。

你会给希望了解小企业创办的人哪些建议？

第一，向他人学习，参加相关课程，与一些小企业主交谈；第二，为他人工作以积累经验；第三，接管一家成功的公司；第四，学习最新的小企业管理技能。

4. 分析创立并经营小企业所需具备的条件。

- 商业计划包括哪些内容？

  参见本章的商业计划书大纲。

- 想要创业的人应该去调查哪些资金来源？

  初创企业家有几个潜在的资金来源：个人储蓄，亲友和商业伙伴，银行和金融机构，天使投资、众筹和风险投资家，政府机构，等等。

- 小企业主在与员工打交道时会遇到哪些特殊问题？

  小企业主通常很难找到称职的员工，也很难培养员工的管理责任。

- 初创企业家在创业过程中可以寻求哪些帮助？

  帮助可以来自许多方面：会计、律师、市场研究人员、商业信贷员、保险代理人、小企业管理局、小企业发展中心、小企业投资公司、同行团体，甚至大学教授。

5. 概述小企业进入全球市场的优势和劣势。

- 在全球市场上，小企业相对于大企业有哪些优势？

  海外买家喜欢与个人打交道，而不是和大公司打交道，因为：（1）小企业可以提供多样化的产品，可以更快地发货；（2）小企业提供更为个性化的服务。

- 为什么没有更多的小企业开始从事国际贸易？

  原因有以下几点：（1）难以融资；（2）潜在的出口商不知道如何开始，也不了解不同市场之间的文化差异；（3）繁文缛节可能会让小企业应接不暇。

批判性思考

1. 你有创业家精神吗？为什么会这么认为？
2. 企业家和职业运动员有哪些相似的特质？运动员会成为好的企业家吗，为什么？团队合作对创业很重要吗，为什么？
3. 假设你创办了一家小企业。你想做什么生意？有哪些竞争对手？你能做些什么使你的生意比竞争对手的更具吸引力？为了让企业成功，你愿意一周工作 60～70 个小时吗？

本章案例　创业：JCF 健康与健身训练营

如果对你所做的事情充满激情，并希望与周围的人分享这种激情，你作为一名成功企业家的机会就会与日俱增。作为一名健身爱好者，达里斯·威尔逊（Daris Wilson）一直想要改善传统健身房的设置和环境。他特别留意到女性健身者在传统健身房面临的问题。例如，他的女朋友（现在的妻子）被一些设备吓到了，不知如何使用那些器械，所以威尔逊决定亲自训练她。这就是 JCF 健康与健身训练营初始的情况，这家健身中心位于新泽西州泽西城。

从巴克内尔大学（Bucknell University）获得商业学位后，威尔逊在新奥尔良做了一名会计师，从未想过经营自己的健身房。新奥尔良遭受卡特里娜飓风的袭击后，威尔逊失去了一切。幸运的是，他得以搬到新泽西和一个朋友同住，并在纽约证券交易所找到了一份工作。然而，作为一名曾经的运动员，坐办公室并不能给他动力。在 Craigslist（大型免费分类广告网站）上发布了一则广告后，威尔逊开始在工作之余兼职健身教练。他给客户以无微不至的关心和支持，不断创新训练方法。随着时间的推移，他声名鹊起，客户也与日俱增。飓风桑迪肆虐泽西城，威尔逊做了一个职业决定。他把自己的户外健身计划搬到了健身房，开始向 JCF 出售年度会员卡，而不是按月续签。

随着 JCF 客户数量的增长，员工数量和管理挑战也在增加。威尔逊发现，日复一日地经营企业并建立一种企业文化并非易事，但对成功至关重要。他坚信，JCF 的文化将是一种负责、友爱和注重结果的文化。随着公司规模的不断壮大，威尔逊聘用的员工也要认同这一理念。虽然业务扩张并不容易，但他希望未来能开设更多 JCF 门店。

威尔逊指出，他在创业时犯的最大错误是没有足够认真地打理公司事务，没把公司财务关系理顺。他建议志存高远的企业家想方设法雇用一名簿记员或投资簿记软件，并且要舍得花时间去探究生命中到底想要做什么。

小企业是美国经济的支柱。事实上，2800 万小企业创造了美国 65% 的新就业机会，并且每年创造了美国 50% 的 GDP。大约 80% 美国员工的第一份工作是在小企业。今天的许多大型企业，如雅芳、福特、杜邦、沃尔玛和亚马逊，都是从小型创业型企业起步嬗变而来。

你具备成为成功企业家的条件吗？作为一名成功的企业家，你需要对你所做的事情充满激情，能够行动导向、自律，并保有充沛的精力。正如达里斯·威尔逊所建议的，自律和精力充沛是至关重要的，做自己想做的事，而且必须充满激情地去做。

思考

1. “找到需求并且满足它”这句话如何适用于达里斯·威尔逊和他的公司？

2. 你认为是什么样的个人特质帮助威尔逊成为一名成功的企业家，并将 JCF 健康与健身训练营（健康健身中心）打造成今天这样一个蓬勃发展的企业的？

3. 你认为威尔逊为什么在规划创业时特别强调财务和记账的重要性？如果企业家不跟踪资金的流入和流出，会出现什么问题？

Understanding Business

第三部分

企业管理

授权员工 满足客户

第7章

管理和领导

学习目标

1. 描述现今管理职能发生的变化。
2. 描述管理的四种职能。
3. 将规划流程和决策与公司目标的实现联系起来。
4. 描述管理的组织功能。
5. 阐释领导者和管理者之间的差异，并描述各种领导风格。
6. 总结管理控制职能的五个步骤。

Understanding Business

本章人物

安德玛的创始人凯文·普兰克

自信是任何一位胸怀宏大抱负的领导者所必备的品质，但这并不意味着保持自信是件轻而易举的事。问问凯文·普兰克（Kevin Plank）就知道了。大学刚毕业那会儿，年纪轻轻的他即把毕生积蓄都花在了创办安德玛公司（Under Armour）上。从长远来看，他的孤注一掷肯定是有回报的：这家价值数十亿美元的公司现在是美国经营运动服装的第二大品牌。尽管如此，普兰克的成功并非一帆风顺。多年来，他克服了不计其数的障碍，这些障碍考验了他作为商人和领导者的信心。

普兰克在华盛顿特区祖母家的地下室里开始卖吸湿排汗的运动衫，不久他就遇到了挫折。为了创办这家公司，他除了投资自己的积蓄，还欠下了数千美元的信用卡债务。普兰克的钱所剩无几，他把最后100美元押在一张21点的赌桌上，试图碰碰运气，以期时来运转。结果他输得精光。普兰克感到快要被压垮了，他开车到了收费站，却身无分文，连交过路费的钱都掏不出来。那个夜晚对他而言，变得糟糕透顶。普兰克说："这是我一生中最糟的时刻，我不得不面对那个可怜的收费站工作人员，等着她给我2美元。"

那夜他是在泪水和惊恐中度过的，害怕他的生意注定失败。第二天早上，他查看公司的邮箱，发现了一张他期盼已久的7500美元的支票。"那是我最后一次对公司的信心动摇不定，"他对自己说，"擦干眼泪，站起来，做个男子汉，好好做生意，闯出一条路来。"这正是普兰克把安德玛从地下室带到全国各地更衣室时所做的。

像热爱做生意一样，体育也是普兰克终生的喜好之一。事实上，安德玛的想法是他在马里兰大学踢球时孕育而生的。虽然普兰克身手敏捷、脚步灵活，但被汗水浸透的汗衫重重地压在身上，让他感到是负重前行。因而毕业后，他花了数周时间在纽约市的服装区寻找普通棉布的除湿替代品。普兰克找到了他要找的东西，开发了一些原型，然后把这些东西送到一个独特的试验市场。普兰克说："我大学毕业后意识到，我认识60名美国职业橄榄球大联盟（NFL）的球员，他们的职业生涯为3～5年。我要么现在就好好利用它，要么永远失去它。"幸运的是，球员们都很喜欢这个产品，并开始向教练推荐。没过多久，普兰克就接到了大学体育项目和专业团队的订单。

尽管这种外部援助帮助建立了这个品牌，但安德玛最初几年的销量一直很低。普兰克在1999年改变了策略，他做出了一个冒险的决定，在娱乐与体育节目电视网（ESPN）的杂志上登了半页广告。这则广告标价1.2万美元，几乎相当于安德玛1996年全年的收入。与普兰克之前的21点之旅不同，这次他赌赢了。该财年结束时，安德玛的销售额达到100万美元。到2002年，销售收入达到5000多万美元。

安德玛现在的产品十分丰富，从标准衬衫和鞋子到越来越多的"智能"运动服，公司从这些产品上每年赚取数十亿美元。普兰克计划把安德玛做大做强，使之成为全球最大的公司之一。当然，实现这样一个崇高的目标需要自信的领导者，他能够在正确的时间做出正确的决定。鉴于这些要求，凯文·普兰克似乎是不二人选。"尽管我们对硅谷及在那里所有伟大的公司心存敬意，但我们觉得自己才刚刚起步，还有很长的路要走，我们喜欢自己的胜算。"

本章是论述领导和管理问题的。你会发现，共享领导权的做法比你想象的要多得多。你还将了解到管理的功能，以及管理与领导的不同之处。总而言之，你将会对领导者和管理者做什么以及他们如何做有更好的理解。

资料来源：Rachel Monroe, "Under Armour's Quest to Dethrone Nike and Jump-Start Baltimore," *Bloomberg Businessweek*, June 28, 2016; J. D. Harrison, "When We Were Small: Under Armour," *The Washington Post*, November 12, 2014; Parmy Olson, "Silicon Valley's Latest Threat: Under Armour," *Forbes*, October 19, 2015; Richard Feloni, "The Billionaire Founder of Under Armour Was Once So Broke He Couldn't Pay a $2 Toll—Here's What the Experience Taught Him," *Business Insider*, January 26, 2016; Lorraine Mirabella, "Under Armour Brings in New President; Plank Remains CEO," *The Baltimore Sun*, June 27, 2017.

管理者的角色正在演变

管理者必须利用员工、财务资源、信息和设备等组织资源，来实践"把事情做好"（get things done）这门艺术。曾几何时，管理者被称为"老板"，他们的职责就是告诉员工该做什么，监督他们完成工作，并斥责那些没有完成的人。许多管理者现在仍然如此行事，估计你也目睹过。还有些教练也是这种管理风格。

然而，如今大多数管理者往往更青睐团队合作。他们重视团队和团队建设，创建开放式中心（drop-in center）、团队空间和开放式工作区域。他们可能会改变工作的定义：从前，工作是指“你在特定时间、特定地点做的事情”；现在，工作变成“你在任何时间、任何地方做的事情”。管理者往往会引导、培训、支持、激励和指导员工，而不是命令他们该做什么。因此，大多数现代管理者不光是下达命令，执行纪律，他们更重视配合，强调协作。[1] 他们还会向员工公开账簿，让其知悉公司的财务状况。

谷歌和苹果等高科技公司的管理者发现，很多员工比他们更了解技术。起初，谷歌曾尝试不招聘职业经理人，但它很快就发现，管理者在传达公司战略、帮助员工区分项目的轻重缓急、促进合作、确保流程和系统与公司目标一致等工作中，是必不可少的。[2]

对你来说，这些变化意味着管理需要一种新人：深谙沟通技巧的人，富有团队精神的人，也是计划者、组织者、激励者和领导者。[3] 未来的管理者必须为全球化进程不断加快做好准备。也就是说，他们需要各种技能，如适应能力、外语技能，以及在其他文化中游刃有余的能力。我们将在接下来的几章中讨论这些趋势，帮你决定管理是否为你希望从事的职业。在下面几节中，我们将讨论管理的基本内容和管理者履行的职能。

想一想

今天的管理者往往会给员工充分的自主，让他们自己做出明智决策，确定令客户满意的最佳做法，而不是告诉员工该做什么。你认为大多数员工会如何应对工作中的这种自主权？

管理的四种职能

管理（management）是通过规划、组织、领导以及控制人员和其他组织资源来实现组织目标的过程（见图 7-1）。这一管理定义可以作为本章概要。

规划（planning）包括预测趋势、确定最佳战略和战术，以实现组织的总体目标和具体目标。组织的一个重要目标就是令客户满意。现在的流行做法是，聘请规划团队来帮助检查环境，寻找商机，关注挑战。规划是一种关键的管理职能，其他职能的履行很大程度上取决于规划是否行之有效。

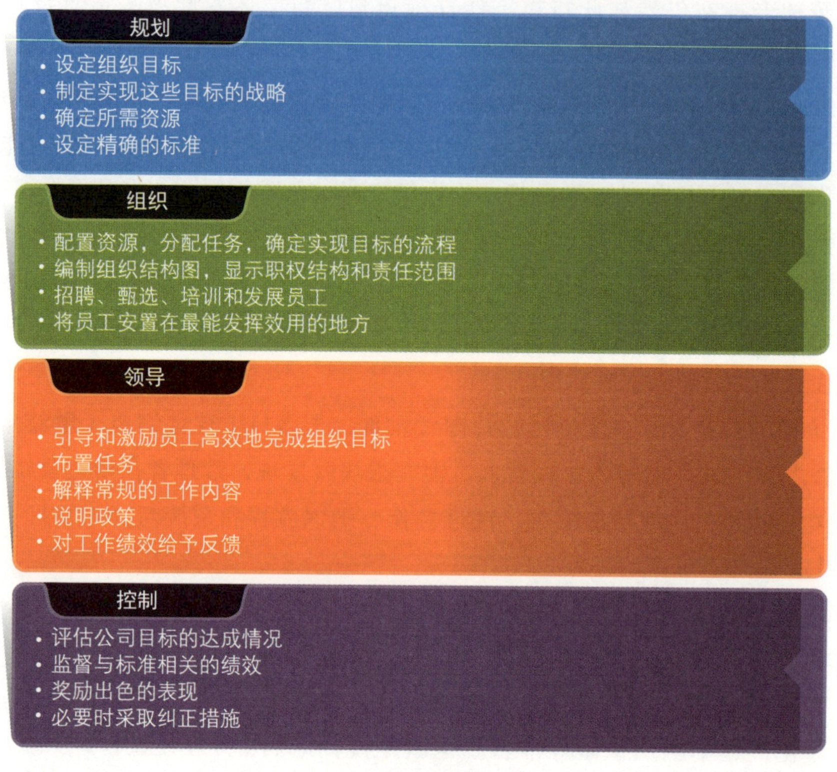

图 7-1 管理者的工作

现代管理者会在员工的密切配合和参与下，完成所有这些工作。赋予员工自主权就是让他们充分参与决策。

组织（organizing）包括设计组织结构，营造环境，创建系统，使所有人员与事物都能协同工作，以实现组织的目标。当今许多组织的设计都以客户满意为中心。因此，组织必须灵活应变，当客户需求发生变化时，企业也要随之改变。例如，全食超市以质优而价高的食品著称，但它也为那些遭受财务损失的客户推出了许多低价商品。2016 年，全食超市推出了第一家低成本超市，叫作“365 超市”，以吸引囊中羞涩的“千禧一代”。365 超市只供应传统门店 1/4 的产品，也不再聘请屠夫、葡萄酒专家或鱼贩等专业人士为顾客讲解，这将有助于降低成本。[4] 2017 年，亚马逊收购了全食超市。你认为全食超市会做进一步的变革吗？

领导（leading）意味着为组织创建愿景，并引导、培训、指导和激励他人高效工作，以实现组织的目标。目前的领导趋势是赋予员工充分的自主权，让他们成为自我指导、自我激励的人。这一管理职能曾被称为指导（directing），也就是确切吩咐员工该做什么。在许多小公司里，管理者的职责仍然是指挥。但在大多数的大公司里，管理者不再命令员工具体做什么，因为知识型员工往往比管理者更了解如何做好自己的工作。尽管如此，领导仍是不可或缺的，他们要让员工始终在正确的时间集中精力做正确的事情。

控制（controlling）是指建立明确的标准，确保组织按照既定目标前进，奖励表现优秀的员工，并在员工表现不佳时予以纠正。总体来说，这一管理职能用来衡量实际发生的事情与组织目标是否相符。

规划、组织、领导和控制是管理的核心，所以我们要进行深入探讨。管理始于规划，下面我们就来讨论规划。

想一想

规划可以帮助管理者了解企业的运营环境。如果人们对餐厅的菜肴味道和偏好发生了变化，餐饮服务经理必须准备调整菜单。你自己的偏好有哪些变化？

规划与决策

规划是第一项管理职能，它设定组织的愿景、总体目标和具体目标。对高管们来说，规划是最有用的一个工具。**愿景（vision）**不仅是一个目标，还对组织存在的原因和前进的方向做出全面的阐释。愿景赋予组织使命和责任，将员工团结起来，成为命运共同体。在管理组织时，如果不事先确定愿景，就好比一艘小船上的每个人都对启程兴奋不已，却又不告诉他们到底要去哪里。结果，这艘船就无法朝着一个既定目标行进，只能不停地变换方向。

高管通常会为组织设定愿景，然后再与其他人共同确立一份使命陈述。**使命陈述（mission statement）**是对组织根本目的的概述。它应该阐述：

- 组织的自我概念。
- 组织哲学。
- 长期存续的需要。
- 消费者的需求。
- 社会责任。
- 产品或服务的性质。

使命陈述是确定总体目标和具体目标的基础。**目的（goal）**是组织希望实现的广泛而长期的成就。因为员工和管理层要就总体目标达成一致，所以设定目标通常是发挥集体智慧的过程。**目标（objective）**是详细说明如何实现组织各项目标的短期的具体陈述。例如，你阅读本章的总体目标之一是了解管理的基本概念。为了达成这一总体目标，你得完成的一个具体目标是回答学习目标提出的问题。

规划是一个持续不断的过程，昨天奏效的规划在今天的市场上可能会遭遇滑铁卢。大多数规划都有章可循。你的生活与职业规划流程，与企业做规划时遵循的流程大体相同，都要回答几个基本问题：

1. **目前是什么状况？**影响行业参与者的成功因素是什么？跟他们相比，我们做得如何？经济形势和其他环境状况如何？会有哪些满足人们需求的机会？哪些产品和服务最赚钱？我们的主要竞争对手是谁？我们的业务面临哪些威胁？这些问题是**SWOT 分析（SWOT analysis）**的一部分，SWOT 分析工具通常依次分析组织的优势、劣势、机会和威胁。[5] 机会和威胁往往属于公司的外部因素，有时无法预测。

优势和劣势是内在的，因此更容易衡量和确定。图 7-2 列出了公司在进行 SWOT 分析时考虑的一些基本问题：影响行业的外部成功因素有哪些？我们与其他公司相比如何？我们的社会目标是什么？我们的个人发展目标是什么？我们如何才能在经济衰退中生存并发展？

潜在的内部优势	潜在的内部劣势
• 关键核心竞争力 • 成为公认的市场领导者 • 精心构思的功能性区域战略 • 行之有效的管理经验 • 成本优势 • 更好的广告宣传	• 战略方向不够明确 • 设施过时 • 盈利能力欠佳 • 缺乏管理深度和管理人才 • 市场形象欠佳 • 产品线过窄
潜在的外部机会	**潜在的外部威胁**
• 能够为更多的客户群服务 • 扩大产品线 • 将技能/技术用于新产品的能力 • 在有吸引力的国外市场上消除贸易壁垒 • 竞争对手的自满情绪 • 有能力随着市场需求的增长而发展壮大	• 更低成本的海外竞争对手的进入 • 替代产品的销售增长 • 市场增长放缓 • 监管成本高昂 • 易受经济衰退和商业周期的影响 • 购买者的需求和品位不断变化

图 7-2 SWOT 矩阵

此矩阵确定了组织在 SWOT 分析中可以考虑的潜在优势、劣势、机会和威胁。

2. **在目前的状况下，我们如何才能达成目标？**回答好这个问题通常就抓住了规划的关键。规划有四种形式：战略规划、战术规划、运营规划和应急规划（见图 7-3）。

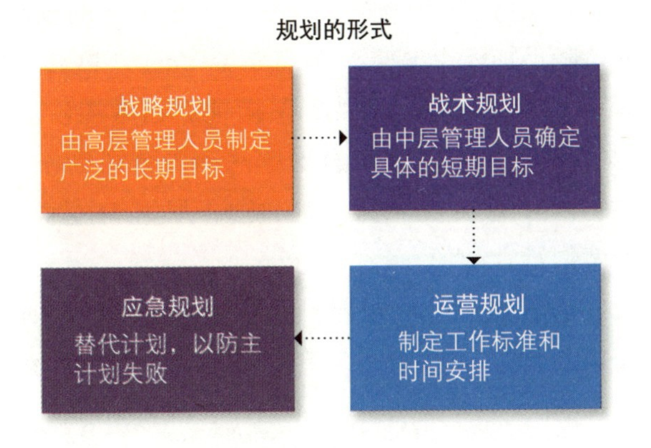

图 7-3 规划职能

并非所有公司都愿意费心制定应急规划，如果市场发生了变化，这些公司就无法迅速应对。大多数组织都会制定战略规划、战术规划和运营规划。

战略规划（strategic planning）是由最高管理层制定的，它确定组织的重要目标，以及实现这些目标所需的政策、流程、战略和资源。政策是行动的总体指南，而战略可以确定资源使用的最佳方式。在战略规划阶段，公司高管决定为哪些客户服务，何时提供服务，销售哪些产品或服务，在哪些区域展开竞争。例如，塔可钟意识到经济不景气，于是推出了“超值菜单”，将奶酪卷饼和豆卷饼等低价产品纳入菜单。它还瞄准“第四餐”（熬夜）人群，推出了几款低热量、低脂肪的未腌制奶酪产品。百视达（Blockbuster）则没那么成功，它不敌引入了新技术的奈飞和葫芦（Hulu），旗下实体录像店惨遭淘汰。

面对瞬息万变的商业环境，如今制定战略规划也愈发困难。因为变化太快，一个规划可能才出台几个月就过时了。以六旗乐园（Six Flags）为例，面对油价变化——从每加仑[⊖]一两美元涨到每加仑 4 美元，然后又回落到原来的价格——六旗乐园只能跟着改变计划。油价怎么会影响游客数量？原来，油价飙升，游客就会减少。这时，六旗乐园就会出台政策，游客凭加油收据可以减免 15 美元的门票费用。

⊖ 1 加仑≈3.7854 升。

虽然负责制定战略规划的高管很重要，但听取员工意见同样重要，他们中不乏最具战略眼光的人。如果对员工的战略想法充耳不闻，他们可能会离开公司。例如，约翰·拉塞特（John Lasseter）年轻时在迪士尼担任动画师，他曾游说公司尝试电脑动画。他相信动画技术将是迪士尼未来的核心。公司不同意，还解雇了他。拉塞特随后加入卢卡斯影业（Lucasfilm）不断壮大的计算机图形团队。后来，迪士尼意识到拉塞特是对的，又向他递送橄榄枝，但为时已晚。卢卡斯影业成立了皮克斯动画，这家实力雄厚的动画公司创作了《玩具总动员》系列、《海底总动员》等许多作品。20年后，迪士尼用74亿美元收购了皮克斯，并任命拉塞特为首席创意官。[6]

显然，一些公司正在制定战略规划，以便快速响应客户的需求和要求，其目标是灵活应对市场变化。“知变则胜”专栏讲述了一些管理者如何与机器人合作，共同制定战略规划。

战术规划（tactical planning）是制定详细的短期规划，决定将要完成什么、由谁完成，以及如何完成。通常由组织中较低级别的经理或经理团队制定战术规划，这些规划包括设定年度预算、确定满足战略目标所需的其他活动。例如，一个卡车制造商的战略规划是在南方增加卡车销量，那么战术规划就是提供资金，进一步调查南方卡车司机的需求，然后制作相应的广告来实现销售目标。

运营规划（operational planning）是制定实施企业战术目标所需的工作标准和时间安排。战略规划关注的是整个组织，而运营规划关注的是特定的主管、部门经理和个别员工。运营规划是部门经理在每日和每周运营中所用的工具，例如，卡车零件的具体完工日期、必须满足的质量标准等。

应急规划（contingency planning）是在公司主计划未奏效时所制订的备选行动方案。经济环境变幻莫测，商业竞争日趋激烈，组织预先准备好应对变化的替代方案才是明智之举。例如，某组织未能如期实现销售目标，其应急规划可能得加大广告力度，或者限时降价。危机规划（crisis planning）是应急规划的部分内容，对环境的突变做出预测。例如，许多城市和企业制订了应对恐怖袭击的方案。可以想象，这些方案对医院、航空公司、警署和公共交通当局是多么重要。

想一想

各类组织都要为意外事件制定应急规划。华盛顿里根国家机场的急救人员与志愿者一起参加演习，志愿者假扮模拟飞机失事的受害者。你的学校或工作单位的应急规划是什么？

能够对竞争或其他环境变化做出快速反应的市场化公司，其领导人通常只确定大政方针，而不具体规划战略。他们想要灵活变通，倾听客户心声，从而抓住机会，无论这些机会是否在预料之中。

当然，这些机会不能与公司的总体目的和具体目标相悖，否则，公司就有可能偏离方向。接下来显而易见的是，大多数管理和规划都需要做决策。

知变则胜

战略机器人会取代经理人吗

有些机器可以在任何游戏中击败人类，为癌症治疗和糖尿病治疗提供方案，生产产品，做出保险承保和银行信贷决策，以及执行其他许多任务。但机器能制定战略规划吗？比如，现在越来越多的青少年对开车不感兴趣，优步和来福车提供的代驾服务越来越受欢迎，而自动驾驶汽车未来会进入我们的生活，那么机器人能否针对这些情况为汽车公司制定重要的战略规划？好吧，机器人还没有准备好做出那些“宏观”决策，但专家认为，机器人做决策的时代可能会到来。

事实上，有些计算机现在可以处理更具体的战略问题。例如，IBM 使用一种算法来评估潜在的收购目标，而不是仅依靠人类的判断。奈飞对其电影推荐引擎进行分析，并协助决定要创建哪些程序。亚马逊使用 21 个数据系统来优化供应链、预测库存、预测销售、优化利润和推荐购物。所有系统相互集成，并与人类战略家紧密地整合在一起。

的确，人类在设计实验和复审数据轨迹方面仍然起着重要作用，以便更好地规划机器将来的发展。目前，仍有一些高水平的推理只有人类战略家才能做到。在这个人机战略合作的时代，这种战略性思考的能力更显弥足珍贵。

资料来源：Martin Reeves and Daichi, “ Designing the Machines That Will Design Strategy,” *Harvard Business Review*, April 18, 2016; Thomas H. Davenport, “Rise of the Strategy Machines,” *Sloan Management Review*, Fall 2016; Tim O’Reilly, “ Managing the Bots That Are Managing the Business,” *Sloan Management Review*, Fall 2016; Landon Thomas, Jr., “ At BlackRock, Machines Are Rising Over Managers to Pick Stocks, ” *The New York Times*, March 28, 2017.

决策：找到最佳可行方案

规划职能和其他所有管理职能都离不开决策制定。**决策制定（decision making）**是在两个或两个以上的备选方案中进行选择。这听起来容易，其实不然。事实上，决策制定是所有管理职能的核心。

理性决策模式（rational decision-making model）包含一系列步骤，管理者常常按照该模型来制定合乎逻辑、易于理解、理据充分的决策。可以把这些步骤归纳成决策制定的六个 D：

1. 界定（define）状况。
2. 描述（describe）和收集所需的信息。
3. 开发（develop）备选方案。
4. 决定（decide）最佳方案。
5. 锚定（do）指示的操作（开始执行）。
6. 确定（determine）决策正确与否，然后跟进。

管理者不是每次都能从头到尾走完这六步。有时，他们对情况几乎一无所知，就得当场做决定。即便如此，他们仍然得做出正确的决定。**问题解决（problem solving）**不如决策那么正式，而且通常需要采取更为迅速的行动来解决日常问题。决策制定和问题解决都要求判断力强，遇事能断。

问题解决团队是指两位或两位以上被指派来解决某个特定问题（例如，为什么客户不相信我们的服务合同）的员工。解决问题的一个方法是**头脑风暴（brainstorming）**，也就是说，尽可能在短时间内想出更多的解决方案，而不先去审核这些想法是否正确。另一个方法叫作 PMI，即在第一栏列出解决方案的所有好处（plus），第二栏列出所有坏处（minus），第三栏列出可能的影响或后果（implication），这么做是为了确保解决方案利大于弊。

你可以练练手，试着用 PMI 来做一些个人决策。例如，你今晚应该待在家里学习吗？在一栏里列出所有好处：考出更好成绩、增强自尊心、对自己的行为更加负责等；在另一栏里写上缺点：无聊、无趣等。我们希望大多数时候你列出的好处更多，这样你就会经常学习了。但有时最好还是能出去玩玩，找点乐趣，只要不会影响你的成绩或找工作即可。

组织：创建统一的系统

管理者制订行动计划之后，必须组织企业来实现设定的总体目标，也就是说，他们要配置资源（例如，分配资金给各部门）、分配任务和确定流程。管理金字塔显示了管理的层级（见图 7-4）。**高层管理者（top management）**是由总裁和制定战略规划的企业高管构成的管理最高层。你可能会经常看到这些职位和缩写：首席执行官（CEO）、首席运营官（COO）、首席财务官（CFO）、首席信息官（CIO）。首席信息官在有些公司称为首席知识官（CKO）。首席执行官通常也是公司的总裁（president），负责所有的高层决策。超过半数的标准普尔 500 企业（包括 UPS、约翰迪尔和通用电气等大公司）中，首席执行官和总裁都是由同一人兼任的。

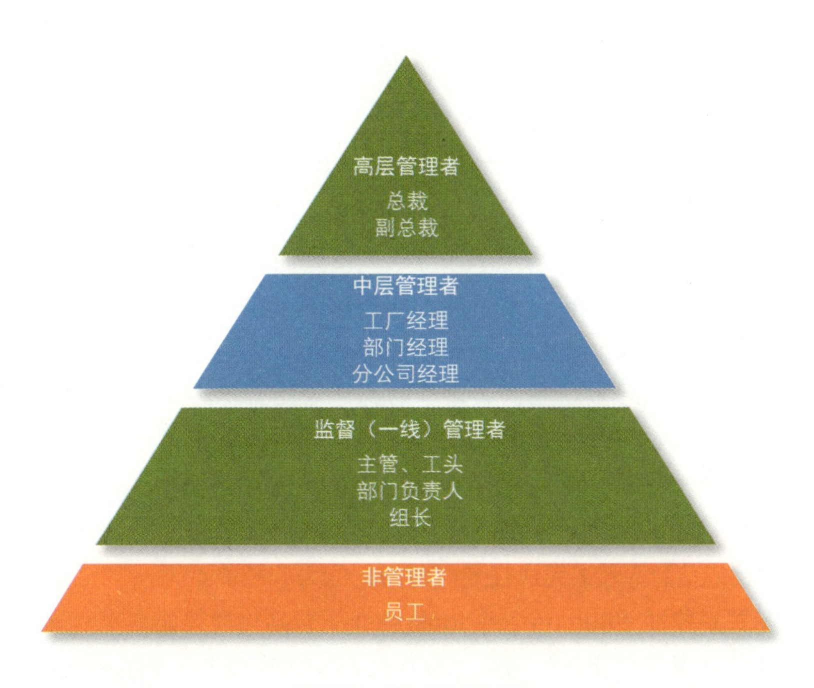

图 7-4　管理者的层级

该图显示了三个层次的管理者。在许多公司里，中层管理者有好几级，但现在公司已经裁掉了许多中层管理者，因为越来越不需要中层管理者来监督自我管理的团队和高水平的员工了。

首席执行官负责组织的变革。[7] 首席运营官负责实施这些变革，其任务包括架构工作、控制运营和奖励员工，确保每个人都努力实现领导者的愿景。如今，许多公司为了削减成本，不再设置首席运营官，而将这一职责交给了首席执行官。通常，首席财务官会参与决策，撤除首席运营官的职位。首席财务官负责获得资金、计划预算、筹集资金等。首席技术官或首席知识官负责向其他管理者提供正确的信息，以便他们做出正确的决策。如今，信息技术已在商业的各个方面发挥着至关重要的作用，首席信息官对公司的成功比以往任何时候都更为重要。

中层管理者（middle management）包括负责战术规划和控制的总经理、部门经理和工厂经理（在大学里是学院院长和部门负责人）。许多公司精简之后，裁掉了一些中层管理人员，并让余下的管理者多管理一些员工。尽管如此，大多数公司仍然认为中层管理人员非常重要。

监督管理者（supervisory management）包括直接负责监督员工并评估他们日常表现的管理者，常被称为一线管理者（或主管），因为他们比员工高一级。这是你大学毕业后最有可能得到的第一个管理职位。

各管理层的任务和技能

很少有人是经过培训而成为优秀管理者的。人们通常先学做高明的会计、老练的销售代表或娴熟的流水线工人，然后才会因技能超群当上管理者。这样的管理者往往喜欢事无巨细，指示别人如何做事，帮助和监督他们，自己在业务操作中也都非常积极主动。

一个人晋升的管理职位越高，原来的工作技能就越不重要。最高管理层需要的是理想者、规划者、组织者、协调者、沟通者、鼓舞士气者和激励者。图 7-5 展示了管理者必须具备三种能力：

1. **技术技能（technical skills）**是在特定领域（如销售产品或开发软件）或部门（如营销或信息系统）完成任务时所需的能力和技能。

2. **人际关系技能（human relations skills）**包括沟通技能和激励技能，这些技能可以让管理者善用员工，与员工合作共事。当管理者和员工相互不理解时，尤其难以沟通。与领导能力相关的技能——指导、鼓舞士气、授权、培训和发展，以及帮助和支持，也都属于人际关系技能。

3. **概念化技能（conceptual skills）**是指将组织视为整体，并描述其各部分之间关系的能力。在规划、组织、控制、系统开发、问题分析、决策制定、协调和授权等方面都需要这一技能。

如图 7-5 所示，你会看到一线管理者需要精通所有这三个技能。但是，他们把大部分时间花在技术和人际关系上，例如，协助运营人员、下达指令，而花在概念化技能上的时间较少。相反，高层管理者只需要很少的技术技能，但他们却把时间几乎都花在了人际关系和概念化技能上。胜任基层管理职位的人不一定能胜任较高管理职位的工作，反之亦然。不同的层级需要不同的技能。[8] 阅读“社媒连线”专栏，了解社交媒体经理所需的技能，这是当今发展最快的职业之一。

图 7-5　各个管理层需要的技能

所有的管理者都需要人际关系技能。高层管理者最需要概念化技能，较少需要技术技能。一线管理者最需要技术技能，较少需要概念化技能。中层管理者对技术技能和概念化技能的需求相当。

社媒连线

想成为社交媒体经理吗

(www.buffer.com)

今天发展最快的一种职业几年前却并不存在，那就是社交媒体经理。社交媒体的重要性越来越大，因为它展示的是一个组织的面貌和声音。如果你对成为社交媒体经理感兴趣，那么你具备成为社交经理所需要的技能吗？根据社交媒体管理网站 Buffer 的说法，你需要保持好奇心，能够迅速达权通变，并理解社交媒体在实现组织目标方面所扮演的角色。你还需要具备以下方面的技能：

- 文稿撰写；
- 图文设计；
- 公众演讲；
- 客户服务和社区参与；
- 行为心理学；
- 分析社交媒体指标（如点赞、评论、分享等）和业务指标（如流量、领先度、收入等）；
- 编制预算。

如果你有兴趣了解如何开发这些技能，可以在线访问 blog.bufferapp. com/social-media-manager-job-description。这篇文章列举了许多资源，可以帮助你提高技能。虽然你可能并不擅长这些领域，但精通部分内容将有助于你成为一名出色的社交媒体经理。

资料来源：Alfred Luna, "10 Important Skills Your Social Media Manager Needs in 2017," *Entrepreneur*, February 23, 2017; Polly Mosendz, " Trump Has Made the Social Media Manager Your Most Valuable Employee, " *Bloomberg*, February 6, 2017; Sofie Maerowitz, "7 Social Media Trends to Watch in 2017 from Yelp's Manager of Local Business Outreach," *PR News*, January 17, 2017.

人员配置：赢得并留住合适的人

为了让合适的人到组织来工作，企业必须出台适当的激励措施。例如，谷歌的美食厨师为员工烹制免费的午餐、晚餐和小吃。这种措施会吸引你吗？和其他激励措施相比，薪酬对你来说有多重要？

人员配置（staffing）包括招聘、雇用、激励和留住优秀人才，以实现企业的具体目标。如今，人员配置至关重要，尤其是在互联网和高科技领域。在大多数高科技公司，如谷歌、Facebook 和微软，主要的资本装备就是人才。员工如有创新意识和创造能力，企业便可以在短短数年内，从初创企业一跃成为行业翘楚。[9]

除非有良好的待遇、公平的报酬，否则很多人不愿意去公司工作，他们会为了更好地兼顾工作和家庭而辞职。人员配置正成为每位管理者的重要职责，所有管理者都要与人力资源管理者共同努力，赢得并留住优秀的员工。第 11 章专门讨论人力资源问题，包括人员配置。

领导：提出一以贯之的愿景和价值观

一个人可能是优秀的管理者，但不是优秀的领导者；另一个人可能是优秀的领导者，但不是优秀的管理者。管理者维持秩序，强调稳定，而领导者主张变革，管理变革。领导力就是创造一个愿景让员工遵循，确立企业的价值观和道德规范，变革组织的经营方式，提高企业的效力和效率。优秀的领导者激励员工，并营造自我激励的氛围。[10] 管理就是实现领导者的愿景。

因此，领导者必须做到：

- 传达愿景，并围绕这个愿景让员工团结一致。领导者应该毫不掩饰地体察追随者关注的问题，赋予他们责任，赢得他们信任。成功的领导者必须能够影响他人的行动。艾伦·库尔曼（Ellen Kullman）临危受命，执掌杜邦。尽管如此，她仍然为杜邦公司未来的发展壮大奠定了根基。
- 确立企业的价值观。这些价值观包括对员工、客户、环境和公司产品质量的关注。公司在设定总体目标时，也就确立了公司的价值观。员工最希望在领导者身上看到的品质首先是诚实，其次是前瞻性。

想一想

美捷步（Zappos.com）首席执行官谢家华将文化视为公司的头等大事。他认为，只要员工对工作满意，有工作干劲，其他都会水到渠成。谢家华裁掉了中层管理人员，让员工更多地自己做决定。你能在一个自我管理的工作环境中迅速成长吗？

- 倡导企业道德。企业的道德行为包括对诚实的一贯要求，对人人平等的坚持（参阅“道德决策”专栏）。这就是为什么我们全文都在强调道德决策。许多商界人士向慈善机构慷慨捐赠，成为新闻人物，为员工和其他人树立了社会关怀的榜样。
- 欣然接受变革。领导者最重要的工作可能就是改变公司的经营方式，使其效力更大（做得更好），效率更高（用更少的资源实现相同的目标）。
- 强调问责任和责任感。如果说我们从银行以及其他行业与政府管理者的失败中吸取了什么教训，那就是领导者必须对自己的行为负责，必须能意识到肩负的责任。金融危机中出现的一个关键词是透明度。

透明度（transparency）就是指将企业的实际情况和数据清晰而明显地呈现给所有利益相关者。

所有的组织都需要领导者，而所有的员工都可以帮助领导。不一定非得当领导，普通员工同样可以发挥领导作用。任何人都能激励他人好好工作，为公司的道德环境建设献一份力，在发现有失职业道德行为时及时报告。

道德决策

你会告诉团队什么

基层经理协助部门主管做出决策。部门主管对决策负有全部责任——如果计划执行成功了，那是部门主管的功绩；如果计划功败垂成，那也是他们的失败。现在想象一下：作为基层经理，你掌握了部门主管还没有察觉到的新情况。报告中的调查结果表明，你们经理最新的计划注定会失败。如果这个计划失败了，经理可能会被降职，而你是最有可能填补这个空缺的候选人。你会把报告交给部门主管吗？如何行事才是合乎道德的？你的决定可能带来什么后果？

领导风格

对研究管理的人来说，最具挑战的就是寻找“最佳”领导力特质、行为或风格。试图找出领导者与其他人不同特点的研究可谓汗牛充栋。直觉上，你的结论可能会和他们一样：领导特质很难确定，他们有的衣着得体、机智老练，有的则不修边幅、生硬粗暴。然而，这两种领导方式可能同样有效。

没有哪种固定的特质可以描述一位领导者，同样，也没有哪种领导风格可以在任一状况中发挥最佳效果。即便如此，我们仍然可以探讨几种最常见的领导风格，看看它们是如何发挥作用的（见图 7-6）：

图 7-6 不同的领导风格

资料来源：Robert Tannenbaum and Warren Schmidt, “How to Choose a Leadership Pattern,” *Harvard Business Review*, May/June 1973.

1. **独裁式领导（autocratic leadership）** 在制定管理决策时不咨询他人意见。在出现紧急情况，需要下属绝对服从时，这种风格非常有效，比如在灭火的时候。有时，对于业务不熟的新员工需要明确引导和指示时，独裁式领导也是有效的。洛杉矶湖人队前主教练菲尔·杰克逊（Phil Jackson）在他执教的前三个赛季里，他以独断专行的领导风格带领球队连续三次获得 NBA 冠军。在他的领导下，一群球技高超的人组成了一支成功的团队。你认为哪种领导风格最适合篮球、足球和其他领域？

2. **参与式（民主）领导 [participative（democratic）leadership]** 是由管理者与员工共同制定决策的领导风格。员工参与决策不一定会提高效率，但通常能提高工作满意度。许多大型组织，如谷歌、苹果、IBM、思科和 AT&T，以及大多数较小的公司，采用民主领导风格收到了奇效。这种风格的重要特质是灵活应变、善于倾听和具有同理心等。员工聚在一起讨论和解决管理问题，每个人都有参与决策的机会。

3. **自由放任式领导（free-rein leadership）** 是指管理者设定具体目标之后，员工可以不受限制，尽一切努力去实现这些目标。在那些管理者领导的是医生、教授、工程师或其他专业人士的组织中，自由放任式领导通常是最成功的领导风格。在这类组织中，管理者需要的特质包括热情友好、通情达理。越来越多的公司正在对部分员工采用这种领导风格。

很少有领导者恰好完全符合这三种领导风格中的一种。我们可以把领导风格视为一个连续统一体，在这个统一体中员工的参与程度是不同的，形成从完全以老板为中心的领导风格到以下属为中心的领导风格。

哪种领导风格更好？研究表明，这在很大程度上取决于公司的目的和价值观是什么、被领导的是谁、在什么情况下被领导。一位管理者或许很专制，但对新员工却很友好，对老员工很民主，对可信赖的长期监督人员则很放任。

没有一种领导特质适用于所有情况，也没有一种领导风格永远最有效。在一个组织中成功的领导者可能在另一个组织就会失败。一个真正成功的领导者能够见机行事，针对不同员工采用最合适的领导风格。

想一想

经济衰退发生后，福特汽车公司前首席执行长艾伦·穆拉利（Alan Mulally）在没有政府救助的情况下，成功带领这家美国汽车巨头重新盈利。成功的原因正是这位自亨利·福特以来最专制的首席执行官的领导风格。当一个组织处于极端压力之下，为什么必须采取独裁式领导？

授权

过去，许多领导者给员工明确的指示，告诉他们该做什么来实现组织的总体目标和具体目标。这个过程称为指导。在传统的组织中，指导包括分配任务、解释常规、说明政策、对工作绩效给予反馈。很多组织仍在遵循这种模式，尤其是快餐店和小型零售企业，这些企业的员工至少在刚开始时并不具备独立工作所需的技能和经验。

开明的领导者，比如一些高科技公司和互联网公司的领导者，赋予员工自主决策的权力。**授权（empowerment）**意味给予一线员工权力、责任、自由，提供他们所需的培训和设备，以快速响应客户的要求。管理者通常不愿意放弃决策权，因而经常抵制授权。然而，在推行授权这一理念的公司里，管理者的角色更像是教练、助理、顾问或团队成员，而不是老板和董事。

想一想

快餐店的员工常常缺乏技能，经验不足，让他们自主决策往往效果不好。他们的经理必须密切监督和指导他们的工作。管理者不能赋予员工决策权会产生哪些后果？

赋能（enabling）是指赋予员工决策所需的教育和工具。显然，这是授权成功与否的关键。如果没有正确的教育、培训、指导和工具，员工就无法承担起责任和决策角色，授权也就行不通了。

管理知识

“知识就是力量。”让员工拥有自主权就是赋予他们知识，也就是他们需要的信息，以便将工作做到最好。**知识管理（knowledge management）**是查找正确的信息，将信息存在随时可以找到的地方，并且让企业的每个人都了解这些信息。

如今，需要管理的信息非常之多。事实上，收集的数据量增长如此之快，以至于“大数据”（big data）一词已经成为一个流行术语，用来描述大量的可用信息。这些数据有些来自销售交易等传统来源，也有些来自公司内外的社交媒体等网络来源。

开发知识管理系统的第一步是确定哪些知识是最重要的。你想进一步了解客户吗？你想更多了解竞争对手吗？哪些信息能让公司效力或效率更高，或者能对市场做出更快反应？一旦你想好了需要了解的问题，就应开始寻找答案。

知识管理就是避免白费力气做重复工作，也就是说，不用每次在必须做决定时都要再去收集一遍信息。当公司每个人都在不断地问:“还有什么是我不知道的?”“我应该去问谁?”公司就真正在前进了。知道什么行不通，什么行得通都是很重要的。员工和经理现在采用短信、Twitter 和其他方式彼此联系，同时也与客户和其他利益相关者保持联系。成功的关键是学习如何有效地处理信息，并将其转化为人人都可用来改进流程和程序的知识。知识管理的好处是显而易见的。有关使用技术来管理信息的进一步讨论，请参阅补充篇 B。

控制：确保行得通

控制职能是根据既定目标和标准来衡量绩效，奖励表现优秀的员工，并在必要时采取纠正措施。因此，控制过程（见图 7-7）提供反馈，使管理者和员工能够在计划偏离，以及影响绩效的环境发生变化时进行调整。

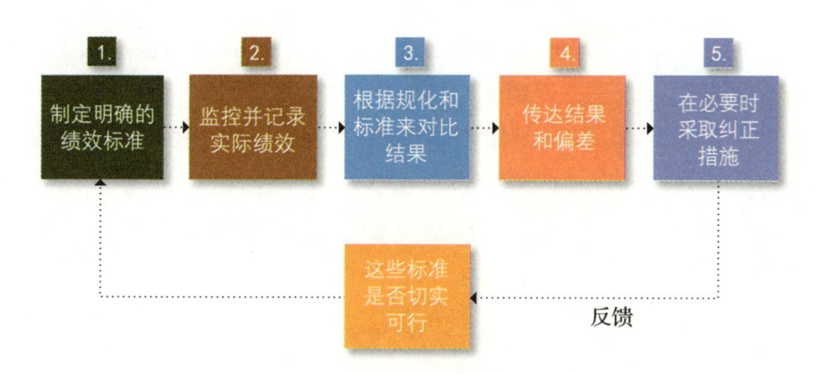

图 7-7　控制过程

整个控制过程建立在清晰明确的标准之上。没有这些标准，就很难实施其他的步骤；有了清晰的标准，就比较容易衡量绩效并采取适当的措施。

控制包括五个步骤：

1. 制定明确的绩效标准。这样就把规划职能与控制职能联系起来了。没有明确的标准，控制也就无从谈起。

2. 监控并记录实际绩效或结果。

3. 根据规划和标准来对比结果。

4. 向相关员工传达结果和偏差。

5. 在必要时采取纠正措施，对出色的工作给予积极反馈。

管理者要衡量结果，必须依据可达到和可度量的具体标准，而制定这些明确的标准是规划职能的一部分。含糊不清的目标和标准，如“更好的质量”“更高的效率”和“更好的性能”是不够的，因为它们未能充分描述你想要实现的目标。假设你是一名跑步者，你的说法是：“我的目标是在每天所跑的距离方面有所提高。”你去年制订计划时，每天跑 2 英里[⊖]；现在，你每天跑 2.1 英里。你达到既定目标了吗？你确实多跑了，不过也没有多跑多少。

更恰当的说法应该是：“我的目标是在 1 月 1 日前，将我的跑步距离从每天 2 英里增加到每天 4 英里。”为达成目标设定一个期限是很重要的。下面列举了一些正确的目标和标准：

- 到 3 月 31 日，将每 1000 件成品退货量从 10 件减少到 5 件。
- 到季度末，将管理者每周表扬员工的次数从 3 次增加到 12 次。
- 在 7 月之前，把 X 产品的月销售量从 1 万件增加到 1.2 万件。

让控制体系运行的一个途径是设定明确的流程对绩效进行监控。会计和财务通常是控制职能的基础，因为它们为管理者提供了评估进展所需的数字。

想一想

各高校衡量绩效的一个方法是跟踪完成学位的学生人数，或在一定年限内毕业的学生人数。哪些因素可能影响这一绩效标准的实现？高校管理者在必要时如何采取纠正措施？

关键的衡量标准：客户满意度

过去，人们通常用财务数据来衡量企业是否成功，即根据利润或投资回报来界定成功。当然，这些衡量标准现在仍很重要，但并非唯一标准。其他标准还包括令员工、利益相关方和客户（包括外部和内部客户）满意。

外部客户（external customers）包括购买产品并卖给他人的经销商，以及购买产品自用的最终客户（终端客户），如你和我，我们购买产品是供自己使用。**内部客户（internal customers）**是接受本企业其他个人或单位服务的企业内部人员或单位。例如，现场销售人员是市场研究人员的内部客户，研究人员编制市场报告是供销售人员参考使用的。

如今的标准不仅仅是令客户满意，还要用超乎想象的好产品和服务让他们

⊖ 1 英里≈1.6093 千米。

感到“愉悦”。我们将在接下来的几章中更详细地讨论管理。管理是做，而不只是看。

本章小结

1. 描述现今管理职能发生的变化。

- 今天的管理者是怎样的？

  曾几何时，管理者被称为“老板”，他们的职责就是告诉员工该做什么，监督他们完成工作，并斥责那些没有完成的人。许多（如果不是大多数的话）管理者现在仍然如此行事。然而，如今大多数管理者往往更青睐团队合作。他们重视团队和团队建设，创建开放式中心、团队空间和开放式工作区域。管理者往往会引导、培训、支持、激励和指导员工，而不是命令他们该做什么。

- 你如何解释管理上的变化？

  如今，《财富》100 强企业的领导者往往很年轻，其中女性比例也很高，而在精英大学接受过教育的人也更少。他们发现，许多员工比他们更了解技术和其他实践。因此，他们往往更重视激励、团队精神与合作。未来的管理者很可能会在公司中扮演全新的角色。此外，他们还将在全球市场进行更多的扩张。

2. 描述管理的四种职能。

- 管理的四大职能是什么？

  管理的四种职能是：（1）规划；（2）组织；（3）领导；（4）控制。

- 你如何界定每种职能？

  规划包括预测趋势、确定最佳战略和战术，以实现组织的总体目标和具体目标；组织包括设计组织结构、营造环境、创建系统，使所有人员与事物都能协同工作，以实现组织的目标；领导意味着为组织创建愿景，并引导、培训、指导和激励他人高效工作，以实现组织的目标；控制是用来衡量实际发生的事情与组织目标是否相符。

3. 将规划流程和决策与公司目标的实现联系起来。

- 目的和目标有何不同？

  目的是组织希望实现的广泛而长期的成就，而目标是详细说明如何实现组织各项目标的短期的具体陈述。

- 什么是 SWOT 分析？

  管理者研究公司的优势和劣势，以及公司面临的机会和威胁。

- 规划的四种类型是什么？它们与组织的总体目标和具体目的有什么关系？

  战略规划是广泛而长期的规划，概括组织的总体目标；战术规划是详细而短期的规划，列出组织的具体目标；运营规划是战术规划的一部分，制定战术目标所需的工作标准和时间安排；应急规划是在公司主计划未奏效的情况下所制订的备选行动方案。

- 决策涉及哪些步骤？

  决策的六个 D 是：（1）界定状况；（2）描述和收集所需的信息；（3）开发备选方案；（4）决定最佳方案；（5）锚定指示的操作（开始执行）；（6）确定决策正确与否，然后跟进。

4. 描述管理的组织功能。

- 公司层级结构中的三个管理层级是什么？

  三个管理层级是：（1）高层管理者（由总裁和制定战略规划的企业高管构成）；（2）中层管理者（包括负责战术规划和控制的总经理、部门经理和工厂经理）；（3）监督管理者（评价员工日常工作表现的一线管理者或主管）。

- 管理者要具备哪些能力？

  管理者必须具备三种能力：（1）技术技能（完成特定任务的能力，如销售产品或开发软件）；（2）人际关系技能（沟通和激励的能力）；（3）概念化技能（将组织视为整体，并描述其各部分之间关系的能力）。

- 这些能力对于所有管理层级都同样重要吗？

  不同层级的管理者需要不同的技能。高层管理者最需要概念化技能，较少需要技术技能；一线管理者最需要技术技能，较少需要概念化技能；中层管理者对技术技能和概念化技能的需求相当（见图 7-5）。

5. 阐释领导者和管理者之间的差异，并描述各种领导风格。

- 管理者和领导者有哪些区别？

  管理者规划、组织和控制组织中的各项职能。领导者设立愿景让员工遵循，确立企业的价值观和道德规范，变革组织的经营方式。

- 描述不同的领导风格。

  图 7-6 显示了从以老板为中心到以下属为中心的一系列领导风格。

- 哪种领导风格更好？

  最有效的领导风格取决于被领导的是谁、在什么情况下被领导。未来的挑战是对自我管理团队的授权。

- 授权是什么意思？

  授权意味着给予一线员工权力、责任、自由，提供他们所需的培训和设备，以快速响应客户的要求。

- 什么是知识管理？

  知识管理就是查找正确的信息，将信息存在随时可以找到的地方，并且让企业的每个人都了解这些信息。

6. 总结管理控制职能的五个步骤。

- 控制的五个步骤是什么？

  控制的步骤包括：（1）制定明确的绩效标准；（2）监控并记录实际的绩效或结果；（3）根据规划和标准来对比结果；（4）向相关员工传达结果和偏差；（5）在必要时采取纠正措施，对出色的工作给予积极反馈。

- 衡量业绩结果的标准必须具备哪些特质？

  标准必须是具体的、可达到和可度量的。

批判性思考

很多学生说他们有朝一日想成为管理者。下面是一些可以让你开始像经理一样思考的问题：

1. 你想在大公司还是在小公司工作？在私营公司还是在上市公司？在办公室还是在野外工作？分别说出理由。
2. 你会成为哪种领导者？如何证明你的选择？
3. 你认为参与式（民主）领导风格有什么问题吗？当一个管理者无法控制他人时，你能看出他的沮丧吗？
4. 一个接受过发号施令训练的人（比如一名军士）能被重新训练成一名参与式领导者吗？如何训练？会出现什么问题？

本章案例　美捷步的团队方法

美捷步（Zappos.com）坐落在内华达州拉斯维加斯，年收入达 10 亿美元，其配送中心紧邻 UPS 枢纽。2010 年，《财富》杂志将美捷步列为美国最佳工作场所之一，排名第六。美捷步的起源是由尼克·斯威姆（Nick Swinmurn）发起的一项名为 ShoeSite.com 的创业计划。斯威姆在网络经济繁荣时期创办了这家公司。这个概念的出现是由于斯威姆无法在商场里找到他中意的鞋子。斯威姆从不同的鞋店拍下了这些鞋子的照片，并把它们上传到自己的网站上。他会接受订单，去鞋店为顾客购买鞋子，然后第二天发货。当时，网上还没有一家这样经营鞋子生意的网店。

现在，美捷步为亚马逊所有。2010 年，亚马逊以 12 亿美元收购了美捷步。美捷步首席执行官谢家华仍然是公司的掌舵人，公司的文化得以传承，保持不变。简而言之，亚马逊允许美捷步像过去一样继续运营。

美捷步高度重视顾客的满意度和员工的幸福感，这点已经渗透到它的文化精髓中去了。"美捷步"这个名字是从西班牙语"zapatos"（鞋子）衍生而来的。公司的文化是由 10 个核心价值驱动的，第一个是让顾客惊叹。有两个重要的核心价值影响着公司的规划、组织、领导和控制职能：（1）追求成长和学习；（2）拥有激情和果断坚定。这两个核心价值和其他核心价值都强调团队精神和员工授权，所以团队领导者（管理层）必须与团队成员共同度过至少 20% 的业余时间。

关系融洽有助于推动以公司主要目标为重点的管理方法的落实，公司的目标就是为客户提供尽可能好的体验。在本案例中，我们讨论了管理的四大功能，美捷步团队的成员诠释了这些功能在美捷步是如何得到实现的。

思考

1. 像美捷步这样的公司，愿景包含什么内容？

2. 美捷步的员工满意度和授权如何有助于公司的主要目标的实现？

3. 你认为为什么美捷步的团队领导者必须与团队成员共同度过至少 20% 的业余时间？

Understanding Business

第8章

构建组织，应对挑战

学习目标

1. 概述组织管理的基本原则。
2. 比较法约尔和韦伯的组织理论。
3. 评估管理者在建构组织过程中所做的选择。
4. 对比各种组织模式。
5. 确定企业间合作与协调的好处。
6. 解释组织文化如何帮助企业适应环境变化。

Understanding Business

本章人物

金宝汤公司首席执行官丹尼斯·莫里森

1869年以来，金宝汤公司（Campbell Soup Company）一直是美国最具标志性的品牌之一。该公司的产品不仅为数百万消费者耳熟能详，还被世界各地艺术爱好者所熟悉，这要归功于安迪·沃霍尔（Andy Warhol）为公司的汤罐头创作的充满传奇彩色的画作。因而，金宝汤公司必须在投合人们先前的期望和更新业务之间保持平衡，以反映当前趋势。

首席执行官丹尼斯·莫里森（Denise Morrison）的职责就是，要让公司在这条狭窄的道路上砥砺前行。2011年，她获任公司最高职位后，就持续督促一项重大业务的转型，用不破坏生态平衡的原料取代了金宝汤的不健康原料。这比重塑一个标准的品牌项目要花费更多的艰辛和努力：她和同事必须评估业务的方方面面，以及如何使其改善趋好。

幸运的是，从孩提时代起，莫里森就一直在接受完成类似这样艰巨任务的训练。她父亲在AT&T等公司做过高管，他鼓励自己的四个女儿在事业上要先声夺人。莫里森说："他在我们很小的时候就告诉我们，他认为世界将向女性敞开大门，希望我们做好准备。"所以，他教我们经商知识。每天晚上，他都会把各种产品带回家，让女儿们在餐桌上讨论。在家庭座谈会，莫里森学会了如何评估事物，并与同伴交流思想。父亲还在家里放了一个"任务罐"，里面装着那一周要做的所有杂务。女儿们必须在她们之间分配好任务，各自负责什么。他则教会她们关于谈判和目标实现的宝贵经验。

事实证明，这种本土的专门知识对莫里森未来的成就至关重要。她在波士顿学院第一次品尝到成功的滋味，以优良的成绩毕业，获得了经济学和心理学学位。之后她在宝洁找到一份工作，随后在纳贝斯克（Nabisco）、雀巢和卡夫担任一系列高级职位。莫里森在食品行业积累了丰富的经验之后，在金宝汤担任全球销售总裁。2010年，她担任金宝汤的首席运营官，一年后成为首席执行官。

莫里森在公司里平步青云，她密切地关注着食品行业的变化。到21世纪头10年，消费者开始远离加工食品和不健康食品，转而喜好有机食品。人们偏好上的这种“翻天覆地般的转变”让莫里森觉得，金宝汤必须与时俱进。“我们相信，我们需要参与其中，你要么成为变革的引领者，要么成为变革的受害者，任其宰割，”莫里森说，“我更愿意成为变革的引领者。”

为了实现这个目标，她知道公司必须彻底改变运营结构。因此，除了收购博尔豪斯农场（Bolthouse Farms）等健康品牌外，莫里森还关闭了五家经营不善的工厂，同时整改了其他几家工厂。既然公司开始转向使用可持续原料了，它就不得不寻找几家新的供货商。此后，金宝汤需要确定这些增加的成本将对整个生产产生怎样的影响。截至目前，公司已经花了大约5年时间来调整这一流程，未来几年很可能还会继续这样做。值得庆幸的是，对于金宝汤来说，莫里森毅然决然地要把这件具有里程碑意义的苦差事坚持到底。“对于所生产的食品，我们现在所谈、所思、所做都与以前大相径庭，”莫里森说，“对于生产食品的原料和制作工艺，我们会坦诚以对、如实相告的。”

本章主要内容是关于改变和调整组织以适应如今的市场，正如金宝汤公司首席执行官丹尼斯·莫里森所做的那样。众多管理者从来没有面临过如此重大的挑战，但每个公司都有很多机会利用组织原则进行管理，并从变革中获得利益。

资料来源：“How Campbell Soup and Panera See Shifting Consumer Tastes,” *The Wall Street Journal*, October 16, 2016; Jane M. Von Bergen, “Campbell Soup CEO Knew as a Child She Wanted to Be the Boss,” *Seattle Times*, July 10, 2016; Jennifer Kaplan, “Campbell to Cut Artificial Flavors, Colors by End of 2018,” *Bloomberg Businessweek*, July 22, 2015; Denise Morrison, “CEO of Campbell Soup: The Biggest Challenge of Leading an Iconic Food Brand,” *Fortune*, October 27, 2015; “Denise M. Morrison: President and Chief Executive Officer,” Campbellsoupcompany.com, accessed September 2017.

为成功做筹划

你或许想知道为何为数众多的组织均以失败告终。适应不断变化的市场是经济的正常功能。市场上会有亚马逊、谷歌和Facebook这样的大赢家，也会有惨败者。成功的关键是知常明变，适应不断变化的时代。这通常意味着，首先要了解基本的组织原则，奠定稳固的基础，重塑企业。本章从讨论组织的基本原则开始。

自下而上构建组织

无论企业规模大小，组织原则都大同小异。假设你和两个朋友打算创办草坪修剪公司，第一步要筹备公司。筹备或建构公司首先得确定有哪些工作要做（割草、切边、修剪），然后在你们三个人中间分配任务，这叫作“劳动分工”（division of labor）。你们三个可能有人修剪灌木很拿手，有人割草更擅长。企业的成功往往取决于管理层能够发现每位员工的优势，然后将合适的工作分配给合适的人。如果大家都术业有专攻，就可以多快好省地完成很多工作了。将任务划分为细小的工作单元称为“工作专业化”（job specialization）。比如，你可以将割草任务分为割草、修剪和耙地。

如果你的生意风生水起，或许会再雇一些员工来帮忙。你可以把他们组织成团队或部门，分别做不同的工作。一个团队负责割草，而另一个团队则用吹风机清理树叶和垃圾。如果生意持续兴旺，你可能会雇一名会计来处理财务，有些人来负责广告，还有一些人维护设备。

你会看到，企业逐渐发展成一个包含生产部门（负责与割草相关的所有工作）、营销部门、会计部门和维修部门等几个部门的公司。设立单独的部门来完成特定任务的过程称为“部门化”（departmentalization）。最后，你将职权和职责分配给员工，以便把控全局。比如，会计部门出了问题，你就会知道是谁的责任。

因此，建构组织包括设计劳动分工（有时会带来专业化），组建团队或部门来完成特定工作（如生产、会计等），将职权和职责分配给人们。建构组织还包括分配资源（如为各部门提供的资金）、分配具体任务，以及为实现组织目标建立流程。从一开始，你就必须在对待员工和造福社会问题上做出道德决策（参阅“道德决策”专栏）。

你可以编制一个显示人与人之间关系的组织结构图（本章稍后将做讨论）：由谁负责完成特定的工作，由谁向谁报告。最后，你必须监控外部环境，了解竞争对手的做法与客户的需求，然后根据新情况予以调整。例如，一家草坪养护的大公司开始在你所在的区域推广业务。你可能需要进行组织变革，以具有竞争力的价格提供更为优质的服务。如果你

想一想

组织原则适用于各种规模的企业。大多数公司都要建构组织、使用工作专业化和部门化来进行分工、建立流程、分配职权。这些原则在你目前或最近的工作中是如何运作的？

的业务开始被竞争对手抢走，你首先会做什么？

道德决策

你会为了获取利润而牺牲安全吗

想象一下，你已经在你的街坊开始了一项成功的割草服务。该地区的其他割草服务机构似乎雇用了未经训练的工人，其中许多人来自其他国家。他们只支付最低工资或略高于最低水平的工资。然而，最显而易见的是，他们往往不提供安全防护。工人没有护耳器，无法保护耳膜免受割草机和鼓风机的噪声伤害。他们大多在操作切碎机时不戴护目镜。很少有人在喷洒可能有害的肥料时戴口罩。

你知道从事庭院工作存在诸多危险。但安全装备可能费用昂贵，而且工人们往往不喜欢戴这些防护措施工作。你对尽可能多地赚钱感兴趣，但你也关心员工的安全和福利。你知道庭院修整工具会产生噪声污染，但是消音降噪设备非常昂贵。

你在企业创立之初建立的企业文化将持续很长时间。如果从一开始就强调安全和环境问题，员工就会接受你的价值观。反之，你也可以效仿竞争对手无视安全规则和环境的做法，这样你极有可能更快地攫取更多利润。其后果是什么？

组织的变革

如今推行的变革堪称商业史上最多样、最迅猛的变革。正如我们在前几章中指出的，很多变革是不断变化的商业环境造成的——全球竞争加剧、经济衰退、技术变革加速，以及自然环境保护的压力加重。

对许多企业来说，同样重要的是客户期望的变化。今天的消费者希望以合理的价格获得质量优异的产品和快捷、友好的服务。乔氏超市（Trader Joe's）前总裁道格·劳奇（Doug Rauch）将员工和客户视为鸟的两翼，缺一不可。员工与客户是相伴而生的——如果你照顾好你的员工，员工就会照顾好你的客户；当客户更快乐，享受购物，也就会让你的员工生活更快乐。这是个良性循环。[1]

所以，变革管理已成为一个关键的管理职能，这一职能有时包括改变整个组织结构。例如，2015 年，科技巨头谷歌对组织进行重组，成立了企业集团 Alphabet。Alphabet 由独立的单位组成，包括谷歌（搜索引擎和相关业务，如 Gmail 和 YouTube）、Calico（医疗保健）、Verily（“智能”隐形眼镜）、Deep Mind（人工智能）等。这些较小的单位更加灵活变通，可以及时听取客户意见，并做出相应的调整。[2] 非营利组织、政府组织和企业都会发生这种变革。

过去，许多组织的建构更多为了便于管理，而不是取悦客户。公司制定了许多规章制度，让经理管好员工。你将在本章后面学到，这种对规章的依赖称为官僚制。政府与企业都要与官僚作风做斗争。[3]

要了解组织结构目前的状况，最好先弄清其发展历程，我们在下节再讨论这个问题。

组织结构的发展

直到 20 世纪，大多数企业的规模都还非常小，产品生产流程较为简单，工人的安排和管理也相对容易。如今在大多数小公司里，如提供草坪修剪服务的公司或定制船只的小店，安排工人仍不算难事。20 世纪初，随着大规模生产（高效生产大量商品的方法）的引入，生产流程和商业组织才变得纷繁复杂。通常工厂越大，生产效率也变得越高。

商业增长带来了**规模经济（economies of scale）**。该术语指的是企业可以通过批量采购原材料来降低生产成本。因此，随着生产水平的提高，产品的平均成本将会下降。例如，当汽车公司开始大规模生产，通用、福特等公司采用大型工厂作业时，汽车制造成本便大幅降低。随着时间的推移，其他公司争相效仿，这些创新就变得无足轻重了。

在大规模生产时代，组织理论家应运而生，最具影响力的两位是亨利·法约尔和马克斯·韦伯（Max Weber）。他们的许多原则至今仍广泛运用于全球各地的企业。下面我们就来探究这些原则。

法约尔的组织原则 1919 年，经济理论家亨利·法约尔在法国出版了他的著作《工业管理和一般管理》（*Administration industrielle et générale*）。1949 年，该书在美国推广时，书名改为《一般管理和工业管理》（*General and Industrial Management*）。法约尔提出了以下原则：

- 统一指挥。一个员工向一个而且只向一个老板汇报。这条原则的好处显而易见。如果两个老板交给你两个不同的任务，你怎样办？你该听谁的？为了避免这种混乱，每个员工应该只有一位管理者。（稍后我们将讨论一个似乎有违这一原则的组织计划。）

- 职权等级。所有员工都应知道谁是自己的上级。管理者有权下达命令，并要求下属遵守。（正如我们在第7章中讨论的，随着时间的推移，这一观念已经逐渐发生变化，现在管理者更重视对员工的授权。）
- 劳动分工。职能应按照专业化领域进行划分，如生产、营销和财务。（这个原则也有改动，稍后你会看到，人们越来越重视跨职能团队合作。）
- 个人利益服从于整体利益。员工应该将自己视为某个协同作业团队的成员，团队的整体目标高于个人目标。（这一理念仍在广泛使用。）你听过足球队和篮球队采用这一原则吗？在最近的超级碗比赛中，你看到该原则发挥作用了吗？
- 权力。管理者有权下达命令并强制执行。责权利是分不开的：凡有职权行使的地方，就必然有职责。（随着管理者赋予员工更多自主权，这一原则也在变化。）
- 集权程度。高层管理决策权的大小应视情况而定。小型组织可以将所有决策权都集中到高层主管手中，而大型组织则应将一些重大和次要问题的决策权下放给级别较低的管理者和基层员工。
- 明确的沟通渠道。所有员工都应该能轻而易举地与公司其他人员迅速取得联系。
- 秩序。人员和物料应各司其职、各就各位。
- 公平。管理者应该尊重员工和同事，公平对待下级。
- 团队精神。培养公司员工的荣誉感和忠诚度。

多年来，世界各地大学的管理课程一直在教授法约尔的组织原则，这些原则已成为管理概念的代名词。按照法约尔原则设计的公司结构是这样的：每个人只能有一位老板，责权利明确，每个人都知道该向谁汇报。随着组织规模不断扩大，这些原则往往会作为制度和政策，以书面形式记录下来。

但是，这样制定规则常常会导致组织僵化，无法确保始终对客户需求做出快速响应。例如，美国许多城市的机动车辆管理局（DMV）和汽车维修厂对客户的需求响应迟缓。那么，官僚作风的说法从何而来？接下来我们对此进行讨论。

> **想一想**
>
> 亨利·法约尔（Henri Fayol）提出了几条沿用至今的管理原则。例如，每位员工只向一名经理汇报，而这位经理也应有权命令其他人服从，并强制执行。你用过法约尔的哪些原则？

马克斯·韦伯和组织理论 马克斯·韦伯的《社会和经济组织理论》（*The Theory of Social and Economic Organizations*）和法约尔的著作一样，于20世纪40年代末在美国面世。韦伯是德国社会学家和经济学家，他推行的金字塔型组织结构深受大企业欢迎。韦伯对管理者深信不疑，他认为，如果员工都能听从指令，公司就能运转良好，员工越少参与决策越好。显然，如果你面对的是教育程度不高、未经正规培训的员工，这种操作方式尚可接受。韦伯撰写此书的年代，员工的状况确实如此。但今天，大多数员工的教育水平较高，技术技能也较强。

韦伯的组织原则与法约尔大抵相同。此外，韦伯还强调：

- 职位描述。
- 书面规定、决策方针和详细记录。
- 一致的流程、制度和政策。
- 根据资格条件配置和提拔员工。

> **想一想**
>
> 马克斯·韦伯提倡的组织结构是由中层管理者来执行高层管理者的命令。他认为，主管要想有效管理教育水平较低的员工，必须让他们遵守严格的规章制度，监督他们的表现。今天，哪些行业或企业将受益于这种管理方式？

韦伯认为，大型组织要有明确的既定规则和指导方针，并严格遵守。换句话说，他赞成官僚主义。尽管他的原则在当时颇有道理，但一些公司执行之后，规则和程序都变得过于死板僵化，结果适得其反。今天，一些组织仍乐于采用韦伯的理论。[4]例如，UPS坚守严格的书面规定和决策方针。有了这些规定，公司才能快速递送包裹，因为员工不必停下来做决定——流程已经明白无误地写在那里了。

有些遵循韦伯原则的组织则没有达到UPS的效

果，因为它们没有让员工快速应对新挑战。我们将在后面进一步探讨如何使组织予以响应。首先，我们来了解一些基本术语和概念。

将原则转化为组织结构

管理者遵循法约尔和韦伯的理论，从 20 世纪末开始建构组织，以便管理者能够支配员工。许多公司如今仍然是按照这样的层级制来建构的。**层级（hierarchy）**是一个体系，在这个体系中，一个人位于组织的最高层，管理者按照级别自上而下排序，所有管理者都对这个人负责。由于一个人无法跟踪成千上万的员工，所以高层管理者需要很多较低级别的管理者帮助。**指挥链（chain of command）**是从最高层到最底层的权力线。图 8-1 是典型的组织结构图上的层级。**组织结构图（organization chart）**是一种形象直观的设计，用于显示人与人之间的关系和组织工作的划分，还能显示谁负责完成特定工作以及谁向谁报告。

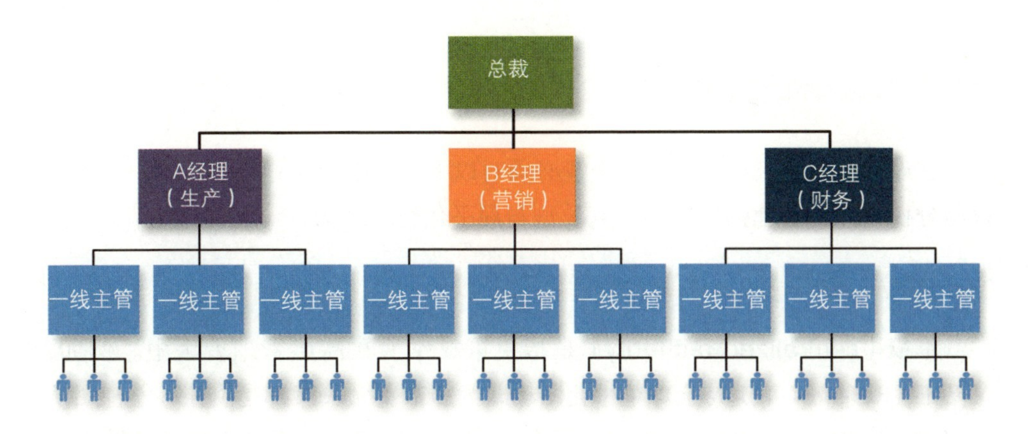

图 8-1 典型的组织结构图

这是一个典型的组织结构图，经理承担主要职能，主管向经理汇报工作，每位主管管理三位员工。

有些组织在首席执行官和基层员工之间有十几个层级的管理人员。如果员工想要推行工作变革，他们会询问主管（管理的第一层级），主管会询问他的经理，经理会询问上一级经理，依此类推。一个决策若要在管理者之间层层下传，直到员工收到这个决策，可能得花上数周或数月。例如，在制药公司辉瑞（Pfizer），首席执行官和最底层员工之间一度有 17 个层级。

马克斯·韦伯用“官僚”一词来形容中层管理者，他们的职责是执行最高管理层的命令。因此，**官僚制（bureaucracy）**成为指称有许多层级的管理者组织的术语。

无论官僚机构规模的大小，如果员工想做点改变就得征得管理者同意，可能会费时过多，让客户恼火。你在百货公司或其他组织碰到过这种情况吗？因为客户都想要高效的服务，而且现在就要，所以在当今竞争激烈的市场中，拖拖拉拉的服务简直难以接受。

因此，有些公司开始重新调整组织，让员工做决策，想方设法取悦客户。家得宝便用这种方法从竞争对手那里赢得更多客户。诺德斯特龙的员工无须管理部门的批准，便可接受顾客退货，哪怕这个商品原先不是在本店买的。[5]正如你在前面章节看到的，赋予员工这种决策权被称为授权。请记住，只有当员工受过适当的培训，以及资源充足时，授权才会起作用。你能看出这种培训对于一线人员应对紧急情况有什么帮助吗？

在组织建构中要做的决策

在设计快速响应型组织时，企业必须对以下几个组织问题做出决策：（1）集权与分权；（2）管理幅度；（3）高耸型与扁平化组织结构；（4）部门化。

选择集权还是分权

集权（centralized authority）是指决策权掌握在高层管理者手中。例如，汉堡王（Burger King）是全球集中化结构，大多数重大决策都是由核心管理团队制定的。这种组织结构的优势在于强有力的全球管理，而不足之处则是缺乏灵活性，难以及时响应区域或当地市场的变化和趋势。[6]

麦当劳认为，采购、促销和其他类似决定最好也能集中处理。然而，如今市场瞬息万变，加之全球消费者的口味千差万别，更适合麦当劳的做法是适当下放权力，赋予员工更多的自主权。英国的麦当劳供应茶，法国的麦当劳供应火腿和奶酪三明治，日本的麦当劳供应米饭，中国的麦当劳则供应芋头和红豆甜点。[7]

分权（decentralized authority）是指将决策权下放给比总部管理层更熟悉当地情况、较低层级管理人员的组织结构。例如，梅西百货（Macy’s）的加州消费者喜欢的服装款式与明尼苏达州或缅因州的不同。授权不同城市的商店经理采购适合本地的商品、确定价格、开展促销，这不失为明智的做法。家得宝和劳氏都在加大力度迎合当地市场。图 8-2 列出了集权和分权的优缺点。

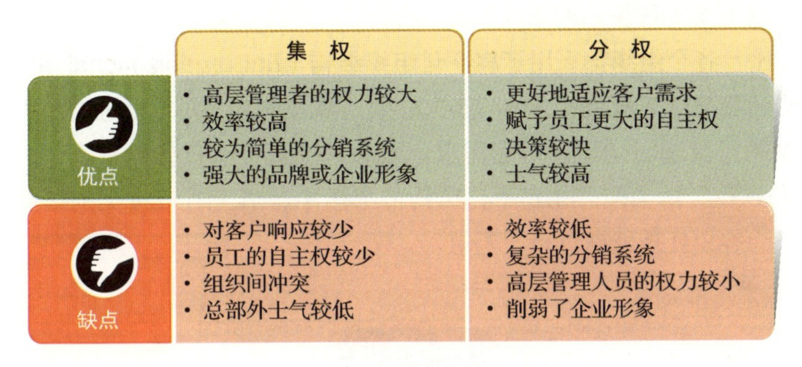

图 8-2　集权和分权的优缺点

选择恰当的管理幅度

管理幅度（span of control）描述了管理者管理或应该管理的最合适的下属人数。什么是“恰当”的管理幅度？在工作标准化、员工等级较低的情况下，管理幅度可以设定得宽一些（15～40 名员工）。例如，一个主管可以负责 20 来个组装电脑或打扫影院的员工。随着等级的提高，管理幅度逐渐变窄，因为工作标准化程度越来越低，管理者要增加与员工面对面的交流。

如今的趋势是，随着组织采取赋权措施，减少中层管理人员的数量，雇用更多有才华、教育水平更高的基层员工，管理幅度也要随之扩大。凭借信息技术，管理人员可以处理更多的信息，所以管理幅度还可以进一步扩大。

> **想一想**
>
> 如果组织的管理幅度较宽，其主管就可以管理许多员工，这些员工的工作任务都是可预测和标准化的。除了装配线，你还能想到哪些可能受益于较宽的管理幅度的例子？服务业的管理幅度如何？

选择高耸型还是扁平化组织结构

20 世纪初，组织更加壮大，层层叠加的管理层形成了**高耸型组织结构**（tall organizational structure）。正如前文所述，有些组织的层级多达 17 个，而且管理幅度都很小（每个经理只管理几个人）。

试想组织中的一条信息先是向上汇报，然后通过经理、经理助理、秘书、助理秘书、主管、培训师等向下传达，这条信息会被扭曲到何种程度。所有这些管理人员和后勤人员的成本都很高，他们产生的文书工作庞大繁杂，而沟通和决策的效率低下往往令人难以容忍。

近年来，各个组织都采用了**扁平化组织结构（flat organizational structure）**，这种结构的管理层等级更少（见图 8-3），管理幅度更广（每个经理管理很多人）。扁平型结构可以随时响应客户的需求，因为基层员工有权做出决策，而经理则可以免去一些日常工作。在扁平化结构的书店中，员工有权按类别摆放书架上的图书，为客户处理特殊订单，等等。

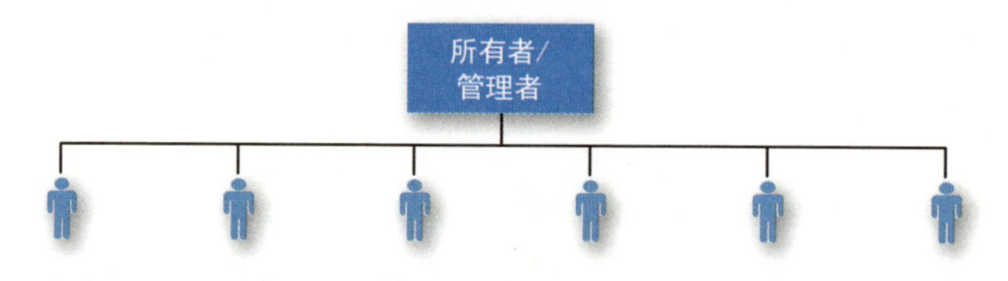

图 8-3 扁平化组织结构

大型组织使用扁平化结构，力求营造小公司的那种友好氛围，比如很多小公司的员工都知道客户的名字。组织结构越是扁平化，其管理幅度就越宽广，这也意味着一些管理者会失业。图 8-4 列出了管理幅度宽窄的优缺点。

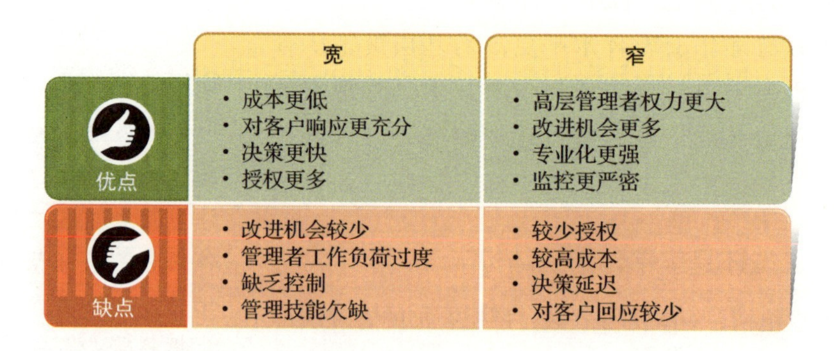

图 8-4 窄的管理幅度对比宽的管理幅度的优缺点

组织结构越是扁平化，管理幅度就越宽。

权衡部门化的利弊

部门化（departmentalization）是把组织分成不同的单位。传统的部门化是按照职能划分部门的，如设计、生产、营销和会计等。部门化是根据员工的技能、专长或资源使用情况进行分组，使他们能够更有效地分工与合作。部门化还可以节省成本，提高效率。其他优点包括：

1. 随着员工掌握的技能越来越多，他们可以在部门内部进一步发展技能，提升自我。

2. 公司将所需资源全部集中起来，找到该领域的各种专家，以此实现规模经济。

3. 员工可以在职能范围内协调工作，高层管理者可以轻松地指导和控制各部门的活动。

部门化的缺点包括：

1. 部门之间可能会沟通不畅。例如，生产部门与营销部门分离，因此无法从客户那里得到有效反馈。

2. 员工可能会认同部门目标，而不是组织目标。采购部门在某处找到一个合算的产品，然后大量购进，这么做看似不错，但高昂的库存成本会影响公司的总体利润。

3. 公司对外部变化反应迟缓。

4. 由于员工没有接受过全面的管理职责培训，因此他们往往成为专业面较窄的专家。

5. 部门内部员工可能会做出水平低下的决策（大家想法趋近），需要外部的参与才能更具创造力。

寻找部门化的其他方法　按照职能来划分部门并非一劳永逸的方法。那么还有哪些方法呢？图 8-5 显示了公司可以采用的五种部门化方法，其中之一是按照产品划分。一家出版社可能会设有大众图书部门（面向公众销售的图书）、教科书部门和技术书部门，每个部门都有各自的开发和营销流程。这种以产品为中心的部门化可以加强与客户的关系。

有些组织按客户群来划分部门。制药公司可能会有一个面向消费者市场的部门，一个面向医院（机构市场）的部门，还有一个面向医生的部门。你会发现，客户群因为拥有这些可以满足他们需求的专业人员而获益匪浅。

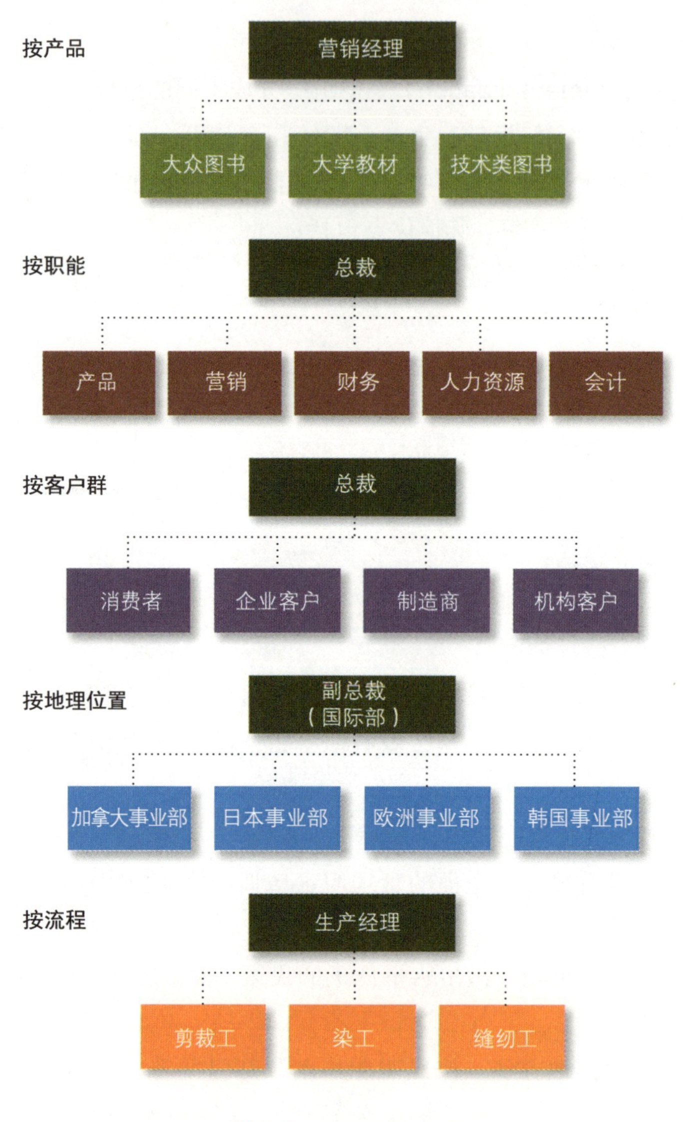

图 8-5 部门化的方法

计算机公司可能想按地理位置（国家）来划分部门，制造商按职能划分部门，制药公司按客户群划分部门，皮革制造商按流程划分部门，出版商按产品划分部门。每种组织的结构都必须符合公司的目标。

有些公司按照地理位置来划分部门。地区不同，客户也千差万别，所以日本、欧洲和南美洲都应单独设立部门，这么做的好处不言而喻。

到底该用哪种方法来划分部门，关键得看公司的产品和客户的性质。有几家公司发现，按照流程来划分职能部门效果最好。例如，一家皮衣制作公司可以让一个部门负责皮衣裁剪，另一个部门处理上色工序，还有一个部门进行皮衣缝制。这种专业化分工利于员工集中精力学习关键技能，做到精益求精。

有些公司将几种方法加以整合，混合使用。例如，它们综合考虑职能、地理位置和客户群等因素，来对部门进行划分。

想一想

在威尔逊体育用品厂，制作足球的材料被切割和缝制完成后，就会转到系带部门，在那里，工人们会把压扁的足球打开，准备系带。按这样的流程进行部门划分有哪些优缺点？

组织模式

我们已经探讨了在组织设计中的基本选择，现在我们来深入研究四种组织模式：（1）直线型组织；（2）直线参谋型组织；（3）矩阵型组织；（4）跨职能自我管理型团队。你会看到其中一些模式违反了传统的管理原则。商界正处于转型期，一些传统的组织模式将被新的结构所替代。这一转变不仅令员工和管理者惴惴不安，还会带来很多问题和错误。

直线型组织

直线型组织（line organization）的内部自上而下实行垂直领导，职责与职权分明，信息沟通简捷，所有人只对一个主管负责。许多小企业就是这样的组织模式。比如，当地的一家比萨店有一位总经理和一位当班经理。所有普通员工都向当班经理汇报，而当班经理则向总经理或老板汇报。

直线型组织不聘专家来协助管理，也不另设法律、会计、人力资源或信息技术部门。直线型组织完全遵循法约尔的传统管理原则。直线经理可以统一命令，统一指挥，并根据情况随时调整组织。

大企业如果采用这种组织模式，可能会存在以下问题：过于死板，缺少专家为直线人员提供建议，沟通路径过长。因此，直线型组织可能无法处理涉及数千个产品和大量文书工作的复杂决策。这时，直线型组织通常会转变为直线参谋型组织。

直线参谋型组织

为了弥补简易直线型模式的不足，如今许多组织既有直线人员又有参谋人员。**直线人员**（line personnel）包括生产、分销和营销人员，他们直接负责执行组织的总体目标。**参谋人员**（staff personnel）包括市场研究、法律咨询、信息技术和人力资源管理人员，他们给直线人员提供建议，协助他们实现目标。

直线参谋型组织图，如图 8-6 所示。直线人员与参谋人员的主要区别在于权限。直线人员拥有正式的政策决策权；参谋人员有权向直线人员提供建议，影响其决策，但不能擅自改变政策决策。直线经理可以征求，也可以忽略参谋人员的建议。

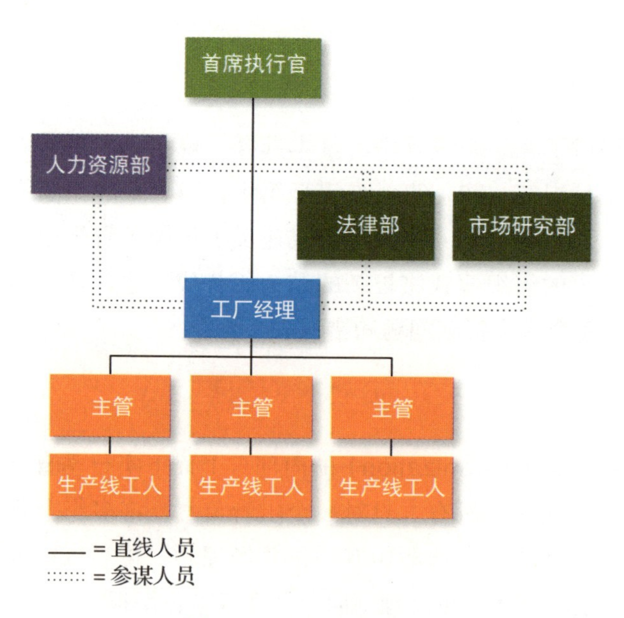

图 8-6 直线参谋型组织

许多组织受益于参谋人员在安全、法律事务、质量控制、数据库管理、人力资源管理和投资等方面的专业建议。参谋人员增强了直线员工的实力，他们发挥的作用与组织工资册上的高薪顾问不相上下。

矩阵型组织

直线型与直线参谋型组织都缺乏灵活性。这两种模式的职权范围明确，沟通渠道清晰，非常适合那些工作环境稳定、产品研发缓慢的组织（如家用电器销售公司）。在这些公司中，明确的职权范围和相对固定的组织结构可以确保企业有效运转。

然而，如今的经济都是由高成长行业所主导的，如电信、纳米技术、机器人、生物技术和航空航天，这些行业竞争激烈，各种新构想层出不穷。它们注重新产品研发、创新、特殊项目、快速沟通，以及跨部门的团队合作。在这些变化过程中，矩阵型组织越来越受欢迎。**矩阵型组织（matrix organization）**是将组织中不同部门的专家汇集起来，共同从事一些特定的项目，但他们仍然属于直线参谋型组织的一部分（见图 8-7）。换言之，项目经理可以从不同的部门借调人员来协助设计和营销新产品。

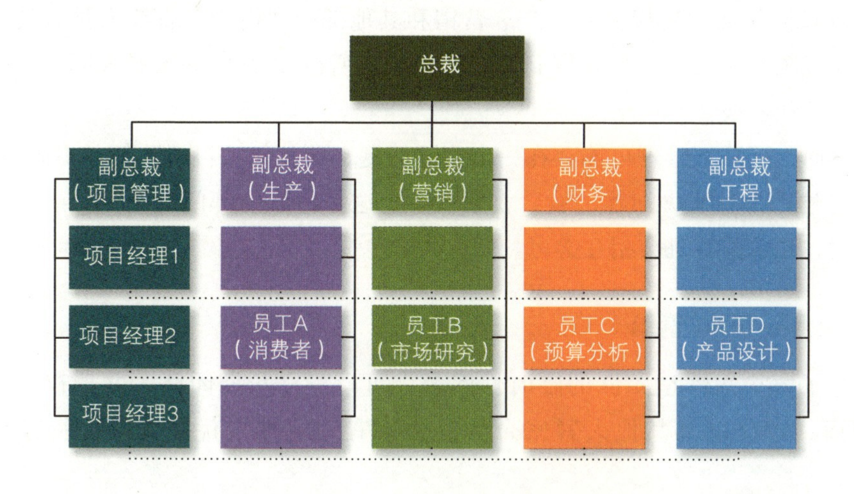

图 8-7 矩阵型组织

在矩阵型组织中，项目经理负责由几个部门的成员组成的团队。如图所示，项目经理 2 管理员工 A、B、C、D。这些员工不仅要对项目经理 2 负责，还要对各自部门的主管负责。例如，员工 B 是一名市场研究员，他向项目经理 2 和营销部门副总裁汇报工作。

矩阵型组织模式最初被应用于在航空航天业，现广泛用于金融机构、管理咨询公司、会计师事务所、广告公司和学校等领域。这种模式的优点包括：

- 管理者可以灵活自由地分配项目人员。
- 鼓励跨组织合作和团队合作。
- 可以为新产品研发问题提供创造性的解决方案。
- 能够有效利用组织资源。

缺点包括：

- 结构复杂，实施难度高。
- 可能会让员工弄不清该为谁效力——项目经理还是职能部门。
- 需要良好的人际关系技巧且有合作精神的员工和管理者，以免产生沟通问题。
- 对于长期问题来说只是一个临时方案。

如果你认为矩阵型组织违反了一些传统的管理原则，你的想法是对的。通常来说，一个人不可能同时为两个老板高效工作。谁真正大权在握？哪项指令应该最先执行？

不过在实际运行中，这种模式比你想象的更有效。为了开发新产品，项目经理可以接受临时授权，从生产、营销和其他部门“借用”直线人员。员工们共同完成项目之后，再各自回到原先的岗位。所以，其实并没有人同时向一位以上的管理者报告。

然而，矩阵型管理可能存在一个实际问题，那就是项目团队都是不固定的。团队组建是为了解决问题，然后就解散了。这种跨职能部门的合作共事时间过于短暂，几乎没有机会相互学习。

跨职能自我管理型团队

为了解决矩阵型团队的临时性问题，可以建立长期团队，并授权员工与供应商、客户以及其他人紧密合作，快速有效地推出优质新品，提供出色服务。

跨职能自我管理型团队（cross-functional self-managed team）是由来自不同职能部门的员工组成的团队，他们长期合作共事（与矩阵型组织中建立的临时团队不同）。自我管理意味着他们无须管理层批准就有权做决策。跨职能团队创立之后，设计、工程、营销、分销等各职能部门之间就没有障碍了。有时还可以创建跨公司团队，也就是说，团队成员来自两个或两个以上的公司。

跨职能团队应有充分自主权，成员协同作业。当团队成员共享领导权时，团队运转也最为有效。比如，工程师可以领导新产品的设计，而一旦产品上市，则由市场营销专家担任领导。参阅“知变则胜”专栏，了解一些组织如何将自我管理提升到新的高度。

知变则胜

佼佼不群

为什么止步于自我管理的团队？为什么不将自我管理原则应用于整个组织呢？这正是美捷步、晨星（Morning Star）和戈尔（W.L.Gore）等公司所做的。这些公司采用了一种被称为“合弄制”（Holacracy）的组织结构，彻底消除了层级制。

在合弄制组织中，权力和决策都交给整个组织中的“圈子”（把圈子看作团队中的团队）。一个圈子就是一组“角色”，无论组织的目标是否随需求变化而变化，这些角色都会朝着相同的目标努力工作。角色是为了达到特定结果或过程的一系列职责，可以根据需要创设、修改或删除。通常来说，个人扮演的角色不止一个，他们在不同的圈子中会有不同的角色。

随着新目标和任务的演变，个人会创设各种圈子来应对。例如，圣路易斯的一家电视台动员了临时团队，在有关金融危机和弗格森事件等重大事件的报道中加入社区声音。当任务完成后，圈子即告解散。

没有技术手段，就不可能知道谁在何时何地在做什么。Glass Frog 或 holaSpirit 等系统可以列出每个圈子和每个角色的目的、责任和决策权。每个人都可以看到这些信息。

自我管理并不一定适合所有的组织和员工。当美捷步向所有认为自我管理不适合自己的员工提供遣散费时，18% 的员工接受了这个提议。你觉得在没有老板的公司工作是什么感觉？

资料来源：Ethan Bernstein, John Bunch, Niko Canner, and Michael Lee, “Beyond the Holacracy Hype,” *Harvard Business Review*, July-August 2016; Erik Roelofsen and Tao Yue, “Case Study: Is Holocracy for Us?” *Harvard Business Review*, March-April 2017.

超越组织的界限

跨职能团队如能听取客户意见（尤其在产品研发时），就能达到最佳工作状态。最好能让供应商和分销商也加入团队。容纳了客户、供应商和分销商的跨职能团队，便可超越组织界限。当供应商和分销商在其他国家时，跨职能团队可以跨国共享市场信息。政府协调人员可以协助此类项目，让跨职能团队打破政府和企业的藩篱。

想一想

你可以把手术室里的医疗专家团队想象成一个跨职能自我管理型团队。医院各部门、各领域的医生、护士、技术人员和麻醉师共同努力，顺利完成手术。在办公室或零售企业中，跨职能自我管理型团队需要完成哪些任务？

跨职能团队只是企业之间的一种互动方式。接下来我们看看其他方式。

管理企业之间的互动

无论对于客户、供应商、分销商还是政府，**网络化（networking）**都是指使用通信技术和其他手段将各个组织连接起来，为共同的目标而合作。下面我们来进一步探讨这个概念。

透明度和虚拟组织

网络化的组织在网上紧密连接，每个组织都可以实时了解其他组织在做什么。**实时（real time）**是指某件事情发生的时刻或实际时间。有了互联网，公司可以将开发或收集的数据实时发给合作伙伴。透明度（见第7章）指的是一家公司对其他公司毫不隐匿，电子信息全部共享，仿佛是同一家公司。通过这种整合，两家公司可以像传统企业中的两个部门一样紧密合作。

你能看出网络化对组织设计会有哪些影响吗？大多数组织不再自给自足，而是加入了紧密合作的庞大全球企业网络。仅靠一张组织结构图是无法全面展示人们在组织中所做工作的，因为这个组织只是一个更大的企业系统的一部分。现代的组织结构图会显示不同组织中的人员，以及他们是如何在网上连接起来的。

网络化的组织结构比较灵活。[8]某公司可以与一家意大利公司的某位设计专家合作一年，然后结束合作关系，再为下一个项目从另一国的公司聘请一位专家。这样一个由可替换企业组成的临时网络组织就是**虚拟公司（virtual corporation）**，可根据需要加入和离开（见图8-8）。这与传统的组织结构大相径庭。事实上，传统管理者有时很难适应这种快速变化和不稳定的人际关系。我们将在下面讨论如何适应变化。首先，我们将描述组织如何使用标杆分析法和外包来管理与其他公司的互动。

组织曾经试图全靠自己完成所有的职能，每个组织都设有会计、财务、营销、生产等部门。如今的组织在靠自己达不到世界一流水平的领域，则会寻求其他组织的帮助。

标杆分析法（benchmarking）是将组织的作业规范、流程和产品与世界最佳者进行比较。举个例子，K2 滑雪板公司（K2 Skis）是一家生产雪橇、滑雪板、直排滑轮及相关产品的公司。它向压缩光盘业学习，使用紫外线油墨在滑雪板上打印图形；它向航空航天业学习，利用压电技术减少滑雪板的振动（航空航天业将该技术用于飞机机翼）；它向有线电视业学习，运用玻璃纤维和碳层知识制作滑雪板。另一个例子是惠氏制药公司，它以航空航天业的项目管理为标杆，以航运业的流程标准化为标杆，还以计算机制造商的高效率为标杆，研制出最高效的处方药生产方法。

图 8-8　虚拟公司

虚拟公司与从事其生产、经销、法律和其他工作的公司没有永久的联系。这种公司非常灵活，能够迅速适应市场的变化。

还有一种竞争型标杆分析法。在零售业，塔吉特百货可能会与沃尔玛比较，看看沃尔玛是否在某些方面更胜一筹，然后再努力改进做法或流程，争取赶超沃尔玛。

如果一个组织无法在某领域（如运输）做到极致，它会尝试将该业务外包给 UPS 或联邦快递这类专门从事运输的组织。请记住，外包就是将一个或多个职能——如会计、生产、安全、维修和法务，分派给外部组织。如今，外包业务中甚至不乏小公司的参与。我们已探讨过公司外包会碰到哪些问题，尤其是外包到海外时。有些职能（如信息管理和市场营销）可能过于重要，不能交给外部公司。在这种情况下，组织应向业界典范学习，进行部门重组，力求与典范媲美。关键要记住，其他国家的公司经常把职能外包给美国的公司，我们称之为内包，内包给美国带来了很多就业岗位。

企业完成外包后，剩下的职能就是企业的**核心竞争力（core competencies）**，即组织具有与世界上其他组织同样或者更好的能力。例如，耐克最擅长的是运动鞋的设计与营销，这是其核心竞争力。但

想一想

耐克的核心竞争力是设计与营销运动鞋。公司将其他职能（生产）外包给其他公司，这些公司生产的运动鞋比耐克更好，也更便宜。专注于公司的核心竞争力有哪些优缺点？

是，耐克把生产任务外包给其他公司，因为那些公司生产的运动鞋比耐克更好、也更便宜。[9]

适应变化

一旦创建了组织，你就要做好准备，为适应市场变化，随时调整结构。要始终做好准备并非易事，时间一长，组织可能陷于墨守成规的境地。员工往往会说："我们一直都是这么做的。如果旧的能用，就别弄新的。"管理者也会变得自满。他们可能会标榜自己有 20 年的工作经验，但其实只是一年做了 20 次而已。你认为应对变化不够迅速是导致美国制造业衰退的一个因素吗？

因此，推行改革是管理者面临的最艰巨的挑战。尽管如此，通用汽车、福特、Facebook 等渴望更具竞争力的公司都力求变革。如果你的设备陈旧低效，就得坚决淘汰。通用汽车和其他公司正是这么做的。[10] 事实上，它们已向政府申请了数十亿美元的救助贷款。[11]

互联网为企业创造了全新的机会。企业不仅可以在网上直接销售产品，还可以向客户提问，然后提供他们所需的信息。为了赢得市场份额，一方面，企业必须让传统部门与信息技术人员相互配合，营造热情友好、便于管理的网络互动。今天的年轻人被称为**数字原生代（digital natives）**，他们是伴随着互联网和手机长大的，使用高科技设备是他们的第二天性。另一方面，企业还得对老员工进行再培训，让他们更懂技术。虽然科技使沟通变得容易便捷，迅速及时，但整天与工作连通也有不利之处（请参阅"社媒连线"专栏）。

能够成功适应变化的公司都有以下共同特点：（1）它们倾听客户的意见；（2）它们有鼓舞人心的管理者，在组织的各个部门激发大家的创新构想；（3）它们经常濒临倒闭。[12] 当然，适应变化并非易事，但不改变不亚于毁灭。

为了授权而重组

通常来说，要赋予员工自主权，企业必须大规模重组，对一线员工委以重任。**重组（restructuring）**就是重新设计组织，以便更有效地为客户提供服务。

一直以来，百货商店的售货员和酒店的前台都被视为无关紧要的员工，而管理者才更重要，因为他们要负责指导一线员工的工作。一家典型企业的组织结构图看起来很像金字塔。

一些服务型组织颠覆了传统的组织结构。**倒金字塔型组织（inverted organization）**的一线员工（如护士）位于组织结构图的顶端，而首席执行官则位于底端。管理的层级很少，管理者的工作是帮助和支持一线员工，而不是对他们颐指气使。图 8-9 解释了倒金字塔型组织与传统组织的区别。

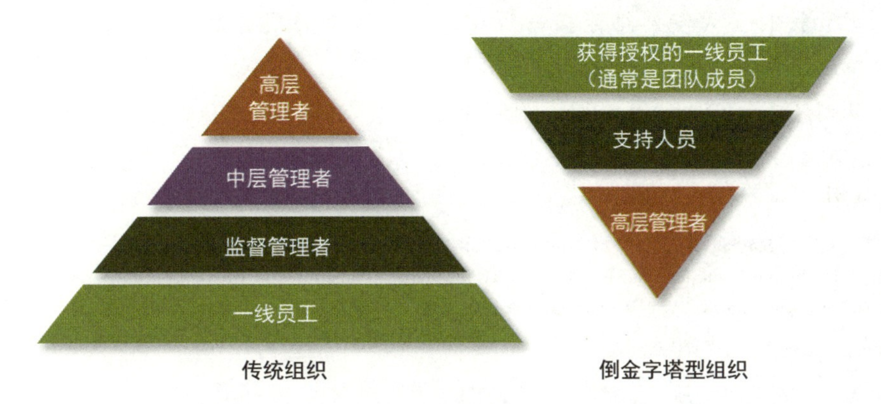

图 8-9　倒金字塔型组织与传统组织结构的区别

建立在倒金字塔型组织结构基础上的公司，支持一线员工，为他们提供内部和外部数据库、先进的通信系统和专业协助。因此，如今的一线人员必须具有更高的教育水平，受过更好的培训，拿着更高的薪水。对于高层管理者来说，实施这样一个系统需要极大的信任，但如果他们付诸行动，客户满意度和利润回报率往往会证明，一切努力都是值得的。

社媒连线

中断联系

我们大多数人都是全天候在线的，但这可能不是什么好事。根据皮尤研究中心（Pew Research）的调查，25% 的夫妻会为他们花在网上的时间而争吵。虽然有些时间可能是用于社交的，但越来越多的时间是与工作相关联的。许多员工经常在下班之后定期查看邮件。约 40% 的受访者表示，他们“频繁”查看办公室发来的信息。

许多雇主希望员工在任何需要的时候都能招之即来，这种持续不断的联系可能会让员工看起来对工作很投入。但不利因素是，如果全天候都与移动设备连线，会让人心力交瘁。员工在上班之外工作的时间越长，就越有可能感到身心俱疲，而这会影响员工的表现。

一些公司领导公开反对全天候的工作连线。例如，阿里安娜·赫芬顿认为，雇主有必要后退一步。她在《赫芬顿邮报》的报社制定了一项政策，让员工与办公室切断联系，员工无须在下班后或周末回复电子邮件。

鉴于我们全天候网络连接的现状，要想所有公司都制定政策，让员工与办公室切断联系，这是不太可能的事情。许多员工都主动设定界限，争取工作和生活两不误。例如，他们让其他人知晓，在有些时间段他们是不会回复信息的。你能做些什么来让其他人（朋友、家人、同事等）知道你的社交媒体界限在哪里？

资料来源："Staying Connected 24/7 Takes Its Toll," Career Intelligence, accessed September 2017; Emerson Csorba, " The Problem with Millennials? They're Way Too Hard on Themselves, " *Harvard Business Review*, May 2, 2016; Susanna Schrobsdorff, "Why We Shouldn't Tell Workers When to Unplug," *Time*, January 22, 2017.

创造以变革为导向的组织文化

任何组织变革都会带来一定的压力，也会遭遇成员的抗拒。如果企业文化本身就是围绕变革的，企业也就能自如应对变革。**组织（或企业）文化（organizational/corporate culture）**是组织内部普遍共有的价值观，促进团结合作，实现共同目标。组织文化通常可以从组织的故事、传统和传闻中反映出来。

每家麦当劳餐厅的外观、氛围、给人的印象都是一样的，简言之，每家餐厅都有相似的组织文化。参观过很多麦当劳餐厅之后，麦当劳企业文化所注重的几点也就显而易见了：质量、服务、整洁、价值。

组织文化也有可能是消极负面的。你是否去过那种谁都不在意服务或质量的组织？店员一个个闷闷不乐，拒人千里，性急易怒。店里充斥着这些负面情绪自然会令人不悦，影响顾客的心情。很难想象，组织经营到如此地步还能撑得下去，更别说赚钱了。所以说，等你找工作时，务必先了解组织文化，看看自己能否融入其中。

一些最优秀的组织的文化注重为他人服务，尤其强调客户是上帝。在这种氛围的感染下，员工热情友好、乐于助人，他们喜欢合作共事，为客户提供物美价廉的产品。这样的公司无须严格监督员工，也不太需要政策手册、组织结构图，以及正式的规定、流程和控制。富有成效的企业文化关键在于相互信任，而要获得信任，首先得给予别人信任。最优秀的公司非常重视道德准则和伦理价值，如诚实、可靠、公平、环境保护和社会参与。[13]

我们似乎一直认为，组织事务大多是由管理层控制的，其实不然。正式组织（包括组织文化）只是整个组织体系的一个要素。非正式组织同样重要，甚至更为重要。接下来我们探讨这个概念。

管理非正式组织

所有的组织都有两种组织体系：一种是**正式组织**（formal organization），它详细说明职责、权限和职位，如组织结构图所示；另一种是**非正式组织**（informal organization），它是随着员工在正式组织之外的交往，以及小团体、关系网和职权体系的建立，自然形成的体系。这种体系不会出现在任何组织结构图中，它反映的是组织人性化的一面。

这两种体系对于任何组织的有效运转都是缺一不可的。正式组织反应迟钝，往往过于官僚化，不能迅速适应变革。不过，它确实为组织的日常事务提供了有益的指导和职权范围。非正式组织架构松散，往往过于情绪化，难以在关键问题上做出谨慎、理性的决策。但是，它可以极其有效地为短期问题提供创造性的解决方案，在员工中间营造团结友爱的氛围。

无论在什么组织里，迅速了解谁是非正式组织的重要人物不失为明智之举。遵循正式规则，走正规渠道办事可能得花好几天时间。单位里有谁知道不用正常程序就能立刻获得供应？想要领导优先处理你的工作，应该找哪些行政助理？找到答案，也就找到了在许多组织中有效工作之道。

非正式组织的“神经中枢”是小道消息，这是管理者与员工之间的非正式信息流动系统。掌握小道消息的通常是关键人物，影响力巨大。

过去，在“对立”（us-versus-them）的组织体系中，管理者和员工经常针锋相对，其中的非正式体系严重影响了有效的管理。现在，在开放的组织中，管理者和员工共同制定目标，携手设计流程。其中的非正式体系就成为宝贵的管理资产，可以促进员工和谐相处，建立企业文化。

想一想

非正式组织是随着员工的结识与交往而发展起来的体系。小道消息是员工之间非官方信息的流动，它是非正式组织的神经中枢。非正式组织如何影响工作环境？

非正式组织在促进团队合作方面效果显著，而它抗拒管理指令的力量也不容小觑。员工可以组建工会，一起罢工，扰乱企业的经营活动。因此，学会建立合适的企业文化，掌握在非正式组织中的工作要领可谓管理的制胜之道。

本章小结

1. 概述组织管理的基本原则。

- 今天美国企业的状况如何？

  它们正在适应不断变化的市场，这是资本主义经济的正常功能。市场里会有亚马逊、谷歌和 Facebook 这样的大赢家，也会有惨败者。成功的关键是知常明变，适应不断变化的时代。

- 组织管理的原则是什么？

  构建组织包括设计劳动分工（有时会带来专业化），组建团队或部门，并分配责任和权力；还包括分配资源（如资金）、分配具体任务，以及为实现组织目标建立流程。管理者还必须在对待员工的问题上做出道德决策。

2. 比较法约尔和韦伯的组织理论。

- 法约尔的基本原则是什么？

  法约尔提出了统一指挥、职权等级、劳动分工、个人利益服从整体利益、权力、集权程度明确的沟通渠道、秩序、公平和团队精神等原则。

- 韦伯补充了哪些原则？

  韦伯补充了官僚制的原则，如职位描述、书面规定和决策方针、一致的流程、根据资格条件配置和提拔员工。

3. 评估管理者在建构组织过程中所做的选择。

- 在建构组织的过程中有哪四个主要选择？

  组织建构和重组的选择包括：（1）集权与分权；（2）管理幅度；（3）高耸型与扁平化组织结构；（4）部门化。

- 组织在建构方面的最新趋势是什么？

  一个趋势是部门经常被矩阵型组织结构和权力分散的跨职能团队所取代或补充。员工的自我指导能力越强，组织的管理幅度就越宽。另一个趋势是淘汰管理者，使用扁平化组织结构。

4. 对比各种组织模式。

- 两种主要的组织模式是什么？

　　两种传统的组织模式是直线型组织和直线参谋型组织。直线型组织职责与职权分明，信息沟通简捷，所有人只对一个主管负责。直线参谋型组织中参谋人员给直线人员就安全、法律事务、质量控制、数据库管理、人力资源管理和投资等领域提供建议。

- 主要组织模式的关键替代方案是什么？

　　矩阵型组织将人员临时分配到项目中，并鼓励跨组织合作和团队合作。跨职能自我管理团队具有矩阵型组织的所有优点，并且是长期的。

5. 确定企业间合作与协调的好处。

- 企业间沟通的主要概念是什么？

　　网络化使用通信技术和其他手段将各个组织连接起来，为共同的目标而合作。

　　虚拟公司是由可替换企业组成的临时网络组织，这些企业可根据需要加入或离开。标杆分析法是将组织的作业规范、流程和产品与世界最佳者进行比较。然后，公司可以将其较弱的职能外包给那些效力和效率更高的公司。完成外包后，剩下的职能就是公司的核心竞争力。

- 什么是倒金字塔型组织？

　　倒金字塔型组织将员工置于层级的顶端，高层管理者在最底端，负责培训和支持员工。

6. 解释组织文化如何帮助企业适应环境变化。

- 什么是组织文化？

　　组织（或企业）文化是组织内部普遍共有的价值观，促进团结合作，实现共同目标。

- 公司的正式组织和非正式组织有何不同？

　　正式组织详细说明职责、权限和职位，是组织结构图上显示的结构。非正式组织是随着员工在正式组织之外的交往，以及小团体、关系网和职权体系的建立，自然形成的体系。它反映的是组织人性化的一面。非正式组织是一项宝贵的管理资产，可以促进员工和谐相处，建立企业文化。非正式组织在促进团队合作方面效果显著，而抗拒管理指令的力量也不容小觑。

批判性思考

现在你已经掌握了组织的基本原则，那么请想一想，你在哪些地方运用过这些概念，或者你所在的哪个组织曾经用过这些概念。

1. 你觉得有必要进行劳动分工吗？劳动分工是有益的吗？
2. 你被分配了特定的任务还是由你自己决定做什么吗？
3. 是否如韦伯建议的那样，晋升是完全基于资历的？还考虑了哪些其他因素？
4. 当组织发展壮大时，会出现什么问题？
5. 你会向汽车公司建议进行哪些组织变革吗？如果是航空业和科技企业呢？

本章案例 鲜蔬餐厅的成功之道

鲜蔬餐厅（Freshii）被描述为“新一代快餐”。该公司由23岁的马修·科林于2005年创建，目前已在全球设立了300多家分店开展业务。如今，它是世界上发展最快的特许经营餐厅，每年收到4000多份特许经营申请。鲜蔬餐厅专注于新鲜、健康、可定制的食品服务，如墨西哥卷饼、汤、沙拉和冷冻酸奶。作为一家迅速扩张的公司，鲜蔬餐厅在全球各地都有分店。它需要关注的业务越来越多，需要坚持的使命也非常明确：通过让新鲜食品变得方便和实惠，改变世界的饮食方式。

为了实现目标，鲜蔬餐厅需要建立一个组织结构来支持公司的使命，并明确组织架构内部每位成员的角色。组织结构有不同的类型，每个公司应该选择适合其公司目标和文化的组织结构，这一点非常重要。为了实现其目标，鲜蔬餐厅采用了扁平化组织结构。

公司创始人马修·科林的梦想是让人们更容易吃得更健康，生活得更美好。怀揣这个目标，他觉得有必要与志同道合的加盟商和与他有共同目标的管理团队成员精诚合作、并肩作战。公司使用扁平化组织结构，消除了繁复的管理层级，这些管理层级常常会减缓或完全阻碍重要的沟通和决策。在鲜蔬餐厅，所有员工（甚至实习生）都被视为公司的合伙人和利益相关者。公司精干的企业团队被授权执行其专业领域的所有要素，并对业务运营产生重大影响。

扁平化组织结构与鲜蔬餐厅的企业文化非常契合，其充满激情、志同道合的员工以公司“大道至简、空谈误事、实干为要”的核心价值观为生活理念。

在鲜蔬餐厅，团队成员在工作中得到充分鼓励和授权以取得优异的成绩，他们的建议会从初始的想法渐次形成最终的成果。公司职员不受正式组织结构中的官僚作风限制。团队在一个共享的空间中站立办公，在这里，公司各个级别和部门之间均可以进行轻松、明快的互动。公司团队还通过举办全公司大赛，让团队成员展示他们所倡导的健康生活方式，践行公司使命所宣扬的健身与健康。

鲜蔬餐厅的领导层鼓励加盟商在自己的门店采用与公司总部相同的文化和组织结构。特许经营店的应对之策是，保持精干、高效的运营方式，培养员工秉持与公司核心价值观相同的理念。总部员工与特许加盟商保持持续的、顺畅的沟通，与加盟商分享企业理念，倾听并执行特许加盟商提出的建议。可以肯定地说，扁平化和精干的组织结构是恰到好处、行之有效的，并且对鲜蔬餐厅来说是卓有成效的。

今天，鲜蔬餐厅继续向世界各地的新市场扩张。尽管面临着这样或那样的挑战，但它成功地发扬光大了其独特的组织文化和纯粹的使命：帮助普天之下的大众吃得更健康，生活得更美好。

思考

1. 像鲜蔬餐厅这样的组织遵循亨利·法约尔的一些原则，比如团队精神。什么是团队精神？鲜蔬餐厅是如何发展其团队精神的？

2. 鲜蔬餐厅的决策是集权的还是分权的？这对公司的运营意味着什么？

3. 你认为鲜蔬餐厅的企业文化是抗拒改变还是接受改变？为什么？

第9章

生产与运营管理

学习目标

1. 描述美国制造业的现状，以及制造商为提高竞争力所做的工作。
2. 描述从生产管理到运营管理的演变。
3. 认识各种生产流程，描述提高生产率的技术，包括计算机辅助设计与制造、柔性制造、精益制造、大规模定制、机器人技术和3D打印。
4. 描述运营管理规划问题，包括设施选址与布局、物料需求计划、采购、准时制库存控制，以及质量控制。
5. 说明用计划评审技术与甘特图控制制造工艺。

Understanding Business

本章人物

弗恩基的首席执行官舍希德·可汗

舍希德·可汗（Shahid Khan）16岁时搬到了伊利诺伊州的香槟市，准备实现美国梦。然而，这位年轻的巴基斯坦移民很快发现，一场巨大的暴风雪不仅袭击了他在中西部的新家，还摧毁了他的信心。雪上加霜的是，伊利诺伊大学香槟分校的宿舍还没开放。舍希德·可汗不得不在当地基督教青年会花3美元订了一间房间和一顿饭。身无分文的他开始担心，接下来的四年大学生活将如何生存下去。

但第二天早上，他的恐惧烟消云散了，他发现基督教青年会厨房里有份洗碗的工作。刚开始的时候，工资是每小时1.2美元，舍希德·可汗惊讶地发现自己能这么快就弥补前一天晚上的损失。他说："如果是在巴基斯坦，每小时1.2美元工资的标准，我赚的已经超过那里99%的人了。我第一次长吁了一口气。"

可汗带着这一热情，融入校内外的学业和工作中。大学毕业时，他获得了工程学士学位，之后，他在当地一家名为弗恩基（Flex-N-Gate）的汽车零部件售后市场企业担任生产主管。起初，可汗无法相信该公司用来制造保险杠的低效制造方法，员工通常将多达15个不同的部件焊接在一起制成一个保险杠。可汗运用他的工程学专业知识，逐渐完善了这一过程，使其不再那么复杂。他的辛勤工作换来了一项革命性新产品：用一块钢板冲压而成的保险杠，可以使卡车尾部变薄。

然而，在售后服务行业工作了7年后，可汗意识到这个以价值为中心的行业没有多少创新空间。他知道如果想要他的产品成功，他必须直接把产品卖给汽车制造商。因此，1978年，可汗创立了自己的公司，公司只有一个邮政信箱和一笔小型企业贷款。可过后的两年，他赚了足够的钱，并从原先老板那里买下了弗恩基。他不仅获得了额外的收入来源，还得到一个知名品牌。虽然起初生意兴旺昌盛，但当可汗最大的客户通用汽车把他的保险杠设计交给大型供应商时，销售最终陷入停滞。

其他企业家可能会对这样的侮慢感到愤怒，但可汗一直保持积极乐观态度。“对他们来说，这样做是正确的。”可汗说，“我们没有业务能力，把产量从每天生产200个保险杠一跃提升到每天生产4万个保险杠。”好在他与通用汽车的交易让他接触到了作为日本最大汽车公司之一的五十铃汽车的高管。因此，可汗在20世纪80年代初前往日本，为赢得客户做最后的努力。对他来说，这真是个千载难逢的机会。日本汽车公司一直准备进入美国市场，但需要更多的国内供应商来推动增长。因为可汗的制造经验和创新性保险杠的设计，他完全符合这一需求。很快，弗恩基就开始为丰田、五十铃和马自达生产零部件。随着这些品牌成长为美国市场上最知名的品牌，可汗的公司也不断壮大。到2011年，美国销售的汽车和卡车有2/3使用了弗恩基的零部件。由于可汗是唯一的股东，公司销售的所有利润都归他所有。可汗现在的身价约为70亿美元。

2012年，可汗用这笔巨额财富中的一部分购买了杰克逊维尔美洲虎队（Jacksonville Jaguars），实现了拥有一支美国职业橄榄球大联盟球队的个人梦想。虽然美洲虎队近年来并不是“超级碗”的有力竞争者，可汗相信，总有一天这支球队会成为他另一个卷土重来的故事。

通过提高弗恩基的生产率，舍希德·可汗在创造数以千计的就业机会的同时也发家致富了。这还为他在汽车行业赢得了极高的地位。阅读本章，你将了解其他公司的领导者是如何在生产和运营部门茁壮成长、发展壮大的。你还会发现，为什么美国总体上正在从生产型经济转向服务型经济。

资料来源：P. R. Sanjai, Jie Ma, and John Lippert, “NFL’s Jaguars Billionaire Rises from Dishwasher to Takata Suitor,” *Bloomberg*, September 28, 2016; Brent Snavely, “Shahid Khan’s Advice to Engineers: ‘Make Sure You Make Money,’” *Detroit Free Press*, April 12, 2016; “Shahid Khan—Owner,” www.jaguars.com, accessed September 2017.

制造业和服务业概况

我们先来简单回顾美国制造业几十年前的状况。1953年，美国工业达到战后的顶峰，工厂雇用了约30%的劳动力。[1]到1979年，近2000万人在制造业工作。[2]但自此之后，工厂雇用的人数逐年稳步下降。2016年，约有1200万人从事制造业。[3]然而同年，美国制造的产品价值达到了历史新高。换句话说，现在是美国制造业最高产的时期了。[4]

那么，在工人数量持续减少的情况下，工厂是如何实现产量增长的？由于技术进步、自动化水平提高，美国的工厂只需少量人力，即可高效运转。几十年来，机器人一直在执行生产任务，但过去的模式太危险，人们无法与其共处一室。[5]现在，许多工厂的员工与机器人并肩工作，机器人可以向人类同事学习，与他们合作。[6]

这些进步颠覆了当今工厂的岗位类型。过去，只要凭高中文凭，差不多就能在装配线上找到一份高薪工作。[7]随着自动化程度的提高，机器人接手了这些重复性工作。我们来大致了解一下这种转向自动化劳动的状况：1980年，工厂需要25人才能创造出价值100万美元的产量，如今仅需5人。[8]这些岗位的员工必须具备先进的技能才能胜任。因此，现代工厂需要的是工程师和软件开发人员来操作尖端设备，而不是低技能的流水线工人。[9]

由于这些变化，美国工业可能再也不会像20世纪50年代那样雇用那么多工人。今天的经济主要依靠服务业而不是制造业。服务业占美国国内生产总值的比重超过70%，约80%的工作都在服务业，包括律师、医生、演艺人员等职业，以及会计、金融和管理咨询等商业服务。制造商在招聘顶尖人才时，必须与技术开发等利润丰厚领域的企业竞争。事实上，随着工程师和计算机专家纷纷涌入科技行业，许多美国工厂一直虚位以待却无人应聘。[10]“异域新说”专栏着眼于德国企业如何利用学徒制度，避免这种结构性失业。

想一想

与它们的前辈不同，现代工厂机器人可以安全地与人类并肩工作。你认为有朝一日制造业可以完全由自动化劳动力驱动吗？

异域新说

培养德国式学徒制的熟练工人

根据最近的一项研究，未来10年，由于缺乏培训，美国工人将失去200万个工业岗位。为了应对这种日益扩大的技能差距，一些制造商已经转向学徒计划，为年轻工人提供在职教育。尽管这种安排在美国刚刚开始流行起来，但几个世纪以来，德国中型企业一直依赖学徒制。美国大约有一半的高中毕业生选择参加这些高强度的培训项目，尤其因为他们在毕业时实际上得到了就业保障。

德国学徒通常每周花三四天时间在公司进行现场培训，然后在职业学校再学习一两天。公司支付学生的学费和工资。三年之后，学徒必须通过一项涵盖他们所选择职业的考试。那些获得认证的人通常会留在培训他们的公司，从而为员工和公司都带来好处。美国学徒和德国学徒都是如此：根据美国劳工部的数据，87% 的学徒在完成培训项目后获得工作。

像伊利诺伊州高级技术培训联盟（ICATT）这样的国内组织想要确保更多的美国工人获得这种在职教育。例如，伊利诺伊州的金属制造商斯科特锻造厂（Scot Forge）最近与伊利诺伊州高级技术培训联盟合作，建立了一个基于德国认证标准的培训项目。学生们半工半读，把时间分配在车间工作和在当地社区学院课堂学习。那些通过三年课程的学生将获得副学士学位以及两年有保障的工作。据斯科特锻造学徒计划负责人扎克·福特（Zach Ford）表示，其他公司也应该明智地建立了自己的类似体系。“如果所有制造商都对这里发生的事情视若无睹，那将对我们的行业有百害而无一利，”福特说，“如果没有人来做这项工作，那么到底有多少事情要完成就无关紧要了。”

资料来源：Edward P. Lazear and Simon Janssen, “ Germany Offers a Pro-mising Jobs Model,” *The Wall Street Journal*, September 8, 2016; Elizabeth Schulze, “ U.S. Companies Turn to German Training Model to Fill Jobs Gap,” *The Wall Street Journal*, September 26, 2016; Katherine S. Newman and Hella Winston, “ The Answer to America’s Skilled Labor Problem,” *Fortune*, July 24, 2017.

制造商和服务组织变得更具竞争力

尽管美国工业比以往任何时候都更多产，但来自世界各地的竞争也日益激烈。美国生产商必须与中国强大的制造企业，以及德国、韩国和印度不断扩张的企业竞争。[11] 许多外国制造商依靠美国的技术和理念来提高效率，增加产出。但是大量新观念新方法也纷纷在海外涌现，这意味着美国制造商必须随时关注行业发展趋势，跟上最新生产技术。

随着服务业竞争加剧，服务业供应商也要迎头赶上。但提高服务效率并不像听起来那么容易。毕竟，你会因为发型师理发最快就选他吗？[12] 服务业企业必须专注于为客户提供全心全意的服务。它们还要与供应商以及其他公司保持密切的联系，以满足顾客各项需求。最后，与制造业的同行一样，如果服务业提供商想要保持竞争优势，就必须不断改进。

本章将探讨服务业和制造业的运营管理方法。我们先从几个关键术语开始。

从生产管理到运营管理

生产（production）是使用土地、劳动力、资本、企业家精神和知识等生产要素制造产品和服务（见第 1 章）。从历史上看，生产的意思是制造，**生产管理（production management）**这个术语描述了管理者帮助企业创造产品的活动。（不过，正如我们在上一节所讨论的，近几十年来，美国经济的主要驱动力是服务业，而不是制造业。）

运营管理这一术语既用于制造业，也用于服务业组织。**运营管理（operations management）**是将资源（包括人力资源）转变成产品和服务的专门管理领域，它包括库存管理、质量控制、生产调度、售后服务等。在汽车制造厂，运营管理是把原料、人力资源、零部件、物料、油漆、工具和其他资源转变成汽车，这里的运营管理是通过制造和装配流程来实现转变的。

在服务型组织（如学院或大学）里，运营管理需要投入信息、教授、图书、建筑物、办公室和计算机系统等资源，然后创造服务——将学生转变成受过良好教育的人。这里的运营管理是通过教学和阐释过程来实现转变的。

有些组织（如工厂、农场和矿山）主要生产商品，另一些组织（如医院、学校和政府机构）主要提供服务，还有些组织既生产商品也提供服务。例如，汽车制造商不仅生产汽车，还提供修理、融资和保险等服务。在温迪汉堡店，你不仅可以买到汉堡和薯条等商品，还可以获得点餐、接单、备餐和清扫等服务。

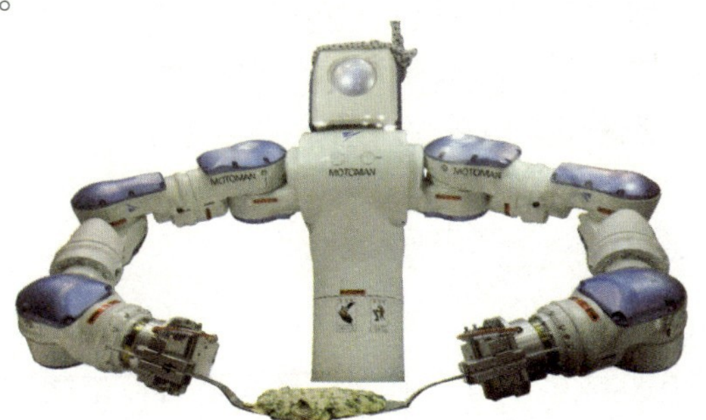

资料来源：©Kim Kyung-Hoom/Reuters/Landov.

想一想

各家公司每年都会发现自动化的新方法，减少对人力的需求。这个机器人展示了烹饪日式薄饼御好烧的能力。机器人可以接受顾客的口头下单，使用标准的厨房用具。在点餐和备餐方面，你认为机器人会比人类做得更好吗？

服务业的运营管理

服务业的运营管理就是为使用服务的人创造良好的体验。例如，在希尔顿酒店，运营管理包括平稳的电梯、精致的餐厅、舒适的床铺和高效的前台，还有可能包括大堂中的鲜花和客房里的果盘。

除了这些传统设施，希尔顿还必须锐意创新，以满足客人不断变化的需求。如今，大多数商旅客人都希望房间有 Wi-Fi，配有现代办公资源的工作中心。希尔顿不仅提供这些服务，还开发了其他创新服务，这些创新有朝一日可能会成为酒店的标配。其中一个创新是“无钥匙开门”，这是希尔顿酒店正在开发的一种系统，客人用智能手机即可进入房间，这样酒店就不用再给客人容易弄丢的房卡了。[13]

希尔顿另一个雄心勃勃的项目是“康妮”，这是一个 2 英尺㊀高的前台机器人，可以回答客人提出的常规问题。[14] 这款机器人以公司创始人康妮·希尔顿（Conrad Hilton）的名字命名，使用 IBM 的“沃森”（Watson）系统来学习新信息、接受新任务。尽管康妮目前只能告诉你怎么去健身房，但有朝一日，它可能会成为每一家希尔顿酒店的运营中心。集团在总部附近开设了创新研发中心，对所有新创意进行测试和体验。[15] 这样希尔顿酒店便可以观察客人对各种创新服务的反应，以及创新服务对整体运营的影响。

简言之，如同其他诸多服务业企业一样，通过预测客人需求来取悦客人已经成为希尔顿这类酒店的质量标准。但是，了解客户需求和满足客户需求是截然不同的。运营管理作为桥梁，将这两个概念架接起来，从而使公司将创意转化为实际的商品和服务。接下来，我们将探讨生产流程，以及企业如何做才能保持美国在生产领域的竞争力。

想一想

服务业运营管理的关键就是丰富客户的体验。例如，酒店为满足商务客人的需求，提供了客房互联网接入和其他办公支持，并存储了常住旅客的喜好等信息。酒店还为忙碌的商务客人提供了哪些便利设施？

生产流程

常识和经验让你对生产流程有了诸多了解。例如，你知道写篇论文或做顿晚餐需要什么。你需要钱来购买原料，需要场地来干活，还需要有计划地完成任务。工业生产流程也是如此，它用基本投入来生成产出（见图 9-1）。生产可

㊀ 1 英尺 =0.3048 米。——编者注

以为原料或过程增加价值或效用。

图 9-1 生产流程

生产过程包括获取生产要素（土地等），并利用这些投入来生产产品、服务和创意。规划、路径、排程和其他活动是实现目标——产出的手段。

形态效用（form utility）是生产商在原料加工成产品或提供服务后产生的附加值。例如，将原料硅制造成计算机芯片，或者综合几个服务形成度假套餐。零售业也有形态效用。例如，屠夫可以从一头牛身上切下一块特定部位的牛肉，烘焙师傅可以用基本原料做一种特定类型的蛋糕。我们将在第 15 章进一步探讨效用。

制造商使用几种不同的流程来生产产品。电脑芯片制造商英特尔已故前董事长安德鲁·格鲁夫（Andrew Grove）用下列类比来阐释生产：

> 假设你是厨师，负责每天做早餐。早餐包括一个煮了 3 分钟的溏心白煮蛋、黄油面包和咖啡。你的任务是要把这三种东西同时做好送上，确保每个东西都是新鲜出炉、热气腾腾的。

格鲁夫说，这项任务包含了生产的三个基本要求：（1）根据客户的要求，在约定的交货时间内完成并交付产品；（2）质量水平令人满意；（3）尽量把成本降到最低。

现在我们用早餐的例子来类比流程和组装。**流程制造**（process manufacturing）是用物理或化学方式改变原料。例如，煮鸡蛋是用物理方式改变鸡蛋。同样，流程制造将沙子转变成玻璃或计算机芯片。**装配流程**（assembly process）是将零部件（鸡蛋、面包、咖啡）装配组合成产品（早餐）。汽车是通过装配流程将车体、发动机和其他部件组合而成的。

生产流程既可以是连续的，也可以是间歇的。**连续流程**（continuous process）是指经过一段长时间的生产便可产出成品。作为一名厨师，你可以用一根传送带，不断把鸡蛋沉入沸水中，3 分钟后，再升上来。只要你需要，随时都有煮了 3 分钟的鸡蛋。还有一个连续生产流程的例子就是化工厂。

在执行特定客户的订单时，使用间歇流程往往更合适。**间歇流程（intermittent process）**的生产运行时间短（一两个鸡蛋），生产中要频繁更换机器来生产不同的产品（烘焙坊的烤箱或小餐馆的面包机）。定制家具的制造商也会采用间歇流程。

如今，许多制造商使用间歇流程。有了计算机、机器人和可变通的生产流程，各企业生产定制产品就像过去生产批量产品一样快。在接下来的几节中，我们将深入讨论各企业是如何做到这一点的，同时还会讨论先进的生产方式与技术。

想一想

像魅力城市蛋糕（Charm City Cakes）的达夫·戈德曼（Duff Goldman）这样的烘焙师，将基本原料转变成特殊的定制蛋糕，为原料增加形态效用。你能看出做这种蛋糕为什么既包含流程制造，又包含装配流程吗？

资料来源：©Philip Friedman/Studio D.

提高生产技术和降低成本的需要

运营管理的最终目标是按照客户的需求，提供及时、优质的产品和服务。正如我们在书中反复强调的，传统的组织本身就不是为了快速响应客户而设计的，而是为了高效率（低成本）的产品生产。大规模生产背后的理念是实现单一品种的大批量生产，而且生产成本极低。

多年来，低成本常常是以牺牲高质量和变通性为代价的。供应商有时说话不算数，导致制造商不得不存储大量原材料和零部件，确保生产不间断。这种低效率使美国公司容易受到生产技术更先进、人力成本更低廉的外国竞争对手的冲击。

面对全球竞争的新态势，各家公司不得不以低成本生产各种高质量的定制产品，为此，必须在生产方面做些改变。有几大研究成果提高了美国公司的竞争力：（1）计算机辅助设计和制造；（2）柔性制造；（3）精益制造；（4）大规模定制；（5）机器人；（6）3D打印。

计算机辅助设计和制造

其中一项改变生产技术的研究成果是利用计算机进行产品设计，称为**计算机辅助设计（computer-aided design, CAD）**。从建筑公司到汽车制造商，再到电子游戏设计师，都依赖3D建模软件来创作新产品。[16]

接下来是利用**计算机辅助制造（computer-aided manufacturing, CAM）**将计算机直接用于生产过程。利用CAD和CAM，几乎不用增加多少成本，就可以设计定制产品，满足小众市场的需求。制造商通过计算机编程来进行简单的设计变化，而这种变化很容易集成到生产中。在服装业，可以用电脑程序进行服装制版，自动裁剪布料，甚至增加些许成本就可以为不同的客人量身定做。

在餐饮服务业，现烤糕点店利用CAM技术进行现场、小规模、半自动、感应控制烘焙，轻松维持一致的质量标准。此外还有3D打印机，它利用最新的CAM技术把打印材料层层叠加，直到将计算机上的蓝图变成实物，非常神奇。

CAD可以显著提高企业的生产力。过去，CAD机器不能直接与CAM机器对话。而今天，可以用**计算机集成制造（computer-integrated manufacturing, CIM）**这一软件程序将CAD和CAM结合起来。CIM价格不菲，但可以大大缩短制作零件的编程时间。

资料来源：©Benoit Decout/REA/Redux.

想一想

有了3D CAD工具，设计师可以直接制作服装原型，而省却传统的制版流程（包括缝制、试穿、改尺寸等）。这项技术对小型制造企业有什么好处？

柔性制造

柔性制造（flexible manufacturing）是指设计能执行多项工作的机器，以便生产各种产品。艾伦－布拉德利公司（Allen-Bradley）利用柔性制造技术，制造发动机启动器。公司每天接到订单后，在24小时之内，由机器和机器人完成启动器的制造、测试和包装，完全无须人工操作。艾伦－布拉德利的机器灵活性强，能在不打乱正常生产计划的情况下，插入备件和急件制造任务。

精益制造

精益制造（lean manufacturing）是与大规模生产相比，使用更少的投入来生产产品，即用更少的人力投入、更少的制造空间、更少的工具投资、更少的工程时间来开发新产品。公司通过持续提高制造优质产品的能力，同时减少对资源的需求，成为精益企业。

美国工厂生产力和效率的提高主要归因于技术进步。技术提高了劳动生产力，但也带来了其他挑战。毕竟，员工可能会对各种创新望而却步（比如，他们必须学习新流程），而公司则要不断对员工进行培训和再培训，以保持竞争力。公司保持竞争力的途径之一是生产更具个性化的产品。下一节将讨论如何做到这一点。

大规模定制

定制（customize）是指为特定的个人制作独特的产品或提供特定的服务。定制一度被视为不可能实现的服务，而如今，以满足大量个体客户的需求生产定制产品的**大规模定制（mass customization）**已得到广泛应用。日本的国家自行车工业公司（The National Bicycle Industrial Company）生产18种型号的自行车，搭配出200多万种组合，每一种都是为满足某一特定客户的需求而设计的。客户选择型号、尺寸、颜色和款式，零售商从客户那里拿到尺寸后，将数据发给工厂，再由工厂安排机器人完成大部分的组装工作。

> **想一想**
>
> 你不仅可以定制M&M豆的颜色，还能随心印上个性化信息和图案。你还能想到其他定制产品吗？

越来越多的公司开始学习产品定制。时装初创企业Proper Cloth使用一种智能网格划分（SmartSizes）软件，为进行网购的客户定制衬衫。[17]在健安喜（GNC），注重健康的消费者可以定制自己的维生素。而喜欢甜食的人，甚至可以买到定制的M&M巧克力豆，颜色任由你选。

服务业也有大规模定制。资产保护保险公司（CPI）使用最新的计算机软件和硬件向企业销售定制的风险管理计划，健身俱乐部为个人提供独特的健身项目，旅行社根据个人选择提供不同的度假套餐，一些大学允许学生自行设计主修专业。定制服务要比定制产品容易得多，毕竟，定制服务不需要对固定、有形的产品进行改动。每个客户都可以指定想要的服务，只要在企业的服务范围内就可以，而企业的服务范围似乎也在不断扩大。

机器人

工业机器人可以一天24小时，一周7天精准无误地工作。大规模定制对机器人来说完全不成问题。（至少，没人听到过它们抱怨。）机器人已经彻底改变了制造业，它们在提高生产率的同时，也抢走了不少人类的就业岗位。[18] 除了工厂流水线上的工作，机器人还开始在服务业取代人类。在雅乐轩酒店（Aloft），一个名叫博特勒（Botlr）的机器人管家在大厅里巡视，为客人提供客房服务。[19] 甚至华尔街的金融分析师也不得不开始与机器人竞争工作岗位。[20] 换言之，机器人正在稳扎稳打地帮助人们取得优异成绩，或者完全取代他们。不久，我们可能会进入所谓的机器人经济。[21] 许多人将中国经济的巨大成功归因于廉价的劳动力，但中国很快就会成为世界上最大的机器人市场。[22]

3D打印

近年来，一个最激动人心的生产流程就是3D打印。这个先进的流程也被称为“增材制造”（additive manufacturing）。在这个流程中，由类似喷墨打印机喷嘴的装置进行逐层叠加打印。到目前为止，制造商主要使用3D打印技术为其他工业项目创建原型模型或模具。[23] 但专家称，3D打印未来可能会颠覆各种产品的生产方式。“知变则胜”专栏探讨了这些潜在的发展，以及它们将如何影响多个行业。

知变则胜

无所不能的3D打印

随着3D打印机变得更加可靠和经济实惠，许多评论人士称赞这一过程是各行各业未来的发展方向。这些专家声称3D打印（即增材制造）将会改变一切，包括制造业、医学和时尚。当然，没有人能预测未来。尽管3D打印的可能性是很大的，但只有时间才能告诉我们哪些方法会成功，哪些方法则会失败。

到目前为止，3D打印技术在工厂中的应用前景最为广阔。多年来，制造商一直在使用这一工艺为零部件创建模具或开发原型，但与此同时，由于3D打印机只能使用塑料，工厂无法用3D打印机生产可工作部件。现在，工程师开发出的3D打印机可以用碳纤维甚至金属制造物体。随着3D打印变得更加高效，这些进步可能会彻底改变生产。

3D打印技术有可能被证明对医疗行业带来翻天覆地的变化。除了生产有助于器官移植的模型，3D打印还可以用来设计更有效的药物或改善医学成像。

甚至时尚行业也看到了3D打印的光明前景。例如，飞驰制鞋公司（Feetz）就利用3D打印技术生产了一系列定制的鞋子。一些服装制造商断言，3D打印机对服装行业的变革意义毫不逊色于缝纫机。事实上，有一天你最喜欢的衣服可能会从安装在你家的3D打印机上出来。然而，没有人确切地知道3D打印是否会实现这一宏愿。敬请关注这一先进过程是如何在你的一生中得到改善的。

资料来源：Ted Mann, “3-D Printing Expands to Metals, Showing Industrial Promise,” *The Wall Street Journal*, November 11, 2016; Constance Gustke, “ Your Next Pair of Shoes Could Come from a 3-D Printer, ” *The New York Times*, September 14, 2016; Bhaskar Chakravorti, “3 Ways in Which a 3D Printer May One Day Save Your Life,” *The Washington Post*, March 7, 2016; “3D Printers Start to Build Factories of the Future,” *The Economist*, June 29, 2017.

使用传感、测量和流程控制

大多数先进的制造技术都是由处理大量数据的计算机驱动的。这些数据可以控制湿度测量传感器、控制全球定位跟踪器（固定位置），或者控制测量材料厚度的卡尺。产品从生产到交货的整个过程都在被跟踪，一旦出现问题，传感器就能立即检测到，并通知某人进行必要的调整。[24]公司也在使用纳米制造技术。1纳米是1米的十亿分之一，所以纳米制造就意味着可以操控分子级甚至原子级的材料。[25]

运营管理规划

运营管理规划有助于解决服务业和制造业的许多问题，包括设施选址、设施布局、物料需求计划、采购、库存控制和质量控制。这两个领域所使用的资源可能有所不同，但管理问题却是类似的。

设施选址

设施选址（facility location）是为公司的运营选择地理位置的过程。为了时刻关注客户的需求，有一个选址策略是所选地址要便于消费者使用公司的服务，并就其需求进行沟通。花店和银行在超市里设置的网点，其产品和服务相比独立网点更容易获得；星巴克也在超市和塔吉特百货商店开设了门店；你在沃尔玛甚至加油站，都能看到麦当劳餐厅。

当然，最大的便利是足不出户就可以方便地购物。这就是为什么网上银行和网上购物等服务如此受人青睐。电子商务使用 Facebook 和其他社交媒体，使交易变得更加容易。实体零售商要想在这场竞争中胜出，就必须选择上佳地段，提供优质服务。研究服务业企业的位置（比如酒店、银行、健身俱乐部和超市），你会发现那些做得风生水起的企业都位于便利地带。谷歌在一些州建立了大型数据中心，这些州提供税收优惠，而且电力成本较低。这些中心也都位于水源附近，可以冷却服务器。

制造商的设施选址

企业运营场所的变迁有时会给一些地区带来零星的失业，而给另一些地区带来巨大的经济增长。例如，汽车制造业的衰退致使底特律的经济连续多年下滑。与此同时，科技产业的崛起使硅谷成为世界上最富有的一方宝地。

为什么公司要耗资数百万美元迁址？它们考虑的因素很多，如劳动力成本、可用的资源如劳动力、便捷的交通以缩短产品进入市场的时间、靠近供应商与顾客、犯罪率、员工的生活质量、生活成本、培训或再培训当地劳动力的需要。

尽管在高度自动化的工业中，劳动力在总成本中所占比例越来越小，但能否找到廉价劳动力或合适的熟练劳动力仍然是许多生产商将工厂迁往马来西亚、中国、印度、墨西哥和其他国家的一个关键原因。总的来说，美国的制造业企业往往比世界上其他国家企业给的工资更高，福利也更好。

工厂迁址还有一个重要原因，就是廉价的资源。通常来说，企业需要水电、木材、煤炭等基本资源。企业搬到这些资源丰富又便宜的地区，不仅可以显著降低购买资源的成本，还可以减少运输成品的成本。当然，最重要的资源还是人才，因此企业往往会聚集在人才济济之地，比如硅谷。

决定工厂迁址的另一个因素是送达市场的时间。因为制造商要参与全球竞争，它们需要的厂址是能以最低成本快速运送产品，以便将产品尽快交付给客户。因此，去往高速公路、铁路、水路和机场的通路至关重要。[26]信息技术可以大大加快响应时间，因此许多企业会到信息系统最发达的国家设厂。

另一种与供应商紧密合作以满足客户需求的方法是，将厂址设在靠近供应商的地方。这样可以降低分销成本，也更便于沟通。

许多企业在国外建厂是为了更靠近它们的国际客户，这正是日本汽车制造商本田在美国俄亥俄州设厂，德国公司梅赛德斯在美国亚拉巴马州设厂的主要原因。美国公司在国外选址时，为了方便快捷地运输原材料和成品，会考虑海陆空的交通便利性。

企业还会研究员工和管理者的生活质量。附近有好学校吗？天气好吗？犯罪率低吗？当地社区欢迎新企业吗？首席执行官和其他主要管理者想住在那里吗？有时，生活质量高的地区生活成本也很高，这就使迁址决策变得更为复杂。简言之，设施选址已成为运营管理中的一个关键问题。“道德决策”专栏研究的是公司在选址时必须做出哪些决策。

想一想

工厂选址对于制造商和其他公司来说是一个重要的决定。选址决策需要考虑的因素包括：是否能找到合格的员工；靠近供应商和客户，交通便利；包括分区和税收在内的地方法规。互联网商业的发展对公司的选址决策产生了哪些影响？

道德决策

去留无意却有情、进退随心皆为利

设想一下，有个虚拟童装工业公司长期以来一直是家乡的经济基础。该地区的大多数小企业和学校要么提供公司生产所需的原料，要么为公司培养未来的员工。尽管童装公司是盈利的，但它已经意识到，如果把生产设施搬到亚洲，它的利润可能会增加 15%。

关闭该公司在家乡的业务将导致这个镇的许多其他企业倒闭，比如餐馆。还会导致该镇大批成年人失业，这些失业的人将没有可能再在家乡重新就业。作为童装工业公司的高级经理，你必须帮助决定工厂是否应该搬迁，如果是的话，公司应该提前多少时间通知员工。联邦法律规定，你必须在关闭工厂前至少60天告诉他们。你有什么其他选择？每一个选择的结果是什么？你会偏向哪一种选择？

企业间的运营管理

许多迅速成长的企业自己几乎不生产。相反，它们将工程、设计、制造和其他任务外包给专门从事这些业务的企业，如伟创力和新美亚（Sanmina-SCI）。企业与供应商建立了新型的网络关系，如此一来，运营管理便成为企业间的流程。在这个流程中，企业与企业之间紧密合作，设计、生产并向客户交付产品。

制造企业正在开发以互联网为核心的战略，以便在将来更有效地参与竞争。[27] 这些变化对运营管理者也产生了巨大的影响，从前他们都属于单个企业系统，现在则要适应跨企业的环境。因此，企业现在必须应对不断变化和发展的环境，而不是企业可以独立控制的稳定系统。

未来的设施选址

信息技术，即计算机、Wi-Fi、电子邮件、语音邮件和短信等，使公司和员工在选址时更加灵活，同时又能保持主流竞争力。**远程办公（telecommuting）**是借助计算机在家办公，这已成为一个主要的商业趋势。公司无须再在劳动力来源附近选址，可以搬到土地价格更低、生活质量更高的地区办公。此外，由于Skype和Adobe Connect等视频会议应用程序的出现，靠计算机或手机保持联系从未像现在这样便捷。[28]

将办公地点选在某个特定的城市或州还有一个重要原因，就是税收优惠和政府支持。有些州和地方政府的税率较高，但也有许多州和地方政府纷纷向企业伸出橄榄枝，提供减税和其他支持，吸引企业去那里落户。例如，纽约州给予企业家10年免税经营的政策。有些人希望联邦政府出台州和地方机构之外的财政激励措施，吸引制造企业在美国建厂。

设施布局

设施布局（facility layout）是指生产过程中各种资源（包括人员）的实际

安排，以高效地为客户生产产品，提供服务。设施布局主要取决于将要执行的流程。对于零售商店这类服务型企业，门店的设计是为了方便消费者找到和购买商品。其他服务型组织（如医院）与制造企业一样，会使用布局来提高效率。毕竟，从长远来看，正确的设施布局可以大大降低工厂的成本。

许多公司正从装配线布局（assembly-line layout），转向模块化布局（modular layout）。过去，工人一次只能做几件事情，一条装配线上要有十多个工作站才能完成汽车发动机的总装；现在，总装车间的工人组成班组，生产更复杂的成品部件，所有总装工作都可以在一个模块中完成。

公司在做大型项目（如桥梁建造或飞机生产）时，一般采用固定位置布局（fixed-position layout），让工人聚集到要完成的产品处。

流程布局（process layout）是将相似的设备和功能集中到一起，产品功能的顺序取决于该产品的设计。流程布局适合柔性制造。德国科隆的易格斯（Igus）的制造车间可以快速改变布局，可大可小，这种灵活的设计使工厂能在瞬息万变的市场中保持竞争力。由于工厂布局经常变化，有些员工以滑板车代步，以便更有效地为多个工作站提供所需的技能、物料和服务。经常变化的工厂必须有能够紧跟步伐的员工基础，最大幅度地提高生产效率。图 9-2 展示了几种典型的布局设计。

想一想

在思科系统公司（Cisco Systems），有些办公室的工作空间是流动的，没有指定工位，所以有笔记本电脑和手机的员工每天来上班后，可以自己选择坐在哪里。你认为这种非传统的设施布局有哪些优缺点？

资料来源：©Lipo Ching/MCT/Landov.

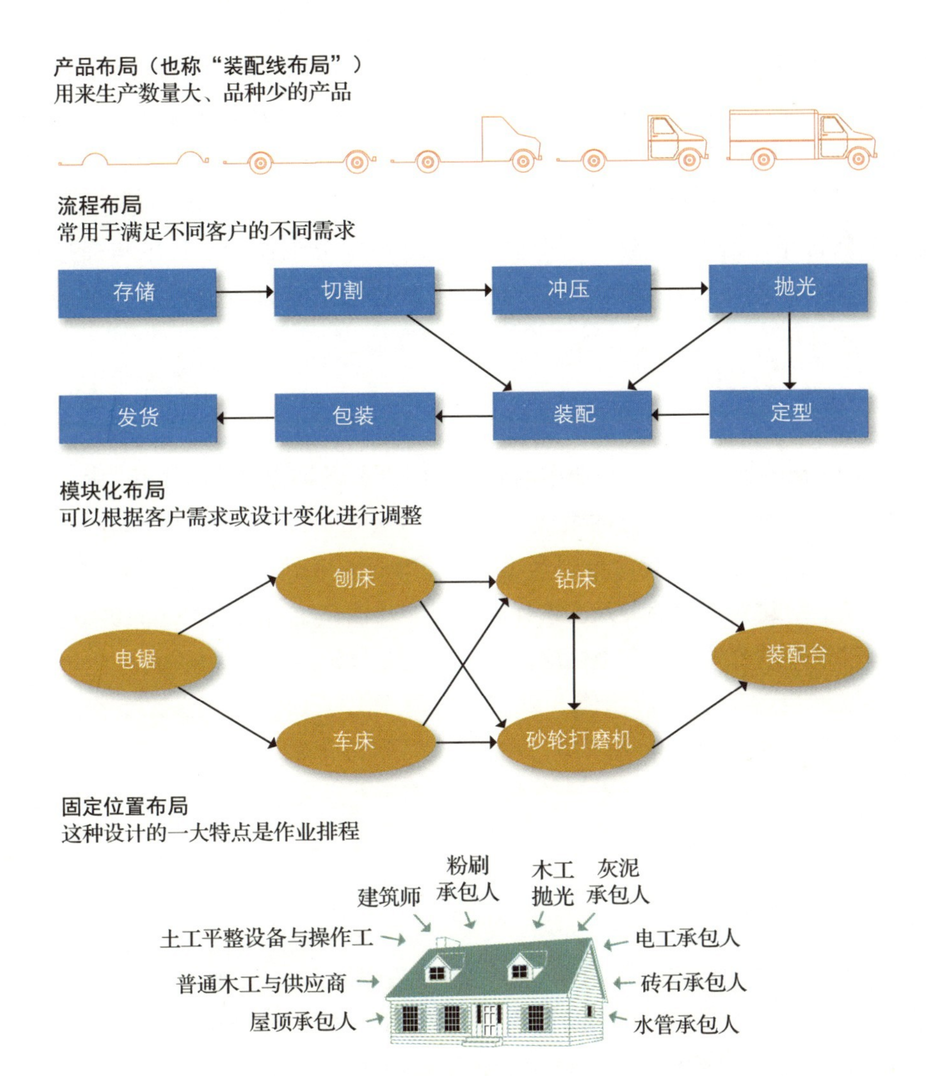

图 9-2 典型的布局设计

物料需求计划

物料需求计划（materials requirement planning, MRP）是基于计算机的运营管理系统，使用销售预测来确保在正确的时间和地点可以用上所需的零件和物料。**企业资源计划**（enterprise resource planning, ERP）是新版物料需求计划，将企业所有部门和分支机构计算机化的功能（如财务、人力资源和订单执行）加以整合，形成使用单一数据库的集成软件程序。利用 ERP 可以缩短订单与付款之间的时间，减少制作订单和处理订单所需的员工，减少库存，为客户提供更好的服务。例如，客户既可以通过客服代表下单，也可以自行在线下单，然后随即查看接单以及费用情况。客服代表也可以立即查看到客户的信用评级、历史订单、公司的库存情况和发货安排。公司其他人也都能看到这个新订单。因此，当一个部门完成自己那部分工作后，订单将通过ERP系统自动发送到下一个部门。客户可以随时登录系统来查看订单所处的具体环节。

采购

采购（purchasing）是企业中的职能部门，负责寻找优质的物资，找到最佳供应商，并商议产品和服务的最优价格。有些公司从许多供应商那里购买物资，如果一个供应商未能交货，公司还可以去其他供应商那里购买。另一些公司只与少数供应商建立密切的关系，这样它们就能长期锁定自己付得起的价格。[29] 你认为哪种策略更有效：从多个供应商处采购还是仅锁定几个供应商？

互联网也改变了采购职能。以前要与某个行业建立供销关系的企业现在可以在网上找到质优价廉的商品，同样，想要销售物资的公司也可以利用互联网找到所有正在寻找此类物资的公司。因此，采购时间和成本均已大幅减少。

准时制库存控制

生产的一项主要支出是用来储存零件、发动机和其他物品以备将来使用。仓库里的物品不仅有可能老化过时、被盗受损，建造和维护仓库也会花费不菲。为了削减这些成本，许多公司实施了**准时制库存控制［just-in-time（JIT）inventory control］**。JIT系统是在现场放置最少的存货，而零件、物料和其他需求都会及时交付，以便及时装配。然而，要有效实施这一理念，还需要制定精确的生产计划（使用ERP），与精挑细选的供应商进行良好的配合。供应商通常与公司保持在线连接，所以知道公司需要哪些物料以及何时需要。有时，供应商会在主要生产商附近新建工厂，以缩短配送时间。如果供应商离得远，JIT系统就会遇到一些问题，比如天气不好时会延迟。但是，如果各个环节都准备就绪，JIT系统便可以确保以最低的成本将正确的物料在正确的时间送达正确的地点，满足客户和生产的需要。这是现代生产创新的关键环节。

质量控制

保持**质量**（quality）意味着始终如一地生产客户想要的产品，同时减少客户拿到产品前后会出现的问题。过去，企业是先把产品生产出来，再进行质量检测，他们常常在生产线的末端进行质量控制。这就导致了几个问题：

1. 检查工作需要耗费额外的人员和资源。

2. 如果是工厂发现了问题，必须有人纠正错误或报废产品。当然，代价不菲。

3. 如果是顾客发现了问题，可能会产生不满情绪，甚至从此换用别家产品。

这些问题使人们认识到，质量不是结果，而是对公司产品不断改善，力求至臻完善。因此，质量控制应该是运营管理规划流程的一部分，而不只是末端再开始的检查。

一些公司已开始使用现代质量控制标准，如六西格玛。**六西格玛质量**（Six Sigma quality）是仅允许每百万分之三点四的瑕疵率的质量标准，用于检测潜在的问题，防患于未然。对于每天处理 400 万笔交易的公司（如银行）来说，该质量标准非常重要。

统计质量控制（statistical quality control, SQC）是一些管理人员用来持续监控生产过程的所有阶段，以确保质量从生产开始就已注入产品中。**统计过程控制**（statistical process control, SPC）是在生产过程的每个阶段采集产品成分的统计样本，并将结果绘制成图表。质量标准的任何差异都会被发现，如果超出设定标准，则可予以纠正。因此，管理人员可以发现并纠正任何偏离质量标准的地方。确保产品在整个生产过程中都符合标准，就减少了在最后进行质量控制检查的必要性，因为可以在生产过程中及早发现问题，避免出现错误。统计质量控制和统计过程控制为公司节省了大量的时间和金钱。

有些公司使用一种叫作“戴明循环”（Deming cycle，以已故“质量管理之父”爱德华·戴明命名）的质量控制法。该方法的步骤是计划（plan）、执行（do）、检查（check）、行动（act），简称“PDCA”。同样，这种方法也是为了提前发现潜在错误。

美国企业除了追求优质产品，也越来越重视一流的客户服务。但是，即便企业可以将有形产品设计和制造得近乎完美，但却没有类似的流程可以用于服务。例如，珠宝商可以开发一种制作金戒指的方法，确保制作出来的每一枚戒指都完美无缺。然而，在设计和提供服务体验时，如舞蹈课或穿越纽约的出租车服务，就没有这样的质量保证，因为即便提供的是最专业的服务，也很难预测客户会有什么反应。

波多里奇奖

马尔科姆·波多里奇国家质量奖（Malcolm Baldrige National Quality Awards，以美国前商务部长命名）的设立，为公司的整体质量确立了一个标准。各家公司可以在以下领域申请该奖项：制造业、服务业、小企业、非营利组织/政府、教育和医疗保健。

要想获奖，组织必须展示其在关键领域的质量，如领导力、战略规划、客户和市场重点、信息与分析、人力资源重点、流程管理和经营成果。评奖的主要标准包括客户的需求是否得到满足，以及客户的满意度是否高于竞争对手。正如你所看到的，企业的侧重点正在转移，以前仅是提供优质产品和服务，现在要提供全方位高质量的客户服务。

想一想

总部位于圣路易斯的雀巢普里纳宠物护理公司（Nestle Purina PetCare）获得了马尔科姆·波多里奇国家质量奖的制造类奖项。你认为这个奖项的质量标准是什么？

ISO 9001 和 ISO 14001 标准

国际标准化组织（ISO）是一个世界性联盟，由 170 多个国家的全国标准化机构组成，为单个产品的质量制定全球标准。[30] ISO 是非政府组织，旨在推动世界标准的制定，促进货物和服务的国际交流。（ISO 不是组织名称的首字母缩写，而来自希腊单词 isos，是“平等”之意。）**ISO 9001** 是质量管理和保证标准的常用名称。

这些标准要求公司确定客户的需求，包括法规和法律要求，并制定沟通机制，以处理投诉等问题。其他标准包括流程控制、产品测试、仓储和配送。

ISO 9001 的地位如此之高，主要是因为欧盟要求那些想与其做生意的公司必须通过 ISO 标准认证，一些美国大公司也要求供应商达到这些标准。欧洲和美国几家专做认证的机构可以证明，一家公司从产品开发、生产和测试到安装的所有操作阶段都符合标准。

ISO 14001 是组织应对环境影响的最佳实践的汇集。ISO 14001 作为环境管理系统，并没有规定绩效标准。认证的要求包括：组织要有环境政策，有具体的改进目标，有对环境项目的审计，并保持对过程的最高管理评审。

通过 ISO 9001 和 ISO 14001 认证的企业，就表明它们在质量和环境标准两方面都拥有世界级的管理体系。以前，公司会指定两组员工，让他们分别达到这两套标准。现在，ISO 9001 和 ISO 14001 标准已经混为一体，这样组织便可以同时致力于实现这两种标准。ISO 还编制了与其他标准相一致的社会责任指南。

控制程序：计划评审技术与甘特图

运营管理者必须确保产品按时、按预算、按规格生产和交付。管理者如何才能确保一切顺利，并在规定的时间内完成？**计划评审技术（program evaluation and review technique, PERT）**是在 20 世纪 50 年代建造核潜艇时发展起来的技术方法，普遍用于生产进度的监督。计划评审技术用户分析完成既定计划所涉及的任务，测算完成每项任务所需的时间，并确定完成整个计划所需的最短时间。

使用计划评审技术的步骤包括：（1）对需要完成的任务进行分析和排序；（2）测算完成每项任务所需的时间；（3）绘制 PERT 图，说明步骤（1）和（2）中的信息；（4）确定**关键路径（critical path）**，它是需要最长时间完成的任务序列。我们使用“关键”这个词，是因为在这条路径上任何地方延迟都会导致项目或生产运行延迟。

图 9-3 是制作一个音乐视频的 PERT 图。正方形表示已完成的任务，箭头表示完成每个任务所需的时间。从一个已完成任务到另一个已完成任务的路径说明了任务之间的关系。比如，从“布景设计”到“布景材料购买”的箭头表示我们必须先设计好布景，然后才能购买材料。粗体的黑色箭头表示关键路径，显示制作布景比舞者试镜与编舞以及服装设计与制作耗时更多。项目经理现在知道，如欲按时完成项目，关键是布景施工必须按计划进行，而舞蹈和服装准备暂时耽搁不太可能延误项目。

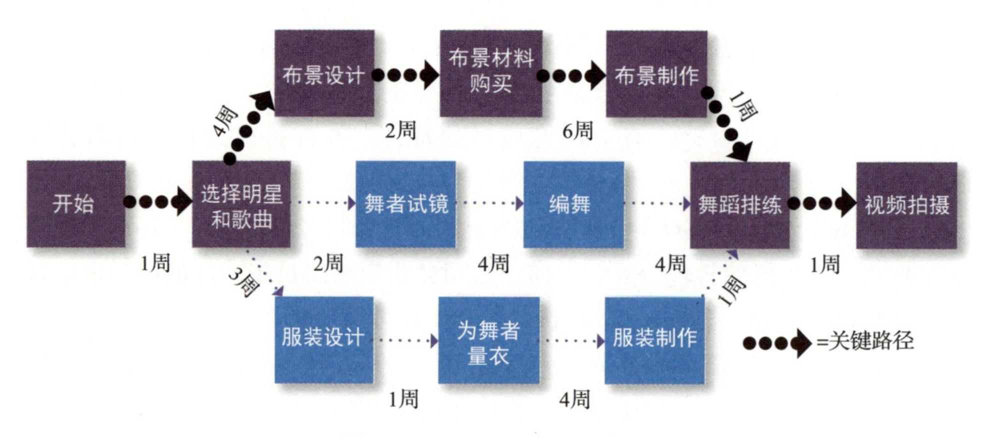

图 9-3 音乐视频的 PERT 图

制作这个音乐视频最少需要 15 周。这个数字是这样得来的：选择明星和歌曲需要 1 周，布景设计 4 周，布景材料购买 2 周，布景制作 6 周，舞蹈排练 1 周，最后 1 周制作视频。这是关键路径，这个过程中的任何延迟都会导致最终视频的延迟。

PERT 网络可以由数千个事件组成，历时数月。如今，这个复杂的程序是由计算机完成的。制造商用来衡量生产进度的另一种更基本的策略是甘特图。**甘特图（Gantt chart，以发明者亨利 · 甘特的名字命名）**是一个条形图，可以向生产管理者展示某个特定时间内正在进行的项目及其进展。图 9-4 是一个玩具娃娃制造商的甘特图，显示应该先做好娃娃的头部和身体，然后再缝制衣服。它还显示，到第三周结束时，娃娃的身体已经做好了，但头部大约还要三四天才能做好。使用类似甘特图的计算机程序，经理可以一分钟一分钟地跟踪生产过程，以确定哪些任务按时完成，哪些任务没有按时完成，这样就可以适时调整，使公司能够保证进度。

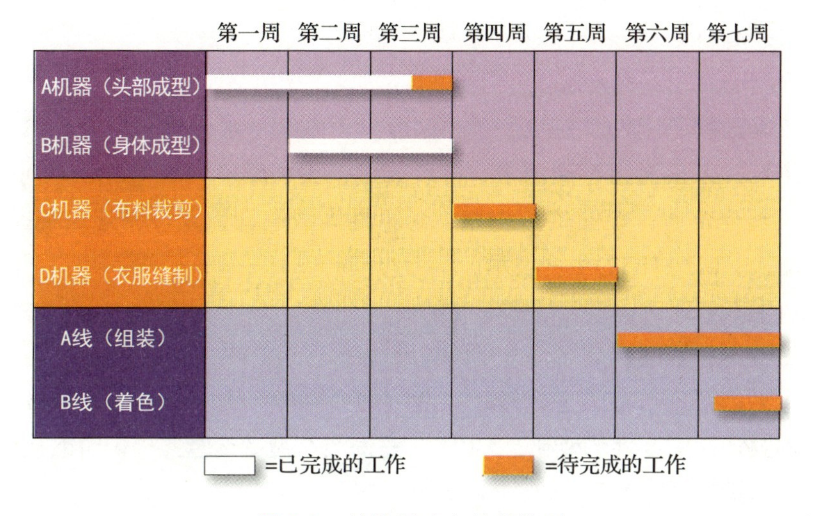

图 9-4　娃娃制造商的甘特图

甘特图使生产经理能够快速查看计划何时完成项目，以及当前的状态。例如，应该先做好娃娃的头和身体，再缝制衣服，但只要在 6 周内把所有用于组装的东西都准备好，那么头和身体的制作就可以稍微晚一点。这张图显示，到第三周结束时，娃娃的身体已经做好了，但是头却晚了大约半个星期。

为未来做准备

美国仍然是一个重要的工业国，但是竞争也在逐年加剧。随着制造业和服务业企业都在努力保持竞争力，运营管理领域存在着众多的就业机会。能够预见未来趋势、有能力在未来高度自动化的工厂和现代化服务设施中工作的学生，必将从中受益。

本章小结

1. 描述美国制造业的现状，以及制造商为提高竞争力所做的工作。

- 美国的制造业现状如何？

  美国的制造业活动自鼎盛时期以来一直在下降，其结果是制造业的就业岗位减少。尽管制造业企业提供的工作岗位减少，但生产率却提高了，这意味着企业仅需更少的员工来做同样的工作。如今，随着其他国家劳动力成本的上升，许多制造业工作岗位正在回到美国。本章的大部分内容旨在向你展示，制造商和服务提供商可以做些什么来重振美国经济，成为世界级的竞争对手。

- 美国制造商为提高产量做了什么？

  美国制造商为了提高产量，采取以下做法：加强与供应商和其他公司的密切关系来满足客户需求；持续改进；提高质量；注重选址；利用互联网来整合企业；企业资源规划、计算机集成制造、柔性制造、精益制造、机器人、3D 打印等生产技术。

2. 描述从生产管理到运营管理的演变。

- 什么是生产管理？

  生产管理包括管理者帮助企业创造产品的所有活动。为了反映从制造业到服务业重要性的变化，“生产”一词经常被“运营”一词所取代。

- 什么是运营管理？

  运营管理是将资源（包括人力资源）转变成产品和服务的专门管理领域。

- 什么样的公司使用运营经理？

  制造业和服务业的公司都使用运营经理。

3. 认识各种生产流程，描述提高生产率的技术，包括计算机辅助设计与制造、柔性制造、精益制造、大规模定制、机器人技术和 3D 打印。

- 什么是流程制造，它与装配流程有何不同？

  流程制造是用物理或化学方式改变原料。装配流程是将零部件组合起来。

- 计算机辅助设计 / 计算机辅助制造系统是如何运作的？

  计算机辅助设计中所做的设计变化会立即被纳入计算机辅助制造中。计算机辅助设计与计算机辅助制造的结合就是计算机集成制造。

- 什么是柔性制造？

  柔性制造是指设计能执行多项工作的机器来生产各种产品。

- 什么是精益制造？

  精益制造是与大规模生产相比，使用更少的投入来生产产品，即用更少的人力投入、更少的制造空间、更少的工具投资、更少的工程时间来开发新产品。

- 什么是大规模定制？

  大规模定制是指为大量的个体客户定制商品和服务。柔性制造使大规模定制成为可能。柔性机器会根据客户的具体需求，像以前的批量生产一样快速地生产定制产品。大规模定制在服务业中也很重要。

- 机器人如何帮助制造商提高竞争力？

  工业机器人可以一天 24 小时，一周 7 天精准无误地工作。机器人取代人类的大多数工作都是脏活、累活或者重复性很强的工作，因此机器人很有必要，至少是有用的。

- 什么是 3D 打印？有何用途？

  3D 打印（也称为“增材制造”）技术由一个类似喷墨打印机喷嘴的装置进行逐层叠加打印。今天，3D 打印主要用于为其他工业项目创建原型模型或模具。

4. 描述运营管理规划问题，包括设施选址与布局、物料需求计划、采购、准时制库存控制，以及质量控制。

- 什么是设施选址？它与设施布局有何不同？

  设施选址是为公司的运营选择地理位置的过程。设施布局是指对包括人员在内的各种资源进行的实际安排，以高效地生产产品和服务。

- 管理者如何评估不同的地址？

  劳动力成本和土地成本是选址的两个主要标准。其他标准包括资源是否丰富和廉价，是否有可用或可培训的技术人员，税负是否低，当地政府是否提供支持，是否有能源和水，交通成本是否低廉，是否有较高的生活质量和教育质量。

- 物料需求计划和企业资源规划与生产过程有什么关系？

  物料需求计划是基于计算机的运营管理系统，使用销售预测来确保在正确的时间和地点可以用上所需的零件和材料。企业资源规划是新版物料需求计划，将企业所有部门和分支机构计算机化的功能（如财务、人力资源和订单执行）加以整合，形成使用单一数据库的集成软件程序。利用资源规划可以缩短订单与付款之间的时间，减少制作订单和处理订单所需的员工，减少库存，为客户提供更好的服务。

- 什么是准时制库存控制？

  准时制库存控制要求供应商及时交付零件和物料，以便及时装配，这样就不必存放在仓库中。

- 什么是六西格玛质量、统计质量控制和统计过程控制？

  六西格玛质量标准仅允许每百万分之三点四的瑕疵率，用于检测潜在的问题，防患于未然。统计质量控制是一些管理人员用来持续监控生产过程的所有阶段，以确保质量从生产开始就已注入产品中。统计过程控制是在生产过程的每个阶段采集产品成分的统计样本，并将结果绘制成图表，以便管理者可以发现并纠正任何偏离质量标准的地方。

- 美国的公司采用什么质量标准？

  要获得马尔科姆·波多里奇国家质量奖，公司必须展示其在关键领域的质量，如领导力、战略规划、客户和市场重点、信息与分析、人力资源重点、流程管理和经营成果。美国公司努力达到的国际标准包括ISO 9001和ISO 14001。前者是为质量制定的全球标准，后者是组织应对环境影响的最佳实践的汇集。

5. 说明用计划评审技术与甘特图控制制造工艺。

- 计划评审技术图与甘特图之间有什么关系？

  图9-3是计划评审技术图，图9-4是甘特图。计划评审技术图是规划工具，而甘特图是衡量进度的工具。

批判性思考

1. 机器人和其他机器正在取代制造车间的工人。如此一来，公司便可以与其他国家的廉价劳动力竞争，但同时，自动化也消除了很多工作岗位。你是否担心自动化可能导致美国和世界各地的失业增加或就业不足？为什么？
2. 计算机集成制造令生产过程发生了革命性变革。这种变革对服装业、鞋业，以及其他与时尚相关的行业意味着什么？对其他消费品和工业品行业又意味着什么？对于消费者有哪些好处？
3. 在美国，创造新的就业机会的一个方法是增强工程和科学专业毕业生的创新能力。美国如何激励更多的学生主修这些领域的专业？

本章案例 21世纪的生产

我们有时会读到或听到美国制造业的衰落，以及有多少人失去了制造业的工作。这听起来令人沮丧，但问题是，“美国真的在制造能力方面落后于其他国家那么远吗？”答案是否定的。本案例重点介绍了生产流程是如何发生变化的，通过创新的运营管理提高了生产和运营的效率。

我们所购买的每件产品都是通过一系列过程创造和分配的，这些过程将原材料、机械和劳动力转化为商品和服务。运营管理是一个专门的管理领域，专注于设计、监督和改进转换过程，并将成本保持在最低水平。运营管理负责采购零件、监督供货渠道、安排生产、库存和质量控制，以及其他职责。运营管理也是服务业务的一个重要组成部分，因为公司寻求在将成本降至最低水平的同时提供优质的客户服务。

最初，商品是大批量生产的，客户介入很少。亨利・福特曾经说过：“你可以要任何颜色的福特车，只要它是黑色的。”现在事情发生了多么大的变化啊！如今，福特汽车公司鼓励消费者在网上选择自己喜欢的颜色，而不是局限于经销商在汽车经销店出售的颜色。尽管这种定制的成本高于亨利？福特的单色策略，但定制对美国生产商来说至关重要，这样它们才能在日益激烈的全球经济竞争中立于不败之地。技术的进步也极大地提高了定制和效率。计算机辅助设计利用二维和三维产品的精确绘图，再加上计算机辅助制造，使定制最小的订单成为现实。计算机辅助设计和制造还允许制造商快捷地对生产进行微小的更改，而不必完全重做一个生产过程。通过灵活的制造，公司可以设计出随时生产多种产品式样的机械。例如，M&M 可以推出同样口味、规格和形状的糖果，但却可以定制多种颜色，印上特殊信息。

很难否认机器人对生产过程的影响。从生产和成本的角度来看，机器人技术提高了制造效率。今天，机器人在几乎每个生产过程中都扮演着重要的角色，也是运营管理规划的一个关键部分。运营管理规划的主要目标是对生产设施的位置等关键问题做出决策，影响工厂选址的决定因素包括资源获取、交通便利性、劳动力可用性和生活质量。在确定了位置设施之后，必须设计最有效的设施布局。

闲置的物资耗费了公司的资金，这就是为什么库存控制对公司的效率和盈利能力至关重要。许多公司已经转向准时制库存控制系统，以确保原料和供应在正确的地点和正确的时间满足充足供应，而不耗费多余的存储成本。ERP 软件的使用使控制过程更加有效，通过 ERP，企业可以自动将订单按照路线图精确传送到调度，然后投产、发货，最后回款。

所有生产和运营策略的实施都是为了提高整体产品质量。因此，质量控制是最后的，也许是最重要的运营管理过程。如果一个公司不生产高质量的产品，它就会毁于一旦。传统上，质量控制是在产品生产后进行的。如果发现货物有缺陷，这些产品就会报废，而且往往成本很高。如今，公司在整个生产过程中都进行质量控制测试，因此可以立即发现错误并加以纠正，避免在最后不得不丢弃。

下次你从喝易拉罐冷饮、骑自行车或读一本好书时，想想生产这些产品的美国公司，再想想未来大学毕业生所能获得的机会。尽管还存在很多机会，但学生往往对制造业不感兴趣。想想那些生产太阳能电池板、锂离子电池等新兴产品的公司吧。你只需环顾你的家、学校或办公室，就可以看到今天正在生产的许多产品，以及将来将使用生物技术、纳米技术等生产的许多产品。

思考

1. 展望美国制造业的未来，你认为美国企业正在适应全球制造业的挑战吗？

2. 为什么准时制库存控制已经成为汽车工业的主要生产过程？你能说出其他行之有效的行业吗？

3. 为什么在整个生产过程中要运用质量控制，而不是只在生产周期结束时评估产品？它的重要性是什么？

Understanding Business

第四部分

人力资源管理

激励员工生产优质产品和提供优质服务

第10章

员工激励

■ 学习目标

1. 解释泰勒的科学管理理论。
2. 描述霍桑研究及其对管理的意义。
3. 认识马斯洛的需求层次理论，并将其运用于员工激励。
4. 区分赫茨伯格提出的激励因素和保健因素。
5. 区分 X 理论、Y 理论和 Z 理论。
6. 解释目标设定理论、期望理论和公平理论的关键原则。
7. 展示管理者如何通过工作丰富化、坦诚沟通和认可工作等策略将激励理论付诸实施。
8. 展示管理者如何用个性化激励策略吸引全球和不同世代的员工。

Understanding Business

本章人物

新比利时酿酒公司首席执行官金·乔丹

金·乔丹（Kim Jordan）是一位幸运的美国人，她有生以来都在从事自己热爱的事业。作为新比利时酿酒公司（New Belgium Brewing Company）的联合创始人和首席执行官，她将自己对啤酒和自行车的热爱完美结合起来，开创了一家充满勃勃生机的全国性企业。这两种元素在公司招牌啤酒——“单车琥珀麦酒”（Fat Tire Amber Ale）品牌中交相辉映。所有员工都收到过公司成立一周年的纪念礼物——红色自行车，该车与啤酒包装上的型号相同。但这并不是他们那天收到的最好礼物。除了一辆崭新的自行车，员工还获得了公司奖励的所有权股份。

员工拥有所有权股份是新比利时啤酒公司从开创以来独具特色的商业模式的一个关键部分。乔丹和她的丈夫杰夫·勒贝什（Jeff Lebesch）于1991年创办了这家公司，他们辞掉了白天的工作，开始在地下室全身心地酿造啤酒。勒贝什在酷爱啤酒的国度比利时的一次自行车旅行中受到了启发，之后他在自家酿造啤酒为时已有两年。勒贝什负责控制产品质量，乔丹则承担了所有其他职责。在公司初创之时，她兼任啤酒厂的第一个装瓶工人、销售代表、分销商、营销人员

和财务规划师。随着科罗拉多州柯林斯堡公司（Fort Collins）渐入佳境、日臻成熟，勒贝什和乔丹意识到，他们不可能事无巨细、事必躬亲。于是他们雇用了一位有抱负的酿酒师朋友布莱恩·卡拉汉（Brian Callahan）。

卡拉汉为公司投入的精力和时间与他俩不分轩轾，创始人认为授予卡拉汉股权是天经地义的事情，他们也是这么做的。这正是新比利时啤酒公司一直做的。当然，从那时起啤酒厂已经发展壮大了许多。现在，该公司已是美国第四大手工啤酒酿造厂，也是美国第八大酿酒厂。最近，新比利时酿酒公司在北卡罗来纳州的阿什维尔建立了第二家啤酒厂，这样它就可以把啤酒销售到东海岸市场。公司啤酒现在源源不断销往50个州，年收入超过2.25亿美元。

乔丹永远铭记忠心耿耿的员工在公司扩张过程中所付出的辛劳。一周年厂庆纪念日，每个员工都得到了自行车和所有权礼物，除此之外，在公司工作满5年的员工还可以免费前往比利时旅行。员工们还得到充足的啤酒。每位员工每周能得到两包六罐装的啤酒，外加一杯日班啤酒。难怪新比利时啤酒公司的员工保有率高达93%。

可员工们不仅仅是因为免费啤酒、自行车和比利时度假而与公司共存亡的。2013年，乔丹出售了她在公司的股份后，公司变成了100%的员工持股公司。“我希望他们能获得通往财富的通途。”乔丹说，“当我把问题归结到个人层面时，我只需要这么多钱。”瞄准了这一长期目标还意味着新比利时啤酒公司的员工在公司决策中扮演着更重要的角色。“我们拥有员工高度参与的企业文化。”乔丹说，“每个人都知道钱花在哪里，每个人都应该参与进来，制定战略。这不仅营造了一个信息透明和相互信任的环境，还创造了一种‘同甘共苦、朝夕相处’的感觉。”

公司自由而发散的思维氛围对其未来的成功至关重要。在新比利时酿酒公司草创初期，这家公司显得与众不同，异军突起。现在，它不仅面临着来自成千上万其他手工酿酒厂的竞争，还面临着大品牌的快速收购。为了在这片残酷的土地上继续生生不息，繁荣发展，乔丹知道最关键的还是啤酒。在新比利时酿酒公司，好啤酒从快乐、充实的员工开始。

本章将让你学习如何激励员工专注于他们本身和组织共同的目标，这些理论和实践正是金·乔丹这样的管理者屡试不爽的。

资料来源：Chloe Sorvino, “New Belgium ‘s Kim Jordan Talks about What It Takes to Be America ’s Richest Female Brewer,” *Forbes*, July 16, 2016; Tanza Loudenback, “Why the Maker of Fat Tire Bucked the Trend and Became 100% Owned by Its Workers, ” *Business Insider*, June 13, 2016; Tanza Loudenback, “Why Employee-Owned New Belgium Brewing Gives Workers Bikes, Travel Vouchers, and Paid Sabbaticals on Their Work Anniversaries, ” *Business Insider*, June 17, 2016; “Our History, ” NewBelgium.com, accessed September 2017.

激励的价值

“如果工作乐趣多多，为何富人不工作？”喜剧演员格劳乔·马克斯（Groucho Marx）打趣道。其实，富人也工作，比尔·盖茨可不是靠玩电脑游戏赚到数十亿美元的。员工也可以从工作中获得乐趣，前提是管理者能努力激励员工。

员工满意度的重要性如何强调都不为过。快乐的员工能带来快乐的客户，而快乐的客户能带来成功的企业。反之，不快乐的员工可能会一走了之。这时，公司损失的往往不只是一名有经验的员工，还有招聘和培训新员工的费用，是一个员工 6～9 个月的工资。其他损失甚至更大：失去智力资本、打击其他员工士气、增加员工压力、员工谣言四起、客户服务质量下降、产品开发中断，以及企业声誉降低。[1]

尽管招聘和培训新员工代价高昂，但保留闲散的员工也不便宜。敬业（engagement）一词用来形容员工对工作的积极、热情和投入。敬业的员工工作充满激情，感到与公司的命运相关。[2] 闲散的员工人浮于事，工作起来像老牛拖破车，花费了时间，却没投入精力。这些心不在焉的员工不仅自己干得不开心，还会影响同事的努力。盖洛普（Gallup）的一项调查显示，不敬业员工给美国经济造成的影响表现为每年损失 4800 亿～6050 亿美元。[3]

管理者的关键职能是激励合适的人加入并留在组织里，出色的管理者身边通常都是表现出色的员工。群雁比孤雁飞得快并非巧合。尽管想要出色表现的愿望最终源自内心，但优秀的管理者会激励员工，唤醒他们做好工作的原动力。如果员工觉得自己的工作有意义，有人赏识，他们便愿意工作，并且付出努力。[4]

人们做事的动机多种多样的，比如赞誉、成就和地位。**内在回报（intrinsic reward）**是你表现出色且完成目标时所感受到的个人满足感。相信你的工作对组织或社会做出了重大贡献，这是一种内在回报。**外在回报（extrinsic reward）**是你表现良好时他人给予的肯定。加薪、赞赏和升职都属于外在回报。[5]

本章将帮助你了解激励的概念、理论和实践。我们先来看一些传统的激励理论。你为什么要费心

想一想

一种重要的激励因素是内在回报，也就是你出色地完成工作后的个人满足感。能够实现对工作自我满足感的人往往喜欢他们的工作，会与他人分享对工作的热情。哪种回报对你激励更大，是出色工作的愿望，还是薪酬和赞誉等外部回报呢？

去了解这些理论呢？有时候“新”方法并非真正的新方法，因为万变不离其宗，追根溯源有助于了解哪些方法奏效，哪些无用。首先，我们探讨霍桑的研究，霍桑重新点燃了人们对员工满意度与激励的兴趣。其次，我们研究传统理论家对员工所做的假设。在商业文献以及后续内容中，这些理论家的名字会一再出现：泰勒、梅奥、马斯洛、赫茨伯格和麦格雷戈。最后，我们将介绍现代激励理论，并探讨管理者是如何应用这些理论的。

弗雷德里克·泰勒：科学管理之父

19世纪的一些思想家提出了管理原则，但直到20世纪初，才有几本影响深远的著作面世。《科学管理原理》（*The Principles of scientific Management*）由美国的效率工程师弗雷德里克·泰勒（Frederick Taylor）撰写，于1911年出版，泰勒因此被誉为“科学管理之父”。泰勒希望提高员工的生产效率，使公司和员工都能受益。泰勒提出的解决方案是“科学化”地研究最有效的做事方式，确定执行每项任务的“最佳方法”，然后教会人们这些方法。这种解决方案被称为**科学管理（scientific management）**。泰勒的方案有三个基本要素：时间、方法和工作规则。他采用的最重要的工具是观察和秒表。如今，麦当劳要求厨师做多少汉堡之类的衡量标准，体现的正是泰勒的思想。

泰勒有一个经典的故事，描述了他如何研究用同一把铲子铲米、煤和铁矿石。他认为，铲的东西不同，所用的铲子也应该不同，于是他发明了大小不一、形状各异的铲子，他手拿秒表，测量一段时间内的“铲”量，这就是所谓的**时间–动作研究（time-motion studies）**。这些研究针对的是一项工作中所完成的任务，以及每项任务所需的时间。当然，普通人用最有效的铲法和最合适的铲子，每天可以铲更多（从25吨增加到35吨）。这一发现开启了针对各个工种的时间–运动研究。当研究人员确定了最有效的工作方式，效率就成了设定目标的标准。

20世纪初，泰勒的科学管理成为提高生产率的主要策略。泰勒的追随者亨利·甘特发明了甘特图，管理者据此可以将员工一天工作的细节绘制出来（参见第9章对甘特图的讨论）。美国工程师弗兰克（Frank）和莉莲·吉尔布雷斯（Lillian Gilbreth）运用泰勒的理论，进行了一项为期3年的砌砖研究。他们研究出**动作经济原则（principle of motion economy）**，展示了如何将每项工作分解成一系列基本动作，即所谓的“动素”（therblig，即把Gilbreth的t和h对调，然后从后往前拼写）。然后，他们对每个动作进行分析，优化重组。

大体而言，科学管理把人视作机器，需要适当的预调；很少关心员工的工作心理，也很少有人情味。泰勒认为，如果员工拿的工资足够高，就会高效工作，也就是说，他们会受到高薪酬的激励。

泰勒的一些理念沿用至今。有些公司最重视的仍然是遵守工作规则，而不是创造性、弹性和响应性。例如，UPS 对送货司机如何下车（先出右脚）、走路速度（每秒 3 步）、每天取送的包裹件数（淡季平均为 125～175 件）、如何拿钥匙（齿面朝上，用中指）等都有指示。司机要携带一个叫作“交货信息采集设备”的掌上电脑来扫描包裹上的条形码。这样客户就可以在线查看，随时了解包裹的确切位置。如果公司认为司机速度较慢，则会派一名主管跟车，用秒表和写字板督促司机。UPS 在美国 9 个城市设有培训中心，进行仿真驾驶，教员工如何正确地抬箱子和装箱子、如何熟练地驾驶卡车，甚至还教他们如何避免在搬运包裹时滑倒。[6]

人们早已认识到，依靠员工提出方案来解决生产效率问题，确实好处多多，这一点我们在下一节即可看到。

想一想

UPS 指示司机如何下车、走路速度、每天取送的包裹件数，甚至如何拿钥匙。UPS 是如何践行科学管理的原则，教给员工执行每项任务的“最佳方法”的？

梅奥和霍桑实验

在弗雷德里克·泰勒研究的启发下，1927 年，在伊利诺伊州西塞罗市西部电力公司（Western Electric Company）的霍桑（Hawthorne）工厂又开始了一项研究，该研究持续了 6 年。我们来看看为何说它是管理文献中一项重要的研究。

埃尔顿·梅奥（Elton Mayo）与哈佛大学的同事来到霍桑工厂，开始实验照明与最佳生产率的相关性。他们所做的其实是传统的科学管理研究，打算记录照明变化对生产率的影响。但最初的实验似乎不太对劲。研究人员原本以为，灯光变暗，工人的工作效率也会下降。结果，他们发现不管照明度是高还是低，哪怕把灯光调到月光般昏暗，实验组的生产率照样会提高。

在第二个系列的 13 个实验中，他们创建了一个单独的实验室，研究人员可以在那里操控温度、湿度和其他环境因素。每个实验的结果都一样：生产率都有提高。事实上，总体提高了 50%。当实验者重复最初的条件（以为生产率会降到最初的水平），结果生产率却再次提高。如此一来，实验算是彻底失败了。

无论实验者怎么做，生产率都会提高。是什么导致了这种增长？

最后，梅奥猜测可能是人性或心理因素在起作用。他和同事采访了这些工人，询问他们对实验的感受和想法。他们得到的答案引发了管理思想的深刻变革，其影响延续至今。以下是研究人员的发现：

- 实验室里的工人把自己看作一个社会群体。那里气氛融洽，他们可以随意交谈，还能时不时与主管和实验者互动。工人觉得自己与众不同，所以都拼命工作，就为了能够留下来。这对他们是一种激励。
- 工人可以参与规划各项实验。例如，他们否决一种薪酬计划，而建议另一种，最后被公司采纳了。他们认为自己的想法得到了公司的重视，觉得自己参与了管理决策。这对他们也是一种激励。
- 无论实际环境如何，工人都很喜欢这种特殊实验室的氛围，也很开心因工作效率提高而获得额外报酬。工人的工作满意度显著提高。

> **想一想**
>
> 埃尔顿·梅奥与他的哈佛大学研究团队并不知道，他们的工作将永远改变管理者对员工激励的看法。他们在伊利诺伊州西塞罗市西部电力公司的霍桑工厂所做的研究，催生了以人为本的激励理念。研究表明，员工的行为之所以不同，就是因为他们参与了这些实验的规划和执行。

如今，研究人员用**霍桑效应（Hawthorne effect）**这一术语，来形容当人们知道自己是被研究对象时，他们的行为表现会有所不同。霍桑实验结果促使研究人员探究，怎样的人员激励和管理风格才能提高工作效率。至此，人们的研究重点从泰勒的科学管理，转向了梅奥以人为本的管理（human-based management）。

从梅奥的研究结论中可以得出对员工的全新假设，其中之一是薪酬并非唯一的激励因素。事实上，人们发现金钱是一个相对无效的激励因素。新的假设带来了许多与人性有关的激励理论，最著名的一位激励理论家是亚伯拉罕·马斯洛（Abraham Maslow），下面我们来讨论他的成果。

激励和马斯洛的需求层次理论

心理学家亚伯拉罕·马斯洛认为，要理解工作中的激励因素，必须理解激励人类的一般因素。在他看来，人类的激励来自需求。也就是说，人们有动力去满足尚未满足的需求，已经得到满足的需求不再产生激励。

图 10-1 显示了马斯洛的**需求层次理论**（**Maslow's hierarchy of needs**），其层次为：

- **生理需求：**基本的生存需要，如对食物、水和住所的需求。
- **安全需求：**在工作和家庭中的安全感的需求。
- **社交需求：**感受被爱、被接受和群体归属感的需求。
- **尊重需求：**获得他人肯定和认可的需求，以及自尊和对地位或重要性的意识。
- **自我实现需求：**充分发挥个人潜能的需求。

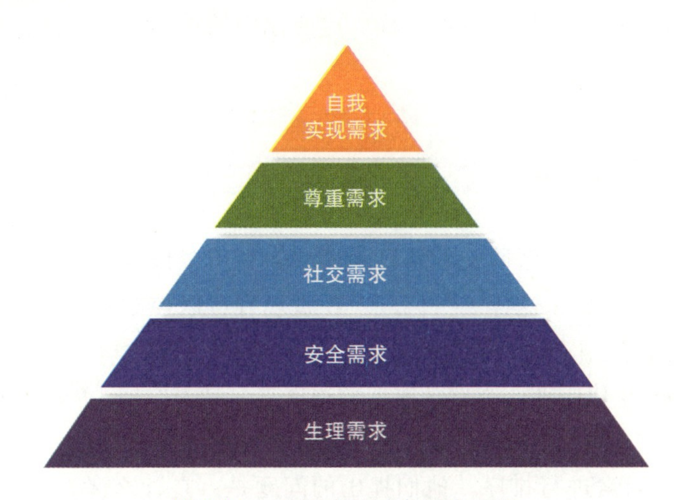

图 10-1　马斯洛的需求层次理论

马斯洛的需求层次理论的基础是，激励来自需求。如果某一层需求被满足了，它就不再是激励因素，于是更高层次的需求就变成了激励因素。高层次的需求需要低层次需求的支持。这张图显示了不同层次的需求。你知道自己目前处于图上的什么位置吗？

当一种需求得到满足时，另一种更高层次的需求就会出现，并激励我们去满足它。被满足的需求不再是激励因素。比如，你刚吃完一顿四道菜的晚餐，饥饿就不会成为动力（至少在饭后的几小时里），这时你的注意力可能会转向周边环境（安全需求）或家庭（社交需求）。当然，较低层次的需求（也许是口渴）随时可能在没有得到满足时重新出现，把你的注意力从较高层次的需求上转移开。

为了在竞争中脱颖而出，美国企业必须为各级员工营造一种能够兼顾各种目标的工作氛围，如社会贡献、诚实、可靠、服务、质量、可依赖和团结等。奇普·康利（Chip Conley）是生活乐趣（Joie de Vivre）连锁酒店的创始人，拥有 20 多家精品酒店，他考虑的是所有员工（包括基层员工）的较高层次需求，比如意义（自我实现）。这里有半数员工是整天打扫厕所的清洁工，如何让这些人觉得自己的工作意义非凡？有一个技巧就是康利推行的“乔治·贝利练习”（George Bailey exercise），这是根据电影《生活多美好》（*It's a wonderful life*）的主角设计的练习。康利询问一小群清洁工，要不是他们每天上班，这里会是怎样的情形。那肯定是酒店里到处垃圾成堆，浴室里毛巾浴巾七零八落，厕所里更是不忍直视。然后，他请大家为清洁工另想一个名字。他们想到的是“宁静守护者”“凌乱终结者”或“心态平和的警察”。最后，这些员工意识到，如果没有他们，顾客的体验肯定会不一样。这使他们的工作有了意义，有助于满足更高层次的需要。

赫茨伯格的激励因素

另一个管理理论学派研究的是管理者如何利用工作本身来激励员工。或者说，有些理论家提出了这样一个问题：在管理者可以控制的所有因素中，哪些因素在激发工作热情方面效果最佳？

20 世纪 60 年代中期，心理学家弗雷德里克·赫茨伯格（Frederick Herzberg）开展了一项研究，引发了学界的热议。赫茨伯格让员工按照激励作用的大小，对各种工作相关因素进行排序。他们提出的问题是：是什么激发了员工的热情，让他们充分发挥自己的潜力？最重要的因素是：

1. 成就感。
2. 获得赏识。
3. 对工作本身有兴趣。
4. 成长的机会。
5. 晋升的机会。
6. 责任的重要性。
7. 与同事和团队的关系。
8. 薪酬。
9. 主管的公平性。
10. 公司的政策和规章制度。
11. 地位。
12. 工作保障。

13. 主管的亲切友好。

14. 工作环境。

得票最多的因素都是属于工作内容方面的。能为公司做贡献让员工感觉很好（得票最高的是成就感），员工希望获得赏识（排在第二），并且感觉自己的工作很重要（排在第六）。他们想要担起责任（这就是为什么学习很重要），并且在成长和晋升中赢得他人对这份责任的赞赏。当然，员工也希望工作有趣。这也是你对工作的看法吗？

员工认为与工作环境相关的因素不是激励因素。有趣的是，其中一个因素就是薪酬。员工认为，没有丰厚的薪酬、工作无保障和上司不友好是会引起不满，但有了这些也并不能激励员工更加努力地工作，而只是带来了满意感和满足感。如果你拿到更高的报酬，你会更努力工作吗？

赫茨伯格的结论是：**激励因素（motivators）**能提高员工的工作效率，赋予他们满足感。这些因素主要与工作内容有关。赫茨伯格把其他因素称为**保健因素（hygiene factors）**或维持因素（maintenance factors）。这些因素与工作环境有关，缺失会导致员工不满，但增加也未必能够激励员工。有关激励因素和保健因素的列表，如图 10-2 所示。

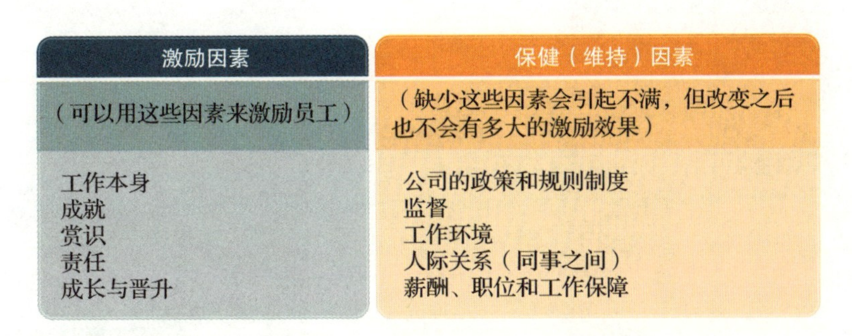

图 10-2 赫茨伯格的激励因素和保健因素

赫茨伯格的研究成果引发了一些争议，例如销售经理常常用金钱作为激励。最近的研究表明，如果将金钱作为对员工的一种赞赏，也是可以成为激励因素的。

从赫茨伯格的激励因素可以得出这一结论：激励员工的最佳方式是让他们的工作变得有趣，帮助他们实现目标，并通过晋升和赋予更多责任来认可他们的成就。[8] 从图 10-3 可以看出，马斯洛的需求层次理论和赫茨伯格的因素理论的相似之处。

看看赫茨伯格的激励因素，找出可以激励你的因素，并按它们对你的重要性进行排序。当你考虑未来的工作和职业生涯时，要记住这些因素。你的工作机会中有哪些激励因素？这些是你看重的因素吗？用你觉得真正重要的因素来评估工作机会，可以帮助你做出明智的职业选择。

- 泰勒的时间－动作研究与梅奥的霍桑实验有何异同？
- 梅奥的实验结果对科学管理产生了怎样的影响？
- 画一张马斯洛的需求层次图，标出各个层次并加以描述。
- 解释赫茨伯格所说的激励因素和保健因素之间的区别。

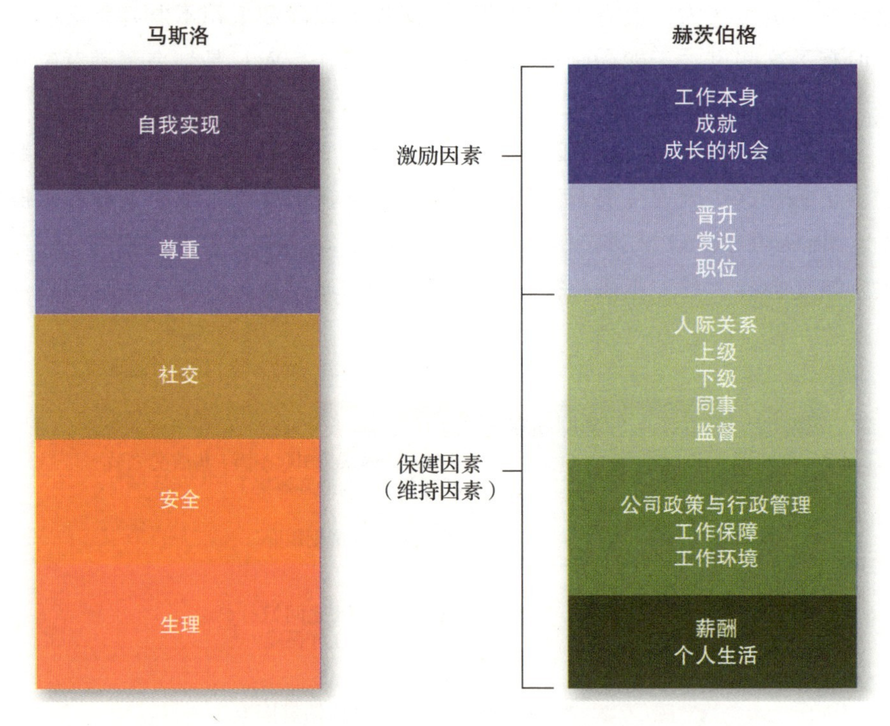

图 10-3 马斯洛的需求层次理论与赫茨伯格的因素理论比较

麦格雷戈的 X 理论和 Y 理论

管理者会如何在工作中激励员工，多半取决于他们对员工的态度。管理理论家道格拉斯·麦格雷戈（Douglas McGregor）发现，管理者的态度通常属于两种完全不同的管理假设，他称之为“X 理论”和“Y 理论”。

X理论

X理论管理的假设是：

- 大多数人不喜欢工作，能不工作尽量不工作。
- 因此，必须强迫、控制、指导或以惩罚来威胁员工，让他们为实现组织的目标而努力。
- 一般员工宁愿受人指挥，也不想承担责任，没有多大抱负，想要安全感。
- 主要的激励因素是恐惧和金钱惩罚。

根据这些假设，自然会产生一位非常忙碌的经理，他密切关注员工，吩咐他们该做什么，如何去做。激励的形式可能是对糟糕工作的惩罚，而不是对出色工作的褒奖。X理论的管理者很少赋予员工责任、职权或弹性。泰勒和早先的理论家都会赞同X理论。时间－动作研究计算了执行任务的最佳方式和投身任务的最佳时间。研究人员认为，需要对工人进行培训，并且密切监督，确保他们遵守各项标准。

许多管理者和企业家仍然认为，切勿充分信任员工，必须对他们密切监督。[9] 你一定见识过这样的管理者，他们给你的感觉如何？他们对员工态度的假设是否准确？

Y理论

Y理论对人做了完全不同的假设：

- 大多数人喜欢工作，工作就像玩耍或休息一样自然。
- 大多数人都会自然而然地向着既定目标前进。
- 一个人对目标的投入程度取决于实现目标所获得的预期回报。
- 在某些情况下，大多数人不只会被动接受责任，还会主动负责。
- 人们有能力运用丰富的想象力、创造力和聪明才智来解决问题。
- 在职场上，一般人的智力潜能只得到了部分发挥。
- 人们会受到各种报酬的激励，对每位员工的激励莫过于一份独特的奖赏（如休假、金钱、认可等）。

想一想

X理论的管理者并不关心员工开心与否。例如，卫星网络公司（Dish Networks）的创始人兼董事长查理·厄根（Charlie Ergen）要求员工长时间工作，加班加点司空见惯，而且几乎没有带薪假期。员工将厄根创造的公司文化描述为居高临下，缺乏信任。然而，该公司的盈利一直高于市场预期。你愿意为X理论还是Y理论的管理者工作？

Y 理论的管理者注重的不是权威、指导和监督，而是宽松的管理氛围，让员工在这种氛围下按照自己的意愿制定目标，发挥创造力，灵活变通，最终超越管理层设定的目标。在这个过程中，一个关键手段是授权，赋予员工决策的权力和工具来执行他们所做的决策。要让授权成为真正的激励因素，管理层应遵循以下三个步骤：

1. 查明人们认为组织存在哪些问题。
2. 让他们设计解决方案。
3. 完全放手，让他们把解决方案付诸实施。

员工经常抱怨，尽管公司让他们参与决策，但管理者其实并没有真正授予他们决策权。你碰到过这样的工作氛围吗？那给你什么感觉？

大内的 Z 理论

许多美国公司之所以选择更灵活的管理方式，原因之一是为了应对日本、中国和欧盟公司的竞争。20 世纪 80 年代，日本企业的表现似乎超过了美国企业。加州大学洛杉矶分校的管理学教授威廉·大内（William Ouchi）想弄明白，原因是否在于日本企业管理员工的方式。大内称日本的管理方法为“J 型”，包括终身雇用、集体决策、对决策结果集体负责、缓慢的评估和晋升、隐性的控制机制、非专业化的职业道路，以及对员工的全面关注。相比之下，大内称之为“A 型”的美国式管理方法注重短期雇用、个人决策、个人负责决策结果、快速的评估和晋升制度、明确的控制机制、专业化的职业道路，以及对员工的部分关心。

J 型公司建立在日本文化的基础上，注重团队和家庭内部的信任和密切关系。相反，A 型公司则建立在美国文化的基础上，注重个人的权利和成就。大内希望帮助美国公司采用成功的日本策略，但他意识到，指望美国管理者接受建立在他国文化基础上的方法是不切实际的。你不妨自行判断一下。终身制工作听起来不错，但你要想想可能的后果：没有机会换工作，也没有机会快速晋升。

大内推荐了一种混合方法——Z 理论（见图 10-4）。Z 理论包括长期雇用、集体决策、对决策结果个人负

> **想一想**
>
> 谷歌拥有最先进的健身房和游泳池，帮助员工减肥。五颜六色的大健身球随处可见，提醒员工注意身体健康。你还能想到其他例子，反映威廉·大内的 Z 管理理论所提出的对员工的全面关怀吗？

责、缓慢的评估和晋升、适度专业化的职业道路，以及对员工及其家庭的全面关怀。Z 理论将组织视为一个促进合作、培育组织价值观的家庭。

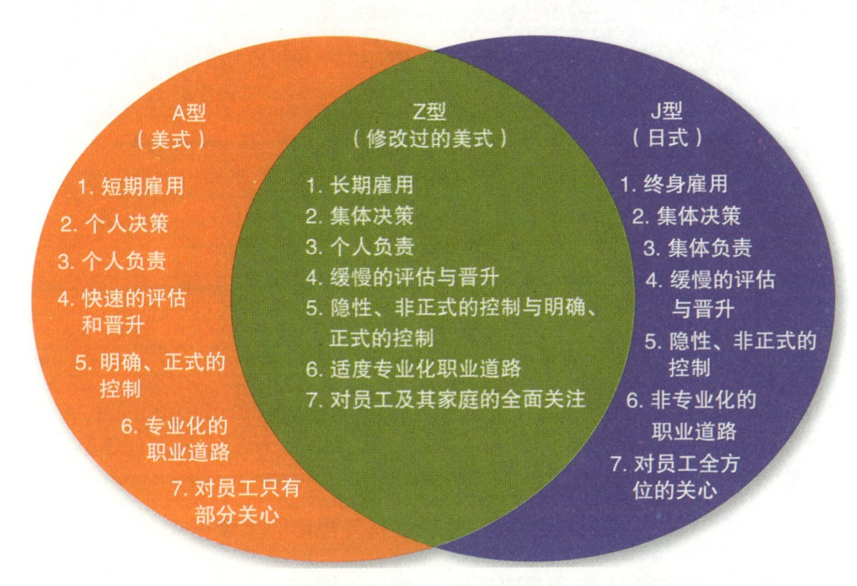

图 10-4　Z 理论：美式与日式管理方法的混合

近年来，随着人口和社会变化，全球竞争加剧，史上最严重的经济衰退来临，日本管理者不得不重新评估自己的经营方式。[10] 2011 年的地震和海啸对日本企业造成的影响，进一步凸显了改变和提高效率以有效竞争的必要性。

电子巨头日立是第一家取消企业健美操的日本大公司。让每个人都以集体锻炼开启新的一天，象征着大家步调一致，固化了员工不应冒险或独立思考的文化信念。许多管理者认为，正是这种遵从心理损害了日本企业。今后，日本管理者会使用混合 Z 理论吗？我们只能继续观望了。适当的管理风格要与组织及其员工的文化、情形和特定需求相匹配（见图 10-5，了解 X 理论、Y 理论和 Z 理论的概要）。

目标设定理论与目标管理

目标设定理论（goal-setting theory）认为，设定远大但可以实现的目标，能够激励员工，提高绩效，前提是这些目标被员工接受，并得到反馈，同时有组织环境的配合推动。所有组织成员都应该对每个部门和个人的总体目标和具体目标达成一些基本的共识。因此，应该建立一个体系，让组织中的每个人都参与到目标设定和实施中来。

X理论	Y理论	Z理论
1. 员工不喜欢工作，尽量不工作	1. 员工将工作看成生活的一部分	1. 员工的参与是提高生产力的关键
2. 员工宁愿受控制和被指挥	2. 员工不太喜欢受控制和被指挥	2. 对员工的控制是隐性的而非正式的
3. 员工寻求保障而非责任	3. 在适当的工作条件下员工愿意主动负责	3. 员工宁愿共担责任，共同决策
4. 员工在管理者的命令下才会履行职责	4. 员工在无命令的工作氛围中表现更出色	4. 员工在促进信任与合作的氛围中表现更出色
5. 员工在物质奖励下才有动力	5. 员工的激励来自很多不同需求	5. 员工需要真正的授权，他们会认可缓慢的评估与晋升

图 10-5 X 理论、Y 理论和 Z 理论的比较

已故管理专家彼得·德鲁克在 20 世纪 60 年代就开发了这样一个理论体系。德鲁克说："管理者无法激励员工，他们只会挫败员工的积极性，因为人们会自我激励。"德鲁克的目标设定和实施体系被称为**目标管理（management by objectives, MBO）**，由中高层管理人员、主管与员工就企业目标反复讨论、审查和评估。它要求管理者与组织中的每个人合作，共同制定目标，让员工致力于这些目标，并监控结果，奖励成就。国防部等政府机构都在使用目标管理体系。

如果管理者可以制订长期计划，并且几乎不加任何变动地予以实施，那么目标管理体系在这种相对稳定的状况下便能达到最佳效果。管理者还必须了解帮助和指导下属有何不同。帮助（help）意味着和下属一起工作，必要时做一部分工作；指导（coach）是充当辅助工具——教学、引导和推荐，但不主动参与或执行任务。目标管理的核心理念是员工必须自我激励。

员工的投入和期望很重要。如果管理层把目标管理作为策略，迫使管理者和员工致力于那些没有达成一致意见且由最高管理层制定的目标时，可能就会出现问题。[11]

维克托·弗鲁姆（Victor Vroom）认识到员工期望的重要性，于是提出了期望理论。下面我们来研究这一概念。

满足员工期望：期望理论

根据维克托·弗鲁姆的**期望理论**（expectancy theory），员工在某项特定任务上所付出的努力，取决于他们对结果的期望。弗鲁姆认为，员工在付出最大努力完成一项任务之前，会问三个问题：（1）我能完成这项任务吗？（2）如果完成了，有什么回报？（3）这个回报值得我付出努力吗？（见图 10-6）。

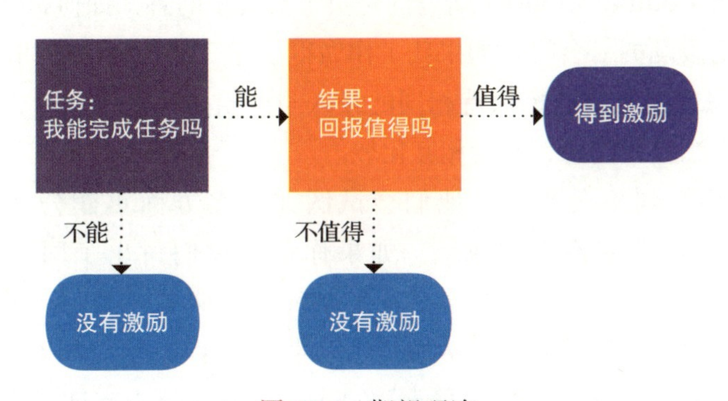

图 10-6　期望理论

员工在某项任务上付出的努力取决于他们对结果的期望。

设想如果碰到以下情形，你在课堂上会付出几分努力。假设老师说，要想这门课得 A，你的作业平均分必须达到 90 分，此外跳高要跳到 8 英尺。如果你明知自己不可能跳那么高，你还会拼尽全力争取得 A 吗？假设老师说任何同学都可能拿 A，但是你知道这位老师在 25 年的教学生涯中从未打过 A。如果 A 这一回报看似遥不可及，你还会在这门课上花费很多精力吗？而更好的是，你在网上看到，企业更愿意雇用成绩为 C- 而不是 A+ 的学生。A 这个回报是否值得？现在，再想想工作中可能出现的类似情况。

期望理论特别提到，每个人都有各自不同的期望。员工对于工作的难度和回报的价值都有自己的看法。研究人员戴维·纳德勒（David Nadler）和爱德华·劳勒（Edward Lawler）对弗鲁姆的理论进行了修正，建议管理者遵循以下五个步骤来提高员工的绩效：[13]

1. 确定员工看重什么样的回报。
2. 确定每位员工期望的绩效标准。
3. 确保绩效标准是可以达到的。

4. 确保回报与绩效挂钩。
5. 确定员工认为回报是足够的。

公平对待员工：公平理论

公平理论（equity theory）研究的是员工对公平的感知如何影响他们的表现意愿。该理论假设员工会问："如果我工作做得很好，是否值得？""什么是公平？"员工试图与职位相当的同事保持相同的投入与产出。他们通过个人关系、专业组织和其他来源查找信息，然后相互比较。

当员工感知到不公平时，他们会试图在许多方面重建公平。比如，你跟班级同学比较学期论文的成绩。如果你觉得你们付出了同样的努力，但你的分数却比他们低，你可能会：（1）今后再做课题项目时不那么努力了；（2）对分数差异进行理性解释，例如"他们的分数打高了"。如果你认为你的论文分数比同类论文分数高，你可能会：（1）今后倍加努力来证明你得高分是合理的；（2）进行理性解释，例如"我理应得这么高的分"。

在工作场所，感知到的不平等可能导致生产率降低、质量下降、旷工率增加和自愿辞职。

请记住，公平与否是基于感知的，因而容易出错。如果员工高估了自己的贡献——这事时有发生——他们会觉得任何奖励都不够公平。有时，公司试图通过背靠背发工资来解决这个问题，但往往适得其反。员工除了高估自己的贡献，还有可能高估他人的工资。最近的一项研究表明，员工常常认为自己的工作时间比同事多出11%。[14] 通常来说，最好的补救办法是明确并经常的沟通。管理者必须尽可能清楚地传递他们期望的结果和将要发生的结果。[15]

将理论付诸实践

现在你已经了解了一些理论家对激励的看法，可能就会问自己："那又怎么样？所有这些理论和我如今工作中的实际情况有什么关系呢？"这是挺合理的问题。让我们来看看公司是如何通过工作丰富化、坦诚沟通和工作认可将这些理论付诸实践的。

通过工作丰富化进行激励

管理者通过**工作丰富化（job enrichment）**来扩大马斯洛和赫茨伯格的理论影响，这是一种通过工作本身来激励员工的策略。将工作分配给个人，让他们有始有终地完成一项可识别的任务，取得的优异成就也属于个人。工作丰富化基于的是赫茨伯格的高级激励因素，如责任、成就和赏识。[16]它与工作简单化（job simplification）形成对比，后者把工作分解为简单的步骤，然后再按每个步骤分配给员工，以此提高完成任务的效率。回顾马斯洛和赫茨伯格的著作，看看工作丰富化是如何从两者的理论中衍生出来的。

想一想

工作丰富化的标志就是员工能够有始有终地完成一项任务。为什么这比只是往装配线上增加几个产品部件更能激励员工呢？

倡导工作丰富化策略的人认为，工作的五个特点对激励和绩效都很重要：

1. 技能的多样性：工作所需技能的多样程度。

2. 任务的识别性：工作要求从头至尾完成一项任务，任务结果的明显程度。

3. 任务的重要性：工作对公司其他人的生活或工作产生实质影响的程度。

4. 员工的自主性：在安排工作和确定流程过程中的自由、独立和自主决策的程度。

5. 绩效的反馈性：对工作绩效反馈的直接和清晰程度。

多样性、识别性和重要性赋予工作意义，自主性赋予员工责任感，反馈性则有助于获得成就感和认同感。[17]

工作丰富化的一种形式是**工作扩大化（job enlargement）**，它将一系列任务整合为一项有趣且具有挑战性的工作。家用电器制造商美泰克（Maytag）重新设计了洗衣机的生产流程，这样员工便可以组装一个完整的排水泵，而不只是添加一个部件。**轮岗（job rotation）**是将员工从一个工作岗位调至另一个工作岗位，让工作变得更有趣，从而激励员工。当然，轮岗也有一个问题，就是要培训员工学会几种不同的操作。然而，轮岗可以充分调动员工的积极性，提高灵活变通的能力，又能交叉培训员工，这些价值通常可以抵消成本。

通过坦诚沟通进行激励

授权员工做决策时，整个组织的信息交流和传递必须顺畅无阻，因为员工是不可能在真空中做决策的。可以通过以下流程促进坦诚的沟通：

- **创造鼓励倾听的组织文化。** 高层管理者必须创造与员工交谈的空间，并且给予员工反馈、采纳员工建议、奖励员工向上汇报，让他们知道即使讨论没有成效，与上级沟通仍然是很要紧的。员工要能畅所欲言，而且相信他们的意见是有价值的。
- **培训主管和经理倾听。** 大多数人在学校或别处都没有接受过倾听培训，所以组织必须自己开展这种培训，或者聘请专家来教授。
- **使用有效的提问技巧。** 我们通过提问获得信息，不同的问题会产生不同的信息。封闭式问题的答案为“是”或“否”，不像开放式问题会鼓励人们做出更多、更深思熟虑的回答。恰当地问一些个人问题，有助于培养员工和管理者之间的同事情谊。
- **消除坦诚沟通的障碍。** 为管理者提供专用办公室、停车场、浴室和餐厅只会导致与员工的隔阂。此外，不同的着装规定、不同的称呼方式（比如，对员工直呼其名，而对经理使用尊称）也会带来沟通障碍。消除这些障碍需要想象力，还需要管理者愿意放弃特权。
- **避免含糊不清和模棱两可的沟通。** 被动语态显得不够果断，无说服力。像“错误已经犯下了”这类陈述难免让人寻思，到底是谁犯了这些错误。管理者说话有时会拐弯抹角，传递的信息含混不清。对于想找到明确目标的员工来说，“可能”和“也许”这类说辞听起来空洞无物。
- **让沟通变得更加容易。** 动员组织成员中午都到大餐桌上共进午餐，允许员工在会议室聚会，举行野餐，组建单位运动队，这些活动都可以帮助各个级别的员工相互交流。
- **询问员工他们最看重的是什么。** 管理者不该等到离职面谈时才问员工：“怎么才能留住你？”为时晚矣。他们应该经常组织留任面谈（stay interview），了解对员工来说什么是重要的，他们可以做些什么来留住员工。

“知变则胜”专栏讨论了一些组织如何利用“幸福指数”来学习如何发现和解决工作上的问题，以保持员工的积极性。

知变则胜

员工敬业度的“情绪戒指”

你有没有想过别人脑子里在想什么？经理总是想知道。他们需要知道是什么让员工持续不断地工作，导致他们分神注意力不集中的原因是什么，而最终又是什么让员工开心快乐。虽然他们可能无法准确读懂员工的想法，但他们现在有了更多的工具来帮助跟踪员工的情绪。

来自员工敬业度科技初创公司 Culture Amp 和 Talmetrix 等公司的 App 允许经理随时提问，员工也可以通过移动 App 快速给出反馈。尽管有些经理可能会称之为“幸福指数”，但它们的功能远远不止这些。是的，它们能帮助管理者监控员工的情绪，还能发现员工真正想要什么，以及对整个工作场所文化来说什么是重要的。一些经理之前认为他们的员工想要休息室里的游戏得到升级换代，后来他们发现，他们的员工实际上渴望在战略规划过程中承担更多的责任和扮演更重要的角色。若不知道员工寻求什么，就会导致了彼此之间差距的扩大，就像两股道上跑的车，永不会合。我的天啊！

除非经理主动询问，否则他们不会知道员工的动机和工作内容。像这样的应用程序正在帮助提高员工的敬业度。这是怎么回事？Culture Amp 联合创始人迪迪埃·埃尔津加（Didier Elzinga）表示：“每个人都很重要，人们觉得他们可以做出积极的改变。”一旦员工觉得自己对公司很重要，他就会竭尽全力为公司工作。进而，他们会觉得自己的诉求有人倾听，会更加努力地证明自己是值得关注的。

资料来源：Heather Clancy, “This Startup Helps Airbnb and Slack Measure What Employees Think,” *Fortune*, March 7, 2016; Ian Davies, “Three Ways Technology is Transforming Talent Management in 2016,” *Forbes*, March 17, 2016; Kate Rockwood, “Tracking the Mood of Your Employees,” *Inc.*, June 2016; Megan Rose Dickey, “Culture Amp Launches Its Own Take on Performance Reviews,” *TechCrunch*, August 17, 2016; “BlackbookHR Becomes Talmetrix,” *Business Wire*, September 20, 2016; “JumpStart Inc. Announces Investment in Talmetrix,” *Yahoo! Finance*, February 28, 2017.

在自我管理的团队中进行坦诚沟通

在经济危机发生之前，汽车公司常因良好的作业经验而备受赞誉。例如，福特汽车公司有一支“野马团队”（Team Mustang），他们为如何组建生产团队制定了指导方针。这个400人的团队面临的挑战是：创造一款新车，让人们重新捡起“野马莎莉”（Mustang Sally）唱片[⊖]，涌入汽车展厅来购买新车。鉴于此，团队还获得了自主决策权，这样做决策时无须再等总部的批准。大家都在一个旧仓库里一同工作，绘图专家、会计师、工程师与设计师比肩而坐。随着部门

⊖ Mack Rice 于1965年创作的一首歌曲，其创作灵感源自福特公司1964年推向市场并大获成功的野马汽车。——译者注

负责人经劝说下放了一些控制权，部门之间的预算壁垒也被打破了。

当团队设计的野马敞篷车出现晃动问题时，工程师为了按时完工且不超预算，甘愿苦干，他们常常工作到深夜，困了就席地而睡。福特的高管很想插手，但他们还是坚守承诺，未加干预。团队与供应商一同想办法，最终在预算范围内解决了晃动问题，并且比原定计划提前数月完成了任务。这款车一经面世，大受欢迎，销售火爆。[19]

要打造这样的团队，大多数公司的管理者必须彻底进行工作改革。也就是说，管理者要尊重员工，提供有趣的工作，培养员工的技能，下放权力，赋予员工自主权，奖励出色的工作。我们来看看公司如何认可与奖励出色的工作。

想一想

在汽车行业，没有什么比“哇”这种令人惊艳的因素更管用的了。在福特，公司授权400人的野马团队为线条流畅的野马创造“哇”效应。工作团队、供应商、公司管理者甚至客户都共同努力，使野马成为竞争激烈的汽车市场的赢家。

认可出色的工作

最近的一项调查显示，员工主动离职多半是因为无人赏识。[20] 让人们知道你认可他们的工作，往往比只给他们加工资或发奖金更有效。[21] 越来越多的大学毕业生表示，工资并非他们的终极动力。诚然，他们需要足够的钱来满足基本需求。但大多数毕业生都认为，新鲜有趣、充满挑战的工作及其蕴含的职业发展机会才是最重要的。[22] 显然，晋升机会和认可成就是吸引并留住有价值的敬业员工的关键。

认可出色的工作并非只有提拔这一个手段。认可别人其实很简单，只要把你注意到的员工积极表现大声表达出来即可，这样可以让他们觉得自己的努力是值得的，理应引起你的注意。例如：“赛琳娜，今天的会上你没怎么说话。你的想法通常很有价值，刚才我还想听听你的高见呢。”这番话让莎琳娜知道，她的想法是有人赏识的，那么下一次开会她就会积极建言。

以下是管理者在不加薪的情况下提升员工士气的几个事例：

- 洛杉矶的一家律师事务所安排400名员工及其家属到迪士尼乐园一日游。联邦快递也这么做了，但它是安排业绩优异的员工去玩的，而且让公司高管为这些员工代班。

- 迪士尼公司设置了 150 多个赞赏员工的项目。“弗雷德精神奖”（The Spirit of Fred Award）是以一位名叫弗雷德的员工命名的，每个奖品都是他亲手制作的（镶嵌在一块牌匾上的精美证书）。弗雷德的名字变成了友好、机智、热情和可靠的代名词。
- 密苏里州芬顿市的马里兹激励解决方案公司（Maritz Motivation Solutions）有一个“多谢”（Thanks a Bunch）项目，向甄选的员工赠送鲜花，感谢他们出色的工作。得到鲜花的员工可以把花束传给另一个帮助过他的人。设置这个项目是为了看看一天中有多少人收到鲜花。这束花还附有各种感谢卡，然后感谢卡可用来抽奖，能够赢取望远镜和夹克衫等奖品。
- 惠普向表现出色的员工颁发“金香蕉奖”（Golden Banana Award）。该奖项的缘起是一名工程师冲进经理办公室，说他找到了一个解决老大难问题的方案。经理想找个东西送给工程师以示谢意，匆忙之中从自己的午餐盒里抓起一根香蕉说：“干得不错！祝贺一下！”现在，金香蕉奖是授予具有创造力的惠普员工的最高荣誉。

为能够创造价值的员工提供更方便的停车位、更悠长的假期或更灵活的工作安排，会让他们觉得自己的工作非常重要，公司也认可自己的工作。但有时候，还是预期奖金更能激励员工，能够提供少量股权或股票期权的公司更有可能培养出忠诚的员工。

同样的东西并不能激励所有的员工。接下来，我们将探讨如何有针对性地激励来自不同文化和不同世代的员工。

想一想

驯鹿咖啡（Caribou Coffee）用西瓜来表达对杰出的员工的赞赏，而不是颁发无聊的证书或徽章。这家明尼苏达州连锁企业的员工可以通过实现个人目标，在公司项目上表现出色，赢得其中一项丰厚的奖励，或就是获得“西瓜”。你认为这些奖项在激励获奖者继续他们杰出的表现方面发挥了什么作用？

个性化的激励

管理者不能对所有员工都使用同一套激励方法。他们必须亲自了解每一位员工，有针对性地调整激励措施。由于全球业务增长，加之如今的员工都来自不同文化背景，管理者激励措施的制定变得更加复杂。即便生长于同一国家的几代人之间也会存在文化差异。接下来我们探讨管理者如何制定个性化策略，在全球范围内吸引跨世代的员工。

激励不同文化的员工

不同的文化有不同的激励方式，因此，管理者在制定奖励制度时要研究和了解各种不同的文化因素。处于高语境文化（high-context culture）中的员工，首先会建立人际关系，培养集体信任，然后才集中精力处理工作。而处于低语境文化（low-context culture）中的员工，往往认为建立人际关系是浪费时间，会分散注意力。韩国人、泰国人和沙特阿拉伯人大多是高语境员工，在他们眼里，美国同事只会要数据资料和快速决策，缺乏诚意。

好时公司为2.1万名员工设立了一个赞赏计划，解决了跨文化的问题。这些员工遍布全球17个国家，使用不同的语言和货币。全球人力资源公司（Globoforce Ltd.）为好时修订并推出了一项新的名为“SMILES”的奖励计划，用来自动调整各地在文化偏好、税法甚至生活水平上的差异。这种积分制可以让不同地区的员工用所获奖励兑换数千种产品和礼品卡。经理和员工都可以发送“SMILES”，因此，在计划实施的第一周，整个公司有近9%的员工因工作出色而获得赞赏，有些员工还是第一次获得赞赏。[23]

对大多数公司来说，理解全球组织中的激励措施，建立有效的全球团队仍然是一项新的任务。培养具有文化敏锐性、灵活性，能够处理不确定性的团队领导者，是各个企业在21世纪面临的挑战。

激励不同世代的员工

每一代人都是通过在成长过程中（通常是人生前10年）的共同经历联系在一起的。无论是1946～1964年出生的“婴儿潮一代”，1965～1980年出生的X世代，1980～1995年出生的Y世代（也就是“千禧一代”），1995～2009年出生Z世代，还是2010年以后出生的α世代，大抵如此。（请注意，X世代、Y世代和Z世代的年龄跨度存在广泛争议，所以这些日期只是粗略估算。）你从小养成的信念会影响你对风险、挑战、权威、科技、人际关系和经济的看法。当你走上管理岗位后，这些信念甚至会影响你对员工的雇用、解雇或提拔。

总的来说，“婴儿潮一代”的家庭经历了前所未有的经济繁荣，人们拥有稳定的工作，对前途充满乐观。X世代在双职工家庭中长大，父母一心扑在工作上，他们从小就上日托班，或者成为“挂钥匙儿童”（latchkey kids㊀）。看到父母下岗或失业，他们不再相信还有什么铁饭碗。“千禧一代”在父母的溺爱中长大，大多数人都不记得没有互联网和手机的日子是怎样的。Z世代是在“9·11”之后长大的，他们经历了经济大衰退，看到了数不清的校园暴力的报道。

对X世代、“千禧一代”和Z世代来说，生活中的主要常数就是无常。想想过去20年经济、技术、科学、社会和政治等各个领域发生的翻天覆地的变化，变革是他们预料之中的，缺乏变革才会让他们觉得不对劲。

这些群体之间的代际差异如何影响工作中的激励？“婴儿潮一代”的管理者在对待年轻员工时，必须灵活变通，否则就会失去他们。X世代必须利用对变革和效率的热情，为自己谋福利。尽管他们中间许多人不愿像上两代那样为成功付出同样的代价，担心过度的工作压力、过长的工作时间，但这并不表示他们缺乏雄心壮志。他们和年长的员工一样想要经济保障，但他们会用不同的方法来实现这一目标。X世代注重的不是工作保障，而是职业生涯保障，他们愿意通过变换工作来找到职业生涯的方向。

许多X世代现在都是管理者，负责激励其他员工。他们是哪种类型的管理者？总的来说，他们完全有能力激励员工。他们明白，生活不仅仅是工作。因此，他们认为激励的一个重要部分就是让人们知道你对这个事实了然于胸。X世代的管理者往往更注重结果而非工作的时长。他们懂得灵活变通，善于合作和建立共识。他们思考时往往比前辈更为全面，因为他们可以通过媒体了解世界各地的问题。X世代管理者对团队成员的影响也很大，他们会把项目目标和大纲交给成员，然后放手让他们自己去做。

或许X世代管理者最好的一点是对员工的反馈能力，尤其是积极的反馈。原因之一可能是他们自己也希望获得更多的反馈。有一位新员工颇感沮丧，因为他入职已经两周了，老板一直没有给他反馈。简言之，管理者必须认识到，与传统的一年一两次绩效考核相比，年轻员工需要更频繁的绩效考核以及其他形式的反馈。

随着“千禧一代”进入就业市场，他们创造了一个非常多元化的工作环境。作为一个群体，他们往往有一些共同特点：缺乏耐心、喜欢质疑、心直口快、善于表达、视觉导向。和其他几代人一样，他们可以把自己的特点转化为独特

㊀ 指因为父母出去工作，放学后独自在家、无人照看的孩子。——译者注

的技能。例如，“千禧一代”适应性强，精通技术，能够掌握新概念，擅长多任务处理，做事效率高，对人宽容大度。[24]“千禧一代”往往更注重保持工作与生活的平衡，希望雇主来适应他们（而不是反过来）。他们对理想工作的前五项要求中多半都包括乐趣和激励。[25]你认为管理者可以用哪些最有效的策略来激励“千禧一代”的员工？

许多“千禧一代”毕业后并不急于寻找终生职业。他们常常从一个工作跳槽到另一个工作，在摸清这些工作之前，愿意与父母住在一起。有些人迟迟无法确定职业生涯的方向，与其说是自愿，不如说是经济形势所致。经济衰退对年轻员工的伤害最为严重。事实上，与X世代或“婴儿潮一代”相比，如今“千禧一代”的就业率更低。经济衰退大大加剧了就业竞争，因为“千禧一代”都在努力找工作，“婴儿潮一代”在设法弥补退休金的损失，而X世代则努力偿还房贷，养家糊口。

随着越来越多的“千禧一代”在工作中担当大任，他们有时必须管理和领导比自己年长许多的人。年轻的管理者如何领导资深员工？或许他们应该谨记的最重要的三点是：充满自信、思想开明、经常征求反馈。要记住，征求意见和建议与请求许可和指导是两码事。[26]“社媒连线”专栏为管理者提供了一种给予和接收反馈的新方式。

Z世代已经开始踏入职场。他们可能会更谨慎，更有安全意识，但也会受到鼓舞，要让世界变得更好。他们目睹了经济的影响，更容易察觉到多事之秋。最近一项对Z世代的调查显示，他们认为对他们这一代人影响最大的是校园暴力和枪击事件，而不是社交网络的发明和第一位黑人总统。这些事件使Z世代变得韧性十足，讲求实效，他们敢于直面问题，而不是设法逃避。和“千禧一代”一样，Z世代也精通技术，希望在工作中融入群体。此外，Z世代更关心医保和401(k)养老金计划等实实在在的福利，他们也不像“千禧一代”那么喜欢跳槽。[27]

对于各个年龄段的管理者来说，重要的是要意识到不同年龄段的员工沟通方式不同。从大萧条和第二次世界大战中走过来的那代人固守传统，他们更喜欢面对面沟通，然后才是打电话，但又不喜欢电话留言。“婴儿潮一代”更喜欢在会议或电话会议中交流。X世代更喜欢电子邮件，只有在没有其他选择时才愿意开会。“千禧一代”最常使用科技手段来沟通，尤其是通过社交媒体。Z世代开始回归面对面的会议，不愿打电话。[28]

在世代交替中，老一代人对下一代人说的话往往都是一样的："他们不守规则。"传统主义者是这么说"婴儿潮一代"的。"婴儿潮一代"对X世代说，"他们为什么要打破规则?"现在，X世代又对"千禧一代"和Z世代说，"这些孩子怎么了?"然后，X世代和Z世代有一天也会对α世代说同样的话。

在商业中，有一件事很可能会保持不变：大多数激励来自工作本身，而不是外部的奖惩。管理者必须给予员工做好工作所需的东西：正确的方法、正确的信息和适量的合作。激励其实并没有那么难。首先要认可员工出色的工作，尤其要当众赞赏。毕竟，就像我们之前说的，最好的激励往往是真诚地道一句："谢谢，我真的很感激你所做的一切。"

想一想

"千禧一代"的员工往往喜欢质疑、直言不讳、视觉导向、适应力强、懂技术、充满想象力、宽容大度。对于各个年龄段的管理者来说，重要的是要意识到不同年龄段员工沟通方式不同。你认为代际差异会如何影响管理者和员工?

社媒连线

为同事点赞

(www.tinypulse.com)

"千禧一代"已经改变了现代职场中的沟通方式。当然一直以来有绩效评估和其他评估员工潜力的各种方法。然而，雇主从未遇到过需要"千禧一代"期待的定期甚至是持续反馈的情况。反馈不仅是寻求管理者的反馈，年轻的员工也寻求同事的认可度。

TINYpulse满足了公司和员工的需求。通过TINYpulse的网站或移动App，员工可以通过"为同事点赞"获得他们渴望的认可。任何人都可以给同事点赞，并查看所有荣誉的实时排行榜。排行榜显示了每个人获得了多少点赞，以及他是如何赢得这些点赞的，这给工作场所创造了一种注重欣赏和团队合作的文化。

尽管所有的信息（除了获得点赞的人）都是匿名的，但是对于管理者来说，有许多有用的度量标准。他们可以看到发送给同事的点赞数量是增加了还是减少了，可以通过私人信息系统接收建议，还可以问一些员工可以立即回答的简洁问题。通过一次问一个问题而不是冗长的调查问卷，经理更有可能得到有用的反馈。如果这个问题被忽略太久的时间，该App甚至还会提醒员工回答这个问题。

有了TINYpulse这样的工具，要创建一个舒适的、公开交流的办公环境应该是更容易实现了。员工匿名评价，这给大家带来的，除了真实、真切，还有真相。他们可以诚实地表达自己的切身感受，也有足够的公开信息让员工感到自己被认可。

资料来源：Catherine Bailey and Adrian Madden, " What Makes Work Meaningful—or Meaningless," *MIT Sloan Management Review*, Summer 2016; L. V. Anderson, " Performance Reviews Don't Work. Can an App Fix Them?," *Slate*, June 9, 2016; Chantrelle Nielsen, David Niu, and Si Meng, " Measuring Your Employees ' Invisible Forms of Influence, " *Harvard Business Review*, November 7, 2016; Monica Nickelsburg, " Working Geek: TINYpulse Chief Product Officer Matt Hulett's 11 Tips for Running Meetings and Making Time for Family," *GeekWire*, January 25, 2017.

想一想

美国西南航空公司（Southwest Airlines）首席执行官加里·凯利（Gary Kelly）装扮成摇滚乐队KISS的主唱吉恩·西蒙斯（Gene Simmons），出现在公司的万圣节派对上，着实让同事们吃了一惊。现在，他每年都会在博客中让员工说说看，他下次该穿什么衣服。你认为凯利的万圣节滑稽装扮如何帮助培养快乐、高效和忠诚的员工？

资料来源：Courtesy of Southwest Airlines.

本章小结

1. 解释泰勒的科学管理理论。

- 弗雷德里克·泰勒以什么闻名？

人类效率工程师弗雷德里克·泰勒是最早研究管理的人之一，被誉为科学管理之父。他开展了时间 - 动作研究，研究最有效的工作方式，然后在这些流程中培训员工。1911年，他出版了《科学管理原理》一书。甘特、弗兰克和吉尔布雷斯都是泰勒的追随者。

2. 描述霍桑研究及其对管理的意义。

- 是什么带来了以人为本的全新管理风格？

  对激励论影响最大的是 20 世纪 20 年代末和 30 年代初的霍桑研究。在霍桑实验中，埃尔顿・梅奥发现与工作场所的实际变化相比，融入和参与等人员因素更能促进生产率的提高。

3. 认识马斯洛的需求层次理论，并将其运用于员工激励。

- 亚伯拉罕・马斯洛发现激励因素的基础是什么？

  马斯洛研究了激励人类的一般因素，他发现人类的激励基于需求。他认为，人们有动力去满足尚未满足的需求，已经得到满足的需求不再是激励因素。

- 马斯洛确定了哪些层次的需求？

  从马斯洛需求层次的最低层次一直到最高层次分别是生理需求、安全需求、社交需求、尊重需求和自我实现需求。

- 管理者可以运用马斯洛的理论吗？

  可以，他们可以发现人们尚未满足的需求，然后设计相关工作内容来满足这些需求。

4. 区分赫茨伯格提出的激励因素和保健因素。

- 弗雷德里克・赫茨伯格的激励因素和保健因素有何不同？

  赫茨伯格发现，有些因素会激励员工（激励因素），而另一些因素则会导致员工对工作的不满（如果缺失），但增加（保健因素或维护因素）也未必能够激励员工。

- 什么是激励因素？

  工作本身、成就感、赏识、责任、成长与晋升。

- 什么是保健（维护）因素？

  公司政策、监督、工作环境、人际关系和薪酬。

5. 区分 X 理论、Y 理论和 Z 理论。

- 谁提出了 X 理论和 Y 理论？

  道格拉斯・麦格雷戈认为管理者对员工有两种截然相反的态度，他称之为“X 理论”和“Y 理论”。

- 什么是 X 理论？

  X 理论假设一般人不喜欢工作，尽可能避免工作。因此，为了实现组织目标，必须强迫、控制和以惩罚相威胁。

- 什么是 Y 理论？

  Y 理论假设人们喜欢工作，如果有回报，他们愿意承担实现目标的责任。

- 什么是 Z 理论？

  威廉·大内的 Z 理论建立在日本的管理风格基础上，强调长期雇用、集体决策、个人对决策结果负责、缓慢的评估和晋升、适度专业化的职业道路，以及对员工及其家庭的全面关怀。

6. 解释目标设定理论、期望理论和公平理论的关键原则。

- 什么是目标设定理论？

  设定远大但可以实现的目标，可以激励员工，提高绩效，前提是这些目标可被员工接受，并得到反馈，同时有组织环境的配合推动。

- 什么是目标管理？

  目标管理是一个目标设定和实现的系统，它由中高层管理人员、主管与员工就企业目标反复讨论、审查和评估。

- 期望理论的基础是什么？

  根据维克托·弗鲁姆的期望理论，员工的期望可以影响个人的激励。

- 期望理论的关键要素是什么？

  期望理论的核心是员工经常会问的三个与工作绩效有关的问题：（1）我能完成这项任务吗？（2）如果完成了，有什么回报？（3）这个回报值得我付出的努力吗？

- 根据公平理论，员工试图与职位相当的同事保持相同的投入与产出。当员工发现回报不公平时会出现什么情况？

  如果员工感知回报过低，他们要么会不再那么努力，理性分析认为这不重要；如果他们感知回报过高，他们要么会加倍努力，来证明更高的回报是合理的，要么会进行理性解释“这是我理应得到的”。不公平可能导致生产率降低、质量下降、旷工率增加和自愿辞职。

7. 展示管理者如何通过工作丰富化，坦诚沟通和认可工作等策略将激励理论付诸实施。

- 工作的哪些特点会影响激励和绩效？

影响激励的工作特征包括技能的多样性、任务的识别性、任务的重要性、员工的自主性和绩效的反馈性。

- 列举两种可以增加激励的工作丰富化形式。

  工作扩大化是将一系列任务整合为一项有趣且具有挑战性工作。轮岗是将员工从一个工作岗位调至另一个工作岗位，让工作变得更有趣。

- 坦诚沟通如何提高员工的积极性？

  坦诚沟通有助于高层管理者和员工理解目标，并为实现目标而共同努力。

- 管理者如何鼓励坦诚沟通？

  管理者可以创造鼓励倾听的组织文化，培训主管和经理倾听，使用有效的提问技巧，消除坦诚沟通的障碍，避免含糊不清和模棱两可的沟通，积极主动地让所有人的沟通都变得更加容易。

8. 展示管理者如何用个性化激励策略吸引全球和不同世代的员工。

- 高语境文化和低语境文化的区别是什么？

  在高语境文化中，人们首先会建立人际关系，培养集体信任，然后才集中精力处理工作。在低语境文化中，人们通常认为建立人际关系是浪费时间，会分散注意力。

- X 世代管理者与“婴儿潮一代”管理者有何不同？

  “婴儿潮”时期出生的人往往愿意长时间工作，来建立自己的事业，所以常常希望下属也是这样。X 世代可能会追求更平衡的生活方式，更注重结果而不是团队工作的时间。X 世代往往比前几代人更擅长团队合作，更多地提供反馈。他们通常不受传统的约束，而这些传统可能会约束组织里那些愿意尝试用新方法解决问题的老员工。

- “千禧一代”有哪些共同特点？

  “千禧一代”适应性强，精通技术，能够掌握新概念，擅长多任务处理，做事效率高，对人宽容大度。他们往往更注重保持工作与生活的平衡，希望雇主来适应他们，而且对理想工作的前五项要求中多半包括乐趣和激励。

批判性思考

你现在的任务是要看完本章的内容。如果你在 40 多度高温的房间挥汗如雨，要有多大的动力才会去看书？假设你的室友打开了空调。一旦你感觉舒服了，看书的可能性会更大吗？回顾马斯洛的需求层次理论，看看在这两种情况下，什么需求会激励你。现在回想你在家里、学校或工作中何时觉得特别有动力去做某事。马斯洛提出的哪些需求激励了你？

本章案例 苹果树问答

服务行业努力减轻客户的焦虑，但这些压力往往转移到服务员工身上。例如，服务台呼叫中心的工作人员面临着巨大的压力，以至于员工流动率高达125%。这相当于一年之内，流失了每名员工，再加上1/4递补员工。由于寻找新员工来填补所有这些职位的空缺可能成本昂贵，最精明的公司会想方设法激励员工提高工作效率并增加他们的幸福感。这样，他们就会选择留下来，再工作一段时间。

苹果树问答（Appletree Answers）是一家为其他企业提供呼叫中心和前台服务的公司，该公司的约翰·拉特利夫（John Ratliff）将公司从一个人的业务扩展到一个蓬勃发展的企业，现有20多家分公司，650名员工。苹果树问答支持各行各业的客户，从个体小业主到《财富》500强企业。

然而，苹果树在其发展初期遭遇了呼叫中心行业司空见惯的高离职率。拉特利夫决定重组公司，专注于员工满意度和健康。首先，他制定了一套新的公司原则，鼓励员工“设身处地从客户角度思考问题”和“互相照顾”。为了容纳大多数Y世代员工，拉特利夫制定了灵活的时间表，并安排了额外的培训项目。拉特利夫还鼓励员工就公司的项目提交想法。一个名为“计上心来”（Idea Flash）的桌面应用程序可以让员工将他们的建议发送给高管，进一步丰富了员工的工作经验。

在他尝试扭转公司颓势的过程中，拉特利夫发现一些员工正与严重的疾病、穷困潦倒，甚至无家可归等问题做斗争。为了应对这些危机，他创立了“梦想依在”（Dream On program）项目，为员工提供个性化的鼓励措施，而这些鼓励措施并不以标准薪酬来兑现。与“许愿基金会”（Make a Wish Foundation）类似，“梦想依在”致力于帮助选定的员工实现“梦想”，无论是允许带生病的孩子去迪士尼乐园游玩，还是让忠诚的员工欢度豪华蜜月。

在这种新的令人满意的环境中工作，对苹果树的员工产生了深远的影响。他们对公司的个人承诺不再仅仅是尸位素餐，而是成为公司目标和文化不可或缺的一部分。由于所有这些积极的强化，苹果树的员工不仅更愿意留在他们的工作岗位上，而且他们也更有精力且更加努力来完成各自的任务。约翰·拉特利夫独特的方法使他的公司在行业中占得先机，同时对员工仍然表示深深的关爱。这就是所谓的“双赢”。

思考

1. 为什么员工的流失对公司来说代价高昂？
2. 约翰·拉特利夫是如何通过理解和适应本章讨论的激励理论来提高员工动机的？你认为哪种理论最合适？
3. “梦想依在”项目是如何激励员工并帮助组织内部维护稳定秩序的？

第11章

人力资源管理：找到并留住出色的员工

学习目标

1. 阐释人力资源管理的重要性，并描述目前人力资源管理中的问题。
2. 阐明法律对人力资源管理的影响。
3. 总结人力资源规划的五个步骤。
4. 描述公司招聘新员工的方法，并解释招聘工作面临的挑战。
5. 概述甄选员工的六个步骤。
6. 阐明培训和发展员工的方法。
7. 评估员工绩效的六个步骤。
8. 简述员工薪酬计划的目标，评估薪资制度和额外福利。
9. 展示管理者如何使用工作时间计划来适应员工的需求。
10. 描述员工如何在公司中流动：晋升、调动、解雇和退休。

Understanding Business

本章人物

乔巴尼创始人兼首席执行官哈姆迪·乌鲁卡亚

有些企业家舍弃舒适安逸，驰骋征战商场而获得成功；另一些企业家则坚持不懈，从事他们最了解的事业，从此兴旺发达。这就是乔巴尼的哈姆迪·乌鲁卡亚（Hamdi Ulukaya）的创业之路，尽管他刚到美国时并未打算创办一家酸奶公司。作为土耳其奶农的儿子，他在20世纪90年代搬到纽约北部上大学。乌鲁卡亚也在农场做兼职，尽管他梦想的职业不需要他和奶牛亲密接触。

后来他的父亲前去看望他，这次探访改变了一切。为了父亲的到来，乌鲁卡亚去杂货店买他爸爸最喜欢的早餐食品。上乘的橄榄和面包很容易买到，但是他很难找到美味的羊奶乳酪。遗憾的是，他尝试的所有美国品种都是淡而无味的。他的父亲也持有同样的观点，并告诉儿子，他应该创办自己的奶酪生意。起初，乌鲁卡亚并不想从事他留在土耳其的同一行业。但他越想，这个商业想法就越有意义。他在纽约北部的家周围都是奶牛场，为他提供了大量的供货渠道，并与该行业建立了牢固的联系。到2002年，乌鲁卡亚买下一家工厂，开始以幼发拉底河（Euphrates）为品牌生产羊奶乳酪。

乌鲁卡亚最初几年压力重重，即使这样，他反复尝试，不断在错误中汲取经验，学习了营商知识。当幼发拉底河开始盈利时，另一个改变他一生的机会降临到了头上。他收到一封垃圾邮件，是关于出售附近一家倒闭的酸奶厂的广告。出于好奇，他去参观了这座有着百年历史的设施。乌鲁卡亚说："在我回来的路上，我打电话给律师，说我看了一家工厂，想买下它。"他的想法是生产像他母亲在土耳其做的那种浓稠的过滤酸奶。多年来，美国主要品牌一直避免生产这种无糖酸奶，在美国国内被称为"希腊"酸奶。"最初的想法是，如果不加很多糖，美国人是不会喜欢的。"乌鲁卡亚说，“其实并不是美国人不喜欢，问题是大公司不做这样的产品。”

乔巴尼在2007年一经推出，就立即受到消费者的热忱欢迎。随着订单源源不断地涌入，乌鲁卡亚意识到他需要扩大工厂，雇用更多工人。与此同时，他了解到附近有一个难民安置中心。他参观了该中心，询问是否有人愿意到乔巴尼工作。那些接受他提议的人可以免费乘车去上班，有翻译帮助他们融入当地社会，还有高于最低工资标准的薪水。乌鲁卡亚在爱达荷州的特温福尔斯开设了第二家工厂，如法炮制了前面的经验。乌鲁卡亚说，“一旦难民有了工作，他们就不再是难民了。”

到2016年，乔巴尼的年销售额已超过15亿美元。随着公司的平稳运行，未来将灿烂辉煌，乌鲁卡亚发表的一项声明使他的员工震惊无比。在致员工的一封信中，他表示，所有全职员工都将获得乔巴尼所有权的股权。乌鲁卡亚写道：“我们如何建立这家公司对我至关重要，但我们如何发展它显得更加重要。”“我希望你们在它成长的过程中成为其中的一部分——我希望你们成为它的驱动力。”员工持股数量约占这家私人控股公司的10%。分析家对乔巴尼的估值为30亿美元，这意味着如果该公司上市，每个普通员工所持股份的价值可能高达15万美元。与此同时，乌鲁卡亚希望他的员工比以往任何时候都更有动力。“这不是礼物，”乌鲁卡亚说，“而是共同的承诺、共同的目标和责任。继续创造一件特别的、有持久价值的东西。”

本章将让你了解到像乔巴尼这样成功的企业是如何招聘、管理员工，并充分发挥他们的作用的。

资料来源：Jena McGregor, “How Chobani CEO Ensures That Employees Will Share in the Company’s Success,” *Los Angeles Times*, May 1, 2016; Rebecca Mead, “Just Add Sugar,” *The New Yorker*, November 4, 2013; David Gelles, “For Helping Immigrants, Chobani’s Founder Draws Threats,” *The New York Times*, October 31, 2016; Daniel Gross, “It’s All Greek to Him: Chobani’s Unlikely Success Story,” *Newsweek*, June 12, 2013; Jeanne Sahadi, “Chobani Employees Get Big Surprise from Their CEO,” *CNNMoney*, April 2016; Kelsey Gee, “In Refugees, Companies Find Talent Pool,” *The Wall Street Journal*, February 22, 2017.

从事与人有关的工作只是开始

学生们常说，他们希望进入人力资源管理领域，因为他们喜欢“与人打交道”。人力资源管理者从事的工作确实与人有关，但他们还要承担许多计划、文件管理等其他各种行政事务。本章将告诉你除了与人打交道，人力资源管理还会涉及哪些工作。

人力资源管理（human resource management, HRM）首先明确人力资源的需求，然后据此招聘、甄选、发展、激励、评估、制定薪酬，并为他们安排工作时间，以实现组织的各项目标（见图 11-1）。过去很多年来，人力资源管理一直被称为“人事”，包括一些办公室的职能，如审查求职申请、管理人事档案、处理工资事宜、在需要时招募新员工。人力资源管理的角色与职责演变主要因为以下两点：（1）组织将员工视为最重要的资源；（2）法律的变化彻底改变了很多传统做法。下面我们来探讨这两个因素。

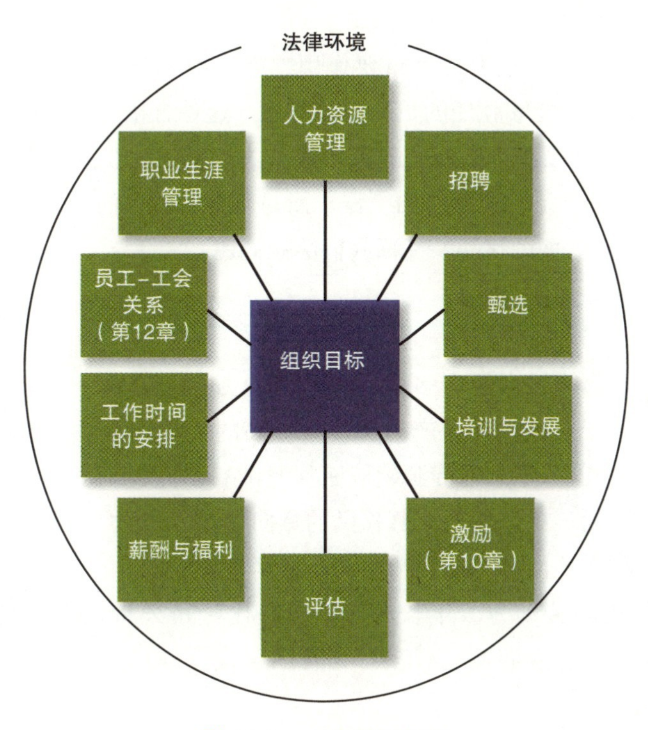

图 11-1 人力资源管理

如图所示，人力资源管理不只是招聘和解雇人员。人力资源的所有工作都是为了在人力资源管理相关法律范围内实现组织目标（请注意，人力资源管理包括第 10 章里探讨的激励，以及第 12 章探讨的员工与管理者的关系）。

开发最重要的资源

人力资源管理角色演变的原因之一是美国经济从传统制造业转向服务业及高科技制造业之后，要求企业雇用技术能力很强的员工。这种转型意味着很多员工必须经过重新培训才能胜任挑战性更大的新工作。员工真正成为最重要的资源，他们的所思所想最终变成产品，满足客户的欲望与需求。如果没有那些创新思维的人才，也就没有迪士尼、苹果、宝洁、谷歌、Facebook 和通用电气这些最杰出的公司了。

过去，人力资源较为丰富，所以公司就没有必要自己培养和发展了。如果需要合格的员工，直接聘用即可。如果聘来的人不管用，那就解雇，再找其他人。大多数公司将招聘、选拔、培训、评估、报酬和激励，当然还有解雇等工作职责分派给要雇用这些人的职能部门，如会计、生产和营销部门。今天，人力资源管理部门在公司里发挥着重要作用，因为越来越多的工作岗位需要经过高级或专业培训，而能够胜任的员工日益稀缺。这种合格员工的短缺使得招聘和留住员工的工作变得更加重要，也越发不容易。[1] 事实上，人力资源职能已经变得如此重要，它不再只是一个部门的工作，而是所有管理者的责任。所有管理者都面临哪些人力资源方面的挑战？下面我们会做概述。

人力资源挑战

对美国企业影响最大的许多变化都是劳动力方面的变化。企业在全球市场中的竞争力取决于新创意、新产品和显著提高的生产力水平，也就是看企业是否有“金脑子”。以下是人力资源领域面临的挑战和机遇：[2]

- 全球政治的不确定性和招募移民的意向增多。
- 技术，如人才网络、众包和内部社交网络。
- 各个年代的劳动力。年长的“千禧一代”和 X 世代担任管理职位，而 Z 世代正在进入职场，很多“婴儿潮一代”延迟退休（本章稍后将详细讨论）。
- 在计算机技术、生物技术、机器人技术、环保技术和科学等高增长领域缺乏训练有素的员工。
- 大量来自钢铁、汽车等衰退行业的熟练工人和非熟练工人处于失业或就业不足状态，需要再培训。未充分就业工人（underemployed workers）是指拥有的技能或知识超过了当前工作所需的工人，或者有兼职工作但想要全职工作的人。
- 受教育程度低、对当前商业环境中的工作准备不足的新员工比例越来越高。

- “婴儿潮一代”退休造成熟练工人的短缺。
- 随着单亲家庭和双收入家庭的增多，员工需要工作分担、产假和妇女特殊职业发展计划。
- 员工对工作态度的转变，他们更注重休闲时间、弹性工作时间和更短的工作时间。
- 对临时工和兼职员工的需求增加。
- 来自海外劳工的挑战，这些劳工的工资较低，所受制的法律法规也比美国劳工少，因而许多工作外包到海外。
- 越来越需要专门针对个人的福利，同时又降低了公司的成本。
- 对医疗保健、老人看护、儿童托管、药物测试、职场霸凌（所有这些都将在第 12 章中讨论）和残障人士机会的关注日益增多。
- 《患者保护与平价医疗法案》（PPACA，也被称作“奥巴马医改法案”）带来的变化，增加了大量雇主必须执行和跟进的规定。改变或替代 PPACA 必须学习不同的新法规。
- 员工忠诚度下降，使得员工流动率上升，替换流失员工的成本加大。
- 实施人力资源信息系统（帮助管理人力资源活动的技术，如工资、福利、培训、招聘等）。

考虑到这些问题，你就会明白为什么人力资源管理是管理思想的核心。但是，与招聘、安全、工会化、同工同酬和平权行动等有关的法律的重大变化也对人力资源管理产生了重大影响。下面我们来看看这些影响。

想一想

美国公司在可持续工程和像太阳能电池板这样的清洁能源的开发等领域面临着熟练工人的短缺。随着公司更多地关注环保政策，你认为其他哪些就业市场会增长？哪些会吸引你？

影响人力资源管理的法律

20 世纪 30 年代之前，美国政府很少参与人力资源决策。自那以后，立法和法律决策开始全面影响人力资源管理的各个领域，从招聘、培训到工作环境的监督（见图 11-2）。之所以制定这些法律，是因为许多企业没有自愿执行公平劳动的准则。

- **1935年的《国家劳工关系法案》**（National Labor Relations Act）。确立了劳资关系中的集体谈判，限制了管理层干涉员工聘请集体谈判代理人的权利
- **1938年的《公平劳工标准法案》**（Fair Labor Standards Act）。为未获得豁免的员工（即领取一定金额的受薪员工以及执行豁免责任的人，如管理者）确定了最低工资标准，以及每周工作超过40小时的加班工资标准。修正案扩大了工人阶层的范围，提高了最低工资，重新明确了正常的工作时间，提高了加班工资，使男女工资平等
- **1962年的《人力发展与培训法案》**（Manpower Development and Training Act）。为失业员工提供培训和再培训
- **1963年的《同工同酬法案》**（Equal Pay Act）。规定从事相同工作的男女必须获得相同的工资
- **1964年的《民权法案》**（Civil Rights Act）。对于员工人数超过15名的公司，禁止根据性别、种族、肤色、宗教或国籍而在就业中实施歧视
- **1967年的《就业年龄歧视法案》**（Age Discrimination in Employment Act）。禁止对40岁及以上的人士在就业中实施歧视。修正案废除了要求员工在特定年龄退休的条款
- **1970年的《职业安全与健康法案》**（Occupational Safety and Health Act）。规范大多数私营企业和一些公共部门组织的安全和健康状况
- **1972年的《平等就业机会法案》**（Equal Employment Opportunity Act）。增强了平等就业机会委员会的地位，授权委员会制定人力资源管理的指导原则。
- **1973年的《综合就业与培训法案》**（Comprehensive Employment and Training Act）。提供资金对失业人员进行培训
- **1973年的《职业康复法案》**（Vocational Rehabilitation Act）。加强对身体或精神残障人士的保护
- **1974年的《员工退休收入保障法案》**（Employee Retirement Income Security Act，ERISA）。规范和确保公司的退休计划
- **1986年的《移民改革与控制法案》**（Immigration Reform and Control Act）。要求雇主核实所有新聘员工（包括美国公民）的就业资格
- **1989年，《平权法案》**（Affirmative Action）做出裁决。宣布将30%的合同工作留给少数族群企业属于逆向歧视，是违宪的
- **1990年的《年长员工福利保护法案》**（Older Workers Benefit Protection Act）。保护老年人不要签字放弃领取养老金的权利，保护他们不受非法的年龄歧视
- **1991年的《民权法案》**（Civil Rights Act）。对于员工超过15人的公司，增加了陪审团审判的权利，并对故意工作歧视的受害者给予惩罚性赔偿
- **1990年的《美国残障人士法案》**（Americans with Disabilities Act）（1992年实施）。禁止雇主在雇用、晋升或补偿方面歧视合格的残障人士，并要求雇主在必要时对工作场所进行改造
- **1993年的《家庭与医疗休假法案》**（Family and Medical Leave Act）。对于员工人数超过50名的企业，在员工的子女出生或被收养，或父母、配偶或子女患有严重疾病时，必须给予每年最多12周的无薪假期
- **2008年的《美国残障人士修正案》**（Americans with Disabilities Amendments Act，ADA）。为残障员工提供更全面的保护，并推翻了最高法院的限制性裁决。将癫痫和癌症等残障纳入ADA覆盖范围
- **2009年的《莉莉·莱德贝特公平薪酬法案》**（Lilly Ledbetter Fair Pay Act）。修订了1964年的《民权法案》，将提起歧视诉讼的180天诉讼时效的开始日期从第一次歧视性工资的日期改为最近一次歧视性工资的日期

图 11-2 影响人力资源管理的政府法案

1964 年，美国国会通过了一项较为重要的社会法案——《民权法案》(Civil Rights Act)。该法案引起了广泛争议，一直修订了 97 次才终获通过。根据该法案的第七章，政府可以直接参与人力资源管理的运作。该条款禁止雇主基于种族、宗教、信仰、性别或国籍，在雇用、解雇、薪酬、学徒工作、培训、雇用条款、工作条件或就业特权等方面实施歧视。后来又增加了禁止年龄歧视的条

款。该《民权法案》原本是要消除工作场所的歧视，但其中的具体措辞执行起来相当困难。于是国会承担了修订法律的任务。

1972 年的《平等就业机会法案》（Equal Employment Opportunity Act, EEOA）作为修正案，成为《民权法案》第七条的部分内容。它赋予平等就业机会委员会（Equal Employment Opportunity Commission, EEOC，由《民权法案》所创建）相当广泛的权力，增强了委员会的地位。例如，它允许委员会发布指导方针，明确雇主在执行平等就业机会方面可接受的做法。平等就业机会委员会还规定了具体的档案保管流程，而且国会也赋予委员会执行这些规定的权力。委员会成为监督人力资源管理实施的一支强大力量。[3] 例如，为了减少有犯罪记录人士的就业障碍，委员会制定了实施指导原则，限制在雇用时使用逮捕和定罪记录。[4]“封箱规则”（ban-the-box rule）禁止在求职申请和初次面试中询问有关案底的问题。2017 年 1 月，“封箱规则”在所有联邦工作岗位中都生效，目前已有 24 个州和 150 多个市县制定了这类法律。[5]

在平等就业机会委员会执行的政策中，最具争议性的或许就是**《平权法案》（Affirmative Action）**，该法案旨在赋予少数族裔和女性更多的机会，以此“纠正过往错误”。该法案一经阐释，雇主积极招聘，而且常常优先雇用妇女和少数族裔。因此，不断有人质疑《平权法案》的合法性，以及在工作场所造成的某种逆向歧视。**逆向歧视（reverse discrimination）**的定义是对占主导或多数的群体（如白人或男性）成员的歧视，通常是为了纠正以前的歧视而制定的政策所致。逆向歧视问题引起了激烈的争论，招致大量诉讼。[6]

1991 年的《民权法案》修订了 1964 年的《民权法案》的第七条，为那些遭受不公平待遇的人增加了补救措施。现在，不公平待遇的受害者有权要求安排陪审团审判以及惩罚性赔偿。人力资源管理者必须密切关注法院的判决，了解法律的执行情况。

美国联邦合同合规项目办公室（OFCCP）确保雇主在与联邦政府做生意时，遵守反歧视法律法规以及平权法案。

想一想

《美国残障人士法案》保证所有美国员工都有平等的就业机会。这项立法要求企业在工作中为残障人士提供“合理便利”。你认为什么样的便利是合理的？

保护残障人士和年长员工的法律

正如你之前看到的，美国法律禁止在雇用、解雇和培训中实施种族、性别或年龄歧视。1973 年的《职业康复法案》将保护范围扩大到所有身体或精神残障人士。

1990 年的《美国残障人士法案》要求雇主给予身体或精神残障的申请人与无残障人士同等的就业考虑。该法案还保护残障人士在公共设施、交通和通信方面不受歧视。

《美国残障人士法案》要求为残障员工提供“合理便利”，比如改造设备或拓宽门道。对于大多数公司来说，改造公司结构、为残障人士提供便利是不成问题的。但对一些小型企业来说不免会有难处。[7] 雇主们曾经认为，公平就是对每个人都一视同仁，但实际上，便利（accommodation）意味着要根据人们的具体需求具体对待，比如设置屏障、为那些容易被噪声分心的人提供独立空间、给员工重新分配新的工作任务、改变管理者的管理风格。提供便利不一定非得花大钱，便宜的耳机就能让脑瘫患者打电话。

2008 年，美国国会通过了《美国残障人士修正案》，推翻了最高法院减少对某些残障人士（比如糖尿病、癫痫、心脏病、自闭症、严重抑郁症和癌症患者）保护的裁决。[8] 2011 年，平等就业机会委员会发布条例，扩大了《美国残障人士法案》所涵盖的残障范围，并将劳动争议纠纷案中证明残疾的重担，从员工转移到企业主身上。但如何执行这项法律，可能会成为人力资源管理上的一个难题。[9]

1967 年的《就业年龄歧视法案》保护 40 岁及以上的个人，在就业以及工作中免受雇用、解雇、晋升、裁员、薪酬、福利、工作分配和培训方面的歧视。该法案由平等就业机会委员会执行，适用于员工人数在 20 人以上的雇主，对员工和求职者都起到保护作用。[10] 它还禁止大多数组织实施强制退休。然而，如果有证据表明，随着年龄的增长、工作能力显著下降，或者年龄对社会构成威胁，那么该法案确实允许对某些工种（如航空公司飞行员或公交车司机）实行年龄限制。

法律的影响

显而易见的是，从 1935 年的《社会保障法案》（Social Security Act）到 2008 年的《美国残障人士修正案》的各项法律都要求人力资源管理者了解法律和法院裁定的最新情况，以便有效地履行自己的职责。选择人力资源管理这一职业对任何愿意付出努力的人来说都是一个挑战。请记住：

- 雇主必须了解并依照员工的合法权利行事，否则将面临昂贵的诉讼风险。
- 法律影响到人力资源管理的各个领域，从雇用和培训到薪酬。

- 法庭案例表明，有时提供特别就业（《平权法案》）和培训以纠正过去的歧视是合法的。
- 新的法庭案件和立法几乎每天都在改变人力资源管理，保持与时俱进的唯一途径是阅读商业新闻，始终了解各种新问题。

确定企业的人力资源需求

所有的管理都始于规划，包括人力资源管理。人力资源规划的五个步骤是：

1. 准备组织员工的人力资源清单。此清单应包括年龄、姓名、教育程度、能力、培训、专业技能和其他相关信息（如语言）。从中可以看出组织的劳动力是否具备最新技术和接受过全面培训。

2. 准备职位分析。职位分析（job analysis）是研究各个职位员工的工作内容。为了招聘和培训具备从事这项工作所需技能的员工，很有必要编制职位分析。职位分析最终要形成两个书面陈述：职位描述和职位规范。**职位描述（job description）**详细说明工作目标、内容、职责、工作条件，以及与其他职能部门之间的工作关系。**职位规范（job specification）**是从事某项特定工作的人所需的最低学历和技能的书面概述。简言之，职位描述关乎一份“工作”(job)，而职位规范关乎从事这份工作的“人”。请见图 11-3，了解职位描述和职位规范。

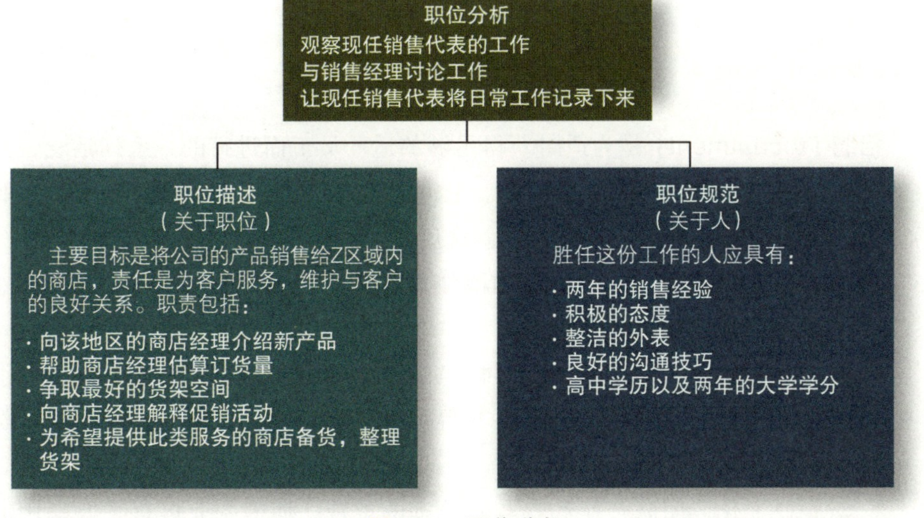

图 11-3　职位分析

职位分析可以形成两个重要陈述：职位描述和职位规范。以上是销售代表的职位描述和职位规范。

3. 评估未来的人力资源需求。由于科技发展日新月异，有效的人力资源管理者必须具有前瞻性，也就是说，他们要预测组织的需求，提前开展培训，或者能够确保一旦组织有需要，就提供训练有素的人员。[11]

4. 评估未来的劳动力供应。劳动力在不断地变化：年龄增长、更注重技术、更多样化。有些工种在未来会更加稀缺，比如生物医学工程师和机器人维修员，而另一些工种则会供过于求，比如装配线工人。

5. 制定战略规划。人力资源战略规划必须解决招聘、选拔、培训、发展、评估、薪酬和人员调度等问题。[12] 前面的四个步骤都是为了逐渐引向这个步骤，所以我们将在本章的其余部分重点讨论这一步。

有些公司运用信息技术更有效地实施人力资源规划。人力资源信息系统（Human Resource Information System, HRIS）软件运用多种工具和流程，管理组织的员工与数据库。这种软件（如 Salesforce、IBM Kenexa 和 Sage People）可以帮助各种规模的企业执行从招聘到退休等基本人力资源职能。例如，IBM 使用一个数据库管理其全球约 10 万名员工和 10 万名分包商，该数据库将员工的技能、经验、工作调度和推荐人与可用的工作职位进行匹配。假如加拿大魁北克省的某位客户有一个为期一个月的项目，需要一位会说英语和法语的顾问，拥有工程硕士及以上学位，并有 Linux 编程经验，IBM 可以在数据库里找到最合适的顾问，并安排他与客户联系。

招聘多元化的员工

招聘（recruitment）是为适时获得足够的适任员工而进行的一系列活动，其目的是甄选出最符合本组织需要的人。你可能认为，有源源不断的新人进入职场，招聘就会变得更容易。其实不然，这反而加大了招聘工作的难度。事实上，45% 受访的首席执行官表示，吸引和留住人才是他们面临的最大挑战。[13] 有如下几个原因：

- 有些组织的政策要求从内部提拔员工，按照工会的规定运作，或者提供低薪，这使得招聘和留住员工变得很难，有时招聘工作还会受制于外部的影响和限制。[14]
- 对企业文化、团队合作和参与式管理的重视，使得企业更有必要聘用那些既有娴熟技能，又能适应公司文化和领导风格的员工。例如，为了弄清新员工是否适应公司文化，加州圣罗莎市的维诺公司（VinoPRO）让新员工玩游戏，看看谁的销售额最高。从员工的反应（如激动、害怕、抵触）可以看出新老板是否相信他们会成功。[15]

- 有时候很难招到具备必要技能的人，那么在这种情况下就得在内部雇用和培训员工。

人力资源经理可以多方寻求资源，助力招聘工作（见图 11-4）。内部来源包括现有的员工。可以调动或提拔现有员工，也可以由他们推荐其他人来应聘。使用内部资源的成本比从外部招聘更低，有助于保持员工士气。但并不是总能从公司内部找到合格的员工，所以人力资源经理也会利用外部来源，如广告、政府和私营职业介绍所、大学就业指导机构、管理咨询公司、互联网、专业组织、推荐人，以及在线和上门申请。

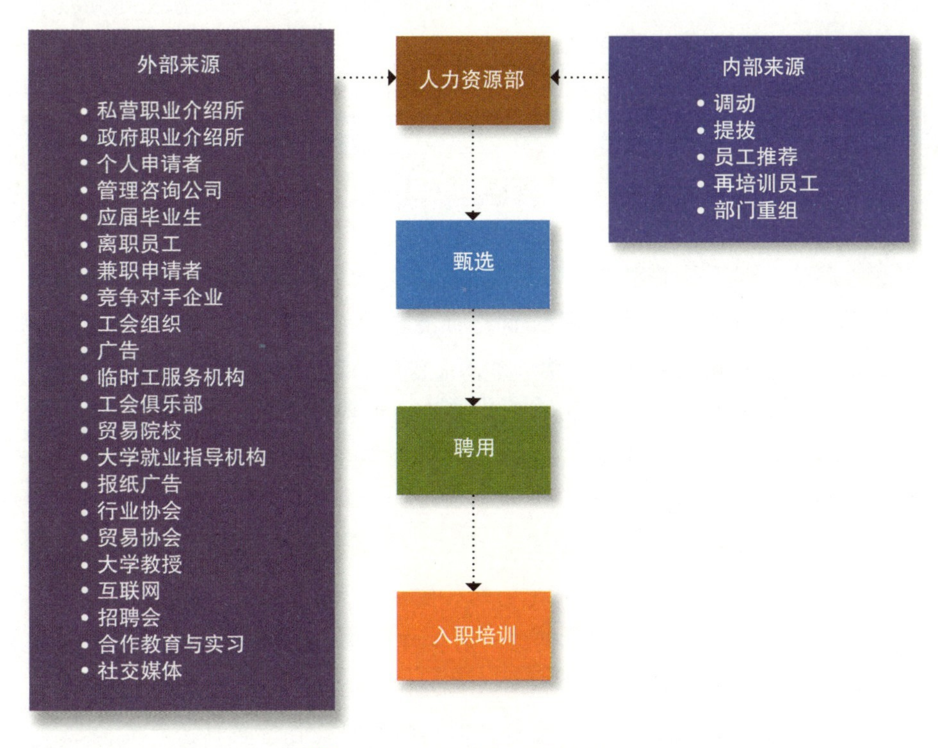

图 11-4　员工来源（招聘渠道）

企业首先考虑的往往是内部资源，所以从你想去工作的公司现有员工那里获得推荐信息是很有用的。大学就业指导机构也是一个重要的来源。一定要尽早了解这些渠道，以便在大学阶段制定就业策略。

对于员工数量少、薪酬竞争力不强的小企业来说，招聘合格员工可能尤其困难，因为它们无法吸引外部资源。像Glassdoor和领英这样的网站通过每天吸引数百万的访问者来帮助这些小企业招聘员工。“社媒连线”专栏为企业如何使用社交媒体招聘提供了建议。

社媒连线

需要工作吗

(www.linkedin.com)

如今，社交媒体在招聘中扮演着举足轻重的角色。94%以上的招聘人员表示，他们使用领英来招聘新求职者；70%的求职者表示，他们使用社交媒体来找工作。有才华的“千禧一代”通常更看重职业发展，而不是雇主忠诚度，因此企业制定招聘政策和工作文化来吸引最优秀的人才就显得非常重要了。例如，谷歌通过公司趣味横生的氛围和有意思的福利（如免费美食、体育场馆、现场洗衣等）来宣传其工作场所文化。

当然，他人夸赞总比自夸好。企业应该鼓励现有的员工在社交媒体上谈论他们为什么喜欢为公司工作，这有助于激励员工引进新的人才。有些公司向员工发放推荐费。以下是管理者如何利用社交媒体网络来锁定潜在的员工：

- 领英——在领英上发布职位信息可能费用会很高。如果费用是个问题，还有一个更便宜的解决方案。加入有潜在候选人的小组，积极参与小组讨论。一旦你建立了一个相当大的网络，把你的职位空缺贴在状态栏上。
- Facebook——使用Facebook目录搜索相关用户、页面、组和应用程序。你可以在“Facebook市场”上免费发布工作信息。显然，要确保你的公司有一个活跃的Facebook页面。
- Twitter——用Twitter发布你的职位空缺信息。通过在网站上与候选人和客户建立关系来扩展你的网络。确保你的Twitter文章可以通过使用相关标签就能关联找到。许多招聘人员使用#NAJ（需要工作吗？）查看候选人的帖子、Twitter文章或推荐，以了解他们是否适合自己的机构。

在招聘过程中使用社交媒体是公司吸引人才最经济实惠的方式之一。

资料来源：Monty Majeed, “How to Use Social Media for Hiring,” *Your Story*, September 2016; David Port, “Staffing Made Easy (or Easier),” *Entrepreneur*, February 2016;?Whitney Headen, “Social Recruiting: How I Used Social Media To Build A Business From Scratch,” *Forbes*, July 24, 2017.

甄选高效的员工

甄选（selection）是指根据法律准则，出于个人和组织的最大利益，来收集信息并决定雇用合适员工的过程。对于某些企业来说，甄选和培训员工是极其昂贵的过程。不妨试想其中包括哪些：广告费或职业中介费、面试时间、体检、培训费用、了解新职位而无法投入工作所花的时间、可能的差旅和搬迁费等。即便是招聘、甄选和培训一名入门级员工，其花费也相当于该员工年薪的 75%。如果是甄选一位高管，则要花费其两倍薪水的费用。[16]

> **想一想**
>
> 今天的人力资源管理者有机会招聘来自不同文化和种族背景的人。多元化的员工队伍有哪些优势？

甄选流程通常包括六个步骤。

1. 索取完整的申请表。尽管《平等就业机会法案》限制了一些可能出现的问题种类，但从申请表上仍然可以看出申请人的教育背景、工作经验、职业目标和其他与工作直接相关的资历。

2. 进行初次和后续面试。人力资源部的工作人员常常通过第一轮面试筛选应聘者。如果面试官认为申请人是一个潜在的员工，那么其未来的主管和同事可能也会来面试这位申请人。重要的是，管理者要为面试做好充分的准备，避免做出可能令其后悔的选择决定。无论面试官是否出于无心，一旦询问申请人有关怀孕或照顾孩子之类的问题，那么申请人日后提出歧视指控，这项失误都有可能成为证据。

3. 进行就业测试。组织经常通过测试来衡量申请人是否具备某个特定工作的基本技能，如焊接或消防，或评估申请人的个性和兴趣。有很多招聘测试软件可供选择，如 Wonscore 和 Pairin 就业前测试甄选。测试应该始终与工作直接相关。一直有人从法律角度诟病就业测试，认为其存在歧视的可能。有些公司会让潜在员工在评估中心执行实际的工作任务，以此对他们进行测试。这样的测试可以使甄选过程更加有效，并且通常符合法律要求。

4. 进行背景调查。现在，大多数公司会比过去更仔细地调查求职者的工作档案、学校档案、信用记录和推荐信，以帮助确定哪些人最有可能成功。像 GoodHire 这样的背景调查公司不仅可以让潜在雇主对求职者的犯罪记录、驾驶记录和信用记录进行快速的背景调查，还可以核实其工作经验、专业和教育背景。“社媒连线”专栏讨论了公司如何使用社交媒体来筛选求职者，剔除那些有问题的人。

5. 获取体检结果。雇用身心健康员工的好处是显而易见的。但根据《美国残障人士法案》，不能仅凭医学测试来筛查人员。在某些州，只有在录用通知被接受后才能进行体检。在允许就业前体检的州，必须对所有申请同一职位的人进行体检。对于就业前体检中是否应该包含滥用药物或酒精检测一直存在争议。[18]

6. 确定试用期。通常，组织会有条件地雇用一名员工，让他在工作中证明自己的价值。经过一段特定的试用期（可能是 3 个月或 1 年）后，公司可以根据主管的评估长期聘用或解雇该员工。[19] 有些公司还会考虑同事的评价。全食超市的新员工必须获得 2/3 的部门同事的同意，才能在 90 天的试用期过后继续留在店里。[20]

甄选新员工的过程通常是漫长而艰难的，但由于员工替换的成本很高，因此精挑细选虽然麻烦，但也是值得的。精挑细选才能确保招来的新员工满足所有的要求，包括沟通技巧、教育背景、技术技能、工作经验、个性和健康。

社媒连线

我们来看一看
(www.shrm.org)

你在网上发表的言论都进入了虚拟世界并保留在那里。你的社交媒体和数字足迹是你公共身份的重要组成部分。你在网上展现的个性会向潜在的雇主展示真实的你。60% 的雇主表示，他们使用社交媒体来筛选潜在员工，评估其是否适合公司文化大环境。这对你来说意味着，你的社交媒体足迹既可能成为你找工作时推销自我的工具，也有可能让你付出代价，最终失去一份工作。

随着社交媒体背景调查的日益普及，很多候选人的资格被取消。46% 的雇主表示，他们淘汰应聘者是因其照片、视频或信息具有挑衅性或不恰当；43% 的雇主因看到饮酒或吸毒信息；还有 33% 的雇主发现了种族、宗教和性别歧视方面的不当言论。

你应充分发挥社交媒体的作用，为己所用。许多公司承认，之所以聘用应聘者，是因为他们在社交媒体上传递的专业形象。如果你对在线发布东西有保留意见，最好还是不要一吐为快。

资料来源：“How to Use Social Media for Applicant Screening,” Society for Human Resource Management, August 16, 2016; Roy Maurer, “Know before You Hire,” Society for Human Resource Management, January 25, 2017.

雇用临时工

如果一家公司的用工需求经常变化——从钟点工到需要按照日、周、季计算的工作，再到针对不同项目的工作——那么雇用临时工是最划算的。**临时工（contingent workers）**包括兼职人员（每周工作少于 34 小时的人）、临时人员（由临时职业介绍所支付工资的人）、季节工、独立合同工、实习生、工读生和自由职业者。

尽管很难获得确切的数字，但美国劳工统计局（Bureau of Labor Statistics）估计，美国约有 570 万临时工，其中大多数人年龄不足 25 岁。[21] 一些报告估计，到 2019 年，大约一半的美国劳动力都将是临时工。[22] 事实上，雇用临时工在今天如此普遍，以至于有人称"零工经济"（gig economy）时代已经到来。零工指的是单独的项目或任务，通常通过数字市场雇用员工来实施按需工作。有些零工是一种短期工作形式，而有些人则把零工看作一种自主创业。当一份零工结束后，需要稳定收入的人必须再找另一份零工，这就意味着这些人有时同时做几份零工。零工经济的兴起有两个主要原因：一是员工想要多样、灵活的工作，能够展示其技能；二是雇主心态也从"我需要雇一个人"转变为"我需要完成一项任务"。

当全职员工休假（如产假）、劳动力或产品需求达到峰值（如假日、购物季），或者当为客户提供快速服务是当务之急时，公司就会雇用临时工。在经济形势不明朗时，公司往往也会雇用更多的临时工，尤其是在这些临时工随时可以到岗，又能胜任，而且就任岗位仅需很少培训时。

临时工拿不到多少福利，他们没有医疗保险、假期或公司养老金。他们的收入也往往低于固定员工。好的一面是，许多临时工最终会获得全职职位。管理者把雇用临时工看作淘汰差员工、找到好员工的一个途径。[23] 专家表示，从无须技能的制造和分销岗位，到中层管理岗位，日益广泛的职位空缺都将由临时工来填补。越来越多的临时工是受过教育的专业人员，如会计、律师和工程师。

许多公司将大学生纳入临时工计划。公司通过与临时工中介机构合作，更容易找到已经接受过筛查的员工。当然，中介机构也为大学生提供了帮助。一旦这些中介完成了对学生的评估，就会将他们的信息录入机构的数据库。当学生放假回来或者做其他事情的时候，他们可以给中介打电话，请中介把自己的名字输入工作分配的系统中。这样，学生就不必再花时间去寻找空缺职位或四处奔波去面试。像任仕达（Randstad）这样在全美拥有 900 多家分支机构的全球人力资源服务巨头，非常乐意吸纳大学生，主要是因为学生的技术能力强，深谙各个企业所用的诸多软件程序。[24]

> **想一想**
>
> 季节性企业（如万圣节商店和鬼屋）依靠雇用临时工来帮助它们度过有期限的营业时间。雇用临时工有哪些优缺点？做临时工有哪些优缺点？

大学实习生可以被视为临时工。然而，如果这些实习职位没有报酬，可能会引发伦理问题（参见“道德决策”专栏）。

在一个瞬息万变、经济形势不稳的时代，一些临时工甚至发现，打零工比做全职工作更有保障。

道德决策

无薪实习生

（www.college.monster.com/edllcation）

传统意义上，无薪实习是年轻人从大学过渡到职场的一种有效方法。实习生牺牲了经济利益，但通常会获得课堂上学不到的实践经验。如果实习生最终成为关键的领薪员工，企业不仅没有任何财务风险，而且还会长期受益。然而，由于目前的就业市场缺乏入门级职位，实习生可能会在无薪岗位待上 6 个月之久，而得不到晋升机会。因此，他们可能会想，自己是争取更多有回报的职业机会，还只是在为公司免费打工。

为了把高质量的实习和无前途的职业区分开来，只要看看你每天要做的工作就知道了。如果你的主要职责就是冲泡咖啡，跑腿打杂，那么再干下去也不会转化为有价值的经验。实习生应该学习企业的日常职责，而不是如何成为兼做勤杂工的办事员。管理层还必须明确列出实习生的职责，定期提供反馈。即使没有固定的薪水，只要积累了经验，实习同样可以让你获益无穷。

一些企业非常愿意让实习生承担大量的职业责任。例如，多伦多的一家报纸解雇了所有拿薪资的撰写人，以无薪实习生取而代之。

如果公司明明知道实习结束后不会提供任何工作，或者让无薪实习取代有薪工作，那么使用无薪实习生是否符合道义？为什么？

培训和发展员工以获得最佳绩效

培训和发展（training and development）是指通过加强员工工作能力，来提高生产率的所有努力。精心设计的培训计划通常会提高员工留任率，改善生产率和工作满意度。美国的雇主普遍认为培训费用物有所值。培训注重短期技能，而发展则注重长期能力。培训和发展包括三个步骤：（1）评估组织需求和员工技能，以确定培训需求；（2）设计培训活动，以满足确定的需求；（3）评估培训效果。由于技术创新改变了工作场所，公司常常得提供相当复杂的培训计划。一些常见的培训和发展活动包括员工入职培训、在岗培训、学徒计划、脱产培训、技工培训、工作模拟和管理人员开发。

- **入职培训**（orientation）是向新员工介绍组织、同事、直接主管，以及企业政策目标的活动。许多公司使用诸如谷歌表单（Google Forms）之类的技术工具来迅速收集非敏感信息。[25] 入职培训既有非正式的谈话，也有持续一天或更长时间的正式活动，通常包括按照预定的时间到各个部门去参观，以及阅读公司手册。例如，在线零售商美捷步的每位新员工必须花两周时间接听客户电话，花两周时间在教室学习，花一周时间在公司的物流中心搬运箱子。[26]
- **在岗培训**（on-the-job training）是在工作场所进行的培训，让员工边做边学，或者通过观摩他人来学习。例如，对新进销售人员的培训通常是让他们观察经验丰富的销售人员的表现。当然，这种跟随老员工实地学习既可能相当有效，也有可能极其糟糕，关键取决于老员工的技能和习惯。如果工作较为简单（如在商店做店员）或为重复性工作（如收集垃圾、清洁地毯或修剪草坪），在岗培训是最容易实施的。如果是要求更高或更复杂的工作，则需要强化训练。有了技术支撑，一天 24 小时随时都可以提供在岗培训项目，而且性价比很高。在线系统可以监控员工的工作量，如果他们对下一步工作感到困惑，系统可以给他们提供指导。
- 在**学徒计划**（apprentice programs）中，新员工跟着经验丰富的老员工学习一段时间，以便掌握工作技能和技术流程。有些学徒计划包括在教室里接受培训。砌砖和管道等技术工匠的工会，要求新员工先做几年学徒工，一方面确保学徒学到精湛手艺，另一方面也限制了入会门槛。顺利完成学徒期的员工成为熟练工（journeyman）。随着“婴儿潮一代”从管道安装、焊接和木工等技术行业退休，受过培训的工人短缺状况有所加剧。学徒计划可能会被缩短，以帮助人们在变化多端、需要增加计算机技术知识的行业中找到技术类工作，如汽车维修和飞机维修等。

- **脱产培训（off-the-job training）**是在工作场所以外进行的培训，包括培养多样化技能、促进个人发展的内部和外部训练课程。随着工作的复杂程度加大，培训也变得越来越复杂。再者，培训的范围也在扩大，教育（通过攻读博士学位）和个人发展也都纳入其中。脱产培训课程包括时间管理、压力管理、健康与保健、体育、营养，甚至还包括艺术和语言。
- **在线培训（online training）**证明了科技可以提高脱产培训项目的效率。在线培训的主要优势在于能够在方便的时间为大量员工提供符合特定需求的培训，而且确保培训内容的一致性。非营利企业和营利企业都广泛使用在线培训。大多数高等院校也提供各种各样的在线课程，有时称为远程学习。科技巨头（如EMC）以及大型制造企业（如铁姆肯），都使用在线培训工具GlobeSmart来教授员工如何在不同的文化中运营。[27]
- **技工培训（vestibule training）**是在学校进行的培训，教授员工使用那些工作中也会用到的类似设备，以便员工在接受特定的工作任务之前掌握正确的方法和安全的流程。计算机和机器人训练通常是在技工培训教室完成的。
- **工作模拟（job simulation）**使用复制工作环境和任务的设备，让受训者在实际上岗前学习各种工作技能。工作模拟不同于技工培训，它完全复制了工作环境下的各种状况。这种培训适用于宇航员、飞行员、陆军坦克操作员、船长和其他必须在岗位外学习高难度程序的人。虚拟现实设备被用于医疗设施中，便于医生训练并实践他们的技能，然后再去治疗真实的病人。[28]

想一想

在联邦快递，时间就是金钱。这就是为什么公司在员工培训上的花费是普通公司的6倍。这种付出是否有回报？答案是肯定的。联邦快递的员工流动率非常低，只有4%。其他公司是否应该效仿联邦快递，加大培训投入？为什么？

管理人员开发

管理人员通常需要特殊的培训。要成为优秀的沟通者，他们必须学习倾听技巧，富有同理心。他们还要具备时间管理、规划，以及人际关系技巧。因此，**管理人员开发（management development）**是培训和教育员工成为优秀的管理者，随后逐步检视他们管理技能的进步。管理人员开发项目非常普遍，尤其是在高校和私营的管理人员开发公司。管理者可以参加角色扮演练习，解决各种管理案例，观看电影和参加讲座来提高自己的技能。

越来越多的企业运用管理人员开发工具，实现企业具体目标。通用电气和宝洁在打造管理团队的过程中，耗巨资投入到“管理人员开发”上。[29] 大多数管理培训项目包括以下几个方面：[30]

> **想一想**
>
> 在模拟训练课中，消防队员学习如何扑灭建筑物大火，同时避免受伤。通过这个课程，消防队员能够了解所有的工作细节，为真正的事故做好准备。你认为模拟训练还能给其他哪些职业带来好处？

- 在岗指导。高层管理人员协助较低层级的管理者，教授必要的技能并提供指导、建议和有用的反馈。
- 候补职位。设置副部长和助理等职衔是培养管理者的一种方法，成效显著。被选中的员工作为高层管理者的助理，参与计划和其他管理职能，直到他们准备好独自承担这些职位。
- 轮岗。为了让管理者了解组织的不同职能，经常将他们分配到不同的部门。这样的轮岗可以让他们全面了解自己所管理的组织。
- 在职课程和培训。管理者定期参加为期一周或更长时间的课程或研讨会，操练技术技能，打磨人际关系能力。密歇根大学、麻省理工学院和芝加哥大学等重点大学都提供专门的短期课程，以促进管理者提高工作效率。

麦当劳公司开办了自己的汉堡包大学。管理者和未来的特许加盟商在那里学习 6 天，完成相当于 36 小时大学商学院学分的课程。[31]

建立关系网

建立关系网（networking）是与组织内以及其他组织中的关键管理者建立和维持关系，并利用这些联系人打造出更为紧密的关系网，据此形成非正式的发展体系。与建立关系网同样重要甚至更重要的可能是**导师（mentor）**，即公司级别的管理者，由他们监督、培训和引导下级员工，将其引荐给合适的人，并且成为他们在组织中的保证人。大多数组织中都会有非正式的辅导，也就是由经验丰富的员工来帮助缺乏经验的员工。但也有许多组织会正式给那些潜力巨大的员工指派导师。公司发现，导师制好处很多：（1）改善员工招聘和保留的程序；（2）提高员工的敬业度；（3）节省成本；（4）提高员工的技能，端正态度。[32]

同时必须谨记，建立关系网和导师制并不局限于商业环境。例如，大学是开始打造关系网的理想场所。你通过实习与教授、当地商人尤其是同学培养起来的关系，都可以成为今后职业生涯中宝贵的人脉。

想一想

这样的非正式聚会有助于专业人士与同一领域的人们建立新的联系。你认为年轻员工为什么更喜欢这种非正式的聚会？

资料来源：Uninersity of Exeter/Flickr/CC BY 2.0.

管理人员开发的多元化

随着越来越多的女性进入管理层，她们也认识到建立关系网和拥有导师的重要性。遗憾的是，由于大多数高管都是男性，女性往往比男性更难建立人脉，找到导师。1988 年，美国最高法院裁定，禁止女性参加某些俱乐部是非法的，此前这些俱乐部只对男性开放。这是女性在法律上赢得的重大胜利。这一决定使更多妇女得以进入既有的关系网，或在某些情况下建立她们自己的关系网。如今，奥古斯塔国家高尔夫俱乐部（Augusta National Golf Club）等著名俱乐部的会员中不乏女性身影。

同样，非裔和拉美裔美籍管理者也认识到了人际关系的重要性。这两个群体都在建立资金池，创造新机遇，帮助人们突破传统壁垒，走向成功。《黑人企业》杂志每年为非裔美国的专业人士主办数次社交论坛。拉美裔职业提升联盟（HACE）致力于为拉美裔美国人提供职业机会，促进职业发展。玉山（Monte

Jade）是一个科技协会，帮助中国专业人士融入美国商界。Sulekha是一个印度的网络在线社区，在美国和全球其他地方的印度人之间架起桥梁。

那些有预见性、率先培养女性和少数族裔管理者的公司明白三个关键原则：（1）培养女性和少数族裔经理担任管理职位，与合法、道德甚至士气统统无关，而是要吸引更多的人才，这是实现长期盈利的关键；（2）今后要想吸引并留住最出色的女性和少数族裔将会更难，因此，尽早致力于此的公司必能占得先机；（3）拥有更多女性和少数族裔的管理者，可以使企业为日益壮大的女性和少数族裔客户群提供更好的服务。如果企业的幕后没有多样化员工队伍在配合工作，那么又将如何满足从前门进来的多样化客户群呢？

实施员工绩效评估以获得最佳结果

管理人员必须能够判断员工是否在高效工作，能否产生预期结果，而且中途没有停顿，也很少犯错。判断的方法就是**绩效评估**（performance appraisal），即根据既定标准衡量员工绩效的一种评估手段，借此做出有关晋升、薪酬、培训或解职的决定。绩效评估分为以下六个步骤。

1. 建立绩效标准。这一步至关重要。绩效标准应该是可理解、可衡量而又合理的标准，而且必须得到管理者及其下属的认可。

2. 传达绩效标准。管理者不能假定员工知道公司对他们的期望，因为这种假定相当不可靠，必须明白无误地告诉他们公司的绩效标准和公司对他们的期望，以及如何达到。

3. 评估绩效。如果前两步都做对了，绩效评估实行起来就相对容易，其实就是评估员工的行为，判断是否符合既定标准。

4. 与员工讨论结果。一开始员工通常会犯错误，很难满足预期结果。学会并做好一项工作是需要时间的。讨论员工的出色表现和不足之处，可以让管理者了解和帮助员工，指导他们再接再厉，再创佳绩。员工也可以借机建议如何更好地完成任务。

5. 采取纠正措施。这是绩效考核的一个环节，管理者可以采取纠正措施或提供反馈，帮助员工更好地履行工作，这里的关键词是“履行”。评估的主要目的是尽可能提高员工的绩效。

6. 根据结果来做决定。有关升职、薪酬、额外培训或解雇的决定都是基于绩效评估。运用有效的考绩制度来做这类决定也是符合法律规定的做法。

有效管理就是创造最佳业绩，获得最好结果。这就是为何要在组织的各级各部门进行绩效评估，即便是高层管理者也能从下属和同事的评估中获益。

管理人员可以运用“360度评估法”（360-degree review），全方位收集员工的意见，包括下级、上级和平级同事的意见，从而准确、全面地了解员工的能力。

通用电气、金佰利和可口可乐等许多公司从正式的年终考核，转向持续的全年考核。采用这种绩效管理策略，员工可以通过各种移动App，持续接收和发送实时反馈。这些App都是为了帮助员工实现绩效目标，实现不了就得尽早离开公司。“千禧一代”员工都期待更多反馈，想要更多指导，从而进一步理解自己的职业道路，所以他们特别喜欢这些App。

支付员工薪酬：吸引并留住最优秀的员工

公司不仅要争夺客户，还要争夺员工。薪酬是公司用来吸引胜任员工的主要工具，也是公司最大的一项运营成本。公司的长期成功，甚至是生存，可能都取决于它能否合理控制员工成本，优化员工效能。像医院、酒店和航空公司这样的服务机构都在尽力控制高昂的人力成本，因为这些公司是劳动密集型（主要的运营成本是劳动力成本）。汽车和钢铁行业的制造企业均已要求员工接受减薪[称为“福利归还”（giveback）][⊖]，以使企业更具竞争力。上述只是必须特别关注薪酬和福利方案的几个原因。事实上，一些专家认为，确定员工薪酬的最佳方案堪称当今人力资源管理的最大难题。

管理有方、竞争力强的薪酬福利计划可以实现以下几个目标：

- 吸引组织所需的各类人员，并且数量充足。
- 激励员工高效地工作。
- 防止有价值的员工跳槽到竞争对手那里，或者自己创办企业参与竞争。
- 员工满意度高，有助于提高生产率，保持低成本，从而使企业在市场中保持竞争优势。
- 保险和退休金等额外福利可以赋予员工一定的财务安全感。

⊖ 员工同意在某段时间接受较低工资或较少福利以便日后得到偿还。——译者注

薪酬制度

许多公司仍在使用是由爱德华·海（Edward Hay）开发出来的薪酬体系，它基于工作等级进行划分，每个等级都有严格的工资范围。该体系建立在分数的基础上，主要考虑三个关键的评分要素：知识水平、问题解决能力和承担的责任。

目前，最常用的是基于市场的薪酬结构（market-based pay structures）。[34] 使用这种结构的公司，无论员工在组织中的级别如何，都会参照同等岗位的劳动力市场价格来确定薪酬待遇。公司先调研其他公司的薪酬情况，再决定是否跟它们一样。例如，市场调研的结果可能会显示，某些信息技术员工的工资应该比管理者高，因为这类技术员工属于市场短缺而又急需的人才。[35]

组织确定的薪酬制度会对效率和生产力产生巨大的影响。因此，管理者都在寻找公平的薪酬体系。图 11-5 概述了一些最常见的薪酬制度，你认为哪一个最公平？

薪资

按周、双周或月工资计算的固定薪酬（例如，每月1 600美元或每周400美元）。领薪员工加班是没有额外工资的

时薪或日薪

按工作时数或天数计算工资，适用于大多数蓝领工人和文员。通常，员工上下班必须打卡。小时工资差别很大，联邦最低工资为7.25美元，熟练工匠的最高工资高达每小时40美元甚至更多。这类工资不包括退休金等福利，退休金可能会使总收入增加30%或更多

按件计酬

工资是根据生产产品的数量而不是按小时或天数计算的。这种薪酬模式会激励人们极大地提高效率和生产力

佣金计划

按销售额的一定比例计算报酬。佣金计划与按件计酬类似，常用来给销售人员计算薪酬

奖金计划

完成或超额完成目标的额外报酬。奖金有两种类型：现金和非现金奖励。现金永远是受欢迎的一种奖金。非现金奖励包括感谢信、发给员工家人的感谢信、电影票、鲜花、休假、礼券、采购优惠和其他形式的奖赏

图 11-5　薪酬制度

利润分享计划

根据公司利润支付给员工的年度奖金。支付给每个员工的具体数额是按照预先确定的百分比计算的。利润分享是一种最常见的绩效薪酬形式

收益分享计划

根据实现的特定目标（如质量指标、客户满意度指标和生产目标）支付给员工的年度奖金

股票期权

在特定时期内以特定价格购买公司股票的权利。这往往赋予员工低价购买股票的权利，哪怕股票价格已大幅上涨。例如，某员工在职期间，获得了以每股10美元的价格购买10 000股公司股票的期权，而公司股价最终上涨到每股100美元，他仍然可以用这些期权以10万美元（现在价值100万美元）的价格购买10 000股

图 11-5 （续）

团队薪酬

至此，我们已经讨论了个人的薪酬模式。还有团队的呢？既然你不希望你的团队仅仅是一群个人，那你还会用个人的薪酬模式来支付团队薪酬吗？既要衡量和奖励团队中的个人表现，又要奖励整个团队的表现，这不啻一件棘手的事情，但仍是可以做到的。例如，职业足球运动员在参加季后赛和超级碗比赛时都获得了团队奖励，但每个队员也有个人的薪酬。企业目前正在试验和制定类似的激励机制。

杰伊·舒斯特（Jay Schuster）是一项关于团队薪酬研究的合著者。他发现，如果完全按照个人表现来计算薪酬，会削弱团队凝聚力，这样团队也就不太可能共同努力去实现组织的目标。基于技能的薪酬制度和收益分享的薪酬制度是两种最常见的团队薪酬模式。

技能薪酬（skill-based pay）是既奖励个人的成长，也奖励团队的成长。如果团队成员习得并应用了新技能，他们的基本工资会提高。波多里奇奖获得者伊士曼化学公司（Eastman Chemical Company）会奖励公司里深谙技术、掌握社会和商业知识技能的团队，而这些技能的界定工作由一个跨职能的薪酬政策小组完成。技能薪酬有两个缺点：一是制度复杂；二是很难将习得的技能与最终的获利直接挂钩。优点则是：员工的技能与工作满意度都得到了提高。[36]

大多数收益分享的薪酬制度（gain-sharing systems）都是根据业绩提高的幅

度进行奖励的。纽柯钢铁公司（Nucor Steel）是美国最大的一家钢铁制造商，该公司根据质量计算奖金，即零缺陷的钢材销售吨数。公司对团队奖金不设上限。根据以往业绩增幅发奖金也有缺点，员工可能会将业绩提高到足以达到目标的程度即可，不求大的增幅。既然明年的目标是超越今年的业绩，他们不想冒险设定一个无法企及的新目标。[37]

奖励团队成员的个人成绩是很重要的。优秀的团队成员会超越要求，做出杰出的个人贡献，所以理应得到单独的奖赏，包括现金和非现金奖励。对于成员贡献大小不一的团队，确定薪酬模式的一个好方法是让团队自行决定哪些成员应该获得哪种类型的个人奖励。毕竟，如果你真的支持团队运作，就得赋予他们奖励自己的自由。

想一想

有竞争力的薪酬与福利对员工的效率和生产力具有很大影响。有时，企业会用发奖金的形式来奖励卓越的业绩。你的导师在课堂上给你们发过优异表现奖吗？

额外福利

额外福利（fringe benefits）包括病假工资、带薪休假、养老金计划和医保计划，这些都属于员工基本工资之外的额外薪酬。近年来，福利的增速超过了工资，因此不能再被视为“额外”了。1929 年，这些福利仅占工资总额的 2%，而如今超过了 30%。[38] 福利增加的一个主要原因是医疗保健费用的上涨，员工也不得不支付更大份额的医疗保险费用。为了避免缴纳更高的税额，员工通常会要求增加福利而不是提高工资。福利大幅增加引发了许多争论和政府调查。

额外福利还可以包括娱乐设施、公司配车、乡村俱乐部会员资格、按摩服务的折扣卡、按揭贷款的优惠利率、带薪和无薪休假、日托服务和主管专用餐厅。越来越多的员工想要牙科护理、心理治疗、健康计划、老年看护、法律咨询、眼科保健，甚至是短工作周。[39] 两项新的员工福利是针对“千禧一代”的：帮助偿还助学贷款和低息贷款。[40]

大多数企业认识到，吸引并留住最优秀的员工需要很多激励措施，所以《财富》杂志“最佳雇主 100 强”榜单上才会有几十家公司提供所谓的“软福利”（soft benefits）。软福利有助于员工在工作和家庭生活之间保持平衡，凡是兢兢业业工作的员工都认为，这种平衡的重要性不亚于工作本身。软福利包括现场理发、修鞋、家政服务和免费早餐。把员工从跑腿和家务中解放出来，可以让他们有更多的时间投入家庭和工作。生物技术公司基因技术（Genentech）甚至提供免费洗车服务，Facebook 为实习生提供免费住房，美国运通（American Express）提供 5 个月的带薪产假。[41]

曾几何时，大多数员工期望的福利都大同小异。而如今，可能一些人想要儿童保健的福利，另一些人则想要诱人的养老金计划。为了解决日益多元化的福利需求，很多大企业实施了**自助餐式额外福利（cafeteria-style fringe benefits）**，允许员工自主选择有一定限额的额外福利计划。有了这个计划，人力资源管理者在满足员工的个人需求方面，可以做得更加公正，经济有效。[42]

由于福利项目管理成本的增加，许多公司已将这一职能外包出去。当员工在其他国家工作时，福利管理工作会变得尤其复杂。"异域新说"专栏讨论了全球企业面临的人力资源挑战。简而言之，在招聘顶尖人才时，福利往往与薪资同等重要，将来甚至会变得更为重要。

想一想

梦工厂创造《功夫熊猫》的那些员工享受诸多福利：免费早餐和午餐、下午的瑜伽课、免费看电影、校园艺术课程和每月的派对。这样的额外福利会如何影响员工的表现呢？

异域新说

管理全球员工

（www.shrm.org）

全球员工的人力资源管理始于对企业经营所在国的风俗、法律和当地商业需求的深刻理解。具体到每一个国家，其文化和法律标准将影响各种人力资源的职能：

- 薪酬。工资必须兑换成外币，也必须从外币兑换成本币。通常被派往国外工作的员工会得到特别津贴，用于重新安置、子女教育、住房、出差和其他与业务有关的开支。
- 医疗保健和养老金标准。在其他国家，福利有不同的社会背景。在荷兰，政府提供退休金和医疗保健。
- 带薪休假。许多欧洲雇主提供的标准是四周的带薪休假。但许多其他国家缺乏美国提供的短期和长期缺勤政策，包括病假、事假、家庭与医疗休假。跨国公司需要一个关于休假的标准定义。

- 纳税。每个国家都有不同的纳税规定，薪资部门必须依据每个国家的规定，在规定范围内工作。
- 沟通。当员工离开公司到另一个国家工作时，他们往往会感到与祖国脱节。要在技术上帮助这些身在异国他乡的员工保持直接联系。

国内的人力资源政策越来越受到其他国家与文化的条件和实践的影响。人力资源经理要使自己及组织对海外的文化和商业实践更加敏感。

资料来源：Elaine Varelas, "Tomorrow's Leadership Trends: Bridging the Global Generation Gap in Human Resources," *Human Resources Today*, January 5, 2017; Diana Coker, "Efficient Millennial Employees: Crucial Part of Global Workforce," *The HR Digest*, February 12, 2017.

安排员工的工作时间以满足组织和员工的需求

工作场所的变化、交通成本的上涨导致员工寻求灵活的工作时间安排。弹性工作制、在家办公和工作分担是员工谋求的重要福利。事实上，76% 接受调查的 X 世代表示，他们想找一份允许弹性工作时间的工作；而 66% 的"千禧一代"表示，他们放弃了不支持弹性工作制的工作。[43]

弹性工作时间计划

弹性工作时间计划（flextime plan）可以让员工自由选择工作时间，只要他们完成所需的工时，或者完成被分配的任务。最受欢迎的计划是允许员工早上 7～9 点上班，下午 4～6 点下班。弹性工作制通常包括核心时间，**核心时间（core time）**是指所有员工都应该在岗的那段时间。组织可将核心时间定为上午 9～11 点和下午 2～4 点。在这两段时间里，所有员工都必须到岗上班（见图 11-6）。在弹性工作制下，员工可以根据工作和生活的需要，合理安排时间。双收入家庭觉得该制度特别有用。执行弹性工作制的公司表示，这能提高员工效率，提升公司士气。

然而，并非所有组织都可以采用弹性工作制。快餐店那样的倒班工作或者制造业那样的流水线工作都不适合，因为每个当班的员工都必须在同一时间工作。弹性工作制的另一个不利之处是，在早上 6 点到下午 6 点营业的组织中，经理常常需工作更长时间来协助和监督员工。弹性工作制也不利于及时沟通，如果有员工需与其他员工交谈时，那些员工可能不在岗。再者，如果监管不够仔细，可能就会有人滥用这一制度，引起其他员工不满。

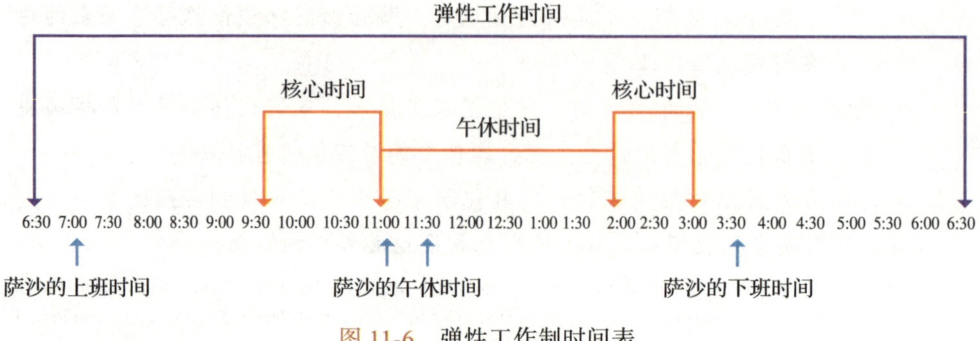

图 11-6 弹性工作制时间表

在这家公司，员工可以在早上 6:30～9:30 的任何时间开始工作，在上午 11:00 到下午 1:30 之间可有半小时的午休时间，下午 3:00～6:30 可以下班，每人每天工作 8 小时。红色箭头表示的是一位员工典型的弹性工作时间

有大约 1/4 的公司采用的是另一种模式——**压缩工作周（compressed workweek）**，即员工可以用较少的天数完成每周所需的全部工作时间。例如，可以一天工作 10 小时，一周工作 4 天，然后过上一个长周末，而不是一天工作 8 小时，一周工作 5 天，然后加上一个惯常的周末。虽然压缩工作周的好处显而易见，但有些员工会因为持续工作时间过长，感到疲惫不堪，导致工作效率下降。也有些人觉得压缩工作周有莫大的好处，非常热衷这一模式，护士通常采用这种工作时间安排。

对员工来说，弹性工作制并非有百利无一害。有些州和哥伦比亚特区正在对塔吉特、盖璞（Gap）和美鹰傲飞（American Eagle Outfitters）等零售商使用的一种弹性工作安排计划进行调查。该计划被称为“随叫随到”（on-call scheduling），是指雇主在没有事先通知的情况下，召唤员工来上班或者取消员工的工作。这种做法可能违反了美国的州法律。州法律规定，如果公司让员工提前下班回家，至少要支付给他们一部分轮班工资。连锁零售商使用的软件可以根据销售和交通信息来确定每小时的排班需求，便于公司在业务繁忙或清淡时快速调整在岗员工的数量。这种灵活性对公司来说非常实用，但会给员工的生活和收入造成影响。随叫随到的工作安排让员工很难安排可靠的托儿服务，也无法做第二份工作来增加收入。[44]

在家办公的工作

24% 的美国员工现在每周至少在家工作一次，68% 的人希望将来远程工作。[45] 在家办公的员工可以选择自己的工作时间，可以暂时放下工作去照顾孩子或做其他事情，也可以抽时间外出办点私事。在家工作并不适合所有人，它需要自律，以便专注于工作，不会轻易分心。

员工在家办公，雇主也会受益，因为可以减少缺勤、提高效率、节省开支。一项研究发现，与在办公室工作的员工相比，在家办公的员工工作更有成效，完成的任务更多，工作时间更长，休息时间更少，连生病也少得多。在家办公的员工也比那些正常上班的员工更快乐，更少辞职。[46]

许多大公司还实行“办公桌轮用制”（hot-desking），或者与非同一时间段工作的员工共用一张办公桌。办公桌轮用可以加强员工之间的合作，因为这比用固定办公桌认识的人要多。[47] 图 11-7 概述了在家办公给组织、个人和社会带来的好处与挑战。

想一想

在家办公让员工可以自由选择自己的工作时间，也可以抽出时间处理私人事务。在家办公需要自律才能专注于工作而不分心。你认为你有这份自律精神吗？

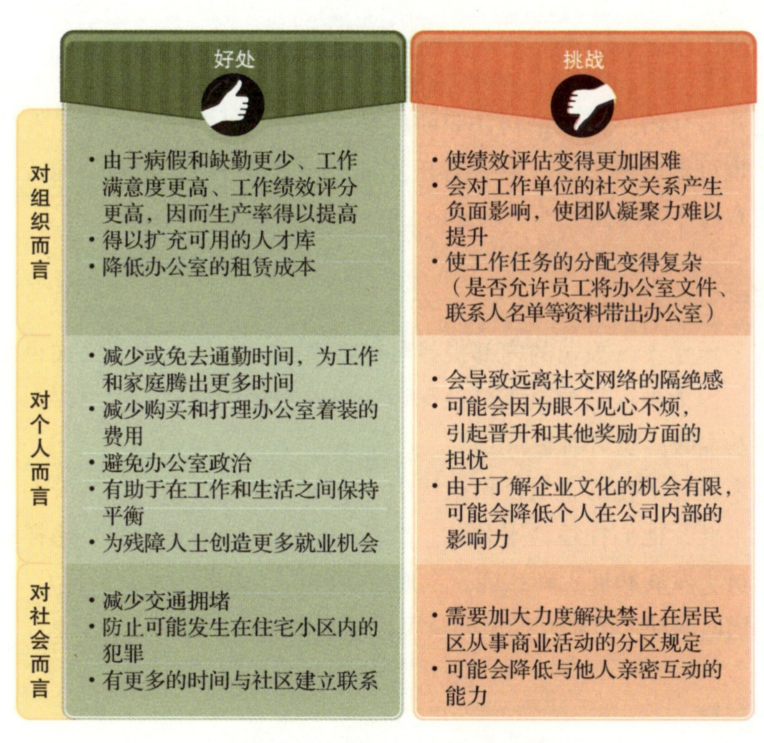

	好处	挑战
对组织而言	• 由于病假和缺勤更少、工作满意度更高、工作绩效评分更高，因而生产率得以提高 • 得以扩充可用的人才库 • 降低办公室的租赁成本	• 使绩效评估变得更加困难 • 会对工作单位的社交关系产生负面影响，使团队凝聚力难以提升 • 使工作任务的分配变得复杂（是否允许员工将办公室文件、联系人名单等资料带出办公室）
对个人而言	• 减少或免去通勤时间，为工作和家庭腾出更多时间 • 减少购买和打理办公室着装的费用 • 避免办公室政治 • 有助于在工作和生活之间保持平衡 • 为残障人士创造更多就业机会	• 会导致远离社交网络的隔绝感 • 可能会因为眼不见心不烦，引起晋升和其他奖励方面的担忧 • 由于了解企业文化的机会有限，可能会降低个人在公司内部的影响力
对社会而言	• 减少交通拥堵 • 防止可能发生在住宅小区内的犯罪 • 有更多的时间与社区建立联系	• 需要加大力度解决禁止在居民区从事商业活动的分区规定 • 可能会降低与他人亲密互动的能力

图 11-7　在家办公的好处和挑战

在家办公（也称为远程办公）给组织、个人和社会带来了诸多好处和挑战。

工作共享计划

工作共享（job sharing）是由两位兼职员工分担一份全职工作。例如，学生可以在上学期间工作，有小孩的家长也可以只在孩子上课的时间工作，而年长的员工可以在完全退休之前或退休后做兼职。工作共享的优点包括：

- 为那些不能或不愿全职工作的人们提供就业机会。
- 热情高涨、生产力强的员工队伍。
- 减少旷工和迟到。
- 可以将兼职员工安排在生意繁忙的时期上班（如银行的发薪日）。
- 保留原本可能会退休的经验丰富的员工。

工作共享的缺点包括，需要雇用、培训、激励和管理的员工至少是原先的两倍，也许还需要按比例分配一些额外福利。但总体而言，企业认为这种工作时间模式利大于弊。

员工的晋升、调动和离职

员工并不会始终留在最初任职的位置上。他们可能出类拔萃，在公司里步步高升，也可能遭遇失败，最后离开公司。员工还可能被重新调配或退休。当然，有些人选择跳槽去了另一家公司。

提拔和重新调配员工

许多公司发现，公司的内部提拔可以提高员工士气。内部提拔也是比较经济有效的，因为被提拔的员工已经深谙公司的文化和流程，无须再把宝贵的时间花费在基本的任职培训上。

在越来越扁平化的新型公司结构中（见第8章），可供员工攀升的等级比过去要少。因此，他们往往会平移到一个新的职位，而不是升职。这样的横向调动可以让员工发展和展示新技能，全面了解公司。如果一家公司晋升机会很少，就可以用横向调动来激励有经验的员工留下。

解雇员工

我们已经看到，全球竞争的越演越烈、技术的转变、客户对更高价值的需求与日俱增，以及不确定的经济状况，都给人力资源管理者带来了棘手的裁员和解雇问题。即使经济蓬勃发展，许多公司也不愿雇用或重新雇用全职员工。为什么会这样呢？原因之一是，解聘员工的成本高得令人望而却步，这其中包括培训费用的损失，以及不当解雇诉讼可能造成的损害与法律费用。这就是为什么许多公司要么雇用临时工，要么将某些职能外包出去。

在美国，一度流行的雇用规则是“随意雇用”（employment at will）。也就是说，管理者可以自由解聘员工，员工同样也可以自由离职。现在大多数州都限制随意原则，以保护员工免遭不当解雇。雇主不能再解雇那些揭露公司违法行为或拒绝违法的员工。少数族裔员工或其他受保护群体的成员也受到《平等就业法》的保护。有一些案例是，因吸毒而被解雇的员工起诉公司，理由是他们患有疾病（毒瘾），因此应该受到《美国残障人士法案》禁止歧视的法律保护。这些法案的出发点是好的，但或多或少地限制了管理层解聘员工的自由，因为它们增加了员工的工作权利。见图 11-8，了解如何尽量避免因不当解雇而招致的诉讼。

想一想

在经济危机期间，管理者不得不解雇大量的员工。你认为随着经济的缓慢复苏，企业会重新雇用这些全职员工吗？为什么？雇主有哪些备选方案？

专业顾问提出以下建议，以尽量减少因不当解雇而招致的法律诉讼：

- 在招聘前做好准备，要求新员工签署一份声明，同意管理部门保留随意终止雇用关系的权力
- 不要做出无心的承诺，比如使用“永久雇用”之类的条款
- 在解雇之前找到证明文件，确保你有确凿的解雇理由
- 首先解雇最糟糕的员工，原则要一致
- 支付遣散费，换取员工签署放弃索赔的声明，以免留有后患
- 务必告诉员工他们被解雇的真正原因。如果你不这么做，你也就不能向那些来要该员工推荐信的招聘人员透露原因，否则可能招致诽谤诉讼
- 向潜在的新雇主透露员工被解雇的原因。例如，你因为员工的危险行为而解雇了他，但你在推荐信中隐瞒了这些信息，那么如果该员工在下一份工作中有暴力行为，你可能会被起诉

图 11-8　如何避免不当解雇的法律诉讼

资料来源：“In Economics Old and New, Treatment of Workers Is Paramount,” *The Washington Post*, p. L1, February 11, 2001; U.S. Law, www.uslaw.org, accessed September 2017; Christy Hopkins, “How to Avoid Being Sued for Wrongful Termination,” Fit Small Business, May 1, 2017.

让员工退休

希望缩减规模的公司有时会出台提前退休福利政策，吸引年龄较大（成本也更高）的员工退休。这些福利中会包括一次性现金支付，在某些公司被称为“丰

厚的离职金”（golden handshakes）。与裁员或解雇相比，提前退休福利可以提升留任员工的士气。老员工提前退休也可以给年轻员工多留一些晋升机会。

失去有价值的员工

尽管公司会尽力留住人才，但一些有才华的员工还是会选择到其他地方去寻找机遇。了解他们的离职原因，可以防患于未然，避免今后再失去优秀员工。其中一个了解办法是聘请外部专家进行离职面谈。外部人士可以采取保密和匿名形式，员工会感觉比与老板面谈更自在，从而给出更诚实的反馈。此外，公司可以利用在线系统获取、跟踪和统计分析员工离职面谈的数据，生成报告，进而找出问题所在。这类系统还可以将离职面谈数据与员工满意度调查进行整合，预测哪些部门会出现员工流动。

员工离职（off-boarding）是指员工离开公司的过程。无论员工是被解雇、辞职还是退休，离开公司之前都要完成一些事情，如处理薪资、保险和福利；进行离职面谈；收集工作材料和文件；归还公司所有的东西。

在竞争激烈的全球商业环境中，吸引和留住最出色的员工是制胜关键。处理员工在工作中碰到的有争议的问题颇具挑战，而且无休无止。第 12 章将探讨这些问题。

本章小结

1. 阐释人力资源管理的重要性，并描述目前人力资源管理中的问题。

- 当前人力资源领域面临哪些挑战和机遇？

  当前的许多挑战和机遇来自不断变化的人口结构：劳动力人口中女性、少数族裔、移民和年龄较大的员工越来越多。其他问题包括缺乏训练有素的员工，非熟练工人过剩，衰退行业的熟练工人需要再培训，员工工作态度的改变，以及复杂的法律法规。

2. 阐明法律对人力资源管理的影响。

- 有哪些重要的法律？

  看图 11-2，并查看关于法律的部分。

3. 总结人力资源规划的五个步骤。

- 人力资源规划有哪些步骤？

人力资源规划有五个步骤：（1）准备组织员工的人力资源清单；（2）准备职位分析；（3）评估未来的人力资源需求；（4）评估未来的劳动力供应；（5）制定招聘、选拔、培训、发展、评估、薪酬和人员调度的方案。

4. 描述公司招聘新员工的方法，并解释招聘工作面临的挑战。

- 人力资源经理用什么方法招聘新员工？

  招聘资源分为内部资源和外部资源两类。内部资源包括现有的员工，可以调动或提拔现有员工，也可以由他们推荐其他人来应聘。外部资源包括广告、政府和私营职业介绍所、大学就业指导机构、管理咨询公司、互联网、专业组织、推荐人，以及在线和上门申请。

- 为什么招聘变得更加困难？

  法律制约使得雇用和解雇变得复杂化。如果公司被视为缺乏吸引力的工作场所，那么要找到合适的员工就会更加困难。

5. 概述甄选员工的六个步骤。

- 甄选过程包括哪六个步骤？

  六个步骤是：（1）索取完整的申请表；（2）进行首次和后续面试；（3）进行就业测试；（4）进行背景调查；（5）获取体检结果；（6）确定试用期。

- 什么是临时工？

  临时工包括兼职人员（每周工作少于 34 小时的人）、临时人员（由临时职业介绍所支付工资的人）、季节工、独立合同工、实习生、工读生和自由职业者。

- 为什么临时工的人数激增？

  员工想要多样、灵活的工作，能够展示其技能；雇主心态也从“我需要雇一个人”转变为“我需要完成一项任务”。

6. 阐明培训和发展员工的方法。

- 有哪些培训活动？

  培训活动包括员工入职培训、在岗培训、学徒计划、脱产培训在线培训、技工培训和工作模拟。

- 哪些方法有助于培养管理技能？

  培养管理人员的方法包括在岗指导、候补职位、轮岗、在职课程和培训。

- 如何在这个过程中建立关系网？

 建立关系网是与组织内以及其他组织中的关键管理者建立和维持关系，以获得额外的帮助。

7. 评估员工绩效的六个步骤。

- 管理者如何评价绩效？

 （1）建立绩效标准；（2）传达绩效标准；（3）评估绩效；（4）与员工讨论结果；（5）采取纠正措施；（6）根据结果做出升职、薪酬、额外培训或解雇的决定。

8. 简述员工薪酬计划的目标，评估薪资制度和额外福利。

- 常见的薪酬制度有哪些？

 薪酬制度包括工资、时薪或日薪、按件计酬、佣金计划、奖金计划、利润分享计划、收益分享计划和股票期权。

- 哪种薪酬适合团队？

 最常见的是收益共享和基于技能的薪酬方案。管理者也会奖励团队中表现突出的个人。

- 什么是额外福利？

 额外福利包括病假工资、带薪休假、养老金计划和医保计划，这些都属于员工基本工资之外的额外薪酬。自助餐式额外福利允许员工自主选择有一定限额的额外福利计划。

9. 展示管理者如何使用工作时间计划来适应员工的需求。

- 哪种工作时间计划可以根据员工需求来调整工作？

 这些计划包括工作共享、弹性工作时间计划、压缩工作周和在家办公。

10. 描述员工如何在公司中流动：晋升、调动、解雇和退休。

- 员工如何在公司内部流动？

 员工可以被提升（晋升）、调动（重新调配），也可以被开除（解雇或退休），还可以选择离开公司到其他地方寻找机会。

批判性思考

1. 你对人力资源管理这个职业感兴趣吗？你有哪些与人力资源专业人员共事的经历？
2. 双职工家庭对人力资源的职能有什么影响？

3. 与家人在同一家公司工作，会出现什么问题？
4. 如果你是人力资源经理，你将如何应对知识渊博的员工退休后出现的人才流失问题？
5. 想象你必须解雇一名员工。解雇会对留下的员工产生什么影响？请说明你会如何把解雇这件事告诉员工和其他下属。

本章案例　“为美国而教”

美国公共教育体系正遭受严重问题的困扰，尤其是窘迫不堪的市中心学校由于匮乏合格师资而饱受其害。为了寻找并留住优秀的师资，教学职业人力资源管理部门可谓不遗余力、大费周章，即便如此，这个机制也有可能屡遭挫折。

因此，政府服务项目“为美国而教”（Teach for America）应运而生。为了缓解这个问题，它试图通过培训年轻、高素质的大学毕业生到表现不佳的学校任教。“为美国而教”招募到的新成员有两年的服务期，他们的工作对象是那些备受贫困交迫、营养不良、自卑自贱等危机煎熬的学生。虽然大多数参与者把这个项目作为开启教育生涯的踏脚石，但也有一部分人活学活用，把从项目中学到的经验应用到许多不同的职业中去。

然而，“为美国而教”的最高使命是把更多高素质的师资安排到最需要他们的学校去。许多术有专攻的教师刻意回避赴市中心学校任教，致使这些学校师资力量严重不足。对于许多公立学校的人力资源管理者来说，“为美国而教”招聘人员是一种不可替代的资源。这是因为在漫长的招聘过程中，申请人要经历严格的评估。在电话面试之后，他们必须制定一个教学试讲教案。如果通过了这个阶段，他们就会进行面试，接着是参加笔试，并与其他申请人一起参加一个全程被录像的小组讨论。最终，只有 1/10 的申请者能顺利参加这个热门项目。

一旦被选上了，“为美国而教”新招募来的成员将接受系统化的入职培训和脱产培训，最后进行实景模拟练习。为期 5 周的强化暑期课程为志愿者准备好迎接市中心学校课堂的挑战和需求，然后被分配到一所学校去，在那里他们再接受额外的援助和培训。由于这份工作极具挑战性，“为美国而教”相对慷慨的薪酬待遇是主要的激励因素。作为教师，新员工的薪酬水平可以与他们同年级的其他同事相提并论。

“为美国而教”密切评估其教师的表现，以判断该项目的整体效果。“为美国而教”提供的教师表现明显好于其同事，这些同事包括一些受过更多培训和教育的职业教师。即使表现大致相同，新员工也可能填补原本无法填补的职位，此前这些职位可能由于缺乏候选人和资源而空缺。

尽管到目前为止，“为美国而教”已经做了很多有益的工作，不过它知道，在教育弱势儿童方面，美国公立学校仍有很多需要学习的地方。但是，“为美国而教”每年培训1万多名新老师，继续为面临挑战的学生提供一个奋斗的机会，以实现他们尚未开发的潜力。

思考

1. “为美国而教”招聘的新老师表现得比其他老师更好，其主要原因是什么？
2. “为美国而教”招聘的老师在进入课堂之前要接受哪些培训？
3. 为什么严格的绩效评估是“为美国而教”项目的关键部分？

第 12 章

处理管理层与员工的关系问题

学习目标

1. 追溯美国劳工组织的历史。
2. 讨论影响工会的主要法案。
3. 概述工会的目标。
4. 描述冲突期间劳工和管理层使用的策略，并讨论工会在未来的作用。
5. 评估当今有争议的员工和管理层问题，如高管薪酬、薪酬公平、性骚扰、儿童看护、老人护理、滥用毒品和毒品检测，以及职场暴力和霸凌。

Understanding Business

本章人物

美国全国教育协会主席莉莉·埃斯克尔森·加西亚

对于像莉莉·埃斯克尔森·加西亚（Lily Eskelsen García）这样的领导来说，从教师的角度去思考问题是大有裨益的。毕竟，统领美国具有工会性质的最大组织急需非凡的耐心、广博的知识和有效的沟通。她凭借这些素质领导着美国全国教育协会（NEA），这是一个代表分布在全国各地学校300万教育工作者的联盟。

埃斯克尔森·加西亚是在犹他州从教数十年书后成为一名劳工领袖的。加西亚的教师生涯一直备受褒扬，可是在这之前，她只是在学校一个不同的部门工作：餐厅。当年，加西亚作为一名年轻女性，急于寻找工作，原本希望成为日托中心或幼儿园的一名教师助理。然而，昔日的她少不更事，能在教育行业里面找到的唯一一份工作就是在餐厅做事。她主要负责做沙拉和洗碗，即便如此，她对这份工作最满意地方的是能和孩子们互动。最终，学校的一位主管注意到她与孩子相处的技巧，聘请她为教师助理。这份新工作让埃斯凯尔森·加西亚的才华得到异乎寻常的绽放。除了在课堂上做些辅助工作，她还会用吉他弹奏一些有趣的歌曲，给学生和同事都留下了深刻的印象。“一位幼儿园老师拍了拍我的肩膀说，‘你和孩子们相处融洽，你应该去上大学。’”埃斯克尔森·加西亚说，“我还真去上大学了。”

她毕业于犹他大学（University of Utah），获得了基础教育学位，后来又攻读了教学技术硕士学位。大学毕业后，她终于获得了一份教职，实现了自己的目标。尽管埃斯克尔森·加西亚喜欢教书，但这份工作充满了挑战，包括如何实施大班教学。她教的班有多达40个孩子，整天都需要她维护课堂秩序，令人感到筋疲力尽。她一度想到辞职走人。但她没有放弃，而是寻求到了帮助。“我打电话给工会说，‘我的情况是这样的。’他们有一系列的事情要做：在首都集会，给立法机关写信，给某些政客打电话，告诉他们这是什么情况，召开新闻发布会。”埃斯克尔森·加西亚说：“我对他们的计划印象深刻，以至于我也想成为这个计划的一部分，于是我便成了一名非常积极的志愿者。”

1989年，埃斯克尔森·加西亚被授予犹他州优秀教师称号，之后，她更加积极地投身到各项志愿活动中去。那一年，她和工会的同事们抗议削减州政府教育预算。当她获奖时，犹他州各地的广播和电视台都想采访她。不久，她定期在各种活动上发表演讲，并在美国全国教育协会的领导层中平步青云。2002年，该组织选举她为财务部长后，她成为一名直言不讳的批评者，反对教育政策过于注重标准化测试。2014年，埃斯凯尔森·加西亚致力于推动优质公共教育的承诺让她扶摇直上，一举成为NEA主席。

坐在这个行政职位的交椅上，她计划使教学更加多样化，更加关注学生。在她看来，为孩子们实现梦想做准备永远是世界上最重要的工作之一。埃斯凯尔森·加西亚说：“如果有人想和我谈谈老师的所用，我会告诉他们：老师会促使改变。我鼓励任何觉得自己有当老师的天赋和气质的人去实现这个梦想。我可以保证你不会变得富有，但毫无疑问，你会成为很多人生活中最有影响力的人。”

当然，教育并不是唯一一个必须处理工作环境、劳资关系、员工薪酬和其他与工作相关问题的行业。本章将讨论这类问题，以及员工与管理层之间的其他问题，包括高管薪酬、薪酬公平、儿童和老人看护、药物检测、职场霸凌。

资料来源：Sources: Esther J. Cepeda, “From Teacher to Powerful Labor Leader: Lily Eskelsen García’s Journey,” *NBC News*, March 31, 2016; “NEA President Profile: Lily Eskelsen García,” NEA.org, accessed February 2017; Damien Willis, “Q&A: NEA President Lily Eskelsen García,” *Las Cruces Sun-News*, January 19, 2017.

管理层与员工的关系问题

遗憾的是，管理者与员工之间的关系不可能总是一团和气。管理者的职责是创造利润，为此，他们必须最大限度地提高生产力，有时还要做出艰难的决策，而这些决策往往不受员工的待见。长期以来，员工关心的不外乎是公平公正、收入平等、工作保障。与其他管理难题一样，处理管理层与员工关系的问题也需要开诚布公、善意友好、折中妥协。在本章中，我们将探究影响管理者职责以及工作环境的几个重要问题：工会、高管薪酬、薪酬公平、性骚扰、儿童托管、老人托管、滥用毒品和毒品检测、职场暴力与霸凌。

工会的历史和现状

管理层与员工关系中的一个重要方面就是工会。劳工（labor，非管理层员工的统称）关心的是管理层是否公正胜任、自身的尊严和工作所带来的合理财富是否有保证。**工会（union）**是员工组织，其主要任务是代表员工就工作相关问题与企业管理层进行谈判。

员工成立工会的初衷，一方面是保护自己，避免难以忍受的工作环境和不公平的待遇；另一方面是确保在工作中的话语权。随着私营部门工会会员队伍的壮大，员工获得了更多与管理层谈判的权力，政治权力也越来越大。比如，工会在制定最低工资法、加班制度、工人薪资、遣散费、童工法、劳动安全法规等方面起到了很大的作用。尽管工会的经济和政治权力已今非昔比，会员人数也在减少（尤其是私营部门的工会），但其在美国某些地区众多经济部门中的作用仍然不容小觑。[1]

我们通常认为工会会员都是私营部门（如建筑业和制造业）的员工。事实上，在1460万工会会员中，有710万人隶属公共部门（即政府部门的工作人员，如教师、消防队员、警察等）的工会。[2]公共部门的工会会员占比为34%，而私营部门的仅占6.7%。[3]

历史学家大多认为，今天的工会是19世纪和20世纪早期工业革命所带来的经济转型的产物。工人们原先要在地里辛勤劳作，靠天吃饭，后来发现养活他们的是不停运转的工厂生产线。从农业经济向工业经济转型是相当困难的。久而久之，各行各业的员工认识到，只有团结起来（通过工会）才能争取到更优质的工作环境、更满意的薪水、更安全的工作。

劳工组织的批评者坚持认为，美国工业领域非人的工作环境曾经比比皆是，而现在几乎找不到了。他们坚称，劳工组织本身就是一个行业，保护工人的权益已成为他们的次要职责。一些职场分析者认为，有了现代法律制度和与时俱进的管理理念，血汗工厂（19世纪末和20世纪初那些不符合要求、不安全或劳动条件令人压抑的工作场所）不太可能在美国死灰复燃。现在，我们来研究工会的历史，看看今天的工会是如何发展而来的。

劳工组织的历史

美国正规的劳工组织出现于美国独立战争时期。早在1792年，费城的鞋匠工会（cordwainers）开会探讨一些与工作有关的基本问题——薪酬、工时、工作环境和工作保障，就和如今劳工谈判所涉及的问题大抵相同。这个鞋匠工会其实是一个**同业工会（craft union）**，其会员通常都是当地某一特定手艺或行业的熟练工人。大多数同业工会成立的初衷只是为了实现某个短期目标（比如限制无薪的罪犯干苦役），而不是为了那些必须支付工资的在职员工。所以，在目标达成之后，这些工会往往就解散了。到了19世纪末，随着美国工业革命的深入开展，工会的状况发生了剧变。通过规模化生产和工作专业化，工业革命让生产率得到巨大提高，使美国成为一个经济强国。然而，这一发展也给员工带来了生产能力预期指标、工作时间、薪水、工作保障、失业等方面的问题。

那时的员工都面临着生产力至上这一现实。谁无力生产、谁抱病缺勤或家事缠身，谁就会失业。这样一来，随着对生产重视程度的提高，公司就会延长工作时间。1900年，每周的平均工作时间是60小时，而在某些行业，每周80小时的工作时间也不鲜见。工人的薪水很低，童工随处可见，也没有最低工资法和失业金一说，那些靠工资维持生计的家庭一旦失业，便会陷入艰难境地。"聚焦小企业"专栏凸显出这种状况的严重性以及由此引发的悲剧。

第一个真正的全国性劳工组织是由尤赖亚·史密斯·斯蒂芬斯（Uriah Smith Stephens）于1869年创立的**劳工骑士团（Knights of Labor）**。骑士团接纳所有私营部门的员工成为会员，包括雇主，他们促进社会事业的发展，同时关注劳工与经济问题。然而，1886年，在芝加哥秣市广场的一次劳工集会上，一枚炸弹炸死了8名警察。骑士团被指与此有牵连，从此日渐式微。

同年，**美国劳工联合会（American Federation of Labor，AFL**，简称"美劳联"）应运而生。到1890年，在塞缪尔·冈珀斯（Samuel Gompers）强有力的领导下，美劳联活跃于美国劳工运动的最前线。该组织本身并非一个大型工会，而是由支持基本劳工问题的各个同业工会构成的联合组织。美劳联有意将会员资格限制为熟练工人（工匠），觉得他们会比非熟练工人握有更多的谈判筹码，可以在谈判时让雇主做出更多让步。美劳联采取联合会的形式，其众多的同业工会可以成为会员，同时又保留充分的自主权。

后来，一个未经美劳联授权的团体——产业组织委员会（Committee of Industrial Organizations）开始创建各**产业工会（industrial unions）**，由规模化生产行业（如汽车制造和矿业）中的非熟练和半熟练工人构成。产业组织委员会由矿工联合会（United Mine Workers）主席约翰·L. 刘易斯（John L. Lewis）担任领导。刘易斯的目标是要将熟练工人和非熟练工人都纳入麾下。

想一想

工业革命的技术成果为市场带来了无数新产品，减少了众多行业对体力劳动的需求，但技术进步也给工人带来了压力，他们必须在工时长、薪资低的工厂里提高生产效率。在此状况下，工会如何在20世纪之交站稳脚跟？

1935年，美劳联拒绝了刘易斯的提议，于是他脱离该组织，创立了**产业工会联合会**（Congress of Industrial Organizations, CIO，简称“产联”）。产联的会员人数很快超过美劳联，部分原因是当年通过了《国家劳动关系法案》（National Labor Relations Act，又称《瓦格纳法案》）。这两个组织为权力斗争了20年。直到1947年通过了《劳资关系法案》（Labor-Management Relation Act，又称《塔夫脱－哈特利法案》，见图12-1），他们才认识到合并的益处。1955年，这两个团体组成了劳联－产联（AFL-CIO）。劳联－产联目前下辖55个全国性和国际性工会，拥有约1250万会员。[4]

1932年的《诺里斯–拉瓜迪亚法案》

禁止法庭颁布反对非暴力工会活动的禁令；宣布禁止工会活动的合同是违法的；禁止雇主使用黄犬协议（黄犬协议是雇主强加给员工的劳动合同，要求员工同意不加入工会，以此作为用工的条件）

1935年的《国家劳动关系法案》（又称《瓦格纳法案》）

赋予员工成立或加入（或拒绝成立或加入）工会组织的权利；通过工会代表与雇主集体谈判的权利；参与工会活动的权利，如罢工、抗议和抵制。禁止雇主和工会的某些不公平劳动行为，并成立了全美劳动关系委员会，监督工会选举活动，调查劳动实践。这一法案对工会运动起到了推波助澜的作用

1938年的《公平劳动标准法案》

为州际贸易行业的工人设定最低工资和最高基本工时。第一个最低工资标准是每小时25美分，除了农场工人和零售业员工

1947年的《劳资关系法案》（又称《塔夫脱–哈特利法案》）

修正了《瓦格纳法案》；允许各州通过禁止强制加入工会的法律（工作权利法）；制定影响国家健康安全的罢工的处理办法；禁止间接抵制、闭合式工会协议、限产超雇法（要求为非工会工作支付工资）。这项法案赋予管理层更多的权力

1959年的《劳资报告与披露法案》

修订《塔夫脱–哈特利法案》和《瓦格纳法案》；保障工会会员个人处理工会事务的权利，如工会办公室候选人的提名权、工会的选举权、参加工会会议的权利、工会事务的选举权、查阅工会记录和账目的权利；要求向美国劳工部提交年度财务报告。这项法案旨在清除工会腐败

图12-1 影响劳资关系的主要法案

聚焦小企业

引发劳工运动的大火

1911 年 3 月 25 日，一个温暖的春日，数百名 13～23 岁的年轻女工在纽约三角内衣厂（Triangle Shirtwaist Company）忙碌工作时，一场意外发生了。工厂老板接到一个电话，被告知失火了，老板们随即逃之夭夭，但工人们就没有那么幸运了。大火从八楼窜到九楼，接着蔓延到十楼，惊慌失措的女工们拼命往外逃生。

然而，女工们发现一扇关键的门被锁上了，她们被困在火海中。后来庭审时，有人说锁门是为了防盗。大火燃烧了大约 15 分钟，146 名工人丧生。很多人是被当场活活烧死的，还有些人则在身上衣服被点燃后，手拉手一起从高楼跳下殒命。这场大火成为检验劳工组织行动能力的试金石，并提高了民众对改善工作场所的关注。

这场悲剧发生之前，工人们为了争取更高的工资、更短的工时（当时一周的平均工作时间通常是 60～80 小时）和更安全的工作环境，已经举行过罢工。遗憾的是，公众舆论强烈反对他们的诉求。悲剧发生后，国际妇女服装工人联合会（International Ladies' Garment Workers' Union，现在叫“工人联合会”）的队伍壮大了，公众支持率也有所提高。

今天，劳工领袖们说，这场火灾证明了工会在维持美国职场平衡方面是至关重要的。2015 年，在纽约市纪念三角内衣工厂火灾 100 周年的仪式上，劳工领袖鼓励工人不要让现代劳工运动消亡。难以想象的是，20 世纪 50 年代，美国各个工会代表了 36% 的私营部门员工，如今这一比例仅为 6.7%。

资料来源：Triangle Shirtwaist Factory Fire Memorial, trianglememorial.org, accessed March 2017; “Triangle Fire,” PBS, accessed September 2017; Cydney Adams, “March 25, 1911: Triangle Fire Tragedy Kills 146 Factory Workers,” *CBS News*, March 25, 2016; Mike Fischer, “‘Factory Girls’ Recalls the Horrific Triangle Shirtwaist Fire,” *Milwaukee Journal Sentinel*, May 26, 2017.

劳工立法和集体谈判

美国劳工组织的发展和影响力主要取决于两大因素：法律和公众舆论。图 12-1 概述了对工会的权利和运作有着重大影响的五个主要联邦法案。

继续阅读之前，请先花点时间浏览这五个法案。请注意，这些法案是适用于私营企业的员工的。

《诺里斯－拉瓜迪亚法案》（The Norris-LaGuardia Act）为工会在美国的发展铺平了道路。该法案禁止雇主使用包含诸如**"黄犬协议"（yellow-dog contract）**[㊀]等条款的劳动合同。黄犬协议要求员工"不得加入工会"，以此作为用工的条件。三年后通过的《国家劳动关系法案》（或称《瓦格纳法案》）为工会在一些关键议题上提出诉求给予了明确的法律依据。这些议题正是塞缪尔·冈珀斯和美劳联竭力主张的，其中就包括**集体谈判（collective bargaining）**，即工会和雇主方代表就员工的劳动合同进行谈判。《瓦格纳法案》进一步赋予劳工集体谈判的权利。法案规定，劳方有权敦促资方在合理的时间，本着诚信的态度，就工资、工时以及其他雇用条款和条件等方面，履行集体谈判的义务。[5]

工会组织的活动

根据《瓦格纳法案》的规定，成立了一个行政机构——美国国家劳动关系委员会（National Labor Relations Board, NLRB），负责监督员工和管理层的关系。该委员会由美国总统任命的五名成员组成，有权调查和纠正不正当的用工行为。如果员工想要投票成立一个能够代表自己的工会，委员会还会为他们提供职场指南和法律保护。国家劳动关系委员凭借正规的**认证（certification）**流程，认可某工会作为某一工人群体的授权谈判代表。**取消认证（decertification）**是指员工可以剥夺工会代表他们权利的流程。投票选举之后，工会和公司都有五天时间对选举结果向委员会提出抗辩。

劳工组织目标的变化

工会的目标随着社会和经济形势的变化而变化。**协商达成的劳资协议（negotiated labor-management agreement**，通常又称为"劳动合同"），为管理层和工会在某个特定时期的工作职能定下了基调，澄清了相关条款和条件。工会努力解决劳动合同中最紧要的问题，如工作保障、薪资、离岸外包。谈判可以涵盖一系列广泛的主题，所以有可能需要很长时间才能达成协议。图 12-2 列出了管理层和员工通常协商的主题。

㊀ 英文 yellow dog 有卑鄙奸诈之意。——译者注

1. 管理层的权利 2. 工会认可 3. 工会保障条款 4. 罢工和停工 5. 工会活动与职责 （1）工会会费代扣条款 （2）工会公告板 （3）怠工抗议 6. 薪酬 （1）薪酬结构 （2）变化差异 （3）工资激励 （4）奖金 （5）计件工作条件 （6）分级工资结构 7. 工作时间和休假制度 （1）固定工作时间 （2）假期 （3）休假制度	（4）加班规定 （5）事假 （6）工休 （7）弹性工作时间 （8）用餐时间分配 8. 工作权利和资历原则 （1）资历规则 （2）工作调动和替换 （3）晋升 （4）裁员和召回流程 （5）职缺公布 9. 解雇和纪律 （1）停职 （2）解雇条件 10. 申诉程序 （1）仲裁协议 （2）调停流程 11. 员工福利、健康和社保

图 12-2　劳资协议谈判中的问题

劳工和管理层经常开会讨论和厘清员工职责的条款，图中列出的主题通常都会在会议期间讨论。

工会坚持认为，合同中应该包含一条**工会保障条款**（union security clause），规定享受工会福利的员工要么正式加入工会，要么至少向工会缴纳会费。《瓦格纳法案》通过后，工会为了充分保障自身的利益，采用**闭合式工会协议**（closed-shop agreement），规定员工必须先加入工会，然后才能受聘工作。让工会沮丧的是，《劳资关系法案》（又称《塔夫脱 - 哈特利法案》）于 1947 年取缔了这种做法（见图 12-3）。

闭合式工会雇用协议

《塔夫脱–哈特利法案》宣布该协议不合法。根据这类劳动协议，雇主只能雇用工会现有会员来工作

合作式工会协议

大多数劳动协议都属于这类协议。根据合作式协议，雇主可以雇用任何人，但雇用条件是受雇的员工必须加入工会才能保住自己的工作

代理式工会协议

雇主可以雇用任何人。员工无须加入工会，但必须缴纳一笔会费。有一小部分劳动协议属于这一类型

开放式工会协议

无论新老员工，都可以自愿加入工会。没有加入工会的人也不必缴纳工会会费。很少有这种类型的劳动协议

图 12-3　各种工会协议

今天，工会赞同**合作式工会协议**（**union-shop agreement**），即员工受聘时可以不是工会会员，但必须同意在被录用之后的一段时间里（通常为30、60或90天）加入工会。不过，还有一个应急的**工会代理制企业协议**（**agency-shop agreement**），并不强求员工加入工会，雇主也可以雇用他们，但他们必须缴纳一定的会费或常规会费。工会领导人认为这种会费是合理的，因为工会在集体谈判时代表的是所有员工，而不仅仅是工会会员。

《塔夫脱－哈特利法案》承认工会雇用协议的合法性，但赋予各州通过**工作权利法**（**right-to-work laws**）来取缔此类协议的权利。时至今日，28个州通过了该立法（见图12-4）。在实施工作权利法的各州，**开放式工会协议**（**open shop agreement**）让员工可以选择是否加入工会，工会不能强制不加入工会的员工缴纳一定的费用或工会会费。[6]

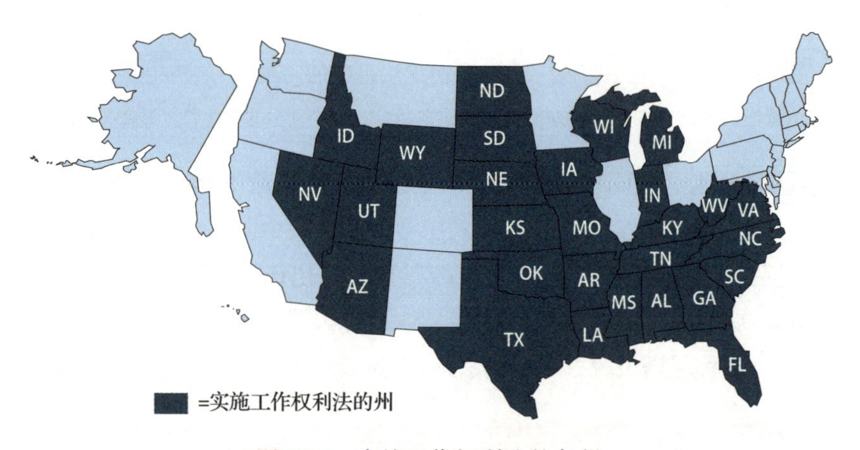

图12-4 实施工作权利法的各州

未来的合同谈判可能会集中在不断演变的工作场所问题上，比如儿童看护和老人护理、工人的再培训、两级工资计划、毒品检测，以及其他类似的工作相关问题。由于离岸外包和自由贸易协定造成的失业，就业保障仍将是工会的首要任务。工会将继续支持提高最低工资等联邦改革。对这一提议持批评态度的人士认为，如果提高最低工资，许多低技能工人就会被排挤出市场，失业率也会上升。[7]换句话说，工会工人将挣得更多，而其他工人可能会失业。支持提高工资的人士则说，这一举措旨在保护“有工作的穷人”。你如何看待这一问题？

解决劳资分歧

谈判达成的劳资协议成为资方与工会之间工作关系的指南。然而，这并不一定会结束他们之间的谈判，因为有时对协议的解释存在分歧。例如，管理者可能会将协议中的某一条款解释为他们有权决定让谁加班，而工会成员可能将这一条款解释为管理者必须根据员工的资历来决定谁加班。如果双方无法解决此类争议，员工可能会提出申诉。

申诉（grievance）是员工指控管理层未遵守或未履行劳资协议的条款。员工申诉往往集中在加班规定、临时动议、裁员、调动和工作分配等问题上。处理这些问题时，工会官员和企业管理者必然要打很多交道，但申诉并不表示某家企业违反了法律或劳动协议。事实上，绝大多数的申诉都是由**工会代表（shop stewards**，在一个组织中长期工作、代表员工日常利益的工会工作人员）和管理级别的经理协商和解决的。但是，如果申诉未能在这个级别得到解决，将开始正式的申诉程序。图 12-5 说明了正式申诉程序可以遵循的程序。

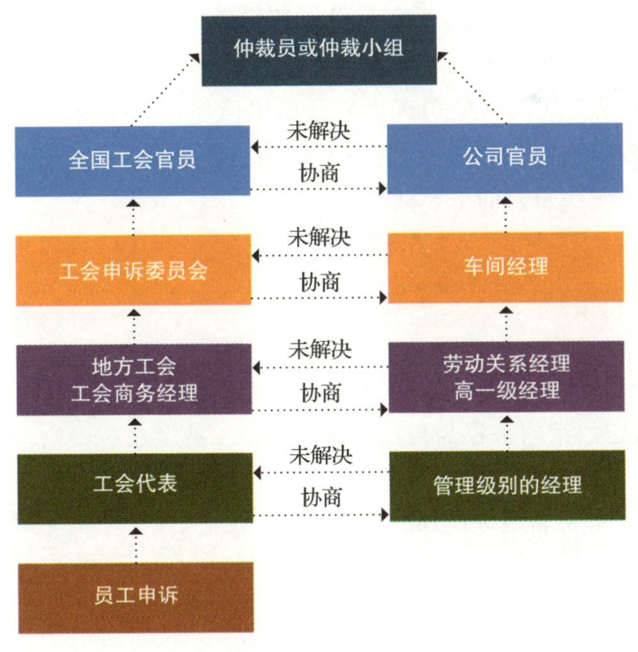

图 12-5　申诉程序

申诉程序可能要经过几个步骤，问题才能得以解决。在每一步，工会官员和经理都会就这个问题进行谈判。如果没有达成解决办法，可以在外部仲裁员的主持下相互协商。在这种情况下，仲裁员的决定具有约束力（法律强制执行）。

调解和仲裁

在合同谈判过程中，通常有一个**议价区间**（bargaining zone），就是在谈判结束或陷入僵局之前，各方将会考虑的最初报价和最终报价之间的各种选择。如果劳资双方的谈判代表无法在议价区就各种选择达成一致，可能需要进行调解。

调解（mediation）是运用被称为调解员的第三方，来鼓励争端中的双方继续谈判，并经常就解决争端提出建议。请记住，调解员评估争议中的事实，然后提出建议，而不是做出决定。现任和退任的民选官员、律师和大学教授经常充当劳资纠纷的调解员。国家调解委员会可以根据劳动争议的需要提供联邦调解员。2011 年，全美橄榄球联盟球员协会（NFLPA）曾请求一名联邦调解员的协助，以期达成一份新合同。美国国家冰球联盟（NHL）在 2012 年劳资纠纷期间也提出了同样的要求。

有一种更极端的解决冲突的方案是**仲裁**（arbitration），即由公正的第三方（一名仲裁员或一个仲裁小组）对劳资纠纷做出具有约束力决定的协议。仲裁员必须为劳资双方所接受。你或许听说过，职业棒球运动员为了解决与球队的合同纠纷或对联盟的处罚提出异议而申请仲裁。美国的许多劳资协议都要求通过仲裁来解决劳资纠纷。非营利的美国仲裁协会（American Arbitration Association）是解决争议的主导机构。[8]

劳资冲突中的策略

如果劳资双方未能通过集体谈判达成协议，谈判破裂，任何一方或者双方都可以使用特定的策略来提高自己的谈判地位，甚至左右舆论。工会主要使用罢工、抵制、纠察和怠工等策略。管理层可能会实施封锁和禁令，甚至雇用罢工破坏者。下面几节将简要阐释各种策略。

工会的策略

当工人集体拒绝上班时，就会发生**罢工**（strike）。罢工一直是工会最有效的策略。罢工可能引起公众对劳资纠纷的关注，还可能导致公司经营放缓或完全停滞。罢工者除了拒绝工作，还会在公司周围设置纠察队，举着标语走来走去，与公众和媒体谈论争议中的问题。工会还经常在罢工前，组建纠察队充当信息工具。罢工有时可以解决劳资纠纷，但也会引发暴力事件，加深彼此的怨恨。有时在罢工最终平息后，劳资双方仍然公开敌对，继续互相抱怨对方违反了谈判达成的劳资协议。

美国多州禁止公共安全工作者（如警察和消防员）和教师罢工，尽管他们可以加入工会。联邦政府的工作人员（如邮政人员）可以成立工会，但也无权罢工。然而，当罢工被禁止时，公共部门的员工就会托病旷工（通常被称为“蓝色流感”），以示不满。也就是说，他们会集体缺勤，而且都是称病。在航空和铁路等关键行业，根据《塔夫脱 - 哈特利法》，美国总统可以要求一段**冷静期**（cooling-off period）。在此期间，工人重返工作岗位，以防止罢工，而谈判仍在继续。冷静期可长达 80 天。

工会还会通过抵制，实现他们在劳资纠纷中的诉求。抵制可以分为直接抵制和间接抵制。当劳工组织呼吁会员和公众不要购买陷入劳资纠纷的企业的产品或服务时，就会发生**直接抵制**（primary boycott）。**间接抵制**（secondary boycott）是劳工力图说服他人停止与直接抵制对象的企业做生意，这是被《塔夫脱 - 哈特利法案》禁止的。例如，工会不能对某家零售连锁商发起间接抵制，因为为该零售商提供产品的制造商已经是工会的直接抵制目标了。

想一想

2016 年，美国通信工人工会（CWA）成员为了争取加薪、增加就业，举行了一场反对威瑞森无线通信公司（Verizon Wireless）的罢工。经过 7 周的罢工，CWA 赢了，它为工人创造了 1400 个新工作岗位，工资也提高了 10%。其他工会能从这次成功的罢工中学到什么？

管理层的策略

与工会一样，管理层也使用特定的策略来实现工作目标。**停工**（lockout）是管理层试图通过暂时关闭企业来对工会施压。工人不工作，就拿不到工资。尽管管理层很少使用这种策略，但这种策略其实仍在使用，比如美国 NBA 的高调停摆、明尼苏达交响乐团的低调停工（持续了 15 个月）。不过，管理层最常使用的还是禁令和罢工破坏者，以此抵制他们认为过分的劳工要求。

禁令（injunction）是指示或禁止某人做某事的法庭命令。管理层申请禁令是为了让罢工工人重返工作岗位，限制罢工期间的纠察人数，应对任何可能损害公众利益的行为。如果要让法院发布禁令，管理层必须提供正当理由，比如可能会发生暴力或者破坏私人财产。

1938年，最高法院做出一项裁定，雇主有权替换罢工工人，但直到20世纪80年代，这一策略才被频繁使用。自那之后，罢工破坏者一直是劳资关系中敌意和暴力的特殊根源。**罢工破坏者（strikebreakers）**是指受雇从事罢工工人的工作，直到劳资纠纷得到解决的那些工人。请务必阅读“道德决策”专栏对这一问题的处理。

工会的未来与劳资关系

工会仍在十字路口徘徊。如前所述，私营部门6.7%的工人加入了工会，近一半的工会会员在公共部门工作，各州的会员人数都不一样（见图12-6）。自1979年以来，像全美汽车工人联合会（UAW）这样权倾一时的工会几乎流失了3/4的会员。[9]今后，工会肯定是风光不再了。今天，美国最大的工会是国家教育协会（NEA），拥有320万会员；服务业雇员国际工会（SEIU）位居第二，拥有200万会员。[10]你可能会注意到，国家教育协会是一个公共部门的工会，而服务业员工国际工会侧重服务业。工会要发展壮大，必须纳入更多白领、女性和外国出生的工人。过去工会赖以发展的传统制造业，现在必须让位给医疗保健（1600多万工人）和信息技术（400多万工人）等行业。也许更让工会担心的是，工会人数最多的是45～64岁的工人，最少的是18～25岁的工人。

> **想一想**
>
> 2011年，NBA的劳资双方因合同纠纷，球队老板禁止球员使用球队的训练设施长达数月之久。停摆对2011～2012赛季有什么影响？对球迷有什么影响？

公共部门和私营部门的工会会员都面临挑战，因为他们试图维持过去谈判谈下来的工资和福利水平。由于许多州和城市面临严重的债务问题，政府官员正努力削减成本，尤其是劳动力成本。然而，由于之前与工会达成的协议，那些拥有公共部门工会的各州很难削减劳动力成本。私营工会要承担起新的角色，与管理层合作，进行员工培训、重新设计工作、使不断变化的劳动力融入服务和知识型经济所需的工作岗位。工会组织和管理层如何应对这些挑战将决定着工会的未来。我们将探讨21世纪员工和管理者面临的其他问题。

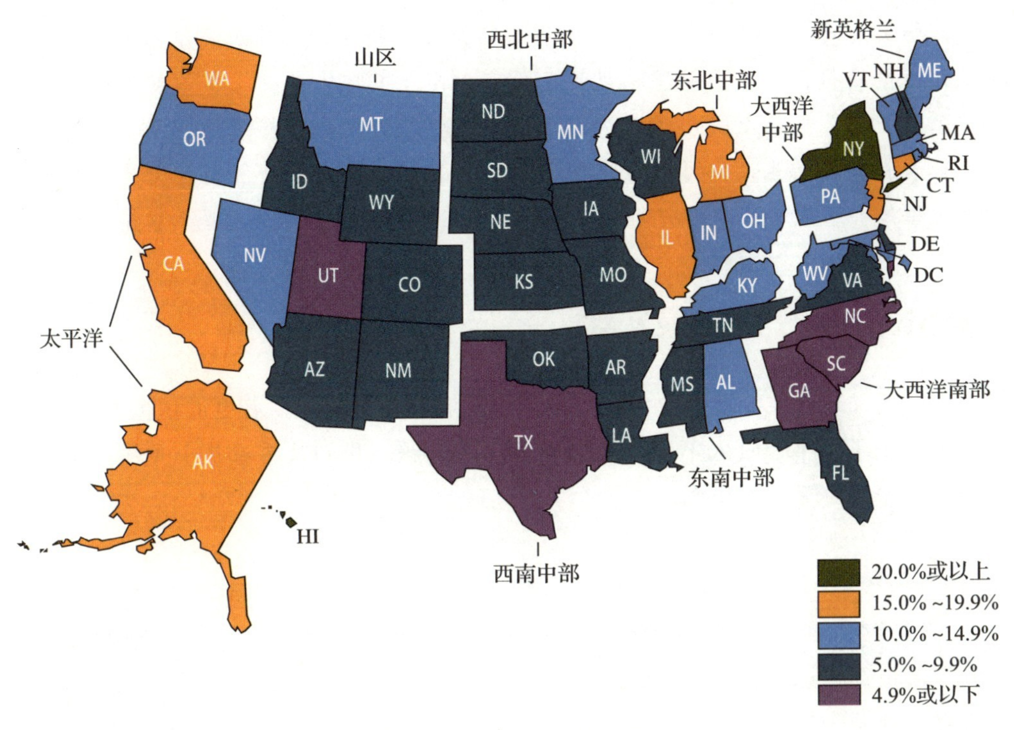

图 12-6　各州的工会人数

资料来源：Bureau of Labor Statistics, www.bls.gov, accessed July 2014.

道德决策

规行矩步

你囊中羞涩，却还要缴那些源源不断的账单：大学学费、伙食费用和其他开支。上周末你看到招聘启事，你所在城镇的一家名叫“购物狂”的连锁店正在寻找人手，以暂时替代那些参加罢工的食品与商业工人联合会（United Food and Commercial Workers）会员。工人们罢工的起因是他们的医疗保险福利和养老金面临一定幅度的降低。

你们学校的几位同学都是在“购物狂”商店工作的食品与商业工人联合会会员，学校还有许多其他同学也支持罢工。这些商店还雇用了你所在社区为数不少的邻居，他们的家庭全靠这些收入和福利来维持生计。“购物狂”连锁店认为，该公司给工会工人提供了公平待遇，但随着医疗和其他福利成本的增加，工人的要求过高，可能会迫使公司破产。

罢工期间，“购物狂”商店向临时替班的工人提供诱人的工资水平和灵活的工作时间安排，使他们能够越过工会设定以阻止其他人前往工作的警戒线而继续工作。该公司甚至提出了永久就业的可能性，这取决于罢工的结果。作为一个苦苦挣扎的学生，你可以用这份工作和这笔钱来支付学费和其他开支。你能越过雷池去申请吗？你的决定会有什么后果？你的选择合乎道德吗？

有争议的员工与管理层关系问题

今天，政府在要求企业为员工提供福利和保障方面发挥着更加积极的作用。员工提出了公平、收入不平等和职场安全等问题。我们来看看几个关键的职场问题，先从高管薪酬开始。

高管薪酬

球星克里斯蒂亚诺·罗纳尔多（Cristiano Ronaldo）每年“踢”入 8800 万美元，演员德韦恩·约翰逊（Dwayne Johnson）每年“演”入 6400 万美元，歌手泰勒·斯威夫特（Taylor Swift）每年“唱”入 1.7 亿美元，菲尔博士每年“说”入 8800 万美元[11] ㊀。那么，甲骨文首席执行官马克·赫德（Mark Hurd）每年坐收 5400 万美元的收入，是不是太离谱了？[12] 本书第 2 章阐释过，美国的自由市场体制建立在激励机制的基础上，这种激励机制允许高层管理人员赚取巨额利润，甚至大发横财。但今天，政府、股东、工会和员工都在质疑这一机制，认为高管薪酬过高。事实上，大公司首席执行官的平均薪酬总额（工资、奖金和奖励）为 1040 万美元，而普通员工的平均薪酬仅略高于 3.8 万美元。[13]

从理论上讲，首席执行官的薪酬和奖金由公司的盈利能力或股价的上涨决定。当初设定这一理论的逻辑是，如果公司及其股东的财富增长，首席执行官的薪酬也应随之增长。然而，今天的高管通常都会获得股票期权（在日后以固定价格购买公司股票的权利）和限售股（直接给予首席执行官的股票，通常在三四年之内不能出售），作为薪酬的一部分。[14] 股票和股票期权占首席执行官薪酬的 50% 以上。[15] “知变则胜”专栏讨论了对高管使用绩效薪酬的重要性。

对那些质疑首席执行官薪酬水平的人来说，更令人沮丧的是，即使首席执

㊀ 美国著名的访谈类节目“菲尔博士”，主持人是著名电视心理学咨询专家菲尔·麦格劳。——译者注

行官未能实现公司的预期目标或迫于压力离职，往往仍能获得丰厚的回报。由于与纽约港务局的交易疑点甚多，联合航空公司的石志辉（Jeff Smisek）被迫辞职。[16] 他怀揣 3860 万美元的巨款离开了公司，此外还有额外福利，包括他本人及一位同伴终身获赠免费头等舱机票，公司配车终身使用。[17] 许多首席执行官退休之际，还会得到大笔律师费、咨询合同和奢侈的津贴。

已故管理大师彼得·德鲁克建议，首席执行官的薪酬不应超过公司平均薪酬的 20 倍。[18] 著名经济学家托马斯·皮凯蒂对此深表赞同，他认为这种收入不平等有害无益，实无必要。“当你支付 1000 万美元而不是 100 万美元时，也不一定就能获得更好的业绩或更高的生产力……所以，没有什么证据表明，我们必须付给人们平均工资的 100 倍或 200 倍才能让他们工作。”遗憾的是，没有多少公司认同这一观点，也没有几家公司对高管薪酬设限。[19] 如今，《财富》500 强公司首席执行官的平均收入是其员工的 344 倍以上。[20] 有些工资差异实在令人震惊。例如，餐馆和零售行业的工人要求将最低工资定为每小时 15 美元，而这些行业的许多首席执行官却拿着每小时 9000 美元甚至更高薪酬。[21] 不妨再想想哥伦比亚广播公司（CBS）拿着最低工资的保洁工，他必须工作 3300 多年，才能拿到首席执行官莱斯·穆恩福斯（Les Moonves）2015 年一年的收入（5600 万美元）。

随着全球竞争加剧，欧洲高管的薪酬有所增加，但欧洲首席执行官的薪酬仍比美国低得多。在一些欧洲国家如德国，法律规定员工在公司的管理中是有发言权的。在各大企业的董事会里，员工也有权占有一席之地。由于高管薪酬由董事会决定，这或许是德国较少存在薪酬不公平状况的一个原因。这个过程称为共同决策（co-determination），要求管理层和员工在决策过程中进行合作。[22] 在日本，很少有首席执行官像美国那样领着巨额薪水回家。

美国政府和股东强烈要求全面披露高管薪酬，这让美国企业的董事会意识到，他们的职责并不只是为了让首席执行官或他们自己变得更富有。[23]《多德 - 弗兰克法案》的出台旨在赋予股东在薪酬决

想一想

《今日美国》（*USA Today*）将迪士尼列入拖欠员工工资最多的八家美国公司之一。2017 年，迪士尼世界演员的平均时薪为 9.48 美元，而董事长兼首席执行官罗伯特·伊格尔（Robert Iger）的总薪酬约为 4400 万美元。公司董事会决定了高管的薪酬。你认为这对于首席执行官来说是一个公平的薪酬体系吗？你认为员工应该参与进来吗？

策方面更多发言权，并要求披露更多高管薪酬方案。[24]然而，美国证券交易委员会正考虑废除这一规定，认为这对企业来说成本太高。[25]但话说回来，我们也要记住，大多数美国高管要对价值数十亿美元的公司负责，每周工作70多个小时，频繁出差是家常便饭。还有许多高管成功化解了公司的潜在问题，为员工、股东以及他们自己带来了巨大的利益。此外，经验丰富、技术娴熟、能够管理大公司的专业人士寥寥无几，尤其是那些陷入困境的公司，他们正在寻找合适的首席执行官来实现扭亏为盈。高管薪酬如何才算公平，回答这个问题绝没那么简单，但可以肯定的是，争议不会消失。

薪酬公平

1963年通过的《同工同酬法》，要求公司给从事同样工作的男性与女性支付同样的薪酬。例如，女性护士的工资若低于男性护士就是违法的，除非涉及资历、绩效工资或绩效奖励等因素。但薪酬公平超越了同工同酬的概念，它表达的意思是，从事需要同等教育、培训或技能工作的人应该得到同等的报酬。[26]薪酬公平比较了发型师或图书管理员工作（传统上是女性的工作）与水管工或卡车司机工作（传统上是男性的工作）的价值。经过比较可以看出，“女性”的工作往往薪水更低，有时会低得多。这种差异让人们开始重新思考20世纪80年代提出的“同值同酬”（comparable worth）概念。同值同酬，指的是从事需要同等教育、培训或技能工作的人应该获得同等报酬。但当时并没有证据表明，同值同酬可以带来更好的市场均衡，反而造成了更多混乱和不公平。

今天，美国的女性收入是男性的79%，尽管这种差距因职业、工作经验、任期和教育水平而异。[27]在过去，造成这种差异的主要原因是女性在毕业后的可工作年数中只工作了50%～60%，而男性通常一直在工作。不过，这种解释在今天意义不大，因为长期不工作的女性越来越少。[28]

今天，女性在医疗保健、生物技术、信息技术和其他以知识为基础的工作领域与男性展开经济竞争。年轻女性的经济状况比年长女性要好得多。最近的报告显示，20多岁的女性比20多岁的男性大学毕业率高，薪水也高出7%。[29]如今，获得学士和硕士学位的女性几乎占到了60%，获得博士学位的也比男性多。[30]然而，尽管越来越多的女性获得了更高的商科学位，但在她们30来岁时，工资差距开始拉大，因为担任管理岗位的女性比例并不大。[31]为了纠正这种情况，思科、强生、百事可乐和美国航空等许多公司都承诺，要重新审视招聘和晋升做法，以避免薪酬或晋升方面的男女不平等。[32] 不过，哈佛大学教授、性别与薪酬问题专家克劳迪娅·戈尔丁（Claudia Goldin）发现，许多公司往往会给那些工作时间最长、愿意经常跳槽的管理者更高的经济回报。可惜的是，女性因为抚养孩子，落在了后面，然后就永远无法赶超了。[33] 与男性相比，女性仍然挣得少，尤其是那些身为人母的女性，她们也不太可能去经商，所以更易陷入生活困境。毫无疑问，薪酬公平仍将是具有挑战性的员工管理问题。

知变则胜

表现欠佳的代价

谈到首席执行官的薪酬，屡见不鲜的是很多公司将他们 60%～80% 的薪酬与其业绩挂钩。这个想法听起来既合乎逻辑，又简便易行。公司设定了利润目标，如果公司业绩超过目标，首席执行官将获得更为丰厚的薪酬。目标虽好，若未能达成，首席执行官所得将骤降，甚至一无所获。这个信息简明扼要而又直截了当：老板只有在公司业绩良好时才能赚钱。不幸的是，最近对高管薪酬的研究发现，首席执行官的工作性质并不真正适合基于业绩的薪酬。事实上，绩效薪酬对实施绩效薪酬管理的公司可能会导致危险的后果。人们提出的建议是，不要降低首席执行官的薪酬（尽管许多人认为应该如此）；他们的论点是，采用固定薪酬体系，首席执行官的薪酬水平会更高。

研究人员对 750 家公司的薪酬数据进行筛选后发现，当一家公司设定利润目标时，公司往往要么准确达到预期目标，要么只以每股高出 1 美分的效益超过目标。随着对数据的深入研究，他们发现那些勉强超过利润目标的公司更有可能削减研究支出、削减管理费用和工作岗位、削减广告开支，或者使用权责发生制会计机制来增加收入以达到目标。他们还发现，有证据表明，如果一家公司年度业绩优异，通常会通过在今年的利润中扣除费用，或使用会计策略来上报较低的利润，从而降低公司的利润。何以至此？由于当前年度的业绩将成为明年奖金计划的基准，因此他们的想法是将利润目标保持在较低水平，以便来年更容易实现年度目标。

更进一步的研究表明，绩效工资最适合有日常任务的工作。高级经理的工作当然不是例行公事。高层管理人员需要具有创新精神和创造力，乐于学习工作场所的变化，并能够为他们经常面临的许多挑战制订新的解决方案。如果首席执行官的财务奖励与特定的业绩衡量指标挂钩，就可能把他们的注意力从长期业绩上转移开，而长期业绩会让公司更加受益。

资料来源：Peter Coy, "Heresy! Stop Paying CEOs Performance Bonuses," *Bloomberg Businessweek*, February 26, 2016; David Nicklaus, "Professors Explore Dark Side of Performance-Based Pay," *St. Louis Post-Dispatch*, April 5, 2016; Dan Cable and Freek Vermeulen, "Stop Paying Executives for Performance," *Harvard Business Review*, February 2016; Theo Francis and Joann S. Lublin, "Should Bar Be Lifted on CEO Bonuses?," *The Wall Street Journal*, June 2, 2017.

性骚扰

性骚扰（sex harassment）是指令人讨厌的性示意、性要求，以及其他本质上与性有关的口头或身体行为，由此造成恶劣的工作环境。[34] 1991 年的《民权法案》界定了对男女性骚扰的概念。1997 年，最高法院将同性骚扰也纳入性骚扰法的范畴。与过去相比，如今管理者和员工对性评论和性行为都更加敏感。在过去的 20 年里，向平等就业机会委员会提出的投诉数量显著下降，但委员会的统计数据显示，性骚扰仍占其中的 30% 左右。[35] 据报道，80% 以上的性骚扰指控是由女性提出的。[36] 在下列情况下，工作中的行为可被视为构成了性骚扰：

- 明言或暗示，顺从此类行为是雇用的一个条款或条件；或者，员工对此类行为的顺从还是拒绝会影响该员工的地位。“跟我约会，否则你会被解雇”或“跟我约会，否则你在这儿永远别想晋升”之类的威胁构成了交换型性骚扰（quid pro quo sexual harassment）。
- 此类行为不合理地干扰了员工的工作表现，或者带来了一种令人生畏、充满敌意或极其不适的工作环境。这种类型的骚扰属于恶劣的工作环境性骚扰（hostile work environment sexual harassment）。

最高法院扩大了恶劣的工作环境的范围。在性骚扰的定义中，关键词应该是“令人讨厌的”（unwelcome），用来形容会冒犯到理性之人的行为。公司和个人发现，美国的司法系统在执行性骚扰法律方面毫不手软。在一起备受关注的案件中，21 世纪福克斯向电视记者格雷琴·卡尔森（Gretchen Carlson）支付了 2000 万美元，以了结对福克斯新闻（Fox News）董事长罗杰·艾尔斯（Roger Ailes）的性骚扰指控。[37] 网约车巨头优步也受到一名女工程师的性骚扰指控。[38] 该公司立即做出回应，由美国前司法部长牵头进行了一项内部调查，[39] 甚至联邦政府也面临性骚扰的指控。美国农业部和林业局在性骚扰指控浮出水面后，受到严厉谴责。正如丰田和日产认识到的，在美国做生意的外国公司也难免受到性骚扰指控。近年来，军队中性骚扰和性侵犯的相关报道也明显增加。

关键问题是，员工和管理者往往都知道有一项关于性骚扰的政策，但对具体内容却不明就里。[41] 为了解决这个问题，美国有些州已经率先采取了行动。加利福尼亚州和康涅狄格州要求员工超过 50 人的公司要对主管进行防止性骚扰的培训；缅因州要求员工超过 15 人的公司要进行此类培训；美国大多数州只要求政府部门的员工接受防止性骚扰的培训。[42] 但是，员工人数不足 50 人的小企业，其员工往往比大企业员工面临更多的问题。[43] 尽管如此，许多公司已经建立了快速、有效的申诉程序，并对性骚扰指控做出迅速反应。这些努力可以为企业节省数百万美元的诉讼费用，提高工作效率，促进员工和谐。尽管如此，要想消除性骚扰这一员工管理上的关键问题，还有漫漫长路要走。

想一想

根据 1991 年的《民权法案》，令人讨厌的性示意、性要求，以及其他本质上与性有关的口头或身体行为都是被禁止的。虽然大多数员工都知道职场中反性骚扰政策，但他们往往不确定性骚扰到底是什么意思。公司是否应该对员工进行培训，让他们了解工作中的性行为准则？

儿童看护

今天，女性几乎占据美国劳动力市场的半壁江山。育有未满 18 岁子女的母亲（其中超过 2/3 的母亲，其子女未满 6 岁）中，大约 3/4 都有工作。[44] 这一统计数据不免令雇主担心，原因在于，首先，因照看孩子造成的缺勤每年给美国企业造成数十亿美元的损失；其次，员工的托儿费用该由谁支付的问题经常引发员工分歧。许多人反对为公司里已为人父母的同事提供育儿福利，他们认为这样对单身员工和单份收入的家庭不公平。其他人则认为，雇主和政府有责任创建儿童看护系统，帮助各企业员工。遗憾的是，《福利改革法案》（Welfare Reform Act）通过多年以来，联邦政府的资助并没有增加，预计未来，政府在儿童保育方面的支出也不会增加。这对于许多员工来说是个大问题，因为二孩的托儿费可能比房租还贵。[45] 因此，儿童看护仍然是一个重要的职场问题。

许多大公司为员工提供托儿服务。《职场妈妈》（*Working Mother*）杂志每年都会为职场妈妈编制一份 100 家最佳公司的名单。[46] IBM 和强生公司因特别关爱和支持职场妈妈，而备受社会赞扬，过去 28 年来，年年榜上有名。还有一些大公司也设有各种儿童保育项目，如美国运通为所有初为父母的员工提供20周带薪假期，百时美施贵宝（Bristol-Myers）、谷歌和英特尔为员工子女提供在线家庭作业辅导。[47]雇主提供的额外儿童保育福利包括：

- 美国全国儿童托管连锁店的各种折扣。
- 员工所选择的儿童托管中心的代金券。
- 推荐服务，帮助员工识别高质量的儿童托管中心。
- 单位托儿所，家长可以在工作日的午餐时间或休息时间来看望孩子。
- 患儿中心，照顾中度疾病的儿童。

100人以下的小公司在提供儿童保育福利方面无法与大公司相提并论。然而，一些小公司发现，它们可以发挥优势，实施有创意的儿童保育项目，力求招到并留住胜任的员工。全球血液技术龙头唯美血液技术公司（Haemonetics）认为，创造工作与生活的平衡是留住有价值员工的关键。该公司在总部设立了“儿童空间”，工作人员都是来自明亮视野（Bright Horizons）的高素质早教工作者，他们负责开展有规划、自发性的日常活动。

28年前，企业家罗杰·布朗（Roger Brown）和琳达·梅森（Linda Mason）发现，越来越多的工作单位需要托幼中心这项福利。这对夫妻成立了明亮视野家庭解决方案公司（Bright Horizons Family Solutions Inc.），在工作场所提供儿童看护服务。如今，他们的公司已成为企业自办托幼中心市场的翘楚，在全美400多家公司里开设了700多个托幼中心，包括美国100多家《财富》500强公司。在美国，双收入家庭越来越多，单亲家庭超过了1200万户，虽然企业面临的老人看护的挑战也日益严峻，但儿童托管仍将是一个关键的劳资关系问题。[48]

想一想

今天，单位日托在美国仍然是不太常见的员工福利。尽管日托的运营成本很高，但能大大提升员工满意度，提高生产率。应该由谁来为员工的福利（例如，照顾孩子和老人）买单，员工自己还是公司？

老人护理

目前，美国65岁以上人口约为4620万。未来20年，这一数字预计将增加到近8000万。到2040年，65岁以上人口将占据美国总人口的21.7%，其中不少人有望迈入耄耋之年。[49]这意味着许多员工将面临照顾年迈双亲和其他亲戚的难题。今天，美国约有4000万家庭看护者为老年人提供无偿看护。[50]近70%

的看护者表示，他们需要调整工作来照顾老人。[51] 美国全国护理联盟（National Alliance for Caregiving）的数据表明，这种看护义务导致每年约有 1 500 万天的工作缺勤。据估计，公司每年因生产力下降、旷工和员工离职而损失 330 亿美元。[52] 老人护理是一个严峻的职场问题。

美国人事管理局（OPM）提出，担负着赡养老人重任的员工需要医疗、法律和保险方面的信息，还需要主管和公司的全力支持。人事管理办公室还表示，这些看护者可能需要弹性工作时间、远程办公、兼职或工作分担。许多公司已经行动起来，提供员工援助计划。杜邦和摩根大通为员工提供老人看护管理服务，包括需求评估。咨询公司德勤为员工提供长达 16 周的带薪假期，用于照顾陪护老人。[53] UPS 提供医疗支出账户，员工可以将税前收入用于老人看护支出。然而，给员工提供老人看护福利的公司仍然没有提供儿童看护福利的公司多，而小企业在这方面的福利也远远落后于大公司。遗憾的是，政府并没有提供多少救济。医疗保险和医疗补助计划都给家庭看护者带来了沉重的经济负担。

美国退休人员协会（AARP）认为，随着越来越多有经验和高级别员工加入爱老助老队伍，公司的成本将会大幅上涨。这种观点不无道理，相比年轻员工，年纪较大、经验更丰富的员工（他们最容易受到养老问题的影响）所做工作对公司更为重要。许多公司现在面临的问题是，对于那些需要常年照料陪护老人的员工来说，调动和晋升往往是不可能的。糟糕的是，随着老龄化的加剧，老年人的护理问题会变得相当严峻，而且未来很长一段时间，这一问题都会存在。

滥用毒品和毒品检测

酗酒和吸毒一直是严重的职场问题，涉及许多员工。从工厂到建筑工地，再到职业运动队的更衣室，这一问题无所不在。

酒精滥用是工作场所相当普遍的问题。据估计，美国有 8.7% 的全职员工酗酒，[54] 大约 40% 的工业伤亡与饮酒有关。美国卫生与公众服务部（Department of Health and Human Services）药物滥用与精神卫生服务协会（Substance Abuse & Mental Health Services Association）的数据显示，在 18～49 岁的全职员工中，超过 8% 的人使用毒品。[55] 在某些行业，如食品服务和建筑业，吸毒的员工比例要高得多。[56]

吸毒的员工发生工伤事故的可能性比其他员工高出 3.5 倍，提出工伤赔偿要求的可能性高出5倍。美国国家药物滥用研究所（NIDA）的数据显示，吸毒员工的医疗费和赔偿费大约是不吸毒同事的2倍。美国劳工部估计，在一年的时间里，因滥用毒品导致的失业、医疗费用、犯罪、交通事故和其他开支，给美国经济造成4140亿美元的损失，以及1200多亿美元的生产力损失。[57] 美国国立卫生研究院（NIH）估计，每一名吸毒者每年可能让雇主损失约1万美元。50%的工作事故率、10%的高旷工率、30%的高流动率，以及频繁发生的职场暴力事件都与吸毒者有关。

如今，超过60%的大公司对新员工进行毒品检测，尽管许多人对毒品检测能否有效提高安全性或生产率提出了质疑。[58] 此外，26个州和哥伦比亚特区已经通过了大麻合法化的法律，这使得毒品检测问题进一步复杂化。[59] 可以肯定地说，滥用毒品和毒品检测问题在未来仍将是一个重要的劳资问题。

想一想

滥用毒品给美国经济造成数千亿美元的损失，包括失业、医疗费用、犯罪、交通事故和生产力下降。据估计，每名吸毒者每年可使雇主损失约1万美元。如今，超过60%的大公司对新员工进行药检，40%的公司对新员工进行随机毒品检测。你认为这些举措是否有效减少了工作场所的滥用毒品？为什么？

职场暴力和霸凌

桑迪胡克小学枪击案震惊了全美。这场悲剧也提醒企业，尽管职场暴力事件自20世纪90年代以来有所减少，但威胁并未消除。雇主和管理者必须警惕职场潜在的暴力。美国劳工统计局报告称，每年有将近200万美国人受到职场暴力的影响。[60] 职业安全与健康管理局（OSHA）报告称，他杀占职场死亡的8%，是女性职场死亡的头号原因。事实上，19%的职场女性死于他杀。[61]

许多公司采取措施，防患于未然。他们举办焦点小组活动，邀请员工参与，聘请深谙人际关系技巧的管理者，雇用资深顾问来处理任何可能出现的职场暴力。在许多州，雇主可以代表遭受威胁或骚扰的员工申请临时限制令。这些举措有助于减少职场暴力。遗憾的是，随着职场暴力的减少，职场霸凌现象却越来越多。

根据职场霸凌研究所（WBI）的调查，职场霸凌是指“一个或多个施暴者反复对某人实施的伤害健康的虐待，虐待行为包括威胁、羞辱、恐吓，或者妨碍工作完成的干扰、破坏、言语虐待”。[62] 职场霸凌研究所坚称，职场霸凌的发生率是性骚扰的 4 倍。[63] 佐格比国际研究公司（Zogby International）估计，35% 的员工在工作中受到过欺凌。[64] 可惜，雇主和管理者往往不重视或否认恃强凌弱，往往只是简单地称其为性格冲突或管理风格。如果组织认为霸凌问题无足轻重，可能会打击员工士气，削弱生产力，造成人员流动频繁，有时甚至会上升为犯罪问题。

“校园霸凌”是身体上的，而职场霸凌更多是心理和语言上的虐待。此外，职场霸凌的对象往往是最强壮而不是最弱小的员工。大多数恃强凌弱者是主管或经理，但也可能是同事。[65] 职场霸凌者中，男性远多于女性，但女性往往比男性更容易欺负其他女性。霸凌行为已成为日益严重的职场问题，各个级别的员工都可能成为目标。[66] 所以，管理者必须意识到什么是霸凌，了解霸凌的迹象，最重要的是采取纠正措施，终结职场霸凌。若不引起充分重视，公司就会失去效率最高或最有前途的员工。

拥有良好的员工与管理层关系的公司更有可能获得成功。居安思危，才能真正营造积极健康的工作氛围。有前瞻性的管理者会预见潜在的敏感问题，努力加以解决，以免问题失控，这对任何管理者来说都是一个很好的教训。

本章小结

1. 追溯美国劳工组织的历史。

- 第一家工会组织是什么？

  鞋匠工会（制鞋工人）于 1792 年组织了一个由熟练工人组成的同业工会。劳工骑士团成立于 1869 年，是第一个全国性的劳工组织。

- 劳联 - 产联是如何发展而来的？

  美国劳工联合会成立于 1886 年，是一个行业工会组织。产业工会联合会是由一群非熟练和半熟练工人构成的组织，于 1935 年脱离了劳工联合会。随着时间的推移，这两个组织认识到合并的益处，于 1955 年组成美国劳联 - 产联。劳联 - 产联是一个工会联盟，而不是一家全国性的工会。

2. 讨论影响工会的主要法案。

- 有哪些影响工会的重要法案？

  见图 12-1。

3. 概述工会的目标。

- 劳资协议中通常包括哪些主题？

  见图 12-2。

4. 描述冲突期间劳工和管理层使用的策略，并讨论工会在未来的作用。

- 工会和管理层在冲突中分别使用什么策略？

  工会可以利用罢工和抵制。管理层可以使用罢工破坏者、禁令和停工。

- 工会应该如何应对不断减少的会员？

  工会正面临不断变化的工作环境。国家教育协会现在是全美最大的工会；服务业员工国际工会是第二大工会，拥有 200 万会员。未来，工会必须纳入更多白领、女性和文化多样化的劳动力。为了帮助美国企业保持全球市场的竞争力，许多工会要承担起新的角色，与管理层合作，进行员工培训、重新设计工作、使不断变化的劳动力融入所需的工作岗位。

5. 评估当今有争议的员工和管理层问题，如高管薪酬、薪酬公平、性骚扰、儿童看护、老人护理、滥用毒品和毒品检测，以及职场暴力和霸凌。

- 管理者的合理工资是多少？

  市场与市场中的企业决定着管理者的薪水。什么才是合理的薪水尚无定论。

- 同工同酬和薪酬公平有何不同？

  1963 年的《同工同酬法案》规定给从事同样工作的员工支付同样的薪酬（资历、奖励或绩效除外）。薪酬公平是指要求从事需要相同教育、培训和技能工作的人获得同等薪酬。

- 一些公司是如何解决儿童托管问题的？

  积极响应的公司在工作场所提供儿童看护服务、临时紧急看护、儿童保育连锁店的各种折扣、员工选择的儿童托管中心抵用券，以及推荐服务。

- 什么是老人护理？在这个日益严重的问题上，企业面临哪些挑战？

  相比年轻员工，年纪较大、经验更丰富的员工最容易受到养老问题的影响，而他们所做的工作对公司更为重要。因此，企业在这方面的成本支出非常大，而且还在增长。

- 为什么现在越来越多的公司对员工和求职者进行毒品检测？

  滥用毒品给美国经济造成了 4140 亿美元的损失，包括失业、医疗保健、犯罪、交通事故和其他开支，以及 1200 多亿美元的生产力损失。吸毒的员工发生工伤事故的可能性比其他员工高出 3.5 倍，提出工伤赔偿要求的可能性高出 5 倍。

- 为什么管理者必须对职场暴力和霸凌保持警惕？

  每年有将近 200 万美国人受到职场暴力的影响。许多公司已采取行动成功地防止职场暴力。但遗憾的是，职场霸凌现象却越来越多。

批判性思考

1. 你认为合作式工会协议是否侵犯了员工职场中的选择自由？
2. 一些大学足球和篮球教练收入不菲。大学排球和游泳教练是否应该享有同等薪酬？女子职业篮球联赛（WNBA）球员的工资是否应该与男子职业篮球联赛（NBA）球员的工资相同？市场力量和政府在决定此类工资时应发挥什么作用？
3. 如果公司为有孩子的员工提供雇主付费的托儿服务，那么没有孩子或不需要托儿服务的员工是否应该得到额外的报酬？

本章案例 在弗里曼与工会并肩战斗

这些年以来，参加工会的员工人数急剧下降，你可能会形成这样的印象：现如今工会已经不重要了，或者已失去为工人争取公平待遇的热情了。事实并非如此。虽然并非所有员工都是工会会员，但你遇到的工会员工可能会比你想象的要多。当然，很多卡车司机和建筑工人都隶属于工会。然而，娱乐界的演员、作家和导演也是工会会员。甚至许多大学教授也加入了工会。

弗里曼 XP（Freeman XP）是一家品牌体验公司，组织大型活动，如贸易会展等。就像建筑工地上的大承包商一样，弗里曼的工作是为贸易会展充当总承包商，而贸易会展的范围往往是繁复冗杂的。公司协调所有参与活动的供应商，必须确保所有需要的设备（包括高科技设备）届时都安装到位，并可让参与者能正常顺利使用。弗里曼依靠众多工种各异的工会协助以完成任务。

正是由于工会工人的帮助，才促成了一次次贸易展会的顺利进行。以一个典型的贸易会展为例，卡车司机把所有的设备运送并卸载到会展场馆里。木工负责建造主要结构，而电工则负责确保整个展览空间的电力供应，以及照明系统在需要的地方和时间正常工作。在特定的活动中（如餐厅展示），水管工必须为演示提供水，并确保使用过的水能顺利排走。除了这些与建筑相关的工会工人，弗里曼还需要国际舞台工人协会（舞台工人）的服务来建立音响系统、视频设备和特效照明。一个大规模的贸易展可能会让弗里曼轻而易举地使用6～10个不同工会的工作，这样才可以确保运作起来。

弗里曼认为，雇用工会工人的一个关键好处是无论他们在哪里工作，公司都可以依靠训练有素的工人，这些工人具备必要的技能，能让会展自始至终正常运作。此外，由于弗里曼在美国各地的许多大型会议场所都有会展，因此拥有一个招之则来、来之能战的熟练工人队伍的渠道越发显得至关重要。事实上，许多大型贸易展往往需要数百名工人来共同完成任务。对弗里曼来说，公司常年养活这么大一个群体的工人，成本太高了。因此，通过与工会合作，公司可以在有限的时间内雇用所需的工人。

遗憾的是，该公司承认，与工会合作并不总是称心如意的。使用工会工人可能会付出高昂的代价，因为他们的领导人竭力为工会成员争取公平的工资和安全的工作条件。工会对于工作的作息时间、工间休息、自愿和非自愿加班也有不同的工作规则。尽管有这些挑战，弗里曼仍然认为与工会合作利大于弊，工会能解决的问题总比它制造的问题要多。可以肯定地说，并不是所有的美国公司都有同样的感觉。

如今，在护理和教学等非传统行业，工会正在积聚势能。他们还获得了快餐行业等低收入工作的支持，要求更公平工资待遇的呼声此起彼伏。

思考

1. 为什么弗里曼要雇用这么多工会工人？雇用工会工人为弗里曼工作有哪些利弊？如果弗里曼不雇用工会工人管理项目（如贸易展），会有什么不同。
2. 钢铁工人等传统工会的主要担忧之一是使用离岸外包。你认为应该要求美国公司在重大项目中使用美国制造的钢材吗？
3. 政府是如何影响工会的成长和稳定的？你所在的城镇实施“工作权利法”吗？你所在的城镇有很多工会工人吗？你认为工会在你所在的州将会壮大还是衰落？

Understanding
Business

第五部分

市场营销

制订与实施以客户为导向的营销方案

第 13 章

市场营销：帮助买方购买

学习目标

1. 界定营销的概念，并将之用于营利和非营利组织。
2. 阐述营销的 4P。
3. 概括市场调研的流程。
4. 展示营销人员如何通过环境检查来认识不断变化的营销环境。
5. 阐释营销人员如何应用市场细分、关系营销和消费者行为研究等工具。
6. 比较企业市场和消费者市场。

Understanding Business

本章人物

Ispy 创办人米歇尔·潘

2007年，米歇尔·潘（Michelle Phan）开始把美妆教程上传到YouTube，当时她未曾想过自己的视频有朝一日会成为身价千百万美元企业的家底。潘行事果敢、风格独特，能将自己的爱好演绎成一家成功的公司，这家公司取名Ipsy。当初，这家美容初创公司凭借其在社交媒体上一群“网红”的鼎力推介，新产品很快走红。这家公司已经成为一个营销巨头，现今估值超过5亿美元。

潘在YouTube上拥有800多万用户，这构成了其商业运营活动的核心。19岁时，她加入了这家视频分享网站，上传的大部分视频都是有关宠物狗的，这些狗逗她开心，能让她振作起来。然而，随着时间的推移，她注意到她的一些关于美容秘诀的视频吸引了成千上万的浏览量。随着制作更多以化妆为中心内容的视频片段，潘还申请了一个新项目，该项目允许YouTube的创作者从他们的视频中获取广告收入。虽然一开始被拒之门外，但她最终还是成功拿下了这个项目，开始每天从广告中赚取5美分。当然，这个所谓的发薪日着实令人啼笑皆非，但并未让潘受到困扰。她意识到YouTube有潜力成为一个极具影响力的平台，她希望从一开始就参与其中，以占得先机。潘说：“我想，如果YouTube成为未来的全球电视，那么我需要在这里建立我的品牌。”

除此之外，潘源源不断地制作视频向世界展示自己的另一面，这让她意气飞扬、踌躇志满。虽然她在屏幕上的形象是一个似乎拥有完美无缺生活的女孩，可屏幕外的现实却大相径庭。潘是越南裔移民的女儿，父亲因嗜赌成瘾，输光了家产，离家出走。从此往后的10年间，母女俩相依为命，母亲是一名美容师，以微薄的收入养家糊口。年幼的潘学会了如何独自完成任务，自强自立起来。例如，她想要一台电脑，就通过卖糖果给同学来筹集资金。然后，当开始制作视频时，她创造了一个迷人、自信的人物形象，这是一个凡所应有、无所不有的形象。潘说："我把自己描绘成一个我想成为的女孩，经济优渥，家庭幸福。我一直渴望有一天能够独立，做我自己，营造我自己的世界。"

随着她的视频开始吸引数百万观众，世界也迅速发生变化。2011年，她和一位合伙人利用这次亮相机会创办了Ipsy。这是一家提供美容产品订阅服务的网站。用户每月只需支付10美元，便能收到一个"魅力包"，里面装满了各种不断变化的化妆品和其他美容产品。更重要的是，潘开发了一个巧妙的商业模式，使她能够保持低成本运营。Ipsy无须向公司付款备货，相反，Ipsy可以免费收到商品，而供货公司则可以换取营销展示的机会。除了潘，该公司还雇用了一批美容视频博主，他们在演示视频中隆重推出这些产品。然后，这些员工将得到数千名独立的视频博主的帮助，他们以Ipsy品牌创建内容，以换取指导和人脉资源。多亏了大批这样有影响力博主的跟进，该公司已经积聚了150万用户，并带来了数亿美元的风险投资。

对于潘来说，这只是故事的开场。在维持这个不断壮大的美容帝国的同时，她还计划创立一个音乐品牌和一家高级视频公司，并出版一本漫画书。将这些不同的商业行为连接起来的因素，可能是潘声名远扬的营销影响力。正如她曾经说过的那样："影响力是一种新生力量——如果你掌握了影响力，你就能打造出一个品牌。"

本章将教你学会如何像米歇尔·潘这样的营销大师一样识别自己的受众，并找出接近受众的方法。无论是通过分销、广告还是公开宣传，成功的营销能在商家与顾客之间建立起千丝万缕的联系，这种联系是不会被轻易遗忘的。

资料来源：Michelle Phan, " Michelle Phan Relaunches Em Cosmetics and Explains Her Social Media Detox, " *Teen Vogue*, April 11, 2017; Gillian Fuller, " Michelle Phan Returns To YouTube After A Yearlong Hiatus To Explain Why She Left," *Allure*, June 2, 2017.

什么是营销

对营销一词的理解，因人而异。很多人认为营销不过就是"卖东西"或"做广告"。没错，这些都是营销的一部分，但营销涵盖的远不止于此。美国营销协会（AMA）对**营销**（marketing）的定义是，创造、沟通、传播和交换对顾客、客户、合作伙伴以及整个社会有价值的产品的活动、机构和过程。或者再简单点说，营销就是买卖双方开展活动，促进相互满意的交流。

过去，营销活动几乎都是为了帮助卖方售卖。正因为如此，很多人仍将营销视为卖方对买方所做的销售、广告和配送。而今天，大量营销活动都是为了帮助买方购买。[1] 我们来看几个例子。

如今，如果人们想买辆新车或二手车，通常会先上网，比如登录 cars.com 之类的网站，查找想要的车，然后再另找几家网站，比较价格和功能。等他们走进经销商的店里，可能已经很清楚自己心仪的是哪款车，最优惠的价格是多少。

网站能助购车人一臂之力。客户用不着再一家家经销商地去找最优惠的价格，反倒是经销商和制造商都急于参与进来，生怕错失客户。未来的营销就是尽全力协助买方购买。营销人员让购买决策过程变得越简单，他卖出的东西就越多。[2]

我们再看一个例子。过去，学生及其家长在进行大学选校时，除了实地考察，别无他法，而考察一所所校园，不仅舟车劳顿，也花费不菲。如今，各大高校都采用虚拟参观、实时聊天以及其他交互技术，实地参观校园就不再那么必要了。[3] 虚拟参观即可帮助学生及其家长购买。

当然，帮助买方购买，也就等于帮助卖方售卖。不妨思考一下，在度假市场上，很多人找到了想要的行程。他们上网搜索适合的度假地，然后做出选择，有时还会咨询潜在卖家。在这样的行业中，营销任务就是确保公司的产品或服务能够轻而易举地在网上找到，对潜在客户的回应也非常有效。顾客可以在 Expedia.com、Travelocity.com 和 Priceline.com 之类的网站找到最优惠的价格，有时他们还能自行设定价格。

以上仅列举了几个例子，说明营销的趋势是帮助买方购买。今天的消费者为了买到划算的商品，可以花上数小时在网上搜索。聪明的营销人员会提供丰富的网络信息，甚至利用博客、Facebook、Twitter 等社交网站来培养客户关系。[4]

有了在线社区，就有机会观察人们（客户和其他人）相互交流、表达观点、建立关系、评论各种商品和服务。营销人员很有必要跟踪与其市场相关的博客内容，可以通过关键词查找，来对博客进行搜索。销售公司可以用文本挖掘工具，检索网上关于公司产品和员工的信息。未来营销的成败，很大程度上取决于能否挖出这样的在线信息，并做出适当回应。例如，营销人员正在了解，为什么网购者会把商品添加到购物车，但尚未输入信用卡信息，就又离开了。

营销的发展

营销人员在某个特定的时间该做什么，要看他们需要做什么才能满足客户的需求和欲望，而客户的需求和欲望总在不断变化。我们来简要分析这些变化是如何影响营销发展的。在美国，营销经历了四个时代：（1）生产时代；（2）销售时代；（3）营销理念时代；（4）客户关系时代。今天，一个新时代正在迅速到来：移动 / 按需营销时代（见图 13-1）。

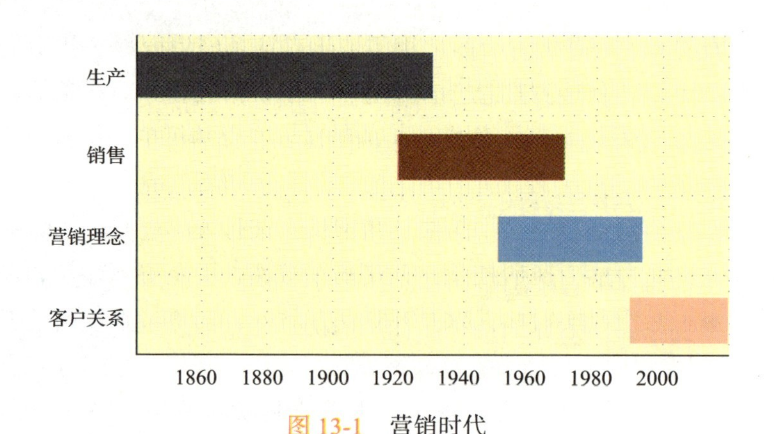

图 13-1 营销时代

在美国，营销经历了四个时代：（1）生产时代；（2）销售时代；（3）营销理念时代；（4）客户关系时代。今天，一个新时代正在迅速到来：移动 / 按需营销时代。

生产时代 自从第一批拓荒者从欧洲来到美国，艰难打拼以求生存，直到20世纪初，商业的基本理念都是“能产多少产多少，因为市场无限大”。当时，生产能力有限，而对产品的需求却非常大，所以这一生产理念既合乎常理又可盈利。企业主大多是农民、木匠和行业工人。他们必须不断生产出大量商品，所以大家的目标都集中在生产上。

销售时代 到20世纪20年代，企业研发出大规模生产技术（如汽车装配线），带来的结果常常是产大于求。因此，公司的关注点从生产转向销售。大多数公司把重点放在销售和广告上，力求说服消费者购买现有产品，几乎没有公司提供广泛的售后服务。

营销理念时代 1945年第二次世界大战结束后，从前线归来的士兵开始成家立业，引发了对商品和服务的巨大需求。战后数年，出生率飙升（即所谓的“婴儿潮”），消费支出也急剧增加，争夺消费者的竞争十分激烈。企业意识到，想要做成生意，就得对消费者做出响应。于是，20 世纪 50 年代出现了“营销理念”这一说法。

营销理念（marketing concept）由三个部分构成：

1. 顾客导向。发现消费者的需求，并提供他们所需的东西。（请注意，这里强调的是满足消费者的需求，而不是促销或销售。）

2. 服务导向。确保组织中每个人都有一致的目标：客户满意度。组织全体人员应该相互协调，共同努力。也就是说，从公司总裁到送货员，每个人都应以客户为中心。这在今天是否已成为常态？

3. 利润导向。把重点放在利润最高的商品和服务上，使组织得以生存，发展壮大，从而满足更多消费者的需求。

企业颇费周折，才真正践行了营销理念。20 世纪六七十年代，营销理念实施得较为缓慢。20 世纪 80 年代，各企业开始以前所未有的主动性大力推行营销理念，并进一步关注客户关系管理。如今，客户关系管理变得至关重要。接下来我们将探讨这个概念。

客户关系时代　20 世纪 90 年代和 21 世纪初，一些管理者开始践行客户关系管理，从而拓展了营销理念的意涵。**客户关系管理（customer relationship management, CRM）**是尽量深入了解客户，尽一切努力用优质产品和服务令他们满意，甚至超越他们期望的过程。[6] 客户关系管理旨在提高顾客满意度，激发顾客的长期忠诚度。例如，大多数航空公司都有“常旅客计划”，用免费机票回馈忠诚的客户。正如前文所述，建立客户关系的最新领域包括社交网络、在线社区和博客。当然，消费者仍会有不满，尤其是对航空公司和手机供应商等提供的服务。这说明营销人员在创造客户满意度和忠诚度方面前路漫漫。

新兴的移动 / 按需营销时代　数字时代将会增强消费者的力量，推动营销向“随需应变”的方向发展，而不仅仅是“随时待命”。当消费者需要信息时，他们就想获得准确的信息，而不希望受到多余信息的干扰。搜索技术使产品信息无处不在。凭借移动设备，消费者可以全天候在社交媒体上分享、比较和评价购物体验。[7]

各种研发成果，如便宜的内嵌式微发射器，将使消费者通过图像、声音或手势就能进行搜索。例如，你的朋友有一款产品你很喜欢，只需用手机点击一下，就能立即得到产品评论、价格等信息。如果你很纠结要买哪个颜色，可以把照片发给你的Facebook好友，让他们票选出最喜欢的颜色。购买之后，你会从制造商或其合作伙伴那里获得类似产品或服务的特别优惠。

随着数字技术的不断发展，消费者的需求可能会在四个方面有所增加：[8]

1. 现在。消费者希望随时随地进行互动。

2. 我可以吗？他们想利用各种不同的信息来尝试新鲜事物，为自己创造价值。例如，一对夫妇想知道，他们能否买得起路过看到的房子，只需拍张照片，马上就可以看到房价和其他房产信息；同时，该设备会自动获取他们的财务信息，联系抵押人，并获得贷款预先批准。

3. 为我。消费者希望所有与他们相关的存储数据，都能用来设计针对他们的个性化体验。

4. 容易。消费者希望所有互动都简单易用。

公司将来想要的员工是能够改善企业社交媒体事物和客户体验的人，或许你也会成为其中一员。“社媒连线”专栏讨论了营销人员在使用色拉布时面临的挑战。

想一想

在销售时代，市场营销的重点是销售产品本身，很少有售后服务和定制。是什么经济和社会因素使这种方法适合当时的情况？

社媒连线

先下手为强，后下手跑光：抢夺顾客群

（www.snapchat.com）

色拉布（Snapchat）是众多社交网络中成长最为迅速的一个，能够充当极其有效的营销工具。“千禧一代”蜂拥而至，直奔这个平台，似乎每个人都喜欢这个应用程序提供的不可思议的过滤器——甚至连名人都概莫能外。当爱莉安娜·格兰德（Ariana Grande）或凯莉·詹娜（Kylie Jenner）使用赞助商提供的过滤器时，营销人员就有机会以一种不像赞助商广告的有趣方式，每天接触超过1.5亿用户。

营销团队若使用色拉布，还是颇费周折的。快照一旦保存期满就迅速消失，你如何创设一个经久不衰的记忆？有些公司豪掷重金，创造出一个滑稽好笑的过滤器。色拉布的用户更有可能使用“傻瓜”过滤器，而不是简单而明显的广告过滤器。公司通过帮助使用过滤器的顾客完成编辑视频来与他们互动。用户喜欢看到自己出现在公司的公共提要里，并将不懈奋斗，努力使自己尽快融入

其中。不过，这个程度的互动代价不菲。在你以一场致命战役的方式开始为自己的生意谋划出路之前，要知道你会在工作日每天豪掷 50 万美元，或者在假日每天花费 75 万美元！

并非所有的公司都接受了色拉布，它们可能会错失良机。营销人员可能认为色拉布的用户群比他们的目标市场更年轻。然而，精明的营销团队，如欧莱雅、汉堡王和亚马逊，正昼夜不舍、全天候、广泛而深入地接触受众。

资料来源：Jillian Hausmann, " Millennials to Marketers: Some Advice on Using Snapchat," *Advertising Age*, April 4, 2016; Sujan Patel, "7 Brands That Are Killing It on Snapchat," *Entrepreneur*, February 6, 2017; Rachel Gee, " Snapchat Must Prove to Marketers It Has Mass Appeal," *Marketing Week*, February 6, 2017; " L'Oréal Is Benefitting from Higher Digital Spending," *Forbes,* February 8, 2017.

非营利组织和营销

尽管营销理念强调利润导向，但其实营销几乎是所有组织的关键职能，包括非营利组织。例如，慈善机构利用营销活动，筹集资金或其他资源，抗击全球饥饿。美国红十字会利用广告宣传，号召大家在当地或全国血库供应不足时献血。绿色和平组织利用营销活动，推广生态安全技术。环保组织利用营销活动，力求减少碳排放。教会利用营销活动，吸引新成员，筹集资金。政客利用营销活动拉选票。

美国各州纷纷开展营销活动，吸引新的企业和游客。例如，许多州竞相吸引外国汽车公司到本州设厂。学校开展营销活动来吸引新生。艺术团体、工会和社会团体等其他组织，也都利用营销活动。例如，广告委员会（The Ad Council）利用公益广告，提高人们对酒后驾驶和防火等问题的认识，改变人们的态度。

事实上，各组织都可以利用营销开展推广活动，从环境保护主义到预防犯罪（“减少犯罪”），再到社会问题（“是朋友就别让朋友酒后驾车”），不一而足。

想一想

广告委员会赞助了许多图中这样的公益广告，这样做是为了让公众进一步了解只有非营利组织才能满足的各种需求。这些公益广告鼓励公众以某种方式参与进来，哪怕只是通过捐款。你认为这类广告有效吗？

营销组合

营销团队的大部分工作由四个要素组成，我们称之为4P，以便于记忆：

1. 产品（product）。

2. 价格（price）。

3. 渠道（place）。

4. 促销（promotion）。

管理营销流程中的可控部分是：（1）设计满足客户需求的产品；（2）制定合适的价格；（3）把产品送到正确的地方；（4）制定有效的促销策略。这四个因素被称为**营销组合**（marketing mix），因为企业将其融入精心设计的营销计划中（见图13-2）。

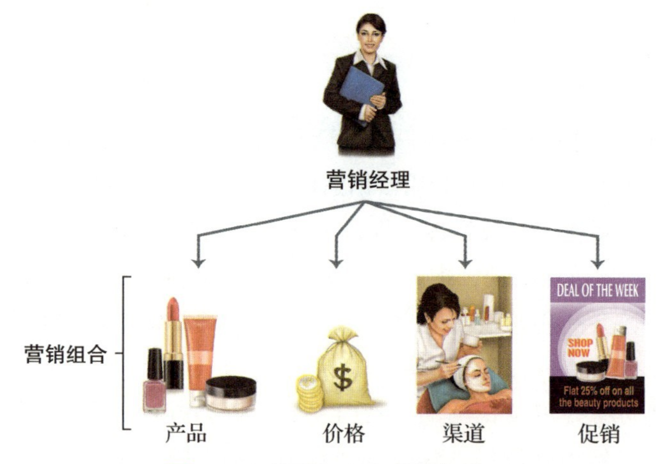

图13-2　营销经理和营销组合。

营销经理必须决定如何实施营销组合中的4P：产品、价格、渠道和促销，目的是要让客户满意，创造利润。

实施营销流程

用4P理论便于记忆营销的基本要素，但它们并未涵盖所有产品营销流程的方方面面。要了解整个营销过程，最好是选择一个产品或一组产品，遵循4P流程，直到进入开发和销售阶段（见图13-3）。

想象你和朋友想在你们大学附近做个赚钱的生意。经过初步调查发现，大家对快速、新鲜、美味、散养、不含防腐剂、不含化学物质、不含抗生素的食品有一定的需求。你考察了附近几家快餐店，发现店家除了宣称“新鲜”外，几乎都没有提供任何肉类和蔬菜的信息，而且供应的蔬菜都只做沙拉。

你留意到，“从农场到餐桌”（是指餐馆从农场直接购买食材，烹饪后送上餐桌）这一饮食风尚已经风靡全美。不过，快餐店还没有，都是你所在地区的高级餐厅和杂货店在推行这一做法。

至此，你只实施了营销流程的最初几步。你注意到一个机会（在校园附近需要健康、新鲜的快餐）。你做了一些初步调查，看看你的想法是否可行。然后你确定了可能会喜欢该产品的人群，他们将是你的目标市场（就是那些你要说服来餐厅用餐的人）。

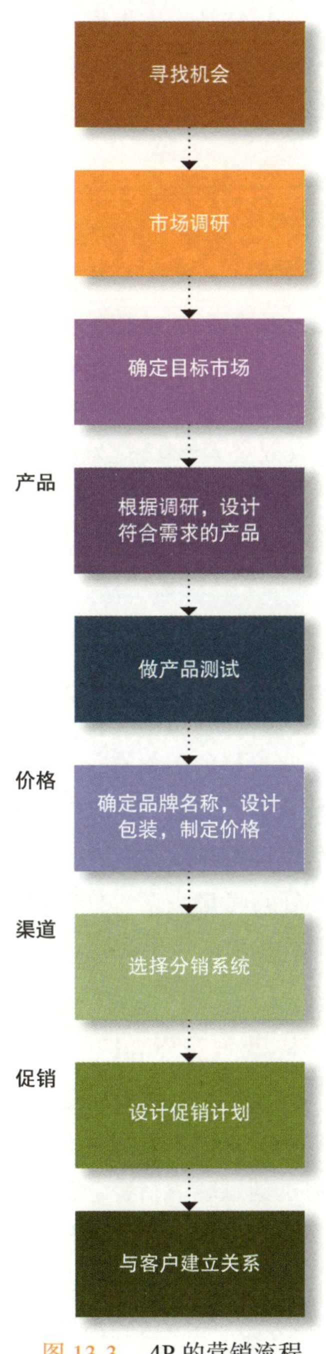

图 13-3　4P 的营销流程

设计满足消费者需求的产品

一旦你对消费者需求做过研究，找到了目标市场（稍后我们会详细讨论），营销的 4P 就开始发挥作用了，先从产品开发开始。**产品（product）**是指满足需要或需求的实物商品、服务或创意，以及任何可提升消费者眼中产品分量的事物，如品牌名称。在我们所举的例子中，你提议的产品是餐厅，将供应各种新鲜、快速、健康、价格合理的膳食。

此时进行概念测试是个好主意。也就是说，你要准确描述你的餐厅，然后亲自或在网上调查，看大家是否喜欢这家餐厅的理念以及你打算供应的膳食。如果感兴趣，你可以到当地售卖不含化学物质的农产品的农场，购买原料，制作沙拉，然后把包装好的菜品送给消费者试吃，看看他们的反应。在潜在用户中进行产品测试的过程称为**试销（test marketing）**。例如，你可以试销不含防腐剂的菜肴，并学习这些菜肴的最佳烹饪方法。[9]

如果消费者喜欢这些产品，也愿意购买，你就可以据此信息，寻找投资者，为餐厅选址。你得想一个朗朗上口的名字（练习一下，停下来想一分钟）。在本书中，我们将给餐厅取名“金色收获餐厅”，宣传语是“新鲜食材，农场直购”，当然，你肯定可以想出更好的名称。现在我们继续讨论产品开发。

或许你会提议用一些知名的品牌名称，能够立刻吸人眼球。**品牌名称（brand name）**是将销售商与其竞争对手的商品和服务区分开来的单词、字母或词组。比如，Odwalla、Suja和Naked都是纯净、有机的果汁产品的品牌名称。我们将在第14章详细讨论产品开发过程，并沿用“金色收获餐厅”的案例，阐明整个营销流程与其他业务决策是如何联系在一起的。现在，我们只是概述整个营销流程，让你对此有全面的认识。至此，我们已经讨论了营销组合的第一个P：产品。接下来是价格。

想一想

如今，在许多大学校园里，素食餐厅可能会满足人们的普遍需求。你们学校附近有素食餐厅吗？你能说说餐厅经理是如何运用市场营销4P（产品、价格、渠道、宣传）的吗？

制定合适的价格

当你确定了要向消费者提供的产品和服务之后，就必须制定合适的价格。决定价格的因素有很多。在餐饮业，你的价格可以跟其他餐厅相差无几，以保持竞争力；或者，你定价略低，以吸引新客户，尤其是在刚开张的时候；再或者，你可以提供高质量的产品，这样顾客也愿意多花点钱（就像星巴克那样）。此外，你还得考虑生产、分销和促销的成本，这些都会影响你的定价。我们将在第14章详细讨论定价问题。

把产品送到正确的地方

你要提供健康膳食，为市场服务，途径不止一条。你可以让人们到餐厅来，坐下来享用，但这并非唯一方案，不妨想想比萨店是怎么做的。你也可以把食物送到顾客的宿舍、公寓和学生会。你还可以在超市或健康食品商店售卖你的产品，或者通过专门经销食品的组织。这样的中介机构（更传统的称呼是中间商）充当一系列组织的中间环节，负责将产品从生产者那里分销到消费者手中。能够将产品递送到消费者要求的时间与地点，是赢得市场必不可少的一步。我们将在第15章详细讨论营销中介和分销的重要性。

制定有效的促销策略

营销4P的最后一个要素是促销。**促销（promotion）**是卖方用来告知并鼓励人们购买其产品或服务的所有技巧。促销活动包括广告、个人销售、公共关系、推广、口碑（病毒式营销），以及各种促销手段，如优惠券、返利、小样和打折优惠。[10] 我们将在第16章详细讨论促销。

通常来说，与客户建立关系也属于促销活动。也就是说，除了其他促销活动，还要回应消费者提出的改善产品或营销的建议，包括价格和包装。对于金色收获餐厅来说，售后服务可能会涉及食客对餐饮不满而拒绝支付餐费，还有就是要多准备一些绿色食品，因为有消费者表示愿意购买。倾听客户，对他们的需求予以响应，这是营销流程持续的关键。

为营销人员提供信息

营销流程中所做的每个决策都离不开信息。当营销人员做**市场调研（marketing research）**时，他们对市场进行分析，以确定机会和挑战，并且找到利于明智决策所需的信息。

通过市场调研，营销人员可以发现客户过去买过哪些产品，是哪些因素改变了他们现在和将来可能的需求。营销人员还会对商业趋势、企业决策对生态的影响、全球趋势等进行研究。企业要进行有效竞争离不开信息，而市场调研正是为了收集这类信息而展开的活动。例如，之前你在考虑开一家健康快餐店时，已经认识到市场调研的重要性。营销研究人员除了倾听客户心声，还会注意员工、股东、经销商、消费者权益倡导者、媒体代表和其他利益相关者的意见。如前所述，如今大部分调研都借助社交媒体在网上收集资料。然而，尽管做了这么多研究，营销人员仍然难以彻底了解客户。

市场调研的流程

一个简化的市场调研流程至少包括四个关键步骤：

1. 界定问题（难题或机会），确定现状。

2. 收集研究数据。

3. 分析研究数据。

4. 选择并实施最佳解决方案。

接下来我们一一探讨这些步骤。

界定问题，确定现状 市场研究人员必须不受束缚地去发现现状、问题或机遇、替代方案、所需信息，以及如何收集和分析数据。

收集研究数据 可用的信息对市场调研至关重要。但调研费用可能会相当高昂，所以营销人员常常需权衡信息需求与获取成本。一般来说，最节省成本的做法就是收集已由他人整理完成并发表在报刊、书籍或网上的信息。

这种现成的数据称为**二手数据**（secondary data），因为你不是第一个收集的人。图 13-4 列出了二手市场调研信息的主要来源。尽管叫作二手数据，但其实这才是营销人员应该首先收集的信息，避免产生不必要的费用。要想查找“从农场到餐桌”的二手数据，请访问 www.foodwaze.com 或 www.1000ecofarms.com。

通常来说，管理人员在进行重要的业务决策时，仅靠二手数据是不够的。为了收集更多、更全的信息，营销人员必须亲自开展调研，这些新研究的结果被称为**原始数据**（primary data）。收集原始数据的一种方法是调查。

收集原始数据最常用的方法包括电话调查、在线调查、邮件调查和个人访谈。另一种常用的个人调查方法是座谈会（定义如下）。你认为在学生中间调查你未来的新餐厅，最好用什么方法？餐厅营业数月后，你会换种方法再调查一次吗？你如何让人们找到你的餐厅？也就是说，你如何帮助买方购买？研究人员密切关注的一个问题是：“你会向朋友推荐该产品吗？”

想一想

本书作者充分利用焦点小组带来的好处。我们请大学师生来参加会议，告诉我们如何改进本书及其支撑材料。我们仔细倾听，尽量根据建议进行修改。师生的建议包括给书中的图片多增加一些描述性的文字，尽量使文本显得用户友好。到目前为止我们做得如何？

焦点小组（focus group）是在组长的带领下，讨论小组就某组织及其产品或其他既定议题进行探讨和沟通。比如，本教材会邀请师生座谈，定期更新内容。这些师生告诉我们几位作者他们喜欢和不喜欢哪些主题和例子，作者再按照他们的建议进行修改。

原始数据来源	二手数据来源		
访谈 调查 观察 焦点小组 在线调查 问卷调查 客户评论 客户来函	**政府刊物** 《美国统计摘要》 《今日商业调查》 《零售业普查》	《运输普查》 《制造商年度调查》	
	商业刊物 《AC尼尔森公司零售和媒体研究》 《美国市场调研公司消费者购买研究》 《销售区域——营销公司的食品销售情况报告》		
	杂志 《企业家》 《彭博商业周刊》 《财富》 《公司》 《广告时代》 《福布斯》 《哈佛商业评论》 《营销杂志》	《零售杂志》 《消费者研究杂志》 《广告杂志》 《营销研究杂志》 《营销新闻》 《西班牙企业》 《黑人企业》	《广告杂志》 《研究》 适合你所在行业的贸易杂志（如《进取的零售商》） 来自各个商会的报告
	报纸 《华尔街日报》《巴伦周刊》、本地报纸		
	内部资源 公司档案 资产负债表	利润表 之前的调研报告	
	一般资源 网络搜索 谷歌搜索	商业数据库	

图 13-4　原始数据和二手数据的主要来源

营销人员现在可以在线收集二手数据和原始数据。[12] 例如，本书作者在网上做了很多调研，但他们也从书籍、文章、采访和其他来源收集数据。

分析研究数据　营销人员必须将在调研中收集的数据转化为有用的信息。仔细认真地阐释数据，可以帮助公司找到针对特定营销问题的有用替代方案。例如，意大利一家小型比萨店“新鲜意大利”（Fresh Italy）通过初步调研发现，顾客觉得它们的比萨口味比大型比萨连锁店的要好，但它们的销量却总是不如竞争对手。对该行业的二手数据进行研究显示，对顾客来说，外卖（“新鲜意大利”不提供外卖服务）的便捷比味道更重要。“新鲜意大利”现在也增加了外卖服务，因而市场份额有所增加。

选择并实施最佳解决方案 在收集和分析数据之后，市场研究人员要确定备用策略，并提出最佳策略及其理由。调研工作的最后一步是跟进所采取的行动，看看结果是否符合预期。如果没有达到预期，公司可以采取纠正措施，继续开展新研究，争取达到最低成本，令消费者满意。因此，你会发现，市场调研是不断响应市场和消费者偏好变化的过程。

营销环境

营销经理在制定营销组合决策时，必须注意周围的环境。**环境检查**（environmental scanning）是确定可能影响营销成败的因素。如图 13-5 所示，环境检查涉及全球化、技术、社会文化、竞争和经济等影响等因素。我们在第 1 章详细探讨过这些因素，现在我们再从严格的营销角度来回顾一下。

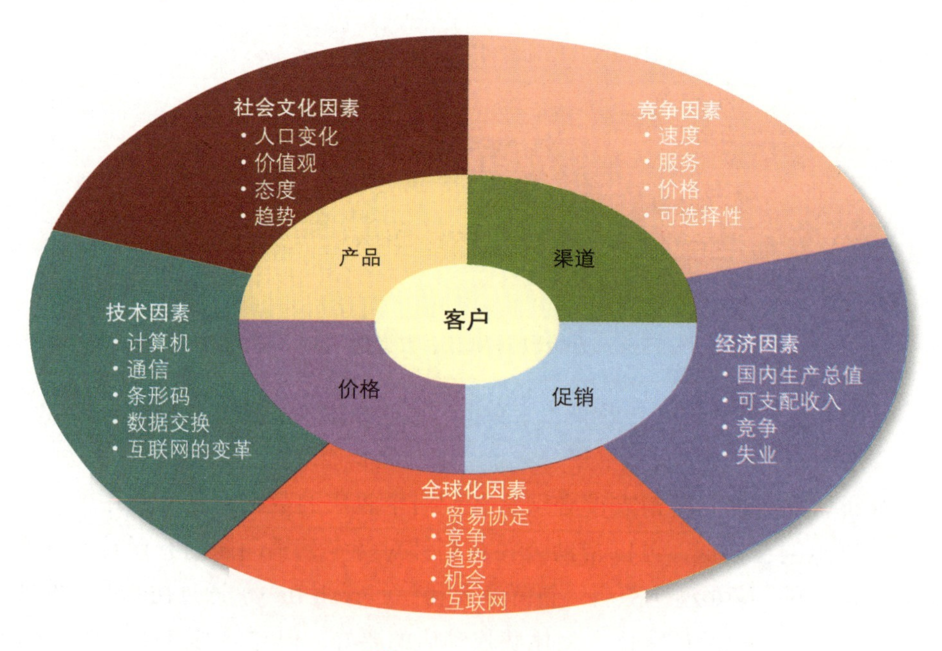

图 13-5 营销环境

全球化因素

在网上，企业可以轻而易举地接触到世界上大多数消费者，了解他们想要的商品和服务。全球化进程对那些有责任向全球客户交付产品的人施加了更大的压力。

技术因素

最重要的技术变革也与互联网有关。公司可以利用消费者数据库、博客、社交网站等，开发完全契合消费者需求的产品和服务。正如你在第 9 章中看到的，公司现在可以用批发的价格提供定制的商品和服务。因此，柔性制造和大规模定制也成为影响市场营销人员的主要因素（请参阅“聚焦小企业”专栏）。例如，你可以设想运用数据库，为金色收获餐厅的客人设计定制的沙拉和各种菜肴。

聚焦小企业

定制产品的大众营销

（www.islideusa.com）

鞋子是人人都需要的物品。无论我们是居家徐徐闲步，还是逛街匆匆快步，或是去健身房健身，脚下放一个小垫子都是必不可少的。ISlide 的创始人贾斯汀·基特里奇（Justin Kittredge）每每谈到鞋，总是侃侃而谈、如数家珍。他在锐步工作了十多年，注意到了凉鞋市场的增长。

2013 年，基特里奇独自创业，彻底改变了定制鞋业。有兴趣的客户可以登录 ISlide 的网站，自行设计或从他人的设计中挑选样板，比如流行音乐节目主持人卡利穿什么？你可以在网站上找到他的“祝福”凉鞋。或者设计你自己中意的款式——谁能预料到，有朝一日，你可能会发现艾伦·德詹尼丝（Ellen DeGeneres）或切尔西·汉德勒（Chelsea Handler）都有可能穿着你的作品。

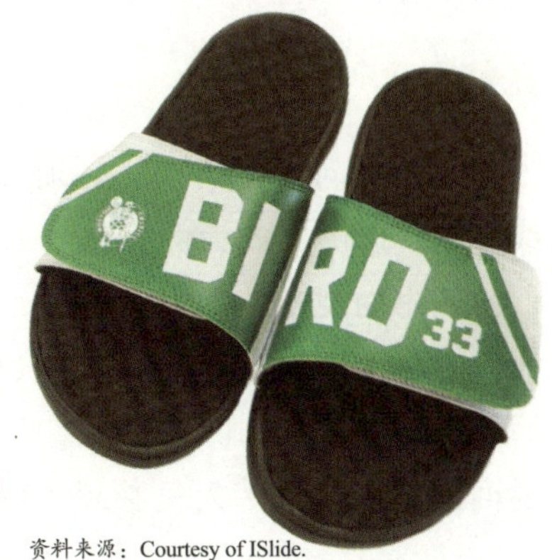

资料来源：Courtesy of ISlide.

职业球队也在利用 ISlide 谋利。所有 30 支 NBA 球队都达成了一项授权协议，允许

ISlide 拥有球队商标的使用权。小型企业可以设计自己的促销幻灯片，并在几小时后在其网站上销售产品。在 ISlide 进入大家视野之前，这种速度在定制市场是闻所未闻的。每双鞋都是在波士顿附近的一个仓库里打印并发货，其速度几乎等同于你刚下了订单，就完成了打印。随着技术因素的逐步发展，在越来越多的行业中，我们可能会看到更多的定制产品放下身段，"飞入寻常百姓家"。

资料来源：Ben Osborne, "NBA Grants Licensing Rights for All Teams to ISlide," *SLAM*, June 2, 2015; Melissa Malamut, "How DJ Khaled and Snapchat Made This Norwood Company Famous," *Boston.com*, June 18, 2016; Emily Sweeney, "Celebrity Sandals and Socks from New Kids, Aly Raisman," *Boston Globe*, October 16, 2016; Gayle Fee, "Norwood Sandal Maker Says 'No Thanks' to $500k from 'Shark Tank,'" *Boston Herald*, October 18, 2016; Ky Trang Ho, "Major Brands, Celebrities Jump On ISlide After 'Shark Tank' Gave It The Boot," *Forbes*, March 5, 2017.

社会文化因素

营销人员必须跟踪调查社会趋势，保持与客户的紧密联系，因为人口增长和不断变化的人口结构会对销售产生影响。65 岁以上人口是美国人口增长最快的一个群体。由于老年人口数量的增加，养老社区、医疗保健、处方药物、娱乐休闲、继续教育等需求也不断随之增长。你是否发现，老年人更喜欢吃本地出产的新鲜农家菜？

美国人口结构的其他变化将给营销人员带来新的挑战，他们要调整产品，使之符合拉美裔、亚裔和其他不断增长的少数族裔的口味和偏好。要吸引多元化的群体，营销人员必须更仔细地倾听，对独特的民族需求做出更积极的响应。金色收获餐厅要做些什么才能吸引特定的族裔？

竞争因素

毫无疑问，营销人员必须关注动态的竞争环境，实体企业必须随时留意在线竞争。以图书业为例，巴诺书店（Barnes & Noble）为了应对亚马逊提供大量低价图书的现实，不得不做出改变。他们推出了自己的电子阅读器 Nook，挑战亚马逊的 Kindle。但是，这足以支撑巴诺书店继续发展吗？其他实体书店 [如博德斯（Borders）] 未能存活下来。如今的消费者可以在网上搜索世界上最划算的商品，所以营销人员必须不断调整定价、送货和服务。你认为金色收获餐厅可以利用互联网和社交媒体创造哪些机会？

经济因素

营销人员要特别关注经济环境。新千年伊始，美国经济增长放缓，几乎没有顾客迫切想要购买最昂贵的汽车和手表，也不想去度豪华假期。在这种经济形势下，营销人员不得不做出调整，提供更适合中等收入消费者的合宜产品。

你们学校周围发生了哪些经济变化可能会影响一家新开业的餐厅？经济危机和自然灾害，如洪水或干旱，会对你们所在的地区产生怎样的影响？

两个不同的市场：消费者市场和企业市场

对于自己想要服务的市场，营销人员必须尽可能多去了解。正如我们在第 6 章中所定义的，市场是由欲望和需求未得到满足的人构成，他们既有财力又有意愿购买。在商业中，有两个主要市场：消费者市场和企业市场。**消费者市场（consumer market）**包括所有需要商品和服务以供个人消费或使用的个人或家庭，他们有财力进行购买。

企业间市场 [business-to-business（B2B）market] 包括所有希望将商品和服务用于生产其他商品和服务，或向他人出售、出租或供应商品的个人与组织。石油钻井钻头、收银机、展示柜、办公桌、会计师审计和商业软件都属于企业市场中的商品和服务。人们一直习惯将这些商品和服务称为工业品和服务，因为它们都是用在工业中的。[13]

> **想一想**
>
> 企业市场由向其他企业销售产品和服务的个人和组织构成。例如，轮胎制造商在企业市场上购买零部件和物料，然后把产品卖给汽车制造商。

一个产品到底是消费者产品还是企业产品，关键要看买方的购买原因，即产品的最终用途。学生早餐买一杯酸奶，那是消费者产品。但是，金色收获餐厅购买同样一杯酸奶，卖给来吃早餐的客人，餐厅买的就是企业产品。下面部分概述了消费者市场和企业市场。

消费者市场

全球潜在的消费市场由数十亿人组成。通常来说，消费群体的年龄、教育水平、收入和喜好大相径庭，企业不可能兼顾每个群体的需求。企业必须决定为哪些群体服务，然后有针对性地开发产品和服务，满足他们的需求。

以金宝汤公司（Campbell Soup Company）为例。你知道金宝汤是因为它的招牌汤品，如鸡汤面和番茄汤。或许你还注意到，金宝汤丰富了美国市场的产品种类，以迎合许多不同的口味。公司认识到美国南方以及各城市拉美裔社区的人口增长，特意为南方市场推出了克里奥尔（Creole）汤，为拉美裔市场推出了红豆汤。在得克萨斯州和加利福尼亚州，人们喜欢刺激味蕾的食物，于是公司将玉米片奶酪汤做得比美国其他地方辣一些。这里只列举了金宝汤这一家在研究消费者市场方面取得了一定成功的公司，它将消费者市场细分为不同的类别，并为不同的群体开发产品。

将整个市场划分为不同的群体，各群体内的成员都具有相同特征的过程称为**市场细分**（market segmentation）。专门针对组织认为可以赚钱的那些群体或细分市场所做的营销是**目标营销**（target marketing）。例如，鞋店可以只卖女鞋、童鞋或运动鞋。关键是要找到正确的目标市场，即最有利可图的细分市场，并为之服务。

消费者市场细分

企业可以按照不同的方式对消费者市场进行细分（见表13-1）。你可以只关注一两个最有可能成功的地区，比如南部的佛罗里达州、得克萨斯州和南卡罗来纳州，而不用全面铺开在全美销售。这种按照城市、郡县、州或地区来进行市场划分就是**地理细分**（geographic segmentation）。

或者你可以针对25～45岁、受过大学教育、中等以上收入人群进行产品宣传，雷克萨斯等汽车的目标受众往往就是这个群体。按照年龄、收入和教育水平来进行市场划分是**人口统计细分**（demographic segmentation），还可以按照宗教、种族和职业来进行市场划分。人口统计学是使用最广泛的细分变量，但不一定是最好的。[15]

表 13-1 市场细分

下表显示了营销人员用来划分市场的几种方式。市场细分的目的是将市场分为较小的单位

主要方式	样本变量	有代表性的细分
地理细分	区域	东北、中西、南部、西部
	城市或郡县大小	少于 5000 人；5000～10 999 人；11 000～19 999 人；20 000～49 000 人；50 000 人及以上
	人口密度	城市、郊区、乡村
人口统计细分	性别	男性、女性
	年龄	5 岁以下；5～10 岁；11～18 岁；19～34 岁；35～49 岁；50～64 岁；65 岁及以上
	受教育程度	高中或以下、高中毕业、大学肄业、大学毕业、研究生
	种族	白人、非裔美国人、印第安人、亚裔、西班牙裔
	国籍	美国、亚洲、东欧、日本
	生命阶段	婴儿、学前、儿童、青少年、大学生、成人、老年人
	年收入	低于 15 000 美元；15 000～24 999 美元；25 000～44 999 美元；45 000～74 999 美元；75 000 美元及以上
	家庭人数	1 人；2 人；3～4 人；5 人或 5 人以上
	职业	专业人士、技术人员、文员、销售主管、农场主、学生、居家企业主、退休人士、失业人士
心理细分	个性	喜欢社交、强迫性的、外向、进取性、雄心勃勃
	价值观	实现者、践行者、成功者、体验者、笃信者、努力者、创造者、奋斗者
	生活方式	高消费、中等消费
利益细分	舒适便利 持久 经济健康 奢侈安全 地位	（利益细分是将既有市场划分为更小的同类市场，那些在购车时想省钱的人群即为一例。期望的利益因产品而有所不同）
数量细分	用途	大量使用、少量使用、不使用
	忠诚度	无、一般、强烈

或许你想用广告来描绘某个目标群体的生活方式。为此，你要研究该群体的价值观、态度和兴趣，这个策略叫作**心理细分**（psychographic segmentation）。如果你的目标客户是“千禧一代”，就要深入研究他们的价值观和兴趣点，比如，他们常看什么节目，最喜欢哪些明星。有了这些信息，你就可以邀请这些明星来做广告，然后在这些节目中播放。有些营销人员更喜欢按照族裔来划分市场。族裔细分类似于心理细分，因为营销人员都要与消费者交谈，了解他

们对产品的看法。通常来说，客户对你的产品的看法与你自己的看法是完全不同的。[16]

在为金色收获餐厅做营销时，你会提到新鲜有机食品的哪些益处？你应该强调健康的益处、口味，还是其他卖点？确定你的目标市场更喜欢哪些产品益处，并利用这些益处来推广产品叫作**利益细分**（benefit segmentation）。

你还可以调查看看谁最喜好健康食品。你的餐厅更受男性还是女性青睐？学生来得多还是教工来得多？回头客多为本社区人员还是通勤者？按照用途或使用数量进行市场划分称为**数量（或用途）细分** [volume（or usage）segmentation]。一旦知道客户群是谁，就可以有针对性地设计宣传活动，吸引这些特定群体。

最好的细分策略是运用所有变量，得到消费者资料，确定一个规模可观、易于接触、有利可图的目标市场。这可能意味着你根本不用细分市场，而要着眼整个市场（每个人）；也可能意味着，你要追求更小的细分市场。接下来我们将讨论这个策略。

想一想

巴斯专业商店（Bass Pro Shops）为前来店里参观的广大户外爱好者提供了大量的产品。将市场划分为可识别的细分市场对公司的成功至关重要。你认为公司瞄准的细分市场有何不同？

进入更小的细分市场

利基营销（niche marketing）是寻找细小而有利可图的细分市场，并为其设计或寻找产品。以前，消费者文化基本上围绕抢手货和畅销品；如今，在线零售可以轻而易举地供应无限量的商品，消费文化已然转变为消费者对专门化利基产品的拥戴。只有 5% 的美国人认为自己是素食主义者，那么，你认为金色收获餐厅会在餐厅和网上向这个利基市场销售哪些素食呢？

一对一营销（one-to-one marketing）是针对每位客户开发独特的产品和服务组合。旅行社经常为散客制定旅游套餐，涵盖订机票、订酒店、租车、餐馆、博物馆门票和其他景点门票。在企业市场中实施一对一营销较为容易，因为每个客户都会大量购买。其实，在消费者市场中也是可以实施这一策略的。惠普和苹果等电脑公司就为每个客户制作一套独有的电脑系统。你能想象为金色收获的每位食客设计特别的菜单吗？

建立营销关系

工业革命带来了大规模生产，而营销人员则践行大众营销策略，予以应对。**大众营销（mass marketing）**是指开发产品并开展宣传活动，以满足大批人群的需求。也就是说，几乎没有市场细分，营销人员要把同样的产品尽量卖给更多的人。这意味着要利用电视、广播和在线广告等大众媒体来影响消费者。[17] 许多公司运用大众营销策略，大获成功，但其营销经理往往过于关注自家产品，一心竞争，对市场反应迟钝。例如，航空公司只想着应对竞争而忽略客户，常令客户恼火。

关系营销（relationship marketing）是指从大规模生产转向定制商品和服务。这一营销策略旨在为客户提供完全贴合其个人需求的产品，以长期留住客户。凭借科技和社交媒体，卖家可以与个人买家一同确定买方需求，开发出专为他们设计的商品和服务，比如手工定制的衬衫、个性化的假期等。参阅“知变则胜”专栏，了解公司如何通过与客户群的互动，来改进和定制个人产品。

了解消费者是营销工作的重要环节，因此还出现了称作消费者行为研究的营销领域。[18] 接下来我们将对此进行探讨。

知变则胜

得订户者，得人脉

似乎我们每次使用互联网站点搜索信息或产品，都会遇到这样的要求，要么订阅该站点的电子邮件列表，要么向其简略提供个人信息。这是为什么呢？营销人员发现，与你接触得越多，有关你的信息收集得越多，就越有机会让你感到满意，也就越有销售的机会。

我们在美妆盒（Birchbox）Facebook 页面上讨论的美容产品越多，就越有可能冒险访问其网站并订阅礼盒（box）服务。只要你对礼盒服务流露出任何兴趣，接下来就是一连串的问题，会询问你美容方案、皮肤类型、颜色偏好等方面。在此基础上，该公司会设计一盒样品，以迎合你的喜好，满足你的需求，让你爱不释手。

让用户跳转到订阅部分是最困难的事情。营销人员需要知道是有些人“点赞”一篇文章、一首歌曲、一部视频或一个产品，而与其他用户甚至内容提供者实际开展评论和进行互动，两者之间是有区别的。研究表明，与那些“潜水”或被动消费信息的人相比，互动程度越高的人，就越对公司忠诚。讨论需要设计成让更多的用户参与到对话中，从而了解用户想要看到什么。

这种类型的接触不仅仅存在于我们购买的东西中。当用户登录声田或 YouTube 账户时，会收到与他们已感兴趣的歌曲和视频相似的内容。新闻网站也这样做。你认为接下来还有哪些行业会接受这种类型的客户互动方式呢？

资料来源：Lior Zalmanson and Gal Oestreicher-Singer, " Turning Content Viewers into Subscribers," *MIT Sloan Management Review*, Spring 2016; Gerry Smith, " New York Times Offers Free Spotify Service to Boost Subscribers, " *Bloomberg*, February 8, 2017; Marguerite Ward, " Birchbox CEO: Sending Great Cold Emails Was How I First Found Success," *CNBC*, February 10, 2017.

消费者决策过程

消费者决策过程的第一步是发现问题，比如你的电脑坏了，你意识到需要一台新电脑。这就引出了下一步，信息搜索——寻找有关电脑的广告。你可以参考二手数据来源，如科技资讯网（CNET），或者专家和消费者在网上所做的其他评论。你可能还会咨询那些买过电脑的熟人。

你把这些信息汇总之后，接着评估备选方案，然后做出购买决策。但你的购买过程并未就此结束。拿到电脑后，你会询问之前与你交谈过的人，看看他们的电脑性能如何，然后与你的新电脑进行比较。

市场研究人员调查这些消费者在购买过程中每个阶段的思维过程和行为轨迹，然后找到最好的办法，帮助买方购买。正如我们提到的，这个研究领域被称为消费者行为。影响消费者行为的因素包括：

- 吸取教训指的是个体会基于以往的经验和信息，改变自己的行为。如果你用过某品牌的洗发水，但不喜欢，你就会吸取教训，以后不再购买此款产品。
- 参考群体是个体在形成看法、态度、价值观或行为时作为参照物的群体。大学生不背书包，却拿公文包，可能是把商人视为参考群体了。
- 文化是在某个特定社会中代代相传的价值观、态度和行为方式。
- 亚文化是某个特定的民族、种族或与之密切相关的其他群体（如青少年）所拥有的价值观、态度和行为方式。

- 认知失调是购物后可能产生的心理冲突。消费者在花大价钱购入大件之后，可能会怀疑是否真的买到了最合算、最好的产品。这时，营销人员必须打消这些消费者的疑虑，让他们坚信自己的购买决策正确无误。例如，汽车经销商可以给消费者发送他们所购汽车的正面新闻报道，提供产品质保书，承诺一些免费服务。

许多大学的商业课程中都包含了企业对企业营销的课程。你会发现，这个市场潜力巨大。

企业市场

企业市场的营销商包括制造商、零售商等中间商、医院和学校等机构、非营利组织以及政府。企业市场比消费者市场大，因为产品在到达最终消费者之前，往往会被销售和转售好几次。企业市场的营销策略也不同于消费者市场，因为企业买家有自己的决策流程。企业市场营销的不同之处在于：

1. 企业市场的客户较少，美国消费者市场上有 1.25 亿多户家庭，而大型建筑公司或采矿企业却寥寥无几。

2. 企业客户多半是大客户，也就是说，大型组织占据了各种产品生产和服务的大半边天。尽管如此，美国仍有许多中小型企业共同构成了一个有吸引力的市场。

3. 企业市场的地理位置较为集中。例如，油田集中分布在美国西南部和加拿大。因此，企业市场的营销商可以把工作重点放在某个特定区域，在工业中心附近设置仓库，从而最大限度地减少配送问题。

4. 企业买家通常比最终消费者更加理性，也不太会感情用事，它们按照产品规格来购买产品，也会更仔细地权衡产品的整体概念，包括质量、价格和服务。

5. 企业市场往往是直接销售，但并不总是这样。轮胎制造商直接向汽车制造商销售，但要把轮胎卖给最终消费者，仍然会通过批发商和零售商等中间商。

6. 消费者市场的促销多半通过广告，而企业市场更多通过人员销售。企业市场的客户越来越少，而且通常更看重个性化服务。

图 13-6 显示了企业市场和消费者市场中购买行为的差异。企业市场的买家也在网上商店采购。在高级市场营销课程中，你将学到更多关于企业市场的知识。

你在营销领域的前景

营销学的就业范围比大多数商科要广。如果你学的是营销学专业，会有一系列的职业选择。你可以成为诺德斯特龙或塔吉特等零售店的经理，可以去做市场调研或产品管理方面的工作，可以从事销售、广告、促销或公共关系方面的工作，也可以从事运输、仓储或国际分销方面的工作。你还可以设计网站。这些只是其中一些选择。例如，你还可以思考如何将 Facebook、谷歌等各种技术手段用于营销。当你阅读下面的营销章节时，考虑你是否会对营销工作感兴趣。

	企业市场	消费者市场
市场结构	潜在客户相对较少	很多潜在消费者
	大宗购买	少量购买
	地理位置集中	地理位置分散
产品	需要复杂的技术产品	需要的产品技术含量较低
	常常需要定制	有时需要定制
	经常需要技术咨询、交货和售后服务	有时需要技术咨询、交货和售后服务
	买家都是训练有素的	没有特殊的训练
购买程序	大多数采购都会就细节进行谈判	大多数采购都会接受标准条款
	遵循客观标准	需要个人判断
	涉及特定员工的正式流程	涉及家庭成员的非正式流程
	营销商和购买者之间关系更密切	营销商和消费者之间关系冷淡
	经常从多个渠道购买	很少从多个渠道购买

图 13-6 比较企业市场和消费者市场的购买行为

本章小结

1. 界定营销的概念，并将之用于营利和非营利组织。

- 什么是营销？

营销是为创建、沟通、交付和交换对顾客、客户、合作伙伴以及整个社会有价值的产品的活动、机构和流程。

- 随着时间的推移，市营销发生了怎样的变化？

在生产时代，营销在很大程度上是一种分销功能。营销的重点是尽可能多地生产商品，并把推向市场。在 20 世纪 20 年代的销售时代，重点转向销售和广告，力求说服消费者购买现有产品。第二次世界大战后，对商品和服务的巨大需求开启了营销理念时代，那时企业认识到必须对顾客的需求做出响应。20 世纪 90 年代，市场营销进入了客户关系时代，注重提高客户满意度，激发客户的长期忠诚。如今，营销人员正在使用移动 / 按需营销来吸引客户。

- 营销理念由哪三个部分构成？

营销理念的三个部分是：（1）顾客导向；（2）服务导向；（3）利润导向（即销售能够盈利，并维持企业生存和扩张的商品和服务）。

- 什么样的组织参与市场营销？

各种组织都使用市场营销，包括营利和非营利组织，如州政府、慈善机构、教堂和学校。

2. 阐述营销的 4P。

- 营销人员如何实现 4P ？

4P 背后的理念是：设计满足客户需求的产品；制定合适的价格；把产品送到正确的地方；制定有效的促销策略；让消费者知道它的存在。

3. 概括市场调研的流程。

- 开展市场调研有哪些步骤？

（1）界定问题或机遇，确定现状；（2）收集研究数据；（3）分析研究数据；（4）选择并实施最佳解决方案。

4. 展示营销人员如何通过环境检查来认识不断变化的营销环境。

- 什么是环境检查？

环境检查是确定可能影响营销成败的因素。营销人员关注所有创造机会、产生威胁的环境因素。

- 市场营销中还有哪些更为重要的环境趋势？

最重要的全球性技术变革可能是互联网和移动营销的增长。另一个原因是消费者数据库的增长，企业可以利用这些数据库，开发完全契合消费者需求的产品和服务。营销人员必须跟踪调查社会趋势，如人口增长和变化，以保持与客户的密切关系。营销人员还必须关注动态的竞争环境和经济环境。

5. 阐释营销人员如何应用市场细分、关系营销和消费者行为研究等工具。

- 营销人员有哪些细分消费者市场的方法？

  地理细分是指将市场划分为不同的区域；按照年龄、收入和教育水平来划分就是人口统计细分；我们使用心理细分来研究某个群体的价值观、态度和兴趣；确定客户更喜欢哪些益处，并利用这些益处推广产品，这就是利益细分；按照用途进行市场划分称为用途细分。最好的细分策略是运用所有变量，得到消费者资料，确定一个规模可观、易于接触、有利可图的目标市场。

- 大众营销和关系营销的区别是什么？

  大众营销是指开发产品并开展宣传活动，以满足大批人群的需求；关系营销是指从大规模生产转向定制商品和服务，其目标是为客户提供完全贴合其个人需求的产品，以长期留住客户。

- 影响消费者决策过程的因素有哪些？

  影响消费者决策过程的因素包括吸取教训、参照群体、文化、亚文化和认知失调。

6. 比较企业市场和消费者市场。

- 企业市场与消费者市场的区别是什么？

  企业市场上的消费者较少，企业客户多半是大客户。企业市场的地理位置较为集中，企业买家通常比最终消费者更加理性。企业市场往往是直接销售，而且相比消费者市场，更多基于人员销售。

批判性思考

1. 当企业从其他企业购买商品和服务时，通常会大量购买。企业市场销售人员的报酬通常是佣金，也就是说，他们从每笔销售中获得一定比例的提成。为什么在企业市场做销售可能会比消费者市场收入高？
2. 企业市场中的工业公司向其他公司销售钢材、木材、计算机、发动机、零部件和物料等产品，查找三家这类公司的信息。哪种组织会购买它们的产品？这些工业公司需要使用哪些销售和营销策略？

3. 你所在社区正在发生什么变化（如人口、开业或关闭的企业数量、企业类型、空缺职位等）？营销领域的哪些变化最有可能改变你未来的职业前景？你如何进一步了解这些变化？你该如何应对这些变化？
4. 你所在地区的企业和 / 或非营利组织没有满足你的哪些需求？有着类似需求的人多吗？是否足以吸引某个组织来满足这些需求？你怎么知道？

本章案例　唐恩都乐和 4P 营销理论

60 多年来，唐恩都乐一直是一处人们流连忘返之地，他们可以在这里快速喝杯咖啡，吃顿甜甜圈早餐。不过，虽然这些核心产品让唐恩都乐兴旺了几十年，但它也必须定期更新产品，以迎合当前的口味。毕竟，现在没有多少人单靠一杯咖啡就能度过一个上午。许多现代消费者每天都喝咖啡，喜欢各种各样的咖啡，包括冰咖啡、意式浓缩咖啡和榛子口味的混合饮料。

咖啡越来越受到大众的喜爱，这给唐恩都乐每天都要处理的早餐市场带来了一群竞争对手。这就是为什么该公司广泛利用市场营销策略，使自己的品牌脱颖而出。本案例重点介绍了营销的 4P 策略——产品、价格、渠道和促销，并展示了唐恩都乐如何有效地运用营销组合。

在唐恩都乐，一切都从产品开始。如果咖啡或食物达不到顾客的期望值，就有可能使顾客丧失对这个品牌的忠诚度。唐恩都乐定期开发和测试新产品，以了解人们想要什么。例如，消费者研究说服该公司开始提供诸如南瓜香料咖啡等季节性混合物。

渠道也是唐恩都乐成功的另一个关键因素。该公司研究人们生活、工作、娱乐和上学的地方，以确保其商店位于方便的地点。唐恩都乐尽量将店铺设在马路右侧，这样顾客在上班途中就可以很容易地顺道光顾。它还提供了免下车分店，确保顾客在白天任何时间都可以光顾。至关重要的是，唐恩都乐非常清楚，如果它的门店开的不是地方，不是顾客希望的位置，它将输给竞争对手。

公司还确保以合理的价格提供高质量的产品。唐恩都乐提供每日超值优惠产品和特别优惠产品，以鼓励消费者尝试新产品。DD 乐享积分计划允许客户为他们每次购买行动累积忠诚积分。当一个人获得足够的积分时，他就会得到一杯免费的咖啡。唐恩都乐的促销活动一般通过其手机 App 进行。该公司还与当地运动队合作，提供特别赠品。唐恩都乐将其营销方式视为专注于发展、培养和扩大客户关系的营销方式。

唐恩都乐展示了全方位的营销活动，包括社交媒体的运用和促进以及维持其品牌的营销研究。本案例也显示了人脉营销对唐恩都乐的成功是多么的重要。只要继续致力于 4P 营销，唐恩都乐就会保持在竞争日益激烈的早餐和咖啡世界里永葆活力、蓬勃发展。

思考

1. 为什么顾客忠诚度对唐恩都乐这样的公司来说特别重要？
2. 简要描述市场研究在唐恩都乐所的作用。
3. 唐恩都乐决定在哪里开新店时会考虑哪些信息？

第 14 章

商品与服务的开发及定价

学习目标

1. 描述产品整体概念。
2. 认识各种消费品和工业品。
3. 总结包装的功能。
4. 比较品牌、品牌名称和商标，并说明品牌资产的价值。
5. 解释新产品开发的步骤。
6. 描述产品生命周期。
7. 确定各种定价目标和策略。

Understanding Business

本章人物

Hyperice的创始人安东尼·卡茨

安东尼·卡茨（Anthony Katz）从未想过要成为一名企业家。30岁出头时，卡茨在加州的一所高中担任历史老师，并打算一直从事这份工作。卡茨说："我真的很喜欢历史，也喜欢放暑假，因为暑假我可以去当篮球教练，我喜欢当教练。我以为我会一直这样做下去。"从小到大，卡茨都是狂热的体育爱好者，他还组织过一场篮球邀请赛，邀请了该地区的顶尖球员参加，包括未来的NBA球星。然而，随着年龄的增长，卡茨每周参加两三次这种高强度的运动后，浑身酸痛越来越严重。于是，他开始研究职业运动员如何应对疼痛，看看能否学会一些新的高科技康复方法。"体育运动是我快乐的源泉，我想要得到专业人士那种治疗水平。"

资料来源：Courtesy of Anthony Katz and Hyperice.

他找到了一些职业球队在更衣室里使用的康复方法，但都很昂贵，而在场外，运动员们还是得用绷带把冰袋绑在伤痛处。卡茨认为，一定有比这更好的解决方案，于是他开始苦思冥想。他从一家潜水服制造商那里买来一段氯丁橡胶面料，又买了一些冰袋，制作出一个产品原型。卡茨打算在他指导的高中生身上测试他的产品。不过他也知道，要在体育界销售产品，通常得自上而下，先从专业人士开始，再逐渐扩散到业余人士。若想成功实施他的理念，必须目标远大。

经朋友介绍，卡茨与罗比·戴维斯（Robbie Davis）见了面。戴维斯曾是洛杉矶快船队（Los Angeles Clippers）的教练，现在自己创办了培训公司。遗憾的是，戴维斯告诉他，这种产品早就有了，但没什么效果。戴维斯演示给他看，当氯丁橡胶和塑料保护袋里面的冰融化后，就会形成气囊，这样他只能将保护袋划破，把空气排出来。这个坏消息反而让卡茨茅塞顿开，从此改变了他的人生：装一个排气阀，排出积聚在里面的空气，让冰袋尽可能靠近使用者的皮肤。不过，要制造如此先进的产品，他需要更加专业的人士加盟，于是他出让了新创的公司——Hyperice 的部分股权，与一家航空航天制造商达成了交易。

卡茨拿着新开发的产品原型，再次找到戴维斯，向他展示产品的先进之处。戴维斯对此印象深刻，同意帮他进一步改进产品。更棒的是，他还送了一个原型给 NBA 传奇球星科比·布莱恩特（Kobe Bryant），科比很快就用上了。尽管如此，在产品投入市场前仍需要大量的工作。卡茨和戴维斯特别关注的是，能否设计一种让职业运动员穿戴舒适的产品。戴维斯说："我们一直在说，希望产品看起来像盔甲。运动员不想让人觉得他们受伤了。"随着他们的产品理念日臻完善，卡茨再一次发动关系网，把压缩冰袋送到了职业运动员手中。事实上，在公司的早期阶段，要想获得 Hyperice 的冰袋，唯一途径就是直接通过卡茨。就这样，公司不仅建立了高端客户网络，还吸引到 NBA 球星布雷克·格里芬（Blake Griffin）和足球运动员特洛伊·波拉马鲁（Troy Polamalu）等明星的股权投资。

当然，现在任何想要缓解关节疼痛的人都可以购买 Hyperice 产品。2015 年，随着世界各地公众和职业联盟对这一创新品牌的认可，公司实现了 500 万美元的销售额。

与安东尼·卡茨一样，掌控商业世界的企业家都是创新先锋。在本章，你将学习企业家如何开发新产品和服务并制定价格。你还将了解包装、品牌，以及产品整体概念的其他要素。

资料来源：Anthony Katz, "The One Quality That Defines a Great Entrepreneur," *Fortune*, December 13, 2015; Jeff Bercovici, "How This Fitness Entrepreneur Won Over Blake Griffin and LeBron James," *Inc.*, April 2015; Mark J. Burns, "A New Wearable Back Device for Muscle Warm-up & Recovery," *Sports Illustrated*, October 5, 2016; Hyperice.com, accessed September 2017.

产品开发与产品整体概念

世界各国的管理者将继续以低价格推出新产品，挑战美国的管理者。最高明的竞争手段是设计出更好的产品，并加以推广。[1] 所谓更好的产品就是客户认为性价比更高、更有**价值（value）**的产品。美国营销协会（AMA）给营销的定义：为客户创造、运输和交付合算之物的过程。消费者在计算产品价值时会考虑从产品获得的收益，然后减去成本（价格），再看看收益是否大于成本，包括开车去商店的成本（如果网购，则是运费）。你或许已经注意到，由于经济放缓，许多餐馆推出了超值和平价菜单。全食超市的约翰·麦基说，全食超市每天都为顾客提供超值商品，而不是像许多零售商那样经常促销。[2]

某件产品在消费者看来是否划算取决于许多因素，包括他们追求的收益和获得的服务。要令消费者满意，营销人员必须学会更加仔细地倾听，不断适应千变万化的市场需求。[3] 营销人员已经认识到，必须不断调整产品，才能应对新竞争，适应新市场。你也一定注意到，当地快餐店的菜单过一段时间就会有变化。任何组织都不可能只做一次消费者需求调查，设计一些适销对路的产品，再把产品放到商店里，然后就高枕无忧了。各个组织都要不断关注消费者需求的变化，据此调整产品、策略和服务。比如，今天的消费者都喜欢更健康的食品。你是否知道，麦当劳现在卖的鸡肉和牛肉一样多（甚至还在早餐菜单里添加了鸡肉新品，深受顾客欢迎）？[4] 后来又有顾客提出减少分量，所以麦当劳现在开始供应三明治大小的超值套餐，它还把一些热卖的早餐品种变成了全天供应。

麦当劳等餐厅一直在尝试新的创意。想来一份皇堡卷饼㊀（Whopperito）还是芝士通心粉小吃㊁（Macn'Cheetos）？[5] 塔可钟也加入了早餐大战，推出蛋白质含量更高的早餐，与市面上的高碳水化合物早餐竞争。[6] 你是否发现其他快餐店也开始制作早餐了？

当然，麦当劳又想出更多新创意予以应对。例如，在印第安纳州的科科莫，麦当劳尝试让服务员给顾客上菜，还为此推出了品种丰富的菜单。在纽约，麦当劳出售甜甜圈，与卡卡圈坊竞争。在亚特兰大和其他城市，麦当劳设立的电

㊀ 汉堡王推出的一种墨西哥卷饼。——译者注

㊁ 汉堡王推出的一种季节限定小吃。——译者注

脑站可以上网。在夏威夷，麦当劳试水午餐肉早餐拼盘。在俄亥俄州的哥伦布市，一家超大麦当劳餐厅里设有卡拉 OK 间。请参阅“社媒连线”专栏，看看现在的公司还有哪些新产品的创意。

麦当劳正在挑战星巴克和唐恩都乐的咖啡市场。[7] 那么，星巴克如何应对这一新挑战？它开始丰富餐品种类，如星巴克自制糕饼、鸡蛋饼和果汁。[8] 燕麦粥在星巴克也卖得很火。你在当地超市见过星巴克的产品吗？他们正在联系许多新的经销商来售卖产品。

企业会根据当地的具体需求，因地制宜，供应不同的产品。在艾奥瓦州，店家卖的都是大块里脊肉，而在俄克拉何马城，则卖墨西哥肉馅玉米饼。企业在世界各地供应的产品必须适合当地的口味。在泰国的鲍勃大男孩餐厅（Bob’s Big Boy），你可以吃到热带虾；在墨西哥的小卡尔餐厅（Carl’s Jr.），你可以买到墨西哥卷饼（Machaca Burrito）；在菲律宾的沙克比萨店（Shakey’s Pizza），你可以喝到菲律宾啤酒卡利姗蒂（Cali Shandy）。对于任何国家的任一现代企业来说，产品开发都是一项至关重要的活动。

不妨想象如果你的产品开始丧失吸引力，情况会是怎样。[9] 例如，随着越来越多烟民使用电子烟，芝宝（Zippo）打火机失去了市场优势。[10] 于是，芝宝尝试着提供刀具、皮具甚至香水等产品。[11] 它还推出了一个服装系列，包括连帽衫、棒球帽和牛仔裤，不过现在已经停止售卖。

谁会想到，有一天能用科瑞格（Keurig）咖啡机做出百威啤酒呢？[12] 百威英博（Anheuser-Busch InBev）宣布与科瑞格咖啡机制造商合作，争取实现这一目标。又有谁会想到，伯爵和斯沃琪、欧米茄和宝玑这样的手表制造商会在自己的店里卖珠宝呢？[13] 全球各地的企业都在为消费者提供新产品，以上只是其中几例。

社媒连线

和社交游戏明星一起玩

(www.glu.com)

你知道艾伦·德詹尼丝、金·卡戴珊（Kim Kardashian）、妮琪·米娜（Nicki Minaj），以及至少 30 位其他名人正在一个年产值达 2 亿美元的新行业中竞争吗？他们创造了一种新的游戏类型：社交明星带动的手机游戏。

让名人参与我们的电子游戏文化并不是什么新鲜事。早在1990年，迈克尔·杰克逊就与世嘉（Sega）合作过一款游戏，游戏玩家模仿月球漫步来升级。还有许多名人也将他们的声音和形象植入各种各样的游戏。现在，游戏正从我们的游戏机转向手机。我们可以随意地在任何时间、任何地点打开游戏来玩，这是一项赚钱的大生意。如今，流行的做法是应用程序开发人员以经过测试和验证的游戏为基础，通过邀请人气明星加入的方法，带动大量粉丝参与游戏，从而实现游戏流量的爆发式增长。

以金·卡戴珊参与的一款应用程序为例，这款名为《金·卡戴珊：好莱坞》（*Kim Kardashian: Hollywood*）的游戏，是应用程序开发商Glu根据之前的两款在线游戏（《明星：A级名单》和《明星：好莱坞》）开发而成的。在卡戴珊版上线之前，这两款游戏已经很受欢迎，通过付费下载和游戏内的其他消费，每款游戏都已实现约250万美元的收入。然而，美中不足的是，这两款游戏的日间玩家仍然比较少。卡戴珊加入后，吸引了大量的日间玩家。到目前为止，这款游戏已经吸金1.6亿美元！

并非只有游戏开发商在这些项目中赚到了钱，据《福布斯》杂志估计，金·卡戴珊本人从这款游戏中赚了4500万美元。这使得更多名人想要参与进来分一杯羹。Glu最近发布了一款名为《妮琪·米娜：帝国》的游戏程序，目前正在为泰勒·斯威夫特（Taylor Swift）开发另一款游戏。你认为下一个游戏明星会是谁呢？

资料来源：Natalie Robehmed, " Game Changers," *Forbes*, July 26, 2016; Michael Sylvain, " Why PewDiePie's New Game Is Proof We're All Doomed, " *Rolling Stone*, October 7, 2016; Patrick Sietz, " Nicki Minaj No Match for Mario in Mobile Games, " *Investor's Business Daily*, December 23, 2016; Chris Morrison, " Celebrity Branding: The Ultimate Built-In Marketing Tactic for a Mobile Game," Chartboost, accessed September 2017.

分布式产品开发

外包和联盟越多，创新工作也就越多，而这些创新工作通常需要不同文化、不同地区、使用不同法律体系的多个组织通力合作才能完成。**分布式产品开发（distributed product development）**是指将创新流程的各个部分托付出去，通常是交给海外企业。在一个公司内部进行流程协调已经够难了，要把多个公司的流程协调一致，肯定会难上加难。在投入行动之前，必须极其用心地制定目标、程序和标准。3M公司正是这样一家公司，它与众多公司合作，生产创新产品。

该公司已经开发了从透明胶带到稀释剂等数千种产品，其中许多用于苹果和三星等产品中。[14]

设计产品整体概念 从战略营销的角度看，产品不只是有形的商品或服务。**产品整体概念**（total product offer）指消费者决定是否购买某样东西时所评估的所有因素。因此，基本的产品或服务可以是洗衣机、保险单或啤酒，而产品整体概念则包括图 14-1 中部分或全部增值成分。或许你听过有人把基本产品称为“核心产品”，而把产品整体概念称为“延伸产品”。你认为可持续性如何成为延伸产品的一部分？[15]

想一想

华为、苹果、三星以及其他智能手机制造商正在争夺更大的手机市场份额。每家公司都在不断改进和增加手机功能，以期赢得消费者。智能手机制造商需要在产品中添加哪些功能，才能说服你换用其手机？

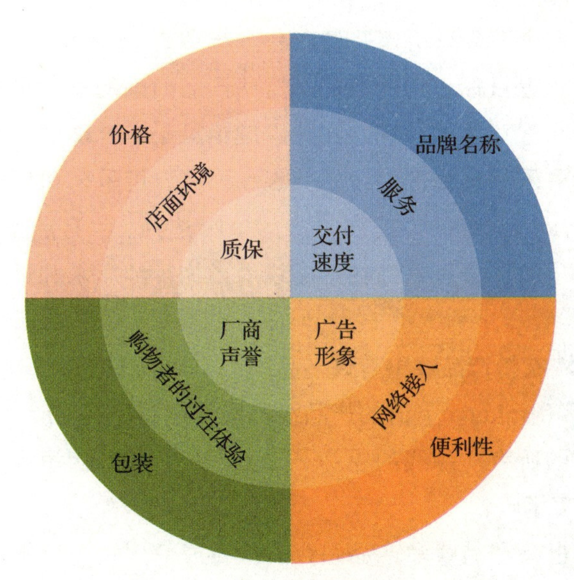

图 14-1 构成产品整体概念的潜在要素

人们购买产品时，会对产品整体概念进行全面的评估和比较。他们会考量有形的因素（产品本身及包装），也会考量无形的因素（厂商的声誉及创作的广告形象）。成功的营销人员必须像消费者一样思考，按照图 14-1 列出的所有因素对产品的整体印象进行评估。最好能与消费者谈一谈，看看他们最看重哪些功能和好处，希望最终产品中包括哪些增值成分。例如，美国消费者抱怨菲多利（Frito-Lay）的食品包装袋“太吵了”，公司只好放弃使用这些可生物降解的包装袋[㊀]。在开发产品时，谁会想到这种事情呢？

你在为金色收获餐厅构想产品整体概念时，会问消费者哪些问题？（回顾我们在第 13 章介绍的商业理念。）请谨记，在餐饮业用餐环境很重要，是否设置停车场、卫生间是否干净同样很重要。

有时，组织可以围绕低价格来打造产品整体概念，吸引消费者。例如，工厂直销店销售的名牌商品价格更低。消费者都喜欢质优价廉的商品，但购买时必须小心。工厂直销店会以次充好，有些商品看着与正规商店差不多，但其实不完全一样。不同的消费者可能需要不同的产品整体概念，因此公司必须开发各种各样的产品。

产品线和产品组合

通常来说，企业不会只销售一种产品。**产品线（product line）**是一组物理特征相似或拥有相近目标市场的产品。这些产品面临的竞争也差不多。一个产品线中会有多个相互竞争的品牌。比如，健怡可乐、柠檬健怡可乐、莱姆健怡可乐、香草健怡可乐和樱桃健怡可乐。现在，可口可乐公司通过可乐自动饮料机（Coke Freestyle machines）提供更多的口味选择。[16] 有点不知该选哪个了，不是吗？可口可乐和百事可乐都在产品线中增加了纯净水和运动饮料，以迎合新消费者的口味。

宝洁公司的洗衣粉产品线中有许多品牌，如汰渍（Tide）、时代（Era）、当妮（Downy）和波特（Bold）。宝洁的产品线构成其**产品组合（product mix）**，即由单一制造商提供的所有产品线的总和。你是否留意过商店里有 300 多种不同的牙膏？你会嫌太多了吗？

服务提供商也有产品线和产品组合。银行或信用社可以提供多种服务，从储蓄账户、自动柜员机、电子银行到货币市场基金、银行保管箱、汽车贷款、抵押贷款、网上银行和保险。[17] AT&T 将服务（通信）和商品（电话）结合起来，构成产品组合，其中无线产品是公司的重点。

㊀ 据《洛杉矶时报》报道，消费者认为菲多利的薯片新包装太吵人，电视的声音都盖不住，使深夜偷吃薯片不再成为秘密。——译者注

产品差异化

产品差异化（product differentiation）是指创造真实或感知的产品差异。有时，实际的产品差异微乎其微，所以营销人员必须整合品牌、定价、广告和包装（增值成分），创造性地打造一个有吸引力的独特形象。请注意优步、雪人（YETI）和奈飞等新兴品牌的积极影响。[18] 很多瓶装水公司实施产品差异化策略而大获成功。它们通过品牌推广、定价、包装和宣传活动，将瓶装水打造得极具吸引力，以至于现在顾客来餐馆用餐，都指名要点这些品牌的瓶装水。

所以，你也应该为你的“从农场到餐桌”的金色收获餐厅打造一个有吸引力的形象。小企业往往可以运用有创意的差异化产品赢得市场份额。有一位制作年鉴的摄影师，为客户提供多套服装、背景和姿势，此外还有特别补贴、折扣和质保，来与其他企业竞争。他的这家小企业的优势在于，可以根据客户所需灵活应变，所以能提供有吸引力的产品。这位企业家做得非常成功，以至于许多公司都请他在摄影大会上发言。你会如何创造性地回应金色收获餐厅客人的消费需求？请注意，那些生意兴隆的餐厅在宣传活动中都用了“有机”或“天然”等字眼。[19]

营销不同类别的消费品和服务

通常来说，消费品和服务可以分为以下四大类：

1. 便利品和服务，是消费者想要经常而且不用费事即可购买的产品，如糖果、口香糖、牛奶、零食、汽油和银行服务。7-11 就是一家主要销售便利品的商店。对便利品和服务营销商而言，地点、品牌知名度和形象是非常重要的。互联网将便利性提升到了全新的水平，对银行和其他服务企业尤为如此。

2. 选购品和服务，是消费者在比较不同卖家的价值、质量、价格和风格之后最终购买的产品。塔吉特百货就是这样一家主要销售选购品的商店。大多数消费者在选购这些产品时都会仔细比较，营销人员可以强调自己的价格差异、质量差异或者价格和质量两方面的优势。[20] 想想互联网是如何帮

想一想

如果你急需某样东西，便利店里提供的各式商品可以解决燃眉之急。你会购买哪些便利品？在哪里可以买到？

你找到合适的选购品的，再想想人们如何比较相互竞争的几家无线运营商的价格。[21]

3. 特殊品和服务，是独具特色和品牌标识的消费品。消费者认为没有什么可以替代特殊品，所以他们会特别费心地去买。例如，名表、价格不菲的葡萄酒、名牌服装、珠宝、进口巧克力，以及由医学专家或商业顾问提供的服务。特殊品通常通过专业杂志进行推广。专业滑雪板会在体育杂志上做宣传，特色食品会在美食杂志上做广告。当然，买家也会借助互联网找到特殊品。事实上，有些特殊品仅在网上销售。

4. 非渴求品和服务，是消费者不会注意、没有想过要买的产品，或是可以解决突发问题的产品，如紧急拖车服务、丧葬服务和保险。

营销任务因产品类别而异，便利品的营销方式与特殊品不同。推广便利品的最好方法是让它随时都能买得到，并为其打造适合的形象。价格、质量和服务的结合是选购品最具吸引力之处。特殊品主要通过广告进入特定的细分市场。人寿保险等非渴求品往往靠人员推销，而拖车服务多半依赖 Yelp 等在线点评网站。

消费品或服务属于哪一类取决于消费者个人的定义。对消费者甲来说，咖啡是选购品，而对消费者乙来说，精美的烘焙咖啡则是特殊品。有些人会货比三家，比较不同的干洗店，所以干洗对他们来说是一种选购服务。还有些人会去最近的干洗店，干洗变成了便利服务。营销人员必须仔细观察客户群，才能确定消费者是如何看待产品的。

营销工业品和服务

我们可以按照用途将许多产品划分为消费品或工业品。家用电脑显然是一种消费品，但在商业环境中，如会计师事务所或工厂，同样的电脑就成为工业品了。

工业品（industrial goods）有时称为商业产品或企业产品，是用来生产其他产品的产品，在企业市场上销售。有些产品既可以是消费品，也可以是工业品。[22] 比如，我们刚刚提到的电脑。作为消费品，电脑可以通过实体店销售，也可以由最终用户在线

> **想一想**
>
> 我们可以按照用途将许多产品划分为消费品或工业品。家用电脑显然是一种消费品，但在商业环境中（如医院），同样的电脑就被归入工业品。产品如何分类会对产品有什么影响？

配置。大部分促销活动都是做广告。作为工业品，个人电脑多半是通过销售人员或在线销售。在销售工业品时，做不做广告并不是很重要。因此，根据用户来对商品进行分类，可以帮助营销人员确定正确的营销组合策略。

图 14-2 显示了消费品和工业品与服务的一些类别。设施（installations）包括主要的资本设备，如新厂房和重型机械。资本项目（capital items）是长期使用的昂贵产品。新建厂房既属于资本项目，也是设施。辅助设备（accessory equipment）包括不太耐用的资本项目，也没有设施那么昂贵，如电脑、复印机和各种工具。

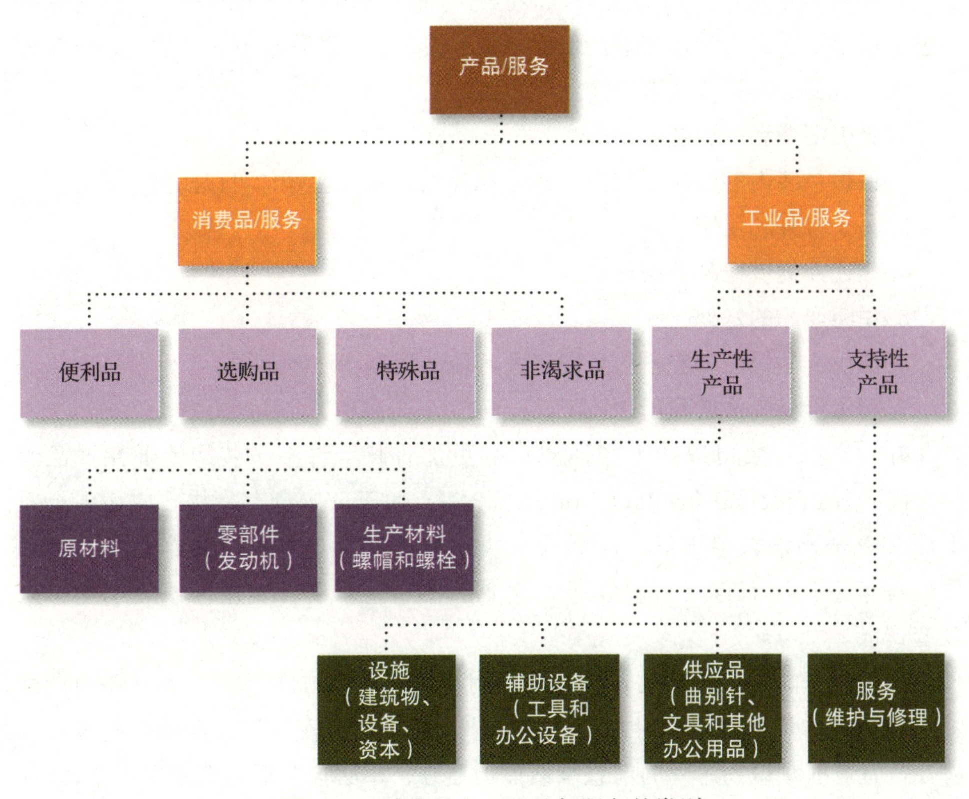

图 14-2　消费品和工业品与服务的类别

包装改变产品

我们说过，消费者会全面评估产品整体概念，包括品牌。而在评价各种商品时，包装竟然会成为一个重要的考量因素。许多企业用包装来改变和改进基本产品。我们有倒立的挤压式番茄酱瓶子，有带螺旋盖和把手的方形喷漆罐，有不需漏斗的机油塑料瓶，还有一次性香料包，等等。另一个趋势也很有意思，即让顾客看到包装就想到自制食物，唤起他们的情感。这种包装设计旨在让顾客把对自制物品的温暖情愫转移到商品中。Peggy Jean’s Pies 用果酱罐运送即食派，塞尔玛甜品店（Thelma’s Treats）的饼干都装在一个类似祖母烤箱的盒子里。[23]

上述几个例子都证明，包装改变了消费者对产品的看法，打开了巨大的新市场。你碰到过难以开启的塑料包装吗？你最喜欢哪些包装创意？你认为更好的包装有市场潜力吗？包装甚至已经成为一个专业，密歇根州立大学包装学院即为一例。包装必须具备以下功能：[24]

1. 吸引消费者的注意。
2. 保护包装内的产品，经得起搬运和存放，密封性好，可以防盗。
3. 易于打开和使用。
4. 描述并提供产品的信息。
5. 说明产品的好处。
6. 提供产品保证和警告信息，以及其他的消费者注意事项。
7. 标示价格、价值和用途。

好的产品包装可以让零售商对产品更加青睐。许多包装印上通用产品编号（代码）(Universal Product Codes, UPC)，便于商店盘存货物。它由一个条形码和一个预设数字组成，向零售商提供有关产品价格、尺寸、颜色和其他属性等信息。简而言之，包装通过改变产品的显示度、实用性或吸引力，来改变产品。

一种较新的跟踪产品的包装技术是射频识别（RFID）芯片，尤其是由纳米颗粒制成的芯片。将芯片附在产品上，芯片就会一直发信号，告诉公司该产品所在位置。射频识别芯片的信息承载能力更强，不必像条形码那样一个个读取，而是可以瞬间读取整个收银台上的产品，并且可以远距离读取。[25]

包装越来越重要

包装始终是产品的一个重要方面，今天，它在宣传活动中扮演的角色越发重要。很多产品从前是售货员销售，现在都改为自助服务网点销售，所以包装承担了更多的销售责任。美国通过了《公平包装和标签法》(The Fair Packaging and Labeling Act)，消费者现在可以在产品包装上看到更多有关产品数量和价值方面的信息。食品标签是否正确一直困惑着许多美国消费者，我们在包装上看到的信息并不一定跟实物相符（参阅“道德决策”专栏）。

包装可以使用一种**捆绑销售（bundling）**的策略，即将两个或两个以上商品组合在一起定价并销售。在冰岛航空提供的产品中，有一个是将中途停留旅游项目与一名冰岛航空员工化身的“转机小伙伴”（导游服务）捆绑在一起。这个项目非常受欢迎，因为那些跨大西洋的旅客在中途停留冰岛期间，可以在小伙伴的陪同下，免费游览雷克雅未克，而不只是待在机场里等着转机。[26] 金融机构提供各种服务，从理财建议到购买保险、股票、债券、共同基金，等等。营销商在捆绑商品或服务时，切记不要纳入过多内容，否则价格就会变得太高。最好是与客户合作，开发满足他们个人需求的增值内容。

资料来源：Courtesy of Thelma's Treats.

想一想

富有创意的包装可以令好产品看上去更好。艾奥瓦州得梅因市的塞尔玛甜品店把美味的饼干装进了类似老式烤箱的盒子里。还有哪些包装有趣的食品品牌?

道德决策

纯天然产品：真的来自大自然吗

如今，许多消费者，尤其是“千禧一代”，正在寻找加工程度更低、更天然的产品。然而，“天然”一词常常令我们购物时更加困惑。目前，美国食品药品监督管理局还没有对“天然”一词进行定义。这意味着，我们购买的一些所谓不含人工防腐剂或其他化学合成物质的东西可能并不可信。

《消费者报告》(*Consumer Reports*) 和其他调查团队的研究发现，“100% 纯天然”植物油的原料往往是转基因大豆，而很多切成小块放在杯子里卖的“天然”水果则添加了人工防腐剂山梨酸钾。虚假的“天然”标签不仅出现在我们的食物包装上，也常见于我们的家庭清洁产品。法律还没有要求家庭清洁剂制造商列出产品的成分。所以，你使用的“绿色”清洁剂和传统喷雾剂相比可能并没有什么区别。

FDA 正在考虑对所谓的“天然”进行定义，以消除消费者的困惑，让人们有机会真正了解他们购买的到底是什么。即便如此，人们可能还是搞不清某些东西是否真是“天然”的。如果你发现在“天然产品”货架上有一款很受欢迎的产品其实并非那么“天然”，你会怎么办？你会不动声色地继续销售，还是你会给它贴上新标签再销售？要么干脆让它在你的商店里下架，停止销售？每种选择又会带来怎样的结果？

资料来源：Hadley Malcolm, “More Buying ‘Natural’ Food, But It’s Unclear What That Is,” USA *Today*, January 29, 2016; Serena Ng, “‘Natural’ Product Claims Can Be Murky,” *The Wall Street Journal*, March 30, 2016; Jo Craven McGinty, “How Food Labels Leave a Bad Taste,” *The Wall Street Journal*, July 9–10, 2016; Christopher Doering, “‘Natural’ Labels Often Push the Limit,” *USA Today*, September 27, 2016; Juliette Steen, “Food Labels Are Super Sneaky. Here’s What They Really Mean,” *Huffington Post*, May 15, 2017.

品牌创建和品牌资产

品牌（brand）是用以辨识某一个或一类销售商的产品或服务的名称、标志和设计（或上述要素的组合），并以此区分其竞争对手的产品和服务。“品牌”一词实际上包含了识别产品的所有手段。正如我们在第 13 章中所指出的，品牌名称是将销售商与其竞争对手的产品和服务区分开来的单词、字母或词组。红牛、索尼、李维斯、通用电气、百威、迪士尼或许都是你熟悉的品牌，当然其他还有很多。品牌名称让产品不同凡响，从而吸引消费者。苹果和谷歌现在是最知名的品牌，原因不言自明。[27]“异域新说”专栏进一步探讨了产品名称问题。

商标（trademark）是受专有法律保护的品牌名称及其设计。像麦当劳金色拱门这样的商标家喻户晓，它代表着公司的声誉和形象。麦当劳可能会起诉一家公司，阻止其销售麦当奈（McDonnel）汉堡。你知道曾经有个星星巴克（Starsbuck）咖啡吗？[28]（请仔细看看这个名字。㊀）

㊀ 星巴克的英文名称应为 Starbucks。——译者注

人们往往会对某些品牌名称印象深刻，尽管他们会说，对于同一类产品而言，品牌之间并无差别。例如，虽然大家都觉得所有的阿司匹林都是一样的，但如果你把两瓶阿司匹林放在他们面前，一个贴有拜耳标签，另一个是不知名品牌，大多数人都会选择知名品牌。给汽车加油的人往往会看品牌名称（如埃克森）而不是价格。

对于买家来说，品牌名称可以确保产品质量，减少搜索时间，提升产品声誉。对于卖家来说，品牌名称可以助力新产品的推出，加强宣传活动，增加回头客，并使产品差异化，从而提高产品定价。[29] 你喜欢哪些名牌产品？

异域新说

起名游戏

(www.lululemon.com)

现在，你开发出了一种新产品，正准备将其推向市场。你该给它起个什么名字好呢？美国人最喜欢的饼干“奥利奥”（Oreo）就是个很棒的名字，因为两个 O 恰好是饼干外形的生动写照。一个好的名字能让商品更具吸引力吗？当你在想北美有哪些商品时，脑海里是不是就会跳出可口可乐、耐克和露露柠檬（Lululemon）这些著名的品牌？

加拿大运动用品公司露露柠檬的创始人在为公司取名时，主要是想找一个在国外市场不容易被模仿的独特名字。他认为，如果能想出一个在某些国家难以发音的名字，自己的产品可能就不太会被人仿造。在日语中没有与“L”相对应的发音，所以 Lululemon 中的三个“L”让它听起来很有北美味儿，日本消费者也会因此产生一种可信的感觉。

你有没有想过盖璞（Gap）为什么会有这么个不寻常的名字？实际上，它指的是其最大的客户群——那些处于儿童和成人年龄段之间的客户。如果你对自己所投身的行业一无所知又会怎么做呢？理查德·布兰森（Richard Branson）在创办航空公司时选择了“维珍”（Virgin㊀）做名字。

曾经，为自己的企业起个名字是件挺简单的事儿；现在，选择正确的名字就需要考虑到全球各种因素。例如，当俄罗斯天然气工业股份公司（Gazprom）与尼日利亚国家石油公司（NNPC）成立合资企业时，这家公司取名为

㊀ 英语中有“新手，无经验之人”的意思。——译者注

NiGaz[⊖]。我们会说，这听起来不像个好名字。

每隔一段时间，总会有一个成功的名字在偶然间被创造出来，谷歌就是一个很好的例子。这个全球搜索引擎本应命名为Googol（一个科学术语，代表1后面跟着100个0）。然而，谷歌的创始人在注册域名时犯了拼写错误。结果，这个错误催生出一个听起来更温暖、更上口，也更有人情味的名字。有些人即使犯错都会比别人幸运，这实在也是没有办法的事情。

资料来源：Emily Cohn, "Here's What 15 of the Most Popular Brand Names Really Mean," *Business Insider*, January 10, 2017; Alison Coleman, "Why Startup Success Hinges on a Knockout Business Name," *Forbes*, January 13, 2017; Elizabeth Segran, "Richard Branson's Next Big Idea: Sports Festivals," *Fast Company*, January 17, 2017.

品牌类别

有几种品牌你都很熟悉。**制造商品牌（manufacturers' brands）**是指在全国范围内销售产品的制造商，如施乐、索尼和戴尔。

经销商/自有品牌（dealer/private-label brands）指的是不带制造商的名称，而是带有经销商或零售商名称的产品。例如，Kenmore和DieHard是西尔斯销售的自有品牌。这些品牌也称为自营品牌（house brands）或分销商品牌（distributor brands）。[30]

许多制造商担心自己的品牌名称会变成通用名称。通用名称（generic name）是整个产品类别的名称。你是否知道，阿司匹林和油毡曾经是品牌名称？尼龙、自动扶梯、煤油和拉链也是如此。这些品牌名称人人耳熟能详，俨然成为产品的代名词，最后失去了自己的品牌地位，变成通用名称。于是，生产商必须另想新的名称。例如，最初的阿司匹林变成了拜耳阿司匹林。如今，舒洁（Kleenex）和直排轮滑（Rollerblade）公司也在努力保护自己的品牌名称。

非品牌产品（generic goods）属于没有品牌的产品，与全国性品牌或自有品牌相比，在售卖时通常有相当大的折扣。这些产品的包装普普通通，几乎不做广告。有些产品粗制滥造，但也有不少产品的质量与其仿冒的全国性名牌不相上下。非品牌产品有纸巾、香烟、药物等，不胜枚举。今天的消费者购买大量的非品牌产品，因为近年来这些产品的整体质量得到了很大提升。你用过这类产品吗？感觉如何？

⊖ NiGaz的发音有冒犯黑人之嫌。——译者注

仿冒品（knockoff brands）是全国名牌商品的非法复制品。如果你看到一件昂贵的名牌产品，比如杜嘉班纳（D&G）衬衫或劳力士（Rolex）手表，以非常低的价格出售，就可以肯定它是仿冒品。仿冒品常常会用略有区别的品牌名称，比如 Dolce & Banana 或 Bolex。所以，务必要仔细甄别。

打造品牌资产和品牌忠诚度

未来市场营销人员的一个主要目标是重新确立品牌资产的概念。**品牌资产（brand equity）**是指品牌名称及其相关标志的价值。一般来说，一个公司只有把自己的品牌卖给另一家公司，才能知道它的价值。雷诺兹铝箔纸（Reynolds Wrap）和密保诺（Ziploc）是两个品牌资产评级较高的品牌名称。今天最值钱的品牌名称是什么？是苹果。[31]

品牌资产的核心是**品牌忠诚度（brand loyalty）**，即消费者对品牌的满意和喜爱程度，并且承诺继续购买。一群忠诚的顾客对公司而言有巨大价值，而且这些价值可以量化。很多制造商都非常重视可持续发展，力求提升品牌忠诚度。[32]

公司试图用优惠券和价格折扣来加快销售速度，提高短期业绩。这可能会削弱消费者对品牌的忠诚度，尤其是杂货产品。许多消费者抱怨公司降价销售某些品牌的商品，如天文棒棒糖（Astro Pops）或菲丝（Flex）洗发水等。这些抱怨证明了品牌的力量。如今，企业已认识到品牌资产的价值，正在想方设法判断具有影响力的品牌的盈利能力。[33]

品牌知名度（brand awareness）是指提及某个产品类别时，能否迅速或轻易地想到某个特定品牌。做广告有助于大大提升品牌知名度，可口可乐和百事可乐等老牌商品通常享有极高的品牌知名度。赞助一些赛事，比如足球的“橘子碗”（Orange Bowl）和“纳斯卡杯”（NASCAR）系列赛事，有助于提高品牌知名度。哪怕就是一遍遍不断地出现，也可以提高品牌知名度。这就是谷歌会变得如此知名的一个原因。

感知的质量是品牌资产的重要组成部分。如果大家都感觉某产品的质量优于竞争对手的产品，便可以据此定价高一些。要让消费者产生这种感知，关键得找到他们最看重的方面，然后在公司向外界发出的每条讯息中，不断传递这些方面的内容。影响质量感知的因素包括价格、外观和声誉。

消费者会根据这些线索来建立品牌偏好（brand preference），也就是，更喜欢此品牌而非彼品牌。当消费者对某品牌的坚持达到一定程度，该产品就成为一种特殊品。例如，消费者可能会一直使用固特异（Goodyear）轮胎。

如今，要仿效一个产品的优点易如反掌，以至于非品牌产品也能抢走大牌名品的客户。像英特尔公司这样的名牌企业必须加快开发新产品，拓展新市场，下最大力气宣传自己的品牌，来抵御竞争对手发起的挑战。

建立品牌联想

公司使用的名称、标志和口号，可以大大提升公司产品的品牌识别。**品牌联想**（**brand association**）是将品牌与其他有利的形象联系起来，例如，使用产品的名人、受欢迎的名人或特定的地理区域。[34] 注意，梅赛德斯 - 奔驰的广告是如何将奔驰汽车与生活优渥的成功人士联系在一起的。负责打造品牌的人被称为品牌经理或产品经理。接下来我们将讨论这个职位。

品牌管理

品牌经理（**brand manager**，在某些企业称为“产品经理”）直接负责某品牌或产品线，并管理其营销组合的所有要素：产品、价格、渠道和促销。所以，你也可以把品牌经理想成是一个单一产品公司的总裁。

许多大型消费品公司之所以设立这一职位，一个原因是为了更好地管理新产品开发，组织产品宣传活动。有些公司则创建品牌管理团队来加强管理工作。在企业市场中，品牌经理常被称为产品经理。

新产品的开发过程

新产品极有可能惨遭失败。失败的首要原因是未能兑现承诺，此外还有，营销活动开始太晚、定位不准、与竞争对手的差异太小、包装不佳。如图 14-3 所示，生产商的新产品开发分为六个阶段。

每年都有新产品不断涌入市场，利润潜力巨大。不妨想想 3D 打印、流媒体电视、虚拟现实游戏及其产品、智能手机、平板电脑，以及其他创新产品。这些创意从何而来？如何测试？一个创新产品的生命周期有多长？下面我们来研究这些问题。

资料来源：Courtesy of Prisma Guitars.

想一想

棱镜吉他（Prisma Guitars）联合创始人尼克·普尔法德（Nick Pourfard）玩滑板时受伤，6个月无法活动，之后他开始制作吉他。现在，他的公司使用旧滑板来制作色彩丰富、经久耐用的乐器。你有什么产品是用回收材料制成的吗？

创意形成

现在，创造一个商业产品大约需要七个创意。新的工业品创意大多出自员工建议，而非研发。当然，研发仍是新产品的主要来源。员工还是新的消费品创意的主要来源。另外，公司也应倾听供应商对新产品的想法，因为他们经常接触到新创意。现有客户也会对新产品产生不错的想法。[35] 例如，在听取了“千禧一代”消费者讲述他们注重健康的生活方式，渴望用低卡路里食品来取代传统啤酒和鸡尾酒之后，啤酒商们开始注重“更健康”的饮料。[36]“聚焦小企业”专栏讨论了一位母亲在生活中发现对新产品的需求后，是如何开发新产品的。

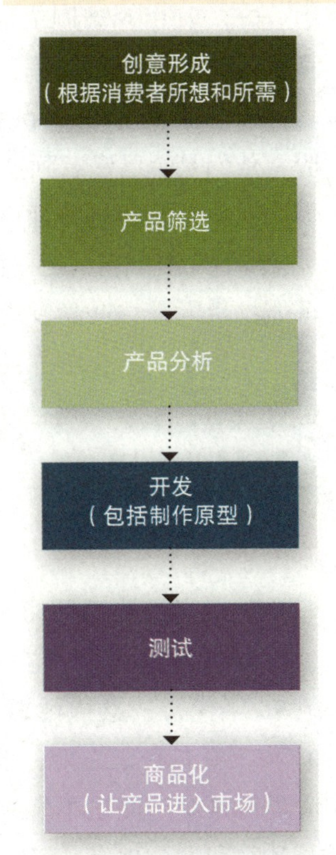

图 14-3　新产品开发过程

产品开发分为六个阶段，你认为哪个阶段最重要。

产品筛选

产品筛选（product screening）是减少公司每一次正在处理的新产品创意的数量，以便专注于最有希望成功的创意。进行筛选时，公司会运用标准来判断新产品是否与现有产品匹配，是否具有良好的利润潜力，是否适销对路。公司会给这些要素各分配一个权重，然后计算每个新产品的总分，以便比较哪个最有可能成功。

产品分析

产品筛选之后进行**产品分析**（product analysis），也就是进行成本预估和销售预测，以估算产品创意的获利能力。不符合既定标准的产品将不再考虑。

产品开发及测试

如果产品通过了筛选和分析阶段，公司就开始进一步开发，对各种产品概念或替代品进行测试。一家生产包装肉制品的公司可能会开发出鸡肉热狗的概念——一种由鸡肉制成的热狗，但吃起来像是全牛肉热狗。公司将制作一个原型或样品，供消费者品尝。

概念测试（concept testing）是向消费者展示产品的创意，以测试他们的反应。他们是否已注意到这个新产品的好处？他们会多久买一次？价格如何？他们喜欢或不喜欢哪些特性？他们觉得哪些应该改一改？众包（crowdsourcing）是一个较新的工具，公司可以用它来从消费者那里收集信息。众包平台允许公众对公司可能推出的潜在产品发表意见，公众最喜欢的产品通常可以进入下一个阶段。[37]公司使用不同的包装、品牌和成分对样品进行测试，直到产品既符合生产要求，也符合营销要求。当你在筹划金色收获餐厅时，是否认识到新式健康菜肴的概念测试很重要？

商品化

即便产品测试效果极佳，若想在市场上取得成功可能仍然需要相当长的时间。以拉链为例，它是有记录以来最耗时的一项消费品开发成果。19世纪90年代初，惠特科姆·贾德森（Whitcomb Judson）为他的服装紧固件申请了第一项专利，之后，他花了15年时间来完善该产品。即便如此，当时的消费者对这个产品也不感兴趣。贾德森的公司无数次陷入财务困境，屡次更换公司名称和办公地点，最后才在宾夕法尼亚州的米德维尔安顿下来。后来，美国海军在第一次世界大战期间开始使用拉链。今天，拉链产业的价值高达130亿美元！[38]

拉链的例子证明，营销工作必须涵盖**商品化**（commercialization），具体包括：（1）向批发商和零售商推广产品，以广泛地分销；（2）开展强势广告和销售活动，让批发商和消费者产生并保持对该产品的兴趣。现在，通过在线和社交媒体的商业化活动，新产品可以迅速在全球市场亮相。消费者可以在网站上查看新产品，提出问题，并轻松快速地进行购买。

聚焦小企业

妈妈制造

（www.chewbeads.com）

想象一下，你抱着 10 个月大的宝宝，她不停地抓你的项链。这种闪亮的大项链戴在你脖子上就仿佛是一块婴儿磁铁。尽管宝宝喜欢你的项链，又抓又咬，但金属和石头对婴儿并不适合。

丽莎·格林沃尔德（Lisa Greenwald）遇到了同样的问题。她的“婴儿磁铁”是一条色彩鲜艳的项链，她的儿子就喜欢抓咬项链。丽莎受此启发获得灵感，于是咬咬珠（Chewbeads）诞生了。丽莎和丈夫埃里克于 2009 年开始构思和设计，经过多次测试，最终开发出产品。丽莎希望他们生产出来的项链非常柔软，不会伤到婴儿的牙齿，而且不含有毒化学物质。事实证明，这比他们原先想象的要困难得多。他们找到的制造商都只能生产其中一部分，但生产不了整个产品。后来，他们聘请了一名顾问，才教会了工人如何制作整条项链。

自咬咬珠公司成立以来，共售出 14 万多条项链。花上大约 25 美元，就能让妈妈时尚，宝宝开心。公司卖了一年项链后，开始拓展其他业务。现在，他们还生产婴儿玩具和婴儿车配件，并且正在研制一种新围兜。看来，未来的几年里，会有很多东西可供宝宝咬一咬。

资料来源：Photography by Raquel Langworthy, Courtesy of Chewbeads.

资料来源：Paula Andruss, “For the Mouths of Babes,” *Entrepreneur*, April 2016; Adam Toren, “In Honor of Mother's Day Here Are 7 Mompreneurs Who Founded Million Dollar Businesses,” *Fox Business*, May 6, 2016; Annie Pilon, “21 Successful Mom Entrepreneurs to Inspire You,” *Small Business Trends*, May 5, 2016; Jo Piazza, “How Being A Mom Can Make You A Better Entrepreneur,” *Forbes*, June 1, 2017.

产品生命周期

一旦完成产品开发和测试，新产品就会进入市场，然后经历**产品生命周期（product life cycle）**的四个阶段：引入期、成长期、成熟期和衰退期（见图 14-4）。这是一个展示某产品类别（product class）的销量和利润随时间变化的理论模型。但并不是每个产品都会遵循这一完整生命周期，某些特殊品牌可能会有不同的表现。例如，冷冻食品作为通用类产品可能会经历整个周期，但某个品牌的冷冻食品可能连引入期都走不完。有些产品（如微波炉）多年来一直处于引入期；另一些产品（如番茄酱）则成为经典，从未经历过衰退期；还有些产品（如时装）可能仅需几个月就经历了整个周期；再有一些产品可能会完全退出市场。尽管如此，产品生命周期仍可提供一些基准，用来预测未来市场发展，规划各种营销策略。

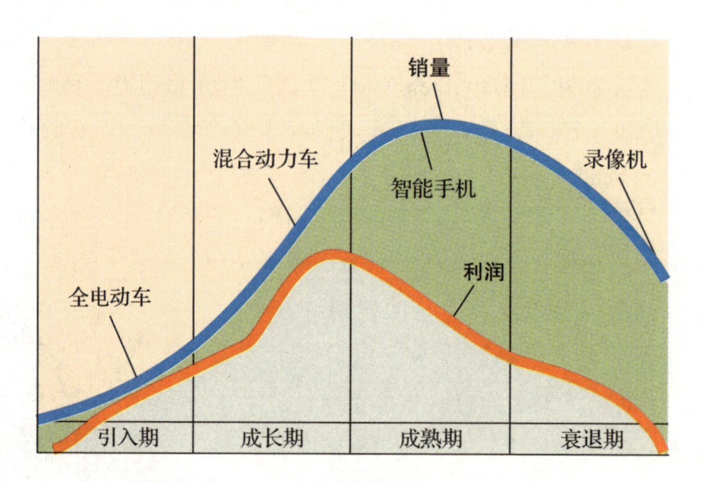

图 14-4 产品生命周期中的销量与利润

请注意，在销量达到峰值之前，利润水平开始下降，这是因为价格竞争越发激烈。如果销量与利润双双下降，就到了推出新产品或改良老产品的时候了，从而让消费者保持兴趣，维持利润水平。

产品生命周期的示例

产品生命周期可以为营销人员提供有价值的线索，帮助他们在一段时间内成功地推广产品。有些产品（如蜡笔和涂鸦粉笔）的生命周期很长，变化很小，似乎永远不会走向衰退。绘儿乐（Crayola）蜡笔已经立于市场不败之地超 130

年。美泰公司的芭比娃娃已年近花甲，正准备再一次改头换面。[39] 你觉得新的虚拟电子游戏将会持续多久？

你可以研究一下速溶咖啡的产品生命周期，来了解该理论的原理。速溶咖啡刚推出时，大多数人都不喜欢，还是习惯喝“普通”咖啡，速溶咖啡花了好几年时间才获得大众的认同（引入期）。然而突然之间，速溶咖啡迅速流行起来，许多品牌纷纷面世（成长期）。一段时间后，人们喜欢上某个品牌，这时销售趋于平稳（成熟期）。当冷冻干咖啡推出后，速溶咖啡的销量略有下降（衰退期）。现在，消费者从星巴克购买袋装咖啡，自己在家冲泡，于是冷冻干咖啡也进入了衰退期。对于营销人员而言，认清产品所处的阶段至关重要，这样才能高效地做出明智的营销决策。

运用产品生命周期

产品生命周期的不同阶段需要不同的营销策略，表 14-1 概括了你可能做出的营销组合决策。如果你纵览全表，就会看到每个阶段都需要多个营销组合的改变。请记住，这些大多是理论性概念，只能作为指导原则。我们随后将讨论表中提到的价格策略。

表 14-1　产品生命周期内采用的营销策略范例

生命周期阶段	产　品	价　格	渠　道	促　销
引入期	提供已经市场测试的产品；保持少量的产品组合	将新产品价格定得很高（撇脂定价策略）或采用渗透策略追赶创新者	通过批发商和精选的分销商进行销售	利用经销商做宣传，在前期需求广告和促销活动上大量投入，以便让商店进货，并让消费者试用
成长期	改进产品；保持有限的产品组合	调整价格以应对竞争	增加分销渠道	运用具有很强竞争力的广告
成熟期	提供不同产品，以满足不同的细分市场	进一步降低价格	取消批发，加强分销	强调品牌名称、产品的优势和差异
衰退期	减少产品组合；提出新产品创意	考虑提高价格	巩固分销；减少部分经销点	减少针对忠诚客户的广告投入

表 14-2 显示了从理论上讲，产品生命周期中的销量、利润和竞争会发生哪些变化。将其与图 14-4 进行比较，通过比较能看出，产品在成熟期可能会达到销售增长的顶峰，而利润却在下降。在这个阶段，营销经理可能会决定重新打

造一个新形象，就此开始新一轮的增长周期。你可能已经注意到，艾禾美（Arm & Hammer）小苏打每隔几年就会换新的形象，今年被定位成冰箱除味剂，明年又被定位成泳池消毒氯片的替代品，但目的都是带来新的销量。了解产品所处阶段，可以帮助营销经理决定何时进行战略变更。

表 14-2 产品生命周期内销量、利润和竞争的变化

生命周期阶段	销 量	利 润	竞争对手
引入期	销量低	可能发生亏损	极少
成长期	销量迅速增加	利润非常高	逐渐增多
成熟期	销量达到峰值	利润下降	数量稳定，然后开始减少
衰退期	销量下降	利润下降到出现亏损	数量下降

从理论上讲，所有产品在其生命周期都会经历这四个阶段。随着产品的成熟，销量会发生什么变化？

有竞争力的价格

定价对于市场营销和制定产品整体概念至关重要，所以与产品、渠道和促销一并列入市场营销组合的4P。然而，对于管理者来说，价格是4P中最难控制的，因为它是消费者评价产品的一个关键因素。在本节中，我们既把价格作为产品整体概念的一个要素，也把价格作为战略营销工具来探讨。

定价目标

企业在制定定价策略时，可能会想到几个具体目标。比如，我们在为金色收获餐厅新的健康套餐定价时，目标是提升产品的形象。如果我们把价格定得高一些，并进行适当的宣传，说不定就能让它成为“农场直送”餐厅中的宝马。我们也可能为了达到一定的利润目标或投资回报，把价格定高。我们还可以把价格定得比竞争对手低，因为我们希望较低收入顾客（比如学生）能吃得起这里的健康食品。也就是说，我们会考虑社会或道德目的。低价格还能抑制竞争，虽然它降低了利润空间，但有助于我们占领更大的市场份额。

随着时间的推移，企业可能会有好几个定价目标，在制定总体定价策略之前，企业必须先厘清以下几个常见目标。

1. 实现投资回报或利润目标。归根结底，市场营销的目标是向他人提供商品和服务，从中盈利。当然，几乎所有公司都有一个长期定价目标，就是争取利润最大化。它们的一个做法是，将供给客户的产品减量。所以，谷类食品公司减少了盒装谷物的数量，卫生纸公司将产品做得更小，诸如此类。你是否注意到所购产品也有类似现象？

2. 创造流量。超市经常为某些成本价或低于成本价的产品做广告，以吸引人们到店里来。这些产品被称作“为招揽顾客而亏本销售的商品”(loss leaders)。这么做是为了在短期内建立客户基础，从而实现盈利这一长期目标。

3. 获得更大的市场份额。要获得更大的市场份额，可以降低价格、提供低息贷款（如零利率贷款）、收取低租赁费或给予现金折扣。

4. 打造形象。某些手表、香水以及在社交场合常看到的产品，定价都很高，就是为了打造其独一无二、象征地位的形象。

5. 促进社会目标。某家公司把产品价格定得较低，是想让囊中羞涩的人也能买得起。政府经常补贴农产品价格，以保障人们的基本生活。

企业的短期目标可能与长期目标大相径庭，管理者应该在一开始就了解这两种目标，并将其纳入战略营销计划中。还应该结合产品设计、包装、品牌、分销和宣传等营销决策，来制定定价目标，所有这些营销决策都是相互关联的。

直觉告诉我们，产品定价必须与生产成本相关联，价格通常高于成本。[40] 但正如我们即将看到的，价格和成本并不总是相关的。事实上，有三大定价策略：成本导向、需求导向（目标成本）和竞争导向。

成本导向定价

生产商经常把成本作为定价的主要依据。他们精心制作成本会计系统来衡量生产成本（包括物料、劳动力和管理费用），再加上利润，然后得出价格。想象汽车的生产，你把发动机部件、车身、轮胎、收音机、门锁和窗户、油漆、劳动力等所有成本加在一起，再加上利润，就得出了汽车的价格。问题是，这个价格是否也能令市场满意。[41] 从长远来看，决定价格的是市场而不是生产者（见第 2 章）。定价必须考虑成本，但也要考虑产品更新换代的成本，每种产品的营销目标、竞争对手的售价等。[42]

需求导向定价

与成本导向定价不同，**目标成本（target costing）**是建立在需求基础上的。[43] 也就是要设计一种产品，使其既能令消费者满意，又能达到企业的利润要求。目标成本法将最终价格作为一项投入要素纳入产品开发的过程，而不是作为产品开发的结果。你首先估计人们愿意花多少钱买你的产品，然后减去你期望的利润，得出的结果就是产品的目标成本，或者说，要想这个产品能盈利，你只能在生产上花费多少成本。

竞争导向定价

竞争导向定价（competition-based pricing）是一种基于其他竞争对手作为定价基础的定价策略，价格可以设置为等于、高于或低于竞争对手的价格。定价取决于客户忠诚度、感知差异和竞争环境。[44] **价格领先（price leadership）**是一种策略，一家或几家主导企业制定价格后，行业内所有竞争者都会遵从。你可能已经注意到石油公司和一些快餐公司的做法。[45]

盈亏平衡分析

你在金色收获餐厅开始出售新式三明治之前，最好先确定你要卖掉多少三明治才能盈利，然后再判断能否达到这一销售目标。**盈亏平衡分析（break-even analysis）**是确定不同销量下利润率的分析过程，盈亏平衡点是指销售收入线与总成本线的交叉点，盈亏平衡点的计算公式如下

$$\text{盈亏平衡点}\ (BEP)=\frac{\text{总固定成本}\ (FC)}{\text{单位价格}\ (P)-\text{单位变动成本}\ (VC)}$$

总固定成本（total fixed costs）是不受产品生产或销售变化影响的各种费用的总和。构成固定成本的费用包括购买或租用工厂或仓库的费用，以及购买商业保险的费用。**变动成本（variable costs）**是随生产量而变动的成本，包括制造产品所用物料的费用和制造这些产品的直接人工成本。比如，现在要生产某个特定产品，你的固定成本是 200 000 美元（用于支付抵押贷款利息、房地产税、设备等），每件物品的变动成本（如人工和材料）是 2 美元。如果你以每件 4 美元的价格出售这些产品，盈亏平衡点将是 100 000 件。也就是说，如果你的产品销量达不到 100 000 件，你就赚不到钱，具体计算如下：

$$BEP=\frac{FC}{P-VC}=\frac{200\ 000\text{ 美元}}{4\text{ 美元 / 件}-2\text{ 美元 / 件}}=\frac{200\ 000\text{ 美元}}{2\text{ 美元 / 件}}=100\ 000\text{ 件}$$

其他定价策略

假设一家公司刚刚开发了一系列新产品，比如虚拟现实耳机。公司必须在产品生命周期的引入阶段决定如何给这些耳机定价。**撇脂定价策略**（skimming price strategy）是指在市场竞争很少的情况下，将新产品的价格定得较高，以收回研发成本，获取最大利润的一种策略。当然，这种巨额利润最终会引来新的竞争对手。

> **想一想**
>
> 世界各地的消费者都在寻找便宜货，营销商有哪些办法可以吸引这些消费者？网上零售商是否采用了不同的定价策略？

另一种策略是把新产品的价格定得低一些。压低价格可以吸引更多消费者，并阻止其他公司生产类似产品，因为利润微薄。这种**渗透策略**（penetration strategy）使公司能够迅速渗透或占领很大的市场份额。

零售商采用的定价策略有多种。家得宝和沃尔玛采用的是**天天低价**（everyday low pricing, EDLP）策略。它们将产品价格设定得低于竞争对手，然后不再进行任何特价促销活动。这个策略的目的是让消费者在任何想买便宜货的时候都能来，而不必等到打折。

百货公司和另外一些零售商通常采用**高低定价策略**（high–low pricing strategy）。它们的定价高于那些采用“天天低价”策略的商店，但又有很多特价商品比竞争对手的价格低。这种定价的问题在于，消费者会等到促销时再买，从而影响公司利润。杰西潘尼（J. C. Penney）百货商店用过这种定价策略。当停用这一策略时，销售额急剧下降，而且再也恢复不到之前的水平，尽管后来公司又恢复了这一策略。随着网上购物的持续增长，采用这一策略的店家可能会越来越少，因为消费者能在网上找到更优惠的价格。[46]

零售商可以将价格作为它们所销售商品的主要决定因素。有些商家搞促销，全场商品售价仅为 99 美分，或者不超过 5 美元。由于成本上升，一些 99 美分商店已经把价格提高到 1 美元以上。另外，家庭一元店（Family Dollar Store）发现，对于低收入顾客来说，即便 1 美元可能也还是贵了。

> **想一想**
>
> 有些产品定价高，是为了树立独一无二、人人渴望拥有的高档形象。周仰杰（Jimmy Choo）的鞋子就属于这一类。这种产品整体概念是什么？

心理定价（psychological pricing）是指产品和服务的定价显得比它本身低。将一套房子的售价定为29.9万美元，听起来好像比30万美元低很多。加油站总是采用心理定价策略。

市场力量如何影响定价

营销人员发现不同的消费者愿意支付不同的价格，有时便会根据消费者的需求而不是成本或其他计算来定价。这就是需求导向定价，所以你会看到电影院出售的儿童票比较便宜，药店卖给老年人的药品有折扣。

如今，营销人员面临着一个定价问题：大多数客户会在网上比较产品和服务的价格。Priceline向消费者推出了一个“需求收集系统”，买方将他们愿意支付的价格公布在系统上，并邀请卖家来决定接受还是拒绝这个价格。消费者通过这样自行报价，可以以非常合算的价格买到机票、预订酒店等。他们还可以在Craigslist等网站上购买二手商品。很明显，随着消费者能够获得的世界各地的价格信息越来越多，价格战将越发激烈。因此，今后更多的竞争可能都是非价格竞争。

非价格竞争

营销人员经常在价格以外的产品属性上展开竞争。或许你已经注意到，像汽油、棒棒糖，甚至小轿车和私立大学学费这样的主要产品等的价格都相差无几。

你很少在电视上看到商家用价格促销来吸引消费者。相反，经销商往往会强调产品的形象和消费者的利益，如舒适、时尚、方便和耐用。

为了与大公司竞争，许多小公司会提升与基本产品配套的服务，而不是价格。良好的服务有助于在同质化产品中脱颖而出。例如，丹尼·奥尼尔（Danny O’Neill）是一家小型批发商，为高档餐厅供应极品咖啡。他必须注意观察竞争对手的价格及服务，并且依此决定可以收取的高价。若要收取高价，他必须先提出优质服务概念，然后再提供优质服务。大公司也经常这么做，一些航空公司强调友好、宽敞的“可躺”座位，准时、充足的航班，以及其他诸如此类的服务。许多酒店强调“无意外”、商务服务、健身房和其他额外服务。

本章小结

1. 描述产品整体概念。

- 产品整体概念包括什么？

  产品整体概念指消费者决定是否购买某样东西时所评估的所有因素，包括价格、品牌名称和使用满意度。

- 产品线和产品组合有何不同？

  产品线是一组物理特征相似或拥有相近目标市场的产品。口香糖的产品线可能包括泡泡糖和无糖口香糖。产品组合是公司产品线的组合。制造商可以在其产品组合中提供一系列口香糖、糖果和薄荷糖。

- 营销人员如何为他们的产品和服务创造产品（服务）差异化？

  营销人员结合定价、广告和包装，使他们的产品看起来独具一格，富有吸引力。

2. 认识各种消费品和工业品。

- 什么是消费品？

  消费品是卖给你我这样的最终消费者，供个人使用的。

- 消费品和服务分为哪四大类？它们是如何营销的？

  便利品和服务（不用费事即可购买）；选购品和服务（人们搜索并比较价格与质量）；特殊品和服务（消费者会特别费心地去买，而且经常指定品牌）；非渴求品和服务（消费者不会注意、没有想过要买，或是可以解决突发问题）。便利品和服务最好是通过地点进行营销，选购品和服务通过价格和质量吸引消费者，特殊品和服务通过专业杂志和互动网站进行营销。

- 什么是工业品？它们与消费品的营销有何不同？

  工业品是用来生产其他产品的产品，在企业市场上销售。它们主要通过人员销售，较少依赖广告。

3. 总结包装的功能。

- 包装有哪七个功能？

  包装必须：（1）吸引消费者的注意；（2）保护包装内的产品，经得起搬运和存放，密封性好，可以防盗；（3）易于打开和使用；（4）描述并提供产品的信息；（5）说明产品的好处；（6）提供产品保证和警告信息，以及其他的消费者注意事项；（7）标示价格、价值和用途。

4. 比较品牌、品牌名称和商标，并说明品牌资产的价值。

- 你能定义品牌、品牌名称和商标吗？

  品牌是用以辨识某一个或一类销售商的产品或服务的名称、标志和设计（或上述要素的组合），并以此区分竞争对手的产品和服务。“品牌”一词实际上包含了识别产品的所有手段。品牌名称是将销售商与其竞争对手的产品和服务区分开来的单词、字母或词组。商标是受专有法律保护的品牌名称及其设计。

- 什么是品牌资产？管理者如何创建品牌联想？

  品牌资产是指品牌名称及其相关标志的价值。品牌联想是将品牌与其他有利的形象联系起来，如使用产品的名人、受欢迎的名人或特定的地理区域。

- 品牌经理是做什么的？

  品牌经理协调特定产品的几大要素：产品、价格、渠道和促销。

5. 解释新产品开发的步骤。

- 产品开发过程的六个步骤是什么？

  产品开发的步骤是：（1）创意形成；（2）产品筛选；（3）产品分析；（4）产品开发；（5）测试；（6）商品化。

6. 描述产品生命周期。

- 产品生命周期是什么？

  产品生命周期是一个理论模型，展示某个产品类别的销量和利润随时间而发生的变化。

- 产品生命周期的四个阶段是什么？

  产品生命周期的四个阶段是引入期、成长期、成熟期和衰退期。

7. 确定各种定价目标和策略。

- 定价目标是什么？

  定价目标包括实现投资回报或目标利润、创造流量、获得更大的市场份额、打造形象以及促进社会目标。

- 营销人员可以使用什么策略来确定产品的价格？

  撇脂定价策略是指在市场竞争很少的情况下，将新产品的价格定得较高，获取最大利润的一种策略。渗透策略是压低价格，吸引更多的客户，打击竞争对手。以需求为导向的定价从消费者需求着手，而不是从成本着手。价格领先策略是一家或几家主导企业制定价格后，行业内所有竞争者都会遵从。

- 什么是盈亏平衡分析？

　　盈亏平衡分析是确定不同销量下利润率的分析过程。盈亏平衡点是指销售收入线与总成本线的交叉点。

- 为什么公司使用非价格策略？

　　定价是最容易模仿的营销策略之一，通常不是一个好的长期竞争工具。

批判性思考

1. 哪些增值成分影响了你的择校决定？你考虑过学校的规模、位置、学费、声誉、Wi-Fi 服务、图书馆和科研服务、运动、课程设置吗？什么因素最重要？为什么？你当时的备选学校有哪些？后来为何没去那些学校呢？
2. 除了不时更改菜单，你还可以做些什么来提升金色收获餐厅的产品整体概念？
3. 你在制作金色收获餐厅菜单时，如何使用心理定价？
4. 产品广告中使用的名人令你印象深刻吗？你可以用哪些名人来宣传金色收获餐厅？

本章案例　开发达美乐的新产品

达美乐是世界第二大比萨连锁店。如今，从美国俄亥俄州哥伦布市到印度孟买，达美乐向世界各地饥肠辘辘的顾客提供热气腾腾的比萨。达美乐倾听消费者的需求，创造方便、省时、全家都能享用的价值主张，在竞争激烈的比萨市场中赢得了声誉。开发新产品和服务是公司的核心，因此，达美乐仔细研究饮食、食品和技术的趋势。公司召开座谈会，了解顾客喜欢和不喜欢哪些比萨配料、三明治和开胃菜。它们还时刻密切关注竞争对手的动向。

当达美乐决定将沙拉添加到菜单中时，它意识到，拓展这项业务领域颇具挑战性。在添加沙拉之前，公司必须回答几个问题。其中一个关键问题是，应该在自家店里做沙拉，还是应该找一个沙拉行业经验丰富的合作伙伴来完成这项业务。后来，达美乐找到了 Ready Pac Foods 公司做合作伙伴，这家公司在沙拉市场有着良好的声誉。接下来，公司必须决定选用哪些沙拉添加到菜单里。经过很长一段时间的口味测试和座谈会研究，公司决定推出三个沙拉品种：经典花园（Classic Garden）、鸡肉凯撒（Chicken Caesar）和鸡肉苹果山核桃（Chicken Apple Pecan）。

达美乐每次引入新产品时，都会谨慎地将新产品缓慢地推向市场。公司在全美各地（大城市、小城镇、北部、南部等）的1.3万家门店中，约有1/5的门店推出了沙拉产品。对于任何新产品而言，市场推广通常都是成功的关键。达美乐广泛使用广告、社交媒体和店内促销，在选定的测试市场中推出该产品，增强消费者对新菜单上新内容的认知。在公司决定将新产品彻底商业化之前，让测试市场接受新产品是非常重要的。有时，客户关于商品和服务的反馈会令达美乐意想不到。例如，许多客户会告诉公司，达美乐比萨对于他们的婚礼有多重要。达美乐使用此反馈，创建了达美乐结婚礼物登记清单。公司设计了一套完整的营销活动，有迷人的新娘和新郎照片，当然，还有比萨饼。

顾客将购买产品的花费与期望的产品利益进行比较，以此感知产品的价值。在当今竞争激烈的市场中，倾听客户的需求是取得成功至关重要的因素。虽然达美乐永远乐意听取客户对新产品的建议，但它知道，并非所有的产品创新都能在市场上获得成功。事实上，公司在评估新产品时遵循的标准是“失败是一种备选方案”。与所有成功的公司一样，达美乐明白，公司交付的产品必须满足客户不断变化的需求，才能实现长期增长，始终立于不败之地。

思考

1. 你认为达美乐比萨属于哪一类消费者产品？为什么？
2. 新产品开发过程中有哪些步骤？
3. 沙拉现在处于产品生命周期的哪个阶段？为什么？达美乐进军沙拉市场的决定是否明智？

第 15 章

产品分销

学习目标

1. 阐释分销渠道的概念和价值。
2. 论证营销中介如何实施六种营销效用。
3. 识别分销系统中批发商中介的类型。
4. 比较零售商使用的分销策略。
5. 解释各种不同的非实体店零售。
6. 解释在渠道系统建立合作的不同方式。
7. 描述物流并阐述中介如何管理货品的运输与仓储。

Understanding Business

本章人物

HNM 全球物流公司总裁兼首席执行官托尼·麦基

托尼·麦基（Tony McGee）白手起家，创建了一家大型物流公司，他承认，在局外人看来，这个领域似乎没有那么令人兴奋。麦基说："物流是一个庞大的行业，但干这行挺乏味的。是谁说，'我长大后想管间仓库？'"尽管供应链管理的名声平平，但其全球影响力在保持企业高效性和盈利性方面发挥着重要作用。另外，像麦基这样的大玩家，只要深谙这个行业复杂的游戏规则，就可以财源滚滚来。

资料来源：Courtesy of HNM Global Logistics.

小时候，麦基从未想过会加入职业橄榄球联盟（NFL），同样，他也从未想过会成为一位供应链专家。麦基出生于印第安纳州特雷豪特，和当地孩子一样，麦基梦想成为一名职业篮球运动员。他获得了顶尖大学的奖学金，但他担心自己1.9米的身高太矮，打不了自己喜欢的大前锋位置。不过，他已长大，完全可以打橄榄球了。20世纪80年代末，他获得了密歇根大学的奖学金，进入校队打边锋，同时攻读传播学专业。虽然大学生涯的大部分时间麦基都是在替补席上度过的，但到了大四，他终于有机会上场，并证明了自己的价值。在1992年的"玫瑰碗"比赛中，他发挥了关键作用，后辛辛那提猛虎队在NFL选秀的第二轮选中了他。

麦基打了11年的职业橄榄球，其中大部分时间都是在辛辛那提度过的，随后在达拉斯牛仔队（Dallas Cowboys）和纽约巨人队（New York Giants）短暂效力。麦基虽然从未赢得过冠军，但他拼命攒钱，最后带着一大笔钱离开联盟。球员生涯结束后，这些积蓄保障了他后续选择的自由。他搬到佛罗里达州，成为一名体育播音员，很快，他又在房地产行业找到了一份赚大钱的工作。在两年的时间里，他购买了8处房产，然后转手卖出，将100万美元利润收入囊中。"那时我就像……我就会永远这么做下去。"麦基说。后来，次贷危机爆发，房地产市场陷入混乱。他与合作伙伴成立了一家小型屋顶材料供应公司，东山再起。

这家公司吸引了许多知名客户，这在很大程度上归功于麦基的干劲和魅力。后来有一天晚上在外就餐时，他无意中听到一个熟人说起，她最近与一家物流公司签订了一份9300万美元的合同。这立刻引起麦基的注意，转身问她："那是什么？"接着，麦基埋头数月，潜心研究，最终于2011年创办了HNM全球物流公司（HNM Global Logistics）。该公司充当中介，为需要运输货物的企业和能够运输货物的船运公司牵线搭桥。"我刚想明白，"麦基说，"你得拿起电话，开始打电话，建立关系网，利用你的资源……只是，我必须把这件事做完。"

当然，驾驭全球供应链的庞大网络需要的不仅仅是人际交往技能。麦基必须获得政府机构的认证，同时还要预先支付当地航空公司的贷款。在获得认证后的几个月内，HNM与美国海关签订了一份合同，帮海关运输查获的违禁品。最大的物流公司通常看不上这种较小的业务，这给麦基留下了一个清晰明确的利基市场。寻求这类规模适中的业务成为HNM商业模式的核心，HNM第一年便创下了超100万美元的营收。现在，该公司的年收入达到八位数。

营销的4P分别是产品、价格、渠道和促销，本章是关于渠道的。渠道的职能还有许多其他表述，包括航运、仓储、配送、物流和供应链管理。我们将在本章中探讨所有这些概念。最后，你将更好地理解将产品从生产者转移到消费者所需的诸多步骤。

资料来源：Alix Stuart, "3 Key Takeaways from a Former NFL Star's Business Playbook," *Inc.*, February 2016; Dan Greene, "An Ex-NFL Star Delivers," *Fortune*, March 30, 2015; Dan Greene, "Former Bengals Tight End Tony McGee Found Post-NFL Success with Logistics," *Sports Illustrated*, March 24, 2015; "Tony McGee: President/CEO," HNMglobal.weebly.com, accessed September 2017.

营销中介的兴起

在市场营销中，分销和仓储很容易被忽视，营销的重点往往放在广告、销售、营销研究和其他活动上。但其实，无须多费心思就能认识到分销的重要性。试想阿迪达斯面临的挑战：要将原材料加以整合，生产数百万双鞋，然后再将这些鞋分销到世界各地的商店。这就是成千上万的制造企业（从汽车到家具和玩具等）每天必须处理的事情。[1] 再想想曾经发生过的火山喷发或海啸灾害，都会导致部分商品供应中断。对于分销经理来说，这些都是司空见惯的问题。[2]

所幸的是，有成千上万的公司和个人在协助工作，他们先把原材料送达生产者，再把生产出来的产品送到消费者那里。然后，他们会把产品从消费者那里送达回收商，最终返回制造商或装配企业（参阅“聚焦小企业”专栏）。管理商品流转已成为许多组织最重要的管理职能之一。[3] 下面我们看看这个职能是如何履行的。

营销中介（marketing intermediaries，曾称为“中间商”），是协助生产者将商品和服务从企业送达企业（B2B）以及从企业送达消费者（B2C）的组织。之所以称为中介，是因为它们处于一系列组织的中间，与这些组织一道将产品从生产者配送给消费者。**分销渠道**（channel of distribution）是包括代理商、经纪人、批发商和零售商在内的全部营销中介，它们采用各自的途径（或渠道）运输和存储货物，共同负责使货物从生产商流向消费者。**代理商 / 经纪人**（agents/broker）是撮合和协助买卖双方磋商交易，但并不拥有商品所有权的营销中介，也就是说，它们在任何时候都不拥有商品的所有权。房地产中介即为一例。

批发商（wholesaler）是将产品卖给其他组织（如零售商、制造商和医院）的营销中介，是 B2B 系统的一部分。由于分销成本高昂，沃尔玛一直设法将批发商从其分销系统中剔除，自己来做这项工作。也就是说，沃尔玛有自己的仓库和卡车，设有 150 多个配送中心，用 61 000 辆拖车将商品配送到各家门店。[4]最后，**零售商**（retailer）是向最终消费者（像你我这样的人）售卖的组织。

分销渠道有利于供需双方的信息沟通，确保资金和货物所有权的流动，还能在需要的时间、需要的地点提供数量与种类正确的商品。图 15-1 显示了消费品和工业品的部分分销渠道。

当你驾车行驶在任何一条美国的公路上，看到数千辆卡车和火车把货物从这里运到那里，就能体

想一想

像亚马逊物流中心这样的配送仓库可以将商品一直储存到需要的时候。将食品、家具、服装和其他需要的货物放在附近有什么好处？

察到正在运转的美国配送系统。而你看不到的是，有许多配送仓库存储着货物，等待需要时运送出去。你是否想过，身边有食物、家具和其他必需品有什么好处？你开车从一个城镇到另一个城镇时，沿路是否看见过配送仓库？

聚焦小企业

以前是我的，现在归你了

（www.thredup.com）

衣柜里挂满了衣服，每次打开却总觉得没有衣服可穿。ThredUP 首席执行官詹姆斯·莱因哈特（James Reinhart）在 2008 年遇到了同样的问题，于是，他决定清理房间。他把想卖的东西全都收拾出来，拿去了当地的一家寄售商店。商店一看立刻说不收。店里有张清单列出了可收取的品牌，而他的高档服装并不符合要求。此后，莱因哈特与他的两个朋友奥利弗·卢宾（Oliver Lubin）和克里斯·霍默（Chris Homer）一道，创办了自己的二手服装公司。

ThredUP 于 2009 年成立时专注于男装，后迅速进入儿童和女性市场。起初，他们的买卖过程跟 eBay 差不多。卖家把商品售卖信息贴在网上，然后直接寄给买家，ThredUP 从中收取部分费用。然而，这种商业模式达不到莱因哈特期望的增长。所以，他决定做一些改变。2011 年，ThredUP 启动了新系统，由公司处理交易全过程。卖家把衣服直接送到公司，在那里处理、拍照，最后在网站上挂出来。一旦有人购买，公司会重新包装衣服，并通过联邦快递发货。

这家由科技公司转型的物流公司现在运转良好，在加利福尼亚、宾夕法尼亚、佐治亚和伊利诺伊州都有配送中心。如今，ThredUP 的增长达到令人难以置信的水平，每月处理衣服 200 万件，有望成为大型转售服装市场的长期生力军。

资料来源：Courtesy of thredUP.

资料来源：Ryan Mac, “ThredUp, Seller of Secondhand Clothes, Bags $81 Million from Goldman Sachs,” *Forbes*, September 10, 2015; Robert Channick, “Online Clothing Reseller ThredUp Opens Vernon Hills Distribution Center,” *Chicago Tribune*, March 21, 2016; Liz Welch, “The Mothball Marketplace 2.0,” *Inc*., July-August 2016; Fitz Tepper, “Online Thrift Store ThredUP Is Opening Physical Retail Locations,” *TechCrunch*, June 27, 2017.

营销为什么需要中介

从图 15-1 可以看出，有些制造商直接向消费者销售商品。那么，为什么还要营销中介呢？答案是，让中介机构执行某些营销任务，如运输、仓储、销售、做广告和建立关系，速度更快，成本更低。这里有一个简单的类比：你可以亲自去给世界上任何地方的人递送包裹，但通常你不会这么做。为什么？因为把邮件交给美国邮政服务公司或 UPS 这样的私营公司投递，通常更便宜，也更迅速。

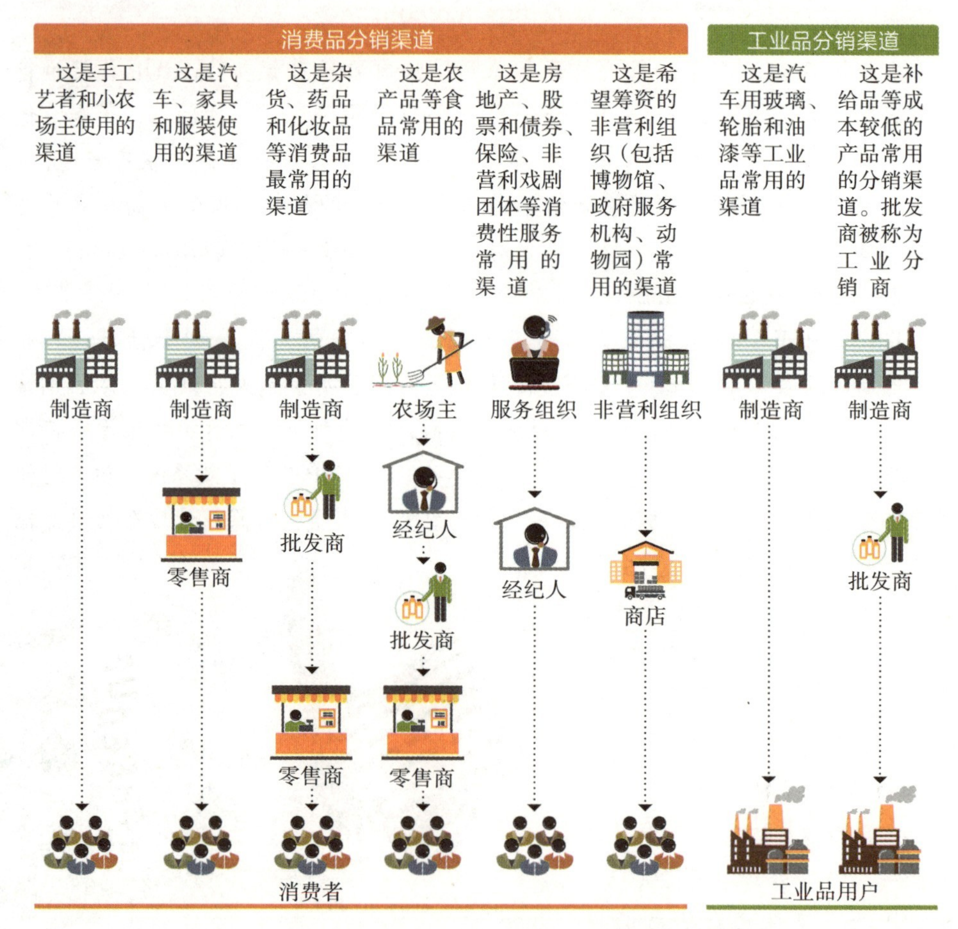

图 15-1 消费品、工业品及服务的部分分销渠道

你也可以亲自卖房子，或者直接购买个人公司的股票，但你多半不会这么做。为什么？原因是一样的，代理商和经纪人是营销中介，交给他们处理交易事宜更省事，更高效，你自己赚得也更多。在下一节中，我们将探讨营销中介

是如何提高各种市场交易的效率的。

中介如何提高交易效率

可以用一个简单的办法认识使用营销中介的好处。假设有 5 家食品厂商，都想把产品直接卖给零售商，那么创建这个市场所需的交易关系的数量是 5×5，即 25。

但我们想象如果让批发商进入系统会发生什么。5 家厂商分别与批发商联系，建立 5 个交易关系。批发商随后与 5 家零售商建立联系，又建立了 5 个交易关系。有了批发商，交易关系的数量从 25 家减少到 10 家。图 15-2 显示了这个过程。

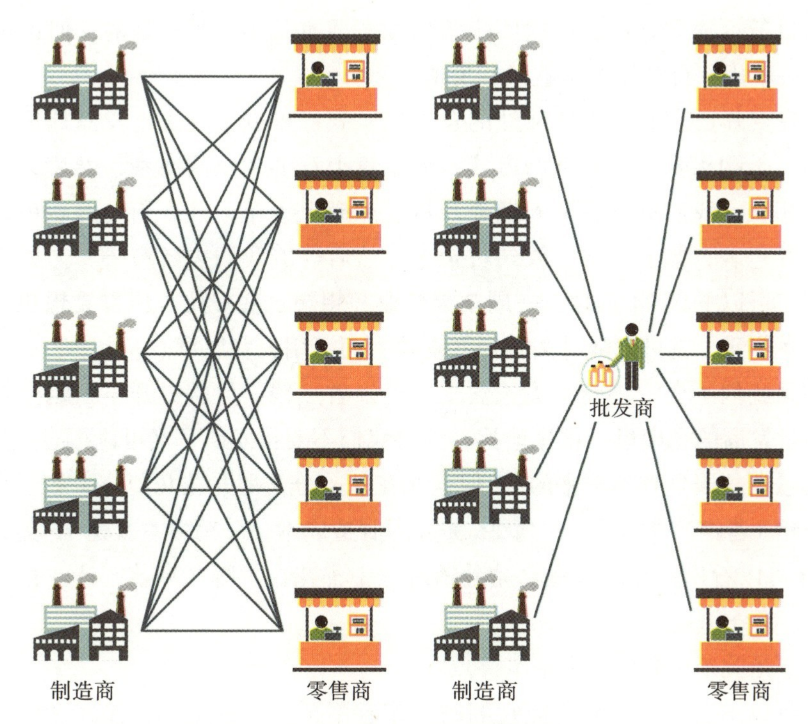

图 15-2　营销中介如何提高交易效率

如图所示，将批发商加入分销渠道，可以将合同数量从 25 个减少到 10 个，这就提高了分销效率

有经济学家表示，中介增加了成本，应予取消。营销人员认为，中介提升了价值，而且这一价值远大于成本。下面我们来探讨这一争论，看看中介创造了哪些价值。

中介的价值和成本

公众常常对营销中介持怀疑态度。有调查显示，我们所购商品有一半费用是营销费用，而且大多是用于支付中介的。人们总觉得，如果我们不用中间商，不管买什么，都能大幅降低成本。听起来挺容易，但做起来真那么简单吗？

拿一盒售价4美元的麦片来举例。作为消费者，我们如何才能买到更便宜的麦片？没错，我们都可以自己开车去密歇根，那里盛产谷物，价格低廉，还可以省下运费。但是设想数百万人开车去密歇根就为了买麦片，这根本说不通。但如果让营销中介去把麦片运到各大城市来卖，就会便宜很多。当然，这需要批发商进行运输和仓储，而这些步骤增加了成本，不是吗？是的，但也增加了价值——不用亲自开车去密歇根的价值。

现在麦片已存放在市郊某处的仓库里。我们可以开车去批发商那里买，但这仍然不是购买麦片最经济的方式。如果算上汽油和时间成本，麦片又会变得太贵。相反，我们更乐意请人把麦片从仓库搬上卡车，开到街角的超市，卸下来，拆开包装，标上价格，放到货架上，然后等着我们去超市买。为了方便顾客，超市可以一天24小时，一周7天营业。想想这些费用。但也要想想价值！只要花4美元，就可以随时买到一盒麦片，而不用大费周章。

如果我们不要零售商，买一盒麦片可以省点钱，但就得开车多跑些路，花时间在批发商的仓库里一排排地找。如果我们不要批发商，又可以再省点钱（开车去密歇根的钱是省不下来的）。但这儿花几美分，那儿花几美分，加起来也快接近分销（营销）成本了——每25美分的制造成本，分销成本就是75美分。从图15-3可以看出，你的钱在食品分销过程中都花在了哪些环节。请注意，盈利只有3.5美分。

以下是关于中介的三个基本要点：

1. 可以不用营销中介，但它们的工作省不了。也就是说，你可以少用一些批发商和零售商，但它们的工作就得由消费者或其他人来完成，包括运输和存储货物、寻找供应商、与供应商沟通。不是所有组织都会使用所有的中介，但也不是说它们就一个中介（如零售商）都不用，只不过，有些中介的工作可以由组织内部的人员来完成。

2. 中介组织之所以能够存活下来，是因为它们可以更快地履行营销职能，而且成本更低。这些组织为了保持在渠道中的竞争地位，现在必须采用最新的技术，如搜索引擎优化、社交网络（如 Facebook)、网站统计数据的分析，以便深入了解客户。

3. 中介增加了产品成本，但它们创造的价值通常可以抵消这些成本。

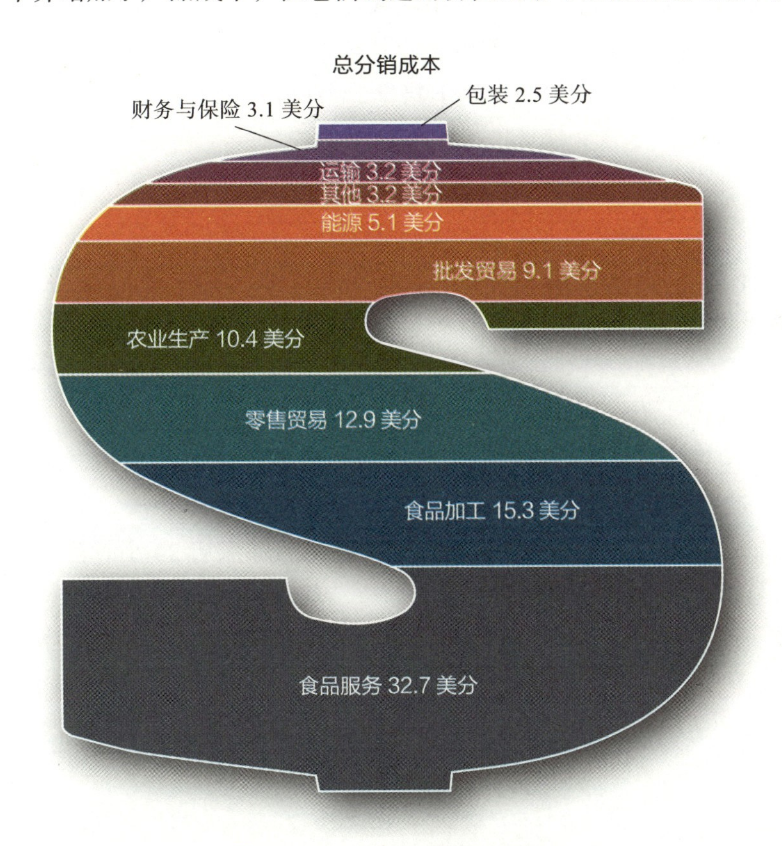

图 15-3 1 美元食品的分销结果

注意，你花 1 美元买的食品，只有 10.4 美分归农民，大部分钱都给了中介。

资料来源：美国农业部经济研究局，ers.usda.gov，于 2017 年 10 月访问。

中介创造的效用

在经济学中，**效用（utility）**是当产品比以前更有用或更易获得时，组织赋予产品或服务的价值，即满足需求的能力。六种效用分别为：形态效用、时间效用、地点效用、占有效用、信息效用和服务效用。虽然生产者也会提供一些效用，但大部分是由营销中介提供的。我们来看看是如何提供的。

形态效用

传统上认为，由生产商而不是中介把原料加工成有用的产品，从而产生形态效用（见第9章）。因此，农民把小麦从谷壳中分拣出来，加工者把小麦制成面粉，都是在创造形态效用。零售商和其他营销人员有时也能产生形态效用。比如，零售肉贩从一大块猪肉上切下猪排，去掉肥肉；星巴克的咖啡师按照顾客的要求煮制咖啡。

时间效用

零售商等中介让产品在消费者需要时即可获得，这就为产品增加了**时间效用（time utility）**。德弗·坦南特（Devar Tennent）住在波士顿，一个冬夜，他和哥哥看电视时，突然想来个汉堡和可乐，但家里都没有。

坦南特跑到街角的小店买了点肉、面包、可乐和薯条，还买了冷冻草莓和冰激凌。坦南特可以在午夜买到这些，是因为那家店24小时营业。这就是时间效用。如今，你可以随时上网购物，但若在想要的时候就能买到，网店还是比不了街角的小店。“社媒连线”专栏描述了麦当劳如何根据顾客的需求，利用社交媒体来提升店面的服务。

想一想

想想有多少商店一天24小时，一周7天营业，创造时间效用。你是否有过半夜想来份小吃或者药吃完了得续上的情况？时间效用是如何增加价值的？

社媒连线

我就喜欢全天候鸡蛋松饼

如今，公司的客服代表们都通过Facebook和推特等社交媒体，全天候处理投诉和表扬。像麦当劳这样的公司也会在社交媒体上分享新的菜单公告、开心乐园餐玩具促销活动，甚至还有赢取巨无霸特制酱汁的比赛。对于企业来说，在社交媒体上与客户建立联系是非常必要的，尤其是与“千禧一代”。

麦当劳有三个全球数字媒体中心，一个位于伊利诺伊州橡树溪的总部，另外两个分别在伦敦和新加坡。媒体中心的员工时时监控媒体上人们的评论，并在需要的时候做出回应。当社交媒体团队发现，“千禧一代”中只有1/5的人吃过巨无霸时，他们开始考虑供应小一些的三明治。目前的巨无霸对于注重健康的人群来说太大了。

社交媒体团队最大的变革是引入了全天候早餐。几十年来，麦当劳的早餐都是在 10 : 30 准点结束。米奇团队在网上处理了无数投诉后，看到了一个机会。于是，公司尝试在部分门店全天供应几种早餐菜单。结果，顾客反应热烈，强烈要求更多门店供应全天候早餐。在所有门店都推出全天候早餐后，78% 的“千禧一代”表示，他们每月至少会光顾一次麦当劳。后来麦当劳增加了全天候早餐品种，将人们在社交媒体上要求的餐点加入进来。看来鸡蛋松饼不再只是早餐时才能吃到了。

资料来源：Julie Jargon, “ McDonald's Goes Digital to Draw Youth,” *The Wall Street Journal*, October 14, 2016; “ McDonald's Wins Back Millennials,” Warc, October 17, 2016; Mac Hogan, “ McDonald's Customers Are Fed Up with Not Being Able to Order McFlurries, ” *CNBC*, January 19, 2017; Brian Sozzi, “ Social Media Blows Up as McDonald's Gives Away Iconic Big Mac Sauce in Bottles,” *The Street*, January 28, 2017.

地点效用

中介将产品放在人们想要的地方，这就为产品增加了**地点效用（place utility）**。罗莎·雷耶斯（Rosa Reyes）在穿越美国南达科塔州荒地旅行时，又饿又渴。方圆数里都没有商店，但罗莎在路边看到了指示牌，上面写前方就有一家 7-11 便利店。她跟着指示来到店里，吃了点心，还买了太阳镜和纪念品。7-11 便利面的地点设置对度假者来说非常便利。

7-11 便利店在美国各地一直很受欢迎，因为店面位置通常都很方便到达，这就提供了地点效用。随着销售日益全球化，地点效用将变得越来越重要。杂货店现在还增加了取货服务，这样顾客就可以先在网上订购，然后选个方便的时间和地点过去取货。这也是地点效用的例子。[5]

占有效用

中介采取一切必要措施，将所有权从一方转移到另一方，包括提供信用额度，来增加**占有效用（possession utility）**。与占有效用相关的活动包括交付、安装、保证和后续服务。拉里·罗森伯格（Larry Rosenberg）想在郊区买一套漂亮的房子。他找到了心仪的房子，但却没钱。于是，他跟房地产经纪人一道，来到当地一家储贷协会借钱买了房。房地产经纪人和金融机构都是提供占有效用的营销中介。对于那些不想通过购买而拥有商品的人来说，占有效用可以让他们通过租用来使用该商品。

信息效用

中介通过开放市场参与者之间的双向信息流，来增加**信息效用（information utility）**。杰罗姆·华盛顿（Jerome Washington）决定不了买什么样的电视机，他看了网上的各种广告和评论，还跟几家商店的售货员聊过。报纸、销售人员、图书馆、网站和政府出版物都是中介可以提供的信息来源，他们提供信息效用。

服务效用

中介在售中与售后提供高效友善的服务，指导消费者如何用好产品，以此增加**服务效用（service utility）**。塞伦买了一台苹果电脑，用于家庭办公。任何时候，只要他需要，他买电脑的那家苹果店总是会提供帮助。他还能获得软件更新，使电脑系统保持最新状态。而最吸引塞伦的是，苹果门店里销售人员为他提供的有用而友好的服务，还有苹果天才吧（Genius Bar）专家们的服务。服务效用正迅速成为许多零售商最重要的效用，如果没有服务效用，它们的业务将会被直接营销（如目录营销或在线营销）抢走。互联网是如何提供服务效用的？

想一想

售后服务是苹果公司成功的一个主要原因。顾客可以打电话预约苹果天才吧的专家，帮助他们学会使用苹果手机或平板电脑。这一服务是如何增加苹果产品的价值的？

资料来源：©Andy Kropa/Redux.

批发商中介

我们先来区分批发商和零售商，厘清两者的功能。有些生产商只与批发商打交道，而不直接面向零售商或最终用户（消费者）；有些生产商与批发商和零售商做生意，但给批发商的折扣更大。同样，有些批发商既向零售商销售，也卖东西给消费者。办公用品零售商史泰博（Staples）就是一个很好的例子，该公司向小企业和消费者销售办公用品。沃尔玛山姆会员店、开市客等仓储式会所是集批发和零售于一体的企业。

批发和零售的区别在于：零售是将商品和服务出售给消费者供个人使用；批发是将商品和服务出售给企业和机构，如学校或医院，供其使用，或出售给批发商或零售商进行转售。

批发商从事企业对企业的销售。大多数人对各种各样的批发商不像对零售商那样熟悉，所以，下面我们就来探讨这些有用的批发商中介。大多数批发商中介提供了很多营销岗位，你可以从中寻找良好的职业机会。

商品批发商

商品批发商（merchant wholesalers）是拥有所经营商品所有权的独立企业。大约 80% 的批发商都属于这一类。[6] 批发商有两种类型：完全服务批发商和有限服务批发商。

完全服务批发商（full-service wholesalers）履行所有分销职能。它们提供销售队伍来销售货物，维持库存，沟通广告交易，安排货物运输，提供资金和市场信息，同时承担货物的风险。有限服务批发商（limited-function wholesalers）只执行部分职能，但它们会尽力出色完成工作。三种常见的有限服务批发商是：超市批发商、现购自运批发商和代发货批发商。

超市批发商（rack jobbers）在零售商处设置货架，展示商品（如音乐专辑、玩具、饰品、保健美容用品），以寄售的方式进行销售。这就意味着，商品所有权归批发商所有，批发商要等商品售出后，才能与零售商分享利润。你见过超市里摆满杂志和相关物品的架子吗？很可能是超市批发商放在那里的。

现购自运批发商（cash-and-carry wholesalers）主要为小型零售商提供种类有限的产品。传统上，零售商到这类批发商处，支付现金，然后把货物运回自己的店里，因此便有了“现购自运”的说法。如今，史泰博等商店允许零售商等使用信用卡进行批发采购，因此，对于批发商来说，现购自运已经过时了。

代发货批发商（drop shippers）从零售商和其他批发商处征得订单，然后让生产商将货品直接运送给买方。它们拥有商品，但不生产、存储或运送，这些都是由生产商完成的。代发货批发商通常从事大宗货物的交易，如煤炭、木材和化学制品。

代理商和经纪人

代理商和经纪人把买卖双方撮合在一起，协助进行交易谈判。但与批发商不同的是，它们从不拥有产品的所有权，通常也不存储货物，不提供赊账，不承担风险。商品批发商通过销售商品获利，而代理商和经纪人则按照销售收入的一定比例收取佣金或费用。代理商一般会与客户保持长期关系，而经纪人多为临时雇用的。

代理生产商的人既可以是生产代理商（manufacturers'agents)，也可以是销售代理商（sales agents)。只要它们销售的产品不会相互竞争，生产代理商可以代理某个特定领域里的几个制造商。它们经常在汽车供应、制鞋和钢铁工业领域工作。销售代理商通常只代理某个较大区域的单个生产商。

经纪人与买卖双方没有持续的长期关系。一旦买卖双方就合同进行谈判，它们的关系就结束了。水果和蔬菜等季节性产品的生产商经常使用经纪人，房地产行业也是如此。

想一想

代理商和经纪人是大家熟悉的中介，他们通常不拥有所售商品的所有权。比如，房产经纪人协助买卖双方交易，但从不拥有房屋产权。房产经纪人在房屋销售中提供哪些服务？

零售中介

请记住，零售商是一种营销中介（如超市或鞋店），向最终消费者进行销售。美国号称拥有370多万家零售店。零售组织雇用了近4200万人，是营销专业毕业生的一大雇主。[7] 近年来，许多零售商深受经济衰退的影响，纷纷裁员，乃至被迫关门。[8] 梅西百货、西尔斯和杰西潘尼等大型零售商自经济衰退以来业绩有所改善，但仍关闭了大量门店。[9] 你一定知道零售商和亚马逊网店之间的激烈竞争。为此，零售商店和购物中心都在采取应对措施，为顾客提供更多娱乐活动，对商店进行翻新改造。[10] 但有人说，最后的赢家仍将是亚马逊。[10] 如果亚马逊真的大获全胜，对零售业的就业岗位会产生怎样的影响？

表15-1描述和列举了各种零售商。你是否去过这些商店？它们有哪些优点？你愿意在零售店工作吗？有些零售商似乎主要在价格上竞争，但另一些零售商（如专卖店）则靠多样性来与对手抗衡。营销人员使用几种策略进行零售分销，下面我们来做解释。

表 15-1　零售商类型

类　型	描　述	实　例
百货商店	不同的部门销售多种多样的商品（衣服、家具、居家用品）	西尔斯、杰西潘尼、诺德斯特龙
折扣店	销售各种商品，价格通常低于百货商店	沃尔玛、塔吉特
超市	主要销售食品和其他非食品类商品，如洗涤用品和纸制品	西夫韦、克罗格（Kroger）、艾伯森（Albertsons）
仓储式会员店	销售食品和日用品，店面通常比超市大，而且提供折扣价；通常采用会员制	开市客、沃尔玛山姆会员店
便利店	出售食物和其他日用品，位置便利，24 小时营业	7-11
大型专卖店	专门销售某特定品类，因其样式齐全、库存充足而占据市场主导地位	Bass Pro、欧迪办公
工厂直销店	以折扣价销售直接来自制造商的一般商品，商品也可能是断码或瑕疵品	诺德斯特龙百货、丽诗加邦、耐克、TJ Maxx 百货
专品店	大量销售某一类商品（二手商品）	珠宝店、鞋店、自行车店

零售分销策略

产品不同，零售分销策略也应有所不同，所以，营销人员要做的一个重要决策就是，选择合适的零售商来销售产品。零售分销分为三类：密集分销、选择性分销和独家分销。

密集分销（intensive distribution）是尽量将产品分销到更多的零售点上销售，包括自动售货机。糖果、口香糖和流行杂志等便利商品都需要进行密集分销。

选择性分销（selective distribution）是在某个地区仅选取一批优先的零售商。这样选择可以确保生产商提供高质量的产品和服务。家电、家具和服装（选购品）制造商采用选择性分销。

独家分销（exclusive distribution）是仅向特定区域的某一家零售店发送产品。零售商拥有销售产品的专有权，因此很可能拥有大量库存，提供出色的服务，也更关注该品牌。豪车制造商经常使用独家分销，跳伞设备等特殊产品的生产商也是如此。

在线零售和其他非实体店零售

在零售业，网上零售备受关注。[12] 在线零售（如亚马逊、美捷步等）只是非实体店零售的一种形式，其他形式还包括电话营销，自动售货机、售货亭、售货车和快闪商店，直销，多层次营销，直效营销，小企业可以利用非实体店零售开辟产品分销的新渠道。

在线零售

在线零售（online retailing）包括向最终消费者在线销售产品和服务。**社交电商**（social commerce）是一种电子商务形式，包括使用社交媒体、支持社交互动的在线媒体，以及协助在线购买和销售产品和服务的用户贡献（社交电商的类型见图15-4）。

社交电商指的是广泛的购物、推荐和销售行为。这些形式经过测试和验证，可以增加销量，提高客户满意度，所以更多形式将被介绍

1. 点对点销售平台（又称C2C或C2C营销，如eBay、Etsy、亚马逊和Getaround）：以社群为基础的市场，在这里个人可以进行互动，直接进行销售。
2. 社交网络商店和购物App（如Facebook卖场、Twitter、Instagram、Pinterest）：通过知名社交网络平台的推荐，来推动销售
3. 团购和日常交易（Groupon、LivingSocial、Scoutmob）：如果愿意购买的人足够多，就会以较低的价格提供产品和服务
4. 同行推荐（亚马逊、Yelp）：整合对产品或服务的评论，根据其他人的购物记录来推荐产品
5. 由用户主导的购物（Fancy、Lyst、Styloko）：在这类购物网站上，用户可以创建喜好的产品和服务清单，并分享给其他人，供其购买
6. 众筹/众包（Threadless、Kickstarter、Cut On Your Bias、Indiegogo）：消费者通过投票、融资和合作设计产品，直接参与到生产过程中
7. 社交购物（ModCloth、Fab、Fancy）：具有聊天和论坛功能的购物网站，供人们讨论和交换意见

图15-4 社交电商的类型

资料来源："The 7 Types of Social Commerce," Conversity, accessed February 2017; Daniel Nations, "6 Social Shopping Websites You Need to Check Out," Lifewire, accessed February 2017.

过去几年来，由于网站越做越好，打折活动繁多，在线零售额大幅上升。[13] 但赢得顾客只是成功的一半；另一半是送货上门，提供有助益的服务，从而留住顾客。当在线零售商库存不足，或者无法按时送货（尤其是在节假日和其他销售旺季），顾客往往会放弃网购，回到实体店。

大多数在线零售商都采用电子邮件来确认订单。但有时，它们在处理投诉、接受退货和提供人工服务方面不如实体商店。一些在线卖家正在网站上添加"帮助"按钮，监控社交媒体顾客，以便为他们提供实时的人工在线帮助，以此提

升顾客服务水平。

增设了网上商城的传统实体店有时被称为线上线下融合店（brick-and-click stores），可以让顾客选择最适合自己的购物方式。大多数公司若想赢得未来的竞争，可能既需要实体店，也需要线上服务，为消费者提供他们想要的所有选择。[14]

西尔斯等传统零售商认识到，在线销售需要采用新的分销方式。[15] 西尔斯的仓库以前一直都车载斗量地往公司零售店运送货物，但它们还没做好准备，直接向个人消费者发货，除非是家具和电器之类的大宗订单。看来，传统零售商和网上零售商都得开发新的分销系统，满足当今消费者的需求。在 eBay 上卖东西并非难事，但总还需要把这些东西配送出去。大多数人将配送工作外包给联邦快递或 UPS，它们拥有快递的专业知识。一些线上线下融合店为顾客提供了节省运费的方案，让顾客去实体店提取网购物品，希望顾客在提货时能顺便买些东西。

电话营销

电话营销（telemarketing）是通过电话销售商品和服务。许多公司用它来补充或取代店内销售和网上销售，它们给消费者寄送产品目录，消费者通过拨打免费电话进行订购。许多网上零售商也在网上设置了“帮助”功能，其作用与产品目录相当。

自动售货机、售货车、售货亭和快闪商店

如果消费者投入足够的钱，自动售货机就会售出方便商品。自动售货机具有地点优势，人们想在机场、办公楼、学校、服务站等处购买方便物品时，都能找到自动售货机。在日本，自动售货机从绷带、洗脸巾到沙拉和五香海鲜食品，无所不卖。随着越来越多的创新产品在美国推出，自动售货机将成为值得关注的有趣领域。美国的自动售货机已经开始销售 iPod、博士（Bose）耳机、运动鞋、数码相机和 DVD 影碟，甚至有些自动售货厅开始销售汽车和卡车。[16] 阿布扎比的自动取款机还能取出黄金。

想一想

想吃个墨西哥卷饼，但是奇波雷墨西哥餐馆（Chipotle）关门了？幸好你们当地的便利店有一个墨西哥卷饼自动售货机，提供 5 种卷饼，每个 3 美元。一旦顾客选好了，自动售货机就会播放一分钟左右的音乐视频，顾客欣赏完毕，玉米煎饼也就加热好了。你还能想到什么热的食物可以在自动售货机里卖的吗？

售货车和售货亭的管理费用比商店要低，所以可以用较低价格售卖T恤、钱包、手表和手机等商品。人们经常可以在商店外面或大型商场的走道上看到售货车。不少商场老板喜欢售货车，它们五颜六色，能够营造出一种集市氛围。售货亭的工作人员经常分发优惠券和有用的产品信息。或许你已经注意到，航空公司正在使用自助服务终端来加快登机速度。大多数终端都能打印登机牌，还能帮你调换座位。

快闪商店在全美各地迅速流行起来。这是一种临时店面，空间很小，只营业一小段时间，售卖传统商店没有的商品。对于网上企业主来说，快闪商店可以招揽新业务，让顾客亲眼看到自己的商品，节省运费。它们甚至可以借此对实体店进行“试运营”。对大厦业主来说也有好处，它们可以将当前空置的空间租给快闪商店，收取租金。[17]

直销

直销（direct selling）是在消费者家里或工作单位进行销售。许多企业利用直销，在所赞助的家庭聚会上售卖化妆品、家庭用品、内衣、服装和蜡烛。很多人白天要上班，家里没人，所以做直销的公司就去工作场所，或者趁晚上和周末去家里举办派对。不过，有些公司已放弃直销业务，转为在线销售了。

多层次营销

许多公司在多层次营销（multilevel marketing, MLM）方面做得非常成功，拥有独立签约的销售人员为其工作。雅芳、Thirty-One和AdvoCare都是知名的多层次营销公司。[18]销售人员从自己的销售额中赚取佣金，也为招募他们的“上线”创造佣金，同时从他们招募来的“下线”那里收取佣金。等到你拥有数百名下线（由你招募的人又去招募的人）时，你的佣金会相当可观。有些人靠多层次营销一个月能挣到上万美元。对员工而言，多层次营销的主要吸引力除了赚钱，还有就是进入市场的成本很低。一般人仅需小额投资，即可开始营销，并着手招募他人。

但是，这并不意味着你就应该参与这类营销计划。许多人质疑多层次营销，因为某些公司存在有违道德的行为。最常见的情况就是，最低层级的人自己购入产品却卖不掉，即便能卖给别人，数量也极其有限。换句话说，无论作为卖家还是买家，都要警惕多层次营销骗局。当然，也不要将这些公司统统拒之门外，毕竟有些做得还是非常成功的。若打算从事这个工作，必须仔细考察这些公司的做法。

直效营销

直效营销（direct marketing）是将制造商或中间商与最终消费者直接联系起来的活动，包括直邮广告、购物目录、电话营销以及在线营销。里昂比恩（L.L.Bean）和 Lands'End 都是深受消费者喜爱的产品目录营销公司。直效营销在一些高科技领域竞争非常激烈。

直效营销之所以流行，是因为对消费者来说，在家或在单位购物比去商店更方便。他们不用开车去购物中心，上网即可购买。或者，翻翻产品目录，浏览报纸和杂志上的广告，然后打电话、发邮件或在线购买。交互式在线销售使得零售商店的竞争日趋激烈。例如，里昂比恩通过免运费，向竞争对手施加压力。如此一来，那些喜欢目录购物或网上购物的人便觉得里昂比恩更有吸引力了。

直效营销还采用了一个新手段——交互式视频，使用这一手段的公司已经成为那些只用纸质目录公司的主要竞争对手。例如，顾客观看穿裙装的模特展现婀娜身姿的视频时，对服装的外观和感觉肯定要比单看一张照片好得多。

为了给消费者提供最大的利益，营销中介必须共同努力，确保商品和服务的顺畅流转。分销渠道并不总是协调一致的。因此，渠道成员创建了系统来提高流转效率。我们将在接下来的章节进行讨论。

建立渠道系统的合作

传统零售商可以与网上零售商一较高下的方法就是大幅提高效率，让网上零售商无法在成本上与其抗衡，毕竟网购需要顾客支付运费。这意味着制造商、批发商和零售商必须紧密合作，形成一个统一的系统。制造商如何才能让批发商和零售商在这样的系统中合作呢？一个途径是让两家公司建立正式的关系。现在有四种将公司联系在一起的系统：企业分销系统、合约分销系统、管理分销系统和供应链。

企业分销系统

在**企业分销系统（corporate distribution system）**中，所有组织都归一家企业所有。如果制造商拥有零售公司，它当然可以掌控其经营活动。涂料巨头宣伟（Sherwin-Williams）全程负责产品的制造、分销和销售。它有自己的零售店，负责协调所有业务：展示、定价、促销、库存控制等。

合约分销系统

如果制造商不能购买零售商店，可以设法让零售商签署合同，双方合作。在**合约分销系统（contractual distribution system）**中，成员有义务根据合同约定进行合作。合约系统有以下三种形式。

1. 特许经营体系，如麦当劳、星球健身（Planet Fitness）、巴斯金－罗宾斯（Baskin-Robbins）和唐恩都乐。加盟商同意特许经营商制定的所有规章制度和程序。正因如此，大多数特许经营组织才能保证质量和服务水平的一致。

2. 批发商出资的连锁店，如 Ace 五金和 IGA 食品商店。每家店签订协议，同意使用相同的名称，参与连锁店的宣传活动。即使每家店都独立核算、自负盈亏，大家也会作为统一的分销系统进行运作。

3. 零售合作社，如联合百货（Associated Grocers）。这种形式与批发商出资的连锁店非常类似，只不过它是由零售商发起的。同样，各家店既有合作，但又保持独立。通常来说，该系统中的零售商都同意从某个批发商处集中采购，但是合作零售商也可以收购一家批发组织，以确保更好的服务。

想一想

像巧巧巧克力公司（Chocolate Chocolate Chocolate Company）这样的特许经营商使用的是合约分销系统，该系统要求特许加盟商遵守经营商的规则和程序。这样的系统如何确保一致的服务质量和水平？

资料来源：Courtesy of Chocolate Chocolate Chocolate Company.

管理分销系统

如果你是生产商，但你无法让零售商签署合作协议，你会怎么做？你可以自己管理所有的营销职能，包括展示、库存控制、定价和宣传。生产商用来管理零售阶段所有营销职能的分销系统称为**管理分销系统（administered distribution system）**。卡夫（Kraft）就是这么做的，施可得（Scotts）也是这样管理公司的种子和其他草坪护理产品的。在这样的系统中，零售商愿意与生产商合作，因为它们可以获得大量免费的帮助。零售商所要做的就是完成销售。

供应链

供应链 / 价值链（supply chain/value chain）包括产品从原料到送达最终消费者手中的系列活动，这些活动必须由不同的组织来完成。供应链比分销渠道长，因为它包含从供应商到制造商这一段，而分销渠道是从制造商开始的。分销渠道是整个供应链的一部分（见图 15-5）。

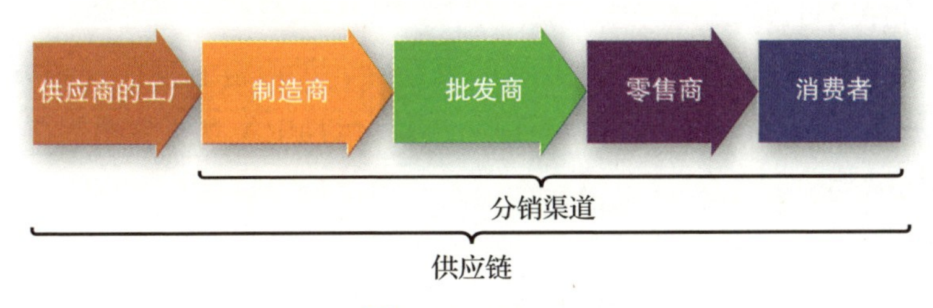

图 15-5　供应链

供应链中包括农民、矿工、各种供应商（如部件、设备、补给）、制造商、批发商和零售商。**供应链管理（supply-chain management）**是对原材料、零件、在制品、制成品和相关信息在供应链上所有组织间的流动进行管理，并在必要时，管理此类产品的退货和回收物资的适时再利用。如何使供应链可持续发展是当今的一项重要议题，因为影响环境的许多因素都是由分销造成的。[21]

汽车制造商起亚（Kia）的索兰托（Sorento）车型即为一例复杂的供应链。索兰托的 3 万多个部件来自世界各地，在佐治亚州的西点市组装。[22] 减震和前装系统来自德国 ZF 萨克斯公司（ZF Sachs AG），前轮驱动来自博格华纳公司（BorgWarner），轮胎来自米其林公司（Michelin），安全气囊有时得从瑞典奥托立夫公司（Autoliv Inc.）空运过来，该公司在犹他州生产安全气囊。正如你所看到的，供应链管理是跨公司、国际化的管理。

思爱普软件（SAP）、i2 和甲骨文等企业已开发软件系统来协调产品和信息的流转，以便生产商用最少的材料、库存和时间将消费者的需求转化为产品。各企业可以顺畅地调动部件和信息，俨然是一家企业。当然，软件系统相当复杂，造价昂贵，但是从长远来看可谓物有所值，可以因此节省库存成本、改善客户服务、响应市场变化。因为这些系统非常有效，有时被称为价值链而不是供应链。星巴克的价值链包括一系列活动，据称其生产过程的每一步都在为产品增加价值。[23]

并不是所有的供应链都能如此高效。有些公司一直苦于居高不下的分销成本，包括断货成本、低效的卡车路线和过剩的库存。供应链管理相当复杂，因此企业常常将整个流程外包给那些熟知渠道整合的专家。想象一家公司在125个国家做生意，要使用37种不同的货币，它可以使用甲骨文的仁科供应链管理（People Soft Supply Chain Management）和财务管理（Financial Management）解决方案等服务。仁科提供财务支持，更便于企业以较低的成本在世界任何地方发货，并确保支付。

随着越来越多的公司意识到分销的复杂性，供应链管理的外包方兴未艾。但外包也可能造成严重后果，比如有些公司在玩具中发现了含铅油漆，在药物中发现了污染物。

物流：把产品高效地送到消费者手中

近年来，运输成本大幅攀升，据估计，美国的物流成本占其国内生产总值的8%。[24] 我们从一国往另一国运输货物时，通常不可能只用卡车或火车，因为得跨越大洋，而空运费用往往高得令人望而却步，所以有时只能选择海运。但你如何把货物装到船上，再从船上到买方种？如何将运输成本控制在最低水平，你和客户才能从这笔生意中赚钱？你们如何处理国际贸易关税和税收？产品的全球配送相当复杂。随着运输和分销日趋复杂，营销商已开发出更先进的系统予以应对。

为了更好地管理海关问题，许多企业改用网络版贸易合规系统。TradePoint和Xporta等企业可以帮助确定需要哪些文件，多方核对美国食品药品监督管理局（FDA）或烟酒枪械及爆炸物管理局（ATF）的数据库，以获得有关国际贸易关税和税收、美国劳工法律限制以及联邦法规方面的信息。换句话说，它们是管理物流的机构。

物流（logistics）是指计划、实施和控制原材料、最终产品和相关信息从产地到消费地的实际流动，以满足顾客的需求并获得利润的营销活动。物流描述了公司如何执行7R（right，正确的）：在正确的时间将正确数量、正确条件、正确价格的正确产品送到正确的地方，交给正确的客户。[26] “知变则胜”专栏讨论了网上零售商为了将新鲜食品送到消费者手中而面临的物流问题。**入厂物流（inbound logistics）**是将原材料、包装、其他产品和服务以及信息，从供应商运送给生产商。

物料搬运（materials handling）是货物的移动，包括仓库内的移动，以及从仓库到工厂，再从工厂到各个工作站的移动。工厂的生产过程将原材料、零部件和其他投入转化为最终产品，如鞋子、汽车和衣服等。

出厂物流（outbound logistics）是将原材料、包装、其他产品和服务以及信息，从供应商运送给生产商。对于亚马逊使用无人机送货上门的创意，你觉得如何？即使亚马逊真能做到，送货无人机的广泛使用也可能还要等上一段时间。[27] **逆向物流（reverse logistics）**是将瑕疵品或回收资源退回给生产商。[28]

物流既关乎货物的流动，也关乎信息的流动。客户的所需所想必须通过物流系统一直传递到供应商处，并且必须实时进行。信息也必须毫无延迟地流经系统。当然，这需要先进的硬件和软件。

第三方物流（third-party logistics）在外部公司的帮助下，将货物从这里运到那里。将公司无法有效完成的职能外包出去，也是一种趋势。第三方物流供应商（3PLs）若具备超强的商业头脑，能够前瞻性地分享所转化的知识，未来必将发展壮大。

产品售出后如何送达世界各地？有哪些运输方案？可以通过卡车、火车、轮船或管道运送货物。你可以使用 UPS、联邦快递或美国邮政服务等运输专家，但通常费用昂贵，尤其是大件物品。尽管如此，一些最富经验的营销商仍然把配送工作外包给这些专家。所有运输方式都可以根据基本的服务标准进行评估：成本、速度、可靠性、灵活性、频次和可达性。表 15-2 对各种运输方式的标准进行了比较。

表 15-2　运输方式比较

将卡车与火车结合，可以降低成本，增加可到达的地点；将卡车与轮船结合也可以达到同样效果；将卡车与飞机结合，可以提高远距离运输的速度，并且几乎所有地点都可以送达。

方　式	成　本	速　度	准时性可靠性	搬运产品的灵活性	运输频次	可达性
火车	中等	慢	中等	高	低	高
卡车	高	快	高	中等	高	最高
管道	低	中等	最高	最低	最高	最低
轮船（水运）	最低	最慢	最低	最高	最低	低
飞机	最高	最快	低	低	中等	中等

知变则胜

网购日用品

列一个购物清单，在过道里走走，把购物车装满，然后排队，以前我们去食品杂货店一直是这么做的。但是，如果只是列个购物单，然后点击呢？这对消费者来说轻而易举，但对亚马逊、沃尔玛和克罗格等公司，无疑是一项艰巨的任务。为了将新鲜食品直接送到顾客手中，这些公司必须研究如何让食品保持新鲜，如何管理大额订单并在正确的时间送货。与此相反，不易变质的食品运输仍然要跟普通包裹一样。

亚马逊生鲜目前还没有在美国实现全国配送，但这家网络巨头正在努力寻找最有效的方式，将食品送到顾客家中。目前，它们有多种生鲜配送方案，比如，把新鲜食品装在冰镇的大手提袋里送到顾客家里，或者在其他零售店设点供顾客路边提货。沃尔玛和克罗格也提供路边提货服务，而且提货点正在迅速增加。

配送是亚马逊最大的优势之一，所以亚马逊生鲜未来不会一直采用路边提货这种模式。公司正在努力完善送货上门系统，它们将食品储存在全美各地的配送中心，顾客下单后即包装好，及时于次日送达。但是，如果你住在亚马逊生鲜配送的半径之外，就没那么幸运了。当然，随着亚马逊货运服务的不断提升，比如送货无人机 PrimeAir 的闪亮登场，这种情况可能很快就有改观。今后，许多美国家庭一早醒来，早餐就已等在门口台阶上了。

资料来源：Greg Bensinger and Laura Stevens, " Amazon to Build Grocery Stores," *The Wall Street Journal*, October 12, 2016; Heather Haddon and Sarah Nassauer, " Grocers Forge Ahead Online, " *The Wall Street Journal*, October 13, 2016; Heather Haddon, " Millennials Vex Grocers," *The Wall Street Journal, October* 31, 2016; Liz Welch, " The Next-Gen Health Club," *Inc*., December 2016–January 2017; Julie Jargon, Annie Gasparro and Heather Haddon, "For Amazon, Now Comes the Hard Part," *The Wall Street Journal*, June 18, 2017.

火车非常适合大件运输

在美国，铁路承担的货物运输比例最高（按体积计算）。[29] 铁路最适合运输煤、小麦、汽车和重型设备等大宗商品。在与其他运输方式的竞争中，铁路运输将会继续保持不败之地。[30] 铁路运输较为节能，如果燃油价格再次攀升，这一运输方式则会获得显著收益，甚至连短线铁路（将地方铁路分支与干线连接起来的铁路）也将有所增长。

如果公司货物不够多，或许不会考虑使用铁路运输。这些规模较小的制造商或营销商可以通过货运代理，拿到优惠费率，获得优质服务。**货运代理**（**freight forwarder**）可以将许多小件的船运货物集中起来变成单个大件货物，以最具成本效益的方式运送到最终目的地，这类装运称为拼箱货（LCL）。一些货运代理除了提货送货，还提供仓储、海关协助和其他服务，所以这样的货代公司对小规模卖家用处很大。目前已涌现很多配送专家来帮助营销商在各地运输货物，货运代理只是其中之一。

想一想

铁路运输占美国国内运输总量的 1/3 以上，预计仍将是主要的运输方式。铁路运输对大小生产商有哪些好处？

卡车适合将小批量货物运往偏远地区

第二大地面运输方式是机动车辆（卡车和货车）。如表 15-2 所示，卡车比火车的可达地点更多，几乎所有货物都可以实现门到门运送。

当然，你可以自己买卡车来送货，但送货范围无法与卡车运输专家相提并论。和货运代理一样，它们也开始提供一项重要的营销职能——运输货物。

燃油价格上涨时，卡车运输公司就会想方设法降低成本。衡量从农场运达消费者的最新运输标准是碳成本（carbon cost）。有些人认为，食品运输的路程越短，对环境越有利。

水运便宜但速度慢

往海外运送货物采用船运通常是最便宜的。很明显，水运比陆运或空运慢，所以不适合需要快速送达的货物。水运不仅适合国际运输，也适合国内运输。[31] 如果你住在密西西比河附近，或许见过一次拖着多达 30 艘驳船的拖船，载货高达 4.5 万吨。在较小的河流上，拖船可以拖大约 8 艘驳船，载重量可达 2 万吨，相当于 4 列 100 节车厢的火车。除此之外，还有五大湖航运、从东海岸到西海岸的航运，以及国际航运。水运作为一种关键的运输方式将呈现全新局面。

想一想

如何将木材等重量大的原料从一个国家运到另一个国家？对于一些从事物流业务的公司来说，用火车和卡车把原木运到码头，再用巨大的起重机把原木吊到船舱里；一旦到岸，船就必须卸货，然后把原木运到加工厂。为什么物流管理是某些行业生存的关键？

管道运输快速高效

管道是我们不常见到的运输方式，主要运输水、石油和石油产品，但其实管道运输的产品远比你想象的要多。例如，煤可以经过粉碎，然后与水混合，再通过管道输送。还有很多人在讨论用管道运输天然气。页岩油目前是通过铁路运输的，但近年来发生的事故促使企业转向管道运输。[32] 铁路运输和管道运输将形成激烈的竞争之势。[33]

空运速度快但价格昂贵

今天，只有一小部分货物是空运的。尽管如此，许多行业都离不开空运，从小包裹到豪华汽车乃至大象，什么都会用到空运。空运的主要好处是快速，没有哪家公司比联邦快递和 UPS 更清楚这一点。作为争夺快递市场的两个竞争者，联邦快递和 UPS 都在利用空运拓展全球市场。

航空货运业已经开始关注全球配送。埃默里公司（Emery）现在隶属于 UPS，它们建立了专业销售和运营团队，服务于特定行业的配送业务，堪称行业先驱。荷兰皇家航空公司（KLM Royal Dutch Airlines）拥有货运 / 客运飞机，可以运送外交邮袋和医疗用品等高利润物件。荷兰皇家航空凭借专业运送这类货物，便可与联邦快递、TNT 和 DHL 一较高下。

多式联运

多式联运（intermodal shipping）运用公路、航空、水路、铁路等多种运输方式，完成一次长途货物运输。专门从事多式联运服务的公司被称为多式联运营销公司。如今，铁路公司与其他运输公司合作，提供多式联运配送服务。[34]

铁路公司与卡车运输公司合作，创造了一种运输流程，名为“平车载运拖车法”（trailer on flat car , TOFC）或“驮运式”（piggybacking）。将卡车拖车与驾驶室分离，推上一节铁路平车，运到目的地卸下来，再连到卡车上，然后开到客户的工厂。如今，大多使用从卡车拖车底盘上分离出来的多式联运货柜，来取代卡车拖车。这些货柜可以在特别设计的火车车厢上堆叠成两层，称为双层。这个运输过程称为“平车载运货柜法”（container on flat car, COFC）。卡车拖车被放置在船上，以较低的速度进行长途运输被称为“背运式”（fishyback）。

假设要在美国销售一辆日本制造的汽车，得先用卡车将汽车运到装货的码头，再用轮船运到美国的港口，然后放到另一辆卡车上，运往铁路货场，装上火车，火车将载着这辆汽车穿越整个美国，然后再装上卡车，送到当地的经销商那里。现在想象有一家综合货运公司完成了所有这些活动，这就是多式联运的意义所在。

照容易被修改。

这对你的职业生涯意味着什么

企业存亡往往取决于其接受订单、处理订单、让客户了解订单的进展情况、迅速交付货物、处理退货，以及管理回收问题的能力。市场上一些引人注目的公司都是大力投入协助推动供应链管理的公司。

这一切对你的意义在于，供应链管理这一充满希望的领域将会涌现许多新的工作机会，[38] 如火车、飞机、卡车、轮船和管道等配送工作；处理公司之间信息流动的工作，包括网站开发；还有其他工作，包括处理订单、记录库存、追踪产品由卖方到买方的流程、回收商品等。在本章小结之后，你可以在“职业生涯探索”部分看到配送领域的其他职业。

本章小结

1. 阐释分销渠道的概念和价值。

- 什么是分销渠道？

  分销渠道由一系列营销中介构成，如代理商、经纪人、批发商和零售商在内的全部营销中介，它们采用各自的途径（或渠道）运输和存储货物，共同负责使产品从生产商流向消费者。

- 营销中介如何增值？

  让中介机构执行某些营销任务，如运输、仓储、销售、做广告和建立关系，速度更快，成本更低。分销渠道有利于供需双方的信息沟通，确保资金和货物所有权的流动，还能在需要的时间、需要的地点提供数量与种类正确的商品。

- 使用这种中介的原则是什么？

  营销中介可以被淘汰，但它们的工作省不了。没有批发商和零售商，消费者就得履行运输和存储货物、寻找供应商、与供应商沟通等任务。中介增加了产品成本，但它们创造的价格通常可以抵消这些成本。

2. 论证营销中介如何实施六种营销效用。

- 营销中介如何实施六种营销效用？

仓储功能

前几节详细介绍了公司货物售出后的各种运输方式，但要理解
这仅仅是第一步。复杂物流系统的另一个重要部分是仓储。

买家希望货物迅速交货，这意味着营销商必须在全国各地备好货
有人订购，即可从当地发货。亚马逊在全美各地建立仓库，以便尽快
到消费者手中。[35] 物流总成本的很大一部分是用于仓储的，包括仓库
及其运作成本，以及货物在仓库内的移动。

有两大类仓库分别用于仓储和配送：仓储仓库存放产品的时间
割草机等季节性商品就存放在这类仓库里；配送仓库用来聚集和重新
不妨想象联邦快递或 UPS 的配送仓库要在很短的时间内处理成千上
这些包裹在全美各地分拣，然后在这些中心再运输。塔吉特公司在
凡纳的进口仓库，可以让你感受这类建筑有多大——那是个占地面
平方英尺的仓库，足以容纳近 30 个足球场。[36]

商品追踪

生产者如何随时追踪自家产品的位置？正如我们在第 14 章中提
公司使用通用产品编号（代码），即常用的黑白条形码和预设数字来
现在有了智能手机应用程序，可以比较价格，查阅对不同供应商的
条形码的用途也得到了很大的提升。

我们之前提到的无线射频识别技术（RFID），可以给商品加上标签，对商品从抵达供应商的码头到通过零售商门口的整个过程进行追踪。[37] 沃尔玛、塔吉特和其他组织都打算要求供应商使用该技术。

很少有公司比 UPS 对追踪商品更感兴趣了，该公司现将蓝牙的短程无线电功能和无线接收器结合起来追踪商品，它声称该系统甚至比 RFID 更好。美国国务院为经常前往加拿大、墨西哥和加勒比地区的美国公民签发电子护照，以代替纸质版护照。电子护照使用 RFID 芯片来提供用户的数据，比纸质护照更方便，也更便宜，不过有些人认为电子护

想一想

RFID 标
种场合，从
运送货物到
持票人。波
节（The Bo
and Arts Fest
者配备了带
别功能的腕
和数字钱包。
线射频识别
途吗？

零售杂货商可以分切肉类，提供某种形态效用。营销人员通常负责其他五种效用。他们让人们需要时即可获得可用商品来提供时间效用，将产品放在人们想要的地方来提供地点效用。将所有权从一方转移到另一方，包括提供信用额度来提供占有效用。营销人员还通过广告、促销和其他方式通知消费者商品和服务的可用性，以此提供信息效用。最后，营销人员提供售中与售后提供高效友善的服务，指导消费者如何用好产品（服务效用）。

3. 识别分销系统中批发商中介的类型。

- 什么是批发商？

批发商是向组织和个人销售的营销中介，但不向最终消费者销售。

- 哪些批发组织协助将货物从制造商转移到消费者？

商品批发商是拥有所经营商品所有权的独立企业。超市批发商在零售商处设置货架，展示商品，以寄售的方式进行销售。现购自运批发商主要为小型零售商提供种类有限的产品。代发货批发商从零售商和其他批发商处征得订单，然后让生产商将货品直接运送给买方。

4. 比较零售商使用的分销策略。

- 什么是零售商？

零售商是向最终消费者销售产品的组织。营销人员制定了几种策略进行零售分销。

- 营销人员使用的三种分销策略是什么？

营销人员使用三种基本的分销策略：密集分销（尽量将产品分销到更多的零售点上销售）、选择性分销（在某个地区仅选取一批优先的零售商）和独家分销（仅向特定区域的某一家零售店发送产品）。

5. 解释各种不同的非实体店零售。

- 非实体店零售有哪些形式？

非实体零售包括：在线零售，电话营销（通过打电话销售），自动售货机、售货亭和快闪商店（通过将产品放在方便的位置进行营销，如在购物中心的走道上），直销（在消费者家中或工作单位进行的营销），多层次营销（建立销售人员系统，招募其他销售人员，帮助组织直接向客户销售产品），以及直效营销（直邮广告及购物目录）。电话营销和在线营销也属于直效营销。

6. 解释在渠道系统建立合作的不同方式。

- 四种分销系统是什么？

  有四种将公司联系在一起的系统：（1）企业分销系统，系统中的所有组织都归一家公司所有；（2）合约分销系统，成员有义务根据合同约定进行合作；（3）管理分销系统，生产商管理零售阶段的所有营销职能；（4）供应链，其中各个企业通过电子方式联系在一起，以尽可能提供高效的信息和货物流动。

7. 描述物流并阐述中介如何管理货品的运输与仓储。

- 什么是物流？

  物流是指计划、实施和控制原材料、最终产品和相关信息从产地到消费地的实际流动，以满足顾客的需求并获得利润的营销活动。

- 物流和配送有什么不同？

  配送通常意味着运输，物流更加复杂。入厂物流是将原材料、包装、其他产品和服务以及信息，从供应商运送给生产商。物料搬运是将货物从仓库搬运到工厂车间和各种工作站的过程。出厂物流是让成品和信息流向企业买家和最终消费者（你我这样的人）。逆向物流是将瑕疵品或回收资源退回给生产商。

- 有哪些不同的运输方式？

  运输方式包括火车（用于国内或邻国之间的重型运输）、卡车（将货物直接运送给消费者）、水运（用于速度慢、便宜的货物运输，通常为国际运输）、管道（用于运输水、石油等产品）和空运（快速运输货物）。

- 什么是多式联运？

  多式联运运用公路、航空、水路、铁路等多种运输方式，完成一次长途货物运输。

- 仓库有哪些类型？

  仓储仓库存放产品的时间相对较长；配送仓库用来聚集和重新分配产品。

批判性思考

1. 假设我们淘汰了营销中介，而你又需要日用杂货和鞋子。你怎么知道去哪儿买？你要走多远才能买到？你为此花费的时间和精力能帮你省下多少钱？

2. 你认为哪种中介当今是最重要的？为什么？这个领域的公司发生了什么变化？
3. 许多人认为，水将是未来的稀缺资源。如果你能想出一种便宜的方法，把水从水资源丰富的地方运到需要水的地方，用于饮用、农业和水力压裂等其他用途，你就能成为富裕的营销中介。管道运输是备选方案，但你能把水冷冻起来，然后用火车或卡车运过去吗？你能用船把冰山拖到气候温暖的地方吗？还有什么其他方法吗？

本章案例 联邦快递

联邦快递是全球最大的快递公司。这家总部设在孟菲斯的公司像一艘巨轮，每天要向220个国家运送400多万件包裹，公司每年的有效运量达1100万磅[⊖]。作为营销中介，联邦快递正是靠着将产品快速送达企业和消费者手上而蓬勃发展。

尽管联邦快递取得了成功，但它并不像看上去那样自给自足。毕竟，联邦快递的大部分收入依赖于需要运送货物的其他企业。不过，如果这些企业客户的规模足够大，它们可能会开始寻找整合业务的新方法。通常来说，新方法就意味着要它们要摆脱联邦快递这样的中介机构，而一旦摆脱了这些外部约束，这些企业就将建立自己的内部分销系统。

然而，像联邦快递这样的公司为企业提供的不仅是快递服务。虽然营销中介不能为客户创造独立的价值，但它们为现有的产品和服务增加了重要的实用价值。事实上，许多公司发现，在外部公司的帮助下改善现有的服务，比从头开始建立自己的部门要容易一些。

例如，一家专门从事大规模原材料转运的航运公司可能也会试图通过控制其小规模运输来削减成本。供应链规模较大的项目通常由火车或货船运输，这与联邦快递使用的小型、单独运行的卡车完全不同。由于操作上的巨大差异，即使是最高效的货船也很难同时成功地处理大件和零担运输。通过这种方式，联邦快递能够快速运送大量小批量订单，使其成为理想的合作伙伴。

一次典型的传递是这样进行的：制造商从联邦快递的网站上购买标签，然后把它贴在要发送的物品上——任何物品都可以，从一个盒子到整盘子的物品。

⊖ 1磅＝0.4536千克。

接着，公司的司机在预定的时间取货并将物品信息扫描到追踪系统中。然后，司机把物品送至最近的联邦快递处理中心，再从这里空运到一个运输中心。运输中心将包裹发送到另一个机场，机场再将包裹发送到另一个联邦快递处理中心。从那里，包裹被放在卡车上，并交付给订购物品的批发商。这个流程效率极高，晚上订购的产品可能在第二天早上就会送到批发商的门口。在整个过程中，可以追踪包裹的位置、给货物投保，通过面对面的交付，确保所预测的交货时间。

这种快速配送的基础设施是联邦快递最大的资产。由于运送速度非常快，零售客户不再需要过多的库存，可以省下宝贵的空间来做销售。更重要的是，联邦快递提供的价格比批发商自己建立运输车队的成本还要低。原因就在于，联邦快递控制着从取货到送货的每一步流程。联邦物流坚守对物流的投入，因而可以保持长期成功。

思考

1. 为什么企业会选择使用联邦快递这样的中介机构，而不是自己配送？
2. 大量消费者选择在网上购物，这一选择对联邦快递而言有利还是有害？
3. 联邦快递为客户提供哪些服务？对客户来说，哪种效用是最重要的？

第 16 章

开展有效的促销活动

学习目标

1. 认识促销组合中包含的传统与新式工具。
2. 对比各种广告媒介的优缺点，包括互联网和社交媒体。
3. 说明企业对企业和企业对消费者的销售步骤。
4. 描述公共关系部门的作用，并说明公共宣传如何适应这一角色。
5. 评估各种促销形式的有效性，包括样品试用。
6. 说明口碑促销，病毒式营销，社交网络、博客、播客、电子邮件营销和移动营销的运作原理。

Understanding Business

本章人物

一美元剃须俱乐部的联合创始人兼首席执行官迈克尔·杜宾

没有什么比在社交媒体上的病毒式传播更能引人注意了，但要走红网络并不容易。每天仅上传到 YouTube 的内容就有成千上万小时，要想从中脱颖而出，你的信息必须新颖而独特，内容有趣也很有用。迈克尔·杜宾（Michael Dubin）在 2012 年推出“一美元剃须俱乐部”（Dollar Shave Club）时，使用的就是这一策略。当时他发布了一段自编、自导、自演的短视频。在视频收到数百万次观看后，他的新贵公司成功转型为美国第二大剃须刀销售商。

资料来源：Courtesy of Dollar Shave Club.

杜宾的商业技能和喜剧技巧是在纽约磨炼出来的。从埃默里大学（Emory University）毕业后，杜宾来到纽约，先在美国国家广播公司做助理工作，然后转向新闻写作和制作。几年后，他将工作重心转向营销和数字媒体领域，为佳得乐（Gatorade）、任天堂（Nintendo）和福特等品牌制作内容和视频。工作之余，杜宾一直在著名的 VCB 剧院学习即兴喜剧课程。他注意到商人和即兴演奏者是如何合作的，他们都能找出团队每个人身上的最佳品质。杜宾说：“无论是在高管团队还是在即兴喜剧团队，你都必须知道你的合作伙伴预期会怎么做。”

然而，有一件事却是他也没有料到的。在一次假日聚会上，他收到了一份改变人生的商业邀约。当时，他在和朋友未婚妻的父亲马克·莱文（Mark Levine）谈论购买剃须刀的不便之处。杜宾说："我不知道我们是怎么谈起剃须这个话题的，但我们开始谈到剃须刀片是个消费痛点。多年来，男士们一直觉得商店里的剃须刀片价格不菲，而且总要去商店才能买到刀片，实在太麻烦。这真的完全没有必要。"

他们设计了一个概念，将其命名为"一美元剃须俱乐部"，俱乐部提供的服务是每个月将剃须刀片直接寄送到客户家里。杜宾深知，公司需要传递清晰的信息，还需要一个可靠的购物平台，于是他从毕生积蓄中拿出3.5万美元，创建了这个网站。除了这一大笔投资，他还花费4500美元拍摄了一个广告，把他那不动声色的幽默感带入广告。在这段半分钟的视频里，杜宾坐在铲车里，骂着脏话，一边用砍刀敲打着一段包装胶带，一边解释一美元剃须俱乐部的商业模式。在上线之前，杜宾在与投资者的会议上用这段视频来说服投资者。他还与博主及其他有网络影响力的人建立了关系，这样他们就可以等视频发布后帮忙转发。他们确实帮忙了：截止本书撰写之时，该公司的第一支广告在YouTube上的点击量已超过2300万次。

随着视频的走红，DollarShaveClub.com网站人气暴增到崩溃。从那时起，数以百万计的人访问了该网站，他们不仅订购每月的剃须刀服务，还购买其他物品，如剃须膏、洗发水和湿纸巾。公司最大的收获是在2016年，联合利华以10亿美元的天价收购了该品牌。如今，迈克尔·杜宾仍然掌管着公司，他希望有朝一日一美元剃须俱乐部能"拥有整个浴室"。

在本章，我们将探讨所有传统和新兴的宣传元素。我们将解释营销人员如何使用不同的媒体进行宣传，以及每种媒体的优缺点。我们还将研究公共关系的作用以及B2C和B2B促销的区别。最后，在整个章节中，我们都将特别关注社交媒体的宣传作用。

资料来源：Paul Ziobro, "How Michael Dubin Turned a Funny Video into $1 Billion," *The Wall Street Journal*, July 20, 2016; Jessica Naziri, "Dollar Shave Club Co-Founder Michael Dubin Had a Smooth Transition," *Los Angeles Times*, August 16, 2013; Mike Isaac and Michael J. De La Merced, "Dollar Shave Club Sells to Unilever for $1 Billion," *The New York Times*, July 20, 2016; Kris Frieswick, "The Serious Guy behind Dollar Shave Club's Crazy Viral Videos," *Inc.*, April 2016; Lucy Handley, "Michael Dubin: Shaving America," *CNBC*, June 21, 2017.

促销和促销组合

促销是市场营销的 4P 之一。正如第 13 章所指出的，促销包括卖方用来告知并鼓励人们购买其产品或服务的所有技巧。无论是营利组织还是非营利组织，都会使用各种促销技巧与目标市场的人们就商品和服务进行沟通，说服他们参与到市场交易中来。[1] 营销人员使用多种工具来推广产品。过去，他们使用广告、人员推销、公共关系和促销。今天，促销工具层出不穷，如电子邮件促销、手机宣传、社交网络促销和广告、博客、播客、Twitter 等。[2]

使用各种促销工具的组合称为**促销组合**（promotion mix），如图 16-1 所示。我们把产品放在图的正中间，说明产品本身也可以充当促销工具，比如营销人员赠送的免费小样。

整合营销传播（Integrated marketing communication IMC）是将所有促销工具加以综合，形成全面统一的促销策略。[3] 通过整合营销传播，营销人员可以创建积极正面的品牌形象，满足消费者的需求，实现公司的战略营销和宣传目标。今天，整合营销传播的重点是将电视等传统媒体与社交媒体加以整合，或者将纸媒与网媒加以整合。[4]

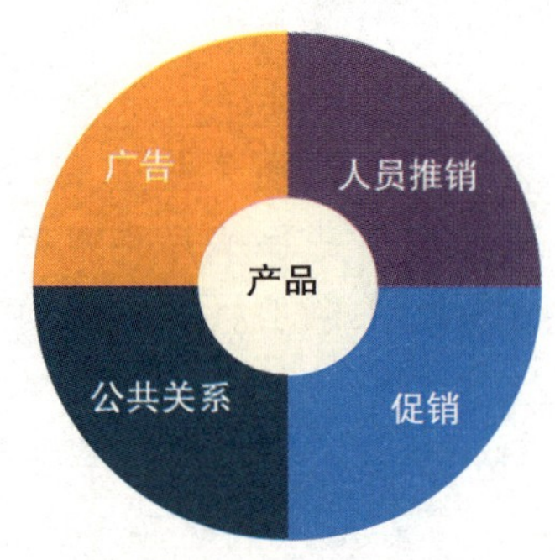

图 16-1 传统的促销组合

图 16-2 显示了一个典型的促销活动中的六个步骤。我们先来探讨广告这一最明显的宣传工具。

1.确定目标市场（有关市场细分和目标营销的讨论，请参阅第13章）
2.为每个促销组合要素界定具体目标，目标应清晰、可衡量
3.确定促销预算，要清楚说明可用于广告、人员推销和其他促销活动的费用
4.设计统一的信息。整合促销计划，旨在通过广告、公共关系、销售和其他促销活动传达明确的信息
5.执行计划。广告、博客和其他宣传活动必须与公共关系和促销活动相辅相成。销售人员应该获得所有材料，来优化整个工作
6.评估有效性。衡量结果在很大程度上取决于明确的目标。应该单独评估促销组合的各个要素，并衡量整体效果。重要的是要知道什么有效，什么无效

图 16-2 促销活动的步骤

广告：告知、说服和提醒

广告（advertising）是为了以某种方式借助宣传信息来让大众识别组织和个

人通过各种媒介进行的有偿的、非人员的传播活动。对发送信息者的识别将广告与宣传区分开来，后者是非人员的沟通，没有确定的赞助商。图 16-3 列出了各类广告。花点时间仔细看看，你会发现广告不仅仅是平面广告和电视广告。

不同的组织使用不同类型的广告，来实现不同的市场目标：
- **零售广告**：由零售商（超市和鞋店等）向消费者做的广告
- **贸易广告**：由制造商向批发商和零售商做的广告，鼓励它们销售这些产品
- **企业间广告**：制造商之间的广告。马达制造公司对汽车公司可以使用企业间广告
- **机构广告**：旨在为组织而非产品创造有吸引力的形象的广告。巨人食品公司的“我们关心你”广告即为一例；“弗吉尼亚，为爱而生”和“我爱纽约”是政府机构发起的公益广告
- **产品广告**：为产品或服务做的广告，以引起消费者、商业买家和工业买家的兴趣
- **倡导广告**：支持某一特定观点的广告（例如，反对核电站的广告）。这类广告也被称为动机广告
- **比较广告**：比较竞争性产品的广告。例如，比较两种不同治疗感冒的药品的速度和作用的广告
- **互动广告**：以客户为导向的传播，使客户能够选择他们接收的信息。例如，可由客户自行选择的交互式视频产品目录
- **在线广告**：当人们访问不同的网站时，出现在电脑上的广告信息
- **移动广告**：人们通过智能手机看到的广告

图 16-3　广告的主要类型

人们也很容易理解广告支出对美国经济的影响，如图 16-4 所示。据估计，2016 年的广告总额约为 4200 亿美元。值得注意的是，电视是最大的广告媒介。[5]

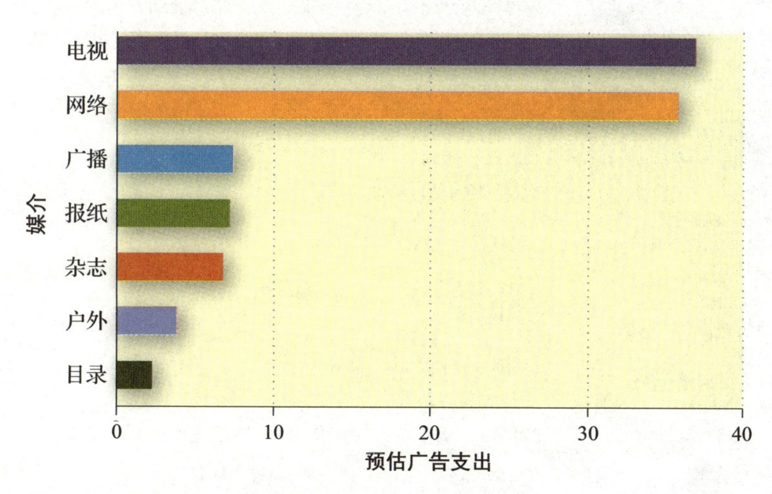

图 16-4　2016 年美国各广告媒介预估支出百分比（单位：10 亿美元）

资料来源：eMarketer.com, accessed December 2017.

这些广告支出如何为消费者带来好处？广告可以提供有用的信息。直邮广

告载有大量产品、价格、特色、店铺政策等资料，报纸广告也是如此。[6] 如今报纸广告下滑严重，是因为买报纸的人越来越少。[7] 人们都在移动设备上获取新闻，因而移动广告增长势头强劲。[8]

广告不仅为我们提供信息，广告收入还可以支付电视和广播节目的制作成本。广告收入也是支付报刊制作成本的主要来源，读者订阅和报摊收入往往只够邮费和促销费用。图 16-5 比较了营销商所用的各种广告媒介的优缺点。请注意，本地广告商通常更青睐报纸、广播和目录。不过，他们现在越来越多地转向互联网渠道。有营销人员甚至认为，在不久的将来，互联网广告将取代较为传统的媒介渠道。[9]

媒介	优 点	缺 点
报纸	全面覆盖本地市场；广告投放速度快；消费者接受度高；可以剪下和保存广告	广告要与报纸上其他报道竞争；色彩效果不佳；广告与报纸一起被扔掉（寿命短）
电视	使用视觉、声音和动作；可以到达所有观众；高度关注，不受其他信息干扰	成本高；播出时间短；广告制作耗时。数字录像机播放时会跳过广告
广播	成本低；能够针对特定的受众；安排灵活；非常适合当地市场	人们可能不听广告；仅靠一种感官（听觉）；播出时间短；观众不能保留广告
杂志	能够针对特定的受众；可以很好地运用色彩；广告寿命长；可以剪下和保存广告	不够灵活；通常得在出版前几周投放；成本相对较高
户外广告	能见度高，重复曝光；成本低；聚焦当地市场	可载信息有限；受众选择性低
直邮	最适合针对特定的市场；非常灵活；广告可以保存	成本高；可能会被消费者视为垃圾邮件而拒收；必须遵守邮局的规章制度
黄页广告（黄页印刷和在线广告）	全面覆盖当地市场；被消费者广泛使用	与其他广告竞争；对于小微企业来说，可能成本太高
互联网	成本低，全球覆盖；随时可用；互动性高	顾客可能会在购买前离开网站
移动广告	在年轻购物者中有很大的影响力	容易被忽视和回避
社交媒体	很好的交流工具	耗时

图 16-5 各种广告媒介的优缺点

通常来说，越是效果好的媒介，广告价格也越昂贵，而广告价格便宜的媒介又可能进入不了你的市场。我们的目标是使用最有效地触达你想要的市场的媒介。

营销人员必须确定哪种媒介最容易接触到他们期望的受众。比如，广播广告比电视广告便宜，而且人们在收听时往往不太会有其他干扰，比如开车时。已有研究表明，广播这一传统媒介仍然效力不减，尤其是在推广纸媒上不常见的服务时特别有效，比如银行服务、抵押贷款、继续教育和经纪服务等，不一而足。但反过来说，广播已经变得如此商业化，许多人在收听节目时宁愿选择付费而去掉广告。营销人员投放广告时也在另辟蹊径，比如安装在加油泵上的视频屏幕。你注意过公园长椅和超市购物车上的广告吗？你肯定在最常去的网站上看到过同样的广告。

最初，通过智能手机开展的移动营销多半是发送短信，但现在，星巴克一类的店家可以在你路过店面时向你的手机发送信号，提醒你顺便进来买一杯拿铁。卡夫食品开发了 iFood 助手应用程序，专为用户提供原料为卡夫产品的食谱。还有些零售商运用电子邮件广告打造品牌知名度，吸引人们去其实体店或网店购买。总而言之，社交媒体网站的发展日新月异，使得不少营销人员难以跟上变化。在下一节，我们将深入研究传统广告媒介。

想一想

在日常生活中，广告似乎无处不在。在繁华的商业街上你能看到多少广告？这么多广告产生的噪声是否会干扰广告商想要传达的信息？

电视广告

电视为全国性广告商提供了许多优势，但广告费昂贵。超级碗电视转播期间，30 秒的广告费用可达 500 万美元，[10] 这还不包括广告的制作费用。企业要卖掉多少瓶啤酒或多少辆车才能做得起这样的广告？得卖掉很多！但除了电视，几乎没有什么媒介能让广告商对数百万受众产生如此广泛的影响，尽管不是所有的广告都同样有效。[11] 当然，广告商可以在其他电视节目上预定较为便宜的播出时间。例如，同样是 30 秒的广告，在美国国家广播公司《日界线》（Dateline）节目中的费用是 5.3 万美元，而《嘻哈帝国》(Empire) 则是 43.7 万美元。[12]

尽管各种宣传工具层出不穷，发展迅猛，但电视广告仍是占据主导地位的媒介。[13] 当然，许多观众会在网上评论最近在追的电视节目，社交媒体因此成为电视的“助力器”。[14] 数码视频播放器（DVR）和按需服务可以让消费者跳过电视播放的广告。但如此一来，广告商对电视的兴趣也会大打折扣，除非电视台能将广告制作到让人想看的地步。营销商要求用更全面、更精准的标准来衡量电视广告的有效性。结果，一经衡量，很多营销商便转而使用社交媒体。毕竟，79% 的美国消费者活跃在社交媒体上。[15] 参阅“社媒连线”专栏，看看社交媒体是如何影响电视收视率的。

社媒连线

社交媒体如何影响电视收视率
（www.nielsen.com）

几十年来，电视节目的受欢迎程度都是依据规定时间内收看的观众数量来衡量的。如今，在 DVD、点播视频和应用程序充斥的时代，需要有多种方式来衡量节目的影响力。有些节目，如《丛林中的莫扎特》（Mozart in the Jungle）和《怪奇物语》（Stranger Things），甚至从未在网络电视或有线电视上播出过。生产企业如何了解哪些广告宣传可行，哪些不可行？电视收视率专家尼尔森（Nielsen）从 2013 年开始跟踪 Twitter 上的热门话题。2016 年，尼尔森将 Facebook 上的活动纳入跟踪数据，并计划在近期的研究中引入 Instagram 内容分析。

今天的收视率追踪的不仅是 Twitter 文章和帖子的数量，还包括作者的数量以及每位作者在社交媒体社区中的影响力。不过，还有一个衡量时间段的问题。对社交媒体活动的追踪时间，是从节目播出前三小时开始计算，一直到播出后三小时。由于它跟踪的是实际播出当天的观众数量和帖子数量，所以有许多点播节目和帖子都没有被注意到，因为这些节目至少 24 小时内是不会在这些社交平台上播出的。有些节目可能需要长达一周的时间才能加入点播阵容。所以，如果你在 HBO 上收看《权力的游戏》（*Game of Thrones*）的前几季，然后在 Twitter 上发布剧评，尼尔森不会把你的收看纳入收视率。

这对电视的未来意味着什么？许多“千禧一代”对传统电视已经弃之不用，转而依赖笔记本电脑、Roku、Sling 以及其他设备与应用。有些人通过分享，在 Facebook 上获取优质内容，比如《上周今夜秀》的视频片段。Facebook 也能成为内容提供商吗？ Facebook 直播（Facebook Live）可以让名人、公司和普通人在瞬间接触到大量的观众，Facebook 电视（Facebook TV）的来临可能比我们想象的要快。

资料来源：Mike Snider, “Nielsen to Add Facebook Buzz to Its TV Ratings,” *USA Today*, January 21, 2016; Adrianne Pasquarelli, “The Next Generation Learns to Live without TV Sets,” *Advertising Age*, April 18, 2016; Maureen Morrisson, “Can Facebook Live Take on TV?,” *Advertising Age*, April 18, 2016; Jeanine Poggi, “Nielsen Caves in on New TV Ratings Push,” *Advertising Age*, January 5, 2017.

植入式广告

在电视上做广告并不仅限于传统广告，有时产品也可以出现于电视节目本身。广告商借助**植入式广告**（product placement），付费将产品融入电视节目和电影中，让观众看到这些产品。植入式广告的一个经典案例是电影《外星人》(*E.T.*) 用好时公司的里斯糖豆（Reese's Pieces）布下的那条吸引外星人的路线。如今，在《怪奇物语》中，我们看到了 Eleven 对家乐氏公司 Eggos 松饼的喜爱。在漫威的热门系列电影《复仇者联盟》(*The Avengers*) 中，超级英雄们驾驶各式品牌的汽车。奇异博士开着兰博基尼飓风（Lamborghini Huracan），黑寡妇开着雪佛兰克尔维特（Chevrolet Corvette），而钢铁侠不飞的时候，开的是奥迪 R8。[16]

除了电视和电影，电子游戏中也有产品植入。如果你是游戏玩家，就会看到游戏里的广告，比如篮球比赛中球场周围的广告。人们可以用技术手段，将赛车游戏中的自动贩卖机，根据可口可乐、百事可乐、埃克森美孚或壳牌所购买的广告时间，冠以不同的品牌。你觉得人们会受这类广告的影响吗？

想一想

产品植入广告通常很巧妙，就像电影场景中超人身后的 7-11 标志。植入式广告对你的影响是让你想要片中的产品。在你最喜欢的电视节目和电影中，你注意到有哪些植入式广告？

电视购物广告

电视购物广告（infomercial）是专门推销商品或服务的完整电视节目。电视购物节目之所以成功，是因为它们非常详细地展示了产品及其工作原理。这就等于把你最出色的销售人员派到某人家里，让他们尽情展现销售技艺，如表演、示范、推荐、图示等。

高伦雅芙（Proactiv）祛痘产品、全能健身房（Total Gym）健身器材、搏飞（Bowflex）健身器材、乔治·福尔曼减脂烧烤机（George Foreman Grill）和罗恩·波佩尔转架烤肉炉和烧烤架（Ron Popeil's Rotisserie and Grill）等产品，通过电视购物节目实现了 10 亿多美元的销售收入。[18] 有些产品，如个人发展研讨会、房地产项目和健身教学录音带，如果不向人们展示内容样例，也没有老用户的赞誉与推荐，是很难销售的。你是否买过电视购物节目里看到的产品？

在线广告

当营销人员在谷歌或微软必应（Being）等搜索引擎上做广告时，他们可以接触到最想接触的人——寻找特定产品信息的消费者。在线广告的一个目标是促使潜在客户打开网站，进一步了解公司及其产品，这样公司也可以更多地了解他们。[19] 如果用户点击广告，进入该网站，公司就有可能收集到他们的姓名、地址、看法和偏好。因此，在线广告将客户和公司拉到一起。在线广告的另一个优势是广告商可以看到有多少人点击了广告，每个潜在客户阅读或观看了多少次广告。这是广告业增长最快的一种广告类型。[20]

电子邮件营销是在线广告的重要组成部分。然而，广告商必须注意，不能过度使用，因为许多消费者不喜欢收件箱充斥着促销邮件。因此，有些公司将电子邮件用作消息，提醒用户前往其他社交媒体，如 Facebook 和 Twitter。

在**互动促销**（interactive promotion）中，营销人员不再是自说自话地向买方推销产品，而是进行对话，买卖双方共同建立起互惠互利的交易关系。技术极大地改善了客户沟通，并从根本上改变了营销人员与客户打交道的方式。注意，我们说的是合作而不是推销。营销人员现在希望逐步与客户建立关系。这意味着要仔细倾听消费者的需求，跟踪他们的购买，提供优质服务，让他们获得全面的信息。你知道塔可钟会精心选定时间，在社交媒体上发布信息的吗？为了说服人们选择塔可钟的早餐，营销团队会在深夜发布早餐餐点的照片。这样，人们一早醒来，查看手机，塔可钟的早餐信息便映入眼帘。[21]

想一想

在美国，爱喝啤酒的人多半知道蓝带啤酒是一种便宜的啤酒。但在中国，该公司一瓶高档款啤酒的售价是 44 美元。为什么有些公司会针对不同的国家制定独特的促销策略，而不是统一品牌、统一策略？

资料来源：Pabst Brewing Company.

社交媒体广告

奥利奥在 Facebook 上有数百万个点赞。公司可以追踪和测试喜欢“牛奶最喜欢的曲奇”（Milk’s Favorite Cookie）广告的用户，还可以判断一篇帖子的浏览次数、分享次数以及用户的反应。各组织在传统媒体（如电视）上投放广告和其他促销活动之前，可以先在社交媒体上进行测试，了解人们对该广告的喜恶。

公司若想建立客户基础，最好让高层管理人员加入对话。例如，美好家园房地产（Better Homes & Gardens Real Estate）的总裁雪莉·克里斯（Sherry Chris）每天花两个小时浏览 Twitter、Facebook 和领英，并在上面发帖。这种与客户的互动已经成为许多公司倾听策略的重要组成部分。这么做会花费不少时间，但要了解客户对公司的想法、表达意见，这无疑是最好的办法。例如，社交媒体上每隔一两秒钟就会提到麦当劳。因此，麦当劳在三大洲拥有一个全球沟通团队，不断倾听潜在客户的声音，与之互动。[22] 我们将在本章进一步讨论社交媒体和推广。

全球广告

全球广告要求营销商开发单一的产品和促销策略，可以在全球范围内实施。全球广告在任何地方都是一样的，当然可以为公司节省调研和设计费用。但有时候，针对特定国家或地区开展促销活动收效更好，因为每个国家或地区都有自己的文化、语言和购买习惯。[23]

如果营销商将一项营销活动用遍所有国家，确实容易产生一些问题。一家日本公司想用英语单词来给一种受欢迎的饮料命名，结果想出 Pocari Sweat㊀，这对大多数英语为母语的人来说，可不是什么好的品牌形象。在英国，福特 Probe 少人问津，因为“probe”（探针）这个词会让人联想到医院候诊室和体检。想让美国人使用瑞典的 Krapp㊁卫生纸可能没那么容易。更糟的或许要算库尔斯啤酒的宣传语“Turn it loose”，被翻译成“拉肚子”。伊卡璐（Clairol）在德国市场推出过一款卷发棒，命名为“Mist Stick”，谁料想，在德语俚语里“mist”的意思是“粪肥”。正如你所看到的，在全球广告中要措辞得当精准相当不易，但

㊀ 中文是宝矿力水特，但 sweat 这个单词有“汗水”的意思。——译者注

㊁ 该单词的发音与 crap 相同，意为“质量差的东西；蹩脚货”。——译者注

又很重要。理解文化也是如此，它要求我们仔细研究每个国家，设计出合适的广告，然后进行测试。“异域新说”专栏探讨的是一家知名公司如何在海外市场推广产品。

如今，许多营销商正从全球主义（一个广告用于世界上所有的人）转向地区主义（针对每个国家或某个国的特定群体的广告）。今后，营销商将设计更具针对性的宣传活动，以引起更小范围——小到只有一个人的受众的注意。

异域新说

奥利奥：世界上最受欢迎的饼干吗

（www.snackworks.com）

100多年来，对美国人来说，奥利奥就是奥利奥：两层酥脆饼干夹着奶油香草味的夹心。多年来，奥利奥生产商纳贝斯克始终遵循着一句古老的格言：“如果没有坏，就不要去修理它。”然而，今天，如果走进当地超市的饼干货架，你会发现各种各样的奥利奥，比如红丝绒、巧克力浆果，甚至还有瑞典鱼。如果嫌不够，你还可以买迷你的、双层夹心的，甚至超薄的。然后你再去看看糖果棒！纳贝斯克早就发现，要保持品牌活力、进入不同的细分市场，扩大产品种类是个不错的选择。

纳贝斯克还认识到，将奥利奥扩张到全球市场是个正确的决策。今天，你可以在全球100多个国家找到奥利奥。然而，纳贝斯克明白，与在美国一样，全球各地消费者的口味也千差万别，汝之佳肴，彼之毒药。因此，随着奥利奥在全球范围内的推广，原有的饼干加奶油配方又衍生出无数变化。例如，中国人更喜欢蓝莓和草莓双果味的奥利奥。在印尼，消费者更喜欢巧克力和花生味的软奥利奥。阿根廷人喜欢他们的奥利奥里塞上香蕉和牛奶糖。在海外大卖的东西甚至可以再回到美国来卖。广受欢迎的新产品超薄奥利奥（Oreo Thins）最早就是在中国市场推出的。

资料来源：Don Gil Carreon, “Mondelez Looks to Replicate China Success of Slim Oreos in U.S.,” *Franchise Herald*, July 7, 2015; John Bruno Turiano, “ Taste Test Tuesday: International Oreos and Kit Kats,” *Westchester Magazine*, January 26, 2016; John Kell, “ Mondelez Leans on Alibaba for E-Commerce Push in China,” *Fortune*, April 7, 2016; Bonnie Burton, “ Yes, Swedish Fish Oreo Cookies are Real and ‘ Potent, ’” CNET, August 11, 2016; Maya Salam, “ When Just Vanilla Won't Do, How About a Blueberry Pie Oreo?,” *The New York Times*, July 3, 2017.

人员推销：关注个人

人员推销（personal selling）是面对面地向客户展示和推销产品和服务，包括销售人员寻找潜在客户，提供售后服务。有效的销售并非简单地说服他人购买。事实上，今天更准确的说法是，帮助他人满足他们的所需所想（再次强调，是帮助买方购买）。

鉴于此，你就可以理解为什么销售人员会使用智能手机、平板电脑和其他技术手段，协助客户搜寻信息，设计定制产品，查阅价格，尽一切可能完成订购。人员推销的好处就是会有人来帮助你完成交易。销售人员应该倾听你的需求，帮你达成解决方案，竭尽全力，以便更顺畅、更轻松地完成任务。

公司为客户提供人员推销花费不菲，所以那些雇有销售人员的公司必须将他们培养成特别有效率、有能力、有助益的人。[24] 为了吸引新的销售人员，公司不惜高薪养人，并提供必要的培训。

> **想一想**
>
> 你应该见识过人们进行各种人员推销的场景。他们在当地的百货公司工作，销售各种商品和服务，如汽车、保险和房地产。他们做些什么才会对顾客更有帮助？

销售步骤

要弄懂人员推销，最好能够从头至尾完成一次销售任务。假设你是一位软件销售员，负责向企业用户展示公司销售的各种产品的优势。其中有一个产品是客户关系管理（CRM）软件，该软件对于建立长期的客户关系至关重要，尤其是社交 CRM 软件，可以将社交媒体整合在一起，创建基于社群的客户关系。下面我们依次介绍销售过程的七个步骤，看看你该如何销售社交 CRM 软件。

这是一个企业对企业（B2B）销售的例子，其实消费者销售的过程与之大抵相同，只是没那么复杂。无论是哪种情况，销售人员都必须深入了解产品，也就是说，他们要对自家以及竞争对手的产品都了然于胸。

1. 客户开发和资格审核。销售过程的第一步是**客户开发**（prospecting），寻找潜在购买者，并选择最有购买意愿的人。这一选择过程为**资格审核**（qualifying），要确保人们对产品有需求、有购买权，并且愿意听取销售信息。有些人将第一步称为“获取销售线索”（lead generation）。

符合审核条件的人被称为**潜在客户**（prospect）。销售人员常常可以在贸易展上接触到潜在客户，他们会来制造商所设的摊位，咨询各种问题。还有些人会访问你们公司的网站，查找信息。但通常来说，最好的潜在客户是那些使用或了解你们产品的人推荐给你的。销售人员经常会在潜在客户正式上门前，给他们发发电子邮件，询问他们是否有购买意愿。

2. **销售准备**。销售过程可能需要很长时间，所以在与客户接触之前搜集信息是很重要的。在打销售电话之前，你必须做进一步的调查。在销售准备阶段，要尽量全面了解客户及其需求。[25] 在推销社交 CRM 软件之前，你得弄清楚公司里哪些人最有可能购买或使用该软件。他们和哪种客户打交道？他们现在使用哪些关系策略？他们的系统是如何建立的，在寻求哪些改进？所有这些信息都应存入数据库，这样，如果有销售代表离职，公司也可以向新的销售人员提供客户的重要信息。

3. **接待客户**。“你没有第二次机会给人留下良好的第一印象。”所以第三步非常重要。你第一次首次拜访客户时，希望给人留下友好而又专业的印象，建立融洽的关系，树立可信度，开启业务联系。通常，一家企业在决定是否使用一套新软件时，会看销售人员能否提供可靠的服务。在销售社交 CRM 软件时，你可以从一开始就告诉客户，你将协助客户对员工进行培训，并在需要时升级软件包。

4. **产品演示**。在实际的软件演示中，你要将这套超值软件的好处与客户的需求匹配起来。既然你已经做足功课，知悉潜在客户的需求，就可以制作相应的销售演示。演示时正好可以充分利用客户评价，向潜在买家展示，他们正在加入使用该产品的其他公司领导者行列。

5. **回应质疑**。销售人员应该预料潜在客户可能提出的任何异议，据此确定适当的回应。[26] 他们应该将问题视作进一步建立关系的机会，而不是对他们所说内容的挑战。客户可能会有合理的怀疑，销售人员应帮助他们解决。成功而又诚实地与他人合作，有助于建立相互信任的关系。通常来说，销售人员可以把客户介绍给公司里其他能够回答客户问题的人，并提供客户所需的任何东西。销售人员还可以使用平板电脑或其他移动设备，安排虚拟会议，让客户与公司同事聊天，开始建立关系。

6. **达成交易**。销售人员回答问题和质疑后，可以进行**试探性成交**（trial close），也就是提出一个问题或陈述，将销售过程推向实际购买。销售人员可以问："何时去培训你们员工使用新软件最方便？"最后一步是让客户下订单，并告诉他们在哪里签字。一旦建立起关系，这次销售拜访的目标就是获得客户的推荐证明。

7. 跟进销售。在订单获得批准、客户表示满意之前，都不能算是完成了整个销售。销售人员必须为客户提供解决方案，并考虑销售之后的情况。后续步骤包括处理客户的投诉，确保回复客户提出的问题，迅速为客户供应他们需要的东西。对于销售来说，客户服务的重要性并不亚于产品本身。所以大多数制造商都有自己的网站，客户可以在上面快速准确地查找信息，解决问题。现在你可以理解，为什么我们把销售描述成建立关系的过程，而不仅仅是商品或服务交易。销售关系可能会持续数年，因为销售人员要响应新的信息请求，提供新的服务。

不同商品和服务的销售过程有所不同，但总体思路并无差异。销售人员的目标是帮助买方购买，并确保买方购买之后也会满意。

想一想

做成买卖并不是销售人员与客户关系的终结。销售人员应该跟进销售，确保客户满意，也许还可以提一些补充建议。销售人员之所以能够向你推销更多产品，是因为他们采用了有效的跟进流程吗？他们是怎么做的？

企业对消费者的销售过程

面向消费者的销售大多发生在零售店，而零售店销售人员的作用与企业对企业销售有所不同。当然，无论是哪种情况，首先都要了解产品。然而，在企业对消费者（B2C）销售中，销售人员无须开展太多客户开发或资格审核的工作。卖家可以假定大多数来店里的人都有资格购买商品（除了销售昂贵的产品，比如汽车和家具，在这种情况下，销售人员可能要问一些问题，对潜在客户进行资格审核，以免浪费太多时间）。

同样，零售销售人员通常不需要做销售准备，当然，他们应该尽量多了解去某个特定商店购物的一般会是哪类客户。通常，人们在去商店之前已经在网上做过一些调查，知道自己要什么。[27] 销售人员务必把注意力集中在客户身上，不要与其他销售人员聊天，更不要和朋友煲电话粥。你遇到过如此无礼的销售人员吗？你是什么感觉？你最后在店里买东西了吗？

企业对消费者销售过程的第一个正式步骤是接近客户。太多的销售人员一开始就问"可以为您效劳吗"，但答案往往是"不用"。所以，不妨问客户"有什么能为您效劳的吗”或者简单说一句“欢迎光临”。这样做是为了向客户表明，你随时可以提供帮助，你很友好，也很在行。

首先，发现客户想要什么，然后进行产品演示。销售人员应该向客户证明，公司的产品可以满足他们的需求，同时解答客户的疑问，帮助他们挑选适合的产品。

与 B2B 销售一样，收尾的问题也很重要，比如“要帮您把货留着吗”或者“您会用商店的信用卡支付吗”。销售是一门艺术，销售人员必须学会把握分寸，要热情待客，而不是咄咄逼人。通常，个人消费者需要一些时间独自考虑是否购买。销售人员必须尊重这一需求，留给客户思考的时间与空间，但又能确保在客户需要时随时出现。

售后的跟进工作是企业对消费者销售流程的重要步骤，但却经常被忽视。如果产品有待交付，销售人员应该跟进，确保按时送货。如果产品有待安装，情况也是如此。当销售人员跟进售后服务时，往往会卖出更多的商品。图 16-6 显示了企业对消费者的整个销售过程，请与前面概述的企业对企业销售的七个步骤进行比较。

想一想

人人都喜欢免费小样。样品试用 / 试吃是一种促销策略，让人们尝试新产品，通常情况下，如果他们喜欢，就会立刻购买。对于食品来说，这一策略有哪些优势是广告无法企及的？

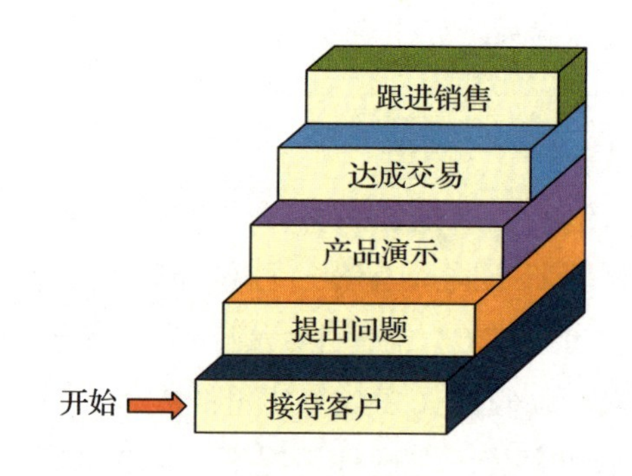

图 16-6 企业对消费者（B2C）的销售步骤

公共关系：建立关系

公共关系（public relations, PR）是评估公众态度的管理职能，根据公众的要求改变政策和程序，并执行行动计划和信息，以赢得公众的理解和认可。换句话说，良好的公关计划有三个步骤：

1. 倾听公众的声音。公共关系始于有效的市场调查，以评估公众的态度。

了解公众需求的最佳途径是经常在不同的论坛上听取人们的意见，包括在社交媒体上。例如，帕尼罗面包店（Panera Bread）了解到，消费者对食品中的添加剂感到担忧，都在积极寻找“更健康”的食物。[28]

2. 改变政策和流程。企业要赢得公众的理解，不是靠轰炸式宣传，而是要制定符合公众利益的方案，并付诸行动。例如，帕尼罗面包店制定了一份“禁用清单”，列出不再使用的原料和添加剂，并对100多种原料重新制作配方，以期满足顾客对“健康”的需求。

3. 告知公众你会响应他们的需求。仅有符合公众利益的计划是不够的。你还得把这些计划告诉公众。公共关系比企业的其他传播方式更能影响消费者，因为公关信息都是通过人们信赖的媒体发布的。这正是帕尼罗面包店的做法，推出了一个大型活动来展示公司的新菜单。[29]

最近的几起事件进一步说明，良好的公共关系非常有必要。这些事件包括大众汽车的柴油机排放丑闻、富国银行的虚假账户丑闻、三星Galaxy 7 Note手机的电池问题，以及围绕一些政客、著名演员和体育明星的问题。[30]

公关部门应与公司利益相关者（客户、媒体、社区领导人、政府官员和其他利益相关者）保持密切联系。营销商正在寻找广告的替代方案，而公共关系正是一个很好的备选方案。由于报社都在削减记者，人们开始寻找其他新闻信息来源，包括宣传稿。与博主合作已成为保持公司曝光率的重要方式。公共关系对一些公司如此重要，不仅是公关部门，其他部门的员工也都要参与公关工作。[31]

公共宣传：公共关系的发声工具

公共宣传是公共关系的发声工具，也是几乎所有组织的主要职能之一。它是这样运作的：假设你想把金色收获餐厅介绍给消费者，但缺乏资金进行推广，因为餐厅要先开张营业，才能产生收益。这时，通过公共宣传，让公众知道餐厅不失为一个有效的方法。

公共宣传（publicity）是通过媒体向公众发布的有关个人、产品或组织的任何信息，这些信息并不受卖方控制，卖方也无须为此付钱。撰写媒体想要发布的新鲜有趣或引人注目的新闻稿是需要技巧的。

想一想

成千上万的人让自己被冰水浇遍全身，以此提高人们对肌萎缩侧索硬化症（ALS）的认识。从运动员、演员到普通人，冰桶挑战的视频在网上疯传了好几个月，为ALS研究带来了1.15亿美元的捐款。你认为是什么使这次宣传活动如此成功？

你可能得为不同的媒体撰写不同的报道。[32] 用一个报道来介绍餐厅的新主人，再用另一个报道来推介非同寻常的餐点。如果这些报道得以发表，能让许多潜在消费者（以及投资者、分销商和经销商）看到你的餐厅新闻，于是，你便有可能成为一个成功的营销商。实业家和慈善家约翰·洛克菲勒（John Rockefeller）曾经说过："最重要的是做正确的事情，第二重要的是让人们知道你在做正确的事情。"金色收获可以做些什么来帮助社区，从而创造更多的公共宣传素材？

除了免费，公共宣传还有广告等其他促销工具所不具备的优势。比如，可以接触到那些不看广告的人，可以成为报纸头版头条，还可以在电视新闻中播出。也许公共宣传最大的优势在于可信度。当报刊以新闻报道的形式刊发一篇文章，读者会把这篇文章当作新闻，而新闻比广告更可信。

公共宣传也有一些缺点。比如，营销商无法确知媒体是否会采用你的报道，也不知道它会如何使用。媒体并没有义务采用宣传稿，大部分都会被弃之不用。此外，媒体可能会修改稿件，结果改成了负面新闻。公共宣传有好（顾客整夜露营，只为购买贵司产品）有坏（缺陷产品被召回）。报道一旦播出，就不太可能再重复播报。而广告则可以根据需要经常重复。要想让媒体妥善处理你的公共宣传，就得与媒体代表建立友好而坦诚的关系。

销售促进：刺激买方购买

销售促进（sales promotion）是通过各种短期活动来刺激消费者购买，引发经销商兴趣的促销工具。这些活动包括展示、贸易展销和展览、活动赞助和竞赛。图 16-7 列出了一些企业对企业（B2B）的促销手段。

图 16-7 销售促进手段

至于消费者销售促进活动，不妨想想邮寄给你的免费样品、从报纸上剪下来的几美分优惠券、各个零售商赞助的竞赛，以及麦片盒里的奖品（见图16-7）。然而，有专家警告说，在这类销售促进活动中不要赠送太多东西。例如，你可以在学校的报纸和宿舍的邮件中放上半价优惠券来刺激金色收获餐厅的销售。你认为使用优惠券或团购券来吸引顾客会出现什么问题吗？

制订销售促进方案是为了与人员推销、广告、公共关系和其他宣传活动相辅相成，唤起人们对整个宣传方案的热情。在公司内外都可以开展销售促进活动。最重要的内部销售促进活动是针对销售人员和其他与客户联系的员工，如客服代表与职员。内部销售促进工作包括：（1）销售培训；（2）开发销售辅助工具，如视听演示和视频；（3）参加贸易展会，获得销售线索。其他与公众打交道的员工也可以接受特殊培训，提高他们对公司产品的认识，从而成为整个宣传活动不可或缺的一部分。

唤起公司内部人员的热情之后，营销商还希望分销商和经销商积极参与产品推广。在贸易展会上，营销中介可以看到并比较许多不同卖家的产品。如今，有了在线虚拟贸易展会（通常称为网络研讨会），买家无须离开办公室就能看到许多产品。这样的促销展会经常有互动活动，所以买家可以提问题，还能全天候获得可用信息。

公司的员工和营销中介被调动起积极性之后，下一步就是使用样品、优惠券、减价几美分的出售、陈列、店家演示、竞赛、回扣等方式向最终消费者做销售促进。要维持人们的热情，就得持续进行促销，所以随着时间的推移，销售者要使用不同的策略，推陈出新。比如，你可以在金色收获餐厅陈列各式菜肴，吸引顾客眼球；你还可以在店内进行现场烹饪，吸引新顾客。

一种流行的销售促进手段是**样品试用（sampling）**，即让消费者免费获得一份试用小样。许多消费者如果没有用过或尝过新产品，是不会购买的，所以食品杂货店经常派人站在过道里分发小份的食品和饮料。当客户做购买决策时，样品试用可以快速有效地向他们展示产品的优越性。站在金色收获餐厅外面分发样品，肯定会引起人们的注意。

事件营销（event marketing）包括赞助活动，如音乐会或在各种活动中推广产品。百事公司在推出SoBe系列产品（美国茶、果汁混合饮料和能量饮品）时，结合了样品试用、事件营销和建立新网站这几个做法。百事在美国学校放春假期间，首次将饮品送到海滨小镇，供学生们免费品尝。样品试用和事件营销可以成为新产品推介的有效促销工具。

口碑促销和其他促销工具

过去，口碑促销并不是主要的促销手段（人们认为口碑促销不可控），而今却成为最有效的手段之一，尤其是在网上。[33] 在**口碑促销（word-of-mouth promotion）**中，人们告诉别人他们购买的产品或使用的服务。我们已经讨论过社交媒体在口碑传播中的作用。除了口碑促销，还有顾客的参与，也就是让顾客提供建设性建议，分享他们对塑造产品和服务的创意。[34]

无论是什么，只要能促使人们为组织美言，就都可以成为有效的口碑促销。你不妨留意商店是如何利用艺人、横幅和其他吸引注意力的设备来创造口碑的。制作精妙的广告也能带来口碑。人们谈论你的产品和品牌次数越多，消费者在购物时就越容易记住。

要进行积极而正面的口碑促销，一个行之有效的策略是向现有客户发送推荐信。大多数公司只在向新客户推销产品时才使用推荐信，但其实，推荐信也能让现有客户坚信，他们选择了正确的公司。因此，找老客户要推荐信已成为一些公司的习惯做法。

口碑的力量是如此强大，负面的口碑会对公司造成严重的伤害。对产品或公司的批评会通过在线论坛、社交媒体和网站扩散开来。快速而有效地处理消费者投诉是减少负面口碑影响的最佳途径。

或许你希望用头脑风暴的策略，来对金色收获餐厅进行口碑推广。如果你的创意非常成功，那么你的信息可能会“像病毒般迅速传播”，被数以百万计的消费者看到。[35] **病毒式营销（viral marketing）**是指促使人们将市场信息传递给他人的任一策略，当信息达到数千条，甚至数百万条时，其影响力将呈指数级增长。[36] 许多病毒式营销项目都会提供免费的产品或服务，就是为了换来有用的电邮地址。免费赠送容易引人关注，而你一旦吸引了消费者的注意，他们就可能看到你提供的其他产品或服务，然后购买。

社交网络

我们在前面已经简要谈过社交媒体和广告的重要性。然而，社交媒体在宣传方面的作用远远大于广告。大多数美国人至少活跃在一个社交媒体平台上，要么是 Facebook、Twitter、Instagram，要么就是每天新增用户的众多网站中的一个。营销人员很快就注意到社交媒体正在改变商业环境。公司利用这些工具来增加产品或服务的曝光率、培养客户的忠诚度、提高公司网站的访问量，甚至提出各种新创意。[37]

社交媒体平台最大的优势是让企业和客户之间的双向沟通变得更加容易。例如，像纳贝斯克和旅游城市（Travelocity）这样的公司可以始终与客户保持联系，让他们一路快乐前行。纳贝斯克正在邀请名人来完美演示如何“扭一扭、舔一舔、浸一浸”奥利奥饼干，结果奥利奥的“粉丝”都跟风制作了吃饼干的视频，发布到公司的 Facebook 上。[38] 旅游城市创建了 #iWannaGo（我想去），许多想成为旅行者的人发 Twitter 到公司的 @RoamingGnome 账号上，分享他们的照片、梦想目的地以及理由。人们参与这些社交媒体活动时，经常会持续与公司互动，更重要的是他们可能会分享品牌内容。[39]

尽管社交媒体上的“点赞”和“分享”看似是营销人员唾手可得的，其实不然，它们往往是周密的社交媒体计划的结果。成功启动社交媒体推广活动的常用步骤包括：[40]

1. 了解你的客户群。
2. 创建客户希望看到的图像，并每天发布一些新内容。
3. 设计有趣且合适的标签，这样你的内容就会让更多新用户发现，但不要使用太多。
4. 设置发布日历，确保发布的一致性。
5. 与你的客户互动——提供竞赛和娱乐活动。
6. 跟踪并回复对你的评论。
7. 熟悉掌握网站可以提供的新功能。
8. 估量你所发布内容的有效性，据此对今后的内容进行改进。

想一想

有了移动媒体，营销人员可以给客户发短信。你收到过促销信息吗？哪些产品用这种方式最有效？

写博客

网上有上百万个博客。博客如何对营销产生影响？运营博客是与客户互动的好方法。企业可以在自家的社交媒体资料中加入博客的文章链接，吸引新客户。当人们通过社交媒体资料点击公司的博客时，有助于提高公司网站的排名。人们喜欢分享觉得与自己相关的内容。为了让博客获得成功，企业必须花时间发布内容，回复那些前来评论的客户，还可以利用一些评论来帮助创建新帖子。为了得到搜索引擎的认可，企业必须坚持发表文章，并让客户不断地回到博客上获取新信息。如果不能保持更新，博客会失去流量，那么作为宣传工具的力量也会大大减弱。

播客

播客（podcasting）是在网上传播的多媒体数字文件，供人们下载到便携式媒体播放器。对于企业来说播客很重要，因为它便于企业为现有客户和潜在客户提供易于理解的有用内容，长时间吸引他们的注意力。[41] 当然，许多公司也为 YouTube 制作视频，大获成功。

电子邮件宣传

优步有一个电子邮件营销计划，旨在提高品牌知名度，为用户提供各种最新交易或促销活动。这些电子邮件色彩鲜艳，但简明扼要，收件人只要浏览一遍电子邮件，就可以获得所需的大部分信息。如果订阅者要看主消息中未显示的信息，只需单击邮件底部，即可展开带有插图的说明。2016 年，优步与谷歌合作，利用其电子邮件用户列表，帮助司机和乘客注册投票，并在选举日将新注册的选民带到投票站。[42]

移动营销

大多数营销人员都想确保他们的社交媒体内容在平板电脑和智能手机等移动设备上也能看得到。要做到这一点，关键需保持信息简短，移动用户可不想看长篇累牍的东西。有了移动媒体，营销人员便可以给客户发送信息、推广抽奖活动、发送新闻或体育赛事提醒，还可以提供公司资讯。公司可以确定你的位置，给你发送附近餐馆以及其他服务信息。

管理促销组合：整合各种媒介手段

每个目标群体都需要不同的促销组合。广告对于那些拥有相似特征的消费者群体来说是最有效的。人员推销最适合面向大型组织。要想促使人们现在就买而不是以后再买，营销人员会采用样品试用、优惠券、打折券、特别展示、发放赠品等促销手段。公共宣传可配合其他宣传手段，在所有消费者中创造良好的印象。口碑促销往往是最有力的宣传工具，企业要仔细倾听、积极回应，打造值得传播的好印象，借助博客、播客和社交媒体进行促销，从而让公司的美名得以传扬。

> **想一想**
>
> 大多数公交候车亭的广告都不够别致，但明尼苏达州的连锁公司北美驯鹿咖啡（Caribou Coffee）设计的候车亭让通勤者感受到了温暖。该公司在明尼阿波利斯[⊖]的各个公交站安装了加热候车亭，以推广早餐三明治系列。你认为让消费者亲身体验（比如在寒冷的日子里给他们温暖）是宣传产品的有效方式吗？

Courtesy of Outdoor Advertising Association of America

知变则胜

户外“眼睛”看见了你

你是否曾经觉得某条广告就是为你而做的？芝加哥、达拉斯和新泽西的司机肯定会有这种感觉，而且理应有这种感觉。在这几个地方，路边的广告牌就是根据司机驾驶的汽车，直接为司机量身定制的广告信息。通用汽车公司在广告牌上安装了摄像头，能够识别过往车辆的格栅。识别之后，广告牌上随即显示一条信息，告诉司机为什么雪佛兰迈锐宝（Chevy Malibu）比他们现在开的车要好。然后，数字屏幕就会切换到迈锐宝的广告。

大约有 6400 个传统的广告牌转换成了视频屏幕，这一数字可能还会增长。目标广告牌不仅跟踪汽车，美国有 11 个城市参与了清晰频道户外广告公司（Clear

---

⊖ 美国明尼苏达州最大的城市。——译者注

Channel Outdoor）的雷达项目。数字广告牌可以利用附近智能手机收集到的数据，在广告牌上显示一条最适合当前用户的信息。然后，程序会追踪观众，看看他们是否访问了信息上推送的商店。不过，并不是所有的活动都涉及窥探，交互式户外展示对人们来说也很有趣。当哈利·胡迪尼的电视特别节目播出时，一些公交候车亭的屏幕上要求人们屏住呼吸三分钟以配合魔术大师的表演。

资料来源：©Michael Siluk/The Image Works.

由于这些技术创新，户外广告和宣传活动正在迅速增长。各个组织的广告和宣传预算可能仍然很低，但那些创新人才正在构思伟大的创意，使宣传信息给人留下难以忘怀的印象。

资料来源：E.J. Schultz, " Technology Fuels Renaissance in Out-of-Home Advertising," *Advertising Age*, April 4, 2016; Robert Channick, " Hey, You in the Altima! Chevy Billboard Spots Rival Cars, Makes Targeted Pitch, " *Chicago Tribune*, April 15, 2016; Sanjay Saloman, " Smartphone Tracking Could Let Highway Billboards Show You Personalized Ads, " *Boston.com*, May 19, 2016; "LAMAR Deploys ' Smart ' Digital Billboards Using Milestone IP Video," *Digital Signage Connection*, January 17, 2017.

促销策略

生产商如何将产品转移到消费者手中？在**推动策略（push strategy）**中，生产商使用广告、人员推销、销售促进以及其他促销手段，来说服批发商和零售商进货并销售产品，并通过分销系统将产品推向商店。如果推动策略奏效，消费者就会走进商店，看到产品，然后购买。

拉动策略（pull strategy）是针对消费者开展的大量广告宣传和促销活动。如果拉动策略奏效，消费者就会到商店购买产品。商店会从批发商那里订购，批发商又会从生产商那里订购。因此，产品是通过分销系统拉进来的。“知变则胜”专栏显示了企业如何将技术应用于拉动策略。

把促销活动纳入整个营销系统是很重要的。也就是说，产品促销曾是供应链管理的一部分。在这种情况下，零售商要与生产商和分销商合作，使供应链尽可能高效。然后再为整个系统制订一个宣传计划。其理念是开发产品整体概念，吸引包括制造商、分销商、零售商和消费者在内的所有人。

本章小结

1. 认识促销组合中包含的传统与新式工具。

- 什么是促销？

　　促销包括卖方用来告知并鼓励人们购买其产品或服务的所有技巧。

- 构成促销组合的四种传统促销工具是什么？

　　四种传统的促销工具是广告、人员推销、公共关系和促销。产品本身也可以作为促销工具，这就是为什么它会出现在图 16-1 的中间。

2. 对比各种广告媒介的优缺点，包括互联网和社交媒体。

- 什么是广告？

　　广告是为了以某种方式借助宣传信息来让大众识别，组织和个人通过各种媒介进行的有偿的、非人员（非面对面）的传播活动。

- 使用各种媒介的优势是什么？

　　查看图 16-5 中各种广告媒介的优缺点。

- 为什么电视购物广告、在线广告和社交媒体广告的使用在增长？

　　电视购物广告越来越重要，因为它们展示正在使用的产品，并提供有助于产品销售和服务的证明。在线广告促使潜在客户打开网站，进一步了解公司及其产品。通过社交媒体广告，公司可以在往电视等传统媒体上投放广告和其他促销活动之前进行测试。

3. 说明企业对企业和企业对消费者的销售步骤。

- 什么是人员推销？

　　人员推销是面对面地向客户展示和推销产品和服务，包括销售人员寻找潜在客户，提供售后服务。

- 企业对企业的销售过程有哪七个步骤？

　　销售过程的步骤是：（1）客户开发和资格审核；（2）销售准备；（3）接待客户；（4）产品演示；（5）回应质疑；（6）达成交易；（7）跟进销售。

- 企业对消费者的销售过程有哪些步骤？

　　步骤有：接待客户（包括提出问题）、产品演示（包括回答问题）、达成交易和跟进销售。

4. 描述公共关系部门的作用，并说明公共宣传如何适应这一角色。

- 什么是公共关系？

公共关系是评估公众态度的管理职能，根据公众的要求改变政策和程序，并执行行动计划和信息，以赢得公众的理解和认可。

- 良好的公共关系计划有哪三个主要步骤？

（1）倾听公众的声音；（2）制定符合公众利益的政策和流程；（3）告知公众你会响应他们的需求。

- 什么是公共宣传？

是通过媒体向公众发布的有关个人、产品或组织的任何信息，这些信息并不受卖方控制，卖方也无须为此付钱。

5. 评估各种促销形式的有效性，包括样品试用。

- 在组织内外如何使用促销活动？

内部促销活动是针对销售人员和其他与客户联系的员工，保持他们对公司的热情。内部促销活动包括销售培训、销售辅助、音像展示、贸易展会等。向消费者提供的外部促销活动依赖于样品、优惠券、折扣券、陈列、店家展示、赠品和其他激励措施。

6. 说明口碑促销，病毒式营销，社交网络、博客、播客、电子邮件营销和移动营销的运作原理。

- 口碑促销是一种主要促销手段吗？

口碑营销并不是传统的宣传手段，因为人们认为它不可控，但它始终是一种有效的促销商品和服务的方式。

- 今天的促销活动如何利用口碑促销？

口碑促销的目标是尽可能让更多的人了解公司的信息。病毒式营销是指促使人们将市场信息传递给他人的任一策略，当信息达到数千条，甚至数百万条时，其影响力将呈指数增长。许多病毒式营销项目都会提供免费的产品或服务，通常是为了换来有用的电子邮件地址。

- 营销人员还可以使用哪些促销工具来宣传产品？

其他促销工具包括社交网络、博客、播客、电子邮件宣传和移动营销。

- 主要的促销策略是什么？

在推动策略中，生产商使用广告、人员推销、销售促进以及其他促销手段，来说服批发商和零售商进货并销售产品。在拉动策略中，大量的广告宣传和促销活动都是针对消费者展开的，因此消费者会向零售商购买产品。

批判性思考

1. 如果一家公司不与环保人士、新闻媒体和当地社区沟通，会出现哪些问题？你知道有哪些公司对你们社区的需求不予反应？其后果是什么？
2. 你多久网购一次？如果不是真要买东西，你会在网上比较商品和价格吗？你或你的朋友们在 eBay 或克雷格购物单等网站上低价购买二手商品吗？你会看网上的广告吗？它们看起来是否有效？
3. 随着公司和客户之间互动交流日益增多，你认为传统广告是会增长还是会衰退？增长或衰退对我们购买电视节目、报刊的价格分别有何影响？
4. 博客、播客和社交媒体如何影响你使用的其他媒体，比如报纸或电视？你现在是看报纸，还是通过其他方式获取新闻？你看电视或其他设备上的节目吗？远离印刷品和网络电视对广告有何影响？

本章案例 “西南偏南”

“西南偏南”（SXSW）是在得克萨斯州奥斯汀举行的一年一度的音乐、电影和科技节。每年 3 月当中有 10 天，这座城市将迎来成千上万的音乐会观众、电影爱好者和业内人士。拜这些贸易展览会和部分大型音乐会所赐，这一大型活动不仅给嘻哈艺术爱好者带来欢乐，还成为新艺术家、潜在的经理人、合作者和行业高管一个新的聚会地点。

在最近的一次“西南偏南”艺术节上，2000 多名艺人为成千上万的流动客人表演了音乐节目，如此大的人流量为这次活动中各种各样的促销活动提供了充足的机会。每年，音乐节都会与多力多滋、AT&T 和雪佛兰等企业赞助商合作，在活动中做广告。这些企业对企业（B2B）关系给“西南偏南”带来了重要的运营收入，同时也为企业提供了一个很酷的活动平台，使双方都受益良多。

“西南偏南”还提供了一些企业对消费者的促销活动。如果为了省钱，来宾可以选择只参加一个活动，比如电影节。但是，如果购买了价格较高的徽章，你就不仅能参加所有活动，还能接触到 VIP 主讲人，参加派对和研讨会。这些不同类型的票价代表了活动的勃勃生机，同时也成为艺术节收入的主要来源。

有这么多要做的事情和要看的东西，很多宣传活动自然也会因“西南偏南”而生。广播电台和杂志认为这是个重要的新闻事件，所以，早在艺术节的筹备阶段就播出或刊发几十次报道。每次这样的报道最后都等于在为“西南偏南”做免费宣传，为组织者期盼的轰动效应推波助澜。为了实现这一目标，艺术节聘请了一个公关团队，积极寻求利益相关者的宣传报道。这些宣传报道包括奥斯汀市本身，它非常乐意让“西南偏南”的旗帜飘扬在街道上。作为奥斯汀最大的创收活动，与艺术节的合作对于奥斯汀来说意义重大。

音乐是一种通过与个人接触而获益的产品，所以许多参加“西南偏南”的乐队依靠“街头团队”来宣传。这些忠实的歌迷们为支持乐队免费工作，并通过代理人参与活动。歌迷们非常乐意在当地的唱片店和咖啡店分发传单或谈论活动，以便让人们了解他们最喜欢的演员。所有这些个人销售不仅给乐队带来好处，艺术节也从中获益颇丰。要知道这些街头团队都是由成千上万的志愿者组成，他们义务为这个艺术节进行宣传。这样的宣传是花钱都买不到的。

这种基层宣传是最有效和最便宜的。每当一位音乐迷在 Twitter 上发布关于这次活动的消息、在 YouTube 视频或播客上提到这件事，或者在博客上提到他们在上一届“西南偏南”艺术节上度过的美好时光时，这种积极的信息就会传播给更多新认识的人。在当今社交媒体驱动的世界里，可靠的口碑推荐可能是最重要的推广方式。然而，完全控制人们对你或你公司的评价是不可能的。这就是为什么“西南偏南”采用了许多不同的宣传策略来保持自己的酷炫形象。

思考

1. 公共宣传和广告的关键区别是什么？
2. 阐述宣传组合的四个要素。
3. “西南偏南”最依赖宣传组合四个要素中的哪些要素？

Understanding Business

第六部分

财务资源管理

第17章

了解会计和财务信息

学习目标

1. 论证会计和财务信息对企业及其利益相关者的作用。
2. 列出会计循环的步骤，区分会计和簿记，并解释如何在会计中使用计算机。
3. 解释主要财务报表的不同之处。
4. 展示比率分析在报告财务信息中的应用。
5. 确定会计专业内的不同学科。

Understanding Business

本章人物

亮星康养护理首席执行官谢莉·桑

谢莉·桑（Shelly Sun）从来没有想过自己要开公司。作为一名拥有科罗拉多大学会计硕士学位的注册会计师（CPA），她在企业做得风生水起。其实，她 29 岁就已经是大陆集团保险公司（CNA）的副总裁了。后来她的家人试图寻找高质量的家庭护理，负责照料生病羸弱的祖母，她的生活才发生了变化。他们尝试了一系列的家庭护理机构，但没有一家达到了他们所追求的质量和标准。在持续不断的寻求过程中，他们显然遇到了卫生保健部门的一个重大缺口：良好的家庭卫生保健需求。就在那时，她决定冒险创业，创办自己的公司亮星康养护理（BrightStar Care）。

作为一名注册会计师，桑在企业界耕耘经年，她技能娴熟，功底深厚。她把这些运用到新业务上，侧重于基本财务方面。尽管工作时间很长，但她知道，如果为其他家庭提供他们曾经孜孜寻求的服务，回报一定是丰厚的。三年后，亮星康养护理有了 3 家成功的自营店。然而，桑相信，该公司的长远成功还得通过特许经营来实现。她的会计和数字导向的专业背景，帮助她选择并指导那些将在亮星康养护理体系中蓬勃发展的特许经销商。如今，亮星康养护理拥有 300 多家门店，为 1.5 万多个家庭提供服务，全公司一年创造 4 亿美元的营业收入。该公司一直位居《福布斯》杂志 15 万美元以下投资特许经营机会的前 10 名。

资料来源：Courtesy of BrightStar Care and Shelly Sun.

亮星康养护理的成功并没有让桑产生松一口气、歇一歇的想法。她获得了认证特许经营执行官的荣誉，并被国际特许经营协会（IFA）评为2009年度优秀企业家。2017年，她担任国际特许经营协会董事会主席。她曾接受哥伦比亚广播公司（CBS）《卧底老板》（Undercover Boss）节目的专题采访，并出版了她的第一本书《人在胜境长智慧、路逢险处须回避》（*Grow Smart, Risk Less*）。书中，她与大家分享了她特许经营的成功之道，有些已被连锁经营者奉为圭臬。

谢莉·桑把能在大衰退时期帮助亮星康养护理渡过难关归功于自己的会计知识。通过亲自处理公司的财务问题，与加盟商密切合作，来实现效率和控制，公司度过了特许经营融资枯竭的艰难时期。桑坚信，培养会计等核心竞争力是企业或特许经营成功的关键所在。正如她爽快承认的那样，“在经营公司的过程中，我没有一天不运用我的会计知识于实际工作”。

控制成本、管理现金流、了解利润率和税收，以及准确地报告财务状况，这些都是像亮星康养护理这样的中小型企业能够生存下来并走向成功的关键因素。本章将向你介绍会计基础知识和财务信息，这些对企业的成功至关重要。本章还简要探讨了财务比率，这是衡量大型或小型企业业绩情况必不可少的工具。

资料来源：BrightStar Care, www.brightstarcare.com, accessed October 2017; “ BrightStar Founder Shelly Sun Lobbies Congress to Overturn NLRB’s Joint Employer Ruling, ” *Business Wire*, September 16, 2015; Kerry Pipes, “ BrightStar Care’s CEO Shelly Sun on Building and Leading a Growing Brand, ” *Franchising Update*, accessed October 2017.

会计信息的作用

无论企业大小，其兴衰存亡常常取决于对财务流程的处理。无疑，财务管理好比有竞争力的企业的心脏，会计信息则有助于保持心脏活力。会计报告和财务报表揭示企业的健康状况，就如同脉搏和血压显示人体的健康状况。

或许你认为会计只适用于营利企业，其实不然。会计是一门通用的商业语言，可以用来报告非营利组织（如教堂、学校、医院和政府机构）的财务信息。因此，无论你想在哪个行业取得成功，都得对会计有所了解。如果看不懂也不会分析会计报表和财务报告，你就不太可能弄明白企业是如何运作的。

学完本章之后，你可以全面了解会计的概念和原理，认识会计对企业的价值何在。你还能掌握一些会计术语，了解会计报表的用途，发现会计领域的职业机会。这样，当你进一步参与商业活动时，你的全新认识将给你带来回报，或者帮助你理解商业与金融领域正在发生的事情。让我们开始吧！

什么是会计

会计（accounting）是对组织中财务事件和交易进行记录、分类、汇总和解释，为管理者和其他利益相关者提供所需信息，以便做出明智的运营决策。经济业务包括买卖商品和服务、购买保险、支付员工工资和使用物资。通常我们把所有购买记录放在一起，再把所有销售记录放在一起。我们将记录会计数据并汇总成报告的方法称为会计制度（accounting system），如图 17-1 所示。

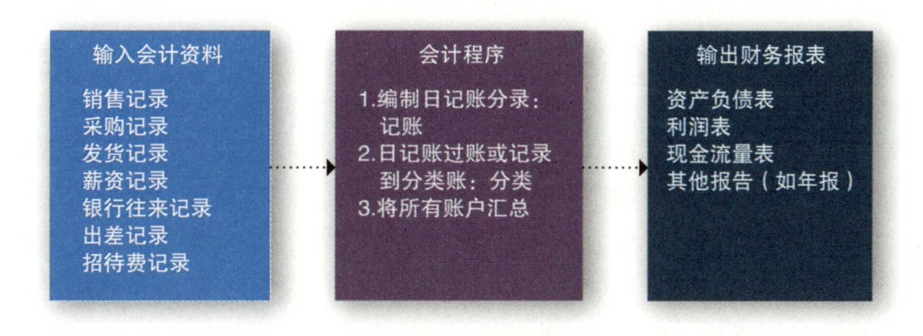

图 17-1　会计制度

会计制度的输入资料包括销售记录和其他记录。这些数据会被记录、分类和汇总，然后编入财务报表，如利润表、资产负债表和现金流量表。

会计主要为了帮助管理者做出明智的决策。另一大目的是向关注企业的利益相关者报告公司的财务信息，如员工、所有者、债权人、供应商、工会、社会活动家、投资者和政府（出于税收目的），如图 17-2 所示。

会计人员知道，确保公司会计信息的准确性对公司会计信息的使用者来说至关重要。独立的美国财务会计标准委员会（Financial Accounting Standards Board，FASB）明确规定会计师必须遵循“一般公认会计原则”（generally accepted accounting principles，GAAP）。[1] 如果会计报告是按照该原则编制的，使用者便可以认为这些信息符合会计专业人士认可的标准。[2]

使用者	报告类型
· 政府税务机构	· 税务申报表
· 政府监管机构	· 要求的报告
· 关注组织的收支及财务状况的人（如企业主、债权人、财务分析师、供应商）	· 年报中的财务报表（如利润表、资产负债表、现金流量表）
· 企业管理者	· 财务报表和各种内部财务报告

图 17-2 会计信息使用者和所需报告

各种类型的组织都要使用会计信息来做商业决策。报告应根据使用者所需信息不同而有所变化，会计人员必须编制适合的表格。

会计循环

会计循环（accounting cycle）是一个编制和分析主要财务报表的包括六个步骤的程序（见图 17-3），它取决于簿记员和会计师的工作。**簿记（book-keeping）**是指各项交易的记录，是财务报告的基本构成。然而，会计远不只是记录财务信息。会计师要对记账员提供的财务数据进行分类和汇总，然后对数据进行解读，并向管理层报告。他们还会提出改善公司财务状况的策略，编制财务分析表和所得税申报表。

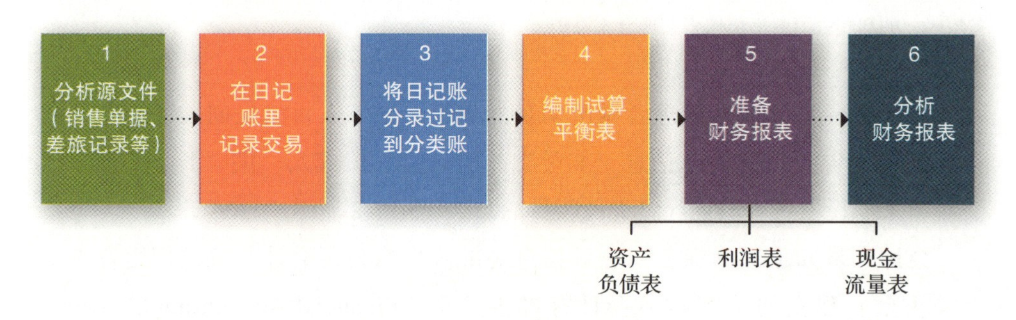

图 17-3 会计循环的步骤

记账员的首要任务是将企业的所有业务分为有意义的类别，如销售文件、采购收据和发货文件，小心细致地整理和管理这些信息。然后，记账员将原始交易文件（销售单据等）中的财务数据输入账簿或计算机程序里，称为**日记账**（journal）。journal 这个词来自法语单词 jour，意思是“一日”。因此，日记账是用来记录当天业务的。

在记录经济业务时很可能会出错，比如将 10.98 美元记录为 10.89 美元。这就是为什么每笔经济业务记账员要在两个地方记录，这样就可以交叉核对，确保一边记录的总额与另一边的总额相等。如果两边总额不等，记账员就知道有错误。将每笔业务记录在两个地方的做法叫作**复式簿记**（double-entry bookkeeping）。它要求每笔业务都要在日记账和分类账中记录两次。

假设一家企业想要准确算出今年第一季度为办公用品支付了多少钱。如果没有专门的记账工具，即使有准确的会计日记账，也很难算出来。因此，记账员使用一种叫作**分类账**（ledger）的专门会计账簿或计算机程序。在分类账中，记账员将日记账信息过账（或记录）到具体类别里，这样管理人员就可以在一个地方找到某一单个账户的所有信息，比如办公用品或现金。

会计循环的下一步是编制**试算平衡表**（trial balance），将总账中所有的财务数据进行汇总，以确保数据的准确和平衡。如果分类账的信息不准确，会计人员必须在编制公司财务报表前予以更正，然后使用正确的信息，根据一般公认会计原则来编制公司的财务报表，包括资产负债表、利润表和现金流量表。[3]

将技术用于会计

从前，会计师和记账员需要手工输入企业的全部财务信息。随着机械加法器和计算器的出现，信息录入工作变得略微简单，但仍然离不开纸质记录。到了 20 世纪末，科技进步大大简化了会计流程。今天，会计电算化软件（computerized accounting programs）可以远程将日记账的信息即时过记到加密的笔记本电脑或手机上，以便组织随时调用财务信息。公司敏感的财务信息非常安全可靠，但又可以在需要时交由会计处理。有了这些软件，会计人员就可以腾出时间从事更重要的工作，如财务分析和财务预测。

会计电算化软件对小企业主尤为有用，因为他们不像大企业那样各种会计人员一应俱全。会计软件 [如财捷集团（Intuit）的 QuickBooks] 可以满足小企业的特殊需求，因为小企业的需求往往与大企业有着很大的不同。[4] 然而，小企业主必须切实了解哪些软件最适合自家企业的特定需求。[5] 所以，打算创业的企业家应该雇用或咨询训练有素的会计师，确定公司的特殊需求，然后制定有针对性的会计制度，这样才能与所选的会计软件相得益彰。

有了成熟先进的会计软件和日益增强的技术能力，或许你会琢磨是否还有必要学习和了解会计。毫无疑问，技术手段对商务人士颇有助益，当然也大大减轻了单调乏味的记账和会计工作。可惜的是，会计工作需要经验，更需要超强的专业能力，而这些都是计算机程序力不能及的。所以，要将技术手段与会计师的专业知识加以结合，才能帮助公司做出正确的财务决策。接下来，我们将研究资产负债表、利润表和现金流量表。会计师正是根据这些财务报表中包含的信息，来分析和评估公司财务状况的。

认识主要的财务报表

会计年度（accounting year）既可以指日历年度（calendar year），也可以指财务年度（fiscal year）。日历年度从1月1日开始，到12月31日结束；财务年度可以从企业指定的任何日期开始。**财务报表（financial statement）**是对某一特定时期发生的所有经济活动的汇总。财务报表反映了企业的财务状况和稳定性，是管理决策的关键因素。[6] 所以，股东（企业所有者）、债券持有人和银行（借钱给公司的个人和机构）、工会、员工和国税局都想了解企业的财务报表。企业的主要财务报表包括：

1. **资产负债表**，报告某个特定日期的公司财务状况。

2. **利润表**，是对某一特定时期的收入、销售商品的成本和费用（包括税收）进行汇总，并突出这一期间公司的利润或亏损总额。

3. **现金流量表**，是对流入和流出公司的现金汇总。它跟踪公司的现金收付。

对这几种财务报表差异的最佳归纳是：资产负债表详细列出了公司在某一天所拥有的资产和所欠的债务；利润表显示了公司在特定时期内销售产品所获得的收入与销售成本（盈利或亏损）的比较；现金流量表强调流入和流出企业的现金之间的差异。为了充分理解这一重要的财务信息，你必须弄清某组织编制财务报表的目的。为此，我们下面将分别详细地解释这些报表。

基本会计等式

假设你没有欠任何人钱，也就是说，你没有任何负债（借款），在这种情况下，你的资产（如现金等）等于你拥有的（你的权益）。然而，如果你向朋友借钱，你就承担了债务。你的资产现在等于你所欠的加上你所拥有的。换成商业术语就是：资产 = 负债 + 所有者权益。

在会计中，这个等式必须始终保持平衡。举个例子，假设你有 50 000 美元现金，决定用这笔钱开一家小咖啡店。你的公司有 50 000 美元的资产，没有债务。会计等式应该是：

资产 = 负债 + 所有者权益

50 000 美元 = 0 + 50 000 美元

你有 50 000 美元的现金和 50 000 美元的所有者权益（你在企业中的投资额，有时也称为资本净值）。但开业前，你从当地银行借入 30 000 美元，现在等式发生了变化。你有 30 000 美元的额外现金，但也多了 30 000 美元的债务。（记住，在复式簿记中，我们把每笔业务都记录在两个地方。）

企业内的财务状况也发生了变化。等式仍然是平衡的，但要有所变化，以便反映这笔借款业务，式子会有所改变：

资产 = 负债 + 所有者权益

80 000 美元 = 30 000 美元 + 50 000 美元

这个**基本会计等式（fundamental accounting equation）**是资产负债表的基础。

资产负债表

资产负债表（balance sheet）记录企业在某个特定时点财务状况的财务报表。如图 17-4 的资产负债表所示（以我们在第 13 章中假设的金色收获餐厅为示例），资产在负债和所有者权益（或股东权益）之外，用单独的一栏中列出。资产等于负债加上所有者（或股东）权益，就这么简单。[7]

假设你想知道某个时点的财务状况。比如，你想买房子或车子，所以必须算出可用的资源。最适合的一个测算标准就是你的资产负债表。首先，把你所有的东西加起来——现金、房产和别人欠你的钱，这些是你的资产；减去你欠别人的钱——信用卡债务、借款、汽车贷款、助学贷款等。这些是你的负债。最后得出的数字是你的净资产或者权益。这就是公司编制资产负债表的基本做法：遵循基本会计等式中设定的程序。上市公司则需按照美国证券交易委员会的要求（将在第 19 章里进一步探讨），遵循一般公认会计原则。[8]

金色收获餐厅资产负债表 2018 年 12 月 31 日			
资产			
①流动资产			
现金		15 000	
应收账款		200 000	
应收票据		50 000	
存货		335 000	
流动资产合计			600 000
②固定资产			
土地		40 000	
建筑物和改建物	200 000		
减：累计折旧	–90 000		
		110 000	
设备和车辆	120 000		
减：累计折旧	–80 000		
		40 000	
办公家具和固定设备	$26 000		
减：累计折旧	–10 000		
		16 000	
固定资产合计			206 000
③无形资产			
商誉		20 000	
无形资产合计			20 000
资产合计			826 000
负债和所有者权益			
④流动负债			
应付账款		40 000	
应付票据（2019 年 6 月到期）		8 000	
应付税款		150 000	
应付薪酬		90 000	
流动负债合计			$288 000
⑤长期负债			
应付票据（2023 年 3 月到期）		35 000	
应付债券（2028 年 12 月到期）		290 000	
长期负债合计			325 000
负债合计			613 000
⑥所有者权益			
普通股（1 000 000 股）		100 000	
留存收益		113 000	
所有者权益合计			213 000
负债和所有者权益合计			826 000

图 17-4 金色收获餐厅资产负债表示例（单位：美元）

①流动资产：可在一年内转换为现金的项目。

②固定资产：相对永久的土地、建筑物和设备等项目。

③无形资产：没有实物形式的专利和版权等有价物品。

④流动负债：在一年或一年内要支付的款项。

⑤长期负债：一年或一年以上要支付的款项。

⑥所有者权益：股东在公司中拥有的价值（也称“股东权益”）。

既然理解资产负债表上的财务信息如此重要，那么我们不妨再仔细研究，看看企业的资产、负债和所有者权益账户中都包含哪些要素。

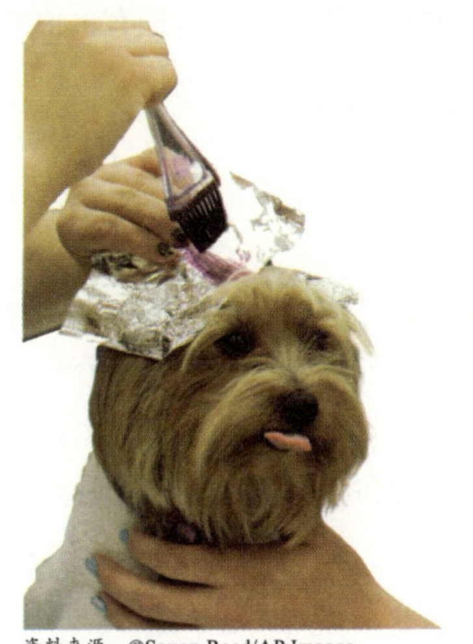

资料来源：©Saxon Reed/AP Images.

想一想

像狗狗美容师这样的服务行业，与福特等制造商和梅西百货等零售商一样，都离不开一套财务报表。这样一个典型的服务企业在其资产负债表上有哪些资产和负债？

对资产进行分类

资产（assets）是企业拥有的经济资源（有价值的东西）。资产包括生产性的有形资产，比如有助于产生收入的设备、建筑物、土地、家具、厂房和车辆等，以及有价值的无形资产，比如专利、商标、版权和商誉。商誉是企业声誉、地理位置和优质产品等因素附带的价值。只有在一家公司收购另一家公司，并且支付的价格高于被收购公司的有形资产价值时，才将商誉计入资产负债表。尽管品牌名称（可口可乐、星巴克等）等无形资产可能是公司最有价值的资源，但如果它们是公司内部自行开发的，就不能列入公司的资产负债表。[9]

会计人员将公司资产负债表上的资产按其**流动性（liquidity）**或转换成现金的难易程度进行排列。转换速度越快，表示流动性越高。例如，应收账款（account receivable）是公司认为可以在一年内收回的款项。它被视为流动资产（liquid），因为可以迅速转换成现金。而土地不能视为流动资产，因为需要时间、精力和书面文件才能转换为现金。土地是一种固定资产或长期资产。因此，根据变现的速度可将资产分为三类：

1. **流动资产（current assets）**是可以或将会在一年内变为现金的项目，包括现金、应收账款和存货。

2. **固定资产（fixed assets）**是相对永久的长期资产，如土地、建筑物和设备。（在资产负债表上，我们也可以把这些称为房产、厂房和设备。）

3. **无形资产（intangible assets）**是没有实物形式，但确有价值的长期资产。[10] 专利、商标、版权和商誉都是无形资产。

负债及所有者权益

负债（liabilities）是企业欠他人的债务，即欠款。流动负债（current liabilities）是指一年或一年内到期的债务。长期负债（long-term liabilities）是指偿还期在一年或一年以上的债务。下面是在资产负债表上的常见负债（见图 17-4）：

1. **应付账款（accounts payable）**指因向他人赊购商品或服务而产生的应支付但尚未支付的流动负债。

2. **应付票据（notes payable）**指企业承诺在未来特定日期偿还的短期或长期借款（如银行贷款）。

3. **应付债券（bonds payable）**是一种长期负债，指债券持有人借给企业，到期必须偿还的债务。（我们将在第 18、19 章深入探讨债券。）

正如基本会计等式所示，你拥有的总价值（资产）的价值减去你欠别人的债务（负债）称为权益。股东在公司所拥有的价值（减去负债）称为股东权益。因为股东是公司的所有者，所以股东权益也称**所有者权益（owners' equity）**，也就是公司所有的资产减去所欠的债务。那么，所有者权益的公式就是资产减去负债。

组织类型不同，所有者权益也不一样。对独资企业和合伙企业来说，所有者权益是指企业所拥有的一切价值减去所有者的所有债务（如银行贷款）。这些公司的所有者权益称为资本账户（capital account）。

对于公司制企业来说，所有者权益账户记录了所有者已投入公司的资金（如股票），以及留存收益。**留存收益（retained earnings）**是指公司可以赚钱的那些业务的累计收益，这些收益随后又被投入企业，而不是向股东分配红利。（在第 19 章中将讨论利润分配，也称股息。）花点时间再看一看图 17-4，可以从资产负债表中获得金色收获餐厅的哪些信息。根据图 17-5 的说明，估计自己的净资产。

资产		负债	
现金	______	分期贷款和利息	______
储蓄存款	______	其他贷款和利息	______
支票存款	______	信用卡账户	______
房产	______	房屋抵押贷款	______
股票和债券	______	税收	______
汽车	______	电话费	______
个人退休金账户（IRA）或基奥账户（keogh）	______		
个人财产	______		
其他资产	______		
总资产	______	总负债	______
计算你的净资产：			
总资产	______		
总负债	- ______		
净资产	______		

图 17-5　“你”公司（单位：美元）

你认为“你”公司的财务状况如何？让我们花点时间来找答案。你可能会感到惊喜，或者会意识到得认真考虑你未来的财务计划。记住，你的净资产只不过是你所拥有的（资产）和你所欠的（负债）之间的差额。请尽你最大的努力，诚实地对你私人财产的价值做恰当的评估。

利润表

该财务报表显示企业净利润，即除去成本、费用和税收后的利润（或亏损），即**利润表（income statement）**。利润表汇总了企业从经营活动中获得的所有资源，即**收入（revenue）**，企业已使用完的资金资源，企业在经营过程中发生的费用，以及企业在支付包括税收在内的所有成本和费用后剩余的资源。剩余或耗尽的资源（收入）称为**净利润或净损失（net income or net loss）**，如图 17-6 所示。

利润表显示企业在一段时期内（通常是一年、一个季度或一个月）的财务运营状况。这份财务报表揭示了企业究竟是盈利还是亏损。利润表上的财务信息对股东、贷款人、潜在投资者、员工，当然还有政府都是非常有用的。所以，我们先来简要说明利润表的编制，然后再讨论其中各要素的含义。

金色收获餐厅利润表 截至 2018 年 12 月 31 日			
①收入			
销售总额		720 000	
减：退货与销售折让	12 000		
销售折扣	8 000	–20 000	
净销售额			700 000
②销售成本			
期初存货，1 月 1 日		200 000	
购货	400 000		
运费	40 000		
购货净额		440 000	
可供销售的商品成本	640 000		
减：期末存货，12 月 31 日		–230 000	
销售成本			410 000
③毛利润			290 000
④营业费用			
销售费用			
销售人员薪资	90 000		
广告	18 000		
办公用品	2 000		
销售费用合计		110 000	
一般费用			
员工薪资	67 000		
折旧	1 500		
保险费	1 500		
租金	28 000		
照明、暖气和电力	12 000		
杂费	2 000		
一般费用合计		112 000	
营业费用合计			222 000
税前净利润			68 000
减：所得税支出			19 000
⑤税后净利润			49 000

图 17-6 金色收获餐厅利润表示例（单位：美元）

①收入：销售商品、提供服务所获的价值，以及其他财务来源。

②销售成本：商品销售成本、用于生产转售商品的原料或组件的成本。

③毛利润：公司通过商品买卖所赚取的。

④营业费用：企业运营所产生的费用。

⑤税后净利润：在一定时期内，减去所有成本和费用（包括税收）之后的盈利或亏损。

收入
– 销售成本
= 毛利润（毛利率）
– 营业费用
= 税前净利润
– 税收
= 净利润或净亏损

收入

收入是公司从销售的商品和提供的服务中获得的货币价值，以及其他款项（如收取的租金、支付给公司的专利使用费、利息等）。一定不要混淆“收入”（revenue）和“销售”（sale）这两个术语，它们不是一回事。[11] 诚然，公司的大部分收入确实来自销售，但也会有其他收入来源。另外，不妨看一看利润表，你会发现销售总额（gross sales）是指公司完成的所有销售的合计。净销售额（net sales）是销售总额减去退货、折扣和折让。

销售成本

销售成本（cost of goods sold），或称**商品制造成本（cost of goods manufactured）**，是公司售出商品的成本或用于生产转售商品的原料与组件成本。将企业销售商品所赚取的与制造或购买商品所花费的进行比较，这个做法很合理。销售成本包括进货价格、运费，以及与储存货物有关的所有费用。

在财务报告中，公司何时将某商品计入存货并不重要，重要的是公司售出该商品时会计人员是如何记录成本的。为什么？要理解这一点，请阅读“聚焦小企业”专栏介绍的两种不同的存货计价方式：先进先出法（LIFO）和后进先出法（FIFO）。

用净销售额减去销售成本，便得到公司的毛利润或毛利率。**毛利润（gross profit）**是指企业通过购买（或制造）和售卖商品赚到的钱。在服务公司，可能没有销售成本，因此毛利润就等于净销售额。然而，毛利润并不能显示公司财务绩效的全部状况。要想全面了解，还得减去企业的营业费用。

聚焦小企业

记新出旧

一般公认会计原则有时允许会计人员对公司的存货使用不同的会计方法。最流行的两种核算方式是“先进先出法”和“后进先出法”。

让我们看一个简单的例子。假设你的大学书店在7月以每本150美元的价格购买了100本特定的教材。8月中旬开始上课时，书店会以175美元的价格向学生出售50本这种书。由于教师打算下学期再用同样的教材，所以书店把那50本直到下学期才会售出的书放在了仓库中。

12月下旬，书店又增购了50本同样的教材，以备下一个学期销售。然而，由于通货膨胀及其他经营和销售成本的增加，出版商售价上涨到每本175美元。书店现在有100本同样的教材，在两个不同的购买时期购买。如果它在1月新学期开始时以每本200美元的价格向学生出售50本，那么书店的会计成本是多少？实际上，这并不是一定的。

销售的图书是一样的，但会计核算方法可能会有所不同。如果书店使用“先进先出法”，那么每本教材的销售成本为150美元，因为书店先买的教材成本为150美元。然而，书店可以使用另一种方法。根据“后进先出法”，该公司后一次购买这些教材的价格为每本175美元，这也可以确定为所售50本教材的成本。

如果这本书卖200美元，使用先进先出法和使用后进先出法的毛利会有什么不同？正如你所看到的，使用不同的存货估价方法是会对利润产生影响的。

资料来源：©McGraw-Hill Education/Mark Dierker, photographer.

营业费用

在销售商品或服务时，企业会产生一定的**营业费用**（operating expenses），如租金、薪酬、办公用品、水电费和保险费。利润表上的企业营业费用（如折旧）要复杂一些。例如，你是否听过这样的说法，买辆新车，一旦开出经销商的停车场，立刻就会贬值？同样的原则也适用于设备和机械等资产。**折旧（depreciation）**是按照预估的使用期限，对有形资产的成本进行系统性注销。根据一般公认会计原则和美国国税局制定的会计准则，允许公司在一段时间内计提这些资产（即汽车、电脑、办公室和电子设备）的折旧费，计入营业费用。

> **想一想**
>
> 大多数企业都会产生营业费用，包括租金、薪酬、水电费、办公用品和保险费。像星巴克这样的公司可能会有哪些营业费用？

我们可以把营业费用分为销售费用和一般费用。销售费用（selling expenses）与公司产品或服务的营销和分销有关，如广告费、销售人员的薪资和办公用品。一般费用（general expenses）是公司的管理费用，如员工薪资、保险费和租金。会计师可以帮你记录所有适用的费用，并找到其他相关费用，作为营业费用一并从应税收入里扣除。

净利润或净亏损

扣除所有费用后，我们就可以算出企业的税前净收入，也称为净盈余或净利润（见图 17-6）。扣除税额后，就得到了净利润（bottom line），也就是公司在一段时间内的收入减去退货、成本、费用和税收而产生的净收入（也可能是净损失）。现在我们可以回答这个问题，企业在特定的报告期内是盈利还是亏损？

现在，你对资产负债表和利润表的基本原则已经很熟悉了。你在给自己做预算时，知道如何记录成本和开支。如果你的房租和水电费超过了收入，你就知道日子不好过了。如果你需要更多的钱，可能得卖掉一些东西来支付开销。做生意也是如此。公司必须记录赚了多少钱，花了多少钱，手头还有多少现金。唯一的区别是，公司面临的问题往往更复杂，要记录的信息也要多得多。

财务报表的使用者关注的是公司如何处理流入和流出企业的现金，现金流问题可能对企业和个人都会造成困扰。我们接下来研究现金流量表时，请别忘记这一点。

> **想一想**
>
> 朗尼·麦克奎尔特（Lonnie McQuirter）是一家加油站的老板，他与当地供应商合作，为客户提供健康的有机食品，而不是一般便利店的食品。2007年，他贷款87.5万美元从英国石油公司购买了这个房产和加油站。现在，他的企业每年总收入达1100万美元。收入和利润有何不同？

资料来源：©David Bowman Photography, Inc.

现金流量表

现金流量表（statement of cash flows）报告与企业三项主要活动有关的现金收入和现金支出：

- 营业：与经营业务相关联的现金交易。
- 投资：企业投资活动中使用或提供的现金。
- 融资：通过举债或发行股票筹措的现金，或用于支付企业费用、负债或支付股息的现金。

会计人员分析企业现金在营业、投资和融资过程中发生的变化，以准确计算企业的净现金头寸。[12] 现金流量表也让可以公司洞悉如何处理现金，避免现金流问题，比如，缺乏现金用于即时的支出。

图17-7仍然以金色收获餐厅为例，提供了现金流量表的示例。如你所见，现金流量表回答了以下问题：当前经营活动，如买卖商品和服务产生的现金中有多少流入了企业？企业是否使用现金购买了股票、债券或其他投资物？企业是否卖出一些投资物，收回现金？企业通过股票发行融资多少？

金色收获餐厅 现金流量表 截至 2018 年 12 月 31 日		
①经营活动产生的现金流量		
客户支付的现金	700 000	
支付供应商和员工的现金	(567 000)	
利息支出	(64 000)	
所得税支出	(19 000)	
利息和股息收入	2 000	
营业活动产生的现金流量净额		52 000
②投资活动产生的现金流量		
出售工厂资产的收入	4 000	
购买设备的支出	(23 000)	
投资活动产生的现金流量净额		(19 000)
③融资活动产生的现金流量		
发行短期债券的收入	2 000	
购买长期债券的支出	(8 000)	
股息支出	(15 000)	
融资活动产生的现金流量净额		(21 000)
现金及等价物的净变动		12 000
现金余额（期初）		3 000
现金余额（期末）		15 000

图 17-7　金色收获餐厅现金流量表示例（单位：美元）

①来自销售、佣金、小费、利息和股利的现金收入。用于薪资、存货、营业费用、利息和税进的现金支出。

②包括通过长期经营性资产的买卖、对其他公司的投资，以及借贷活动而产生的现金流量。

③与公司自己的股票交易或借贷活动相关的现金流入和流出。

我们分析这些和其他经济业务，看看对公司现金状况的影响。现金流管理决定着企业经营的成败，正因为如此，我们将在下一节进行深入分析。

现金流量分析的必要性

如果现金流量管理不善，会令企业陷入巨大麻烦。弄懂现金流量分析很重要，而且并没那么困难。假设你从朋友那借了 100 美元买了一辆二手自行车，答应周末还钱给她。然后，你以 150 美元的价格把自行车卖给别人，别人也答应周末付钱给你。遗憾的是，到了周末，你的买主并未把说好的钱给你，还说得等到下个月。而这边，你朋友却希望你周末就把答应的 100 美元给她！

> **想一想**
>
> 现金流量是企业现金流入和流出的差额。对于任何规模的企业来说，谨慎的现金流量管理都是非常必要的，但对于小型企业和滑雪胜地等季节性经营场所来说尤为重要。你是否见过有公司因为现金流量问题而被迫关门？

原本看似可以轻松赚取50美元利润的大好机会，现在却变成了一桩麻烦事。你欠了100美元，手头又没有现金。你是做什么工作的？如果你是一家企业，这就变成了拖欠贷款，甚至可能因此破产，即使你有盈利的潜力也无济于事。

企业可能会在销售额和利润双双增长的情况下，仍面临现金流量问题。**现金流量（cash flow）**就是企业现金流入量与流出量的差额。现金流量不足是许多公司面临的一个主要运营问题。例如，特斯拉是一家快速增长的创新型汽车制造商，过去几年来，公司如日中天，被大肆炒作。遗憾的是，特斯拉还面临着严重的现金流量问题，已引起投资界的关注。[13] 现金流量问题对小型以及季节性企业来说尤其棘手。[14] 会计人员在报告资金流向时，有时会面临严峻的道德挑战。阅读“道德决策”专栏，看看这种道德困境是如何产生的。

现金流量问题是如何产生的？通常来说，为了满足顾客日益增长的需求，企业会赊购商品（不使用现金）。如果接着赊销大量商品（收不到现金），公司就得从债权人（通常是银行）那里获得更多的贷款来支付眼前的账单。如果公司信用额度已经超限，无法再借钱，就会面临严重的现金流量问题。稍后会有现金进账，但现在手上没有现金支付当前的开支。尽管公司销售势头强劲，但现金流量短缺就有可能导致公司破产。所有这一切都是因为在最需要现金的时候却没有现金。现金流量分析表明，企业与贷款人的关系至关重要，可以防止现金流量问题的出现。

会计师可以为企业管理现金流提供有价值的见解和建议，他们会告诉企业是否需要现金以及需要多少。接下来，我们将研究会计师如何通过使用比率分析财务报表来为公司提供建议。

道德决策

这是需要你做出决断的时候！

(www.fasb.org)

你是菲多盛宴公司（Fido’s Feast）唯一的会计，这家小型高级狗粮生产商直接在网上销售狗粮，大衰退的影响仍在困扰着这家公司。在此期间，该公司的许多客户开始关注起成本，从而转向了成本较低的品牌。所幸的是，随着经济的好转，许多长期客户又都回来了，情况正在好转。问题是，公司的现金流在过去几年里受到了严重影响，需要立即获得资金，才能维持账单的支付。首席执行官向当地一家银行提交了申请贷款以维持公司运转的报告。不过，你也知道菲多盛宴过去一年的财务报表不会很好看。尽管公司看起来正在恢复常态，但是仅凭当下的财务状况，银行恐怕还是很难会批复这项贷款申请。

在即将结束年度会计决算的时候，公司首席执行官建议你可以“改善”一下公司的财务报表，方法是把今年 1 月初的销售当作上一年 12 月的销售来处理。

你知道这违反了财务会计标准委员会的规定，于是拒绝更改信息。这位首席执行官警告说，没有银行贷款，公司很可能就要倒闭，每个人都会失业。你知道他是对的，也知道公司的许多员工不太可能找到新工作。你的选择是什么？每个选择可能带来怎样的结果？你会怎么做？

使用比率分析财务绩效

公司的财务报表（资产负债表、利润表和现金流量表）是公司内外会计人员进行财务分析的基础。**比率分析（ratio analysis）**是通过对公司财务报表中财务比率的计算和诠释，来评估企业的财务状况。在将公司的绩效与财务目标以及同行业其他公司的绩效进行比较时，财务比率尤为有用。[15]

你可能已经熟悉在运动中所用的比率。例如，在篮球运动中，我们用罚球命中率来表示进球数与投篮数的比率。在一场势均力敌的比赛中，你不会想要对一名罚球命中率高达 85% 的球员犯规。

无论是衡量运动员表现，还是测算企业财务状况，比率都提供了有价值的信息。财务比率可以让人深入了解一家公司在流动性、债务总额、盈利能力和整体业务活动方面，与同行业其他公司相比如何。理解和诠释业务比率对合理的财务分析很重要。下面我们来了解企业用来衡量财务绩效的四种关键比率。

流动性比率

我们已经讨论过，流动性指的是资产转换成现金的速度。流动性比率衡量的是公司将资产转化为现金以偿还短期债务（必须在一年内偿还的债务）的能力。这些短期债务对公司的贷款人来说尤其重要，希望按时得到偿付。两个关键的流动性比率是流动比率和酸性测验比率。

流动比率（current ratio）是公司流动资产与流动负债的比率。公司的资产负债表上有这些信息。翻到前面，图 17-4 详细描述了金色收获餐厅的资产负债表。该公司的流动资产为 600 000 美元，流动负债为 288 000 美元，得出流动比率 2.08，也就是说，金色收获餐厅每 1 美元的流动负债对应 2.08 美元的流动资产。计算如下

$$流动比率=\frac{流动资产}{流动负债}=\frac{600\ 000美元}{288\ 000美元}=2.08$$

流动比率试图回答这样一个问题：金色收获餐厅的短期（不到一年）财务状况安全吗？答案要视情况而定！通常，对于发放短期贷款的银行来说，流动比率大于等于 2.0 的公司被视为安全级别，因为它的业绩表现与市场预期相符。不过，贷款机构也会将金色收获餐厅的流动比率与同业竞争对手以及公司上年同期流动比率进行比较，看看有无任何重大变化。

另一个关键的流动性比率被称为酸性测验比率（acid-test ratio）或速动比率(quick ratio)，衡量公司的现金、有价证券（如股票和债券）和应收账款与流动负债的比率。同样，这些信息也在公司的资产负债表上。

$$速动比率=\frac{现金+应收账款+有价证券}{流动负债}=\frac{265\ 000美元}{280\ 000美元}=0.92$$

这一比率对于那些难以将存货迅速转化为现金的公司尤其重要。它有助于回答以下问题：如果销量下降，存货卖不掉怎么办？我们还能偿还短期负债吗？虽然比率因行业而异，但通常来说，如果速动比率在 0.50～1.0，说明情况尚可，不过也接近现金流问题的边缘了。那么，金色收获餐厅的速动比率为 0.92，因此人们会担忧该公司可能无法偿还短期债务，不得不向较高利率的贷款机构寻求财务援助。

杠杆（负债）比率

杠杆（债务）比率衡量的是公司在经营中对借入资金的依赖程度。如果公司负债过多，可能会无力偿还贷款，或难以兑现对股东的承诺。负债与所有者权

益比率衡量的是公司必须偿还的负债程度。同样，我们用图 17-4 来衡量金色收获餐厅的债务水平。

$$负债=\frac{总负债}{所有者权益}=\frac{613\ 000美元}{213\ 000美元}=288\%$$

任何高于 100% 的数据都表明，公司的负债大于权益。金色收获餐厅的比率为 288%，相较于权益，其负债程度相当高，意味着贷款人和投资人可能会认为公司风险很高。然而，同样重要的是，要将一家公司的负债率与同业其他公司进行比较，因为某些行业对借债融资的接受度比其他行业高。与同一家公司过去的债务比率进行比较，也可以确定该公司或行业的发展趋势。

盈利能力（绩效）比率

盈利能力（绩效）比率衡量的是公司管理者运用各种资源来实现利润的有效性，其中三个较为重要的比率是每股收益率、销售收益率和净资产收益率。

每股收益颇具启迪作用，因为收益有助于刺激公司发展，给股东分红。美国财务会计标准委员会要求企业以两种方式报告季度每股收益：基本每股收益和稀释每股收益。基本每股收益率（basic earnings per share ratio），确定公司发行在外普通股每股的利润。稀释每股收益率（diluted earnings per share ratio），既衡量公司流通在外的普通股每股的利润，也考虑可转为普通股的股票期权、认股权证、优先股和可转换债券（见第 19 章）。为了简单起见，下面我们仅计算金色收获餐厅的基本每股收益率。

$$基本每股收益率=\frac{税后净利润}{流通在外普通股股数}=\frac{49\ 000美元}{1\ 000\ 000股}=0.049美元/股$$

另一个可靠的绩效指标是销售收益率（return on sales），显示公司在销售利润方面的表现是否与竞争对手一样好，可用净利润除以销售总额计算。金色收获餐厅的销售收益率为 7%，我们须将该比率与竞争对手的类似数据对比，才能真正判断餐厅的绩效。

$$销售收益率=\frac{净利润}{净销售额}=\frac{49\ 000美元}{700\ 000美元}=7\%$$

一个产业失败或亏损的风险越大，投资者对其投资的预期收益率就越高，他们期待“高风险，高收益”。净资产收益率（return on equity，ROE）计算公司所有者每投资一美元能赚多少钱，以此间接衡量风险。我们用公司的税后净利润与所有者权益总额进行比较来计算。金色收获餐厅的净资产收益率看起来相当不错，有人认为超过 15% 就算是很好了。

$$净资产收益率=\frac{税后净利润}{所有者权益}=\frac{49\ 000美元}{213\ 000美元}=23\%$$

记住，利润可以助推金色收获餐厅这样的公司成长，所以衡量公司增长和管理绩效必须密切关注盈利能力指标。

业务活动比率

将公司的存货转化为利润是一项重要的管理职能。业务活动比率可以显示存货周转管理的有效性。

存货周转率（inventory turnover ratio）衡量的是存货在公司内部流转并转化为销售额的速度。闲置在仓库里的存货赚不了钱，还要花钱。公司销售或周转库存的效率越高，收入也就越高。金色收获餐厅的存货周转率计算如下：

$$存货周转率=\frac{销售成本}{平均存货}=\frac{410\ 000美元}{215\ 000美元}=1.9次$$

如果存货周转率低于平均水平，往往表示库存的商品已过时，要么就是采购的做法有问题。管理者必须做好库存管理工作，留意预期的存货周转率，以确保实现良好的绩效。例如，你是否在金色收获餐厅这样的餐厅当过服务员？老板希望你一晚上翻台几次（每桌不断换顾客）？翻台次数越多，老板的利润就越高。当然，与其他比率一样，不同行业的存货周转率也有所不同。

除了我们已讨论的比率，会计师和其他财务专业人士还会使用另外几种比率。要查看比率分析中的会计信息从何而来，如图 17-8 所示。请记住，财务分析要在会计财务报表做完之后再开始。

想一想

餐馆老板希望服务员能尽快翻台，这样就能尽量让更多的顾客就座。毕竟，食客越多，老板赚得就越多。还有哪些行业主要依靠高存货周转率？

资产负债表科目			利润表科目			
资产	负债	所有者权益	收入	销售成本	费用	
现金	应付账款	股本	销售收入	商品采购成本	薪资	利息支出
应收账款	应付票据	留存收益	租金收入	商品存储成本	租金	捐赠
存货	应付债券	普通股	佣金收入		修理费	许可费
投资	应付税款	库存股	专利金收入		差旅费	手续费
设备					保险费	办公用品
土地					水电费	广告费
建筑物					招待费	税费
汽车					仓储费	
商誉						

图 17-8　资产负债表和利润表中的会计科目

会计学科

会计专业分为五个主要工作领域：财务会计、管理会计、审计、税务会计、政府和非营利机构会计。这五个领域都很重要，也都能创造就业机会，让我们分别来了解。

> **想一想**
>
> 装配一台卡车发动机需要许多工具、零件、原材料和其他部件，以及劳动力成本。将这些成本保持在最低水平，并制定切合实际的生产计划，对企业的生存至关重要。为了确保公司的竞争力，管理会计师还要与哪些内部部门合作？

财务会计

财务会计（financial accounting）是主要为组织以外的人员编制的财务信息及其分析。这些信息不仅提供给公司所有者、管理者和员工，还提供给债权人和贷款人、工会、客户、供应商、政府机构和公众。这些外部使用者想了解的问题包括：组织是否盈利？它能付得起账单吗？欠债多少？诸如此类等问题大多可以在公司年报中得到解答。**年报**（annual report）是反映组织财务状况、业务发展和各项预期的年度报表。

保持准确的财务信息对于企业而言至关重要。因此，许多组织聘请**私业会计师**（private accountant）来为某个企业、政府机构或非营利组织工作。但并不是所有企业或非营利组织都想要或需要全职会计师。所幸的是，美国有成千上万的会计师事务所通过公共会计师来为组织提供所需的会计服务。

公共会计师（public accountant）为个人或企业提供收费的会计服务。他们的服务包括设计会计系统，帮助选择正确的软件来运行系统，分析组织的财务表现。会计师通过美国会计师协会（AICPA）设立的一系列考试，符合国家对教育背景和从业经验的要求，即可获得认可成为**注册会计师（CPA）**。注册会计师既可以做企业会计师，也可以做公共会计师，而且组织内部也经常有其他财务职位需要注册会计师。今天，美国有 664 500 多名注册会计师，其中 375 000 名是美国会计师协会的成员。[16]

21 世纪初，会计行业经历了一段黑暗时期。当时，世通、安然和泰科会计丑闻频发，引发公众对会计行业和公司整体诚信的质疑。安达信（Arthur Andersen）是美国最大的会计师事务所之一，因在安然案中销毁记录，被判妨碍司法公正，被迫歇业。

尽管这项判决后被美国最高法院推翻，但对会计行业的审查加强了，最终美国国会通过了《萨班斯 – 奥克斯利法案》。这项法案为上市公司制定了新的政府报告标准，还成立了上市公司会计监督委员会（PCAOB），负责监督美国会计师协会。在该法案通过之前，会计行业是自我管控的。如今，由于上市公司会计监督委员会给中小企业带来的负担，又有人质疑监督委员会的权力，希望放松管控。[17] 图 17-9 列出了《萨班斯 – 奥克斯利法案》的一些主要条款。

- 禁止会计师事务所向其审计的公司提供某些非审计工作（如咨询服务）
- 加强对举报公司高管不当行为的举报人的保护
- 要求公司首席执行官和首席财务官证明财务报告的准确性，并对任何违反证券报告的行为（如盈利误报）给予严厉惩罚
- 禁止向公司董事和高管提供公司贷款
- 在美国证券交易委员会下设立由五名成员组成的上市公司会计监督委员会，以监督会计行业
- 规定修改或销毁关键审计文件将面临重罪指控和重大刑事处罚

图 17-9 《萨班斯 – 奥克斯利法案》的主要条款

2008 年，金融危机爆发，促使国会通过了《多德 – 弗兰克法案》。该法案赋予上市公司会计监督委员会更多权力，加大对证券市场经纪商和交易商的审计方的监督力度，从而加强了对会计的金融管控。《多德 – 弗兰克法案》的条款今天也受到质疑，[18] 许多人认为政府监管得过多。我们将在第 19 章更深入地讨

论《多德－弗兰克法案》。

会计行业认识到，会计师必须被视为与医生或律师一样的专业人士，其工作才会有成效。因此，注册会计师除了要完成 150 小时的大学课程，并通过严格的考试，平均每年还要参加 20～40 小时的继续教育培训，接受重新认证，达到道德培训要求，而且必须通过职业道德考试。[19]

管理会计

管理会计（managerial accounting）用来向组织内部的管理者提供信息和分析数据，帮助他们做决策。管理会计包括衡量和报告生产、营销及其他职能的成本；编制预算（计划）；检查各单位是否超支（控制）；制定策略尽量减少税费。如果你是商科专业的学生，可能会上管理会计的课程。

审计

审计（auditing）是对编制公司财务报表所用信息进行的审核与评估工作。组织内的企业会计师经常进行内部审计，确保组织完成正确的会计程序和财务报告。公共会计师也对会计信息和有关记录进行独立审计。**独立审计（independent audit）**是对企业财务报表的准确性进行评估，并给出公正的意见。年报通常包括审计师公正的书面意见。

在 21 世纪初发生会计丑闻之后，《萨班斯－奥克斯利法案》出台了有关审计和咨询新规，确保审计过程的诚信度。但在 2011 年，审计流程再次受到抨击，许多人在分析了 2008 年雷曼兄弟破产以及接踵而来的金融危机后，呼吁对审计程序实施更加严格的控制。[20]

审计师在工作中不仅要检查组织的财务状况，还要审核其运作效率和效力。[21] 请参阅“知变则胜”专栏对一种特殊会计（即法务会计）的讨论，这种会计专门揭露组织内的财务欺诈。

知变则胜

会计：犯罪现场调查

(www.aicpa.org)

许多公司以最糟糕的方式亏损——通过欺诈。欺诈是影响大大小小企业的一个主要问题。根据美国注册舞弊审查师协会的数据，许多大公司每年因欺诈损失近5%的收入，而近一半的小型企业在运营的某个时候都会应对财务欺诈，结果往往非常可怕。

尽管美国证券交易委员会始终致力打击金融欺诈，《萨班斯－奥克斯利法案》等法律也声明将给予欺诈以严厉惩罚，但金融欺诈仍在继续。问题是，政府和公司的审计人员并没有受过揭露财务欺诈的专门培训。他们的专长是保证正确无误地运用会计准则，准确公平地编制公司财务报表。那么，如果审计师和注册会计师不会寻找和识别财务欺诈的蛛丝马迹，你会找谁？

答案很简单。来认识一下会计行业的福尔摩斯——法务会计师。如果说审计人员搜索的是会计错误，法务会计师搜索的则是犯罪现场证据。法务会计师从堆积如山的公司信息中筛选，试图整理出一份书面记录，以找出那些应为欺诈行为负责的公司骗子。法务会计师的工作通常漫长而艰巨，包括调查虚增的销售数字、洗钱和存货欺诈。MDD会计师事务所创始合伙人杰克·达米科（Jack Damico）形容他的同事是“善于深入调查的会计师，能从字里行间发现问题”。如果你对法务会计感兴趣，许多大学都开设法务会计专业，可攻读高级学位。

资料来源：Bill Albert, “Alibaba: Digging into the Numbers,” *Barron's*, February 20, 2016; Howard Scheck, “Risky Business: SEC Focuses on Internal Controls,” *CFO*, November 16, 2016; The Association of Fraud Examiners, www.acfe.com, accessed October 2017.

税务会计

税收为政府提供资金，用于道路、公园、学校、警察保护、军队，以及其他职能。联邦、州和地方政府要求个人和组织在特定的时间，用准确的格式提交纳税申报单。**税务会计（tax accountant）**受过税法方面的培训，负责编制纳税申报单或制定税务策略。政府经常出于特殊的需要或目标，改变税收政策，所以税务会计的工作总是充满挑战。随着经济中税收负担的增加，税务会计对于组织、个人或企业家的重要性也日益凸显。

政府和非营利组织会计

政府和非营利组织会计（government and not-for-profit accounting）所适用的组织，不以盈利为目的，而是根据正式核定的预算为纳税人和其他对象服务。联邦、州和地方政府需要一个帮助纳税人、特殊利益集团、立法机构和债权人的会计制度，确保政府履行义务，并合理使用纳税人的钱。美国政府的会计标准是由政府会计标准委员会（Governmental Accounting Standards Board）制定的。[22] 有众多政府机构为那些希望在政府会计部门工作的会计师提供职业机会，美国联邦调查局（Federal Bureau of Investigation）、美国国税局、密苏里州自然资源部（Missouri Department of Natural Resources）和库克县税务局（Cook County Department of Revenue）只是其中几个。

非营利组织也需要会计专业人员，以确保他们的财务数据正确，组织的财务管理妥善。救世军、红十字会等慈善机构，以及博物馆、医院都会雇用会计师，向捐款者展示资金的用途，以及使用是否得当。尤其是在经济衰退期间，许多企业和个人减少了捐款，因此，用好每一块钱就显得比以往任何时候都更重要。[23]

正如你所看到的，财务和管理会计、审计、税务会计、政府和非营利组织会计都离不开特定的培训和技能。这些领域也提供不错的职业机会。展望未来，会计行业正感受到全球市场的冲击和挑战。“异域新说”专栏讨论了会计程序全球化的运动，这将是会计师密切关注的事情。在结束本章之前，有必要再说一遍，作为商业语言，会计是一门值得学习的语言。

异域新说

广阔的会计世界

你已在书中反复看到有关全球市场的巨大影响，可口可乐和 IBM 等美国公司的大部分收入均来自全球市场。但是，因为没有全球会计体系，这些企业面临着非常棘手的会计难题。这意味着它们必须根据不同国家的规则调整会计程序。所幸的是，可能眼前就有解决方案。美国财务会计标准委员会（FASB）和总部位于伦敦的国际会计标准委员会（IASB）希望这种情况能够改变。

随着超过 120 个国家允许或要求采用“国际财务报告准则”(IFRS)，美国会计行业的管理机构提出，将美国会计准则与世界各地使用的 IFRS 加以整合。美国证券交易委员会似乎支持这一改变，甚至暗示“国际财务报告准则”可能取代长期存在的“一般公认会计原则”。然而，2008 年金融危机爆发后，美国证券交易委员会将工作重点从“国际财务报告准则”转移到了《多德 – 弗兰克法案》

所要求的金融规则制定上。交易委员会的战略计划将延长至2018年，但该计划并没有强烈支持采用一种全球会计准则。委员会注意到，在美国采用国际财务报告准则尚缺乏强有力的支持。

尽管如此，许多会计师继续支持向全球会计准则的转变，并支持美国财务会计标准委员会和国际会计标准委员会努力实现两种体系的融合。不过，看来你身边的会计部门要想实施“国际财务报告准则”，尚需时日。

资料来源：Michael Cohn, “Outgoing SEC Chair White, Keep on Converging Accounting Standards,” *Accounting Today*, January 6, 2017; Erich Knachel, “Revenue Recognition: The Clock Is Ticking,” *CFO*, December 21, 2016; U.S. Securities and Exchange Commission, www.sec.gov, accessed October 2017.

想一想

美国国家公园管理局（National Park Service）拥有2.2万多名员工，负责维持和保护对美国人民来说很特别的一些地方，比如拉什莫尔山（Mount Rushmore）上的人脸。这些政府机构会雇用会计师、审计师和财务经理。

本章小结

1. 论证会计和财务信息对企业及其利益相关者的作用。

- 什么是会计？

  会计是对财务事件和经济业务进行记录、分类、汇总和解释。我们将记录会计数据并汇总成报告的方法称为会计制度。

2. 列出会计循环的步骤，区分会计和簿记，并解释如何在会计中使用计算机。

- 会计循环有哪六个步骤？

  会计循环的六个步骤是：（1）分析源文件；（2）将交易记入日记账；（3）将日记账分录过记到分类账；（4）编制试算平衡表；（5）准备财务报表——资产负债表、利润表、现金流量表；（6）分析财务报表。

- 簿记和会计有什么区别？

  簿记是会计的一部分，包括系统地记录数据。会计包括分类、汇总、解释，并向管理层报告数据。

- 什么是日记账和分类账？

  日记账是记账员记录交易的第一个地方。然后，记账员将日记账分录过记到分类账上。分类账是按同类组（账户）记录交易的专门会计账簿。

- 计算机对会计人员有何帮助？

  计算机可以记录和分析数据，并提供财务报告。软件可以不断地分析和测试会计系统，以确保正常运行。计算机可以提供适当的信息来帮助决策，但是它们本身无法做出明智的财务决策。会计的应用和创造性仍然是人类的工作。

3. 解释主要财务报表的不同之处。

- 什么是资产负债表？

资产负债表记录企业在某个特定时点财务状况的财务报表。资产负债表的会计等式是：资产 = 负债 + 所有者权益。

- 资产负债表上的主要账户是什么？

资产是企业拥有的经济资源，如建筑物、设备等。负债是公司欠债权人、债券持有人和其他人的金额。所有者权益是公司所有资产减去负债的价值，因此：所有者权益 = 资产 – 负债。

- 什么是利润表？

利润表显示特定时期内的收入、成本和费用（比如截至 2018 年 12 月 31 日的年度）。我们编制利润表所用的公式是：

收入 – 销售成本 = 毛利率

毛利率 – 营业费用 = 税前净利润

税前净利润 – 税金 = 净利润（或净损失）

净收入或净损失也称为盈亏结算线。

- 什么是现金流量表？

现金流是现金收入（流入的钱）和现金支出（流出的钱）之间的差额。现金流量表记录与企业三项主要活动有关的现金收入和现金支出：营业、投资和融资。

4. 展示比率分析在报告财务信息中的应用。

- 四类主要的比率是什么？

比率的四个主要类别是流动性比率、杠杆（负债）比率、盈利能力（绩效）比率和业务活动比率。

- 比率分析对公司的主要价值是什么？

比率分析可以将公司的业绩与财务目标以及同行业其他公司的绩效进行比较。

5. 确定会计专业内的不同学科。

- 财务会计与管理会计有何不同？

管理会计向公司内部的管理者提供信息和分析，帮助他们做出决策。财务会计向债权人和贷款人等数据的外部使用者提供信息和分析。

- 审计员的工作是什么？

  审计员审查和评估用于编制公司财务报表的标准。独立审计是由公共会计师进行的，是对企业财务报表的准确性进行评估，并给出公正的意见。

- 企业会计师和公共会计师的区别是什么？

  公共会计师为各种公司提供收费服务，而企业会计师只为一家公司工作。除了独立审计，企业和公共会计师所做事情基本相同。企业会计师进行内部审计，但只有公共会计师可以提供独立审计。

批判性思考

1. 作为某公司的潜在投资者或者某特定企业的买家，你是否应该评估该公司的财务报表？为什么？你会从公司的财务报表中寻找哪些关键信息？
2. 为什么会计报告必须按照特定的程序（GAAP）编制？允许企业在编制财务报表时发挥一定的灵活性或创造性，这是一个好主意吗？为什么？
3. 为什么财务比率是投资者评估公司财务表现的重要依据？
4. 财务比率因行业不同而各异，为什么记住这一点很重要？

本章案例 善念实业的会计职能

善念实业（Goodwill Industries）是一个主要依靠资金赠款和非资金捐赠的大型慈善组织。它靠零售业务维持着自身的财务运作，从而履行其帮助培训、支持和雇用弱势群体和残障人士的使命。

本案例介绍了会计职能和会计周期的相关步骤。本书详细讨论了营利实体与非营利实体的异同，阐述了会计在提供财务信息和分析方面的重要性。重点放在财务报表和比率分析上，以帮助衡量本组织的财务状况。

会计对于所有的组织都是至关重要的，无论是小型企业、大型企业，还是政府部门或非营利组织。本案例讨论了包括管理、财务、税务、审计、政府和非营利组织等在内的不同类型的会计。资产负债表、利润表和现金流量表为管理人员和组织中的其他人员提供重要的信息，帮助说明组织是否仍在预算要求内运作，或者预测收入和实际收入之间是否存在差异。成本和费用必须控制在规定的范围内，并由会计部门仔细监测和分析。

充足的现金流对任何组织的可持续发展都至关重要，尤其是非营利组织。在这种情况下，善念实业这一非营利组织利用分析绩效比率的方法来衡量整体财务绩效。这些分析的结果有助于管理层根据其计划或预算评估组织的绩效，还有助于制定未来的战略规划，并与其他类似公司进行比较。

思考

1. 资产和负债的区别是什么？哪些主要财务报表反映了这两类财务数据？
2. 确定会计循环中的六个步骤。
3. 公司进行比率分析的主要原因是什么？

第18章

财务管理

学习目标

1. 解释财务管理者的角色和责任。
2. 概述财务规划流程，阐释财务规划中的三个关键预算。
3. 解释企业为何需要运营资金。
4. 确定并描述短期融资的不同来源。
5. 确定并描述长期融资的不同来源。

Understanding Business

本章人物

可口可乐执行副总裁兼首席财务官凯西·沃勒

凯西·沃勒（Kathy Waller）身为可口可乐公司的执行副总裁、首席财务官和执行服务（Enabling Services）总裁，她深知饮料行业的诸多挑战。可口可乐是世界上最大的饮料公司，在200多个国家经营业务，生产500多个不同的品牌。该公司在全球拥有3.9万名员工（如果算上装瓶业务，可口可乐系统拥有近70万名员工），这使得可口可乐成为全球十大雇主之一。可口可乐产品在全球2400万个零售客户网点销售。尽管这些统计数据令人印象深刻，但考虑一下可口可乐在如此之大的市场上交易的复杂性吧，它需要处理好不同国家的货币、税法、经济趋势和消费者之间存在的巨大收入差异。财务管理对哪怕最小的企业都是极具挑战性的，更不用说像可口可乐这样拥有如此广泛消费者、客户和产品的公司了。欢迎来到凯西·沃勒的世界。

凯西负责领导可口可乐的全球金融机构，也是可口可乐公司与投资者、债权人和金融评级机构打交道的主要代表。但她的工作并非止步于此。作为首席财务官，她分管可口可乐的税务、审计、并购、会计和财务控制、报告和财务分析、房地产和风险管理。作为授权服务总裁，她负责其他关键的治理领域，特别是全球技术和综合服务（可口可乐的全球共享服务业务），包括采购和员工服务。她的工作是化解可口可乐财务中各种各样、错综复杂的难题，制定一个预算和财务计划，使公司在当前和可预见的未来走上正确的财务道路。她还必须确保公司有足够的资金投资于

资料来源：Courtesy of Kathy Waller and The Coca-Cola Company.

资本资产、品牌和/或其他业务，以实现公司的长期增长目标。凯西的角色各不相同，但她说她喜欢应对挑战，善于化繁为简、以简驭繁。

凯西成长于亚特兰大的一个工人阶级社区，具有讽刺意味的是，这里离可口可乐的总部只有几英里的距离。她毕业于纽约罗切斯特大学，获得历史学学位。毕业后，她一边在罗彻斯特市预算局工作，一边考取法学院而积极准备法学院入学考试（LSAT）。在预算法局工作时，她意识到自己喜欢财务会计工作。她姐姐建议她去读工商管理硕士（MBA），于是她改变了复习课程，参加了企业管理研究生入学考试（GMAT），然后回到学校攻读工商管理硕士的会计和金融专业BA。获得工商管理硕士学位后，她一直都在罗切斯特的一家大型公共会计公司德勤－哈斯金斯－塞尔斯（Deloitte、Haskins and Sells）工作，后来她决定搬回亚特兰大。搬家不久，她于1987年加入可口可乐，担任该公司会计研究部门的高级会计师。

凯茜在可口可乐工作了30多年，经历过多个不同职位的历练，包括北欧/非洲集团首席会计师、非洲集团金融服务经理、内部审计主管和财务总监。2009年，她接受的注册会计师培训派上了用场。2014年，她被擢升为执行副总裁兼首席财务官。2017年，凯西还成为执行服务总裁。

除了首席财务官的职责，凯西同时还身兼数职，包括达美航空公司（Delta Air Lines）和怪物能源公司（Monster Energy Company）的董事会董事，斯贝尔曼学院（Spelman College）、她的母校罗切斯特大学（University of Rochester）和伍德拉夫艺术中心（Woodruff Arts Center）的董事会成员。她还致力于利用自己30多年的商业经验，帮助女性在事业上进阶提升。例如，她曾担任可口可乐女性领导委员会的创始主席，并在可口可乐全球女性领导项目中发挥了重要作用。她还在卡塔里斯特（Catalyst）董事会任职，卡塔里斯特是一家领先的非营利组织，其使命是为女性扩大机会。凯茜·沃勒给女性和男性的建议都是："要有梦想，要有远大的梦想。在你的梦想中是不存在障碍的，所以一切皆有可能，有朝一日，你会发现你的梦想并非遥不可及。除非你去尝试，否则你永远不知道会发生什么。"她当然可以证明会发生什么。

风险和不确定性明确界定了财务管理的作用。通过学习本章，你将探索财务在商业中的作用。我们将讨论凯茜·沃勒等高管为维持财务稳定，实现利润增长所面临的挑战和使用的工具。

资料来源：Christopher Seward, "Coca-Cola Names Kathy Waller as CFO," *Atlanta Journal Constitution*, April 24, 2014; Monica Watrous, " Coca-Cola Transforms Leadership Team," *Food Business News*, March 23, 2017; " Kathy N. Waller, " www.Coca-ColaCompany.com, accessed October 2017.

财务和财务管理者的角色

撰写本章是为了回答两个主要问题："什么是财务？""财务管理者是做什么的？"**财务（finance）**是为企业获取资金并在企业内部管理这些资金的业务职能。财务活动涉及编制预算，分析现金流量，规划购置工厂、设备和机械等资产的资金支出。**财务管理（financial management）**是管理企业的各项资源，以便实现企业的总体目标和具体目标。如果企业缺乏审慎核算的财务规划和健全的财务管理，无论产品或营销成果如何，都难以为继。下面我们先简要回顾会计师和财务管理者的角色。

我们可以将会计师比作实验室里娴熟的技术员，他们采集病人的血样，检查其身体指标，然后将结果写在检查报告上（在商界，这个过程就是编制财务报表）。而财务管理者则像医生，需要阐释报告，提出改善病人健康状况的建议。简言之，**财务管理者（financial managers）**检查会计师编制的财务数据，提出策略和建议，提高企业的财务绩效。

显然，财务管理者只有厘清会计信息，才能做出合理的财务决策。我们在本章开头介绍过可口可乐的凯西·沃勒，不妨想一想，她是如何利用会计背景在可口可乐发展自己的职业生涯的。这就是为什么我们要先在第17章了解会计知识。同样，会计和财务就像花生酱和果冻三明治一样密不可分，出色的会计师也必须懂得财务。在大中型组织中，会计和财务职能通常都由首席财务官（CFO）掌控。首席财务官在组织中的薪酬通常是第二高的，而且常常能晋升到首席执行官这一最高职位。[1]不过，也可以由公司财务主管或财务副总裁来负责财务管理。[2]总会计师（comptroller）就是首席会计官。

图18-1突出显示了财务管理者的工作。如图所示，财务管理者的两个关键职责是获得资金，并有效控制这些资金的使用。控制资金包括管理公司的现金、信用账户（应收账款）和存货。对于营利和非营利组织而言，财务都是一项重要的活动。[3]

> **想一想**
>
> 迈克尔·米勒（Michael Miller）对俄勒冈州波特兰市表现欠佳的慈善事业（Goodwill Industries）进行了全面整顿，把这家非营利机构当作营利企业来经营。他比较各门店的销售额，削减运营成本，关闭业绩不佳的门店，在更好的地点开设了新门店，并压缩了分销成本。如此一来，销售额从400万美元飙升到1.35亿美元，不再需要外部资金。对此你有什么看法？

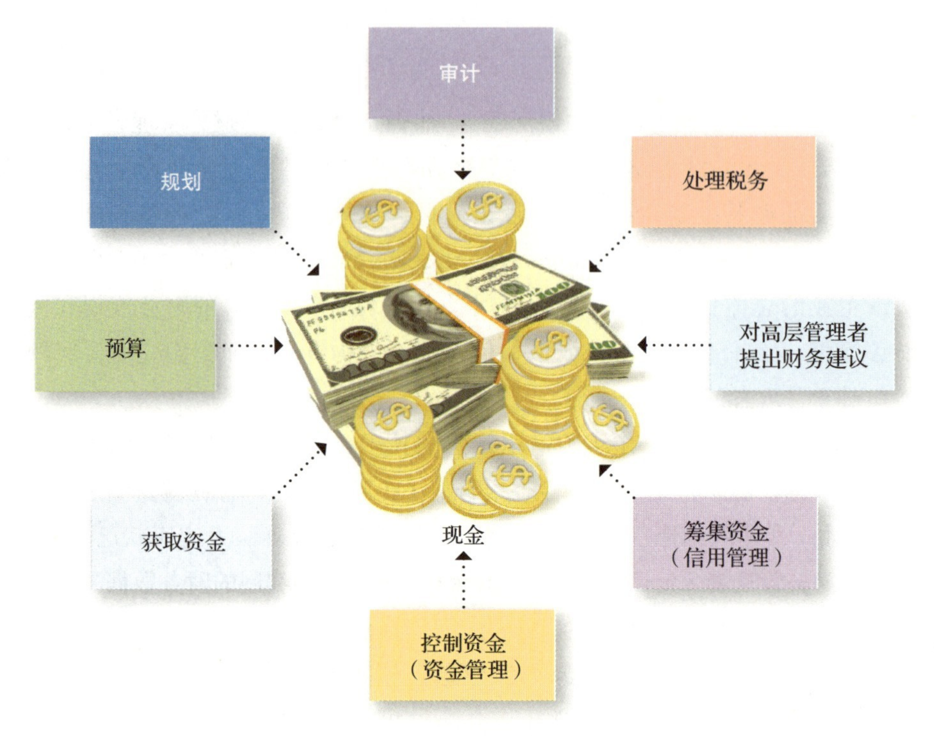

图 18-1 财务管理者的工作

无论企业规模大小，财务管理都很重要。或许你还记得我们在第 6 章讲过，小企业若想度过关键的前五年，必须获得融资。但其实，对于大小不一的企业而言，在经营期间，审慎的财务管理始终是它们必须面对的挑战。[4] 2008 年金融危机和随之而来的经济大衰退，严重威胁到美国经济，许多美国企业从中吸取了教训。[5]

了解财务的重要性

公司财务管理不善，有三个最常见的原因：

1. 资本不足（缺乏创业资金）。
2. 不能很好地控制现金流。
3. 费用控制不当。

你可以在下面的经典事例中看到这三个原因。

伊丽莎白·贝尔塔尼（Elizabeth Bertani）与好友帕特·舍伍德（Pat Sherwood）创办了一家名为 Parsley Patch 的公司小本经营。创业的想法源自贝尔塔尼为她丈夫准备的无盐调味料，当时，她丈夫正在坚持无盐饮食。舍伍德得知后，觉得贝尔塔尼的调味料做得实在太美味，完全可以拿去市场上卖。贝尔塔尼表示赞同，于是 Parsley Patch 公司诞生了。公司投入 5000 美元的启动资金，但转眼就全花在标识和标签设计上了。很快，贝尔塔尼和舍伍德发现开展业务需要资金。最后，她们又投入 10 多万美元，弥补资金缺口。

公司运营非常顺利，数百家美食商店接受了她们的系列产品。但后来，当销售未能达到预期时，她俩一致认为，应该进军更具潜力的健康食品市场，因为无盐调味料是节食者的最佳选择。两人的决定没错。销售额开始飙升，每月接近 3 万美元。但尽管如此，公司仍然没有盈利。

贝尔塔尼和舍伍德没有受过培训，不知如何管理现金流或控制开支。事实上，有人告诉她们不用为成本担心，而她们也就真的没去关注成本。最后，贝尔塔尼和舍伍德聘请了一名注册会计师和一名经验丰富的财务管理人员，教她们如何计算产品的成本，如何控制费用，如何管理进出公司的现金（现金流）。不久，公司的销售额达到每年近百万美元，获得了可观的利润。幸运的是，两个老板及时扭转了局面。最终，她们把公司卖给了香料和调味料巨头味好美（McCormick）。

如果贝尔塔尼和舍伍德在创业前对财务有所了解，或许遇到问题时便能迎刃而解。这里的关键词是“了解”。对于任何想要创业、投资股票和债券、制订退休计划的人来说，财务知识都必不可少。简单地说，财务和会计是每位商业人士必须认识和了解的两个领域。我们已在第 17 章讨论过会计，现在进一步探讨财务管理的全部内涵。

什么是财务管理

财务管理者负责按时支付公司账单，收取欠款，避免产生过多坏账（不支付账单的个人或公司）损失。因此，赊销商品（应付账款）、向客户收款（应收账款）等财务职能，是财务管理者工作的主要组成部分。虽然这些职能对各类企业都至关重要，但对中小型企业尤为关键，因为它们的现金或信用缓冲通常不如大型企业。

同样重要的是，财务管理者要与时俱进，跟上金融领域的变化和机遇。比如，及时了解税制改革，因为纳税意味着企业现金的流出。财务管理者还要

> **想一想**
>
> 大多数企业都会预测日常需求，比如购买办公用品、支付燃料和公用事业费用、支付员工工资。财务管理的职能是确保企业在需要资金时有可用资金。如果公司不能为卡车购买燃油，承担铺设路面工作的公司会出现什么状况？

分析管理决策对税务的影响，设法将企业必须缴纳的税款降到最低。通常来说，公司财务部门的内部审计师还要检查会计部门编制的日记账、分类账和财务报表，确保所有的经济活动都与一般公认会计原则相符。[6] 如果没有经过这样的审计，会计报表的可靠性就会大打折扣。因此，内部审计人员必须秉持客观的态度，审慎评判审计中发现的任何不当或不足之处。全面彻底的内部审计有助于公司进行合理的财务规划，接下来我们就此进行探讨。[7]

财务规划

财务规划是对公司的短期和长期资金流动进行分析，其总体目标是优化公司的盈利能力，充分善用资金。财务规划包括三个步骤：（1）预测公司的短期和长期财务需求；（2）制定预算，以满足这些需求；（3）建立财务控制机制，核查公司是否正在实现目标（见图 18-2）。下面我们分别看看每个步骤及其在改善组织财务状况方面所起的作用。

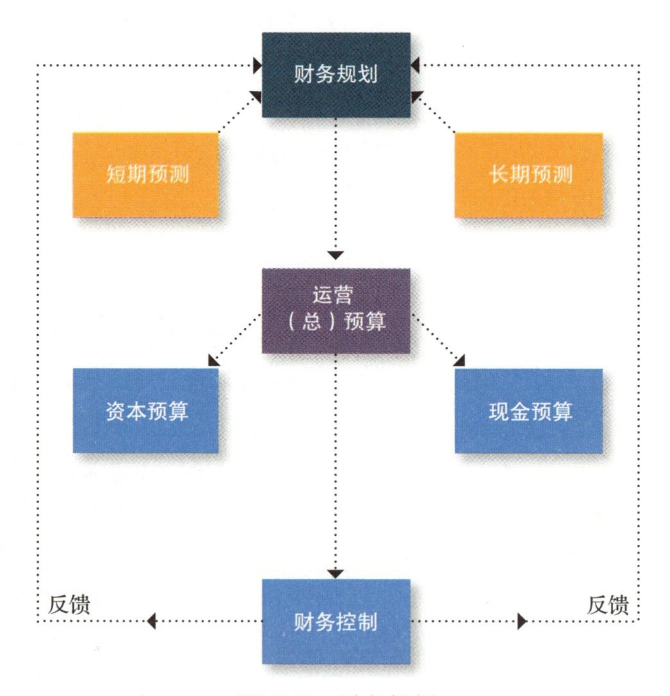

图 18-2 财务规划

注意财务规划与预算之间的紧密关联。

预测财务需求

任何企业的财务规划都离不开预测。短期预测（short-term forecast）是预估一年以内的收入、成本和费用。短期预测的部分内容包括**现金流量预测（cash flow forecast）**，估算未来一段时间，通常为数月或数季度的现金流入和流出。现金流量预测中现金的流入和流出，是根据预期的销售收入、各种成本和费用及其缴费期进行记录的。公司的销售预测反映的是某一特定时期的销售情况。通常来说，企业根据过去的财务报表来预测预期销售额以及各种成本与开支。

长期预测（long-term forecast）估算超过 1 年，有时长达 5 年或 10 年的收入、成本和费用。长期预测在公司的长期战略计划中发挥至关重要的作用，它会提出下列这些问题：我们是做什么生意的？今后 5 年，我们要继续从事这行吗？未来 10 年，我们应该在技术、新厂房和设备上投入多少？我们有足够的现金来支付长期债务吗？基于互联网的软件创新可以帮助财务管理者解决这些问题。[8]

公司高管和业务经理有了长期财务预测，便可基本了解不同战略计划可能带来的收入或利润。[9] 在编制公司预算时也可以参考长期预测。

预算编制流程

预算（budget）是体现公司管理层收入预期的财务规划，可据此在整个公司分配使用特定的资源。作为一项财务规划，预算的基础数据主要来源于公司的资产负债表、利润表、现金流量表，以及短期和长期财务预测，所以这些报表必须尽可能准确。为了有效编制预算，财务管理者必须认真对待这项工作。预算是公司财务运作和预期财务需求的主要指南。

公司的财务规划通常有几种预算类型，其中最常见的三种是：

- 资本预算。
- 现金预算。
- 运营预算或总预算。

让我们分别来了解。

资本预算（capital budget）预测企业的重大资产购置计划，如不动产、建筑物和设备，通常需要大量资金。

现金预算（cash budget）是估算一定时期内，如一个月或一个季度的现金流入和流出。它帮助管理人员预测借款需求、债务偿还、运营费用和短期投资，通常是最后编制的预算。[10] 图 18-3 提供了金色收获餐厅现金预算示例。

金色收获餐厅月度现金预算表			
	1月	2月	3月
销售预测	50 000	45 000	40 000
收入			
现金销售（20%）		9 000	8 000
赊销（上月的80%）		40 000	36 000
月现金收入		49 000	44 000
支出项目			
办公用品与材料		11 000	10 000
薪资		12 000	12 000
直接人工成本		9 000	9 000
税款		3 000	3 000
其他支出		7 000	5 000
月现金支出		42 000	39 000
现金预算			
现金流		7 000	5 000
期初现金		−1 000	6 000
现金总额		6 000	11 000
减：最低现金余额		−6 000	−6 000
投入证券市场的多余现金		0	5 000
最低余额所需贷款		0	0

图 18-3 金色收获餐厅月度现金预算示例（单位：美元）

运营（或总）预算 [operating (or master) budget] 是汇总企业的其他预算，并总结拟议的财务活动。较为正式的说法是，总预算将呈送公司全体管理人员，并根据所有预估收入来估算企业运营所需的成本和开支。公司在办公用品、差旅、租金、技术、广告和薪资上的支出都要在运营预算中确定下来，运营预算通常是公司编制的最详尽的预算。

显然，财务规划在公司运营中扮演着重要的角色，常常决定着公司的长期投资，何时需要特定的资金，以及如何产生这些资金。一旦公司完成了短期和长期财务需求的预测，并且编制预算，说明如何分配资金，就进入财务规划的最后一步——建立财务控制。不过，在我们继续讨论之前，图 18-4 要求你为“你”公司编制一份月度预算，考核你的个人财务规划技能。

	预期	实际	差异
月收入			
工资（税后）	____	____	____
储蓄账户收入	____	____	____
家庭资助	____	____	____
贷款	____	____	____
其他来源	____	____	____
总收入	____	____	____
月支出			
固定支出	____	____	____
房租或房贷	____	____	____
汽车贷款	____	____	____
健康保险	____	____	____
寿险	____	____	____
学费	____	____	____
其他固定开支	____	____	____
固定支出小计	____	____	____
变动支出	____	____	____
食物	____	____	____
衣服	____	____	____
娱乐	____	____	____
交通费	____	____	____
手机费	____	____	____
公共事业费	____	____	____
书报费	____	____	____
网络费	____	____	____
有线电视费	____	____	____
其他支出	____	____	____
变动支出小计	____	____	____
总支出	____	____	____
总收入 – 总支出 = 库存现金（现金短缺）	____	____	____

图 18-4　“你”公司的月度预算

在第 17 章，你为“你”公司编制了资产负债表的样例。现在，我们来为“你”公司制定一份月度预算。诚实一点，想想“你”每个月的准确预算中需要包括的所有东西。

建立财务控制

财务控制（financial control）是企业定期将其实际收入、成本和费用与所做预算进行对比。大多数公司至少每月开展一次财务审查，帮助管理者发现财务规划中的偏差，并在必要时采取纠正措施。财务控制还可以揭示与财务规划不符的特定账户、部门和人员。财务管理者可以判断这些偏差是否在合理的范围内，是否值得重新调整计划。经济形势突变、全球事件突发也会改变财务规划。例如，房地产市场放缓或全球经济衰退会让许多公司考虑调整财务规划。接下来，我们将会明白企业为何需要现成的资金。

运营资金的必要性

在商界，对运营资金的需求似乎从未停止。这就是为什么健全的财务管理对所有企业都至关重要。与我们个人的财务需求一样，企业的资金需求也会随着时间而变化。还记得 Parsley Patch 公司的经典案例吧，从中可以看出为什么小企业的财务需求会发生巨大的变化。苹果、强生和耐克等大公司在进军新产品领域或者涉足新市场时也是如此。实际上，所有组织都有需要资金的运营领域，主要包括：

- 管理日常运营支出。
- 控制赊销业务。
- 采购所需的存货。
- 管理资本支出。

下面我们一一分析这些关键领域的财务需求。

管理日常运营支出

如果本应该本周五发工资，那么员工一定不想等到下周一才拿到钱。如果应该每月 15 日缴税，政府一定希望当日就能收到这笔钱。如果商业贷款应该在本月 30 日付息，贷款人一定不会让你下月 1 日再还。如你所见，企业必须有可用资金来支付日常运营费用。

财务管理者必须确保企业有足够的资金，可以应对日常的现金需求，同时又不会影响未来的投资机会。金钱有时间价值（time value）。[12] 换句话说，如

> **想一想**
>
> 很难想象一个企业不让客户赊账。然而，收取应收账款既费时又昂贵。接受维萨、万事达和美国运通等信用卡可以简化卖家的交易并保证付款。你经常用信用卡购买哪类产品？

果有人可以今天给你 200 美元，也可以一年后给你 200 美元，你选择今天拿到钱会有利。为什么？道理很简单。你可以把今天收到的 200 美元进行投资，一年之后会增值。对于公司也是如此。公司的投资收益对其利润最大化是很重要的。因此，财务管理者常常设法将现金支出降到最低，以便腾出资金来投资有利息收入的项目。他们建议公司尽可能晚支付账单（除非提前支付有现金折扣），他们还建议公司尽快收回欠款，将资金的投资潜力发挥到极致。[13] 只不过，尽快回收资金可能困难重重，尤其在经济放缓时期。有效的现金管理对于小公司特别关键，因为它们获得资金的渠道远没有大公司多。

控制赊销业务

财务管理者都知道当今商业竞争激烈，赊销既能让老客户满意，又能吸引新客户。在经济困难时期，如始于 2008 年的经济衰退期间，贷款人都不愿意发放贷款，此时允许客户赊购显得尤为重要。

赊销可能会造成多达 25% 的企业资产进入赊销账户，成为应收账款。这样公司不得不用自有资金垫付这批顾客所购商品或服务。这类公司的财务管理者经常制定出有效的收款程序，比如，在规定期限付款的买家可享受现金折扣。他们还审查新老客户，看他们是否有按时履行还款义务的记录。

接受万事达或维萨等银行信用卡，可以减少收取应收账款的时间和费用，不失为一个便利的方法。发卡行已认可信用卡客户的信誉度，并负责收款，这就等于帮企业承担了部分风险。接受信用卡付款的企业必须支付一定的手续费，但所获收益通常可以抵消成本。为了降低信用卡成本，加快交易流程，许多企业现在都接受苹果支付（Apple Pay）和安卓支付（Android Pay）等服务公司的移动支付。[14] 例如，餐馆、超市和酒店都投资了移动支付系统。[15] 移动支付系统不仅加速和简化了交易，手续费也低于传统信用卡公司。

采购所需存货

正如我们在第 13 章中看到的，有效的市场营销必须以客户为中心，提供优质的服务和现成的商品。精心制定的库存政策有助于管好公司的可用资金，实现利润最大化。[16] 每到冬天，密苏里州圣路易斯的冰激凌店都泽（Doozle's）会特意减少冰激凌库存占用的资金。原因显而易见，美国中西部地区冬季对冰激凌的需求较低。

准时制库存控制（见第 9 章）和其他类似的方法可以减少企业必须占用的库存资金，仔细评估存货周转率（见第 17 章）也可以帮助企业控制购买存货的现金流出。无论规模大小，所有企业都必须明白，库存管理不善会严重影响现金流，耗尽资金。“道德决策”专栏提出了一个很多人感兴趣的问题：关键行业如何加强财务管理，健全库存控制。

道德决策

这不是医嘱

获得商科学位后，你被一家小医院聘为医院管理人员。学过金融之后，你知道对于任何行业、任何公司来说，有效的现金管理是应对日常运营的关键。一个精心规划和管理的库存控制系统就是确保这种有效管理的良方，该系统可以减少组织用于支持库存的现金量。你还知道准时制库存管理是一个经过验证的系统，可以帮助组织降低库存管理的成本。

在医院执行委员会的一次会议上，你建议医院使用准时制库存系统来管理药品供应，从而节省资金。你建议医院不再储备大量昂贵的癌症治疗药物，改为只在需要的时候才订购，因为这些药物库存占用了医院大量资金。一些董事会成员赞成这个想法，但是负责医院癌症中心的医生们非常愤怒，声称你为了现金流牺牲了病人的健康。经过辩论，委员会说决定权在你。你会怎么做？你的决定会带来怎样的后果？

管理资本支出

资本支出（capital expenditures）主要用于有形的长期资产投资（如土地、房屋和设备），或无形资产的投资（如专利、商标和版权）。在许多组织中，重大资产的购置必不可少，例如，用于未来扩张的土地、提高生产能力的制造工厂、新产品的研发、维持或超过当前产量的设备。然而，开拓新市场的成本很高，而且也不能确保成功。因此，企业在投入大量可用资源之前，最重要的是权衡各种备选方案。

设想有家公司由于客户需求增加，必须扩大生产能力。它可以购置土地建造一座新厂房，也可以收购一个旧厂房，或者租用厂房。你能想到财务和会计因素在这个决定中所起的作用吗？

财务管理者必须思考有关运营资金需求的几个问题：公司如何获得资金来支付运营费用和其他业务的费用？它需要长期资金还是短期资金？获得这些资金的成本（利息）是多少？这些资金来自内部还是外部？下面我们来讨论这些问题。

资金来源

如前所述，企业的财务职能是获取资金并加以管理。健全的财务管理意味着要算出所需资金的精确数额，确定资金的最佳来源。公司可以通过借款（债务）、出售所有权（股权）或者赚得利润（留存收益）来筹集所需的资金。**债务融资（debt financing）**是通过各种形式的借款来筹措资金，借款到期必须归还。**股权融资（equity financing）**是从公司内部或通过出售公司所有权（股票或风险资本）来筹集资金。公司可以借入短期资金，也可以借入长期资金。短期融资（short-term financing）是指筹集一年内所需的资金。长期融资（long-term financing）是指筹集一年以上（通常为 2～10 年）所需的资金。图 18-5 显示了公司需要短期资金和长期资金的原因。

短期资金	长期资金
每月的费用	新产品开发
应对紧急情况	更换资本（固定）设备
现金流量问题	并购
扩大现有库存	开拓新市场（国内或全球）
临时促销计划	建新厂房

图 18-5　企业为何需要资金

接下来，我们将探讨短期融资和长期融资的不同来源。

获得短期融资

财务管理者的大部分工作都与获得长期资金无关。例如，小企业往往不太可能获得长期融资。因此在日常运营中，必须精心管理企业的短期财务需求。

企业可能需要借入短期资金来购买额外的存货，或应付预料之外的付款要求。与个人一样，企业有时得在现金储备不足时获得短期资金，尤其是小企业，我们来看看如何获得短期融资。

商业信用

商业信用（trade credit）是现在购买商品或服务，日后付款的做法。这是使用最广泛的短期资金来源，成本最低，也最方便。小企业严重依赖UPS服务等公司的商业信用，塔吉特百货或梅西百货等大企业也是如此。这些公司在购买商品时收到的发票（账单），与你用信用卡购物时收到的发票类似。但是，正如你看到的，企业发票上的条款与你每月对账单上的条款有所不同。

商业发票上常有“2/10，净30”等条款，表示买方如果在10天内支付发票金额，可享有2%的折扣。否则，全部账单（净额）应在30天内付清。财务管理者都会密切关注诸如此类的折扣，借机降低公司的成本。考虑一下：假设条款是“2/10，净30”，多等20天再支付，就得多付2%，如果公司能够在10天内付清账单，就没必要增加这一成本了。

一些供应商不愿意给信用评级差、无信用记录或拖延付款的组织提供商业信用。它们会要求客户开立**本票（promissory note）**，即承诺在确定的时点向供应商支付一定数额的书面协议。本票没有正式的贷款合同那么严格，可以转让。供应商可以将本票以低于票面的金额卖给银行（本票金额减去银行收取到期款项的服务费），然后由银行向企业收款。

想一想

有一样东西你永远不会嫌多，那就是现金。财务管理者必须确保有足够的现金来满足日常的财务需求，并且仍留有资金用于未来投资。我们说现金有时间价值，这是什么意思？

家人和朋友

正如我们在第17章中所讨论的，公司经常有几张账单同时到期，却无钱支付。许多小公司向家人和朋友借钱，用于短期周转。然而，如果借贷双方都不了解现金流，此类贷款可能就会产生问题。因此，如果可能的话，最好去一家深谙业务风险、能够帮助企业分析未来财务需求的商业银行，而不是向亲朋好友借钱。[17]

企业家们似乎听取了这一建议。据美国独立企业联合会（National Federation

of Independent Business）调查，如今的创业者不再像从前那般依赖亲友的借款。[18] 如果企业家决定向家人或朋友寻求经济援助，关键要双方：(1) 就具体的贷款条款达成一致；(2) 签署书面协议；(3) 制订与银行贷款类似的还款计划。这样才不会破坏和谐的家庭关系和友谊。

商业银行

银行的风险意识很强，它们往往更愿意给成熟的大型企业发放短期贷款。设想不同类型的商人去银行贷款，你就能更好地了解银行家是如何评估贷款申请的。比如，一位农民在春天去银行借钱买种子、化肥、农具和其他需要的东西，计划秋收后还款。或者，一家当地的玩具店要采购做圣诞特卖活动的产品，那么店家会在夏天借钱购买这些产品，计划圣诞节后还款。再如，餐馆常常在月初借钱，月底还款。

企业借款的数额与期限取决于企业类型，以及它通过银行贷款所购货物的再销售或资金回收的速度。在大型企业，财务和会计部门的专家会进行现金流预测。而小企业通常没有这样的专家，必须自己监控现金流。

在经济困难时期，银行几乎不再发放贷款，即使对组织状况良好的小企业也是如此。在 2008 年经济大衰退时期，我们看到的情况确实如此。所幸的是，小企业的贷款环境正在改善。[19] 对于小企业来说，重要的是要记住，如果获得了银行贷款，企业主或财务负责人应与银行保持密切联系，定期发送财务报表，让银行了解企业最新的经营状况。如果企业在信任和妥善管理的基础上与银行建立了牢固的关系，一旦出现现金流问题，银行也会及早发现，或者在企业出现危机时，银行也愿意放贷。

想一想

你有没有想过，零售商店从哪里来的钱采购各种商品，供我们在假期血拼？百货公司和其他大型零售商充分利用商业银行和其他贷款机构，借入所需资金，采购商品，摆满货架。商店如何从这种融资中获益？

不同形式的短期贷款

商业银行提供不同类型的短期贷款。**担保贷款**（**secured loan**）是指用有价值的物品（如房产）进行担保的贷款。如果借款人无力偿还贷款，贷款人可以占有抵押物。汽车贷款是一种担保贷款，如果借款人无力偿还贷款，贷款人将收回汽车。煤炭、铜和钢铁等原材料库存常常作为企业贷款的担保品。抵押物或

> **想一想**
>
> 抵押贷款是用有价值的物品进行担保的贷款。例如，汽车贷款是一种抵押贷款，汽车本身就是抵押品。房屋按揭贷款的抵押品是什么？

担保品在一定程度上消除了银行贷款的风险。

应收账款是公司的流动资产，常被用作贷款的担保，用应收账款融资的这个过程称为质押（pledging）：借款公司以应收账款做质押预先获得部分借款（通常约为应收账款的75%）。当客户付清应收账款后，借款人将收到的资金转给贷款人，以偿还预付款。

无担保贷款（unsecured loan）更难获得，因为它不需要任何担保。一般情况下，贷款人只向信誉良好的客户提供此类贷款，这些客户通常是历史悠久、财务状况稳定的企业。

如果企业与银行建立了稳固的关系，银行可以授予企业**信贷额度**（line of credit），向企业提供一定数额的无担保短期贷款额度，供企业在额度内随时使用。信贷额度并不能保证企业可以无条件使用贷款，但可以加快贷款流程，因为公司不用在每次需要资金时再去申请新增贷款。[20] 随着企业发展壮大，财务状况日益向好，银行通常会增加其信贷额度。

如果企业无法从银行获得短期贷款，财务管理者可以向商业金融公司（commercial finance companies）寻求短期资金。这些机构不吸储，只提供短期贷款，而借款人则以有形资产，如财产、厂房和设备作为抵押。商业金融公司通常会向无法从其他渠道获得短期资金的企业发放贷款。由于商业金融公司比商业银行承担的风险更多，所以收取的利率通常也更高。“知变则胜”专栏重点介绍了另一个获得短期融资的昂贵选择——网上贷款机构。

知变则胜

融资只需点击一下

有个好创意只是让企业起步的第一步。企业家需要资金，才能把创意变成现实。遗憾的是，大多数传统的贷款机构（银行）都不接受新创企业。现在好了，有许多在线贷款网站为你提供融资，无须信用检查，有时24小时内即可完成放贷手续。听起来不错？事实上，是听起来过于好了。在与网上贷款人签订任何贷款协议之前，务必要对贷款人的声誉和贷款细则进行调研。

如果你在网上发现了大量关于这家公司的批评性评论或者负面报道，那么，你最好另寻其他贷款渠道。此外，还要对贷款细则进行彻底的评估（尽可能在律师的帮助下）。例如，许多网上贷款，从你拿到贷款的那刻起，就开始每天以一个高利率计息，有时利率可能高达 300%。同样重要的是要记住，贷款通常是通过直接存款与你的银行账户挂钩的。这使得贷款人可以自动从你的账户提取款项来归还贷款。如果你无法在银行账户上保持稳定的余额，就有可能被归为透支而遭到罚息。如果你确实在偿还贷款方面遇到了问题，在线贷款机构在制定可负担得起的还款计划时，就不会那么合作或灵活了。

在线贷款行业本身正受到密切关注。人们对知名贷款机构（如 On Deck Capital 和 Prosper）出售给投资者的贷款质量日益感到担忧，这也加剧了人们对在线贷款行业的商业模式的担忧。联邦、州和地方官员正在密切关注在线贷款，并表示可能会出台更严格的监管。在此之前，最好的建议是，谨慎而理智对待携带大礼包的网上贷款人。

资料来源：Geoff Williams, "What You Should Know about Online Lending Services," *U.S. New & World Report*, July 26, 2016; James Rufus Koren, "As Troubles Pile Up, Online Lender Pull Back," *Los Angeles Times*, May 9, 2016; "This Is the Latest Threat to Online Lenders," Reuters, June 10, 2016; Michael Corkery, "As Lending Club Stumbles, Its Entire Industry Faces Skepticism," *The New York Times*, May 9, 2016; Peter Rudegeair, "On Deck Capital, a Fallen Fintech Star, to Focus on Turning a Profit," *The Wall Street Journal*, May 8, 2017.

应收账款保理

企业还有一个较为昂贵的短期融资渠道是**保理（factoring）**，即以应收账款贴现的形式获得现金的做法。保理的历史可以追溯到 4000 年前的古巴比伦时期。保理的运作过程是这样的：假设一家企业将许多产品赊销给消费者和其他企业，从而产生了大量应收账款。有些客户付款很慢，所以欠该企业一大笔钱。保理人（factor）是一种市场中介（通常是金融机构或保理公司），它愿意以折扣价现金购买企业的应收账款。折扣取决于应收账款的期限、企业的性质和经济大势。当保理人收回最初欠企业的应收账款时，这些款项的所有权便归保理人所有。

虽然保理的费用比银行贷款利率高，但请记住，许多小企业是没有资格申请银行贷款的。因此，尽管通过保理筹措短期资金的成本高昂，却很受小企业的欢迎。如果同意为付款较慢的客户偿还保理的费用，或者为根本不付款的客户承担风险，借款公司通常可以降低保理成本。记住，保理不是贷款，它是出售公司的资产（应收账款）。保理在美国各行各业都司空见惯，而今日益增长的全球贸易企业也经常采用。

商业票据

商业票据是一种短期融资方式，适用于只需要数月资金周转、但又不愿与商业银行谈判的大公司。商业票据（commercial paper）包括金额在 10 万美元以上、到期日为 270 天以内的无担保本票。商业票据上有确定的金额，规定企业在特定日期，按照特定利率偿还给贷款人（投资者）。

因为商业票据是没有担保的，只有财务稳定的公司（同样是信誉良好的大公司），其票据才能卖得出去。使用商业票据，可以快速获得短期资金，利率也比商业银行低。大多数商业票据在 30～90 天内到期，所以对于那些有能力在短期内拿出现金、赚取部分利息的贷款人而言，这不失为很好的投资机会。

信用卡

根据美联储的调查，72% 的企业在申请传统的银行商业贷款时被拒。[21] 所以很多企业转用信用卡进行短期融资。信用卡提供了一种随时可用的信用额度，既可节省时间，又可避免申请贷款遭拒的尴尬。[22] 据美国国家小企业协会（NSBA）估计，目前 1/3 的小企业使用信用卡融资。[23]

尽管越来越多的企业开始使用信用卡融资，但其实，信用卡风险极高，而且融资成本高昂。美国《信用卡问责、责任和信息披露法》降低了消费者的融资利率，出台许多保护措施，以免信用卡公司滥用职权，损害消费者利益。可惜，小企业和公司信用卡的利率不受法律保护。因此，非常有必要了解不同信用卡的罚息与优惠。[24] 有些信用卡优惠可以帮助小企业维持生存。例如，2010 年，乔・斯派泽（Joe Speiser）发现有一种现金返还卡，当他的电子商务公司 Petflow 需要资金时，这种现金返还卡可以将他消费的折扣返现到公司账上。如今，他经营着一家价值 5000 万美元的公司，名为"小东西"（Little Things）。

无论如何，你在用信用卡举债时，要记住这是一种昂贵的融资方式，最好谨慎用卡。接下来，我们将研究长期融资方案。

获得长期融资

在财务规划中，企业通过预测，确定不同时期所需资金，并找到获取资金的最佳渠道。在制定长期融资目标时，财务管理者通常会问三个问题：

1. 组织的长期目的和目标是什么？
2. 我们需要哪些资金来实现这些目标？
3. 有哪些长期资金（资本）来源？哪些最适合我们的需求？

企业需要长期资本来购买昂贵的资产（如厂房和设备）开发新产品，或者为扩张提供资金。在大公司，董事会和高管通常与财务和会计主管一道，就长期融资事宜做出决定。辉瑞是全球最大的生物医学和制药企业之一，每年花费 80 多亿美元用于新产品研发。一种新药的研发可能要用时 10 年，耗资 10 亿美元，之后才开始盈利。[25] 此外，一种药物的专利保护期也只有 20 年。所以，辉瑞的高层管理人员必须做出长期融资决策。中小企业的所有者几乎都会积极参与分析长期融资的决策。如前所述，长期融资有两大来源：债务融资和股权融资。下面我们来看看这两大来源。

债务融资

债务融资是指公司对偿还借款负有法律义务。企业可以从贷款机构获得贷款，也可以通过发行债券获得资金。

通过贷款机构进行债务融资 长期贷款期限通常为 3～7 年，但可以延期至 15 或 20 年。**定期贷款协议（term-loan agreement）**是一种本票，要求借款人按月或按年分期偿还贷款本息，该协议的一大优点是贷款利息免税。

对企业来说，长期贷款比短期贷款的金额多，但成本也更高。由于还款期较长，贷款人要承担更多的风险，所以通常要求抵押或担保。抵押物或担保品可以是房产、大型机械、设备、公司股票或其他有价值的物品。贷款人还会设置一些限制条款，敦促公司履约。贷款人根据担保品的充分性、公司的信用评级和市场通用利率水平来确定贷款利率。贷款人在贷款时承担的风险越大，要求的利率就越高，这一原则被称为**风险 / 收益权衡（risk/return trade-off）**。

通过发行债券进行债务融资 如果组织无法从银行等贷款机构获得贷款，来满足长期融资的需求，则可尝试发行债券。简单地说，债券就像一张欠条，承诺在某一天连本带利地偿还所借的金额。债券发行协议的条款为契约条款（indenture terms）。可以发行债券的组织包括联邦以及州和地方政府、联邦政府机构、外国政府和企业。

或许你已非常了解债券，投资过美国政府发行的储蓄债券，又或许你曾自愿花时间帮助当地学区发行过债券。如果你们社区正在建造一个新的体育场或文化中心，可以发行债券，为项目融资。企业和政府在发债时，会为了争取到融资而相互竞争。潜在投资者（个人和机构）在购买债券时，要根据债券承诺的回报（利息）以及发行人的兑付能力，来考量债券的风险。[26]

与其他形式的长期债务一样，债券可分为有担保与无担保债券。有担保债券（secured bond）是以某种形式的抵押物（如房地产、设备或其他质押资产）做担保而发行的债券。如果违反了债券的契约条款（如不支付利息），债券持有人可以对抵押物提出索偿。无担保债券（unsecured bond），又称信用债券（debenture bond），仅由发行人的信誉作为担保。这类债券的投资者就是相信发债机构会兑现其财务承诺。

债券是许多政府和公司长期融资的关键手段，也可以成为个人或机构有价值的投资产品。鉴于这一点非常重要，我们将在第 19 章深入讨论债券。

想一想

美国国家橄榄球联盟是个大企业，建造一座新体育场往往耗资巨大。明尼苏达维京人队在要建造最先进的新场馆取代旧场馆时急需资金，于是明尼阿波利斯市和州政府发行债券，为维京人队的新场馆建设提供了资金。你所在地区的哪些组织发行过债券？发债用于什么？

想一想

尼尔森（Nelson）和丽莎·尼尔（Lisa Neyer）拿出 85 500 美元的退休储蓄，购买了狗狗训练公司 Bark Busters 的特许经营权。直到四年后，公司才开始盈利，丽莎才将这笔交易告诉了父亲。为什么这种融资策略被视为是有风险的？

资料来源：©Jeff Clark Photography.

股权融资

如果企业无法从贷款机构获得长期贷款，也不能向投资者出售债券，不妨寻求股权融资。股权融资包括三种形式：公司所有者以股票的形式向外部投资者出售所有权股份，将公司收益再投资于企业，或者获得风险投资家的资金。

出售股票 请谨记，一旦买入股票，股东就变成了组织的所有者。一般来说，由公司董事会决定发行多少股票，供投资者购买。公司第一次向公众发行股票称为首次公开发行（initial public offering，IPO）。想靠出售股票获得资金并非易事，也非一蹴而就。只有符合美国证券交易委员会和多个州要求的美国公司，才能发行股票，供公众购买。它们可以提供不同类型的股票，如普通股和优先股。我们将在第 19 章详细讨论 IPO、普通股和优先股。

留存收益转增资 你可能还记得第 17 章说过，公司累积下来的并再投资回公司的利润叫作“留存收益”（retained earnings）。留存收益通常是长期资金的重要来源，尤其对小企业而言，因为它们的融资渠道（如出售股票或债券）往往比大企业少。然而，大公司也依赖留存收益来获得所需的长期资金。事实上，留存收益通常是满足长期资本需求的最佳来源。公司使用留存收益，可以节省利息支出、股息（支付股票投资的款项）以及债券或股票发行的承销费用。与出售股票不同，留存收益不会给公司带来新的所有权。

假设你想购置一件昂贵的个人资产，比如一辆新车。那么，最理想的状况是你从个人储蓄账户取出买车要用的现金。多省事！还不用付贷款利息！只可惜，很少有人能一下子拿出这么一大笔现金。大多数企业也不例外。尽管它们愿意用留存收益来满足长期资金需求，但鲜有企业持有这样的可用资源。

风险投资 企业最难筹集资金的时期莫过于创业或企业刚开始扩张时。初创企业的资产寥寥无几，也无业绩记录，从银行借入大笔资金的可能性微乎其微。**风险投资（venture capital）**是投资于某些投资者如（风险投资家），认为极具获利潜能的新创或新兴企业的资金。风险投资帮助英特尔、苹果和思科系统等公司起步，帮助 Facebook 和谷歌等公司腾飞。风险投资家投资某公司是为了换取该公司的部分股权，所以，他们希望自己的投资能获得高于平均水平的回报和出色的管理业绩。

最早涉足风险投资业的是美国富裕家庭。比如，洛克菲勒家族（其巨额财富来自约翰·洛克菲勒于 19 世纪创建的标准石油公司）为桑福德·麦克唐纳（Sanford McDonnell）提供资金，当时，桑福德还在一个飞机机库里经营着自己的公司。终于，这个小小的风险企业成长为大型航空和国防承包商麦道公司（McDonnell Douglas），并于 1997 年与波音公司合并。风险投资业在 20 世纪 90 年代取得了显著增长，尤其是在加州硅谷等高科技中心，风险资本主要投向了互联网企业。21世纪初，由于科技行业问题频发，经济增速放缓，风险投资支出也相应减少。而2008年金融危机发生后，风险投资更是降至新低。今天，随着经济持续复苏，风险投资再次攀升。请参阅“聚焦小企业”专栏，了解一家希望“吸引”新投资的风险投资企业。

聚焦小企业

寻找灌篮

(www.bryantstibel.com)

从高中被选拔进入NBA后，科比·布莱恩特花了20年的时间在洛杉矶湖人队的硬地球场上苦练和完善球技。科比在20年的职业生涯中，18次入选全明星，是湖人队5次NBA总冠军的关键人物。可惜的是，即使是科比这样的球员也不可能永远打篮球。2016赛季结束时，科比脱下24号球衣，正式宣告退役。然而，他并没有退出江湖，放松休息。

身高1.98米的科比与身高1.7米的企业家、科学家、投资家杰夫·斯蒂贝尔（Jeff Stibel）共同创立了一只价值1亿美元的风险投资基金布莱恩特·斯蒂贝尔（Bryant Stibel）。该基金计划主要投资于科技、媒体和数据公司，重点放在体育和健康领域。双方自2013年会面以来，已投资了15家公司，包括法律服务网站LegalZoom和体育网站the Players Tribune。现在，这家新的合伙企业已正式进入竞争激烈的风险资本领域，双方都期待公司能有更加积极的表现。

这位前湖人球星承诺，将把他极具竞争力的职业道德带到风险投资界。他发誓要像在篮球场上那样，全身心投入，认真了解正在寻求融资的初创企业。亿万富翁投资家克里斯·萨卡（Chris Sacca）认为科比有着非常独特的个性，与优步联合创始人特拉维斯·卡兰尼克这样的成功企业家颇为相似。科比·布莱恩特是否会成为风投全明星，尚有待观察。让我们密切关注得分板，看看他未来的三分球命中率。

资料来源：Danielle Wiener-Bronner, “Kobe Bryant Reveals His $100 Million Venture Capital Fund,” *CNNMoney*, August 26, 2016; Emily Jane Fox, “Kobe Bryant Launches $100 Million Venture-Capital Fund,” *Vanity Fair*,” August 22, 2016; Lucinda Stern, “Kobe Bryant Just Started a Venture Capital Fund,” *Fortune*, *August* 22, 2016; Dennis Berman, “Kobe Bryant and Jeff Stibel Unveil $100 Million Venture Capital Fund,” *The Wall Street Journal*, August 22, 2016; Katilin Ugolik, “Kobe Bryant Reinvents Himself as a Venture Capitalist,” *Institutional Investor*, September 17, 2016; Kathleen Elkins, “Kobe Bryant and Ex-NFL Player Agree on What Pro Athletes Should Do after Retiring,” *CNBC*, August 24, 2017.

比较债务融资和股权融资

图 18-6 比较了债务融资和股权融资。**杠杆（leverage）**是通过借贷筹集所需资金，以提高企业的回报率。尽管债务给公司带来了还款义务，因而增加了风险，但债务所带来的资金也可以提高公司的盈利能力。回想财务管理者或首席财务官的两个关键职责：一是预测公司的借款需求；二是获得资金后如何管理。

条　　件	融资类型	
	债务融资	股权融资
对管理层的影响力	通常没有，除非协议有特殊条款	普通股持有人有表决权
还款	债务有到期日	股票没有到期日
	本金必须偿还	公司无须偿还股权
年度义务	合同规定必须履行付息义务	公司没有支付股息的法律义务
税收优惠	利息支出可以抵税	用税后利润支付股息，不得抵税

图 18-6　债务融资与股权融资的差异

公司非常关心资金成本。**资金成本（cost of capital）**是公司为满足债权人的要求和股权所有者（股东或风险投资家）的期望而必须获得的回报率。如果公司的收益大于借入资金的利息支出，企业获得的回报率会比使用股权融资的回报率高。图 18-7 仍然使用金色收获餐馆的示例（第 13 章中介绍的餐厅）。如果金色收获需要新增 20 万美元的融资，可以考虑债务融资和股权融资这两种选择。比较一下，你会发现，餐厅通过出售债券可以获益，因为其收益比借入资金（债券）的利息高。但是，如果收益没有那么多，餐厅就会赔钱。同样重要的是要记住，债券和所有债务一样，必须在规定的时间偿还。

增加的债务（使用杠杆）		增加的股权	
股东权益	500 000	股东权益	500 000
增加股权	—	增加股权	200 000
权益合计	500 000	权益合计	700 000
债券利息 8%	200 000	债券利息	—
总资产合计	500 000	总资产合计	700 000

图 18-7　使用杠杆（债务）融资与股权融资的比较（单位：美元）

年终收益			
毛利润	100 000	毛利润	100 000
减：债券利息	–16 000	减：债券利息	—
营业利润	84 000	营业利润	100 000
净资产收益率	16.8%	净资产收益率	14.3%
(84 000÷500 000 = 16.8%)		(100 000÷700 000 = 14.3%)	

图 18-7 （续）

金色收获餐厅想要新融资 200 000 美元，比较公司债务融资与股权融资这两个方案。

公司必须比较债务融资和股权融资的成本和收益，以此确定融资时应采用哪种方式。杠杆率（在第 17 章中讨论过）可以为企业提供一个行业标准，供企业自行比较。不过，各大公司和行业之间的债务差异仍然很大。举例来说，社交媒体巨头 Facebook 没有长期债务，手头还有 200 多亿美元的现金。同样，科技公司微软、苹果和字母表的债务也非常少，现金则非常充裕。[27] 另外，石油公司埃克森、英国石油和壳牌的资产负债表上共有超过 1840 亿美元的债务。[28] 据标准普尔（Standard & Poor's）和穆迪投资者服务公司（Moody's Investors Service）的统计，大型工业企业和公用事业公司的债务通常占公司总资产的 30%～35%。公司不同，债务数额也迥然不同。

金融危机和经济大衰退的教训

2008 年金融危机爆发，金融市场遭受了自 20 世纪二三十年代大萧条以来最严重的崩溃。随之而来的大衰退导致经济进一步恶化，对美国许多地区的影响迄今仍未消退。[29] “千禧一代”和 X 世代的员工在经济大衰退中受到的打击尤其严重。[30]

许多人把金融市场的崩溃归咎于财务管理者未能尽职尽责，糟糕的投资决策、高风险的金融交易（尤其是在房地产领域）致使雷曼兄弟等老牌金融企业关门大吉。金融危机促使美国国会启动了全面金融监管改革，《多德 – 弗兰克法案》的影响几乎遍及美国金融服务业的各个领域。政府加大了对金融市场的介入和干预，对金融机构和财务管理者的要求也越发严格。如今，有人质疑《多德 – 弗兰克法案》在财务监管方面是否走得太远，建议修订法案。然而，无论法律是否变更，财务管理者的工作与职责都将面临更大挑战。

要赢得公众的信任，财务管理者还有漫漫长路要走。金融危机和经济大衰退对财务管理者的公信力和判断力提出了质疑，正如 21 世纪初的会计丑闻事件之于会计行业一样（见第 17 章）。第 19 章将深入探讨证券市场，证券市场既是企业获得长期融资的来源，也是私人投资者投资选择的基础。你将从中了解证券交易所的运行机制，公司如何发行股票和债券，如何选择正确的投资策略，如何买卖股票，在哪里可以找到有关股票和债券的最新信息，等等。当你认识到如何参与金融市场时，就会以一个新的视角来看待财务。

本章小结

1. 解释财务管理者的角色和责任。

- 公司财务管理不善最常见的问题是什么？

  最常见的财务问题是：（1）资本不足；（2）不能很好地控制现金流；（3）费用控制不当。

- 财务管理者是做什么的？

  财务管理者规划、预算、控制资金、获取资金、筹集资金、进行审计、管理税务，并就财务事宜向管理高层提供建议。

2. 概述财务规划流程，阐释财务规划中的三个关键预算。

- 财务规划中的三个预算是什么？

  资本预算是预测企业不动产、厂房和设备等重大资产购置计划。现金预算是估算一定时期内现金的流入和流出。运营（或总）预算汇总其他两个预算中的信息，根据不同的收入来估算运营所需的成本和费用。

3. 解释企业为何需要运营资金。

- 公司的主要财务需求是什么？

  企业需要资金完成四项任务：（1）管理日常运营支出；（2）控制赊销业务；（3）采购所需存货；（4）管理资本支出。

- 债务融资和股权融资有什么不同？

  债务融资通过借款来筹集资金。股权融资是从公司内部筹集资金，主要形式为投资留存收益、向投资者出售股票或将部分所有权出售给风险投资家。

- 短期融资和长期融资有什么区别？

短期融资筹集的资金需在不到一年的时间内偿还，而长期融资筹集的资金可在更长的时间内偿还。

4. 确定并描述短期融资的不同来源。

- 为什么企业要使用商业信用？

  商业信用是最便宜，也最方便的短期融资形式。企业可以现在购买产品，在将来的某个时候付款。

- 信贷额度是什么意思？

  信贷额度是银行向企业提供一定数额的无担保短期贷款额度，供企业在额度内随时使用。

- 担保贷款和无担保贷款的区别是什么？

  无担保贷款无须任何担保。担保贷款是以应收账款、存货或其他有价值的财产等资产进行担保的。

- 保理是担保贷款的一种形式吗？

  不是。保理是指以贴现的形式将应收账款出售给一个保理人（为这些应收账款支付现金，并将收取的资金保留在账户上的市场中介）。

- 商业票据是什么？

  商业票据是指公司发行的、到期日为 270 天以内的无担保本票。

5. 确定并描述长期融资的不同来源。

- 长期融资的主要来源是什么？

  债务融资是向投资者出售债券，以及从银行和其他金融机构获得长期贷款。股权融资是通过出售公司股票或从公司留存收益和风险投资公司获得的。

- 债务融资的两种主要形式是什么？

  债务融资有两种来源：发行债券；向个人、银行和其他金融机构借款。债券可以用某种形式的抵押品担保，也可以没有担保。贷款也是如此。

- 什么是杠杆？企业如何使用杠杆？

  杠杆是通过借贷筹集资金，用于扩张、购置重要资产或研发。公司用获得较高利润的可能性来衡量借贷的风险（杠杆）。

批判性思考

1. 新创企业短期资金的主要来源是什么？长期资金的主要来源是什么？

2. 如果公司雇有受过培训的会计人员，为什么财务管理者还必须懂得会计信息？

3. 为什么公司更愿意借钱来获得长期融资，而不是发行股票？

本章案例　起步：汤姆和艾迪公司

汤姆和艾迪公司（Tom and Eddie's）是一家初创公司，它是一家位于芝加哥地区的高档汉堡店。从 2009 年经济大衰退最严重时期开始，两位合伙人就很难获得银行融资了。因此，他们在第三位合伙人文斯·诺卡兰多（Vince Nocarando）的帮助下，开始自行拓展业务。这两位合伙人都曾在麦当劳担任过高管，多年的职业生涯非常成功。汤姆是负责选择新址的执行副总裁，艾迪是总裁和北美业务的首席执行官。

由于他们拥有麦当劳的工作经验，两位合伙人都非常适合餐饮业。对于汤姆和艾迪这样的成功初创企业，最具挑战和最重要的一个因素就是需要一位有才华的财务经理。他们认识到财务职能的重要性之后，聘请了另一位麦当劳前高管布赖恩·戈登（Brian Gordon）担任首席财务官。戈登解释说，现金流是开餐馆最重要的因素。事实上，在第一年或第二年，现金流比利润更重要。就可持续性而言，现金流的重要性仅次于对存货的管理和控制。

在首席财务官看来，现金流至关重要，因为必须用现金及时支付租金、工资、库存、税收和经营费用等“已知”成本。之所以称为“已知”成本，是因为它们总是按月或按周重复发生。首席财务官戈登解释说，由于销售量（现金流入）是一个重要的“未知”因素，故而管理好并及时支付这些已知成本（现金流出）就显得尤为重要。

汤姆和艾迪公司的库存管理和控制系统技术含量非常高，因为与餐厅业务相关的食品容易腐烂。首席财务官戈登称，这家餐厅与其食品供应商之间有“净 14”（net 14）条款，这意味着公司在收到货物后有 14 天的账期。首席财务官表示，这是一种融资形式，允许公司在 14 天内将库存周转一两次。

在撰写这篇案例时，汤姆和艾迪公司在芝加哥地区的三家餐厅已经运营了 15 个月。据合伙人之一的艾迪说，他们的目标是将门店数量增至 10 家，然后考虑特许经营。在选择新店地址方面，埃迪表示，会周密考虑全区域内的各种因素，包括区域内服务对象的平均工资收入和生活支出水平、人口的年龄，周边商业空间的面积，以及到达待选位置的便利程度。至于所需设备的来源，则是由合作人进行购置，而不是采用现金投入的方式。

两位合伙人表示，创业者考虑的是机会，而不是潜在的失败。15 个月的成功运营将使他们更容易从银行等传统融资渠道筹集资金，以扩大业务。谁知道呢，也许汤姆和艾迪公司的新店很快就会在你住所附近开张了吧。

思考

1. 根据上述素材，与运营资金相关的三个因素是什么？
2. “front of the house”这个词是什么意思？
3. 从上述素材看，为什么汤姆和艾迪公司作为创业公司得不到银行融资？

第19章

利用证券市场的融资与投资机会

学习目标

1. 描述证券市场和投资银行家的角色。
2. 认识证券交易的场所：证券交易所。
3. 比较通过发行股票获得股权融资的利弊，详细说明普通股和优先股之间的差异。
4. 比较通过发行债券获得债务融资的利弊，认识债券的类别和特征。
5. 解释如何投资证券市场并设定投资目标，如长期增长、收入、现金和防通货膨胀。
6. 分析股票投资所带来的机会。
7. 分析债券投资所带来的机会。
8. 阐释共同基金和交易型开放式指数基金（ETF）中的投资机会。
9. 描述道琼斯工业平均指数等指标如何影响市场。

Understanding Business

本章人物

美国NBC财经频道《我为钱狂》节目主持人吉姆·克莱默

你可能会说，听金融专家喋喋不休地谈论经济和股市不可能有妙趣横生的感受。许多专业评论员虽然资质和信誉尚佳，可是他们的主持风格乏善可陈，真可谓直来直去、无聊至极。如果你不喜欢枯燥乏味的风格，那就去看看吉姆·克莱默（Jim Cramer）主持的《我为钱狂》（Mad Money）吧。克莱默永远不会被指责为“单调无聊”；相反，他在推荐某些投资项目时，会咆哮、狂吼、尖叫，而对其他投资项目则不屑一顾。自2005年以来，他一直肩负着一项使命，那就是教育投资者，让他们了解自己拥有或计划购买的投资。

克莱默《我为钱狂》的成功之路就像他在电视节目中的行为一样狂野而无序。他以优异成绩获得哈佛大学文学学士学位，并开始在几家不同的报纸担任记者。后来他家遭遇盗贼抢劫，银行账户被洗劫一空，他的经济状况一落千丈，陷入低谷，他甚至在车里住了几个月。多亏了朋友和家人，他从挫折中重新振作起来，进入了哈佛大学法学院。正是在法学院期间，克莱默重燃了对股票交易的热爱。还是在孩提时代，他就能熟记股票符号，并拥有一个梦幻般的股票投资组合。在哈佛大学，他为一位法学教授做研究员赚取了一定的报酬，用挣来的钱进行实盘交易。他成了“炒股高手”，经常把荐股消息留在电话答录机上。一位朋友请他掌管一个50万美元的投资组合。不到两年，他朋友的投资的价值增加到65万美元。

克莱默从法学院毕业后，短暂地做了一段律师，但他的兴趣仍是金融。他在高盛私人财富管理公司（Goldman Sachs Private Wealth Management）做了三年的股票经纪人，后来离开这家公司，创立了自己的对冲基金克莱默公司（Cramer & Co）。（对冲基金是一种另类投资选择，仅对机构和富有的个人等成熟投资者开放。）强大的个人驱动力和日以继夜的刻苦研究为克莱默和他的客户带来了巨大的回报。克莱默公司通常为投资者赚得24%的回报率，而克莱默本人的年收入通常在1000万美元以上。

可惜，对冲基金业务的严苛和压力让克莱默和他的家人付出了代价。14年后，他从该基金退休。他的合伙人杰夫·伯科威茨（Jeff Berkowitz）接管了这家公司，并将其改名为克拉默－伯科威茨基金公司。但是，不要认为克拉默已经放慢了节奏。克拉默为刚入这一行的人写了三本书，并在他与人共同创办的在线投资网站TheStreet.com日益活跃起来。2005年，美国消费者新闻与商业频道（CNBC）找到他，想请他主持一档名为《我为钱狂》的节目。该节目将关注股票和投资，寓教于乐，主要目的是让投资者知晓市场。随即CNBC就知道他们选对了人。

尽管《我为钱狂》风靡一时，但克莱默的意图却是严肃的。他的目标是让投资者了解自己所持有的股票、股息的重要性，以及成功投资的其他关键因素。他知道，如果你的陈述枯燥乏味，就不会有人看你的节目。他从未因缺乏趣味性而受诟病。要全面了解金融，你需要了解证券市场的基本知识，它们如何帮助企业获得所需的资金，以及投资者如何构建自己的财务未来。本章将让你了解证券市场如何实现这两个目标。

资料来源：*CNBC*, " Jim Cramer Host of *Mad Money*," accessed October 2017; Jim Cramer, *TheStreet.com*, accessed October 2017.

证券市场的功能

证券市场是股票、债券和其他投资的金融市场，它有两个主要功能：首先，帮助企业寻找长期融资，满足资本需求，如扩大业务、开发新产品或购买主要商品和服务；其次，为私人投资者提供买卖证券（投资）的场所，如股票与债券买卖，帮助他们创造未来的财务收益。在本章，我们先从企业融资的角度，再从私人投资者购买和交易证券的角度，来研究证券市场。

证券市场分为一级市场和二级市场。一级市场（primary markets）负责销售新发行的证券，理解这一点是很重要的。公司出售证券（股票）只能获利一次，就是在一级市场上出售股票时。[1] 公司股票的第一次公开发行称为**首次公开发行（initial public offering，IPO）**。之后，二级市场（secondary market）处理投资者之间的这些证券交易，出售股票的款项归卖出股票的投资者所有，而不是发行股票的公司。例如，假设你的金色收获餐厅已发展为连锁企业，产品在全国各大零售店均有出售。你想多筹集一些资金，进一步扩大业务。如果你以每股10美元的价格，发行100万股公司股票，便可在首次发行中筹得1000万美元。但之后，如果股东琼斯决定把她持有的100股金色收获餐厅股票卖给投资者史密斯，金色收获餐厅是得不到任何收益的，因为史密斯是从琼斯手里而非金色收获餐厅那里买的股票。不过，金色收获餐厅可以通过增发股票，筹集到额外的资本。

正如第18章提到的，长期融资对企业的重要性再怎么强调也不过分。如果可以选择，企业更愿意使用留存收益，或者从贷款机构（银行、养老基金、保险公司）借入资金，再或者发行公司债券来满足长期的财务需求。但是，如果不能从留存收益或贷款机构获得长期资金，公司可以通过发行公司股票筹集资金。（回顾第18章，出售公司股票是一种股权融资形式，发行公司债券是一种债务融资形式。）维萨卡公司2008年的180亿美元的IPO，是过去25年美国规模最大的IPO，后被阿里巴巴超越。阿里巴巴于2014年进行了210亿美元的IPO。但是，并非所有的公司都能获得这种股票和债券融资来源，尤其是小企业。

假设你需要更多的长期融资，来扩大金色收获餐厅的业务。你的首席财务官认为公司的留存收益不足，也无法从贷款机构获得所需资金。于是，他建议你向私人投资者发行股票或公司债券来融资。但他提醒说，发行公司股票或公司债券并不简单，不能想当然。要获得批准，必须进行全面的财务披露，并接受美国证券交易委员会的详细审查。鉴于此，首席财务官建议公司寻求投资银行家的帮助。我们来看看原因何在。

想一想

令彩衣傻瓜公司（Motley Fool）的戴维·加德纳（David Gardner）和汤姆·加德纳（Tom Gardner）津津乐道的是，证券市场赋予所有人机会，不论他们的教育程度或收入水平如何。这对兄弟的职业就是为投资者提供高质量的金融信息。更多信息请访问他们的网站www.fool.com。

投资银行家的角色

投资银行家（investment bankers）是协助发行和销售新证券的专家。这些大型金融机构可以帮助金色收获这类企业编制详尽的财务分析，这是获得美国证券交易委员会批准所必需的。投资银行家还可以承购包销（underwrite）新发行的股票或债券。[2]也就是说，投资银行以商定的折扣（可能是相当大的折扣）买下全部股票或债券，然后以全价卖给私人或机构投资者。

机构投资者（institutional investors）是指以自有资金或他人的资金进行投资的大型机构，如养老金、共同基金和保险公司等。由于机构投资者购买力巨大，可谓证券市场上一股强大的力量。

在进一步研究股票和债券等长期融资和投资机会之前，很有必要先了解股票和债券交易的场所——证券交易所。

证券交易所

顾名思义，**证券交易所（stock exchange）**是其成员可以为公司和投资者买卖（交易）证券的组织。1792 年，纽约证券交易所（NYSE，简称“纽交所”）成立，当时主要采用交易大厅叫价式交易。2005 年，纽交所与一家专门从事电子交易的公司全电子证券交易所（Archipelago）合并，情况随之发生了变化。两年后，纽交所并购了欧洲的泛欧交易所（Euronext exchange），成为纽约泛欧证券交易所（NYSE Euronext）。2013 年，位于亚特兰大的洲际交易所（Intercontinental Exchange，ICE）以 82 亿美元收购了纽约泛欧证券交易所。

> **想一想**
>
> 纽约证券交易所曾经是世界上最大的大厅叫价式交易所。交易大厅里坐满了交易员，他们直接与其他经纪商达成交易。今天，股票主要在网上买卖。交易大厅中的熙攘景象，如今已不复存在。对此你有什么看法？

纽交所曾经活跃的交易大厅，如今象征意义似乎已大于实际价值。今天大多数股票交易都通过电脑进行，数秒之内就能完成数千笔交易。不过，虽然交易大厅门可罗雀，但也仍有人在那里交易。2017 年，纽交所改变了规则，允许所有美国股票交易，无论它们最初是在哪个交易所上市的。[3] 在此之前，只有在纽交所上市的证券才能交易。不过，纽交所的大部分收入来自出售复杂的融资合约（如衍生品），以及向雅虎和谷歌等公司销售市场资料，供其在网站上提供股票行情服务。

并不是所有的证券都在注册的证券交易所交易。**场外交易市场 [over-the-counter（OTC）market]** 为公司和投资者提供了一种交易手段，借此交易那些未在大型证券交易所上市的股票。场外交易市场由数千名经纪人组成，他们通过一个全国性的电子系统保持联系，买卖证券。交易不用通过纽交所这样的交易所，而是在双方之间直接进行的。

纳斯达克（NASQAD，最初称为“全美证券交易商协会自动报价系统”）是全球第一个电子股票交易市场。它是从场外交易市场演变而来的，但现已不属于场外交易市场。纳斯达克这个电子网络将交易商连接起来，以便他们通过电子方式买卖证券，而不用亲临现场交易。纳斯达克现在是美国最大的电子股票交易市场，交易量位居全球第一。最初在纳斯达克交易的主要是小公司，而今天，Facebook、微软、英特尔、谷歌和星巴克等知名大公司都在纳斯达克交易股票。

对于证券交易所来说，增加上市公司的数量是一项艰巨的任务，而证券交易所之间的上市资源争夺战往往十分激烈。随着 Bats 全球市场（Bats Global Markets）和 IEX 交易所（IEX exchanges）等后来者的加入，竞争进一步加剧。[4] 你可以在纽交所的网站 www.nyse.com 和纳斯达克的网站 www.nasdaq.com 上找到股票注册发行（上市）的要求。如果公司未满足交易所的上市要求，就会从交易所退市。[5]"社媒连线"专栏讨论了《乔布斯法案》现在是如何让小企业进入公开证券市场的。

社媒连线

《乔布斯法案》对众筹的管理

(www.sec.gov)

美国佐治亚州的两兄弟在银行贷款遭拒后，通过众筹为他们的"油桶吉他"（olican guitar）业务筹集了 12.6 万美元。这对兄弟不仅用了六周时间向潜在投资者阐述他们的商业模式，还得教育他们深入了解《乔布斯法案》。其中一人表示："并不是在网站上发布一个简介，投资者就会蜂拥而至。还得做大量的工作。"

2012 年的《乔布斯法案》的目的之一，是让那些希望吸引投资者的小企业更容易进行众筹。在《乔布斯法案》颁布之前，企业只能通过众筹网站从合格投资者（净资产超过 100 万美元的投资者）那里筹集资金。新法律则允许企业接受未经认证的投资者的投资。所以，现在你不必再仅依赖财力雄厚的金主了，你还可以向普通人借钱。

然而，这个新的投资者市场是有代价的。美国证券交易委员会要求寻求众筹投资者的公司公开披露财务状况，并通过两种中介机构之一运作：经纪自营商或融资门户网站。经纪自营商（如 Venture.co、FlashFunders 和 North Capital）从事大量情况收集的工作，包括文件起草和投资管理服务。融资门户网站（如 StartEngine、SeedInvest 和 NextSeed）主要扮演助推者的角色，帮助初创企业和投资者找到彼此。它们不寻找投资者，也不提供投资建议。

无论初创企业选择哪种中介机构，有一点是肯定的：它们将受到审查。中介机构要确保初创企业遵守美国证券交易委员会的所有规定。即使初创企业通过了审查，如果中介机构认为不值得在这些企业身上花时间，也不会把它们列入名单。SeedInvest 首席执行官兼联合创始人瑞安・费尔特（Ryan Felt）表示："我们始终注重质量而非数量。"他的网站只列出了申请公司中的 1%。

众筹适合你吗？鉴于你出售的股权、文书工作、交给中介机构的费用，以及法律和会计成本，众筹可能不适用那些融资几十万美元的公司。对于需要更大数额的人来说，众筹可以帮你实现创业梦想，而没有众筹，或许你就只能彻底放弃创业的念头。

资料来源：Michelle Goodman, " One Bazillion Potential Shareholders," *Entrepreneur*, July 2016; Theresa W. Carey, " Equity Crowdfunding Is Finally Ready to Debut," *Barron's*, May 9, 2016; " Updated: Crowdfunding and the JOBS Act: What Investors Should Know," FINRA, May 17, 2017.

证券法规和证券交易委员会

美国证券交易委员会（Securities and Exchange Commission，SEC）是负责管理各种证券交易所的联邦机构。1933 年的《证券法》（Securities Act）要求出售债券或股票的公司全面披露财务信息，从而保护投资者。美国国会通过了这项法案，一改对证券市场自由放任的态度。20 世纪 20 年代和 30 年代初，正是这种自由放任，最终导致了经济大萧条。1934 年出台《证券交易法》（Securities and Exchange Act），根据相关条款创建了美国证券交易委员会。

在全美交易所进行交易的公司必须在美国证券交易委员会注册，并且每年提供更新资料。1934 年的法案还规定，公司发行股票或债券等金融证券时，必须遵循一些具体的准则。例如，公司向公众发行股票或债券之前，要向证券交易委员会提交一份详细的注册登记报告，其中包括全面的经济和财务信息。该报告的简要版本称为**招股说明书（prospectus）**，必须发送给潜在投资者。

1934 年的法案还制定了指导方针，防止公司内部知情者利用可能拥有的特权信息。内幕交易（insider trading）是利用职务之便获得消息或资料，进而从证券价格的波动中不正当牟利。这里的关键词是不正当牟利（benefit unfairly）。公司内部人员可以买卖自己公司的股票，但不能不正当地利用不为公众知晓的信息。

最初，证券交易委员会对内幕人士（insider）一词的界定相当狭窄，仅指公司董事、员工及其亲属。如今，内幕人士的范围已扩大，几乎所有知悉未公开证券信息的人都被包含在内。[6]假设金色收获餐厅的首席财务官告诉隔壁邻居，一家大公司将收购他们餐厅，她正在最终确定相关文件，于是，邻居根据这些信息购买了股票。法院很可能会认为这属于内幕交易，内幕交易的处罚包括罚款或监禁。2014 年，SAC 资本顾问公司（SAC Capital）的投资组合经理马修·马托玛（Mathew Martoma）因内幕交易罪被判 9 年监禁，[7]SAC 被处以 18 亿美元的罚款，这是华尔街史上最大的内幕交易案。如图 19-1 所示，考查你是否擅长发现内幕交易。

内幕交易是指根据投资大众无法获得的公司信息来买卖股票。以下假设的案例可以让你了解什么是合法的，什么是非法的。答案见本图的最下方

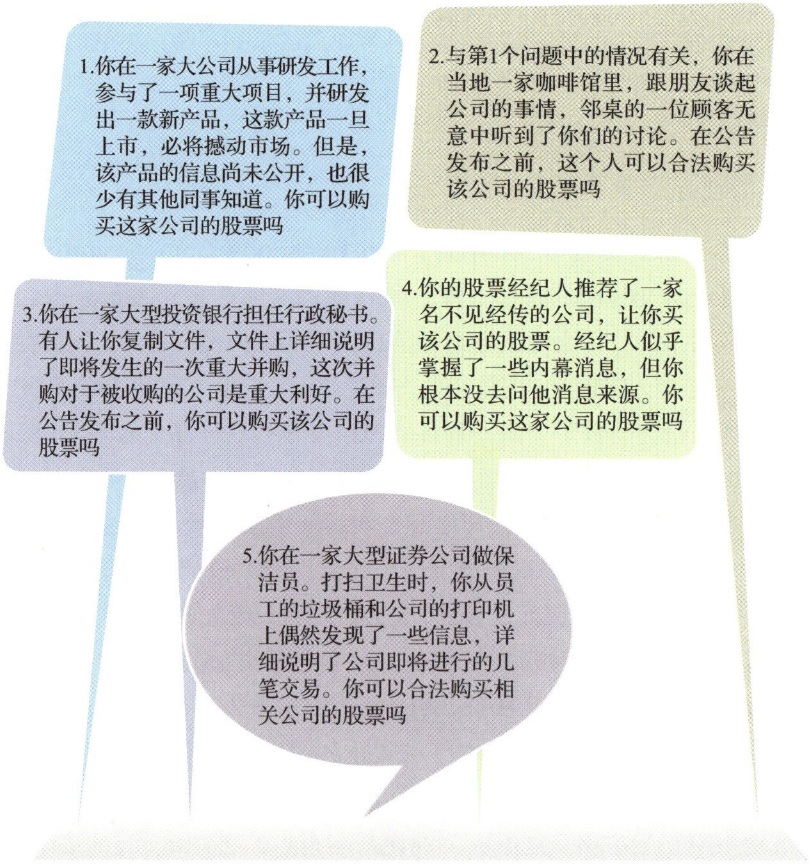

1.你在一家大公司从事研发工作，参与了一项重大项目，并研发出一款新产品，这款产品一旦上市，必将撼动市场。但是，该产品的信息尚未公开，也很少有其他同事知道。你可以购买这家公司的股票吗

2.与第1个问题中的情况有关，你在当地一家咖啡馆里，跟朋友谈起公司的事情，邻桌的一位顾客无意中听到了你们的讨论。在公告发布之前，这个人可以合法购买该公司的股票吗

3.你在一家大型投资银行担任行政秘书。有人让你复制文件，文件上详细说明了即将发生的一次重大并购，这次并购对于被收购的公司是重大利好。在公告发布之前，你可以购买该公司的股票吗

4.你的股票经纪人推荐了一家名不见经传的公司，让你买该公司的股票。经纪人似乎掌握了一些内幕消息，但你根本没去问他消息来源。你可以购买这家公司的股票吗

5.你在一家大型证券公司做保洁员。打扫卫生时，你从员工的垃圾桶和公司的打印机上偶然发现了一些信息，详细说明了公司即将进行的几笔交易。你可以合法购买相关公司的股票吗

答案：1.不可以；2.可以；3.不可以；4.可以；5.不可以

图 19-1 这是内幕交易吗

外国的证券交易所

如今，通信范围扩大，许多法律障碍消除，投资者可以购买几乎世界任何地方的公司证券。如果你发现一家外国公司增长潜力巨大，可以通过美国经纪人毫不费力就买到该公司的股票，因为经纪人能进入外国的股票交易所交易。外国投资者也可以投资美国证券，大型外国证券交易所，像伦敦和东京的交易所每天都在交易大量的美国证券。除了伦敦和东京的交易所，上海、悉尼、香港、圣保罗和多伦多也有大型证券交易所。随着全球市场的不断扩大，非洲的证券交易所也变得活跃起来。[9]

许多公司都通过发行股票，利用股票融资来筹集长期资金。接下来，我们将深入了解公司是如何通过发行股票筹集资金的。

企业如何通过发行股票筹集资金

股票（stocks）是公司所有权股份。**股权证（stock certificate）**是股票所有权的证明，注明公司名称、持股数量，以及所发行的股票类型。如今，不再要求公司向股东发行纸质股权证，股票通常采用电子形式。

股权证有时显示股票的面值（par value），即公司章程规定的以每股为单位表示的金额。今天，由于面值反映不了股票的市值（股票的实际价值），大多数公司都发行面值很低或无面值的股票。**股息（dividends）**是公司利润的一部分，公司可以（但不是必须）以现金支付或增加股数的形式分配给股东。[10] 派发股息的公告由公司董事会发布，一般按季派发。[11]

发行股票的利弊

公司发行股票的优点包括：

- 股东作为公司的所有者，永远不必偿还投资。
- 没有向股东支付股息的法定义务，因此，公司可以将收入（留存收益）再投资，以满足未来的资金需求。
- 出售股票可以优化公司资产负债表的业绩，因为发行股票不会产生债务（公司也可以回购股票，来改善资产负债表，使公司的财务状况显得更好）。[12]

想一想

当Fitbit公司首次公开发行时，通过出售股票筹集了近7.4亿美元。你能明白为什么通过发行股票融资对公司的成长是个有吸引力的选择吗？

发行股票的缺点包括：

- 股东（通常只持有普通股）作为公司的所有者，有权投票选举公司的董事会。（通常为一股一票的表决权。）因此，发行新股可能会改变公司的控制权。
- 股息是从税后利润中支付的，不能享受减税优惠。
- 要始终取悦股东，这可能会影响管理者的决策。

公司可以发行两类股票：普通股和优先股。让我们看看这两种形式的股权融资有何不同。

发行普通股

普通股（common stock）是公司所有权的最基本形式。事实上，如果公司只发行一种股票，根据法律规定，则必须是普通股。普通股股东有权做以下事情：（1）选举公司董事会成员，对影响公司的重大事项进行表决；（2）经公司董事会批准，以股利形式享有公司利润。普通股持有者在公司拥有投票权，可以影响公司政策，因为是由他们选出的董事会成员来选定公司的最高管理层，并做出重大决策。普通股股东还拥有新发行普通股的优先认购权（preemptive right）。这样普通股股东便可以保持在公司中的持股比例。[13]

发行优先股

优先股（preferred stock）的持有者享有优先分配股息的权利，公司在分配任何普通股股息之前，必须先全额支付优先股股东（因此称为“优先”）。如果公司被迫歇业并出售资产，他们也有优先要求获得公司资产的权利。[14]但通常情况下，优先股股东在公司没有投票权。

优先股可按一定面值发行，公司愿意支付的固定股息也以此为依据。[16]例如，如果优先股的面值是每股50美元，股息率是4%，那么股息就是每股2美元。等董事会发布派息公告后，拥有100股优先股的股东每年可获得200美元的固定股息。

优先股还有一些普通股不具备的特点。例如，可赎回优先股，意味着公司有权赎回已发行的优先股。还有可转换优先股，也就是优先股股东有权将股票转换为普通股（反之则不然）。此外，还有累积优先股，也就是说，如果没有按承诺兑现股息，累积到第二年或以后某年盈利时，在派发普通股的股息之前，连同本年优先股的股息一并发放。

公司往往更愿意通过债务融资来筹集资金，大公司经常使用的一种债务融资方式是发行公司债券。下面我们来看看发行公司债券涉及哪些事项，与发行股票有何不同。

企业如何通过发行债券筹集资金

债券（bond）是一种公司凭证，表明投资者将钱借给公司（或政府）。发行债券的机构负有法定义务，必须定期向投资者支付利息，并在规定期限内偿还全部债券的本金。下面我们进一步探讨债券的语言，以便深入理解债券的运作机制。

学习债券的语言

公司债券的发行通常以 1000 美元为单位（政府债券的数额可能要大得多）。本金即为债券的面值（美元价值），发债公司有法定义务在债券**到期日（maturity date）**将本金全额还给债券持有人。**利息（interest）**是债券发行人向债券持有人支付的款项，用以补偿对他们资金的使用。如果金色收获餐厅发行面值 1000 美元，利率 5%，到期日为 2028 年的债券，就表示它同意每年向债券持有人支付总计 50 美元的利息，一直付到 2028 年某个特定日期，届时它必须全额偿还 1000 美元。到期日可能会有很大差别，迪士尼、IBM 和可口可乐等公司都发行了所谓 100 年期债券。

债券利息有时被称为票面利率（coupon rate），这个术语可以追溯到不记名债券（bearer bond）发行的时代。债券持有人被视为债券的所有者。[17] 当时，发行债券的公司没有记录所有权的变化。无论是谁，只要把附在债券上的息票剪下来，寄给发债公司要求支付，就可以拿到利息。如今，债券发行时都会登记在具体的所有者名下，所有权的变化也会有电子记录。

美国政府债券的给付利率会影响企业必须支付的债券利率。美国政府债券被视为安全的投资，所以可以支付较低的利息。图 19-2 中是几种政府债券，它们都在证券市场上与美国的公司债券竞争。债券的利率也各不相同，具体要看经济状况、发行公司的声誉，以及同类公司债券的利率。虽然债券标明的是年利率，但通常分两期支付，而且一般不能改动利率。

美国政府债券（U.S. government bond）
由美国联邦政府发行，被视为最安全的债券投资

短期国债（treasury bill/T-bill）
一年内到期，最低面值为1 000美元

中期国债（treasury note）
10年或10年内到期，面值为1 000～1 000 000美元

长期国债（treasury bond）
25年或超过25年到期，面值为1 000～1 000 000美元

市政债券（municipal bond）
由州、市、县以及其他州和地方政府机构发行，通常可以免征联邦税

扬基债券（Yankee bond）
由外国政府发行，以美元偿付

图 19-2 与公司债券竞争的各类政府证券

债券评级机构会评估公司所发债券的信誉度。标准普尔公司（简称“标准普尔”）、穆迪投资者服务公司（简称“穆迪”）和惠誉国际评级公司（Fitch Ratings，简称“惠誉国际”）等独立评级机构，根据债券的风险度对债券进行评级。[18] 债券的范围从最高等级债券到垃圾债券（我们将在稍后进行讨论）。图 19-3 列举了评级机构的债券等级范围。

债券评级机构

穆迪	标准普尔	惠誉国际	说明
Aaa	AAA	AAA	最高等级（违约风险最低）
Aa	AA	AA	高级
A	A	A	中上级
Baa	BBB	BBB	中级
Ba	BB	BB	中下级
B	B	B	具有投机性
Caa	CCC, CC	CCC	劣质（违约风险高）
Ca	C	DDD	高度投机性
C	D	D	最低等级

图 19-3 债券评级：穆迪、标准普尔和惠誉国际

发行债券的利弊

债券为组织提供长期融资优势：

- 债券持有人是公司的债权人，而非所有者，他们很少就公司事务投票，因此管理层可以始终控制公司的运营。
- 债券利息是公司的业务费用，可以免税（见第 17 章）。
- 债券是暂时的资金来源，最终要偿还本金，从而免除债务。
- 如果是可赎回债券，可以在到期日之前偿还，债券也可以转换为普通股。（我们稍后将讨论这两个特点。）

债券也有融资缺陷：

- 债券会增加债务（长期负债），可能会让市场对公司产生负面的看法。
- 支付债券利息是公司的法定义务。如果不支付利息，债券持有人可以采取法律行动强制执行。
- 在到期日必须按照债券面值偿还。如果没有审慎的规划，到期还款时，可能会带来现金流问题。

债券类型

公司可以发行两种不同类型的公司债券。**无担保债券（debenture bonds）**没有任何特定的担保品（如土地或设备）。因为不能为投资者提供安全保障，所以只有声誉极佳、信用评级优良的公司才能发债。担保债券（secured bonds），有时也称为抵押债券，是用土地或建筑物等作抵押，如果债券未按承诺还本付息，这些抵押物则由债券持有人处置。公司债券发行人可以选择不同特点的债券，下面我们来看这些特点。

债券特点

现在你应该已经了解债券发行时是有利率的，可以无担保，也可以有担保，必须在到期日偿还。为了满足这一还款要求，公司（或政府）通常会设立一个准备金账户，称作**偿债基金（sinking fund）**，主要目的是确保有足够的资金在债券到期日偿还债券持有人。发行偿债基金债券的公司在债券到期前定期提存（留出）部分本金，以便在到期时能够积累足够的资金来偿还债券。通常来说，发行债券的公司和投资者都对偿债基金青睐有加，因为：

- 偿债基金可以有序安排资金提取（还款）。
- 偿债基金可以降低债券无法偿还的风险。
- 偿债基金可以稳定债券的市场价格。

可赎回债券（callable bond）允许债券发行人在债券到期日前偿还本金，这样企业在做长期预测时可具有一定的自主权。假设金色收获餐厅以 10% 的利率，发行了 1000 万美元 20 年期债券，每年的利息支出为 100 万美元（1000 万美元乘以 10%）。如果市场环境发生变化，同等债券现在只支付 7% 的利率，那么金色收获餐厅每年就要多支付 3% 或者说 30 万美元的利息。此时，比较有利的做法是公司赎回（偿清）旧债券，然后以较低的利率发行新债券。如果公司在债券到期前赎回债券，通常会向投资者支付高于债券面值的溢价。

投资者可以在发行债券的公司将可转换债券（convertible bonds）转换为普通股。投资者愿意这么做，因为普通股往往比债券增值快。因此，如果随着时间推移，公司普通股价值大涨，债券持有人可以将继续持有债券所获利息，与可转换为特定数量普通股的潜在利润进行比较。[19]

至此，你已经从公司角度认识了股票和债券作为长期融资工具的优缺点，现在让我们从投资者的角度来研究股票、债券和其他证券提供的机会。

投资者如何购买证券

股票和债券投资并非难事。你要先选好想买的股票或债券，然后找一家经批准的经纪公司执行你的指令。**股票经纪人（stockbroker）**是经注册的代表，在经纪公司工作，作为市场中介为客户买卖证券。股票经纪人负责下单，并协商价格。交易完成后，会有交易报告发给经纪人，然后他再告知你。如今，大型经纪公司都有自动下单系统，你一发出指令，经纪人就可立刻输入，数秒之内即可确认订单。

股票经纪人还可以提供信息，告诉你哪些投资项目最符合你的财务目标。但你自己仍然得对股票和债券有所了解，因为投资分析师的建议并不一定总能满足你的具体期望和需求。[20] 如今，一些投资者利用机器人来管理投资决策。阅读“知变则胜”专栏，了解更多关于机器人顾问的信息。

知变则胜

R2-D2 拯救投资者

(www.schwab.com)

投资者对传统投资顾问的建议和财务业绩感到失望，于是，一些人转向了一种新型基金经理——机器人。实际上，机器人投资顾问（robo-advisors）并不是真正的机器人。它是一种自动化的在线工具，使用先进的算法，提出投资建议、管理资金、重新平衡客户的投资组合，甚至还能转换投资标的以节省税收。自 2008 年进入资金管理领域以来，机器人顾问已经吸引了大约 670 亿美元的资金。一些分析人士甚至认为，未来机器人顾问可能会取代传统的财务顾问。

最初，机器人顾问的目标客户是"千禧一代"，这一代人不信任华尔街，喜欢存钱，在科技环境中长大。"千禧一代"经常被传统的理财顾问忽视，因为他们达不到理财顾问感兴趣的最低投资额（通常为 5 万美元）。相比之下，机器人顾问不需要最低投资额，它们的费用也低得多。在 Wealthfront，机器人顾问对第一笔 1 万美元的投资不收取任何费用，之后的所有投资都只收取 0.25% 的费用。而传统的投资顾问通常每年收取超过 1% 的费用。

如今，机器人顾问的触角已经超越了"千禧一代"的投资者。年纪较大、净资产较高的个人也被机器人顾问所吸引，因为基本费用低，开设机器人顾问账户简单易行。有了机器人投资顾问，你只要告诉机器人你能承受多大的风险，你的财务目标是什么，剩下就交由机器人顾问使用算法去处理即可。一般来说，你的账户将投资于稳健的交易型开放式指数基金和评级等级高的债券。机器人顾问会在它认为合适的时候，重新调整你的账户，有些机器人会进行有益的交易，将税收降到最低。

公平地说，机器人顾问不可能与人类金融专业人士所做的工作一样。人类财务管理者，尤其是注册财务规划师，在遗产规划、抵押贷款再融资、信托投资以及你可能遇到的任何个人问题（如子女教育规划）方面都受过良好的教育。然而，老派的财务顾问意识到，机器人顾问正在改变资金管理格局。普华永道全球财富管理主管迈克尔·斯佩拉西（Michael Spellacy）警告称："传统的财务顾问模式正受到冲击。财务顾问必须扪心自问，我有哪些与众不同之处？我如何才能成为客户更好的财务顾问？"美国的财务管理者掌控着近 19 万亿美元，因此，未来的财务管理者很可能采用机器人顾问和人类顾问混合管理的模式。

资料来源：Lisa Kramer and Scott Smith, " Can Robo Advisers Replace Human Advisers?," *The Wall Street Journal*, February 29, 2016; Larry Light, " Here's Why the Most Talked-about Way to Invest Right Now Could Be a Huge Mistake," *Fortune*, March 5, 2016; Tom Anderson, " Returns Vary Widely for Robo Advisors with Similar Risk," *Charles Schwab Personal Finance*, September 2016; John Divine, "How Robo Advisors Will Impact the Future," *U.S. News & World Report*, September 29, 2016; Richard Eisenberg, "Robo- Advisors: Not Just for Millennials Anymore?," Forbes, December 6, 2016; Katie Brockman, Battle of the Robots: Which Robo-Advisor Is Right for You?," *The Motley Fool*, August 4, 2017.

通过网上经纪人投资

投资者还可以选择多个网络交易商，进行股票和债券的买卖。美国德美利证券（TD Ameritrade）、E*Trade、嘉信理财（Charles Schwab）和富达基金（Fidelity）都是行业翘楚。[21] 网络交易的投资者无须经纪人的直接帮助，他们宁愿自己研究，自行决策。这样一来，网络经纪人能够收取的交易费用就比传统股票经纪人低得多。领先的网络金融交易服务商确实能够提供重要的市场信息，如公司财务数据、股票的历史价格，以及分析师的报告。通常来说，你收到的信息服务水平是由你的账户规模和交易量决定的。

无论你决定使用网络经纪商还是传统的股票经纪商进行投资，都要记住，投资意味着投入资金，以期从中获利。21 世纪初互联网泡沫破灭，2008 年金融危机爆发，历史一再证明，投资有风险。因此，无论做哪种投资规划，首先要分析你的风险承受能力。此外，还要考虑你的预期回报、现金需求量、对冲通胀的需要，以及投资的增长前景。“道德决策”专栏描述了一个有趣的个人股票投资决策。

无论年龄大小，都可以说投资正当时，但你应该先提出问题，并考虑有哪些备选的投资方案。我们来看看几个投资策略。

道德决策

钱财化为乌有

最近，你得知叔叔亚历克斯在与肺癌长期斗争后去世了。让你吃惊的是，他在遗嘱里说你是他最喜欢的侄子，给你留下了 25 000 美元。记忆中，叔叔工作努力，喜欢棒球，最喜欢看你在大学球队里投球时的身姿。不幸的是，他年轻时就开始抽烟，后来烟瘾不断加重，无法自拔。医生说，吸烟是他罹患肺癌的主要原因。

收到遗产后，你想知道该把钱投资在哪里。你的老同事杰克是一名金融顾问，他建议你买一家知名跨国公司的股票，这家公司股息高，而且有稳定的全球增长潜力。他告诉你公司的主要产品是烟草，但向你保证公司也生产其他产品。你知道杰克把你的最大利益放在心上。你也相信亚历克斯叔叔希望看到他留给你的钱增长。然而，你想知道一家销售烟草的公司是否适合投资亚历克斯叔叔的遗产。在这种情况下，出于道德方面的考虑，你会如何选择？其他选择会产生怎样的结果？你会怎么做？

选择正确的投资策略

人在一生当中，投资目标总在变化。与即将退休的人士相比，年轻人更能承受股票等高风险的投资选择。一般来说，年轻投资者希望自己的投资能随着时间的推移，实现显著增值。如果就像 2008 年那样，股市暴跌，股票市值蒸发，年轻人毕竟还有时间等待牛市再来，就像 2017 年那样。而老年人虽然有稳定的收入，但却等不起，所以更愿意投资回报稳健的债券，以抵御通胀。

在选择投资方案时，要考虑以下五个主要标准：

1. 投资风险。一项投资未来的价值是否有可能比现值还低。
2. 收益。一项投资的预期回报，如股息或红利，通常超过一年。
3. 存续期。你的资金用于投资的时间长度。
4. 流动性。当你想要或者需要资金时，以现金形式收回投资的速度有多快。
5. 税赋影响。投资对你的税务状况会有哪些影响。

对于任何投资策略而言，风险 / 收益的权衡是最重要的。设定投资目标，比如增值（选择你认为价格会上涨的股票）或收益（选择利息稳定的债券或股息高的股票），就是在为你的投资策略确定基调。

通过分散投资来降低风险

分散投资（diversification）是指购买几种不同的投资产品，以分散投资风险。投资者可以把自己的钱，25% 投入风险较高但增长潜力大的美国股市，25% 购买保守的政府债券，25% 购买分红派息、能带来收入的股票，10% 投入某国际共同基金（稍后讨论），剩余的钱存在银行，以期其他投资机会或以备不时之需。投资者采用这种投资组合策略（portfolio strategy）或配置模式（allocation model）进行分散投资，不至于所有投资都血本无归。[22]

股票经纪人和注册理财规划师（CFP）都接受过培训，为客户推荐最适合其财务目标的投资组合。然而，投资者自己对市场调研得越多，收益的潜力就越大。短期的投资课程也很有用。个人可以利用投资股票和债券的机会，为自己创富增富。接下来，我们会深入研究股票和债券投资。

股票投资

投资者购买公司股票后，便成为公司的所有者之一，也就是说，作为股东，他们与公司一荣俱荣，一损俱损。如果股市整体下跌，投资者也会损失。

投资者对市场的看法被称为“牛”或“熊”。“牛”（bulls）看好股市，并在预期股价上涨时买进股票。牛市（bull market）是指股票价格整体上涨。“熊”（bears）看空股市，并在预期股价下跌时抛售股票。这就是为什么股票价格下跌时，市场被称为熊市（bear market）。

大多数股票的市值和增长潜力，在很大程度上取决于公司能否顺利实现经营目标。如果公司实现目标，有可能带来巨大的**资本收益（capital gains）**，即你的股票买入价和卖出价之间的正差额。例如，在 1965 年麦当劳首次向公众发行股票时，如果投资 2250 美元购买 100 股麦当劳股票，到 2017 年 5 月 3 日收盘时，增至 74 360 股（在公司 12 次股票拆分之后），市值约为 1060 万美元。可以买无数个巨无霸了！

投资者通常根据自己的投资策略来选择股票。可口可乐、强生和 IBM 等评级较高的公司发行的股票称为蓝筹股（blue-chip stocks）。这一术语源于扑克游戏，其中最值钱的筹码是蓝筹。这类股票一般会定期分红派息，并经历持续的价格上涨。

科技、生物技术或互联网相关公司等新兴领域的公司股票称为成长股（growth stocks），其收益预计将以高于其他股票的速度增长。虽然成长股风险更高，但也有可能带来更高的回报。公共事业类股票被视为收益股（income stocks），通常会给投资者带来高股息收益率，成为对冲通胀的利器。甚至还有低价股（penny stocks），是石油勘探等高风险行业中的公司股票。低价股的股价不到 2 美元，也有一些分析师认为低于 5 美元的股票都是低价股，属于风险极高的投资。[23]

购买股票的投资者在下单时有各种选择。市价委托（market order）指示经纪人立即以最佳价格买进或卖出股票。限价委托（limit order）指示经纪人以特定的价格买进或卖出。假设某只股票的卖出价是每股 40 美元，你认为股价最终将会上涨，但可能会先跌至 36 美元。你可以 36 美元限价委托，这样如果股价跌到 36 美元，你的经纪人就会以此价格买进；如果股票从未跌到 36 美元，经纪人就不会帮你买进。

股票分拆

如果股价高企，公司可能会发公告进行**股票分拆（stock splits）**，将流通在外的每股股票拆分为两股或多股。如果金色收获餐厅的股票卖出价为 100 美元，公司可以宣布一股分拆成两股。持有金色收获餐厅一股股票的投资者现在将拥有两股股票，每股的仅值只有 50 美元（相当于分拆前的一半）。

股票分拆不会改变公司的所有权结构，也不会立即改变投资的价值。不过，投资者普遍赞成股票分拆。他们认为与 100 美元的股价相比，人们更愿意购买股价为 50 美元的股票，因此过不了多久，股价可能还会上涨。公司不可能被迫分拆其股票，如今股票分拆的做法已不多见。传奇投资家沃伦·巴菲特的伯克希尔－哈撒韦公司（Berkshire Hathaway）的 A 级股票从未分拆过，即便股价突破 21.8 万美元也不分拆。[25]

想一想

停下来歇歇脚，享受一杯冰雪女王（DQ）冰激凌的明星产品“暴风雪”，真是趣味多多。如果你还是这家公司的股东，那就更妙了。沃伦·巴菲特是美国最成功的投资者，他谨慎投资，积累财富，成为美国首富。巴菲特从 2006 年开始，便将大部分财产捐给比尔和梅琳达·盖茨基金会。他每年捐款约 20 亿美元。对此你有什么看法？

限界购股

限界购股（buying stock on margin）是向经纪公司借入部分资金购买股票。保证金是投资者购买股票时必须用自己的钱支付的那部分数额。美国联邦储备委员会负责制定美国股市的保证金比例（margin rates）。简单地说，如果规定保证金比例为 50%，有保证金账户的投资者可以从经纪人那里借入比例高达 50% 的资金购买股票。

虽然限界购股听起来挺简单，用这种方式可以购买更多股票，但缺点是投资者必须连本带息偿还经纪人提供的贷款。如果投资者融资买入的股票市值大幅缩水，经纪商会发出追加保证金通知（margin call），要求投资者补充保证金。投资者被迫在数天甚至数小时内追加保证金，否则就有可能被经纪人合法地强制平仓。因此，限界购股风险很大。

了解股票行情

《华尔街日报》《巴伦周刊》(*Barron's*) 和《投资者商业日报》等出版物刊登了大量股票和其他投资信息，你们当地的报纸也会刊载类似的信息。MNBC、雅虎财经频道和 CNBC 等网站都会提供公司的最新信息，内容丰富详细，你只需轻点鼠标，即可浏览。如图 19-4 所示，查看 MSN 理财提供的微软股票报价示例。微软在纳斯达克交易所的股票代码为 MSFT。优先股则用字母 pf 标在公司代码后面。记住，公司可以发行几种不同的优先股。

微软（MSFT）

纳斯达克指数实时行情。美元结算

71.74 −0.74 (−1.01%)

As of 3:24PM EDT.盘中

昨收	72.4700	市值	552.559B
今开	71.90	贝塔系数	1.44
买价	71.94 × 100	市盈率（TTM）	31.66
卖价	71.94 × 3900	每股收益（TTM）	2.27
当日区间	71.56 - 72.19	盈利日	Oct 30, 2017
52周区间	55.6100 - 74.4200	股息	1.56 (2.14%)
成交量	15 191 793	除息日	2017-08-15
平均成交量	25 006 690	下一年预估股价	80.19

图 19-4 了解股票行情

股票价格里的信息不难理解，包括当天股票交易的最高价和最低价、过去 52 周以来股价的高点和低点、支付的股息（如果有的话）、股息收益率（年度股息与每股价格之间的比率）、重要的比率 [如市盈率（P/E，股票价格与每股收益之比）]、每股收益。[26] 投资者还可以看到交易的股票数量（成交量）和公司的总市值，以及更多技术分析数据，如股票的贝塔系数（衡量股票的风险程度）。图 19-4 显示了股票的盘中交易（当天交易），但你也可以点击查看不同时间段的图表。有关债券、共同基金和其他投资的类似信息也可以在线获取。

即使你没钱投资股市，也可以关注那些让你感兴趣的股票的市场表现。许多成功的投资者上大学时，就开始模拟股票投资组合，跟踪它们的表现。在真正投资股票之前，你对投资了解得越多越好。（你可以用本章“培养职业技能”和“运用原则”中的练习题进行实践。）

资料来源：©Justin Lane/EPA/Landov.

> **想一想**
>
> 如果你漫步在纽约时代广场，再也不用担心看不到纳斯达克的股票表现了，因为纳斯达克的报价屏幕上不断更新股票价格和交易的股票数量。最初，纳斯达克主要交易小公司股票，如今，它与纽交所争夺新股上市。你对纳斯达克有哪些了解？

债券投资

希望投资收益有保障、风险可控制的投资者，通常会转向安全性高的美国政府债券。这些债券有联邦政府的财政信誉做担保，市场信用最好。市政债券由地方政府发行，通常享有利息所得免征税等优惠。有些市政债券甚至有保险公司提供保险服务。公司债券风险较大，也更具挑战性。

首次投资公司债券的投资者通常会问两个问题。第一个问题是：“如果购买了公司债券，必须持有到期满吗？”答案是，不必。主要证券交易所每天都可以买卖债券（我们之前讨论过的二级市场）。但如果你决定把债券在到期前卖给另一个投资者，可能拿不回面值的数额。如果债券没有吸引人之处，比如高利率或提前到期，就不得不以低于债券面值折价（discount）出售。但如果其他投资者对你的债券估值较高，你或许能以高于债券面值溢价（premium）出售。债券价格的波动通常与当前市场的利率呈相反方向。也就是说，利率上升，债券价格则下跌，反之亦然。当然，与所有投资标的一样，债券也有一定的风险。

第二个问题是："我该如何评估某个已发行债券的投资风险？"[27] 标准普尔、穆迪和惠誉国际都会评估公司和政府债券的风险（见图 19-3）。我们在评级时，不妨回想一下风险 / 收益的权衡：发行人发行的债券风险越高，给出的利率就得越高。只有当潜在收益（利息）足够高时，投资者才会去购买那些人们眼中的高风险债券。事实上，有些人还会投资所谓的垃圾债券。

投资高风险（垃圾）债券

虽然债券被视为较为安全的投资标的，但也有投资者会去投资高风险、高收益的**垃圾债券（junk bonds）**，寻求更高的回报。标准普尔、穆迪和惠誉国际将垃圾债券定义为风险高且违约率高的债券。如果公司可以保持较高的资产价值、充足的现金流，垃圾债券也能给投资者带来收益。[28] 但如果公司无力清偿债券，尽管利率很高，非常诱人，投资者的投资最后也会一文不值，变成垃圾。

共同基金和交易型开放式指数基金的投资

共同基金（mutual fund）购买股票、债券和其他投资，然后向公众出售这些证券中的份额。共同基金相当于一个投资公司，集合投资者的资金，然后根据基金的特定目的一起购买多种公司股票或债券。共同基金经理都是行家里手，精选出他们认为表现最佳的股票和债券，帮助投资者进行分散投资。

共同基金的投资领域广泛，从只投资国债等稳健型基金，到专门投资新兴的生物技术公司、互联网公司、外国公司、贵金属等风险较高的基金。有些基金是股票和债券的投资组合。如今，共同基金的行业规模之大令人难以置信。例如，2015 年共有 9520 多只共同基金，为 9000 多万美国人管理着超过 15.7 万亿美元的投资。[29] 图 19-5 列出了一些共同基金的投资选择。

AB	投资级公司债券基金	MP	股票和债券基金
AU	黄金基金	MT	担保股票型基金
BL	平衡型基金	MV	中盘价值型公司基金
EI	收益型股票基金	NM	担保市政债券基金
EM	新兴市场基金	NR	自然资源基金
EU	欧盟基金	PR	太平洋地区基金
GL	全球基金	SB	短期公司债券基金
GM	一般市政债券基金	SC	小盘核心型公司基金
GT	一般应税债券基金	SE	行业基金
HB	健康 / 生物技术基金	SG	小盘成长型公司基金
HC	高收益债券	SM	短期市政债券基金
HM	高收益市政债券基金	SP	标准普尔 500 指数基金
IB	中期公司债券基金	SQ	特定产业基金
IG	中期政府债券基金	SS	单一州市政债券基金
IL	国际基金	SU	短期政府债券基金
IM	中期市政债券基金	SV	小盘价值型公司基金
LC	大盘核心型公司基金	TK	科技基金
LG	大盘成长型公司基金	UN	未分配的基金
LT	拉美地区基金	UT	公共事业基金
LU	长期美国债券基金	WB	全球债券基金
LV	大盘价值型公司基金	XC	多盘核心型公司基金
MC	中盘核心型公司基金	XG	多盘成长型公司基金
MG	中盘成长型公司基金	XV	多盘价值型公司基金

图 19-5　共同基金的投资目标

共同基金的投资类别广泛，投资范围包括从低风险、稳健型基金，到高风险行业的基金。在此列出基金的缩写及其代表的含义。

资料来源：*The Wall Street Journal* and *Investor's Business Daily*。

曾几何时，对年轻或新手投资者的建议是，购买一种称为指数基金的共同基金。[30] 指数基金的构建是为了比较和追踪某一市场指数的成分股，如标准普尔 500 指数（S&P 500）。标准普尔 500 指数包括 500 家领先企业，堪称衡量大盘股的最佳指标。指数基金成本非常低，容易购买，可以被投资者长期持有。指数基金的表现已与专业基金经理管理的高价基金旗鼓相当，甚至表现更佳。现如今，指数基金被推荐给各个级别的投资者，投资范围涵盖大公司、小公司、新兴国家或房地产 [房地产投资信托（REIT）]。若想将投资标的分散，不妨投资多种指数基金。股票经纪人、注册理财规划师或银行从业人员可以帮助你找到最适合你投资目标的选择。《晨星投资者》简讯是评估共同基金的极佳资源，其他类似资源还有很多，如《彭博商业周刊》《华尔街日报》《金钱》《福布斯》《投资者商业日报》等商业出版物。

如果你持有共同基金，那么万一你的财务目标发生变化，相应更改投资目标也是相当容易的。例如，要把你投资的债券基金改成股票基金，不过就是打个电话、点点鼠标或手机而已，并不麻烦。共同基金还有一个好处，你通常可以直接购买，这样就不用支付手续费或佣金了。核查基金经理的长期业绩非常关键，因为基金经理的表现越稳定越好。另外，还要核实共同基金的费用，基金不同，收取的费用差别也很大。例如，有佣基金（load fund）在投资者申购和赎回基金时会收取佣金，而免佣基金（no-load fund）则不收取佣金。[31] 共同基金中的开放式基金（open-end funds）随时向想要购买的投资者开放申购。而封闭式基金（closed-end funds）限制基金份额，一旦基金达到募集目标，就不再接受新的投资者。

交易型开放式指数基金（exchange traded funds，ETF）与股票和共同基金类似，是在证券交易所进行交易的一揽子股票，但交易方式更像个股而非共同基金。[32] 例如，共同基金只允许投资者在收盘时以下一个交易日净值进行买卖。ETF 则可以像个股一样，在交易日的任何时间进行买卖。过去 10 年，ETF 的数量激增，从 10 年前的 350 只增至如今的 1674 只。[33] 投资者在 ETF 上的投资已超过 2.6 万亿美元。[34]

关键要记住，共同基金和 ETF 为小规模投资者提供了一种分散股票、债券和其他证券投资风险的方式，并请收费的理财专家负责管理他们的投资。理财顾问将共同基金和 ETF 列为推荐投资的重点，尤其是对小投资者或投资新手。

图 19-6 根据风险、收益和成长性（资本收益）来评估债券、股票、共同基金和 ETF。

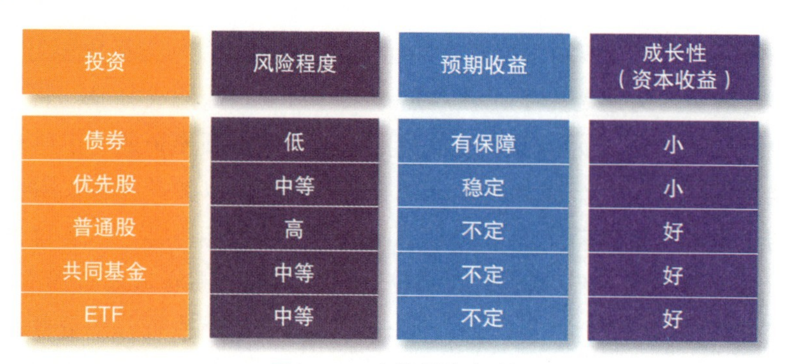

投资	风险程度	预期收益	成长性（资本收益）
债券	低	有保障	小
优先股	中等	稳定	小
普通股	高	不定	好
共同基金	中等	不定	好
ETF	中等	不定	好

图 19-6 比较投资标的

了解股市指标

今天的投资者可以获得很多投资信息。《华尔街日报》《巴伦周刊》和《投资者商业日报》等报纸提供了海量有关公司和全球市场的信息。MSNBC 和 CNBC 等电视网络每天都会播出投资分析和各方观点，供投资者参考。MSN 理财和雅虎财经等网站也为投资者免费提供金融信息，而在不久之前，这些信息还只提供给经纪人，并且收取高额费用。但请记住，投资并不是一门精确的科学。每次有人卖出一只股票，因为觉得它会下跌，就会有人买进，相信它会上涨。

你经常听到商业新闻报道里有这样的评论，“今日市场交易活跃，道指上涨了 90 点。”想过这是怎么回事吗？**道琼斯工业平均指数（Dow Jones Industrial Average，简称“道指”）**是精选的 30 种工业类股票的平均价格，用来表明一段时间内股市的走向（上涨或下跌）。1884 年，查尔斯·道（Charles Dow）开始使用 12 只主要股票的价格来衡量股票的平均价格。[35] 1982 年，道指扩大到 30 只股票。图 19-7 所示为道指的 12 只创始成分股和 30 只目前成分股。最初这 12 只创始成分股中有你了解的公司吗？

12只创始成分股	30只目前成分股	
美国棉油公司	美国运通	摩根大通
美国制糖公司	苹果	麦当劳
美国烟草公司	波音	默克
芝加哥煤气公司	卡特彼勒	微软
蒸馏与畜牧饲料公司	雪佛龙	3M
通用电气公司	思科	耐克
拉克尔德煤气照明公司	可口可乐	辉瑞制药
美国铅业公司	杜邦	宝洁
北美公司	埃克森美孚	旅行者
田纳西煤炭、钢铁和铁路公司	通用电气	联合健康集团
美国皮革公司	高盛集团	联合技术
美国橡胶公司	家得宝	威瑞森电信
	IBM	维萨
	英特尔	沃尔玛百货
	强生	迪士尼

图 19-7　道指的创始成分股和目前成分股

如今，道琼斯公司（Dow Jones & Company）会定期剔除一些成分股，代之以合适的新股票。1991 年，为了反映服务业日益增长的经济重要性，道指增加了迪士尼。1999 年，道指又增加了家得宝和 SBC 通信公司（SBC Communications），以及首批纳斯达克股票英特尔和微软。2013 年，维萨、高盛（Goldman Sachs）和耐克取代了美国铝业（Alcoa）、美国银行（Bank of America）和惠普（Hewlett-Packard）。2015 年，苹果取代了 AT&T。

批评人士认为，30 只道指成分股公司的样本太小，统计不够全面，无法准确反映市场在一段时期内的走势。许多投资者和分析师更喜欢跟踪标准普尔 500 这样的股票指数，该指数跟踪 400 只工业股、40 只金融股、40 只公用事业股和 20 只运输类股的表现。投资者还会密切关注纳斯达克平均指数，该指数每个交易日的报价反映了这家重要的证券市场的行情变化。

紧跟最新市场行情，可以帮助你选定最适合自己需求和目标的投资标的。记住两个关键的投资事实：随着时间的推移，你的个人财务目标和需求会发生变化；市场既有可能带来回报，也有可能变化无常。下面我们来看看市场曾经经历的几次波动，以及证券业如何应对挑战。

市场的起伏波动

股票市场的潮涨潮落贯穿着整个 20 世纪，其中经历了数次重大震荡。第一次大崩盘发生在 1929 年 10 月 29 日星期二（被称为“黑色星期二”），一天之内，股市跌幅几近 13%。随之而来的大萧条，进一步加剧了市场波动，那些大量融资买入股票的人对此有着痛彻的领悟。1987 年 10 月 19 日，美国股市出现了历史上最大单日跌幅，市值蒸发超过 22%。1997 年 10 月 27 日，投资者再次见识了市场的狂怒。人们担心亚洲即将爆发经济危机，从而引发恐慌，造成了广泛的损失。所幸的是，市场经历短暂低迷后，恢复了元气。

20 世纪 90 年代末，市场重拾升势，而后在 21 世纪初再遭重创。2000～2002 年，由于科技股泡沫的破裂，市值蒸发 7 万亿美元，投资者损失惨重。始于 2005 年的复苏，到了 2008 年戛然而止。那一年，金融危机爆发，引发股市大规模抛售，导致创纪录的损失，随后出现了经济大衰退。

是什么导致了 1987 年、1997 年、2000～2002 年和 2008 年的市场动荡？1987 年，许多分析师认为是**程式交易（program trading）**所致，即给计算机指令，如果股价跌到一定点位时即自动卖出，避免造成可能的损失。1987 年

10 月 19 日，计算机的卖出指令导致许多股票暴跌，跌幅之深令人难以置信。股市崩溃促使美国各交易所出台了所谓限制交易（curbs）和熔断机制（circuit breakers），一旦市场在单个交易日内出现大幅涨跌，可以限制程式交易。届时，一台关键计算机被关闭，程式交易暂停。如果收看 CNBC 或 MSNBC 的节目，你会看到屏幕上出现“限制交易开始”的字样。

熔断机制比限制交易更为严厉，如果道指在一天之内下跌 10%、20% 或 30% 时就会触发熔断机制。1997 年 10 月 27 日发生过一次。当天股市跌幅接近 7%，股市提前收市（从下午 4:00 提前到下午 3:30 收市）。许多人认为，如果没有这些交易限制，由亚洲金融危机引发的 1997 年的市场大跌可能带来更惨重的损失。熔断机制根据市场下跌速度和下跌时间，将暂停交易半小时至两小时，让交易员有时间评估当时的状况。

20 世纪 90 年代末，股市达到前所未有的高点，却在 2000～2002 年大幅下跌。互联网泡沫的破裂是引发暴跌的主要原因。当太多投资者将某样东西（此处是指网络股）的价格推高到名不副实的高度时，泡沫便出现了。

雪上加霜的是，网络股泡沫破裂的同时，世通、安然和泰科等公司的财务欺诈也频频曝光。之前，投资者相信这些公司的真实价值都在财务报表中得到了公正的反映。结果发现，投资分析师明知这些公司股票与市值不符，却还经常给出乐观评价，积极向客户推荐，投资者的信任也就彻底消失了。

在互联网泡沫引发的金融危机之后，美国股市在 2005 年前后飙升，并创下新高。市场增长势头迅猛，尤其是在房地产领域。2000～2006 年，现房价格上涨了 50%，而 2006～2011 年，房屋价值下降了 6.3 万亿美元。美国房地产泡沫与之前的互联网泡沫如出一辙：投资者认为房价会永远上涨。金融机构降低了对购房者的贷款要求，开发商过度开发，购房者过度消费，这场危机的发生，所有人都难辞其咎，政府也不例外。政府要求向中低收入购房者提供更多抵押贷款，其中许多人信用评分较低或者没有收入或财产证明。这些次级（subprime）抵押贷款汇集起来，重新打包，作为抵押担保证券，出售给投资者（将在第 20 章讨论）。随之而来的是大量的止赎，美国政府赞助的两大抵押贷款巨头房利美和房地美轰然倒下，350 多家银行关门大吉。

想一想

股市投资从来就不适合心理脆弱的人，市场似乎始终处于跌宕起伏之中。你是否有足够的风险承受能力，在剧烈的市场波动中生存？

房地产市场的崩溃给美国住房和商业地产造成了8万亿美元的损失。雷曼兄弟等金融机构纷纷倒闭，美国银行收购了华尔街偶像美林证券（Merrill Lynch)。美国金融市场遭遇了大萧条以来最糟糕的境况，经济严重衰退，在此状况下，联邦政府开始采取行动。国会通过了7000亿美元的“不良资产救助计划”（TARP)，允许财政部购买或为“不良资产”担保，以提振银行业，救助汽车业和保险商美国国际集团（AIG)。遗憾的是，到2009年，美国经济复苏仍然缓慢，失业率攀升到两位数。因此国会通过了8000亿美元的经济刺激计划，包括减税和增加政府开支，旨在降低失业率，使陷入困境的经济得到“显著提振”。2010年，美国政府通过了《多德－弗兰克法案》，对证券业施加重要的金融市场监管措施。图19-8重点介绍了《多德－弗兰克法案》中旨在解决金融危机引发的问题的几项条款。

《多德–弗兰克法案》的关键条款

- 赋予政府接管和关闭濒临倒闭的大型金融机构的权力
- 将衍生品和复杂的金融交易（包括打包次级抵押贷款）置于严格的政府监管之下
- 要求对冲基金在美国证券交易委员会登记，并提供有关交易和投资组合的信息
- 创建了消费者金融保护局（CFPB），通过审查和执行联邦金融法律，来关注美国消费者的利益

图19-8 整顿华尔街

2009年以来，美国经济稳步复苏，股市上升，道指再攀新高。2017年年初，道琼斯工业平均指数首次突破2万点大关。[36] 看完上述章节后，你应该很清楚的是，对投资者来说，市场经历了频繁的严峻挑战，但同样实现了频繁的大幅增长。我们有理由假设，未来金融市场可能会经历更多的变化，这将继续加大投资风险，但也会提高潜在回报。

请谨记，要分散投资，规避投资风险。把眼光放得长远一些，也不失为一个明智的做法。世上没有唾手可得的钱，也没有万无一失的事。如果你仔细研究公司和行业，掌握最新市场行情，充分利用投资资源，如报刊、时事通讯、网络资讯、电视节目和大学课程，经年累月，一定会获得丰厚回报。

想一想

市场的巨大波动给华尔街员工和普通民众带来了巨大的痛苦。我们从科技和房地产等市场泡沫中吸取了哪些教训？

本章小结

1. 描述证券市场和投资银行家的角色。

- 证券市场为企业和个人投资者提供了哪些机会？

  企业通过发行证券，能够筹集到急需的资金，为主要支出提供资金。个人投资者通过投资新兴公司或老牌公司，可以分享其成功和增长带来的收益。

- 投资银行家在证券市场扮演什么角色？

  投资银行家是协助发行和销售新证券的专家。

2. 认识证券交易的场所：证券交易所。

- 什么是证券交易所？

  证券交易所是其成员可以参与证券，如股票和债券买卖的证券市场。

- 有哪些不同的证券交易所？

  纽约证券交易所是最古老，也是最大的大厅叫价式交易所，但今天已经很少有股票采用大厅叫价式交易了。纳斯达克是一个通信网络，它将全美的交易商连接起来，以便通过电子方式买卖证券，而不用亲临现场交易。纳斯达克现在是美国最大的电子股票交易市场。

- 什么是场外交易市场？

  场外交易市场是为那些未在全美的交易所上市的股票提供交易的系统。

- 如何对证券交易所实施监管？

  证券交易委员会监管证券交易，它要求打算出售债券或股票的公司向潜在投资者提供招股说明书。

- 什么是内幕交易？

  内幕交易是利用职务之便，获得消息或资料，进而从证券价格的波动中不正当牟利。

3. 比较通过发行股票获得股权融资的利弊，详细说明普通股和优先股之间的差异。

- 发行股票有哪些利弊？

  发行股票的优点包括：（1）股东成为公司的所有者，永远不必偿还股价；（2）没有向股东支付股息的法定义务；（3）公司不会产生债务，因此财务状况会显得更好。发行股票的缺点包括：（1）股东作为公司的所有者，有权投票选举董事会，因此可能会影响公司的管理；（2）股息是从税后利润中支付的，不能享受减税优惠；（3）管理者可能会在短期规划中取悦股东，而非考虑长期需求。

- 普通股和优先股有何不同？

  普通股持有者享有公司的投票权。优先股股东没有投票权，但他们享有优于普通股股东获得固定股息的权利，如果公司被迫歇业，也可优于普通股股东拿回投资。

4. 比较通过发行债券获得债务融资的利弊，认识债券的类别和特征。

- 发行债券有哪些利弊？

  发行债券的优点包括：（1）因为债券持有人没有投票权，管理层仍可以控制公司；（2）债券利息可以免税；（3）债券只是暂时的资金来源，偿还之后即可消除债务；（4）可赎回债券可以提前偿还；（5）有时债券也可以转换为普通股。债券的缺点包括：（1）由于债券会增加债务，可能会不利于市场对公司的看法；（2）公司必须支付债券利息；（3）在到期日必须按照债券面值偿还。

- 债券有哪些类型？

  无担保债券没有抵押物或担保品，而担保债券有土地或建筑物等有形资产做抵押。

5. 解释如何投资证券市场并设定投资目标，如长期增长、收入、现金和防通货膨胀。

- 投资者一般在证券市场如何买卖证券？

  投资者可以通过市场中间商，即股票经纪人来购买投资产品，经纪人可以提供各种服务。但现在网络交易变得极其普遍。

- 选择投资产品的标准是什么？

  投资者应根据以下标准来确定总体的投资目标，对投资进行评估：（1）投资风险；（2）收益；（3）存续期；（4）流动性；（5）税赋影响。

- 什么是分散投资？

  分散投资是指购买风险程度不同的几种投资产品（政府债券、公司债券、优先股、普通股、全球股票），避免只投资一种证券而血本无归的风险。

6. 分析股票投资所带来的机会。

- 什么是市价委托？

  市价委托指示经纪人立即以最佳价格买进或卖出股票。

- 什么是限价委托?

  限价委托指示经纪人以特定的价格买进或卖出。

- 股票分拆是什么意思?

  当股票拆分时，股东拥有的每股股票可获得两股（或多股）股票。每股股票的价值都是原先一半（或更少），因此，虽然股票数量增加了，但股东持股的总价值保持不变。股东希望较低的股价会增加投资者对股票的需求。

- 什么是融资买股?

  融资买股的投资者从经纪公司借入部分资金（允许借入的比例由美联储设定）买入股票，而无须立即支付全价。

- 股票报价给你提供怎样的信息?

  股票报价提供过去 52 周内股票的高点和低点、股息收益率、市盈率、当天的交易量，以及前一天的收盘价和净价变动。

7. 分析债券投资所带来的机会。

- 折价出售债券和溢价出售债券有什么区别?

  在二级市场上，溢价出售是高于债券面值出售，折价则是低于债券面值出售。

- 什么是垃圾债券?

  垃圾债券是高风险（评级低于 BB）、高收益的无担保债券，对投机性投资者颇具吸引力。

8. 阐释共同基金和交易型开放式指数基金（ETF）中的投资机会。

- 共同基金如何帮助个人分散投资?

  共同基金购买股票、债券和其他投资，然后向公众出售这些证券中的份额，使个人也可以投资很多原本无法投资的公司。指数基金在投资者中特别受欢迎。

- 什么是 ETF ?

  ETF 与共同基金类似，是在股票交易所进行交易的一揽子股票，但交易方式更像个股而非共同基金。

9. 描述道琼斯工业平均指数等指标如何影响市场。

- 什么是道琼斯工业平均指数?

  道琼斯工业平均指数是精选的 30 种工业类股票的平均价格，用来表明一段时间内股市的走向（上涨或下跌）。

批判性思考

1. 假设你继承了 5 万美元，打算用来投资，以实现两个财务目标：（1）你计划两年后结婚，要为婚礼存钱；（2）为几十年后的退休存钱。你会如何投资这笔钱？解释你的答案。
2. 如果你在考虑投资债券市场，标准普尔、穆迪和惠誉国际提供的信息对你有何帮助？
3. 为什么公司喜欢可赎回债券，而投资者普遍不感兴趣？
4. 如果你在考虑投资证券市场，你会选择个股、共同基金还是 ETF？比较每种选择的优缺点，解释你的选择。
5. 思考多年来道琼斯工业平均指数增加和剔除的公司。道琼斯工业平均指数中增加和剔除了哪些类型的公司？为什么会发生这些变化？你认为未来五年会有新的变化吗？为什么？

本章案例 我的钱去哪里了

我们都听说过投资的重要性，但是你如何才能知道什么是最好的投资呢？是否有一个客观的信息来源，让你从中可以获得投资建议呢？答案是，有的，你可以从一家叫作“晨星”的公司那里得到很多有用的且无偏见的信息。

大多数人会在股票和债券之间做选择。当购买股票时，你就购买了公司的部分所有权。你可以选择 AT&T 和微软这样的大公司，也可以选择规模较小的公司。晨星可以帮助你在数以千计的公司中做出选择。

分散股票投资风险的一种方法是分散投资。也就是说，你可以购买不同行业不同公司的股票。例如，你可以购买其他国家公司的股票，也可以购买服务、制造以及医疗保健等行业的公司股票。分散投资的一个简单方法是购买共同基金。这类基金买入一系列股票，然后将其中一部分卖给你。交易型开放式指数基金与共同基金非常相似，但你可以像购买股票一样，通过证券交易所买卖交易型开放式指数基金。

从长远来看，大多数投资顾问会建议投资股票。诚然，股票市场有涨有跌，但是他们会说，从长期角度来看，股价通常还是会上涨的。由于年轻人可以等待数年再卖出他们的股票，所以像晨星这样的投资顾问一般会向他们推荐投资股票（共同基金）。

晨星也可能推荐债券吗？当然。当你购买债券时，你实际上是把钱借给了政府或特定的政府机构，也有可能是借给了某家公司。公司（或政府）承诺到期后把钱还给你，并加上利息。如果利率足够高，这样的投资就是有意义的。当然，一些公司的风险比另一些公司高，因此债券的利息也各不相同。晨星将帮助你选择适合你个人情况的债券。

几乎每个人都需要一些投资建议，晨星公司以客观和乐于助人而闻名。本视频旨在揭示投资的利与弊。但如果你知道自己在做什么，股票和债券可以为你的投资带来不错的回报。如果你不知道自己在做什么，你可能很快就会失去积蓄。晨星只是一个信息来源，你应该去发掘尽可能多的资源来学习投资。这些资源包括你的课本、当地的报纸、《金钱》和《个人理财》等杂志，以及电视上那些有特色的财经新闻节目。

每个人都应该留出一些钱（例如，存在银行里）以备不时之需。每个人都应该根据他们的收入和承担风险的意愿，在股票、债券、房地产和其他投资中进行分散投资。

晨星和其他建议来源对你的财务健康非常重要。你已经看到有些人认为房地产价格永远只涨不跌，最近的房地产崩盘证明他们错了。股票、债券、黄金、石油和其他投资也是如此，它们都涉及风险，而专家的建议往往会错误百出。但无论如何，好的、不偏不倚的建议还是值得关注的，比如来自晨星的建议。随着时间的推移，仔细收集一些其他来源的建议，包括你自己的知识，也会有所帮助。

思考

1. 你对投资股票、债券、共同基金、交易型开放式指数基金和其他投资有信心吗？你会用什么信息来源来做投资决策？

2. 你是应该完全依赖晨星或其他投资咨询服务，还是应该寻找多个投资建议来源？你如何判断什么建议是最好的呢？

3. 根据你在本书和其他资料中所读到的内容，你会建议他人的第一笔投资选择什么呢？是股票、债券、共同基金、交易型开放式指数基金、房地产或其他一些投资吗？为什么？

第20章

货币、金融机构和美联储

学习目标

1. 阐述什么是货币，什么使货币发挥作用。
2. 描述美联储如何控制货币供应量。
3. 追溯银行业和美联储的历史。
4. 对美国银行体系中的各种机构进行分类。
5. 简要追溯银行业危机的原因，阐述政府如何在此类危机中保护你的资金安全。
6. 描述技术如何帮助银行业提高效率。
7. 评估国际银行业务、世界银行和国际货币基金组织的作用与重要性。

Understanding Business

本章人物

美联储主席珍妮特·耶伦

美联储是美国的中央银行系统，是制定美国货币政策的机构。美联储控制货币供应和利率，所以一举一动都备受公众关注。自2007～2009年的大衰退以来，美联储的作用明显增强。珍妮特·耶伦（Janet Yellen）是美联储百年历史上第一位女主席，于2014～2018年担任美联储主席。

耶伦在纽约布鲁克林区长大，在校期间就表现优异。高中时，她是学校评选的荣誉学生，担任校报主编，同时还在历史俱乐部、心理学俱乐部担任要职。耶伦作为告别演说者在毕业典礼上讲话，并获得多个学术奖项。进入大学后，耶伦继续追求卓越。她是布朗大学（Brown University）第一批主修经济学的女性之一。耶伦是在听了著名教授詹姆斯·托宾（James Tobin）的演讲后，深受启发，才决定研读经济学的。托宾是著名经济学家约翰·梅纳德·凯恩斯（John Maynard Keynes）的崇拜者。本科毕业后，她进入耶鲁大学攻读经济学博士学位，师从托宾教授。

完成博士学业后，耶伦转变身份，成为加州大学伯克利分校哈斯商学院（Haas School of Business）的教师。她耕耘于学术界，在经济学领域尤其在失业问题的研究上取得了重大进展。作为“效率工资”的开拓性思想者，耶伦发现，如果削减员工工资，不仅会使其工作效率降低，还会大大增加离职的可能性。从那以后，她一直致力于减少失业的影响。耶伦说：“这对我来说不仅仅是统计数字。我们知道，长期失业会对员工及其家庭造成毁灭性的打击，严重影响员工的身心健康。”

耶伦对工作的热情和过人的专业造诣引起了克林顿总统的注意，随后任命她为联邦储备委员会委员。尽管耶伦是政府部门的新人，但她从不惧怕与上级意见相左。一个众所皆知的例子是，耶伦曾就不断上升的通货膨胀率公开叫板美联储前主席格林斯潘。她引经据典，发挥学术研究优势来支持自己的主张，赢得了众多仰慕者的喝彩。但同时，也有批评者认为，她不应脱离党派路线。尽管如此，耶伦仍然一路平步青云。在领导白宫经济顾问委员会之后，耶伦临危受命，成为旧金山联邦储备银行行长。她的到任几乎立刻使这家银行起死回生。经济学家贾斯汀·沃尔弗斯（Justin Wolfers）表示："耶伦上任后，大家都变得更加雄心勃勃。"耶伦在旧金山的成功使她成为无可争议的美联储候选人，于2010年和2014年分别当选美联储副主席和主席。

在本章，你将进一步了解货币、美联储和银行系统方面的信息。利用这些信息，你可以更好地理解有关货币政策、利率和失业率的关键决策。通过学习本章内容、阅读商业出版物、听商业报告，你可以了解美联储的政策是如何影响美国经济的。

资料来源：Sheelah Kolhatkar and Matthew Philips, " Who Is Janet Yellen? A Look at the Frontrunner for the Next Fed Chairman, " *Bloomberg Businessweek*, September 19, 2013; Binyamin Appelbaum, " Possible Fed Successor Has Admirers and Foes, " *The New York Times*, April 24, 2013; Dylan Matthews, " Nine Amazing Facts about Janet Yellen, Our Next Fed Chair, " *The Washington Post*, October 9, 2013; Paul R. La Monica, " Wall Street Loves the Fed and Janet Yellen, " *CNN*, September 21, 2017.

为什么货币很重要

美国联邦储备系统（简称"美联储"），是美国掌管货币的机构。你可能听说过美联储，也熟悉前任主席珍妮特·耶伦，所以我们选她作为"本章人物"。本章的目标是让你对美联储有了一定的了解，然后进一步了解银行业。[1]

当今美国最关键的两个问题是发展经济和创造就业，均取决于有多少随时可用的资金。货币对经济如此重要，以至于许多机构已经发展到能够管理货币，并在人们需要的时候供给货币。今天，你几乎可以从世界各地任何一台自动柜员机（ATM）上提取现金，大多数组织也都接受支票、信用卡、借记卡或智能卡进行购物。一些企业甚至会接受一种电子货币——比特币。这一切的背后是一套复杂的银行系统促成了资金的自由流动。全球外汇市场的每日交易额超过5万亿美元。[2]因此，任一大国经济的变化都会对美国经济产生影响，反之亦然。

我们先讨论"货币"这一术语的确切含义，以及货币供应如何影响商品和服务的价格。

资料来源：Bureau of Engraving and Printing, U.S. Department of the Treasury.

想一想

新版美钞使货币伪造比过去困难得多。现在的钞票和以前看起来不太一样，而且有各种各样的颜色。如果你开了一家商店，如何确保员工不会收到假钞？

何为货币

货币（money）是人们普遍接受的用于支付商品和服务的任何东西。过去，各种各样的物品（如盐、羽毛、毛皮、石头、稀有贝壳、茶叶和马匹等）都曾作为货币使用过。事实上，直到 19 世纪 80 年代，玛瑙贝一直是全球最流行的货币之一。

物物交换（barter）是用商品或服务直接换取其他商品或服务的贸易。虽然物物交换听上去年代久远，但现在许多人又发现了网上物物交换的好处。[3] 一位企业家这样描述他的物物交换经历："去年，我们用一部全彩漫画小说，换取了一个新的网站设计……这笔交易价值 5 万美元。我们提供 3 个月的写作服务，撰写漫画小说的情节……然后是 5 个月的漫画绘制。作为交换，他们为我们的新网站进行定义、设计和规划。"

有些人则用传统的方式交换商品或服务。[4] 例如，在西伯利亚，人们用两个鸡蛋买电影票；在乌克兰，人们用香肠和牛奶支付水电煤账单。今天，你可以去易货平台（barter exchange），把商品或服务放入系统，并获得所需的其他商品和服务的商业信用。[5] 易货平台使物物交换变得更加容易，因为你不需要自己去找人，平台会帮你找到易货的对象。

传统物物交换的问题在于，鸡蛋和牛奶很难随身携带。大多数人需要可携带、可分割、既耐用又价值稳定的物品，这样就不用带着实际物品去进行商品和服务的交易了。人们找到了一种解决方案，就是硬币和纸币。合格的货币形式要符合五个标准：

- 可携带。硬币和纸币比猪肉、鸡蛋、牛奶或其他沉重的产品更容易带到市场上去。
- 可分割。可以用大小不同的硬币和纸币代表不同的价值。1963 年以前，一枚25美分硬币的含银量是50美分硬币的一半，1美元含银量是25美分硬币的4倍。由于现在银太贵，所以今天的硬币是用其他金属制成的，但其公认的价值并未改变。

- 价值稳定。如果大家都认同硬币的价值，货币的价值就相对稳定。事实上，美国的货币已经变得非常稳定，世界上很多国家都用美元作为衡量价值的标准。如果美元币值波动过于频繁，其他国家可能会转用其他货币形式作为价值量度。
- 耐久性。硬币可以使用几千年，哪怕沉入海底也不会受损，就像你看到潜水员在沉船上发现的旧硬币一样。
- 独特性。要伪造或仿制精心设计和铸造出来的硬币是很困难的。借助最先进的彩色印刷机，人们可以相对容易地印制纸币。因此，美国政府不得不花费大力气，确保人们可以轻而易举地鉴别纸币。所以，现在的美元纸币上的图案会稍微偏离中心，而且有一条隐形安全线，银行和商店在验钞时它会很快显现。例如，在100美元纸币上，除了本·富兰克林肖像，还有一些彩色图案和隐藏的文字只有从背后照亮或暴露在紫外线下才会显现出来。硬币和纸币简化了交易。大多数国家都有自己的货币，也都同样便于携带、易于分割、非常耐用，不过，它们不像美元那样始终保持稳定。

电子货币是一种较新的货币形式。你可以使用PayPal、谷歌钱包、银行网站或应用程序进行在线支付，也可以用智能手机上的苹果支付在实体店支付。像比特币这样的加密货币是数字形式的货币，它使用加密技术确保安全性，也加大了伪造的难度。这种货币更便于跨越国界，而且可以存储在你的硬盘而不是银行里。然而，2009年推出的比特币尚未被普遍接受，就已成为40多起盗窃案的目标（其中某些涉案金额达100多万美元）。[6] 尽管如此，我们将继续努力创造一个无现金社会，使用其他形式的货币来代替我们现在使用的纸币和硬币。

> **想一想**
>
> 虽然长期以来人们一直采用物物交换来兑换商品，而不是使用货币，但有一个问题是，像鸡和蛋这样的物品比一张10美元的钞票更难携带。物物交换还有哪些缺点？

虽然没人知道什么时候、哪种加密货币会成功，但也没人能确定我们的硬币和纸币的未来走向。美国造币厂正在研究不同的金属和合金，以降低5分镍币、10分硬币和25美分硬币的生产成本。现在1

美分的成本是 1.5 美分，5 分镍币的成本是 8 美分。[7] 有一天，或许你会发现 5 分镍币和 1 分硬币变得更轻，颜色也不一样了。“知变则胜”专栏讨论了一项提议，建议取消至少一种货币面额。看看你对这个提议有什么看法。

知变则胜

告别本·富兰克林

钱包里有几张 50 或 100 美元的钞票，但却一直派不上用场？哈佛大学的肯尼斯·罗格夫（Kenneth Rogoff）教授想对这些纸币进行调查，让它们停止流通。虽然他还没有提出“无现金经济”，但他相信，转向“少用现金”的社会——现金主要用于小额交易，将对经济起到提振作用。这也将解决一些社会弊病，如逃税、腐败和贩毒。他的观点颇具说服力。罗格夫教授在他的著作《现金的诅咒》（*The Curse of Cash*）中建议，我们应该逐步淘汰 50 和 100 美元的纸币，让社会上的坏分子和逃税者日子不好过。他说，美国的流通货币为 1.4 万亿美元，相当于男女老少人均 4200 美元。在这 4200 美元中，80% 或者说将近 3400 美元，都是 100 美元的纸币。

我们想，你肯定不会随身带着一卷卷百元大钞到处走吧。这些纸币大多流通在美国或国外的地下经济。一旦淘汰大额纸币，罪犯再想携带和储存大量现金就会变得更加困难。100 美元面值的 100 万美元纸币只有约 22 磅[⊖]重，装在一只小箱子或购物袋里完全不成问题。想象一下，如果把这 100 万美元都换成 20 美元面值的纸币，就会重五倍，体积大五倍。执法机构一致认为，纸币尤其是大额纸币，助长了敲诈勒索、洗钱、贩毒和人口贩运、公职人员腐败，甚至恐怖主义等犯罪活动。大额纸币还为逃税提供了便利，联邦、州和地方政府为此付出了数十亿美元的代价。这种损失主要发生在小额现金密集型企业，因为很难核实这些企业的销售和自报收入。罗格夫甚至暗指，现金是美国非法移民问题的症结。他坚称，如果美国雇主不能用现金（账外现金）支付非法工人的工资，就业吸引力就会下降，非法移民也会相应减少。

诚然，我们的日常生活离不开现金，因此罗格夫建议保留小面额钞票，用于小额零售的支付。但他指出，随着消费水平的提高，消费者更愿意使用信用卡、借记卡或支票，而不是现金。他认为，目前仍可以保留 50 美元纸币，但强

⊖ 1 磅 = 0.454 千克。

烈建议，是时候淘汰所有本·富兰克林（100 美元纸币）了。

资料来源：David Nicklaus, “Time to Cash Out Paper Bills, Economist Argues,” *St. Louis Post-Dispatch*, September 20, 2016; Peter Koy, “ This Harvard Economist Is Trying to Kill Cash,” *Bloomberg Businessweek*, September 7, 2016; Kenneth S. Rogoff, “ *The Sinister Side of Cash*, ” *The Wall Street Journal*, August 28, 2016; Peter Georgescu, “ A Revolutionary Committed To Killing Cash,” *Forbes*, August 23, 2017.

美联储控制着美国的货币供应量。这句话引出了两个问题：什么是货币供应量？为什么要控制货币供应量？

货币供应（money supply）是美联储为人们购买商品和服务提供的货币量。是的，如果需要的话，美联储可以与美国财政部联手创造更多的货币。例如，在经济大衰退之后，为了促进经济复苏而花费的数万亿美元中，有一部分正是在美联储的授权下印制的。过去几年里，我们对“量化宽松”（quantitative easing，QE）一词耳熟能详。量化宽松意味着，当美联储认为经济复苏需要资金时，就会印发更多的货币。[8] 预计随着经济持续增长，美联储将减少新货币的发行。[9] 未来经济走向如何，让我们拭目以待。

美国的货币供应量涉及几个术语，分别叫作 M1、M2 和 M3。M 代表“货币”(money)，而 1、2 和 3 代表货币供应量的不同定义。M1 包括硬币、纸币、支票（活期存款和股票汇票）及旅行支票。也就是说，这些钱可以快速方便地存取。M2 包括 Ml 加上储蓄账户、货币市场账户、共同基金、定期存单等。也就是说，与硬币和纸币相比，获得这些资金可能得要多花点时间。M2 是最常用的货币定义。M3 是 M2 加上大额存单，如机构的货币市场基金。

管理通货膨胀和货币供给

想象一下，如果政府（或以美国、美联储、非政府组织为例）印发的货币是现在的两倍，将会发生什么？将会有两倍的可用货币，但商品和服务的数量仍保持不变。那么，价格会怎样的变化？（提示：请回顾第 2 章的供求定律。）价格会上涨，因为会有更多的人试图拿钱购买商品和服务，哄抬价格，得到想要的东西。这种价格上涨称为“通货膨胀”(inflation)，有人称之为“钱多物少”。

再来想想相反的情况：如果美联储收紧银根或减少经济投入，会发生什么？价格会下降，因为与可用货币相比，商品和服务的供给会过剩，这种价格下降被称为“通货紧缩”(deflation)。

现在我们来讨论关于货币供应量的第二个问题：为什么要控制货币供应量？

答案是，这样我们便可以在一定程度上管理商品和服务的价格。货币供应量的大小还会影响就业和经济增长或下降。因此，美联储在保持低失业率和稳定物价方面发挥着重要的作用。[10]

关于这一点，你需要了解的是，全球货币供应量是由美联储等中央银行（central banks）控制的。中央银行的所作所为显然会影响世界经济。例如，欧洲中央银行（ECB）实施了量化宽松政策（增加货币供应量），以应对低迷的经济增长、低通胀和困扰欧洲的政治不确定性。[11]

全球货币兑换

美元贬值（falling dollar value）意味着你能用一美元在全球市场上购买的商品和服务的数量减少；美元升值（rising dollar value）意味着你能用一美元购买的商品和服务的数量增加。因此，如果美元对欧元升值，你就可以用更少的美元购买欧元标价的德国车。但是，如果欧元对美元走强，购买德国车就需要更多的美元，那么购买德国车的美国消费者可能会有所减少。

美元之所以疲软（贬值）或坚挺（升值），原因在于美国经济相对于其他经济体的地位。当美国经济发展强劲，对美元的需求就会很高，美元就会升值。但是，如果人们认为美国经济正在走弱，对美元的需求就会减少，美元就会贬值。因此，美元的价值取决于相对强劲的经济。（关于货币价值或汇率变化影响的进一步讨论请见第 3 章。）在下一节中，我们将更加详细地讨论货币供应量及其管理方式。然后，我们将探讨美国的银行体系，以及它是如何向企业和个人放贷的。

控制货币供应量

理论上，只要有适当的货币政策来控制货币供应量，就可以在不引发通货膨胀的情况下保持经济增长（参见第 2 章，回顾货币政策）。再次说明，美联储是负责货币政策的机构。

美联储的基本架构

美联储主要包括五个部分：（1）联邦储备委员会；（2）联邦公开市场委员会；（3）12 家联邦储备银行；（4）3 个咨询委员会；（5）系统成员银行。图 20-1 显示了

12家联邦储备银行所在地。(你应该知道，尽管美联储的名字叫美国联邦储备委员会，但它并不是美国政府的一部分，而是一家没有纳税人资金支持的私营企业。[12])

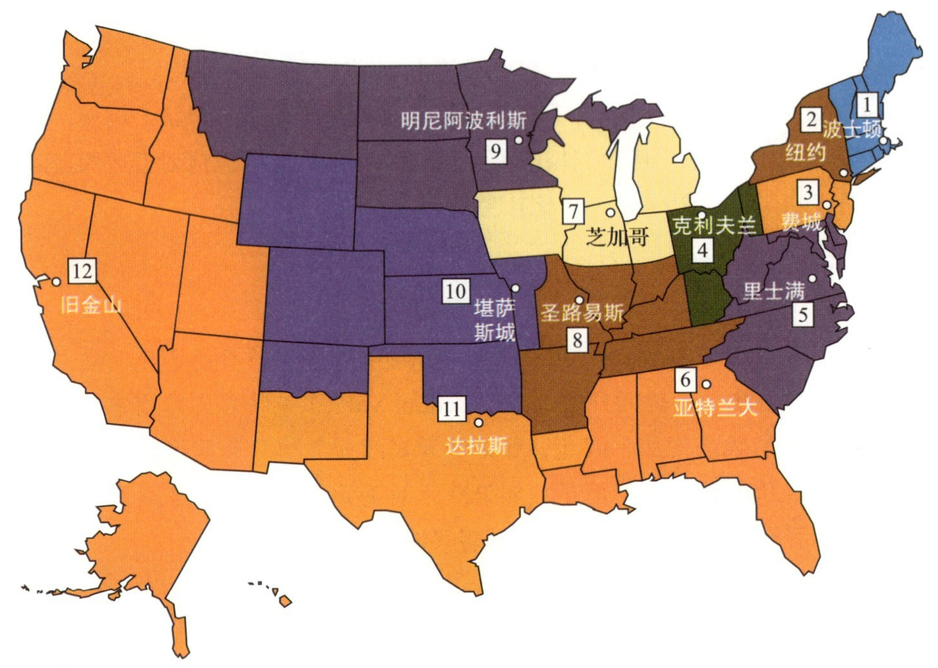

图 20-1　联邦储备银行的分布

美国联邦储备委员会管理和监督12家联邦储备银行。委员会的7名成员由总统提名，经参议院批准上任，其主要职能是制定货币政策（同样参见第2章）。联邦公开市场委员会（FOMC）是决策机构，由12名投票委员组成，该委员会包括联邦储备委员会的7名成员，加上纽约储备银行行长，以及4名轮流出任的其他储备银行行长。咨询委员会（advisory councils）代表不同的银行区域、消费者和成员机构，包括银行、储蓄和贷款机构以及信用合作社。它们向联邦储备委员会和联邦公开市场委员会提供建议。

美联储买卖外汇，管控各类信贷，监管银行，收集有关货币供应和其他经济活动的数据。首先，美联储决定存款准备金率（reserve requirement），即所有金融机构必须在12家联邦储备银行中的一家缴纳存款准备金的比例；其次，美联储在公开市场操作（open-market operations）中买卖政府证券；最后，它以一定利率贷款给成员银行，该利率称为贴现率（discount rate）。美联储通过这三种手段来实现相关的货币政策。

如前所述，美联储用来管理货币供应量的三个基本工具是存款准备金率、公开市场操作和贴现率（见图 20-2）。下面我们来一一进行探讨。请注意美联储的每一个举措会对经济产生怎样的影响。

存款准备金率

控制手段	短期影响	长期影响
1.增加	银行存在美联储的资金增加，从而货币供应量减少，可借给客户的货币也相应减少	经济放缓
2.减少	银行存在美联储的资金减少，从而货币供应量增加，可借给客户的货币也相应增加	经济提速

公开市场操作

控制手段	短期影响	长期影响
1.美联储卖出债券	货币从市场流入美联储	经济放缓
2.美联储买入债券	货币从美联储流入市场	经济提速

控制贴现率

控制手段	短期影响	长期影响
1.提高利率	银行减少从美联储的借款，因而可发放贷款也相应减少	经济放缓
2.降低利率	银行增加从美联储的借款，因而可发放贷款也相应增加	经济提速

图 20-2　美联储如何控制货币供应量

存款准备金率

存款准备金率（reserve requirement）是商业银行的支票和储蓄账户中必须实际存在银行的比例（作为金库里的现金），或是存在地方联邦储备银行的无息存款的比例。存款准备金率是美联储的工具之一。当美联储提高准备金率时，货币就变得稀缺，从长远来看往往可以降低通胀。例如，如果奥马哈证券银行（Omaha Security Bank）持有 1 亿美元的存款，存款准备金率假设为 10%，银行则必须保留 1000 万美元的准备金。如果美联储将存款准备金率提高到 11%，那么银行必须额外增加 100 万美元的存款准备金，那么可以发放的贷款也要相应减少。由于上调存款准备金率会影响所有银行，货币供应量将减少，物价则可能下跌。

相反，降低存款准备金率会增加银行可用于贷款的资金，因此银行可以发放更多的贷款，资金往往也会变得更容易获得。货币供应量的增加可以刺激经济实现更高的增长率，但也会造成通胀压力。也就是说，商品和服务的价格可能会上涨。你能明白为什么在经济衰退时，美联储想要降低存款准备金率吗？通货膨胀有哪些危险？

公开市场操作

公开市场操作（open-market operations）包括买卖政府债券。为了减少货币供应量，联邦政府向公众出售美国政府债券。因为出售债券获得的资金不能再流通，因而减少了货币供应量。如果美联储想增加货币供应量，它就要从愿意出售债券的个人、公司或组织那里回购政府债券。美联储为购买这些证券所支付的资金进入流通，增加了货币供应量。所以，在经济大衰退期间，美联储购买债券，以期促进经济复苏。[13]

贴现率

美联储常被称为银行家的银行，因为成员银行可以从美联储借款，然后以贷款的形式把钱转借给客户。**贴现率（discount rate）**是美联储向成员银行收取的贷款利率。提高贴现率会抑制成员银行借贷，减少可用贷款的数量，从而减少货币供应量。相反，降低贴现率则鼓励成员银行借贷，增加可用贷款的数量，从而增加货币供应量。7年来（2008～2015年），美联储将贴现率降至几乎为零，希望以此增加银行借贷。[14]

贴现率是美联储控制的两种利率之一。另一种是银行相互收取的利率（银行同业拆借利率），称为联邦基金利率（federal funds rate），是金融机构向其他金融机构隔夜拆借时收取的利率。

美联储的支票清算功能

如果你给使用同一家银行的本地零售商开了一张支票，那么操作起来很简单，只要按支票把你账户的金额减少，再增加零售商账户中的相应金额即可。但是，如果你给其他州的零售商开支票，情况又是怎样呢？这就是美联储支票清算功能发挥作用的地方。

外州的那家零售商会把支票存入银行，然后银行会把这张支票存入最近的联邦储备银行。该联邦储备银行会把支票寄到你当地的联邦储备银行去托收，然后支票会被送到你的开户行，从你的账户扣除支票金额，你的开户行将授权你所在地区的联邦储备银行扣除支票金额。此联邦储备银行把钱付给最先启动这一流程的联邦储备银行。然后，起始的那家联邦储备银行将钱存入零售商的开户行。最后，零售商开户行把钱存入零售商的账户。（见图 20-3 了解此类跨州交易的关系图。）对美联储来说，这个漫长而复杂的过程成本高昂，因此银行采取了许多措施来减少支票的使用，包括使用信用卡、借记卡和其他电子转账方式。

假设来自马里兰州昆士欧查（Quince Orchard）的农场主布朗从得克萨斯州奥斯汀（Austin）的一位经销商那里购买了一台拖拉机

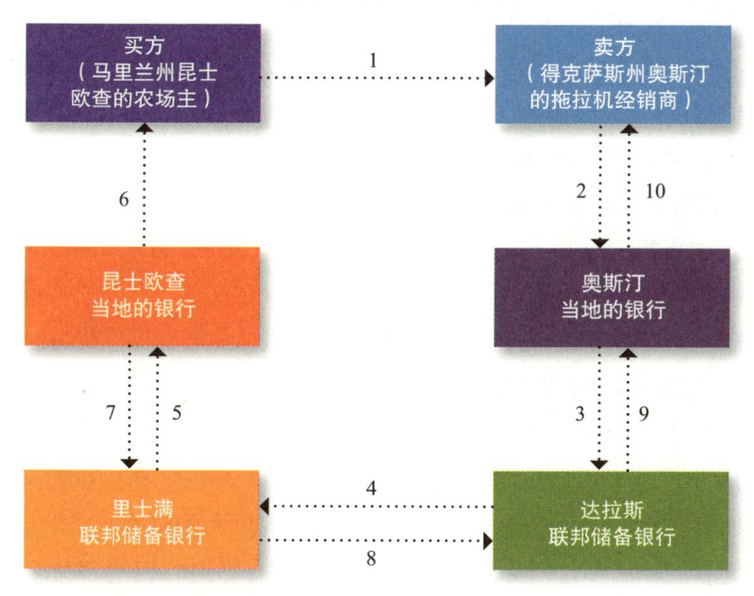

1.布朗先生把支票寄给拖拉机经销商。
2.经销商把支票存入他在奥斯汀当地银行的账户。
3.奥斯汀银行将支票存入达拉斯联邦储备银行的账户。
4.达拉斯联邦储备银行将支票寄给里士满联邦储备银行托收。
5.里士满联邦储备银行将支票转寄到昆士欧查当地的银行，即布朗先生的开户行。
6.昆士欧查当地银行从布朗先生的账户中扣除支票金额。
7.昆士欧查银行授权里士满联邦储备银行从它在联邦储备银行的存款账户中扣除支票金额。
8.里士满联邦储备银行支付给达拉斯联邦储备银行。
9.达拉斯联邦储备银行将钱存入奥斯汀银行的存款账户。
10.奥斯汀银行把钱存入拖拉机经销商的账户。

图 20-3　联邦储备银行系统内的支票清算流程

正如你所看到的，联邦储备系统的举措会对整个经济产生影响。接下来，我们将简要讨论银行业的历史，为大家提供一些背景知识，介绍美联储 100 多年前成立的原因。然后，我们将探讨今天银行业的状况。

银行业的历史和美联储的必要性

曾几何时，美国一家银行都没有。欧洲严格的法律限制了人们带到新大陆殖民地的硬币数量。因此，殖民者被迫以物易物，例如，他们会用棉花和烟草交换鞋子和木材。

新大陆对货币的需求非常大，马萨诸塞州率先于1690年发行了自己的纸币，其他殖民地也很快效仿。但是新大陆货币，也就是美国印刷的第一代纸币，在几年之后就变得一文不值，因为人们不相信它的价值。

土地银行（land banks）的建立是为了贷款给农民。但当时这里的殖民地仍受英国控制，1741年，英国关闭了土地银行。这一做法遭到了殖民地的反抗，殖民地还反抗英国对其自由的限制。美国独立战争期间，殖民者在宾夕法尼亚州成立了一家新银行，资助反对英国的斗争。

1791年，美国赢得独立后，亚历山大·汉密尔顿（Alexander Hamilton）说服国会成立了一家中央银行（其他银行可以将资金存放在这里，并在必要时借入资金）。1811年，这个联邦银行的雏形关闭，但到了1816年又得以恢复，因为州特许银行不能支持1812年的战争。19世纪30年代，美国第二（中央）银行和州立银行之间的斗争愈演愈烈。田纳西州的几家银行在中央银行的重压之下损失惨重。1836年，中央银行关闭，斗争随之结束。你可以看到，在美国历史上，很长一段时间里美联储这样的中央银行始终面临着巨大的阻力。

美国南北战争爆发时，美国的银行系统已然陷入困境，混乱不堪。不同的银行发行不同的货币。人们囤积金币和银币，因为贵金属比货币更有价值。这场混乱在内战结束后仍持续了很长时间。1907年，混乱达到了顶峰，许多银行倒闭，人心惶惶，大家纷纷去银行挤兑现金。很快，现金就被取光了，一些银行不得不拒付储户现金。这引发了人们对银行体系的普遍不信任。

尽管对中央银行的反对由来已久，但1907年的现金短缺问题，最终催生出一个可以借贷给银行的组织——联邦储备系统。在这种紧急情况下，联邦储备系统成为“最后的贷款人”。根据1913年的《联

想一想

美国联邦储备系统创建于1913年，它的创建是为了防止1907年的那种银行挤兑重演。然而，1929年的股市崩盘导致储户再次挤兑银行，取出大量存款。联邦存款保险公司于1933年成立，旨在保护储户的资金安全。你认为这些保护措施是否足够？

邦储备法案》(the Federal Reserve Act)，所有联邦特许银行都必须加入美联储，州立银行也可以加入。美联储变成了银行家的银行：如果银行有多余的资金，可以存入美联储；如果银行需要额外的资金，可以向美联储借款。自那以来，美联储就与银行业密切关联，近年来两者之间的关系日趋紧密。

银行业和大萧条

建立联邦储备系统，是为了避免重蹈 1907 年金融恐慌的覆辙。然而，1929 年的股市崩盘，导致大批银行在 20 世纪 30 年代初纷纷倒闭。当股市开始暴跌时，人们都冲进银行提取现金。尽管有联邦储备系统，但银行的现金还是用光了，各州被迫让银行关门歇业。1933 年，美国总统富兰克林·罗斯福（Franklin Roosevelt）延长了歇业银行的期限，争取时间想办法解决问题。1933 年和 1935 年，国会通过了加强银行体系的立法。最重要的举措是建立联邦存款保险公司，进一步保护公众免受银行倒闭的损失。正如你所看到的，银行危机并非新事物，在经济衰退期间时有发生。1945～2009 年，美国经历了 11 次经济衰退，平均每次时长 10 个月，最长的一次是持续了 18 个月的经济大衰退（2008～2009 年）。现在你已经熟悉了美联储，下面我们把注意力转向美国的银行。

美国银行体系

美国的银行体系由商业银行、储蓄贷款协会和信用合作社构成。此外，还有各种金融机构或非银机构，它们不吸收存款，但提供普通银行的许多服务。让我们从商业银行开始，讨论它们各自的活动和服务。

商业银行

你最熟悉的银行或许是商业银行。**商业银行（commercial bank）**是吸收个人和企业存款，存入支票和储蓄账户，再使用这些资金发放贷款的营利组织。商业银行有两类客户，即存款人和借款人，它对两者负有同样的责任。商业银行通过有效利用存款人的资金来赚取利润，将吸收来的储蓄（对此支付利息）投到给其他客户的有息贷款中。如果贷款产生的收入超过支付给储户的利息加上营业费用，银行就可以盈利。

商业银行提供的服务

个人和企业把钱存入支票账户后，可以开立个人支票来支付几乎所有的购买或交易。支票账户的专业术语为**活期存款**（demand deposit），因为存款人可以随时取钱。有些银行对签发支票这项特惠待遇收取服务费或要求最低存款，可能还会对每张支票收取小额手续费。对于企业储户来说，服务费的多少通常取决于支票账户的日平均余额、开立支票的数量、公司的信用评级和信用记录。

过去，活期存款账户不向存款人支付利息，但近年来，计息活期存款账户稳步增长。[16]此外，商业银行还有各种储蓄账户选择。就专业术语而言，储蓄账户是一种**定期存款**（time deposit），因为银行可以要求存款人必须事先通知，然后才能从定期存款中提款。明智的做法是，你可以比较网上银行和附近的银行，看看你的钱存在哪里赚到的利息最多。可惜，过去几年里，你在任何一家银行都赚不到多少利息。[17]

定期存单（certificate of deposit，CD）是定期（存款）账户，存单到期后获得利息收入。存款人同意在此之前不提取任何资金。现在，存单的期限从几个月到几年都有，通常期限越长，利率就越高。利率高低还要看经济状况。目前，存单的利率仍然很低，因为经济还没有完全复苏。

商业银行还可以向信誉良好的客户提供信用卡、人寿保险、廉价的经纪服务、理财咨询、账单自动还款、保险箱、个人退休金账户、旅行支票、信托、自动柜员机和透支支票账户等各项服务。透支支票账户服务是指，当享受特惠服务的客户开出的支票超过账户余额时，可以自动获得贷款。

为借款人提供的服务

商业银行为需要借款的个人和公司提供各种服务。银行希望有效管理资金，因此会仔细筛选贷款申请人，确保他们按时还本付息。一般来说，贷款是根据借款方的信用程度发放的。显然，在银行业危机爆发之前，银行没有坚守这一点。我们随后将讨论为什么会出现这种情况。“道德决策”专栏探讨了可能成为银行业问题的一项活动。

如今，银行正不断努力提高面向移动用户的服务，尤其是面向“千禧一代”。“千禧一代”从小到大生活在互联网和电脑的世界里，可以熟练使用移动银行，他们用移动技术来存支票、支付账单、查询费用和转账。[18]近9000万客户现在通过给支票拍照来存款。[19]

道德决策

开户还是不开户

你在一家大银行的新客户部门工作，负责为新客户开立账户。这家银行的政策是根据新开账户的数量支付奖金。你的经理告诉你，许多账户都是为小储户开立的。他建议你在为客户开立新的储蓄账户时，可以趁他们不注意多开一个账户，比如信用卡。

你知道未经客户同意开立账户是不对的，但你也知道，这个客户可能永远也不会知道是谁帮他开的户。不管怎样，这是你的经理建议的，而且奖金听起来也不少。你的选择是什么？你会怎么做？这样做合乎道德吗？

储蓄贷款协会

储蓄贷款协会（savings and loan association，S&L）是一个吸收储蓄和支票存款，并提供住房抵押贷款的金融机构。储蓄贷款协会（创建于 1831 年）通常被称为互助储蓄机构，其最初的目的是鼓励消费者储蓄和拥有房产。为了让该协会鼓励消费者购房，多年来，储蓄贷款协会获准以略高于银行的利率吸收储蓄存款，从而吸引了大量资金，再利用这些资金来提供固定利率的长期抵押贷款。

1986～1995 年，近 1300 家储蓄贷款协会倒闭。倒闭的原因包括 20 世纪 70 年代的通货膨胀、放松管制、监管失败（监管机构允许无力偿还债务的储蓄机构在经营每况愈下时继续营业）和欺诈。[20] 如今，由于政府法律的变化，储蓄贷款协会不再提供高于银行的利率，许多储蓄贷款协会变成了银行。根据联邦存款保险公司（FDIC）的统计，目前美国大约有 934 家储蓄贷款公司。[21]

信用合作社

信用合作社（credit unions）是非营利的会员制金融合作社，为会员提供全方位的银行服务，包括利率较高的计息支票账户、利率较低的短期贷款、理财咨询、人寿保险，以及数量有限的住房抵押贷款。它们由政府机构、企业、工会和专业协会组成。如今，信用合作社越来越受欢迎。

作为非营利机构，信用合作社享有联邦所得税的豁免待遇。你可以去当地的信用社看看自己是否满足会员资格，然后和当地银行的利率比较一下。信用合作社的分支机构、自动柜员机和其他服务往往没有银行那么多。最好确定你需要哪些服务，然后与银行提供的同类服务进行比较。[22]信用合作社的好处是，与当地的银行一样，存在其账户上的钱也拥有联邦存款保险公司的担保，保额上限为25万美元。

其他金融机构

非银行金融机构（nonbank）（简称“非银机构”）不吸收存款，但提供普通银行所提供的多种服务。非银机构包括人寿保险公司、养老基金、经纪公司、商业金融公司和公司金融服务。

随着银行与非银机构竞争的加剧，两者的分界线已经没有那么明显。在欧洲也是如此，美国公司在那里与欧洲的银行竞争。非银机构提供丰富多样的金融服务和投资选择，这也促使银行拓展自己的服务领域。事实上，许多银行已与经纪公司合并，以提供全方位的金融服务。

投保人定期向人寿保险公司支付保费，保险公司则为之提供相应的财务保护。此外，保险公司将保费投资于公司和政府债券，如今还经常为房地产开发项目提供长期融资。

养老基金（pension funds）是企业、非营利组织或工会留存的资金，用于满足员工或会员退休时的部分财务需求。养老基金由员工、雇主或双方共同缴纳。为了获得额外收入，养老基金通常投资于回报不高但安全性高的公司股票或其他保守型投资，如国债和公司债券。许多金融服务机构，如美国教师退休基金会（TIAA-CREF），都提供退休和医疗福利，是美国金融市场的一支重要力量。养老基金也直接为公司提供融资。可惜的是，过去数年来，利率水平持续走低，许多养老基金将难以满足成员的期望。[23]

一直以来，经纪公司都在美国和海外的证券交易所提供投资服务。它们还通过提供高收益组合的储蓄和支票账户，大举进入普通银行的业务领域。此外，经纪公司还提供具有签发支票特惠服务的货币市场账户，允许投资者用证券做抵押来借款。

商业和消费金融公司有时会向那些无法达到普通银行信贷要求的人或企业（比如新创企业），或者已经超出信贷额度但又需要更多资金的人，提供短期贷款。然而，从这些机构借款时要小心，它们的贷款利率可能会相当高。“聚焦小企业”专栏重点介绍了一家新创金融公司，它希望成为“千禧一代”首选的贷款机构。

聚焦小企业

成为你在银行业最好的朋友

(www.sofi.com)

2008 年的银行业危机以及随之而来的经济大衰退，极大地影响了“千禧一代”对传统银行的态度。他们欣然接受银行业的各种产品方案，这也催生并推动了一家金融技术企业 SoFi 的发展。SoFi 创建于 2011 年，最初是为学生提供贷款再融资服务。如今，公司拥有 22.5 万名会员，贷款金额达 150 亿美元。SoFi 希望像亚马逊之于书店，优步之于出租车服务，成为“千禧一代”在银行业中的首选银行。

在经历了为学生提供贷款再融资服务的快速增长之后，SoFi 接受会员要求提供其他财务帮助的请求，进入了抵押贷款和个人贷款领域。SoFi 与众不同的地方在于还为会员提供社交活动、就业安排、财富管理，并且在他们失业时能让他们暂停还贷。打算创办企业的借款人甚至可以申请暂停还贷 6 个月（还有可能延长至 12 个月），以便把时间和精力投入到企业上。SoFi 认为，传统银行忽视了与客户建立既专业又私人的关系。它相信，金融服务应该超越纯粹的交易关系，努力改善客户的生活。根据 SoFi 的说法，“一切都与金钱、事业和人际关系有关。”

SoFi 非常擅长开发新产品，认真听取客户意见，根据客户需求及时调整服务。公司向第三方投资人（主要是对冲基金）和银行出售贷款，赚取费用。2016 年，穆迪投资者服务公司首次给予 SoFi 公司 3A 评级，这是在线贷款初创企业所能获得的最高评级。目前，该公司虽然提供传统的银行服务，但并不受传统银行诸多严格的规则所约束。不过，预计 SoFi 和其他金融科技贷款机构未来将面临更严格的监管审查。

资料来源：Andy Kessler, “The Uberization of Banking,” *The Wall Street Journal*, May 1, 2016; Leena Rao, “This Bank Wants to Be Your Best Friend,” *Fortune*, March 15, 2016; Ainsley O’Connell, “Club SoFi,” *Fast Company*, August 2016; Murray Newlands, “SoFi Is Dominating the Finance Space: Here’s What They Are Planning Next,” *Forbes*, November 23, 2016; Peter Rudegeair, “Online Lender SoFi Takes Step Toward Becoming a Bank,” *The Wall Street Journal*, June 12, 2017.

银行业危机以及政府如何保护你的资金

2007～2008 年，美国经历了一场银行业危机，危及整个经济。是谁造成了这场危机？答案并没那么简单。有些人认为部分责任在于美联储，它将借贷成本维持在如此低的水平，以至于人们忍不住去借钱，而且超出了自己的偿还能力。还有些人指责美国国会向银行施压，迫使它们发放高风险贷款。《社区再投资法案》(Community Reinvestment Act) 鼓励向还款能力有问题的家庭发放贷款，目的是建造更多的“经济适用房”，因而鼓动银行向资产极少的人士放贷。

银行发现，它们可以分拆抵押贷款组合产品，并将抵押贷款证券（mortgage-backed securities，MBS）出售给世界各地的其他银行与机构，从而规避这些问题贷款的风险。这些证券都有房屋做抵押，看似相当安全。政府出资创建的企业房利美和房地美，似乎又为抵押贷款证券化的价值提供了担保。于是，银行越来越多地出售这种看似安全的证券，希望能大赚一笔。一些银行甚至向不明就里的消费者推销贷款，因而备受诟病。

与此同时，美联储和美国证券交易委员会被指没有履行监管职责，因为它们未向消费者发出足够的警告。当房价下跌时，人们开始拖欠贷款或者不还贷款，最后将房屋还给银行。2008 年房地产泡沫破裂时，近 500 万家庭丧失了房屋赎回权。由于银行拥有这些房屋的抵押权，因而利润急剧下降，最终导致银行业危机。而政府和美联储必须救助银行，这一切所带来的长期负面影响至今仍未消散。截至 2016 年 8 月，仍有近 600 万户家庭背负的房贷超过房屋本身价值。[24]

那么，我们该把银行业危机归咎于谁呢？答案是，我们可以归咎于美联储压低利率，归咎于国会助长了问题贷款，归咎于银行发放问题贷款、设立了并不像它们宣传的那样安全的抵押贷款证券，归咎于政府监管机构工作不力，归咎于那些利用低利率借贷却又无力偿还的人们。无论谁该为此负责，对于美国经济而言都是一段痛苦的时期。

想一想

2008 年房地产泡沫破裂，房价大幅下跌。当房主发现所欠的抵押贷款超过了房屋的价值时，许多人就不再偿还贷款。结果，银行取消了他们的房屋赎回权。尽管此后美国许多地区的房价都出现了上涨，但仍有些地区复苏较慢。你家乡的房地产市场情况如何？

保护你的资金

2007～2008 年的银行业危机并不是美国面临的第一次经济危机。20 世纪 30 年代的大萧条时期，美国经济也遭遇过类似的问题，当时许多投资者失去了一切。为了防止投资者在经济低迷时期又变得一无所有，国会成立了三大机构来保护你的资金：联邦存款保险公司、储蓄协会保险基金和国家信用合作社管理局。这三家机构都为个人账户的存款提供了一定数额的保险。由于这些组织对保证你的资金安全非常重要，让我们对它们一一深入探讨。

联邦存款保险公司

联邦存款保险公司（Federal Deposit Insurance Corporation，FDIC）是美国政府的一个独立机构，为银行存款提供保险。如果一家银行即将倒闭，联邦存款保险公司会将该银行的账户转移到另一家银行，或为储户的每个账户赔偿最高 25 万美元。联邦存款保险公司为许多机构担保，其中主要是商业银行。当然，这也存在一个问题，如果倒闭的银行过多，政府也没有无尽的资金来弥补所有损失。

储蓄协会保险基金

储蓄协会保险基金（Savings Association Insurance Fund，SAIF）为储蓄与贷款协会账户持有人提供保险。其发展简史可以说明该基金的创建目的。20 世纪 30 年代初，约 1700 家银行和储蓄机构倒闭，人们对它们失去了信心。联邦存款保险公司和联邦储蓄贷款保险公司（Federal Savings and Loan Insurance Corporation，FSLIC）分别于 1933 年和 1934 年成立，旨在通过保护人们的储蓄不受损失，重建对银行机构的信心。为了更好地控制银行系统，政府将联邦储蓄贷款保险公司归入联邦存款保险公司的麾下，并给它起了一个新名字：储蓄协会保险基金。

国家信用合作社管理局

美国国家信用合作社管理局（National Credit Union Administration，NCUA）为每个机构的个人储户提供高达 25 万美元的保额，涵盖了所有账户：支票账户、储蓄账户、货币市场账户和定期存单。持有联合或信托账户的客户可以获得额外的保护，个人退休金账户还另外享有高达 25 万美元的保额。与银行一样，信用合作社也受到了银行业危机的冲击，并从联邦政府那里获得资金以发放更多贷款。

利用科技提高银行业务的效率

不妨猜想一下，银行核准一张已签发的支票，然后人工办理入账，再寄回给你，这个流程得花费多少成本。成本一定很高。长期以来，各家银行一直在想方设法提高金融业务的效率。

过去采用的一个解决方案是发行信用卡，减少支票的使用，但信用卡仍然需要处理纸质文件，所以也有成本。接受信用卡消费的零售商还得付给银行2%的手续费。今后，我们会看到更多电子货币而不是实物货币的支付，因为这是最有效的资金转移方式。

如果你必须使用信用卡，一定要找一张最划算的。有些信用卡提供现金返还，还有些提供免费旅行等。不要在校园里看到办卡即送免费T恤之类的就去办理，不妨先调查研究一番。

在**电子转账系统**（electronic funds transfer，EFT）中，有关交易的信息从一台计算机发送到另一台计算机。因此，与纸质支票相比，各组织可以更迅捷、更经济地划转资金。电子转账工具包括电子支票转换、借记卡、智能卡、直接存款和直接付款。

借记卡（debit card）的功能和支票一样，都是从支票账户中提取资金。当交易被记录下来后，借记卡会向银行发送电子信号，自动将资金从你的账户转到卖家的账户。交易记录也会立即出现在网上。借记卡交易额数年前已超过信用卡，并且仍在继续增长。

对于一些公司来说，工资卡（payroll debit cards）是支付员工工资的有效方式，对于那些没有资格申办信用卡或借记卡，也就是所谓"无银行账户"的人来说，工资卡是支取现金的一种替代选择。员工收到工资卡后即可使用账户里的资金，从自动柜员机上取款，在线支付账单，或向其他持卡人转账。对于公司来说，使用工资卡比开支票要便宜得多，对员工来说也更方便。[25]但是，借记卡没有信用卡那样的保护。如果有人盗用你的信用卡，你只需承担一定数额的责任，而一旦有人盗用你的借记卡，你要自己承担全部责任。

智能卡（smart card）是一种电子转账工具，它是信用卡、借记卡、电话卡、驾照等的集成。智能卡用微处理器取代了信用卡或借记卡常用的磁条，然后便可以存储各种信息，包括持卡人的银行账户余额。商家可以使用这些信息，核查信用卡的有效期和可用额度，并将交易金额记入智能卡的借方。

有些智能卡内置无线射频识别芯片（RFID），可以刷卡进入大厦和安全区域，也可以刷卡购买汽油和其他物品。智能卡的生物识别功能可以让你用指纹启动电脑。学生现在可以使用智能卡打开宿舍的门，并在校园附近的零售商和网上经销商处凭卡购物。智能卡还可以用于自动柜员机。

对许多人来说，银行最便利的业务莫过于自动交易，如直接存款和直接付款。直接存款（direct deposit）是指不用支票，即可直接往支票或储蓄账户存款。雇主可以与银行联系，指示银行将资金从雇主账户转入员工账户。个人可以使用直接存款将资金转到其他账户，比如，从支票账户转到储蓄账户或退休金账户。

直接付款（direct payment）是预授权的电子支付。如果客户希望在指定日期从支票或储蓄账户自动向各个公司付款，可以事先一一签署协议。然后，客户的银行据此协议完成每笔交易，并记录在客户的每月对账单上。

资料来源：Courtesy of Pacsafe, www.pacsafe.com.

想一想

信用卡上的无线射频识别芯片让消费者只需挥挥手就可以付款。但这种芯片也更容易被黑客读取，因此有些人把信用卡放在图中这样的防磁卡套里。你如何确保身份和财务安全？

网上银行

在美国，几乎所有大型零售银行都允许客户在线访问它们的账户，而且大多数支持账单支付。因此，你可以在家里完成所有的财务事项、打电话或使用电脑和移动设备从一个账户往另一个账户转账、支付账单、查询各账户余额。你可以申请汽车贷款或房屋抵押贷款，并且很快得到答复。正如我们在第 19 章所述，在网上买卖股票和债券同样很容易。

像 E*Trade 这样的网上银行没有实体网点，只提供网上银行业务。网上银行没有传统银行的管理费用，所以可以向客户提供略高的存款利息和收取较低的费用。虽然许多消费者对网络银行的低费用和便捷性感到满意，但并非所有人都喜欢网上银行。为什么？有些人对其安全性表示担忧。尽管有隐私保护，人们仍然担心将自己的财务信息放到网络空间会被其他人看到。

国际银行及银行服务

银行提供三种服务——信用证、银行承兑汇票和货币兑换，帮助各企业在其他国家开展业务。如果一家美国公司想从德国购买产品，它可以付钱给一家银行开具信用证。**信用证（letter of credit）**是在符合一定条件的情况下，银行向卖方支付给定金额的承诺。例如，德国公司得等到货物到达美国公司的仓库后，才会收到货款。**银行承兑汇票（banker's acceptance）**是银行保证在指定日期支付确定金额的票据的承诺，没有附加任何条件。最后，公司可以去银行把美元兑换成欧元在德国使用，这叫作货币兑换（currency or money exchange）。

银行让旅行者和商人在世界各地购买商品和服务更加便利。例如，你用个人维萨卡、万事达卡、顺利卡（Cirrus）或美国运通卡，可以在自动柜员机上提取日元、欧元和其他外币。

国际银行业

只谈美国经济不谈世界经济，无疑是短视的。如果美联储决定降低利率，外国投资者在几分钟之内就能把资金从美国撤出，转而投到利率较高的国家。当然，如果美联储提高利率，也能同样迅速把资金吸引到美国。

因此，美国只是今天全球市场体系中的一部分。任何国家，只要风险合理、回报最高，就能吸引到国际银行家的投资。所以，全球每天才会有高达 5 万亿美元的交易量！[26] 国际银行和国际金融的发展，最终是将世界各国经济体连结起来，形成没有管制且相互关联的系统。美国企业必须与世界各地的企业争夺资金，伦敦或东京效率较高的公司比底特律或芝加哥效率较低的公司更有可能获得国际融资。全球市场意味着银行不一定要把钱存在本国，哪里回报最大，就在哪里投资。

对你来说，这意味着银行业务不再只是关涉国内，而是全球性业务。要了解美国的金融体系，你必须弄懂全球金融体系，包括外国央行。要了解美国的经济状况，你必须认识世界各国的经济状况。在由国际银行融通资金的世界经济中，美国是一个重要参与者，但也只是一个参与者而已。[27] 为了维护全球领导者的地位，美国必须保持金融安全，而美国企业必须在世界市场上保持竞争力。

世界银行和国际货币基金组织

主要负责为经济发展提供资金的银行是国际复兴开发银行，也称**世界银行**（World Bank）。第二次世界大战后，世界银行贷款给西欧国家，帮助它们重建家园。如今，世界银行将大部分资金借给发展中国家，以提高各国生产力，提高人们的生活水平和生活质量，比如，努力消除每年导致数百万人死亡的各种疾病。[28]

世界银行在世界各地广受批评和抗议。环保人士指责，世界银行资助破坏生态系统的项目；人权活动家和工会领袖声称，世界银行扶持限制宗教自由和容忍血汗工厂的国家；关注艾滋病的社会活动家抱怨，在向发展中国家提供低成本艾滋病药物方面，世界银行做得还不够。

尽管世界银行努力改善形象，但仍然备受诟病。一些人希望世界银行免除发展中国家的债务，另一些人则希望世界银行在发展中国家建立自由市场和保护好私人财产权之前，不要再发放此类贷款。未来，世界银行的政策可能会发生一些变化。

与此相比，**国际货币基金组织**（International Monetary Fund，IMF）的成立是为了促进全球货币合作和国际金融稳定。国际货币基金组织目前共有 189 个成员方。成员方可将本国货币自由兑换成外币，随时向国际货币基金组织通报货币政策的变化，并根据其建议修改政策，以适应所有成员方的需要。[29]

国际货币基金组织负责监督成员方的货币和汇率政策，致力于维持一个对所有国家 / 地区都最有效的全球货币体系，促进世界贸易。[30] 虽然它不是世界银行那样的贷款机构，但其成员方会尽其所能提供资金，以供陷入财政困境的国家 / 地区使用。“异域新说”专栏讨论了世界银行和国际货币基金组织目前的状况。

想一想

世界银行和国际货币基金组织是支持全球银行业的政府间组织。这两个组织的行为都曾招致民众抗议，为什么？

异域新说

新的一天，新的挑战

(www.imf.org)

与 2008 年国际货币基金组织 / 世界银行年会召开前相比，今天的形势显然好得多。当时，雷曼兄弟倒闭，全球金融体系极度脆弱，全球的金融官员错愕不已。美国贸易大幅下跌，经济信心已然触底，高失业率似乎不可避免。所幸的是，全球金融体系对世界经济已不再构成令人不安的威胁。尽管如此，当前世界经济仍然很不稳定，这就意味着世界银行和国际货币基金组织在世界各地都面临着新的挑战。

在国际货币基金组织总裁克里斯蒂娜·拉加德（Christine Lagarde）的推动下，这个拥有188个成员方的组织的文化和角色在全球金融领域逐步发生了转变。在她的领导下，国际货币基金组织应成员方的要求向其提供政策建议。该组织还就气候变化和收入不平等等问题发表意见，并开始研究创造就业、劳动力市场政策和失业之间的关系。

拉加德的一个主要担忧是，金融危机对全球诸多经济体的潜在增长造成了持续的危害。这就意味着，除非发达国家和新兴国家的央行行长和官员采取积极措施，提高经济竞争力，否则全球经济将面临多年增长乏力的风险。国际货币基金组织和世界银行都在努力寻找解决全球关键问题的答案，避免又一场严重危机的爆发。

资料来源：Ian Talley, "IMF's Lagarde: Global Economy May Face Years of Slow, Subpar Growth," *The Wall Street Journal*, April 2, 2014; Mohammed El-Erian, "What We Need from the IMF/World Bank Meetings," *Financial Times*, October 6, 2013; David Wessel, "The Likely Buzz at the IMF/World Bank Meetings," *The Wall Street Journal*, April 9, 2014; Landon Thomas, Jr., "I.M.F. Raises 2017 Outlook for Global Economic Growth," *The New York Times*, April 18, 2017.

本章小结

1. 阐述什么是货币，什么使货币发挥作用。

- 什么是货币？

  货币是人们普遍接受的用于支付商品和服务的任何东西。

- 合格的货币形式要符合哪五个标准？

  有用的货币形式的五个标准是可携带、可分割、价值稳定、持久性和独特性。

- 什么是“比特币”？你可以用比特币网上购物吗？

  比特币是一种电子货币。有一个接受比特币的网上商店。

2. 描述美联储如何控制货币供应量。

- 美联储如何控制货币供应量？

美联储要求金融机构将资金存入联邦储备系统（存款准备金率），买卖政府证券（公开市场操作），并向银行贷款（贴现率）。为了增加货币供给，美联储可以降低存款准备金率，购买政府债券，降低贴现率。

3. 追溯银行业和美联储的历史。

- 美国银行业的演进史是怎样的？

  1690 年，马萨诸塞州发行了自己的纸币，其他殖民地也纷纷效仿。英国的土地银行贷款给农民，但于 1741 年终止了这种贷款。美国独立战争后，人们就银行业的角色展开了激烈的争论，美联储和州立银行之间也展开了激烈的斗争。最终，美国建立了联邦特许和州立特许银行体系，但混乱仍在继续，直到 1907 年，许多银行倒闭。美联储重振银行体系，但在大萧条期间再次崩溃。自那以来，美国经历了 11 次经济衰退，包括 2008 年的这一次。

4. 对美国银行体系中的各种机构进行分类。

- 银行体系由哪些机构组成？

  储蓄贷款协会、商业银行和信用合作社都是银行体系的一部分。

- 这些机构之间有什么不同？

  在 1980 年放松管制之前，商业银行的独特之处在于它同时管理存款和支票账户。当时，储蓄贷款协会不能提供支票服务，其主要职能是为提高储蓄账户的利息，提供住房抵押贷款，以此鼓励消费者储蓄和购买房产。放松管制后，银行与储蓄贷款协会之间的差距缩小，现在后者也提供类似的服务。

- 这些机构提供哪些服务？

  银行和储蓄机构提供的服务包括储蓄账户、支票账户、存单、贷款、个人退休金账户、保险箱、网上银行、人寿保险、经纪服务和旅行支票等。

- 什么是信用合作社？

  信用合作社是一个会员制合作社，它提供银行所提供的一切服务，包括吸收存款、签发支票以及贷款。它还提供人寿保险和抵押贷款。信用合作社的存款利息有时比银行高，贷款利率通常也比较低。

- 还有哪些金融机构提供贷款以及类似银行的业务？

  非银机构包括发放贷款的人寿保险公司、投资股票和债券并发放贷款的养老基金、提供投资服务的经纪公司，以及商业金融公司。

5. 简要追溯银行业危机的原因，阐述政府如何在此类危机中保护你的资金安全。

- 是什么引发了银行业危机？

　　政府的目标是让人们买得起房，因此敦促银行向无力偿还贷款的人士发放贷款。银行希望将此类贷款的风险降到最低，于是创建了抵押贷款证券化，并将其出售给世界各地的其他银行和机构。政府未能有效监管这些交易，最终，房价下跌，人们拖欠贷款，致使许多银行倒闭。许多机构应对此次危机负责，如美联储、国会、银行经理、房利美和房地美。

- 哪些机构为你存入银行、储贷协会或信用合作社的资金提供保险？

　　存入银行的资金由联邦存款保险公司提供担保。储蓄贷款协会的存款由另一家与联邦存款保险公司有关联的机构——储蓄协会保险基金提供保险。信用合作社的资金由国家信用合作社管理局提供保险。每个账户目前的保险金额为 25 万美元。

6. 描述技术如何帮助银行业提高效率。

- 什么是借记卡和智能卡？

　　借记卡看起来像信用卡，但从中提取的是已经在你账户里的钱。当交易记录下来后，借记卡会向银行发送电子信号，自动将资金从你的账户转到卖家的账户。智能卡是一种电子转账工具，它是信用卡、借记卡、电话卡、驾照等的集成。智能卡用微处理器取代了信用卡或借记卡常用的磁条。

- 自动交易和网络银行有哪些好处？

　　直接存款是指不用支票，即可直接往支票或储蓄账户存款。直接付款是预授权的电子支付。如果客户希望在指定日期从支票或储蓄账户自动向各个公司付款，可以事先一一签署协议。然后，客户的银行据此协议完成每笔交易，并记录在客户的每月对账单上。在美国，几乎所有大型零售银行都允许客户在线访问他们的账户，而且大多数支持账单支付。

7. 评估国际银行业务、世界银行和国际货币基金组织的作用与重要性。

- 我们说的全球市场是指什么？

　　全球市场意味着银行不一定要把钱存在本国，哪里回报最大，就在哪里投资。对你来说，这意味着银行业务不再只是关涉国内，而是全球性业务。

- 世界银行和国际货币基金组织有哪些职能？

　　世界银行（又称国际复兴开发银行）主要负责为经济发展提供资金。国际货币基金组织的成立是为了促进各国 / 地区间资金的顺利流动。它要求自愿加入的成员方允许本国货币自由兑换成外币，随时向国际货币基金组织通报货币政策的变化，并根据其建议修改政策，以适应所有成员方的需要。

批判性思考

1. 如果你是美联储主席，你会用什么经济数据来衡量你的表现？美联储在 2008～2009 年的银行业危机中扮演了什么角色？
2. 你通常随身携带多少现金？你用哪些方式在商店或互联网上付款？你认为这种支付方式有什么趋势？这些趋势如何使你的购物体验更好？
3. 如果美元相对欧元贬值，那么在美国商店销售的法国葡萄酒的价格将会发生什么变化？法国人购买美国车的可能性将会增加还是减少？为什么？
4. 你的存款是存在银行、储蓄贷款协会、信用合作社，还是几处都存？你是否比较过各家机构给你带来的好处？你认为哪些贷款最合算？

本章案例　金融危机

回顾 2011 年，数以百万计的人失去了房屋，企业倒闭，房屋止赎率创历史新高，失业率高达 9%。这些结果在很大程度上要归因于 2006～2010 年的金融危机。

2000 年，科技股泡沫破裂，导致全球股市暴跌。与此同时，安然、世通、环球电讯和泰科等大公司的道德违规行为也浮出水面。随着经济下滑，政府希望刺激消费者支出和企业投资。为此，美联储将基准利率从 6.5% 下调至 1%。这种信贷的宽松使得抵押贷款、信用卡和其他消费贷款更容易获得。事实上，2007 年家庭平均债务是可支配收入的 127%。

美国国会通过 2010 年金融危机调查委员会认定，这场危机是可以避免的。一些被确定为导致危机的因素包括次级抵押贷款的激增，2004～2006 年，次级抵押贷款占所有抵押贷款的 20% 左右。次级贷款金额增加了两倍。

美国证券交易委员会降低了对投资银行杠杆率的限制，导致投资银行借入的资金远远超过准备金。在此期间，将抵押贷款证券出售给投资者，这些证券产品自然就包括了次级抵押贷款的成分。在此期间，穆迪和标准普尔等主要金融评级机构持续为抵押贷款证券产品出具 AAA 评级（最高评级），这无异于是在向投资者保证这些证券的价值。

2007 年，房地产泡沫破裂，房价暴跌，这些抵押贷款证券产品的价值在某些情况下跌至一文不值的地步。许多人发现自己“资不抵债”，这意味着他们的负债已经高于房子的价值，这些人和许多发放次级抵押贷款的机构随之出现了债务违约行为。随着这些证券价值的下降，资产价格已经不能抵偿相关的债务，投资银行和其他金融公司陆续开始倒闭。

这场金融危机产生的后果是全球性的。一些非常大（也可以说是“大到不能倒”）的投资银行一旦倒闭，其后果是无法承受的。因此，美国联邦政府通过 7000 亿美元的 TARP 对银行进行干预，旨在救助陷入困境的银行，防止进一步出现倒闭潮。2009 年，总统又签署了一项 8000 亿美元的刺激计划，旨在帮助激活经济，方便企业借贷和投资，从而创造就业机会。

本案例中描述的全球信心危机是自 20 世纪 30 年代大萧条以来最大的经济困局。这次金融危机究竟会产生哪些长期影响，至今也还难以给出确定的结论。

思考

1. 讲一讲美联储如何在其职权范围内尝试刺激经济。

2. 导致金融危机的主要问题之一是“房地产泡沫”(housing bubble)，这个词是什么意思?

3. 列举并解释美国国会相关委员会认定的、导致这次金融危机的两个原因。

译者后记

作为社会发展大动脉的商业，其重要性无论是对个人、家庭还是对国家而言，都非同寻常。商业不仅提供商品、服务和工作，还能改变世界，促进时代的变迁。机械工业出版社具有精准战略眼光，适时引进、翻译和出版全新面世的第12版《认识商业》，使国内读者能够紧跟时代步伐，有幸阅览这本国际商学界经典权威之作。这不仅契合中国经济的快速发展，还能帮助读者正确看待云波诡谲的国际经济局势。

对于打算涉足商业领域的学生族而言，本书是一本商业知识通览，它精选经济学、全球商业、伦理学、企业家精神、管理学、市场学、会计学、金融学等相关内容，引领学生全面掌握商业运作的相关知识；真实案例可以让学生沉浸于现实商业情境，培养批判性思维和解决问题的能力。与之前的版本相比，第12版更新并增添了最新商业惯例和影响商业的新颖课题，如英国脱欧、零工经济、联合国可持续发展目标、社交网络、勒索软件、职场霸凌、无人机、3D打印等，可谓十全进补、与时偕行。

对于希望了解商业世界的工作族而言，本书是一部商业百科全书，它以“宽幅”视角全方位地呈现了一个活力四射、精彩纷呈的商业世界。从个人创业、企业内部管理、外部市场环境到全球经济形势，本书均有涉猎，内容诠释深入浅出、道理阐述发人深省、谋篇布局精彩绝伦、商机感悟醍醐灌顶。本书案例丰富，叙述生动，条分缕析般把现代商业世界斑驳陆离同时又荆棘密布的画面展现在读者面前。在经济高速发展的今天，商业已渗透到我们每个人的生活或工作中。不难想象，对商业常识一无所知的人，注定与诸多机会无缘。

经过大半年夜以继日的鏖战，终于在 2019 年酷热的夏天完成了本书约 70 万字文稿的翻译。此书在深度、广度、通用性和相关性方面堪称商学教材的“黄金标准”，而这体现在翻译中，恰又成为难点所在。严复 100 多年前翻译赫胥黎《天演论》时感叹的“译事三难：信、达、雅”，今天我们仍有同感。

最后，在此书的翻译中，华东理工大学的余建平老师承担了补充篇及扩充内容的翻译，浙江师范大学的吴振阳老师对术语表进行了审校，美国东北大学项目管理专业郭佳旗、安徽工业大学外国语学院许蔚翰博士参与了初稿翻译，华东理工大学 2019 年度“大学生创新创业训练计划”的“华理翻译创业训练团队”参与了文本的译前处理等工作，在此一并表示感谢。此书的翻译，疏漏之处再所难免，恳请读者多多批评指正。

译者
2019 年 7 月